现代校长的专业智慧

规划学校发展篇

青岛市教育局
编著

中国海洋大学出版社

·青岛·

图书在版编目（CIP）数据

现代校长的专业智慧.规划学校发展篇/青岛市教育局编著.-- 青岛：中国海洋大学出版社，2020.12

ISBN 978-7-5670-2744-2

Ⅰ.①现… Ⅱ.①青… Ⅲ.①校长—学校管理—经验

Ⅳ.① G471.2

中国版本图书馆 CIP 数据核字 (2021) 第 012408 号

现代校长的专业智慧（规划学校发展篇）

出版发行	中国海洋大学出版社	
社　　址	青岛市香港东路 23 号	邮政编码 266071
网　　址	http://pub.ouc.edu.cn	
出 版 人	杨立敏	
责任编辑	张　华	电　　话 0532-85902533
电子信箱	zhanghua@ouc-press.com	
印　　制	青岛国彩印刷股份有限公司	
版　　次	2021 年 3 月第 1 版	
印　　次	2021 年 3 月第 1 次印刷	
成品尺寸	185 mm × 260 mm	
印　　张	36.75	
字　　数	718 千	
印　　数	1 ～ 2500	
定　　价	60.00 元	
订购电话	0532-82032573（传真）	

发现印装质量问题，请致电 0532-58700168，由印刷厂负责调换。

序言
——PREFACE

在中小学校里,校长权力最大。权力越大,责任越大。如果校长的权力运用不当,就会对学生发展、教师发展、学校发展造成负面影响。校长是学校的灵魂,一个学校有个好校长,是教师们的幸运,更是孩子们的幸运。校长管理学校是专业性的活动,并非人人都能胜任。一个不懂管理、不懂教育的外行,是管不好一所学校的。专业的人做专业的事才能做好。校长的专业水平直接决定着一个学校的办学水平和教育质量。

专业成长的过程就是专业化的过程,校长的专业成长包括三个方面:专业知识、专业能力和专业精神。专业知识涉及"知不知",专业能力涉及"能不能",专业精神涉及"愿不愿"。人往往是先"知"而后"能",专业知识是专业能力的基础。但是,如果一个人能力很强,但是不愿意干事,没有干事的动力,最终也干不成事;所以,想干事＋能干事＝干成事。

校长首先要"想干事",要树立正确的权力观与政绩观,要认识到自己的责任,要以积极的态度、饱满的热情、坚定的意志投入管理工作。如果自己消极怠工、不思进取,就会贻误学生、教师、学校的发展。管理之责神圣,不可亵渎,管理工作会影响很多人的未来,校长对于管理工作要有敬畏之心。

校长还要"能干事",根据我国校长专业标准的要求,我国中小学校长要做好六项专业职责,即规划学校发展、营造育人文化、领导课程教学、引领教师成长、优化内部管理、调适外部环境。这六项内容要求校长既要"懂教育"又要"懂管理"。

校长要有正确的教育观,要坚持育人为本,而不是"分数挂帅"。要为学生的"一世"做准备,要培养学生一生受用的关键素养,如思维能力、创新能力、合作能力、交流能力,而不是只为学生的中考或者高考这"一时"做准备,要立足学生的长远利益和根本利益,教育不能急功近利,更不能庸俗势利。校长要做课程改革与教学改革的内行里手,引领学校的课程与教学改革。

校长要有正确的管理观。校长做的是"教育管理",管理是为教育服务的、为育人服务的,不能为管理而管理。管理不是为了把师生管住管死,而是为了发展人、解放人。校长要做现代校长,要具有现代精神,要做"现代管理",即科学管理、民主管理、依法管理。科学管理要求实事求是,具有科学精神,不是有权就任性,不是乱作为;民主管理反对专制,要求师生和家长参与学校管理,校长多听取各方意见和建议,在民主的基础上决策,而不是独断专行、专制霸道;依法管理反对人治,要求加强法制建设和制度建设,通过制度来管事、管人、管钱,而不是随意随性而为。

加速校长的专业成长路径有三:一是政府增强校长培训的针对性、实效性,精准提升校长专业素养;二是通过校长人事制度改革尤其是通过校长评价制度改革,用好评价这个指挥棒,促进校长专业成长;三是校长自身要勤于学习与反思,要多读书,并把理论与实践有机结合,通过反思使理论与实践互动互惠,使自己快速成长。

青岛市教育局为促进中小学校长、幼儿园园长快速成长,发挥名校长的示范、引领与辐射作用,投入专项经费建立名校长工作室,涵盖学前教育、小学教育、中学教育、职业教育、特殊教育等各学段。这些工作室依据教育部颁布的《校长专业标准》深入开展理论研究,大胆进行实践探索,取得了很好的成效。本书精选的"现代校长的专业智慧"就是名校长工作室的重要研究成果,是多年来青岛学校管理的宝贵经验,它凝聚了全市3000多名中小学校长、幼儿园园长的专业智慧,值得大家学习借鉴。

褚宏启

(北京开放大学校长、北京师范大学教授)

目录
CONTENTS

第一部分 学前教育

第二部分　小学教育

第三部分　中学教育

第四部分　职业教育

第五部分　特殊教育

第一部分

学 前 教 育

办一所让生命成长富有力量的幼儿园

平度市白沙河街道张戈庄中心幼儿园　迟洪芝

迟洪芝,现任张戈庄中心幼儿园党支部书记、园长。她专业能力过硬,编写教材、培训全市教师,为平度市学科教学质量提升立下汗马功劳,连续三届被评为平度市教学能手、平度市学科带头人。她管理能力超群,打破张戈庄幼儿教育失控局面,成立公办园、理顺管理机制、新建中心园、完成基础建设、提升办园质量,创造了从全市倒数到四年后的农村幼儿园第一名的奇迹,树立了平度农村幼儿园回收发展的"样板"。她先后荣获山东省教研教学先进工作者、青岛市榜样教师、青岛市优秀教师专业人才、平度市劳动模范等15项荣誉称号。

一、从无到有——打破僵局,成立中心园稳住局面

迟洪芝调入张戈庄任园长时,张戈庄辖区长达10年的时间没有中心幼儿园,域内共29所幼儿园,26所村办园各自为政、自收自支,3所私立园争抢生源,域内幼教管理长期处于失控状态。面对僵局,她向有经验的乡镇园长寻求破解办法,反复跑党委找分管领导反映情况、提供方案、研究方法,想方设法寻求党委给予政策支持、资金扶持。2013年1月,她借驻地一所民办幼儿园土地开发的机会,接管原民办园10个教师、106名幼儿,租赁两栋三层六间私人毛坯房办园。虽然毛坯房地面及墙面粗糙,房间无房门,楼梯无扶手,教室内无配套设施,条件异常艰难,但这一举动成功打破了张戈庄幼儿教育10年无中心园的僵局。

2014年12月,平度市教体局决定斥资150万元新建张戈庄中心幼儿园。从2015年1月起,迟洪芝跑党委要扶持、跑设计院沟通规范设计、跑施工现场督促建设进程,没有星期天,没有节假日,天天靠在施工现场。幼儿园搬入新园后用半年时间完成外部建设、内部配套及美化绿化工作,办园条件发生了天翻地覆的变化。

二、从弱到强——理顺机制，标准化工程稳定根基

迟洪芝园长借力平度市教体局力推的"六统一"管理模式，在统一收费管理前提下，依次完成统一规划布局、统一招聘调配、统一工资发放、统一业务管理、统一考核评估，用一年的时间扭转了辖区幼儿园管理松散、各自为政的混乱局面，理顺了镇域内幼儿园管理体制，彻底消除了非理性争抢生源、纷争不断的现象，教师队伍稳定，多年来无一例上访事件。

她借助青岛市标准化建设的东风，新建8所标准化幼儿园、3所教学点。特别是泉组河社区幼儿园，厕所倒塌，房屋裂缝，存在很严重的安全隐患，但由于村委长期瘫痪，只靠拨付的每班8万元的标准化建设资金无法重建，她多次找党委协商解决方案，2016年终于借助社区办公楼建设，连带着建起3个班额的标准化幼儿园。目前，张戈庄幼教整体面貌焕然一新，提档升级成效明显。

三、从强到优——品牌办园，内涵式发展稳步前行

自2014年起，迟洪芝园长带领张戈庄幼儿园成立中心园、新建中心园、实施标准化工程、打造办园品牌，四年"四大步"；理顺管理体制、优化各项工作、提升办园品质、树立品牌内涵发展，四年"四大台阶"。她组建园委会，制定规章制度，实行民主管理，充分发挥集体智慧，坚持无论小事、大事均做到班子成员共同商量决定，依法办园，依制度办事；她制定园规划，构建辖区幼儿园管理新机制，实行目标管理，责任落实，各项工作有序推进；她派教师外出学习，请名师进园指导，开展园本培训、骨干教师讲座，鼓励教师参加各级业务比赛，强力推进教师业务能力提升工程；她重建教学研究新秩序，选择切实可行的课题，通过提出教育教学问题、细分析、学理论、找策略、再实践等一系列环节，有争议地交流、有选择地吸收、有质量地内化；她引领教师根据幼儿的兴趣需要灵活组织教学活动，研发园本课程，编制地域特色鲜明的乡土课程方案；她推出"童心教育"办园品牌，致力奠基幼儿做人品质、夯实幼儿学习品质。

在她的不懈努力下，张文庄幼儿园基础建设到位、管理流程顺畅、教师队伍正气向上、育人质量逐年提高，内涵发展找到方向，办园质量得到了家长和社会各界的高度赞誉。近几年，幼儿园先后荣获青岛市语言文字示范校、青岛市优秀家长学校示范校等十余项荣誉称号，连续三年在平度市教育系统年终督导评估中荣获优秀等级，并作为幼教代表在全市教育工作会议上做典型发言。有12名教师在青岛市、平度市优质课比赛中获奖，6名教师被授予优秀教师、教学能手、"三八"红旗手等称号，取得了幼儿园发展史上的最好成绩。

行春风必有好秋雨，勤耕作必得喜收成！迟洪芝园长全身心融入农村幼教事业，她时刻牢记使命，承载重任，不断用更绚丽的色彩描画出新时期幼儿园园长的时代风采，来实践她的座右铭：挚爱＋奉献＋创新＝生命的精彩！

阳光下，我们共同成长

即墨区环秀中心幼儿园　黄玉香

环秀中心幼儿园建园以来，坚持高起点定位、高水平发展、高质量管理、高品位办园，以现代教育理念和教育方法为引领，软件与硬件并举，管理与服务同步，力求在特色上创新、保教上创优。近年来，我们紧紧把握幼儿园成长、教师成长、幼儿成长三条主线，在强化内部管理、师资队伍建设、幼儿素质教育等方面做文章，实现"阳光下共同成长"。

一、以科学规范的管理为保障，实现幼儿园和谐成长

幼儿园要发展好，必须得管理好。而管理的根本目的是提高人的素质，调动人的积极性。我们坚持以人为本，大力推行制度化、规范化、开放性管理，营造宽松民主的氛围，实现幼儿园和谐稳定发展。

（一）人尽其用，建立科学的管理机制

我们围绕"立足实践，大胆改革，办出特色，争创一流"的办园宗旨，建立健全了各项规章制度，实行园长负责制、职工聘任制、岗位责任制和绩效工资制。各部门的工作实行包干制，所有岗位聘期为1年。转变用人机制，实行分层管理，建立监督检查系统，岗位责任到人，量化考核到人，使每一个人、每一项工作有章可行、有尺可度，从源头上调动了教职工的工作积极性和创造性，促进了各项工作的顺利开展。

（二）家园携手，架构合作育人桥梁

新《幼儿园教育指导纲要》指出，幼儿园应与家庭、社区密切配合，综合利用各种教育资源，为幼儿的一生打好基础。我们以提高育儿水平为目标，树立"开门办园、

合作育人"的发展观,积极构建家园联系桥梁和纽带,凝聚教育合力。

（三）加强宣传，营造良好办园环境

把亮点特色工作推广出去,既能使他人有所借鉴,也能扩大自身知名度。

二、以专业化发展为重点，促进教师持续成长

要创造自由而温馨的环境,给每个教师提供学习的机会,让教师感受到做幼教是美的事业。在日常工作中,我园积极倡导讲奉献、讲创造性、讲团队协作的"三讲"精神,并始终把思想政治及师德修养放在首位,建立长效培训机制,不断提高教师业务素质和育人水平。

三、以习惯养成教育为核心，呵护幼儿健康成长

我们清醒地认识到,幼儿期的学习、生活从可持续发展的角度来看,并不是要学多少知识性的东西,而是应该培养其良好的学习习惯、生活习惯和行为习惯,重点抓好幼儿的养成教育。而游戏又是发展幼儿个性品质、培养良好的行为习惯最重要的途径,所以,我们幼儿园教育以游戏为基本活动。

四、以游戏贯穿一日活动，点亮幼儿快乐童年

高尔基曾说过,游戏是儿童认识世界的途径,他们生活在这个世界里,并负有改造它的使命。结合全国学前教育宣传月,让游戏贯穿幼儿一日生活,点亮幼儿快乐童年。将游戏的童年还给孩子,让孩子在游戏中收获健康、阳光和快乐!

云山中心幼儿园学校发展规划中的管理机制

平度市云山镇中心幼儿园　强典娟

一、背景分析

云山镇中心幼儿园在园长带领下,领导班子做了大量细致的调研,在调研的基

础上,经过充分论证,形成了"五年发展规划",为幼儿园的发展指明了方向,在"五年发展规划"的引导下,首先把五年发展规划按年度分解,形成年度工作重点和目标,各部门在总目标和年度目标的指导下,形成各部门目标及个人发展规划。

二、存在问题

幼儿园虽然建立了相应的监控机构和制度以及相应的监控措施,但是管理监控措施尚待完善。

三、改进策略

为保障规划的顺利实施,该园注重管理改革,制定并完善了各项制度,加强目标管理、计划管理,并逐级监控部门、组室和教工个人发展规划的实施情况。

1. 加强目标管理,管理更趋高效益

强调通过提升管理水平来争取良好的管理效益,强化依法办园意识、规范发展意识、民主监督意识。该园从实际出发,立足园本管理,以"争创具有特色的示范幼儿园"为目标,以合理制度规范人,以崭新机制激励人,以亲切关怀凝聚人。在实施过程中,实行人本管理,有效利用人力资源,做到优势互补、能力互补、特长互补、年龄互补、性格互补,用其所长、避其所短;及时反思过去、加强梳理、提升经验,不断完善发展目标在计划实施中的调控、检查、反馈、总结;注重各项工作的资料积累、归档、保存,在找问题、思对策的过程中趋向完善。

2. 实施分层管理,管理更趋实效性

通过建章立制,有序管理。该园的分层管理层次清晰,渠道畅通,形成了以幼儿发展为圆心、以保教人员为外延的管理模式。领导班子团结协作,守职尽责,有很强的团队精神和凝聚力。

3. 开展互动管理,管理更趋人性化

教职工是幼儿园发展的主体力量,园领导树立"管理就是服务"的现代管理思想,上下级关系转变为合作伙伴关系、服务与被服务的关系。如在课程管理中,为发挥教职工的能动性、创造性和主动性,园领导为教职工创设更大的空间与余地,如在必要的制度约束规范内,允许教师调控教学内容与时间。园长和教师走进彼此"心门",大家从论教育到论家常、从忘我工作到假日活动,共同营造了自由开放、宽松和谐的学习、工作氛围。在合作中园领导恰当地指引与支持教职工,在上下互动中求发展、求提高、求和谐。

4. 实行民主管理，管理更趋民主化

在现代化教育管理理念的指导下，不断转变管理理念，管理从封闭到开放。在园务管理中，注重让教职工、家长代表等更多的人员参与幼儿园管理。做好园务公开、园内重大事项公开、重大决策公开，园长、中层干部定期接受群众的监督和评议，经常保持与家长的思想沟通。幼儿园工作呈现出"人人有事管，事事有人管"的局面。

通过调整策略，形成了规划有序的监控机制。及时梳理总结在实施规划中的预定目标达成情况，运用教育评价的理论、技术和方法，进行重温与反思，总结经验，找出不足，加以改进，从而进一步促进幼儿园各方面工作的规范化与科学化，实现幼儿园的自主发展和特色发展，保障了幼儿园发展规划的顺利实施。

抓基础 建常规 用爱润泽教育

市北区瑞安幼儿园 杨丽菁

2013年秋，我接办了位于市北区最西北边的湖岛棚户区改造配套幼儿园。建园伊始我就提出了"爱润童年 惠泽未来"的润泽教育理念，以此为抓手，借鉴水润万物而不争、潜移默化、润物无声的思想理念，引领教师的成长、课程的建构，实现幼儿园的特色发展。以"抓基础 建常规 用爱润泽教育"为核心工作，扎实有序地推进校园文化氛围营造、人文管理探索、润泽课程建构、保级队伍打造等工作。

首先，建章立制，做好规划，这是一个幼儿园运作的基础！

这一点对一所新园，特别是完全独立运转的新园是十分重要的。幼儿园从制定幼儿园章程、建立规章制度入手，与教职工共同讨论幼儿园的发展规划。通过讨论我们确定了"爱润童年 惠泽未来""让孩子在爱的滋润中快乐成长，让老师在爱的灌溉中幸福发展"的办园理念，明确了"探究润泽教育思想及理念，创设润泽教育的校园文化，以平等、无私、包容、焕彩的人文管理，建构具有园本特色的润泽教育课程，打造一支高素质的教师队伍，形成润泽教育特色，争创省、市两级示范园"的三年发展目标。可以说，章程、制度、规划的建立和明晰，为我们定准了目标、找准了方向，我们已经开始稳步迈进！

同时,在研讨中幼儿园还提出了"七个坚持":(1)坚持依法办园、民主治园的办园原则和管理理念,规范办园行为,提高办园素质,实现幼儿园的和谐发展;(2)坚持提高教职工专业水平与师德建设两手抓,倡导以德执教,做好师资队伍培养与建设工作;(3)坚持以贯彻《幼儿园工作规程》和《幼儿园教育指导纲要》,更新观念,勇于创新,不断提高保教工作质量;(4)坚持以教科研工作为中心,深化课程改革,用教科研促发展、创特色;(5)坚持开创幼儿园、社区、家庭一体化办园特色,创造良好的大教育环境;(6)坚持安全工作压倒一切的方针,不断提高安全意识;(7)坚持立足岗位、服务教学,克勤克俭,改善条件,追求一流的卫生保健和后勤工作目标,为幼儿园各项工作开展打好基础。在"七个坚持"的工作思想的指导下,幼儿园各方面工作扎扎实实地开展起来。

第二个基础是教职工队伍的凝聚、融合、培训与发展。

我园建园初有教职工21名,其中在职在编教职工仅9人,8人是近两年考录的一线教师,其中4人为应届毕业生,其他4人有3～5年工作经验,且这8人中只有2名为本地考生。在卫生保健、财会、保育、烹饪等岗位的教职工均为无幼儿园相关工作经验的新人!建园短短一年,幼儿园在润泽教育的办园思想引领下,秉承着平等、无私、包容、焕彩的人文管理理念,从人文关怀、职业道德养成、保教策略的研讨习得等方面展开工作:如鉴于幼儿园外地职工多,我们开展合租共筑瑞安家庭活动,从关心教师的生活入手,让他们感受到集体的温暖、爱的润泽。在职业道德教育方面,我们紧抓润泽教育内涵,通过研讨使教职工知道润泽教育不仅仅指的是教育策略和内容,更重要的是要求教师要用心灵呼唤心灵、情感启迪情感,品行垂范品行。在提高教师保教策略和师能方面,我们通过"教师测思问卷"引导教师认识自己,客观地进行"自我设计",鼓励教师参加培训学习,帮教师确定跳一跳能够得着的目标,并指导他们体验到成功的喜悦和教育的幸福感。

第三个基础是科学、规范同时又具有园本特色的课程建设与实施,这是使幼儿园保教质量上水平的关键!

在课程模式的建构研讨中,我们与教师紧紧抓住润泽教育的核心理念,通过研讨,我们确定了幼儿一日生活中的主题课程,这一课程内容已在教育实践和研究中逐步展开;对于幼儿的良好行为习惯和生活卫生习惯的养成应融入一日生活,我们提出了浸润养成课程,养成课程的目标要求和具体实施策略将是我园今后探索的课程内容之一;同时为了彰显幼儿特色、拓宽幼儿的兴趣爱好和视野,我们又提出了点润特色课程,本年度我们已围绕着小水滴系列开展了"我爱生活创意美术亲子制作""乐享阅读活动""乐图小分队远足活动""快乐户外亲子爱运动活动""我演经典童话剧活动"等,这一系列特色活动的开展,不仅丰富了孩子的课程内容,拓宽了孩子的视野,增强了孩子的能力,使他们养成了好习惯,还引领着家长的教育观念和教育行为,教师在活动中的组织办调能力和教育指导意识与水平也大大提高了!

真规划促进真发展

平度市新河镇新河中心幼儿园　郑素岩

背景分析:新河镇新河中心幼儿园地处偏远农村,所处地域人口少,镇域内幼儿园规模小,在园孩子少,经费相对短缺,师资力量薄弱。

问题梳理:小规模乡村幼儿园如何进行发展规划,实现镇域内幼儿园教育资源效益的最大化,促进优质发展,从而走出具有特色的发展道路。

实施策略:如何进行学校发展规划,促进乡村小规模幼儿园的发展,我们具体做了如下工作。

一、合力共谋,成就共育发展规划

幼儿园发展规划是以幼儿园为主体,采取自下而上方式,广泛动员幼儿园社区相关群众,共同参与制定的有关幼儿园的发展规划,包括幼儿园要达到的主要目标和每时段的行动计划。通过家长会、调查问卷、"我们的幼儿园我们做主"倡议仪式等途径引领社会、家长广泛参与,共谋、共话幼儿园的大发展。与传统的工作计划有所不同的是,幼儿园发展规划坚持"自下而上"的原则,实现了由原来的"唯上是从"到"唯下是从"的转变,"以前的计划是园长的计划,现在是大家的计划","以前知道做什么,不知道怎么做,现在既知道做什么又知道怎么做"。规划路径改变了、规划内容多元了,实施规划者的能动性提高了、幼儿园发展态势多姿多彩。

二、基于本土,确立特色发展路径

新河镇系百年编艺小镇,有丰富环保的草编工艺品及材料;又是农业之乡,各类农作物应有尽有;乡镇西依胶莱河、北临泽河,镇域内沟湾河塘随处可见,各水域中有种类繁多的水产品——鱼、虾、螃蟹、蛤蜊等。"合乐"教育中的"合",取"新河"的"河"的谐音,意为合新河人脉、地域资源之力,呈现特色之美,成就孩子的快乐童年。新河幼教人秉承"合乐"教育理念,不断探究、努力。特色创建过程是不断积累、逐步完善、艰苦追求、不断创新、自我优化的过程:合家长资源之力,多维度感受,快乐无限;集社区资源之力,收获感动,快乐回报;合多维度资源之力,工作呈现地域之美。

三、"六统一"管理,镇域内园齐头并进

新河镇新河中心幼儿园对辖区内的幼儿园一直实施"六统一"管理:一是统一规划布局,二是统一收费管理,三是统一招聘调配,四是统一工资发放,五是统一业务管理,六是统一考核评估。中心幼儿园龙头带动,村办幼儿园紧紧追随。在发展过程中坚持"一个也不能少"的原则,"六统一"管理模式使规划布局趋于合理、教师资源合理搭配、教师队伍日趋稳定、教育质量趋于优质,镇域内幼儿园发展齐头并进。

四、打造不失田园美的精致乡村幼儿园

地处偏远、经济力量薄弱,这是当前我们的工作中不争的事实。但是我们不等不靠,基于实际确立了我们的发展路径:广泛挖掘(室内外活动材料)、自制供给(幼儿玩教具)、处处精致(诸项工作要求)。在这个思路的指引下,我们的工作盘活了:镇域内各幼儿园的活动材料琳琅满目,幼儿玩教具应有尽有,教育工作质量高。看氛围:富有田园气息;看环境:雅致优美;看成长:充满个性和快乐。

我们求之渐成,还会有何求呢?

以后的工作中,我们会继续针对自身的实际情况,动员幼儿园社区相关群众积极配合。我们愿以乡村幼儿园发展规划为帆,为农村小规模幼儿园的发展竭尽全力!

追求规范高质 打造窗口名园

即墨区实验幼儿园 丁淑秀

一、科学规划、分步实施，不断优化育人环境

为了创设更好的育人环境，我们努力争取上级部门的支持，多方筹措资金，积极改善办园条件，不断完善园内软、硬件设施。在硬件设施不断完善的同时，我们不断营造富有"爱"的气息的文化环境，追求以"爱"为主旋律的情感性环境影响。

二、强化师德，基于问题，练就专业队伍

不断加强教职工队伍的专业化成长，我们实施"基于问题"的学习和培训，让领导班子成为《幼儿园教育指导纲要》精神的身体力行者，让每一名教师都成为专业型教师，让各岗位职工都努力成为本职工作的明白人，确保在专业化发展的道路上，每人都有不同程度的提高。

三、以人为本，科学管理，提升幼儿园办园水平

幼儿园坚持"以人为本"的办园理念，认真贯彻执行国家的教育方针，做到保教结合、教养并重。定期编制切实可行的三年发展规划，坚持培训与考核相结合的管理模式，将幼儿的发展水平作为幼儿园一切工作的出发点和归宿，为幼儿园走向规范化管理打下坚实的基础。

四、以教研促发展，突出课程特色，不断提高教育教学质量

引领教师树立"以幼儿发展为本"的"阳光教育"课程理念，为每个幼儿提供充分、自主、和谐、健康发展的教育机会与条件；重视教师、幼儿、家长共同学习、共同成长过程的实践与探索；发挥教育科研的先导作用，强化幼儿园教育教学的研究，以课题研究为导向，以项目激励为机制，以科研提升质量。

1. 优化一日各环节，成为保教工作的窗口

提出从优化幼儿一日生活常规入手，将各种教育贯穿于一日活动中，做到以游戏为基本内容，充分调动每个孩子的学习积极性。

2. 坚持教研跟进原则，成为课题研究的窗口

开展针对性的园本教研活动，根据日常巡视各班教育教学活动的开展、生活常规的培养和环境创设情况等发现的问题，结合教师的困惑和问题，开展形式多样的、有针对性的教科研活动。

3. 发挥示范辐射作用，成为规范办园的窗口

在推动自身发展的同时，充分发挥自身优势，分别与多处薄弱园成为结对园，开展"城乡手拉手教研联组"活动，从幼儿园管理、教师专业成长、保教业务指导、改善办园条件等各方面给予全力扶持和帮助。

4. 突出课程的园本化特色，成为课程建设的窗口

依托绿色、生态的幼儿园整体环境，不断挖掘当地教育资源，丰富"阳光教育"课程体系。同时我们还从幼儿的生活、兴趣和需要出发，将户外体育活动、美术教育、安全教育及时吸纳到园本课程中去，并逐步呈现出自己的特色。

追寻发展内核，实现内涵发展

李沧区衡水路幼儿园　王　开

今年，我从分园园长的岗位过渡到了园长的岗位，这看似不大的转变却让我对学校发展规划的理解越发深刻。学校发展规划既是一种重要的管理手段，又是一种重要的管理理念。幼儿园同学校一样，无论大小，都必须科学制定并有效实施发展规划，尤其是要注重发展规划的内涵，注重提升办园思想，注重提炼办园特色。

一、明确方向，确定目标，常抓不懈

幼儿园发展规划，无论是长远的还是近期的，都必须具有明晰的方向，总体上要不折不扣地执行党和国家的教育方针，符合教育政策法律的有关规定。具体要从学校的实际出发，要体现学校的办学思想、办学理念、办学愿景和办学特色。如在原工作单位，为深入学习贯彻落实党的十九大精神、习近平新时代中国特色社会主义思想和全国教育大会精神，围绕"科研兴园、特色扬园、质量立园"的目标，扎实推进幼儿园新形势下集团化办学改革创新发展和教育教学管理工作，全体教职工开拓进取，创新奉献，以党建工作为统领，凝聚幼儿园发展合力，理论建设常抓不懈。按照"抓学习，促规范，提内涵"的思路，进一步深化党建工作规范建设，落实"三会一课"制度。通过成立党小组、理论中心组及召开党员大会等形式，结合书目开展理论学习与研讨；在儒商大会、全国教育大会、庆祝改革开放40周年大会等重要会议召开之际，开展专题学习，在时事变化中学思想理论、学决策部署、学政策要求；同时选取理论热点、难点、重点问题，印制中共十九大专题学习问答手册，通过问答形式，理清党员学习思路，进一步夯实理论学习成果。校长要明确方向，在认真调查研究、广泛听取教职工意见的基础上，制定出学校发展目标。目标的确定自下而上，经过一定的组织程序，形成一种长效机制，不得朝令夕改，随心所欲。目标一经确定，要宣传贯彻到学校全体师生员工之中，使之成为共同的行动目标。

二、前后相继，不怕困难，逐步推进

不积跬步，无以至千里。学校规划中每一项决策目标的实现，都要一步一个脚印，逐步推进，方可取得成功。以党建活动为例，为推进党风廉政建设，贯彻落实国家、省、市教育系统全面从严治党工作会议部署，推进反腐倡廉建设，先后面向党员干部、财务等重点风险岗位人员开展反腐败教育，强化风险、"红线"意识；面向教师开展"推进师德师风建设，提振干事创业精神"专题教育，学习《新时代幼儿园教师职业行为十项准则》《幼儿园教师违反职业道德行为处理办法》《关于学前教育深化改革规范发展的若干意见》，树师德规范，增强法制意识，打造崇法尚廉的高素质教职工队伍。同时，提升党建宣传力度，加强党建工作阵地建设，通过党建制度上墙、增设党报党刊学习专栏等形式，推进党建活动室"六有"标准化建设；开展党员"一人一岗一承诺"活动，公示每名党员的承诺，时刻提醒全体党员用"热心、细心、耐心、真心"对待幼儿和家长，发挥先锋模范作用，充分展现"幼童之家"党建文化。

三、抓住机遇，加强领导，追踪落实

在规划我园发展的过程中，总会遇到各种各样的问题，其中党建问题是每次讨论的重点之一。因此，带着问题，领导班子寻标、对标、勇破依赖，党支部围绕解放思想大讨论活动，先后进行思想动员工作并阶段性地组织召开专题研讨，引导党员干部强化主场意识、主角意识和主业意识，增强参与大讨论的自觉性。我园面对集团化发展中的现实问题和发展"瓶颈"，确立了"以解放思想大讨论推动集团化办学和开放教育再创新"的主题，并确定了健全集团化办学机制、深化开放教育、提升干部队伍领导力与执行力、坚持以人为本和以幼儿为本、加强幼儿园制度建设五个方面的研讨课题。坚持问题导向，通过共性问题全面查、特色强项仔细查、弱项难题重点查，认真寻找差距，深入研讨理清思路路径，逐项研究制定整改方案，破解发展难题，拓宽发展路径。

我园为了提升教职工应急安全意识和技能，组织教职工走入山东海丽应急安全教育培训中心并邀请居安防火中心专家来园培训，使教职工掌握自然灾难、生活火灾、地铁事故等危急时刻的正确逃生自救方式和逃生技巧；在重阳节来临之际，邀请退休园领导和教职工回园重聚，参与以"爱在金秋 情暖重阳"为主题的重阳节慰问活动，制作《我们的故事》微电影，重温"幼童之家"的发展之路，感恩老一代开放教育工作者的辛勤付出；2019年春节前夕，园领导和工会委员分组走访和慰问了退休的老领导和为幼儿园做出突出贡献的教职工并送上节日的问候和新春祝福；面对青年女教师，开展大学、部队等多样化群体联谊活动，为单身女教师搭建丰富业余生活、拓展人际交往空间的交流平台。

时光不语，静待花开

——民办园的发展之路

市北区海贝儿幼儿园　闫文卿

一、背景分析

我们幼儿园从 2007 年建园至今，已经走过了 14 个年头。建园初期，幼儿园只有四五十个孩子，好多教室都是空的。我们进小区搞活动、发传单，但是家长对民办园心有疑虑，参观的人多，真正报名入园的却少之又少；加上教师队伍不稳定、人员流动性大，导致生源留不住，幼儿园发展十分困难。

二、问题梳理

一是办园理念陈旧，缺乏明确的办园目标和发展规划，缺乏科学的管理措施。在园务管理上有制度，但没有检查落实；教师管理上有人员职责，但没有考核，既不重视业务培训，也不进行园本教研；保教管理只重视幼儿安全，缺少对教师运用教材、开展常规教学的辅导。

二是幼儿园只能依靠有限的保教费维持日常运作，其维修、教师培训、教师福利待遇等经费都难以得到保障。

三、解决策略

1. 坚持学前教育公益普惠的基本方向

2012 年政府出台了普惠性民办园财政补助政策，我们幼儿园积极响应，通过个人申报、园长汇报、现场查验等环节，成为青岛市第一批普惠性民办幼儿园，享受政府资金资助。普惠性补助金的发放对幼儿园改善办园条件、提高教师福利待遇、保障发展起到了极大的推动作用。近几年来，幼儿园始终坚持普惠办园的方针，遵循教育发展的规律，以幼儿为本，坚持用热爱教育事业的赤诚之心和懂教育的睿智之心，以把优质的教育送给孩子、把真诚的服务送给家长为宗旨开展工作。我们以扎实办教育的高度社会责任感赢得了很好的社会声誉,同时,也获得了良好的经济效益。

2. 遵循共同体的发展理念

从一个国家、一个地区到一所幼儿园的发展,如果闭门造车、不走出去,同时也害怕别人的参观学习,怕会为自己带来竞争,这样就会目光短浅、不思进取。从小的方面说,会影响幼儿园的健康发展;从大的方面说,会制约一个地区甚至一个国家幼儿教育事业的发展进程。我们幼儿园自办园以来,积极参加市、区的各项活动,与其他幼儿园结对,定期组织各项观摩活动,将一些好的经验定期分享。

我们幼儿园也注重自身的学习与发展。园长参加了青岛市名校长工作室,业务园长参加了青岛市名师工作室,不断向先进园所的园长、教师们学习,将先进的教育理念第一时间传递给我园的教师们。同时,每年为园内教师外出学习也提供了大量的机会,为老师们聘请各领域的专家来园做讲座,在先进的教育理念和教育模式的引领下,这里的每一位教职员工每天都在工作中创新、在创新中突破、在突破中成长与发展。

3. 实施人文化的园本管理

对民办幼儿园来说,教师面临着很大的压力,人员流动性很大,所以民办幼儿园应更加注重人文关怀,在幼儿园形成和谐、民主、宽松的人际氛围,增强教师的安全感、信任感和归属感。我们幼儿园"以人为本"的绩效考核制度公平、公开,大大调动了教师们工作的积极性;为了教师们快速成长,找到自己的职业价值,我们幼儿园为教师们提供了一系列培训、学习和锻炼的机会;我们提倡赏识管理,或许是一句话、一个动作、一种眼神,也或许是给予教师一次机会或一种职位。在赏识管理下,教职工们自信、自尊、自强、自立,然后这种状态就会影响到其所教的孩子。这种赏识管理转化成赏识教育的过程便是幼儿健康发展的过程。

加强教师培训、提高教师整体素质,也是人文化管理的一个方面,而且,对民办幼儿园来说,水平参差不齐的年轻教师亟须加强培训,提高教师整体素质刻不容缓,这对提高幼儿园保教水平、教师专业化发展以及教师实现自身价值都会起到重要的作用。

总之,提高教育教学质量,有效、切实组织好幼儿在园一日生活的各环节,把优质的教育送给孩子应是民办幼儿园的不懈追求和不断努力的方向。

用勇气与担当，谱今朝教育芳华

——平度经济开发区中心幼儿园发展之路

平度经济开发区中心幼儿园　官伟丽

由于发展底子薄、历史欠账多，农村学前教育依然存在体制不完善、发展不均衡等问题，质量堪忧。幼教中心制尽管在解决农村幼儿教育发展不均衡问题上有着明显的优势，但是在实施过程中，却依然艰难重重。

一、中心幼儿园从无到有 —— 责任与担当夯实发展基础

（一）有名无实，唯赤子之心不可辜负

2012 年，平度经济开发区中心幼儿园在上级主管部门的统筹布局下诞生了，当时只有中心幼儿园的名却没有实体园，园长是"光杆司令"。成立之初，幼儿园办公室设在小学，没有人手，没有经费，大大小小 20 多个有证园、无证园，公办、民办、私立，复杂懒散，各顾各家。园长接过重担时给自己立下誓言：干就干最好，否则不干！园长带班子拉队伍，带领仅有的两名"大将"兼"士兵"，深入辖区内大大小小 37 个村庄及 10 多个社区走访、调研，最终给自己明确定位为服务、协调、担当。

（二）从无到有，小小村办园担起中心园重任

2013 年建立的后八里村金种子幼儿园，作为平度经济开发区中心幼儿园，改变了中心幼儿园无实体园的局面。

在这所面积 200 平方米的幼儿园中，园长兼教师、厨师，带领 2 名教师从 6 名孩子教起，拉开了开发区幼儿园发展的序幕。2013 年至 2014 年的目标是理顺辖区内中心管理体制，狠抓基础建设。经过多方协调，我们争取到了本地政府以及社会资源支持，两年多时间，争取到资金 360 万元，按省农村幼儿园基本办园标准新建改扩建村办园 10 所，基本完成各园配套设施的建设。标准化建设的有力推进，使全区办园

条件得到了明显改善,整体呈现均衡、优质发展趋势。在业务管理方面,我们抓培训、抓教研,直接培训500多人次,组织参观学习200多人次,带领中心园班子成员住进村级园办公、任教示范,让全体教师提境界、上水平。

但此时的中心幼儿园(金种子幼儿园),由于地理位置、办园规模、师资力量等原因,不能适应发展的要求,新的难题困扰着开发区学前教育的发展。

二、从小学附属幼儿园到中心幼儿园 —— 职能转变带来飞跃式发展

从1998年创立到2013年,原平度经济开发区实验幼儿园一直是一所独立幼儿园,2014年,在上级主管部门的统筹安排下,开始行使中心幼儿园职能,引领开发区学前教育化茧成蝶,实现规范化办学,均衡发展。

(一)布局调整,整合优化教育资源

根据平度市学前教育布局撤并了4所无证小规模的幼儿园,集中资源发展建设优质园。5所村办集体园总投资约3505万元,充分利用闲置校舍,改扩建6所幼儿园,改造总面积达7385平方米,在2013年全部完工。科学合理的布局规划,满足幼儿就近入园、入优质园的需求,促进了各园均衡发展。

(二)"六统一"管理,加快开发区学前教育规范发展

"六统一"管理就是按上级政策规定的区域内幼儿园一体化发展的要求,充分发挥中心幼儿园管理职能,推行本镇区域内统一规划布局、统一经费管理、统一教师招聘调配、统一教师工资发放、统一业务管理、统一考核评估,目的是保障学前教育规范、公平、优质、均衡、健康发展。

在推行"六统一"管理过程中,教师统一管理的推进难度始料不及,因为大部分村办园都是由村委管理,所以他们认为村里幼儿园的一切事情他们都有权利定夺,所以招聘、解聘教师也是他们一手控制,导致教师管理、培训等工作不能顺利开展。为此,园长与片主任商讨工作思路,怎样让村里心平气和地接受并把权力收回来,最终决定先由园负责人跟村里沟通,汇报"六统一"管理的趋势,然后登门拜访村负责人,进行沟通交流,把村里的责任揽到园负责人和园长身上,并就办好优质园、服务好老百姓和给村委增光做出承诺,这样拉近了与村委的距离,同时也明确了各自的责任和义务,理顺权责关系,把教师招聘、调配一事成功理顺。

以研促教,促进幼儿园内涵和特色发展。平度经济开发区中心幼儿园把"早期阅读和表演游戏"确定为园本教研目标,实现了办园质量的全面提升,办园特色逐步凸显。2017年"以表演游戏为载体 促进幼儿全面和谐发展的研究"被列为青岛市

教育科学"十三五"规划课题,荣获山东省第四届幼儿园特色展示活动评选优秀奖、青岛市教学成果评选三等奖。2018年"幼儿早期阅读与表演游戏的开展研究"立项为中国学前教育研究会"十三五"滚动课题,标志着平度经济开发区中心幼儿园幼儿早期阅读的研究达到新的高度。围绕课题研究,教师们引领幼儿、家庭共享书香乐园。

作为一所20余年的老园,虽经多次改造,但是建筑格局无法改变,与现代化幼儿园的标准有很大差距,开发区中心幼儿园积极寻找新的机遇,期待更好地发展。

2016年,平度市第一家由市政府筹建、开发区管委投入启动的公办性质社区幼儿园在东方明珠小区建成并划归平度经济开发区中心幼儿园,办园规模为10个教学班,是省级标准化建设园。开发区中心幼儿园一园两址,新、旧园各扬所长,共同发挥示范引领作用。建园短短两年内,开发区中心幼儿园(东方明珠园)围绕"用爱养育,用心教育,师幼在爱中幸福成长"的办园目标,坚持"开放创新,体验探究,让游戏点亮快乐童年"的办园理念,精心打造"爱的课程",全面实施幼儿素质教育,使幼儿园成为孩子们喜爱的家园、乐园。

"一枝独秀不是春,百花齐放春满园",作为平度学前教育的新星,开发区中心幼儿园(东方明珠园)还承担着开发区协作体教育联盟重任,带领南村、门村、张戈庄、东阁、郭庄等10处乡镇街道中心幼儿园及民办幼儿园共同发展,本着问题共研、资源共享、园际同行的原则,构建合作发展文化。该园发挥示范、引领、辐射、带动作用,积极向着优质、均衡、品牌学前教育方向迈进!

七年来,平度经济开发区中心幼儿园一步一个脚印,谱写着学前教育的华章,经历了从无到有、从有到优的华丽蝶变。

规划学校发展　优化教育资源

平度市同和街道中心幼儿园　孙会珍

一、发展背景

平度市同和街道中心幼儿园始建于1985年,位于平度市同和街道办事处广场路

5 号,是一所山东省示范幼儿园。占地面积 3360 平方米,建筑面积 2216 平方米,绿化面积约 206 平方米,幼儿户外活动场地 938 平方米。目前,幼儿园设有 13 个教学班,幼儿 520 余名,教职工 30 名。

幼儿园坚持党建统领全局,全体教职员工铆足干劲儿,认真落实"12345"工作法,即围绕"一个目标",打造"两支队伍",提升"三类幼儿园",筑牢"四大板块",建设"五大领域工作坊",推动幼儿园内涵跨越式发展。幼儿园自建园以来,管理日趋规范,特别是近几年,幼儿园从外部环境的改造到内部设施的配备,发生了翻天覆地的变化。办园条件不断改善,社会声誉越来越好。

二、问题梳理

随着教育改革的不断升温,社会对教育的重视度普遍提高,显著的表现就是社会各界教育资源的丰富化和整合化。优化教育布局,整合教育资源,是深入贯彻落实科学发展观、提高教育质量、促进教育公平、办好让人民满意的教育的基础性工作,是实现教育均衡发展的需要。因此,补充、优化幼儿园教育资源,满足学前教育需求,成为当前我们必须要解决的问题。

三、优化教育资源,提升办园品质

1. 积极营造快乐和谐的幼儿园文化氛围

树立"双主题、双快乐、双发展"的办园理念,以科研为先导,加快教育现代化发展步伐,积极推进教学改革;以"和爱教育"课程为切入点,大力加强园本研究,培养幼儿的生活技能,以儿童身心和谐发展为本,努力把幼儿园建成教育理念先进、组织管理科学、师资结构合理、幼儿发展主动、教育特色鲜明的现代化先进幼儿园。紧紧围绕提升"保教质量"总目标,落实好幼儿园保育与教育相结合的办学理念,探讨提高幼儿园保教质量的重要途径,加强一日活动研究,提高全街道幼儿园教育教学和教研水平,全面推动幼儿园保育教育高质量内涵式发展,促进幼儿健康快乐成长。

2. 提升辖区内村办幼儿园办园水平,促进均衡发展

在师资配备和硬件建设方面向村办幼儿园倾斜,全面提升其办园条件,采取"一送、二迎、三出新"的创新教学管理模式,拉动村办幼儿园的保教质量。"一送":指中心幼儿园坚持"送教入园""名师流动"的研训活动。"二迎":指中心幼儿园定期对村办幼儿园提供全方位的开放,提供观摩、学习的机会,实现中心、村办幼儿园共同发展;"三出新":在中心幼儿园"和爱课程"一体化研究的基础上,通过分片交流研讨活

动,引导各园"以园为本,立足实际",搞好各园的特色园本课程开发、管理与应用。

3.形成幼儿园特色办园理念

办园宗旨:一切为了孩子,办人民满意教育

办园理念:双主体,双快乐,双发展

园风:和美 和爱 和乐 和谐

园训:做一个有爱心的人

幼儿园先后被评为"青岛市托幼工作先进集体""青岛市学前教育先进集体""青岛市教育教研先进集体""平度市万名教师进万家访贫问苦先进单位""平度市十大安全校园""平度市十佳师德先进集体""平度市优秀家长学校""平度市素质教育评估优秀等级单位"等。近三年幼儿园先后6次为省、市提供现场会和观摩点;工作经验多次被省、市多家媒体报道;幼儿园连续6年被评为"平度市年终综合督寻评估优秀等级单位"。

同和幼儿园将在市教体局和街道党工委的正确领导下,只争朝夕、砥砺奋进,将"和爱教育"特色推句深入,为幼儿的全面发展服务,让家长满意,让领导放心。全体同和人将以饱满的热情、大爱的情怀、丰富的内涵,向着更高的目标奋进,不断开创同和幼教事业的新局面。

发展在于规划 成长始于目标

莫西市望城中心幼儿园 张 妍

近年来,我园在教育主管部门的正确领导下,认真贯彻落实《幼儿园教育指导纲要》精神,强化幼儿园管理,在硬件投入、软件提升、社会认可等方面都取得了一定的成绩。从领导到教师守职尽责,造就了一支与时俱进、有较强的团队精神和有一定的战斗力、凝聚力的教师队伍。

一、现状:发展优势与问题

制度化的管理机制已为我园可持续发展奠定了基石。依法治园、以德立园已成为我园的办园根本。自办园以来,在规范幼儿园办园过程中,我们依法制定和逐步完善了幼儿园各项规章制度,并坚持以制度为准则,鼓励教职工在遵守制度的基础上为幼儿园发展出谋划策,增强教师主人翁意识,提升执行制度的自觉性;重视教职工提案,建立分层管理、层层落实机制,激发教职员工的自豪感,保证了幼儿园管理渠道畅通,运行有序。

目前存在问题是师资综合能力培养有待加强,要加大梯队建设。我园目前优秀骨干教师的数量还不多,成熟型教师缺乏个性;教师队伍专业化水准参差不齐,两极分化依旧存在。

二、从发展规划入手促教师专业成长

要加强梯队建设,提升区域骨干教师比例;追求队伍素质化、个性化发展;努力打造"爱岗敬业、理念先进、术有专攻、勤于思考、敢于创新、善于合作"的优秀教师队伍,以适应山东省示范幼儿园的发展要求。

(一)从园所现状出发,制定教师队伍发展规划

优秀幼师队伍的建设是一项长期的工作,管理者必须具备战略眼光,并从园实际及教职工队伍状况出发制定教师发展目标。针对教师专业水平比较薄弱的情况,我们从幼儿园的实际出发,通过集体决策、分析、调研,认识到师资问题是当前幼儿园发展的主要问题,从而制定出改善师资的具体发展规划。

(二)从自身发展出发,建立教师自我完善机制

1. 教师制定自我发展的新学期规划

教师依据幼儿园的发展规划,制定自我发展的规划,并定期进行评估,对自己的规划进行调整。

2. 完善教师自我评价机制

每学期组织教师自评,促进教师自我修正、自我提高。

3. 完善教师进修机制

鼓励教师积极参加资格证考试及在职学历进修,提高教师的持证率和专、本科的学历占有率。

(三)从实际问题出发,加大教师培训力度

结合实际,有序地实施教师培养计划,有针对性地解决问题,制订了改善师资的

四大计划。每一个计划的制订,都是为了解决实际问题。

1. 加强学习,提升理论水平

采取自学和集体学习的方式,加强教师理论学习,组织教师认真研读《3—6岁儿童学习与发展指南》《幼儿园教育指导纲要》,开展以学《3—6岁儿童学习与发展指南》、读《幼儿园教育指导纲要》为内容的"学而思大讲堂"活动,使教师的理论水平快速提升。

2. 搭建平台,注重骨干培养

结合实际,加大新教师、骨干教师的培养力度。一是开展青年教师汇报课活动,重点加强青年教师的授课水平;二是加强骨干教师队伍的建设,开展教师听评课活动,开展骨干教师带徒弟活动,带动其他教师不断发展。

3. 岗位练兵,加速专业成长

开展形式多样的岗位培训。我们综合利用幼儿园的各种资源,通过教育教学、安全、卫生保健、后勤工作等各种专项培训,开展岗位练兵,提高各类人员的专业素养,加速专业成长。

4. 分层培训,提高专业技能

针对幼儿教师在专业基本技能方面存在的差异,我们实行分层培训,提高培训实效,如弹唱基本功培训、舞蹈培训、手工制作培训、区域创设培训。通过培训,教师们在专业技能方面有了很大提高。

总之,幼儿园的发展与教师的发展是密不可分的,皮亚杰指出:"有关教育与教学的问题,没有一个问题不总是与师资培养问题有联系的。如果得不到足够数量合格的教师,任何最使人钦佩的改革也势必要在实践中失败。"我们要努力营造一个主动发展、富有支持性的空间,促使教师不断努力和反思并关注他们的内在价值需要。我们的教师都会获得真正意义上的专业成长,而幼儿园的教育也将会步入更加科学化、规范化的道路。

做七彩教育人　走专业成长路

西海岸新区琅琊中心幼儿园　肖桂芳

2019 年我最喜欢的一本书是郑英老师的《教育，向美而生》。书中郑英老师自喻为教育农人，坚守教育初心，从容有爱地打理每一株幼苗，与学生一起心怀寻美的理想，寻觅着、欣赏着、思考着，创造了生动有趣的教育生活。因为她，从教二十余年的我重燃教育激情，有一种想重新开始我的教育生活的冲动；因为她，我开始了关于幼儿园管理的思考：我该做些什么，该如何规划幼儿园的发展……

当阳光温暖地洒向大地，当孩子们在偌大的院子里跑着、笑着、闹着，当老师们满面笑容又温柔地看着眼前的孩子……我豁然开朗。我想办一所充满仪式感的幼儿园，让老师和孩子们每一天最期待的事就是入园，在这里收获满满的快乐和幸福；我想创造有教育味道的幼儿园生活，教师幸福于专业的成长中，幼儿快乐于游戏的探究、体验与创造中，教育生活充满浓浓的情谊，教育也会有童话般的美丽。

一、有张有弛做管理，行自然之道

德国管理大师说过，管理的本质就是信任，管理不应该建立在强权上，而是应建立在组织的相互信任上。信任会带给我们爱和规则，带给我们温暖，传递给我们力量，让管理多一份温情。

一是实施亮点管理。"世上不是没有美，而是缺少发现美的眼睛。"我们要求幼儿教师要善于观察和发现，这同样适用于管理者。能看见、会看见是管理者必备的能力，可以有效促进幸福团队的建设。我们要用欣赏的眼光去看待教师，要睁大眼睛、拿上放大镜去寻找亮点和优势，并给予及时、有效的赞美和欣赏，给予积极、正面的引导，让他们感受到自身的价值，调动工作的积极性，在幸福中感恩前行。

二是实施授权管理。授权的前提是彼此建立一种健康的信任文化，相互尊重，彼此成就。我们将继续探索优化项目管理，让教师成为幼儿园的一分子，自主自愿地出谋划策，参与管理。带领全体教师从身边小事做起，集中有限的人力和资源，确立"七彩管理故事""角色区幼儿游戏行为解读"等专题研讨项目,组团发展,群策群力,让教师在专业道路上自主、自助成长。

二、有情有义当教师,走专业成长之路

一个有情有义的幼儿教师,内心必然充满仁爱、光芒和智慧,可以温暖幼儿的心灵、启迪幼儿的心智并让爱与智慧的种子在幼儿心中萌芽!

一是在阅读中获取生活的智慧。阅读是人生活中最美的姿态,也是人生最美的状态。我们将深入探索"每日一读"和琅幼读书会的"好书共读",坚持撰写读书随笔、教育故事,让阅读回归生活本位,在阅读中感悟生活的真谛,获取生活的智慧。因为只有会生活的人才董得经营生活,才会在教育生活中获得快乐和幸福的感觉,才能够将这种感觉传递给孩子。

二是在研究中获得专业的成长。身为教师的生活和感悟各有不同,但是成功教师的幸福体验无一例外地来自专业成长。真正令人满意的幸福,总是伴随着充分发挥自身的才能来改变世界,这是富有自豪感和成就感的真正幸福。我们将与教师一起潜心研究课程、厓心研究教育规律,坚守"一辈子做教师,一辈子学做教师"的初心,秉持匠心的执着精神,将幼教做得更专业。

三是在实践中获取幼儿的成长密码。实践出真知,幼儿在游戏实践中体验探究和挑战的乐趣,获得成功或失败的感悟,这都是他们步入未来社会的必经之路。作为教师,我们要成为幼儿游戏的观察者、支持者、引导者、合作者,如安吉游戏一般管住嘴、瞪大眼、迈开腿,做好观察、引导、支持策略,将动手、动脑、动嘴的机会让给幼儿,揭秘幼儿游戏的内在需求,用我们的智慧和专业解读幼儿成长的密码。

"教育,是一项向美而生的事业!"让我们用教师的教育智慧滋润好自己的那颗不老的童心,跟随孩童的脚步,优雅地行走在教育之路上,这既是一种美好的憧憬,也是一种应有的教育自信。

对创意美术特色的思考

市北区桦川路幼儿园　李春萍

创意美术特色是在全面贯彻执行《3—6岁儿童学习与发展指南》精神的指导下，突出美术教育的多样化表现，萌发幼儿感受美的情感，初步形成幼儿崇尚美、欣赏美、创造美的兴趣和态度，丰富幼儿想象力与创造力的发展，促进幼儿健全人格的形成。我园将创意美术作为办园特色，立足"以美促德、以美启智、以美健体，促进幼儿全面和谐发展"，让美润泽孩子的童年，为孩子的美好人生奠定坚实的基础。

在实施创意美术特色办园的过程中，我们发现了如下问题：一是教师创意美术教育能力还有待进一步提高。教师们大部分会通过引导幼儿从视觉、触觉方面进行美术创造，对幼儿自身生活经验、愿望与情趣的挖掘不够，表现幼儿内心世界的方式尝试较少；在美术创造中充分利用多元化资源的能力还不够。二是创意美术教育的课程内容、形式还不够丰富，课程方案中的创意美术内容具有一定的局限性，无法体现丰富多样的形式。三是创意美术教育的思想仅在幼儿园有所体现，在家庭中的渗透较少，有待进一步加强。

针对以上问题，我们努力探求和丰富创意美术教育的内涵，探索创意美术教育对培养幼儿创新思维和创造能力的路径和方法。

1. 继续提高教师实施创意美术教育的主动性和创造性

我们将立足培训、科研，发挥好协作体的作用，提高教师实施创意美术的能力。如，青岛实验小学组织的漫画创意是典型的创意美术，教师引导学生命题，进行漫画创作或修改漫画，颇具特色，我们将采取"走出去、请进来"的方式，提高教师创意美术教育的能力。我园还将树立科研兴园的思想，认真做好"十三五"规划课题，以课题拉动和促进特色发展。

2. 丰富、发展创意美术资源手册内容

一是重新设计重技能传授的教学内容，例如，"'福'字创想"可将传统的单纯线描装饰改为以天空、海洋等为背景的创意设计,引导幼儿根据背景创意想象,用与背景适宜的元素创意设计,体现儿童想象力。幼儿的审美感受是建立在审美感知和审美想象基础上的,而幼儿的审美感知则对杂乱无章或井然有序的事物具有一种直觉的整合作用,即以他们自己的情感为原则来重新想象对象,使之成为以某种情感表现性为灵魂的有机统一体。幼儿就是这样把自己的主观想象附加于客观物本之上的,将没有生命、没有意识的东西视为有生命、有意识、有情感的存在。二是捕捉幼儿兴趣点,生成活动。例如,户外散步时,教师发现幼儿对周围的自然景观感兴趣,时常拿着树枝在地上涂画,由此可引导幼儿开展户外写生。创意美术教育就是要顺应幼儿发展的特点,寓教育于美的享受中,始终把对幼儿的个性、情感的尊重放在首位,强调在幼儿精神获得满足和愉悦的同时,培养其对美的感受能力,提高他们的审美情趣,以形成完整的和谐发展的人格。

3. 利用环境创设,充分体现"以美育人"的办园理念

在创设环境时,力求做到富有创意。例如,对户外环境的创设,我们将设计简易实用的茶歇区、经济实用的小推车器械屋、自我服务保育架等,让幼儿在体能锻炼的同时感受自身特定的生活经验、愿望与情趣。

4. 全方位体现创意美术教育特色

我园是以美术教育研究为切入点开展特色研究的,随着研究的深入与认识的提高,我们感觉到了研究的局限性,在以后的研究中,我园将以创意美术课程开发与建设为重点,在重视幼儿感知与体验、想象与创造等艺术能力培养的基础上,全方位培养幼儿美的语言、美的情感、美的行为、美的心灵,使得创意美术教育的内涵和外延不断丰富。

5. 成立家长创意美术教育志愿团,开展丰富多彩的活动

我们将开展和乐创美节,举办创意制作展。鼓励家长有意识地带领幼儿到大自然中,到社区的传统民间艺术和地方民俗文化活动中,到剧院、博物馆中,使幼儿置身其中,接受美的熏陶。同时发掘家长资源,获得有力支持,引领和带动家长,形成家园发展合力,共同为幼儿的创意美术发展空间奠定基础。

"共力"并发　共促发展

——青岛市山东路幼儿园"十三五"规划新突破

市南区山东路幼儿园　吕　荣

山东路幼儿园始建于 1985 年,占地面积 1737 平方米。目前有 8 个班,有教职工 25 名,其中教师 17 名,本科学历占比由"十二五"期间的 50% 提高到 96% 以上。在上级主管部门的大力支持下,近几年办园条件得到了较大改善。

我园课题研究"户外体育活动促进幼儿健康发展""以绘本为载体的心理健康教育""幼儿健康行为指导策略"富有实效。幼儿园先后获青岛市素质教育改革十面红旗单位、青岛市托幼工作先进集体、青岛市精神文明单位、青岛市学前教育管理先进集体、青岛市教研先进单位、市南区学前教育十大品牌等荣誉。

虽然取得了一些成绩,但作为一所始建于 1985 年的幼儿园,由自收自支的办园性质决定,它的起点并不高,幼儿园的设施条件也不先进,加之场地空间小,近年来幼儿数量不断增加,给幼儿园的优质发展带来了困难。

在办园条件不能够显示办园优势的情况下,如何让老园焕发生机,如何深层开发幼儿园的软实力,成为我们研究的重要课题。

一所幼儿园的规划与发展,不是一个园长和一个班子定好、大家分头执行就行,那样教职员工执行起来不完全理解深层内涵,也缺乏执行中的主动性与内驱力。一个好的规划应该是全员参与制定与执行的总过程,这会使参与其中的每一个人了解规划制定的意图、理念所蕴含的价值,保证在实施规划的过程中不走偏、有鲜活的生命力。

为此,我园每一位教职员工分部门、分班组全程参与,贯彻"忠恕仁爱　天人合一"的精神,将合合与共、和而不同的理念融入规划制定、实施的全过程。

一、共同参与,共建愿景

对办园理念的回顾、审视与思考如下所述。

20世纪80年代：一切为了孩子，为了一切的孩子，为了孩子的一切。

20世纪90年代：健康快乐　温馨和谐（情绪情感）

21世纪初：情满山东　健康和谐（服务）

2007年：小天地　大健康（物质）

现在：健康人生从这里起航（全面育人、奠基）

在办园理念的指导下，我们共同研究和思考幼儿园下一步发展的目标定位。

我们在坚持问题导向、优势弥补，本着继承与发扬的基础上将办园目标定位为优质＋特色。

共同愿景：办一所有品质的特色幼儿园

办园理念：健康人生从这里起航

办园特色：完整健康教育

教育理念：以健强体、以健悦心、以健启智、以健促合、以健明德

服务理念：爱心促进文明　善行促进和谐

园风：身心健辰　文明和谐　敬业奉献　求质创新

园训：忠恕仁爱　天人合一

共同愿景：办一所有品质的特色幼儿园

思考一："品质"不仅指人的行为和作风所显示的思想、品性、认识等实质，还蕴含着质量这一核心要素。

思考二："品质"所包含的要素有精神品质、生活质量，有效实现身心健康、社会适应、道德健康、完满状态的培养目标

思考三："品质"具有发展性，是幼儿园的发展实现从"优秀"到"卓越"的跨越。

二、共同思考，确定重点

全方位审视幼儿园发展中的主体与核心。大家普遍认为，虽然在"十二五"期间我们紧紧围绕"健康教育"这一发展的"生命线"而不断丰富与完善，开展了许多富有实效性的研究，但由于教师理念的差异、时代性的需求和幼儿发展等因素，对于"健康教育"的全面性、系统性、科学性和时代性还需进一步完善。

为此，我们秉承"以人为本"的教育理念，从管理走向引领，以保教结合为主要任务，加强教育思想先进性的提升，进一步促进管理科学规范，保证师资结构合理和幼儿发展全面。

结合现代学校建设理念与要求，坚持民主管理，科学规范；深化研究，务实刻新；抓品质特色，提升品牌效应；坚持完满健康、和谐发展的原则，将"健康教育课程"的

内涵式发展、"优秀团队"的锤炼与打造、"家长资源"的开发与利用这三个最能力促幼儿园发展的、关键的、核心的重点项目精准地确定下来。

这不仅体现了园长和领导班子的核心领导力，还体现了教师们对幼儿园规划制定的关注。不仅是骨干教师，青年教师也对幼儿园的发展开始关注、开始思考。通过讨论、研讨，教职工的心也被凝聚在一起。

三、共同推进，共同发展

我们在确定各个重点项目发展目标的同时，积极与幼儿园的其他工作相互融合，在发挥园长领导力、中层干部指导力、骨干教师带动力、青年教师实施力的四级网络联动中，积极推进。

（一）"优秀团队"的锤炼与打造

我们依据《幼儿教师专业标准》、幼儿教师核心素养要求，坚持以幼儿为本、师德为先、能力为重，专注于终身学习之学习力的提升。

教师团队建设愿景：勤奋力学，求知精神；敬业乐业，服务精神；求新求异，创新精神；精诚团结，互助精神。

确立优秀教师培养的目标：从德才兼备的培养宗旨，确立强师德、育名师的具体标准与实施步骤，使团队成为和谐的优秀群体。

（二）"健康教育"特色课程建设

确定发展总目标：健康教育、健康生活、健康人格、健康人生。完善融"健康保障、健康服务、健康教育课程和健康评价"为一体的幼儿园健康教育课程体系。

积极发挥园长课程领导力、中层干部指导力、名师骨干带动力、青年教师的实施力。

对幼儿的健康教育是全程的教育、全面性的教育、全员参与的教育。幼儿健康生活是优质的环境、优质的服务、优质教育的有机整合。幼儿健康人格是让他们每一个人都拥有健康的生理、心理，智商和情商正常，道德健康（德商）；为每一个幼儿当下和未来的健康生活奠定良好的基础，从而实现健康的人生。

课程在原有生活与健康、体能与健康、安全与健康、饮食与健康、环保与健康、心理与健康的基础上更加丰实，呈现出"健康＋"的发展趋势，可更加有效地促进幼儿身心和谐健康发展。

（三）　"家长资源"的开发与利用

依据《幼儿园工作规程》及青岛市教育局《关于进一步加强中小学幼儿园家庭教育工作的意见》中强调的家庭社区工作要求,进一步构建家园和社区一体化教育体系,扩充社区人文资源、环境资源、家长资源和建立幼儿园社区资源库,发挥辐射作用,实现双边有效互动。

我们的定位:合作共赢,形成教育合力;成立筹划课程项目组,幼儿园、家庭、社区一体;完善家长、社区参与课程活动制度;搜集、整理多方资源;建立家长、社区教育智囊团。

引领树立正确的教育观念,掌握教育的有效策略。通过"四会一校""节庆活动"充分搭建幼儿园与家庭、幼儿园与社区、家庭与家庭之间相互联动的体制机制,资源共享,合作共建,凝聚力量,共同促进幼儿教育的发展。

规划的制定是另一个新的起点,实施是关键。只要我们注重过程,就能通畅教育的电流,迸出教育的火花,发挥出教育的力量。凝心聚力、激发智慧,让每一位员工既有获得感又有成就感,工作着,幸福着!

立足发展现状　制定适切幼儿园规划

市南区洪泽湖路幼儿园　隋吉敏

幼儿园发展规划是幼儿园可持续发展的灵魂,是幼儿园规范办园、自主办园、特色办园的基本要求。为了进一步谋划我园新的发展规划,科学引领我园内涵发展、自主发展、创新发展,切实提高我园的办园质量,我园在教育行政部门的指导下,在认真分析园情的基础上,制定了新一轮的幼儿园五年发展规划。

在筹备阶段,我园首先确定了制定规划的原则,即科学时效、广纳群言、传承历史、实事求是、面向未来。我们定位于努力寻找我园发展变革的突破口,使我园的办园目标更具针对性,使近期目标与远期发展规划定位更准确,措施更具体,操作与评估更方便,从规划背景、目标定位、幼儿园发展主要任务和举措、重点项目和规划实施与监督五大部分着手分析、研究、制定规划。

以重点项目——教师队伍建设为例。幼儿园要健康、可持续地发展,关键在于教师队伍建设。我园教师队伍稳定,青年教师的工作积极性近三年来明显提升,他们积极上进,乐于钻研,为幼儿园的后续发展注入了活力;骨干教师团队经验丰富、甘于奉献,在教科研工作中发挥了重要的作用;比较年长的资深教师团队爱岗敬业、踏实肯干,是幼儿园常态保教工作的中坚力量。稳定的教师队伍保障了我园日常教学工作的扎实、有效。从面临的挑战方面分析,我们清楚地认识到,我园教师的整体年龄偏大,年龄结构不合理,"70后"的中层干部占比为100%,教师占比43%,而且这批人员大多属于中层管理人员和班主任等中坚力量,"80后"的综合素养拔尖人才缺失,一旦"70后"退休将出现严重的断层。三年来,省级、市级的优质课缺失。"80后"的青年教师还需要锤炼和培养,年轻教师工作经验不足,教科研能力、教育创新能力有待提高。个别教师对教学工作满足于常规操作水平,教育教学研究的内驱力有待激发。部分中年教师取得职称后工作积极性不足,产生一定的职业倦怠。

基于以上的分析,我园在教师队伍建设方面制定了五年总目标,包括以下几个方面:一是着力提升教师师德修养,开展以"学高为师、身正为范"为准则,以提高教师思想政治素质、职业理想和职业道德水平为重点的师德教育;二是构建高素质教师团队,形成"名师型—骨干型—新秀型"三层次教师发展梯队;三是做实教师培训,全面提升教师教育综合能力,为教师终身学习和发展提供成长的平台;四是针对中年教师、青年教师、新教师的不同需求,开展有针对性的培训和教学研究,个性化地提升教师综合能力。

规划出台后,在征求意见阶段,我园又收到了来自专家、教师和特邀退休教师的意见和建议:一是建议对教师队伍的目标定位进行再斟酌,"高素质教师团队"指的是综合素质,与"三型教师"非从属关系。二是建议对年龄梯队做出规划,如哪一年有几名教师离岗,何时补充几名教师入职。我园将征集到的意见、建议虚心接受、充分论证、纳入规划,使得新一轮的五年规划既丰盈又务实,可操作性强,为我园的可持续发展奠定了良好的基础。

园所发展　规划先行

李沧区永宁路小学幼儿园　年　青

园长的主要责任在于谋划幼儿园的未来发展。永宁路小学幼儿园从创建青岛市示范园、省示范园、市十佳幼儿园后，全园的共识就是创建省十佳幼儿园。尽管后期取消了此项评定，但我园进取的步伐一直向前。奋斗的历程使全园教职工形成了团结协作、无私奉献、锐意进取、勇于创新、敢打敢拼的团队战斗力。

一、集中力量谋划，明确发展目标

永宁路小学是一所百年老校，有悠久历史和厚重的文化积淀。依托学校"道永心宁，予之美好"的文化底蕴传承，我园已有 65 年发展历史。在分析我园发展的历史传统、发展优势、制约因素和发展机遇（社会背景）以及诊断我园发展现状的基础上，教职工集体谋划和凝聚多方智慧，我们合理制定并经教代会审议通过了幼儿园五年发展规划。

总体目标：打造完美团队，提升办园美誉——争创省市溢美园所。

第一阶段：加强文化建设，提升内涵发展——打造多彩环境之美。

第二阶段：规范管理体系，落实人文制度——突显精细管理之美。

第三阶段：打造高效团队，推动名师梯队——引领教师成长之美。

第四阶段：科研引领成长，凸显课程内涵——展现教育智慧之美。

第五阶段：发挥示范辐射，争创一流园所——实现发展愿景之美。

二、形成办园合力，实施发展保障

规划制定好以后，最关键的就是采取有效措施保障规划的有效落实。秉承"道永心宁"的永宁精神，遵守"执着研道、潜心品学"的教师公约实施措施保障，凝心聚力、踏实前行，提升办园质量，沿着规划发展道路向目标奋进。

1. 加强管理

成立由家、园、社区各方代表组成的管理领导小组。管理领导小组负责本规划的全程实施和管理,努力做到团结协作、分工清晰。加强对规划全过程的贯彻落实、监督反馈,每年都有年度目标完成分解测评,并对规划及时调控和完善,使规划能引领幼儿园的科学发展和可持续发展。

2. 组织保障

依托学校为后盾成立以园长为组长、由各室和各级部组成的规划领导小组,建立目标责任制,具体实施"五年规划"的全程管理,各分管领导、处室、教研组具体落实,全员参与,这是完成规划的可靠保证。及时做好规划各阶段的检查测评工作,通过建立科学的评价标准,对各部门及个体的短期目标行为进行评估,将行为绩效与实施奖惩结合,真正提高组织的整体效应。成立专家咨询小组,在规划实施过程中及时请教有关专家,定期听取上级领导、专家、家委会成员对幼儿园的意见和建议。以各阶段目标和各项目标为评价标准,由规划小组进行每学年一次的过程性和终结性评价,评价结果在教代会上向全体教职工反馈并审议。

3. 制度保障

加强现代学校制度建设,畅通信息渠道,加强监督反馈;完善各项规章制度,健全民主管理制度;对规划实施过程进行调控和改进,在规划的具体实施阶段,规划管理领导小组和各部门做好规划的咨询指导、检查控制和调节平衡工作,防止偏差行为,形成干部接受群众监督的工作机制,齐心协力保障五年规划的顺利实施。

4. 师资保障

加强班子建设,各职能部门分工合作、相互补位,共同形成"分工不分家、团队共同体"的良好氛围。构建"师德素养高、业务水平高、教育智慧高、学历层次高、科研能力高"的师资队伍做保障。

5. 后勤保障

合理配置资源,提高教育经费的使用效益,为幼儿园发展目标的实现提供物质保障;依托上级部门政策、财力上的扶持,健全各项硬件设施和功能室,改善现有办园条件;加强后勤制度与机构建设,使园产管理、财务管理、生活管理均走上规范而有序的轨道,为教师有效使用先进教育教学设施设备、推进教育改革创造条件;以幼儿园发展规划为依据,以提高保教质量为核心,量入为出,科学合理地编制年度预算,盘活有效经费,确保规划发展有效落实。

立"魂"聚心引方向

—— 对新办幼儿园发展的思考

李沧区青山路幼儿园 张 华

当一所新幼儿园成立时,问题也会接踵而至——新教师、新幼儿(家长)、新园舍,这些因素如何迅速、和谐地融为一体? 新的团队如何引领大家共同前进? 如何赢得家长的信任和支持?

李沧区青山路幼儿园于 2018 年 10 月开园,开园时有 11 个班级、近 400 名幼儿,共有教职工 41 名,其中专业教师 22 名,平均年龄为 24.4 岁,专业教师中有一年以上工作经验的教师 7 名,其余均为无工作经验的新教师。

如何使得这些来自全国各地、个性不一的个体都趋向于同一奋斗目标,保障新园又好、又快地发展,首要因素便是幼儿园文化。文化既是有形的精神引领,也是无形的信念和信仰,可引领人的思想、激化人的行动。所以,新办园首先要先立"魂"——规划幼儿园的园文化,用其感化教职工的思想和行为,使其拥有同一价值取向和奋斗目标,聚心合力,共同发展。

为此,幼儿园根据实际情况,通过与教职工的讨论交流,确立了"和美相约,创新乐享"的园文化核心理念,旨在使教师、家长和睦相处,拥有一致的教育目标和价值取向,朝同一个教育目标前进。在此引领下,确立了"拥抱青山每片绿——尊重天性 静待成长"的办园理念,旨在促使教师尊重教育规律,科学施教;确立了"做一件让世界变得更美丽的事"的园风,以引领教职工"拥有教育情怀、拥有担当意识、乐于奉献"。

那么,确立好园文化后,如何更好地发挥它聚心、引领的作用呢?

首先,在文化认识中浸润、聚心,引领意识方向。

在形成园文化体系后,园长要带领教师深入学习、理解园文化内涵,将教育情怀和先进的教育主张(理念)等无声地浸润,实现教职工对园文化的深入认识和高度认同。

例如,幼儿园文化核心理念中的"创新乐享",即是从幼儿教育的角度提出来的。创新是一个民族的灵魂,幼儿园培养幼儿的创新精神和创新能力尤为重要,这就要求幼儿园的课程、环境和教师的指导都要具有开放性、启发性,为幼儿创新提供条件。乐享,是教育的目的,法国一位教育家说过,学校教育的目的就是让学生感受到成长的快乐,因此,幼儿园要通过科学施教让幼儿感受到自己探索、表达、创造、成长的快乐。

而办园理念"拥抱青山每片绿——尊重天性,静待成长"的含义,即把每名幼儿看成青山园的一抹绿色,每一位教师就是护绿者。护绿者要呵护幼儿的健康成长,就要尊重教育规律,用专业知识引领,为幼儿提供适宜的阳光、空气和水分(即爱心、教师的指导与环境创设)。

通过详细解读园文化内涵,深入理解园文化中蕴含的教育思想,能较好地打通教师思想和幼儿园思想之间的通道,便于认识上趋同、凝聚人心。

此外,还要利用会议和特殊节日活动(如教师节、儿童节、元旦)向教师渗透园文化理念,在不同的场景中向教师重复相同的教育主张和文化认同,能进一步促进教师对幼儿园管理的认同,激发共同愿景。

其次,在文化践行中夯实、聚心,激发行动力。

幼儿园文化确立后,除了让教师们在思想认识上达成统一、有共同的价值追求和奋斗方向外,更重要的是在实践中践行,即知行合一。因而,要引领教师在实践中践行幼儿园文化,将认识转化为实践(行为)并指导实践。当教师在行动上符合园文化的理念和主张时,才真正实现了心往一处想、劲儿往一处使,也才能真正实现园文化的引领价值。

例如,幼儿园的园风是"做一件让世界变得更美丽的事",旨在引领教职工"拥有教育情怀、拥有担当意识、乐于奉献"。在工作中,园长要引领教师正确认识这份职业的重要性,以身垂范,认真对待每一项工作,带头兢兢业业、无私奉献,不计较得失,凡事园长先做到,勇于奋斗在工作前沿,给教师以榜样与引领。长此以往,教职工便真正践行了幼儿园文化,知行合一。

一年来,幼儿园通过立"魂",聚师心、凝力量、领方向、激行动,推动了教职工队伍的良好建设,也促进了幼儿园工作的规范化、高质量发展,赢得了家长和社会的赞誉。

从实际出发，有效规划幼儿园发展

莱西市机关幼儿园　林春风

科学有效的发展规划是幼儿园可持续发展的一个重要前提，我园在规划发展的过程中，坚持"适度超前，基于实际，幼儿为本"的原则，在具体规划制定与实施的过程中，做到三点：统筹规划、明确重点、分步实施。

统筹规划，全局着眼。莱西市经济基础相对于青岛市区较为薄弱；我园地处老城区，年轻人少，老年人多，生源数量逐步萎缩；客观历史原因方面，我园仍属于差额事业单位，经费相对于全额拨款园较为困难。基于以上实际情况，我们在编制发展规划规程中，坚持从幼儿园发展的全局出发，从幼儿园发展的实际出发，充分论证幼儿园现状和存在问题，确定了"三步走"的发展规划：第一是提升办园质量层次，第二是扩大办园规模，第三是深化内涵发展。从2013年各级各类幼儿园重新评审等级后，我们从市示范、省示范到青"十佳"，一步一个台阶，直至因省"十佳"取消新增评选才止步晋级。根据我市区域生源转移的实际情况和上级扩大优质教育资源的部署要求，在多次实地调研的基础上，我们坚持适度超前规划开办分园，并主动争取社会力量，优化管理模式，保证了分园的办园质量，获得了广大家长的一致好评。

明确重点，注重实效。围绕办园条件、教师队伍建设、办园管理、教育教学、保育实施、教科研等，我园首先充分论证国家、省、市关于学前教育发展的政策、标准和要求；其次结合本园实际，充分征求全体教职工、家长以及社区的意见和建议，就我园发展的目标和具体的推进措施、达成目标，逐一明确，列出步骤图、明细表。在此基础上，确定我园发展的阶段性重点。例如，针对大批老教师退休、新教师大量涌进，新老更替的现实情况，年轻教师的培训工作是近阶段的当务之急，被列为幼儿园发展重点工作之一予以实施；课程改革是落实育人目标的载体，始终作为重点内容不断深化落实；幼儿园老园校舍陈旧、安全设施不达标，应当列入校舍改造的重点之一，等等。在目标落实过程中，通过明确轻重缓急，明确了工作的进度，实现了规划的有效实施，保证了幼儿园的持续健康发展。

分步推进,清晰责任。按照教学、保育、基建、科研、队伍以及创新等不同维度目标,确定年度、学期分步推进的进度表,然后横向切分,确定每一步骤推进的责任领导、责任科室、涉及班级以及相关人员。规划实施的路线图,明确了推进的每一步以及每一步的责任人员。让办学理念、规划项目、落实措施等成为全园教职工的岗位工作职责,让规划成为全园教职工的共同愿景,让规划落实成为全园上下的自觉行动。

合理规划　均衡发展

西海岸新区王台中心幼儿园　薛宗艳

随着青西新区第三个学前教育三年行动计划的实施,在全区学前教育发展稳步推进的形势下,王台镇学前教育发展也呈现出积极、稳步、全面发展的态势,结合我镇学前教育现状,发展规划如下。

一、王台学前教育现状

王台镇共有 26 所幼儿园,其中政府办园 3 所,村办园 12 所,普惠性民办园 3 所,无证园 3 所。目前,公办园在园幼儿 1490 名,普惠性民办园在园幼儿 425 名,无证园在园幼儿 90 名。公办及普惠民办园幼儿在园比例占到了王台镇在园幼儿总数的95.5%。

二、当前存在的问题

1. 镇域内学前教育机构布局不太合理

河南社区、张小庄等周边村庄目前没有集体园,幼儿需要到 3000 千米外的幼儿园上学,家长接送很不方便。

2. 镇村各园办学条件不均衡

总体来看,政府办园及普惠园都达到了山东省农村幼儿园办园标准,但是部分村办园因办园条件差,因此出现了镇驻地幼儿园学位供不应求、村办园幼儿越来越少的现象。

3. 教职工配备不足

2018 年 7 月超龄农幼师退出后,新教师暂未补充齐。除几个大园外,其他村办园都是一个班配 1 位教师,且 80% 以上的都是新教师。新教师培养需要一个过程,目前已出现缺少中层管理层人员和教师年龄结构不太合理的问题。

4. 园本课程有待进一步修改完善

目前,全镇集体园使压统一的健康教育园本课程,但在日常实施过程中,主要由中心园负责修改完善,村办园参与得相对来说少一些。今后我园应加大对课程的研究力度,带领全镇各园教师共同参与课程的修订,凸显健康教育特色。

三、今后的发展思路及措施

1. 全面规划布局,实现全镇各园所的均衡发展

一是投入 1000 万元将驻地闲置的成教校舍改造为 8 个班规模的中心园分园,可容纳 240 名幼儿入园。投入近 100 万元改扩建前村幼儿园,增加 2 个教学班,并改造了伙房,解决了幼儿的午餐问题。这两个园的启用将大大缓解镇驻地的入园压力。二是投入 150 余万元新建 3 个班规模的张小庄幼儿园,投入 400 余万元重建丑家窑幼儿园,投入 950 万元改建逄猛王幼儿园,投入 60 余万元改建石梁刘幼儿园。以上几所幼儿园的基础建设和内配都将按山东省幼儿园相关标准执行,园所建成后,将满足全镇幼儿享受优质学前教育资源的需求,从而实现全镇学前教育的均衡发展。

2. 根据属地化管理要求,对辖区内的所有幼儿园实行一体化管理

一是协调各园实现优质教育资源的共享;二是指导符合条件的无证园尽快办证,使其合法化;三是协调有关部门取缔经整改也无法达到注册标准的无证园。

3. 积极争取上级有关部门尽快配齐、配足教师

对集体园教师实行统一管理和轮岗调配制。每学年安排中心园部分青年骨干教师到村办园支教,并选派村办园的部分优秀教师到中心园跟岗学习,换岗期满,各回原岗位。通过换岗可以更好地激发教师的工作积极性,促进全镇教师整体素养的共同提升。

4. 加强园所管理,促进全镇保教质量的提高

一是做好学校安全与稳定工作,确保师生安全。主要通过层层签订安全责任

状。多种形式的安全培训、安全演练与教育、安全排查与整改等措施,使校园安全零隐患、零事故。二是加强教育教学研究,提高保教质量。继续完善园本课程建设,将生成活动纳入园本课程建设与实施中,使其更科学、更合理。三是采用"现场观摩评析""连环跟进""问题研讨"等多种方式,有效开展园本教研活动。四是及时收集、整理研究资料,确保"十三五"规划课题的顺利结题。五是加强幼儿园信息化建设,加大对教师的信息技术培训力度,逐步实现学前教育标准化、现代化、信息化。六是继续发挥中心园示范带动作用,定期组织面向全镇幼儿园的开放活动,并组织全镇幼儿园教师一起进行研讨,促进我镇学前教育的均衡发展。

特色办园,个性发展

——关于幼儿园特色化发展规划的思考

即墨区墨城中心幼儿园　张英波

特色是幼儿园发展的核心竞争力,特色办园不仅要求幼儿园在教育资源、基础设施方面有特色,还要求在办园理念、教学模式、管理方法等方面特色化创新。这是一项长期且艰巨的任务,一方面需要充足的硬件资源的支持,另一方面更需要专业化师资力量、管理团队等的协助,这其中最关键的是要具备创新理念。墨城中心幼儿园在进行幼儿园特色化发展规划的过程中,注重完成幼儿教育全面发展的总体任务,打造出体现自身优势,能够长远、稳定、个性化且高质量发展的特色幼儿教育。

一、开展园情分析,优化学前教育资源空间配置

2018年5月,我们正式启用新园所。新园所,新起点,我又开始思考自己已经思考了很多次的问题:从幼儿成长的原点出发,如何办好一所真正促进幼儿发展的幼儿园呢?从教育者的视角来看幼儿园的各项活动,是否真正以关注生命为价值取向呢?以这几个问题为基点,我开始了幼儿园特色化发展规划的第一步:最大限度地优化教育设施和硬件资源配置,有效规划空间,比如利用三层宽而长的走廊打造了

幼儿社会性游戏区域"比如街",充分发挥新园所个性化的优势特征。

二、根据自身实际，打造特色化的规划理念

幼儿园特色化发展规划需要科学理念的支撑。搬入新园以来,本园自领导班子至教师都形成了特色化发展理念,渴求突破、积极创新,规划特色化的办园思路。更新教育理念,围绕教研方面寻找切入点,积极创造有利的教育氛围,培养幼儿能力与素质,促进幼儿身心全面成长和个性化发展。同时,形成了以社会性为特色又深具实践意义的精品课程,并精心地策划了精品课程的实施方案、活动形式与组织过程,打造和谐共进、全面发展、特色彰显的特色规划理念。

三、抓住关键因素，培养具有特色的一流师资

师资力量是幼儿园办学的基础力量,幼儿园教师的素质、观念、水平与特长会集中影响到特色办园实践效果,因此,必须加大力度培养特色师资力量。本园立志培养一支富有幼教热情、朝气蓬勃、勇于创新、积极进取、专业精湛又和善团结的师资队伍,以此为特色办园提供坚实的师资后盾力量。

首先,幼儿园为教师编制年度培养计划,要求其自身也制定发展规划。教师素质方面,教师要达到孩子们的"母亲、玩伴、师长"等角色合一,要求其每年必须读一本专著,讲一节公开课并发表一篇与教学相关的文章。

其次,加大教育培训力度。为教师创造外出学习、接受培训的机会,使其接受专业技术、技能培训,不断提高业务水平和素质,鼓励其不断汲取其他学前机构、专业领域发展的精华,立足本园实际,将其融入自身的艺术教学课堂,从而打造出高质量、特色化的优质艺术课堂。

再次,不断反思与总结。教师在不断实践特色教学的过程中,势必要经历不断地反思、总结、探索,再反思、再总结、再探索的过程,因为任何一项特色课程、特色教学的实践都不会一帆风顺,必然会遇到问题和困惑,只有经过不断地总结分析才能真正实现特色化发展的目标。

幼儿园特色化发展规划是一个长期探索、不断坚持的过程,特色化办园是时代发展的趋势,也是迎合多元化发展需求的需要,是幼儿教育向专业化、科学化、长远化发展的必经之路。

理念引领、科学规划
促进幼儿园品质化发展

城阳区红岛街道办事处邵哥庄幼儿园　王瑞松

　　幼儿园发展规划是幼儿园管理的重要工具,是办园理念转化为办园实践的桥梁。一所幼儿园要发展必须具有科学的办园理念和办园思路,因此在幼儿园发展规划过程中,我园以《幼儿园教育指导纲要》《3—6岁儿童学习发展指南》等纲领性文件为引领,结合先进的幼儿教育理论依据,重新审视幼儿园的历史发展、师资力量、文化传承以及园所特色,在新时代教育思想的指引下转变教育观念,重新确定幼儿园的办园目标、办园宗旨、办园理念、办园愿景等,让每一个孩子在科学的教育理念的浸润中健康快乐地成长。为了实现幼儿园的办园目标、办园愿景,我园从幼儿园总体发展规划、课程和队伍建设规划、校园发展规划三个部分,根据幼儿园现状分析、发展目标展望、发展要素确定和保障系统四个方面的内容制定了详细的幼儿园三年发展规划,并采取前瞻性的战略措施保障实施。争取通过三年的努力使我园综合办园水平进入一个新阶段,成为管理优化、队伍优良、保教优质、社会信誉高的具有教育品牌特色的幼儿园。具体从以下几个方面来体现。

1. 管理优化

　　树"文化管理"理念,建"规范化、民主化、人本化、个性化"管理机制。根据幼儿园目前的情况,完善分层管理网络,逐步提升分层管理效能;研究制定幼儿园制度,提升制度的规范化、个性化。

2. 队伍优良

　　以队伍建设三年规划有效性为抓手,加强梯队建设,提升区域骨干教师比例;以个人三年规划针对性为抓手,追求队伍素质化、个性化发展;以幼儿园重点发展项目为载体,努力打造"爱岗敬业、理念先进、术有专攻、勤于思考、敢于创新、善于合作"

的教师队伍,以适应幼儿园特色发展要求。

3. 保教优质

发挥园长课程领导力,优化质量监控。继续加强园本课程"快乐生活课程"的特色研究,提升文化内涵。充分挖掘我园的人文自然景观,注重传统文化和当地海洋资源特色的研究,发挥本区优势,完善本土资源,突出园本特色研究及文化内涵,在实施青岛市新课程的基础上积极构建具有本土特色的幼儿园课程。着重加强对课程实施过程的监控,建立了课程领导小组,责任到人。明确幼儿园实施质量监控评价指标,指导教师学会正确分析评价结果与信息,引领教师参与选择、重组和完善课程建设和管理。规范课程实施的进行,进一步提升园本课程品质。

4. 社会信誉高

完善和落实家、园、社区联动机制,形成大教育合力,盘活幼儿园的教育资源;寻求多形式、多专题的有效的共育途径和方法,为家庭、社区提供优质服务;稳步提升我园社会信誉度。第一,积极开展并建立"四会一校"家长工作管理机制,建立家长委员会、安委会、伙委会、课委会以及家长学校,定期召开会议,让家长积极参与幼儿园工作管理,积极为幼儿园献计献策,并提出合理化建议。第二,积极开展社区教育实践,有效利用家、园、社区资源,建立幼儿教育基地,做到有目的、有计划地挖掘、利用社区和社会环境、文化教育资源,并体现在教育课程方案和教师组织的各项活动中。树立"服务到家"意识。宣传科学育儿知识,开展好班级亲子活动、安全教育等,提高全园教师"服务幼儿、服务家长、服务社区"的意识。开展形式多样的家长学校活动,进一步转变家长观念,提高家长育儿水平。

我们全体教师在幼儿园发展规划的引领下以新的思路、新的举措及与时俱进的精神状态,把幼儿园工作提高到了一个新的水平。

创建农村特色幼儿园，促幼儿自主发展

城阳区红岛街道办事处阳村幼儿园　刘淑叶

农村幼儿园自然资源丰富，身边大自然中的一草一木都是孩子们的游戏材料。我园立足于农村幼儿园的实际，因地制宜，挖掘农村资源，并对农村资源在教育活动中的开发和利用进行了探索与实践。在这一过程中我们探究、实践，从丰富的农村自然资源中，发现大自然教育的独特教育价值。

一、亲近自然，拥抱自然，让农村幼儿园课程体现农村自然特色

红岛街道拥有丰富的海洋优势，有胶州湾海洋公园、渔船码头、胶州湾跨海大桥。幼儿特别喜欢大海，渴望探索、发现大海的奥秘。我们充分利用海洋资源构建"渔娃乐"主题，该活动以幼儿生活经验为基础，结合大班幼儿的年龄特点和认知水平，将幼儿的生活与自然紧密联系起来，设置"海边娃娃爱大海""神奇的海洋""我是大海小卫士"三个次主题，引导幼儿观察、探索、动手、动脑，初步了解海洋知识，激发幼儿探索海洋奥秘的兴趣，帮助幼儿懂得人与自然应该和谐相处，知道要热爱海洋、保护自然，为幼儿成为有社会实践能力和责任感的小公民奠定基础。

二、利用农村自然资源，创设适宜幼儿发展的环境

农村具有丰富的自然资源，种子资源是其中的一种，几乎是随处可见、非常丰富。于是我们把各类种子投放在活动区域中，一方面可以装饰物体，进行种子作画，另一方面又可以让幼儿进行观察、比较、分类。高粱秆、玉米皮、玉米须、草株子、杏核、桃核等也被"请"进来。玉米须可以编小辫子、胡须，晾干、压平的玉米皮可以当剪纸用的"纸"。各种贝壳可以用来涂鸦，做成各种造型，如动物、花瓶，还可以用于练习数数等。老师用这些材料制作玩具和布置幼儿喜欢的墙饰，既环保又能体现地方特色。

三、利用农村自然资源，组织丰富的户外游戏

农村到处都是游戏材料，废旧轮胎、瓶瓶罐罐、竹竿、遍地的泥土、鹅卵石都可以作为游戏材料。近几年我园将这些丰富的自然资源有效融入幼儿户外游戏的研究中，教师们在活动中秉承"幼儿园以游戏为基本活动"的精神，充分发挥游戏的独特价值，真正把游戏还给孩子，让自由的游戏点亮孩子的生命，促进幼儿富有个性的发展。经过不断地研究和改进，我们幼儿园因地制宜，利用靠海的有利条件和农村的自然资源，最大限度地挖掘环境的教育功能，让幼儿在自然游戏中快乐地成长。把户外场所划分成不同区域：水世界、挑战区、民间游戏区、陶艺坊、农家小院、渔家乐、涂鸦乐、民俗街等。丰富多样的活动区可供幼儿自主选择，自由玩耍，使其最大限度地与大自然相融合，可以满足幼儿身心发展的需求，为幼儿打造幸福童年。

农村有丰富的自然和社会资源，我们有信心挖掘办学潜力，有目的、有计划地对幼儿进行乡土教育，让大家认识到过去被视为"老土"的东西其实蕴藏着丰富的教育和文化价值，让幼儿亲近自然、拥抱社会。让农村幼儿园散发"农"味，这是我们幼儿园永恒的主题，也是我们农村幼儿园的共同追求。

童蒙养正　均衡发展

——关于创建"童蒙养正"学前教育品牌的规划

胶州市北关中心幼儿园　邢立芹

根据胶州市教育体育局《关于创建"童蒙养正"学前教育品牌的实施意见》，为切实提高北关辖区办园效益，加快扩优提质进程，我们将以"童蒙养正"品牌理念为引领，以"安全 发展"为统领，立足北关学前教育现状，遵循学前教育规律，完善学前教育机制，推进区域内学前教育规范、普惠、安全、优质发展，形成育童有方、启蒙有道、注重涵养、正根清源的育人新局面。

一、增强"童蒙养正"品牌的原动力

1. 积极推进建设计划中幼儿园新建工作，扎实推进村级幼儿园合点并园

后王幼儿园投资 10 万余元，对原有园舍进行了维修，提高了办园条件并接纳前王幼儿园合并办园，计划 2020 年前完成。2020 年动员有士泊幼儿园改善办园条件，如果村委确定有困难，将协商将有士泊幼儿园合并至律家庄幼儿园。

2. 积极推进幼儿园分类升级工作

将幼儿园的升类工作列为重点工作，定期督导，指导幼儿园在管理、教学等方面不断规范，提升保教质量，确保后王幼儿园、律家庄幼儿园在 2020 年的分类定级中达到省二类幼儿园标准，督促有士泊幼儿园、齿轮厂幼儿园改善办园条件，争取在园舍方面达标，达到省二类幼儿园软标准。制定创建青岛市级以上示范幼儿园的工作计划，砚里庄幼儿园、杨戈庄幼儿园、东庸村幼儿园计划 2020 年创建青岛市示范幼儿园；后王幼儿园和律家庄幼儿园争取 2021 年创建青岛市示范幼儿园。

3. 提高规范办园水平

将幼儿园不得要求或变相要求家长购买幼儿教材、资料及玩具、图书等列入年检、考核一票否决项中，提高办园规范化水平；确保一键报警系统运行；2020 年 4 月底所有有伙房的公办园性质完成幼儿园明厨亮灶，确保幼儿园饮食安全。

4. 加强师德建设

各幼儿园将师德建设列入幼儿园工作计划，定期组织内容丰富、形式多样的师德建设活动，确保师德建设有抓手、有实效。 各园开展"德艺双馨"教师评选活动，推荐典型参加全市师德标兵评选活动。引领教师向身边的优秀教师学习，并立志做爱幼儿、爱同伴、爱集体的有职业幸福感的教师。

二、增强"童蒙养正"品牌的内驱力

1. 构建镇村一体化发展共同体

进一步发挥四个区片发展共同体的作用，在教学业务、卫生保健、安全工作、档案管理等规范管理方面实施订单式帮扶；增加优质课数量；推进教师网络培训平台应用，提高教师参与培训和教研的覆盖率。

村级幼儿园和中心幼儿园老师采取轮岗模式，中心幼儿园每年选派优秀骨干教师到村园支教，选派态度端正、经验丰富、专业水平高、有教育情怀的骨干教师到村级幼儿园担任负责人，加强日常引领。同时村级幼儿园教师到中心幼儿园挂职锻炼，

提升村级幼儿园教育质量。

2.制定镇村一体化管理措施

（1）建立镇级教研网绛，为教研有效进行提供保障。

建立双周三中午进行一次镇级教研制度，组成由中心幼儿园园长为组长，各园园长、骨干教师为成员的教研小组。将全镇划分成四个教研片，选拔业务能力强的园长、教师担任片长。每周五下午幼儿离园后，进行片级教研活动。

（2）实行跟踪制度，深入活动现场上门"把脉"。

确立并实行跟踪制度，与农村园、民办园建立紧密联系。间周一次进行随机跟踪，深入一所幼儿园进行现场调研，重点采用看现场、抛实例、提问题、共研究的方法，与一线教师进行互动交流、研讨，上门"把脉"，及时发现和解决实践问题，让教师真正感知园本教研的价值与效果。

（3）研训一体，加强培训。

加强教研与培训活动，形成一体。

三、增强"童蒙养正"品牌的保障力

1.加强组织领导

成立由教体中心分管主任为组长、中心幼儿园园长为副组长、各幼儿园园长为成员的领导小组，统筹指导、管理"童蒙养正"学前教育品牌建设工作。

2.建立协作机制

各幼儿园要列方案、明思路、有措施，要积极争取政府的支持，共同推进相关工作。

3.注重典型引领

鼓励各幼儿园围绕"童蒙养正"品牌自主开展特色创建，园内设立"童蒙养正"专栏。对发展学前教育成绩突出、品牌创建成效明显的单位和个人，按照有关规定进行表扬。

4.加强宣传引导

各单位要利用网站、微信公众号等现代化媒体手段和家长会、宣传栏等传统宣传手段，开展"童蒙养正"品牌创建情况的日常宣传；每年5月20日至6月20日，集中开展"童蒙养正"系列宣教活动，广泛宣传学前教育政策、科学育儿知识和先进典型，营造全社会关心支持学前教育的良好氛围。

滨海新村幼儿园如何规划幼儿园发展

西海岸新区滨海新村幼儿园　　陈清淑

滨海新村幼儿园于 2017 年 8 月由小学附属幼儿园独立为局属幼儿园,作为一名新任园长,我同专家、教师和家长一起,按照教体局领导"第一年起得规范,第二年走得稳健,第三年行得深远"的总体要求,进行了幼儿园整体发展规划。

一、确立幼儿园发展规划的目标追求

(一)科学定位幼儿园发展目标

幼儿园开展了"我的幼儿园我规划"活动,凝聚教职工和家长的智慧,选择和确立了适合本园的发展目标:开启和乐人生、润泽纯洁心灵,培养具有家国情怀的中国幼儿,培养有内涵的、看得见幼儿、找得到课程的教师。

(二)提炼和形成办园特色

根据办园目标,确定和乐教育办园理念,结合现代社会和现代教育的改革与发展,提炼出绘本阅读和传统文化特色,在 3—6 岁阅读习惯培养的关键期培养孩子良好的阅读习惯,弘扬和传承优秀传统文化。

(三)建设和凸显幼儿园文化

幼儿园的文化潜移默化地影响着幼儿园管理者和教师的思维方式、精神状态。对人的发展而言,有时候这种文化的影响比知识的影响更加明显,是促进幼儿园可持续发展的内在动力。我们幼儿园重新修订切实可行的制度文化,打造传统特色环境文化,建设传统文化园本课程,重塑和而不同、和衷共济的教师文化,激发教师工作的内驱力。

二、幼儿园三年发展规划的年度分解

（一）第一年主要发展规划

一是丰富和乐文化理念，彰显幼儿园文化韵味。设计幼儿园 Logo（标志），谱写园歌，编排园舞；以荷花为具象打造楼内公共墙面文化；以传统文化主题打造楼梯走廊文化。二是优化园所环境。延展园所内涵，进行改扩建，打造系列文化。三是打造特色教室，激活幼儿园活动亮点。打造心理咨询室，最大限度地发现和解决幼儿的不良心理倾向；打造和乐文化体验馆，让传统文化可触摸、可体验。四是优化考核方案，释放工作活力。依法依规调整完善幼儿园考核方案和工资方案，注重过程性考核和班级捆绑式评价，让复杂的事情变得简单。

（二）第二年主要发展规划

重点构建适宜的传统文化园本课程，促进幼儿和谐发展。一是创设传统文化隐性课程，打造和乐园所文化。幼儿园的环境创设呈现出传统文化特色，如剪纸、刺绣，用传统文化元素浸润孩子的童年。二是打造传统节日主题特色，整合节日文化课程。结合春节、元宵节等传统节日组织特色活动，弘扬优秀传统文化，构建具有传统节日特色的课程体系。三是传统文化进课堂，构建传统文化课程。我们对传统文化尤其是被列为"非遗"的传统文化进行了梳理、分类，按照幼儿的年龄特点、学习方式，初步建构起传统文化园本课程。四是民间游戏再创新，打造和乐特色体育。我们收集、整理、创新民间游戏，和幼儿一起玩民间游戏，幼儿乐在其中，美在其中，悟在其中。五是启动百本绘本亲子阅读活动和百个故事分享活动，传承优良品德。启动三年读百本绘本、听百个传统故事活动，让美德和幼儿一起成长。

（三）第三年主要发展规划

着力提升教师的专业素质。一是提升教师观察分析幼儿的能力。以学习故事的方式让教师从幼儿的视角观察幼儿，改变环境创设和活动区活动方式。二是实施"成长在路上"系列读书沙龙活动，每月第四个周的星期二组织读书沙龙活动，提升教师的专业素养，扩大教师的格局。三是从同课异构的角度，组织教师说课、上课和评课，提升教师的集体活动驾驭能力。四是组织"快乐工作 幸福生活"等心理培训讲座，提升教师的心理健康水平。五是结合我园传统文化园本课程，组织教师采茶等拓展训练，提升团队的凝聚力。

因地制宜，在科学规划中力促发展

西海岸新区泊里中心幼儿园　逄金华

我园虽地处青岛西部乡镇，但董家口港的发展、诸多大项目的入驻以及地铁、火车站运行带来的交通便捷，使得大量外来人口入驻，导致镇驻地学位紧张。2016年至2019年，因新建园启用加之到龄教师退出，新招录的教师达到45人，占比50%以上。年轻教师的专业成长以及家长对优质教育资源的需求非常迫切。面对不断出现的新问题、新挑战，我们立足乡镇实际，确立了在乡镇迈向小城市化进程中的发展定位，有效分析、科学规划，促进幼儿园健康发展。

一、谋划发展抓"定位"

幼儿园地处市区西部偏远乡镇，但却是小城市化发展镇，中心园所辖10处村办园、4处民办园，重点突出、均衡发展非常必要。因此，制定切实可行的三年、五年及中长期发展规划，建立幼儿园发展目标、愿景非常重要。全园分析现状，找准问题及发展优势，近几年发展重点：新建、改扩建幼儿园，改善办园条件，着力保障适龄幼儿就近入园，入好园；增加师资并大力培养，依托课题研究、大练基本功，以多种形式提高年轻教师专业素质，提高保教质量；体现幼儿园的特色发展及幼儿发展。

二、落实规划靠"支持"

一是领导力量的支持。从镇级到园级，成立学前教育规划发展领导小组、工作小组，分层就规划发展定目标、定任务，树立问题导向，政令畅通，促进发展规划的落实。二是制度支持。制定符合本园实际的规章制度、绩效工资方案等。从前勤到后勤，从教育到保育，从安全到师德，人人职责明、目标清、业务熟、执行严。三是人、财物的支持。就如何实施规划发展进行专题讨论，各组室、教师、家委会等依据发展规划制订相应的计划，使每学期、每学年的中心工作更加明确，发展思路更加清晰。在分层、分级的目标分解中，做到目标细化，确立工作重难点，责任明确，措施得力，时限分明,并在学习培训、项目负责制、资源配置、经费保障等方面给予大力支持。

三、凝聚智慧成"合力"

发展规划的制定、落实、督导检查等需要凝聚多方智慧。依托《幼儿园教育指导纲要》及《3—6幼儿学习与发展指南》,结合地域特点,与各级教育管理部门、教师、家长、班子成员、代表群体等多方研究讨论,幼儿园形成长远发展愿景,并在实施过程中加强监督落实。如教职工代表大会,对单位的重要计划、重大事项、工资方案、评优考核等,严格程序标准,科学有效管理。家长委员会充分发挥作用,从班级家委会到园级家委会,树立责任主体意识,对幼儿园的管理逐步从"要我管"变成"我要管"。

四、测评方式讲"灵活"

分层制定详细的考核与测评方案,在目标规划实施过程中,通过周考核、月考核、学期考核、项目考核、家长测评、互评、定期与不定期测评相结合等方式进行。注重测评人员的分层选择,把握测评的目标、重点、发展效果以及后续发展的方向。在测评方法上,针对测评对象,运用观察、跟踪活动、调查了解、座谈、问卷、记录、成果展示等,选择合适的方法进行,使全体教师、家长及社区人员以主人翁的责任感,参与幼儿园管理,有效地评价幼儿园工作。

五、区域发展"一体化"

结合村办园、民办园多及孩子多、教师多的现状,强化区域内中心园与村办园的一体化管理,在制度实施、绩效工资、考核管理、人员调配、队伍建设、资金投入等方面来体现。加强公办园与民办园的一体化管理,实施属地化管理负责制,在安全、教学、幼小衔接、去"小学化"、师德等方面严格实施一体化管理。以中心园为龙头,借助区、镇双重管理,幼儿园的干部成员分头实施挂靠级部、挂靠幼儿园责任制,定期或不定期深入园所、班级检查指导,不让一个幼儿园、一位老师掉队,有力促进乡镇学前教育的整体健康发展。

立足实际，科学制定幼儿园发展规划

——关于幼儿园发展规划的几点思考

李沧区重庆中路幼儿园　张　花

幼儿园发展规划对幼儿园的科学、长远发展有着实实在在的促进作用。制定幼儿园规划是一项十分艰巨而又细致的工作，特别是作为一所新开办的幼儿园，一定要立足幼儿园的实际，科学谋划，描绘幼儿园发展的宏伟蓝图。

一、分析现状，认识自我

在研究制定幼儿园规划时首先要充分分析幼儿园现状，因地制宜，一切从幼儿园的实际情况出发。将幼儿园内、外部环境情况进行认真、充分而客观的了解和分析。如，我园作为一所开园两年的新建园，在制定规划时分析本园内外部的优势和不足，发现主要存在以下几个方面的问题。

1. 内部环境

（1）作为新建园，一切的人、物都是新的。人与物、人与环境、人与人之间的适应都需要时间，各项工作的流程和规范的实施也需要一定的时间。

（2）尚未形成具有本园特色的文化建设、文化氛围。

（3）尚未形成具有本园特色的课程体系，教科研能力和水平还需要进一步提高。

（4）教师队伍普遍年轻，年龄均在 35 岁以下。50% 以上的教师缺乏教育工作经验，教师整体发展不均衡。教师的教育观念与教育行为存在差异，教科研能力和教学能力亟待提高。

（5）家长资源的开发、周边环境的了解、家长工作的开展有待提高。

2. 外部环境

幼儿园位于李沧区中南世纪城小区，小区内共配有 3 个公办幼儿园，共 57 个教学班。幼儿园优先招收中南世纪城小区内适龄幼儿，该小区主要是南岭社区和大枣园社区的回迁安置区,还有部分商品房,家长整体教育意识、水平和素质存在较大差异。幼儿园坐落在李沧区中南世纪城小区的西北角,西靠重庆中路,北部为尚未拆迁的厂房,南面紧挨着青岛第二十七中学,只有东面靠近居民楼,生源相对较少。小区内其他两所幼儿园规范的管理、良好的社会声誉是我园目前所达不到的,我园发展任务紧迫。

幼儿园只有在认清自己的实际情况基础上,才知道自己是什么、有什么、缺什么、想要什么,才能制定出科学的规划蓝图。

二、明确方向,确定目标

幼儿园发展规划,无论是长远的还是近期的,是总体的还是分项的,都必须具有明晰的方向性,要从幼儿园的实际出发,要体现幼儿园的办学思想、办学理念、办学愿景和办学特色。园长要明确方向,在认真调查研究、广泛听取教职员工意见的基础上,确定幼儿园发展目标。结合实际,我园确定了幼儿园五年发展总目标和年度目标:打造李沧区优质的公办幼儿园。力争经过五年的努力,使幼儿园管理规范精细、办园特色显著、教师队伍优良、幼儿发展自主,努力实现李沧区优质公办幼儿园的总目标。

三、注重可操作性

一份好的发展规划要有利于幼儿园的长远发展,但再好的规划也需要实实在在地去落实才能实现。因此,规划必须要具有可操作性,让实施者便于实施和操作。这个规划要完成什么任务、达到什么目标,需要采取哪些手段和措施才能达到最佳规划效果,规划中的每一个环节在什么时候进行、什么时候完成等都需要具体明了。

四、统筹考虑,重点突出

幼儿园的运转需要方方面面的统筹协调,因此在规划时,要周密地考虑幼儿园工作的方方面面,立足实际,准确掌握幼儿园发展变化的内在因素及外部环境,将幼儿园的人力、物力、财力合理安排,在全面考虑的基础上应突出重点,分清主次。如,幼儿园开园第一年,我们确定了"建章立制,规范管理,各项工作规范有序开展"的年度目标,就是要先规范,后发展。第一年,我园在区 2018 年中小学幼儿园绩效考核工作中获得优秀等次。第二年目标为"争创市级示范幼儿园",幼儿园申报立项了区级规划课题,并晋升为青岛市示范幼儿园,重点就是规范发展再提升。要抓住主要矛盾,着力解决幼儿园发展的热点、难点、关键问题,避免顾此失彼。

"三步九字法"规划未来发展

胶州市胶州路幼儿园　李香芸

凡事预则立,不预则废。胶州市胶州路幼儿园采用"三步九字法"规划幼儿园发展,既传承以往的办园特色和办园理念,又准确找到新的生长点并予以创新和突破。

一、聊思路

万事开头难。为了找准发展方向,我采用"三聊三谈法",和大家一起研讨幼儿园未来几年的规划与发展。"聊":一聊当前学前教育的发展趋势,这是幼儿园今后几年发展的大方向;二聊幼儿园可利用的教育资源,这是幼儿园进行规划定位的依据;三聊幼儿园已有的发展基础,包括文化、课程、教师等,这是幼儿园个性发展的前提条件。"谈":一是请教专家、领导论证;二是班子成员、中层干部讨论;三是召集教师、后勤人员、家长座谈,大家围绕"体验教育"核心目标,敞开心扉地聊、见缝插针地谈,碰撞出智慧火花,为规划幼儿园发展做准备。

二、理定位

我带领大家进行思路汇总与梳理,科学定位今后发展方向:一是传承优秀办园经验,确立体验教育理念。利用幼儿园优势及已经形成的办园特色,结合"体验教育"确立"让每一个孩子体验成长的快乐"的办园理念。二是创设体验教育环境,彰显幼儿园文化亮点。合理利用现有资源,开辟了阅读体验馆、武术体验区、生活体验长廊等体验式教育环境。三是体验"三层次"科学管理,追求规范、自主、高效。管理追求规范化、精细化、个性化,激发教职工的工作热情和职业归属感,为打造幼儿园特色品牌做充分的铺垫。四是立足教师有效培养,优化师资队伍建设。探索优秀教师群体持续发展的长效机制,坚持面向全体,整体推进,突出骨干,精心培育。五是创新园本体验课程,引领幼儿主动发展。以幼儿一日生活为主线进行有效实施,发挥幼儿的主体意识,以各种体验活动为载体,使幼儿获得丰富的、积极的自我体验,为可持续发展打下了良好的基础。

三、成规划

以规划引领幼儿园发展已成为大家的共识，一份好的规划是幼儿园未来前进的航标灯，也是全体教职工的行动指南。幼儿园从发展背景分析、办园理念、发展目标、阶段目标、监控与评价、保障机制六个部分进行了科学规划。我将发展规划"落实、落地、落人"，措施实施面向两个群体，使其看得见、摸得着。管理层对自己负责的项目有纵深发展的思考，对他人负责的项目有横向、清晰的了解；教职员工及时学习了解规划的过程，又将自身发展与规划建立起联系，并付诸行动，全园上下"拧成一股绳"，形成合力，为幼儿园的发展共同努力。

胶州路幼儿园发展规划的制定过程体现了对本园未来发展的新思考与新探索，确立了幼儿园的办园方向和发展目标，探索幼儿园有效发展的道路，促进了幼儿园长期、稳定和持续发展。

建立共同愿景，实现有效管理

城阳区上马街道中心幼儿园　周　赞

城阳区上马街道中心幼儿园是一所建园时间相对较短的幼儿园。建园初期，我们确立了幼儿园发展的共同愿景——办一所有爱的幼儿园，凝聚团队力量，向着共同理想目标迈进。

一、共商愿景，确立追寻目标

优秀的园长应该是一名愿景的创造者。办园初期，园长通过促膝长谈的方式，和老、中、青三代教师进行面对面交流，了解每一个年龄段代表教师对自己教育事业的愿景。老教师说："就让我在班里和孩子们在一起，和他们一起笑、一起闹，关注他们的习惯养成，看着他们一点点长大，就很好。"骨干力量说："我积累了一些经验，也喜欢和同事一起研究某个活动如何进行孩子们才能感兴趣。"刚入职的青年教师则喜欢每天开心地来幼儿园和小朋友、同事愉快地相处。

就这样，"快乐生活，共同成长"的办园理念在不断地交流、不断寻找这一群幼教人"初心"的过程中被确定下来。幼儿园生活教育课程也随之确立，关注幼儿生活规则意识、生活习惯和生活能力成为我们课程的主要目标。

在这所有爱的幼儿园里，老师们的工作氛围是民主的，后勤老师总是想尽办法给一线老师提供服务和帮助。老师带着小纸条找伙房管理老师说："我们今天到种植园地拔草，看到黄瓜可以收了，申请在明天生活馆的水果拼盘活动中加入黄瓜，我们自己去收获。"老师们在践行陶行知先生"生活教育"思想的过程中，越来越关注孩子们活动中的真实体验，老师越来越多地"放手"。

来到幼儿园的客人，总会感受到"很温馨""很温暖""不拘束"。教职工的三年愿景规划中也出现了"快乐生活是家的氛围，是每学期完成目标后的喜悦，是分享喜悦，是分担忧愁……""共同成长是我们和孩子、家长的愿景，建议被支持和采纳……""办一所有爱的幼儿园"成为我们共同追寻的目标。

二、维护愿景，激活工作团队

（一）能想、能做美好的事

愿景是美好的，需要将愿景融入每学年的计划。各部门会在开学前召开园务计划交流会，确定计划并积极努力实现目标。确立每月各部门工作重点，分解学年目标，将目标可视化，各部门互相监督完成情况；教师每学期的期末总结交流会上，分享教育方法、管理策略、工作心得。

在美好愿景实现的过程中，一些课程和活动起了重要作用。课程"望远镜效应"是和家长"联手"改掉孩子不喜欢吃菜、不坚持刷牙等习惯的重要法宝。"感恩我们仨"讲了班级三位老师"一个篱笆三个桩"的故事，三位老师相互学习、相互支持并互相监督。

（二）感受温暖，播撒爱

有爱的大家庭，要做温暖的课程。幼儿园老师成立了"萤火虫志愿者团队"，和孩子们一起进行玩具交换，开办跳蚤市场，进行月饼义卖，用自己微弱的光，积少成多地帮助需要帮助的家庭。近三年来每年家长和老师捐款万余元，给两到三个需要帮助的家庭带去温暖。植树护绿、周边环境整治与保护、垃圾分类从我做起等主题活动的开展，让师生们体会到了责任意识。

（三）我们在一起，共同成长

在家长督导员进校园、金点子征集活动中，我们体会到了开放办学的益处，收获了站在教育之外看教育的建议；家长志愿者进课堂、好爸爸义工活动，让我们感受到了同一条战线的"战友"的鼓励和支持；家长论坛、园长有约活动，也让我们感受到与家长共同成长的美好。

愿景有很强的凝聚力、向心力和号召力，能够鼓舞人、激发人的潜能和热情。有愿景就有努力的方向，就有走向成功的希望，就更有活力、更有激情、更有动力。

在规范中发展，在发展中提升

崂山区北宅街道中心幼儿园 王秀娟

青岛市崂山区北宅街道中心幼儿园坐落在美丽的崂山北九水的山脚下。幼儿园2014年9月开园，幼儿来自大崂、孙家、南北岭、卧龙、我乐、磅石双石屋、河东、观崂等社区。幼儿园于2017年8月创建成为青岛市示范类幼儿园；2018年达标为崂山区五星级幼儿园，获青岛市文明单位称号；2019年荣获全国足球幼儿园称号；2019年11月开始了山东省示范幼儿园创建工作。

幼儿园以"让幼儿度过一个快乐而有意义的童年"为办园宗旨，以"顺应天性、展现个性、涵养德行"为办园理念，以"广闻博识、乐学乐行、精心研究"为园风，以"根植于内心的修养，无须提醒的自觉，以约束为前提的自由，为别人着想的善良"为园训，努力提升育人质量，突出内涵发展，实现幼儿园的科学发展。

幼儿园以《幼儿园教育指导纲要》《3—6岁儿童学习与发展指南》为引领，结合陈鹤琴先生的"活教育"思想，聚焦幼儿园特色发展，以师资队伍建设为重点，促进幼儿健康成长为目的，在规范中不断发展。

一、打造优质环境，提升园所品质

根据《山东省办园条件标准》，幼儿园将科学发现室、图书阅览室等多个专用室进行了玩具、教具和图书的补充；给每个活动室配备了现代化教育设施及办公设备，如给每个班配备了饮水机、热水器、消毒柜；在户外增添了大型攀爬架、梯子和"毛毛虫"玩具；在走廊展示了家长、孩子和老师们利用各种材料制作的玩具、教具；班级环境创设各具特色，为幼儿营造了温馨、自然的良好氛围。幼儿园优美、安全舒适的环境，为幼儿的一日活动保驾护航。

二、优化教师队伍，引领教师发展

1. 分层培训，百花齐放

组织新教师认真解读幼儿一日生活指导；青年教师以规范一日活动、区域游戏的创设与指导为重点；骨干教师带领大家研究，提高综合素质与科研能力；园长上好示范课，发挥表率作用，引领教师快速成长。

2. 师徒结对，共同成长

通过师徒结对帮教活动，促进师徒的共同发展。另外，通过与崂山区优质园所的"优＋"帮扶活动，共同教研，协同发展。

3. 专家引领，提升质量

中国陶行知研究会常务理事带领北京市光明幼儿园专家老师到幼儿园传经送宝，将生活教育思想真正应用到幼儿园的游戏中，做到"看得见儿童，找得到课程"；邀请崂山区教科研与培训中心学前教研员老师走进幼儿园，针对一日活动中存在的问题提出了指导性的意见，为提升幼儿园一日活动组织质量保驾护航。

三、践行"活教育"，促进幼儿成长

1. 自然、社会就是活教材

陈鹤琴说："儿童的世界是儿童自己去探索去发现的，他自己所求来的知识才是真知识，他自己所发现的世界才是真世界。"

幼儿园根据季节特色开展探索实践活动，让孩子们在美丽的大自然中感受美、表现美和创造美。春天，老师和孩子们一起踏青、赏花、摘樱桃，感受春天的气息；夏天，老师和孩子们一起到河边捉小鱼、打水仗，让孩子们尽享童年的快乐；秋天，老师和孩子们一起到北九水绘画写生，描绘秋天的美景；冬天，老师和孩子们一起健步行，寻找冬天的秘密。

2. 凡是儿童自己能够做的，应当让他自己做

陈鹤琴说，儿童自己动手，就可以得到肌肉运动的快感，得到直接的经验。

利用乡土资源开展生活实践活动。在"酸酸甜甜，美味山楂"美食活动和"桂花茶香""水果糖葫芦""蔬菜杂粮饭团"等活动中，幼儿自己动手制作、品尝美食，体验生活、获取经验。

3. 利用节日感知不同文化

利用节庆、传统节日开展庆祝活动。"爱要大声说出来"三八节活动、"青青野菜香，浓浓母子情"母亲节活动、"体乡土之乐，展幼儿风采"庆六一活动、"情浓六月天，端阳粽飘香"端午节活动、"迎新年年货大集"春节主题活动，让孩子们在快乐的节日气氛中感受到美好的生活。

幼儿园的第一个五年计划已圆满完成。未来的五年，我园全体教职工将立足本园实际，继续保持一颗对教育炽热的责任心和求真务实的严谨态度，不忘教育初心、牢记教育使命，以时不我待、只争朝夕的精神面貌继续追梦前行！

第二部分

小 学 教 育

项目推进，构建现代化品质校园

定陶路小学　郭晓霞

一、背景分析

青岛定陶路小学以习近平总书记系列重要讲话和全国教育大会精神为指导,贯彻《中国教育现代化2035》《加快推进教育现代化实施方案(2018—2022)》纲领性文件精神,按照市教育局工作要点、市南区2019年教育和体育工作会议精神,全面落实"尊重差异,合力培才"的办学理念,聚焦学生核心素养,彰显智能教育特色,全面提升教育教学品质,实现学校的持续发展。

二、典型做法

1. 全面落实"尊重差异 合力培才"办学理念，智能教育特色彰显

青岛定陶路小学位于青岛市西部老城区,学区内居住的老年人居多,属地生源逐年减少,新市民子女所占比例逐年提升。学校基于让认知基础、学习能力、家庭情况等多方面存在差异的学生群体,能在学校教育中获得个体的多元发展、享受平等而优质的教育的思考,确立了"尊重差异,合力培才"的办学理念,依托智能教育特色的深度发展,推进现代化学校的高品质发展。

学校运行智能微信平台,积极构建基于智能教育平台的家校共育课程,探索基于资源开发与应用的课堂教学模式重构以及服务于资源开发与应用的反馈评价机制,基于智能教育特色资源及课程与实施的评价,实现师生、家长的差异性、增值性发展,满足学生个性化教育,构建了家校共育的信息化学习新生态。

2. 智能教育内涵发展，深度实现"智能启智 乐陶人生"的办学目标

学校以"智能教育"内涵发展为核心,全面打造"学生向往、家长满意、社会认可"的一流学校,2019年度荣获市南区教育和体育局"奋进奖"。以智能启智,打造师生

幸福成长的学园、乐园、美园、家园。基于智能教育平台及多样态空间,引导学生多样化学习和实践,在数字化、现代化的教育中享受优质、均衡的教育,体验成长的无限乐趣。对教师而言,智能教育将引导教师不断提升职业素养,乐教乐学,幸福愉快,提升执业成就感和快乐。

3. 深化"五乐"小公民育人目标,擦亮"智能乐陶德育"品牌

学校聚焦区域"以海育人"的整体目标,践行"十个一"行动方案,落实德育课程内容,推进德育一体化实施。学校借助智能教育平台资源,把智能教育与"快乐体验"式教育相结合,开展了丰富多彩的德育活动,在红色基因课程等原有课程的基础上,完善以社会主义核心价值观为引领的中小学德育一体化工作机制,突出"尊重他人,学会合作"主题,搭建与其相应的实施框架;形成"乐陶学生劳动技能教育体系",充分发挥劳动教育综合育人功能,实现与其他九项行动的螺旋上升叠加成效;形成家庭、学校、社会三位一体的育人体系,完善"智能乐陶德育"课程;塑造乐陶少年多样态、多元素成长内容,培养学生成为乐于学习、乐于实践、乐于合作、乐于创造、乐于担当的"五乐"小公民。

三、实施效果

1. 形成了适合校情的数字化课程资源的建设和发展模式

学校结合实际,提出了"一个模型、两个层面、三个阶段"的数字化课程资源建设和发展模式。一个模型即以微信企业号为基础,完成从标准化建设到资源服务,再到个性化共享应用为主线的学校智能教育平台结构模型。两个层面即做好规划和实施两个层面的工作。按照顶层设计—制定方案—完成建设—应用反馈过程理顺管理体制。三个阶段即基础版块建设、数字资源建设、应用系统整合建设三个发展阶段,按照整体规划,分步实施。

2. 架构了智能教育视角下数字化课程资源学习平台三项主模块

学校在"智能教育"平台资源建设中已架构并完成了"乐陶好习惯""乐陶微学堂""乐陶学吧"三个资源模块的开发建设工作。

(1)"乐陶好习惯"正向引领的典型示范。重点进行各年级学生良好习惯的资源建设,家校合作助力学生养成良好的学习及生活习惯;为学生提供科学化、体系化的成长指导,实现了习惯培养的"软着陆"。

(2)"乐陶微学堂"学科知识的影像显现。结合学科知识点,集中说明并解决一个问题,为学生提供学习方法、学习重难点等方面的指导。尝试使用"点对点"推送

资源的方式,体现对学生差异性的尊重,实现对不同层次学生的有效指导。

（3）在"乐陶学吧"家校互动的虚拟社区中,推送学生课文诵读、表演展示等个性化优秀作业视频,使全校学生人人都是资源的开发者。

2019年学校被省教育厅确立为"山东省人工智能教育首批试点学校",被评为青岛市教育信息化应用创新示范学校,学校被吸纳为青岛市教科院"信息技术与教育教学深度融合"联盟校成员。学校在青岛市"信息技术与教育教学联盟"实验校会议上做典型发言。

四、问题和反思

智能教育平台的使用、智慧校园的打造,都促进了学校办学理念的落地,提升了学校办学品质。但是,作为一所西部的老城区学校,面对硬件设施老化、生源减少与构成的多元、师资力量亟待提升的综合性现状,我们确实任重道远。因此,需要从以下几方面探索发展的新的生长点。

1. 思想领航,系统推进教师队伍整体水平的提高

基于未来教育、教师关键能力的培养目标,抓住不同发展阶段教师成长的问题关键,建立教师梯队,分层推进;树立全员培养理念,集中打造区域学科领军人物和班主任队伍骨干力量。

2. 深度融合,聚焦智能教育课题持续深化,满足学生个性发展需求

在已形成"智能教育"科研课题群组的基础上,以团队融合式发展为措施,寻找教师自身发展需求与学校课题深度研发为共同价值追求的策略,发挥科研支撑课堂变革、支撑课程深度建构的作用,引领智能教育课题更高品质发展。

3. 双线并举,多学科融合,高质轻负,促课堂教学质量整体提升

将紧跟区域"走向学科深处的教学变革"的发展方向,继续秉承"智能教育"理念,落实区域悦动课堂要求,持续抓好"备课—上课—课堂评价"三个主要环节,推进以"德育目标精度描述、学习过程德育引导、评价内容德育占比"为核心的德育纲要在课堂主渠道的落实。同时,上好常态课,明确"乐陶"课堂六项标准,规范执行六项标准,全员提高课堂质量,精准发力,切实做到"高质轻负"。实施"学困精准帮扶行动",举行语文、数学、英语学科以"智能引领,高质轻负"为主题的作业展评活动。以定向反馈促进教师不断反思教育教学行为,全面关注教师的教和学生的学。

青岛沧海路小学教师专业化发展目标及路径

沧海路小学　　楚蔚君

教师专业化发展规划是学校发展规划的重要组成部分,青岛沧海路小学在制定学校发展规划过程中,将促进教师专业发展定位为学校整体发展的引领力和支持力。为落实创办"家门口的优质学校"这一工作目标,学校特制定教师专业发展三年规划。

一、教师发展规划的整体思路

以学校发展和教师发展为本,以青年教师专业发展为抓手,以骨干教师发展梯队建设为突破口,以校"名师工作室"和"教师成长公社"为引领,全面提高教师队伍整体素质。

二、教师专业发展目标

1. 总体目标

通过建设教师发展学校,使每一位教师都能用现代教育理念,审视自己的教学实践,反思自己的教学行为,提升自己的专业水平,建成一支具有强烈的终身学习和自主发展愿望、较强的教育科研能力、强烈的敬业精神、良好的职业道德、精湛的业务水平、健康的心理素质、较强的求知能力、积极的创新意识、和谐的人际关系、持久的合作理念,能适应需求、面向未来的"学者型""专家型"教师队伍,切实提高教师队伍的整体水平。

2. 分级目标

（1）合格教师。

对象：职初教师（教龄 0 ～ 1 年）。

目标：使职初教师两年后基本能成为合格教师。

基本熟悉本校教育教学常规工作,基本能做好学校安排的教育教学工作,有教育责任感,热爱学校,热爱学生,能较好地达到对教师职业的认同。

（2）胜任型教师。

对象:教龄 2～5 年的青年教师。

目标:能实现新手阶段到胜任阶段教师的转变。

掌握各年级教材内容和教学要求,学科专业知识扎实,能运用心理学、教育学等理论指导教育教学实践,实际教育教学效果好,有一定的教育科研意识和能力,能主动参与课题研究。

（3）成熟型教师。

对象:教龄 6～12 年的青年教师。

目标:完成胜任阶段教师到成熟阶段教师的转变。

学科教学和班主任工作形成风格,实绩明显,有较强的教育科研能力和相应的研究成果,能主持开展课题研究;有较强的带教青年教师的能力,被带教者成长迅速;有较强的自觉发展意识和能力,主动参加高一层次的学历进修,能为高一级职称评聘做好积极准备。

（4）专家型教师。

对象:教龄 13～25 年的优秀中青年教师。

目标:完成骨干教师到名师的转变。

逐步形成自己的教育教学特色;个人能完成一门自主拓展型课程校本教材的开发;优良的教科研成果得到推广;在市级层面有一定的知名度,实际教育教学效果在同类学校中处于明显优势地位。

（5）资深教师。

对象:教龄 25 年以上的中老年教师

目标:完成教育教学经验的积累,指导青年教师成长。

发挥好老教师的示范效应,让好的经验得到延续和积累。

三、搭建教师发展四大平台

1. 网络平台

着力建设基于网络的教师发展平台,借助于"互联网＋"培训等促进教师之间互动交流、经验共享,提高资源使用效度。发挥学科带头人的中坚作用,鼓励名师、学科带头人创设自己的"名师工作室",为广大教师答疑、提供业务咨询和教学资源。

2. 展示平台

积极实施教师培养工程,进一步做好学科带头人、首席教师、骨干教师的评选工作。积极开展各种业务技能竞赛，坚持开展"课堂教学改革课大赛"活动，开展课堂观摩、教学技能竞赛、说课比赛以及评选典型教学案例、优秀教育科研论文等活动。

3. 交流平台

邀请名师大家到我校讲学，聘请专家跟进指导，每年有计划地组织学科带头人、骨干教师到教育发达地区考察、学习，畅通交流渠道，为广大教师搭建学习平台，拓宽教师教育视野和知识视野，转变教师教育观念，推进素质教育和基础教育课程改革的深入实施，坚持教育教学研究沙龙。

4. 科研平台

建立、健全校本研训制度，构建校本研究共同体，致力于把教研组建设成为学习型、研究型组织，开展"学习型办公室"评选活动，把共同学习、合作研究、互动提高作为校本研训的核心理念，切实提高校本研训的成效。实施"六个一"工程，即要求每人参与一个专题研究，每月写一篇教学反思或案例分析报告或教育叙事，每学期读一本教育理论专著，每学期做一次教研活动的中心发言人，每学期写一篇经验总结或科研论文，每学年开设一节优质观摩课。

同时，积极开展行动研究。教育行动研究的特点是以实践为导向，研究来源于实践。定期举办行动研究沙龙，促进教师对话与交流，分享研究经验与成果。

花样校园，花样成长

市南区第二实验小学　毛小园

今年是学校五年发展规划实施的第三年。在规划推进的过程中，学校深入落实习近平总书记重要讲话精神，全面贯彻国家、省、市区各级《中长期教育改革和发展规划纲要（2010—2020）》的精神内涵，紧紧围绕立德树人的根本任务，以"实施主体能动教育提升学生核心素养的行动研究"为统领，秉承"做最好的自己，助人成为最好的自己"的办学理念，以"七色花"特色教育为基点，结合学校实际将"七色花"教育特色有效地融入学校的各项工作中，因地制宜，蓄力储能，一步步积淀着成长的力量。

一、悦动悦美"七色花"能动教学模式

课堂是生成智慧的地方，课堂上教师在"时时关注学生，全面依靠学生"的基础上全面实施"教学"，在教学方法上采取低起点，实行"小步走"；在教学组织形式上采取小组合作，同伴互助。"教学"不仅对挖掘每个学生的潜能进行了有益的探索，而且有效推进了学校"主体能动教学法"的课堂改革实践。教师努力营造生动活泼的教学气氛。教师在设计教学活动中，根据需要对基本模式进行变通，衍生出 N 个变式，这种顺应儿童好奇的天性、不断求新求变的教学模式，优化了课堂结构，将课程资源最大化，使学生由启动阶段的被动接受学习状态转到积极参与学习的能动状态。学习策略在课堂上的运用、生成，促进学生可持续发展学习力的形成，使不同层次的学生都能够在原有基础上得到不同程度的发展，让学生的学习多姿多彩，使教室洋溢欢乐。

教研组推进"七色花"教学模式研究落地，将核心素养的培养融入日常教与学活动中，激发学生心源能量的释放。各教研组开展"主体能动教育差异教学策略的操作性研究"教学设计：语文组围绕作业分层、练习分层、辅导分层进行研究，提质在课堂；数学组通过经验介绍信，将教学中对评价策略的得与失进行衔接式研究；英语组坚持原创命题，加大课外阅读指导，引入小练笔、QQ 秀、一起作业等创意活动，稳步提质减负；信息技术组选点突破，"巧设导语"唤起学生的学习热情，缩短学生同教材的距离；美术组确保 100% 开课，尝试"先试后导""先学后教"，翻转课堂；科学组探究信息技术与学科整合；地校课程组从选题入手，激趣探究，充分利用资源……

二、美德育人"七色花"品牌管理模式

学校依托"美德育人"品牌，从"美德活动育人"和"美德环境育人"入手，打造"七色花"品牌管理模式。

学校以"七色花美丽班级"建设活动为载体，开展丰富多彩的"美德育人"活动，将"四项传统活动"常态化、"六大实践基地活动"序列化，"研学活动"创新化。在变化中有恒定，确保学生走出课堂，走进社会和大自然，感受生活、考察社会，为学生搭建展示自我、提升自信的平台，进一步推进"七色花美德育人"品牌深入发展，让学校成为孩子的精神家园，让每朵"七色花"的内心洒满阳光。

学校着眼于"美德环境育人"的思想，将整个校园重新规划，着力精心打造良好的校园文化："孔子墙"彰显着国学传统文化的精髓，"排球壁"展现了师生对体育精神的践行和追求，"国际跳棋盘"倾注着全校师生智慧的付出，"节水栏"启发学生对共同家园的打造和关爱……

建设以班级文化为主的"七色花"年级文化,包括橱柜文化、课桌文化、墙面文化、黑板文化等,为"七色花"教育的进一步发展营造育人氛围。教室内的课桌椅为"秧田形"单人单桌,教师根据课程需要变化成"马蹄形""半圆形""餐桌形",学生们分成五六个人一组的学习小组,如花朵一样团团坐,方便就学习问题展开热烈的讨论,老师上课时则穿行在这些"花朵"中,播撒芬芳……15 个教学班实现"一体机"全覆盖,让"信息之花"遍开沃土。

三、多元能动"七色花"综合评价模式

进一步完善教学增量评价制度,构建"七色花"教育学生评价体系。学校为一年级学生进行入学能力水平测试,对学生所具备的各项入学能力水平及相关因素进行基于标准的评价,科学掌握一年级学生的学习能力、习惯水平、多元智能,为每位学生"量身裁衣",科学教育。

学校注重学生综合素质过程性评价工作的实施,在以"成长记录手册"为主的基础上,开展多元发展性评价。学校每年评选"七色花美德少年",将获奖学生典型事迹制成小册子,人手一份。每学期设置 20 个奖项,有 19 个是规定奖项,1 个是自选奖项,专门为不在既定奖项范围内但学生又有突出表现的情况而设置。例如,"金笔杆""古诗背诵之星""礼仪小标兵""健康小卫士""金话筒主持人""热心公益奖""艺海之星""社交小明星""微笑使者""环保小达人""节约之星""健康之星""勤学之星""诚信之星"……多一把尺子就多一个评价标准,就有可能多出一个人才。

规划先行,文化特色办学探索之路

洮南路小学　孙文欣

学校该如何发展,突出学校特色? 这是每位教育人必须思考的问题。

青岛洮南路小学以人为本,遵循规律,着力唤醒、激发和培育师生内心成长的力量。从入心的学校管理、共心的师资队伍、精心的课堂教学、润心的德育活动和悦心的评价体系,探索出"洮花朵朵开"五位一体实施途径。

一、发展目标明确，传承与创新并举

本着"立足现实、传承历史、着眼未来"的原则，在全面总结学校历史经验和现实工作、继承学校优秀文化传统的基础上，进一步端正学校办学方向，提炼核心价值观，明确办学目标，优化办学理念，制定发展策略，在原有基础上形成系统、独特，能为全体师生广泛认同的、符合学校发展方向的精神文化体系。

二、锻造专业师资，落实心理健康教育各项条件保障

1. 配备师资，确保心理育人专业水平

学校干部带头学习心理知识，起到示范引领作用。在学校的支持下，专职心理教师谷晓格成为国家心理二级咨询师和三级婚姻家庭咨询师，自主学习沙游分析等10多门课程。学校已有3人成为国家二级咨询师，10多名中级心理健康辅导员，专职心理教师1人，兼职18人。10多名教师在省、市、区心理健康教育优质课、公开课中获奖，2人为区心理教学能手。

2. 加大培训，提升教师队伍整体素质

要实现教师的内涵式发展，读书和培训是必经之路。《在课堂上运用多元智能》《幸福的方法》等心理类图书让教师教育教学行为悄然发生变化，学校在区"十二五"读书实践工程现场会上做经验交流。学校全员教师每年至少外出培训一次。学校还定期邀请专家等做客"洮南讲坛"，以"思维导图"为工具，展开学法指导；引入"教育中的心理效应"，使教育效果事半功倍；以"我的教育小小事"为主题，发现教育中的小趣闻。近三年，教师培训经费达40余万元，其中心理专项近5万元。近几年学校心理学科被评为区优势学科并召开展示会，被评为市优秀校本培训学校。

3. 完善设施，满足心理辅导工作需要

专职心理教师配备办公室一间，三间心理专用室功能完备。心灵成长俱乐部配有多媒体设备和团体活动所需器材。心理教师建有团体心理活动案例档案。教师和学生团体分别按不同主题开展培训。心语吧配有团队和个体沙盘、音乐放松椅、心理图书等资源。通过摆沙盘，学生经历了一段从抢占地盘到学会合作、从乱摆一气到有情有景的巨大变化。舒心吧则是一处提供专业宣泄器材的地方，同时将宣泄拓展到户外，让运动成为学生合理宣泄的方式，这也是学校心理辅导的特色。

三、深化课程建设，构建育心文化教育教学工作模式

1. 开设课程，打通心理学科实施渠道

双周一次的心理健康课是保证心理健康教育实施的主渠道。

"心灵 SPA"入选青岛市首批中小学优秀校本课程。学校还探索出以"情景带入、活动体验、分享升华"为基本环节的心理课模式，并整理出故事、游戏、案例、音乐等心理教育素材。

2. 巧妙融合，注重心理因素全科渗透

学校不断探索多学科渗透心理健康教育的方法，通过专业培训、课题研究，将思维导图、期待效应等引入课堂，开展了心理健康操、曼陀罗绘画、心灵分享卡等学科渗透活动。

3. 文化关怀，多种途径实施心理教育

学校充分发挥校园文化润物无声的育人功能，"心心相印"文化墙、"我的幸福瞬间"笑脸墙、用心设计的最美教室、清新的音乐冥想……都为学生带来平和、欢愉的心灵体验。学校还充分利用校报、微信平台等媒介宣讲心理健康知识。

四、注重科研引领，提高心理规划课题研究教育实效

1. 高位引领，提升教师科学研究水平

学校邀请教科研专家老师以"教育教学研究的质疑与澄清"等为题开展培训。定期通过课例展示、读书分享、案例交流、成果共享等形式展示科研成果。学校教科研分管主任王璐瑶曾在全国核心、重点期刊发表论文 3 篇，专、兼职心理健康教师在省、市教育科研论文评选中获奖 10 余次。

2. 提高实效，发挥良好示范引领作用

学校心理健康教育工作在区域内形成了良好的口碑。学生喜欢心理健康课和沙盘游戏，家长对学校的工作充分信任；学校多次接受其他学校的参观访问学习；专职心理教师多次参与青岛市"青青义教"家庭教育广场咨询服务大集，为学生和家长解惑答疑。

通过科学规划、建设课程文化，洮南路小学正努力形成特色发展、优质发展、持续发展的学校发展态势，提升学校的社会美誉度和区域影响力，全力打造青岛市名牌学校。

为每朵花找到芬芳的方向

百盛希望小学　乔严平

百盛希望小学是一所年轻的学校,1999年由胶西镇党委政府投资建设,2000年胶西镇尹家店小学、雅会村小学和小行小学三校合一,由青岛百盛集团捐资冠名,成立青岛百盛希望小学。建校以来,学校取得很多成绩,也是胶西镇的热点学校之一,但同城区很多传统名校相比,我们学校还有很大的差距,尤其是校园文化的缺失。具体表现在办学理念相对滞后,教师专业成长动力不足,课程改革尚未全面启动,学校管理尚未转型。因此,在尊重学校历史、尊重学校现实、尊重社会需求、尊重学校固有风格、尊重内涵发展需要的基础上,我们确立了新时期学校发展的基本策略——文化立校,内涵发展,形成富有百盛特点的文化格局,锻造具有鲜明特色的教育品牌。

一、以"百盛"为基点确立文化内核

"百盛"之名来自捐资建校企业,我们挖掘"百盛"一词的深刻内涵,运用我们的独特理解来确立与学校身份相匹配的文化主题——百花盛开,朵朵出彩。我们把"百盛"二字巧妙地嵌入文化主题,把每位学生比作盛开的花朵,把百盛校园比作教育的"百花园",用"百花齐放"来描摹百盛人的生活样态,用"出彩"来表达百盛人的价值取向,并通过文化主题一线串珠,形成我们学校的顶层设计。

1.诗意表述发展愿景

我们学校的发展愿景是"为每一朵鲜花找到芬芳的方向"。我们由花的表象走向花的内在,用芬芳描绘教育梦想,进一步升华教育特色。用更加开放的思维来办学,眼界由一个村小转向整个世界,借以提升百盛小学的品牌示范作用,并用与世界教育同步的先进办学理念、现代管理制度、超前的课程文化、开放的课堂形式等对周边产生强有力的辐射作用。

2.花蕴为魂建构理念

我们由文化主题"百花盛开,多多出彩"衍生出教育的核心理念——"出彩教育",并以花为内蕴形成具有学校特色的办学理念。我们确立了"办花团锦簇的特色学校,铸人人出彩的教育品牌"的办学目标,挖掘了"一花独秀不是春,姹紫嫣红春满园"的学校精神,确立了"做最芬芳的花"的校训、"百花竞艳 各美其美"的校风以及"百家争鸣 各得其妙"的教风。

我们用花确立了学校文化内核,使我们学校有了灵魂,有了切入点,有了体现学校品格的文化标签。

二、以"百盛"为内涵延伸文化触角

我们在理清学校文化主线、明确学校办学思路、确定特色打造点、制定办学章程和学校发展规划的基础上为学校的内涵发展明标定向,用文化自觉引领着学校的各项建设,将极具灵性的触角伸及工作中的方方面面。

1.构建百花课程体系

学校的核心是课程,它决定着学校的育人目标和发展的方向,有什么样的课程就有什么样的学生。因此,我们打破思想上的固有藩篱,加快国家课程、地方课程与学校课程的深度整合,实现课程的校本化。我们将开设必修课程和选修课程,必修课程涵盖基础课程和素养课程,选修课程涵盖个性课程。个性课程即我校的社团活动课程。我们将根据学生需要,开设含30多个项目的社团,采用走班上课,让学生选择自己喜欢的社团,找到适合自己的课程,满足不同特长、不同兴趣、不同层次的发展需求。在此基础上,我们还将把各个类别的社团活动与主题节日进行整合,如整合艺术类社团,开展艺术节;整合体育类社团,开展体育节;整合文学类社团,开展读书节,整合科技类社团,开展科技节,打造一批特色校本课程,让社团成为百盛希望小学的一张靓丽的名片。

2.打造人人出彩的课堂

课堂是课程实施的主阵地,每一节课都是师生"人人出彩"的剧场。因此我们将把"人人出彩"当作课堂呈现的目标,出台"出彩课堂"标准,加强科研力度,规范课程实施。

我们将把教师软实力的提升作为"出彩课堂"的主要抓手,通过课例教研、专题研讨、教学展示、集体备课等活动,扎扎实实地搞教学,实实在在地搞研究,提升教师教育教学水平。

3.建设花团锦簇的校园环境

我们立足"幸福快乐的百花园"这一立意,将学校环境化成学校文化的物质载体,把学校建筑、学校的一草一木、一砖一石变成学校记忆的一部分、学校教育的一个重要组成部分。让花园既是学校环境,又是校园文化,具有鲜明的个性。置身其中,能够感受到我们学校历史的厚度、文化的厚度以及浓郁的生活气息。因此,我们学校将根据自身优势和特点,对校园环境进行整体规划。

三、以"百盛"为载体形成德育模式

学校的任务就是"立德树人"。我们以"百花盛开,朵朵出彩"活动为依托,创新德育机制,创建富有"百花"印记的德育品牌。

一是浪漫定位德育品牌。一朵花就是美丽的花园,一朵花就是百盛的化身。做一朵出彩的花,就是要成为出彩的人。学校用学生耳熟能详的红花做载体,创建德育品牌,使德育活动富有浪漫色彩和儿童情趣,有利于调动学生参加活动的积极性。

二是精细分解出彩标准。学校从行为习惯、文明礼貌、遵纪守信等方面入手,按年级分解出彩的标准,并定期评选,评选出的出彩少年在全校公示。

三是营造花的诗意氛围。学校根据"美丽花朵,出彩少年"标准创造童话般的意境,由吉祥物花花为引领,营造争做"花海"的氛围。学校用花花心语来迎接学生的每一天,用富有诗意的语言实现德育活动的华丽转身。

四是搭建美花展示平台。首先在大道两侧展示定期评选的出彩少年照片。其次建立"百花超市",设计了"小红花"卡,用四种红花分别代表不同的闪光指数。学生在班级中凭借自己优秀的表现可以获得老师奖励的花卡,积累到一定的指数,就可以到"百花超市"挂名并自由兑换自己喜欢的学习用品或书籍。

五是广泛开展德育活动。学校以少先队为组织平台,分大队、中队、小队三级开展"百花盛开,朵朵出彩"评选活动,用活动铺开对学生的习惯、礼仪、规则、公德等方面的教育,用花的品格来影响学生。

四、以"百盛"为精魂创新评价机制

学校以"百花盛开朵朵出彩"为精魂创建了富有花朵印记的"出彩小花"评价模式。我们实施"点—线—面"式评价,力求实现对学生全程、全方位的考察,通过出彩花瓣评选抓"点"、美丽小花评选抓"线"、出彩少年评选抓"面"三条路径递进式完成。学生每积累20枚花瓣就能获取一枚小花,每积累4枚小花就可获得一枚出彩少年奖章。班主任、任课教师、家长、红领巾监督岗执勤人员都有评价权,他们主要捕捉学生在日常行为规范中的亮点给予即时评价。我们所关注的是学生日常生活中的点点滴滴，体现的是"多把尺子评价学生"，瞄向的是"人人精彩"，追求的是"由面向整个花园转向面向每一朵小花"，并通过颁发不同等级的"花卡"来完成评价。学校大队部从行为习惯、文明礼貌、遵纪守信等方面入手，开展各种形式的"争花"活动，定期评选出"班级花""百盛花"，在全校进行宣传。

对于评选出的出彩少年，我们利用升旗仪式或者学校集会等时机隆重颁奖，并通过多种文化平台进行表彰：或者在《百花盛开》校报上留名，或者在"连心花巷"上留影。在升旗仪式上，我们还邀请获奖学生和家长手拉手一起登台领奖，让他们感受美好瞬间，鼓舞全体师生。此时此刻，让学生的嘉言美行成为学校文化的一道靓丽风景。

科学规范，有序发展

城阳区夏庄小学　高彩霞

城阳区夏庄小学位依海上名山——崂山，毗邻风景秀丽的崂山水库，始建于1916 年，2000 年迁入新校。学校占地面积27814 平方米，建筑面积9389 平方米，绿化面积11800 平方米。学校现有 29 个教学班、1340 名学生、教师 55 人。

植养人文气韵，奠基诗意人生。"诗文化"作为夏庄小学独具特色、极富智慧的物质文化和精神文化，弹奏着校园文化润物无声的清音。我们把诗的真善美融入学校教育全过程，以"教学之真""人文之善""艺术之美"三大诗意教育板块为基石，坚持古诗教育、读书教育、写字教育、作文教育、小公民教育五大诗意教育支柱，服务于诗意教育的顶层目标——真、善、美，形成特有的校园文化。

今后三年，学校将坚持以人为本，以学生发展为本，以诗意教育＋小公民教育为特色，注重学生全面发展；以科学发展观为引领，全面推进素质教育；以办好人民满意的教育为目标，树立良好师德形象；以提升育人质量为主线，突出内涵发展；全面育人，实现学校科学发展。

为全面实现学校持续、规范、自主地科学发展，我们遵循有关教育法规与政策，制定了本规划。

一、学校发展现状分析

1.教师队伍现状分析

目前学校在职教师55人,平均年龄36.36岁,30岁以下的教师11人,30岁以上、40岁以下的教师16人,40岁以上的教师17人;高级职称教师3人,中级职称教师18人,区级以上教学能手15人,区级学科带头人2人。教师学历达标率为100%,有本科及以上学历的教师占教师总数的86.36%。

(1)优势。

教师队伍偏年轻化,充满活力和发展潜力。教师乐于奉献,有上进心,专业化水平、整体教学技能在街道内处于领先行列。

(2)劣势。

教师结构成分复杂,近几年进入的新教师较多,存在教育教学经验不足等问题,工作方法、教书育人研究程度不够深入。家长对学校教育关注度高,教师特别是班主任教师的沟通交流能力有待进一步提高。需要不断加大力度,推进教师专业化发展,加强班主任队伍建设,大力培养名优教师,提升教师队伍的整体业务水平。

2.教育对象分析

学校生源一部分为机关事业单位子女,学生家庭条件比较优越,生源及家长素质较高,但学生在身体、心理、道德、习惯等方面也存在一些问题。家长对学校、孩子教育关注度高,期望值高。

3.学校办学质量分析

建校来,学校一直秉承"为孩子的终生发展奠基"的办学宗旨,在规范办学、制度完善、文化形成等方面不断探索、提高。学校校风正、学风浓、师生关系和谐融洽,办学条件、办学质量不断实现跨越式发展,得到上级教育部门、社会的较高评价,社会知名度和美誉度不断提升,展现出强劲的发展势头。夏庄小学已经成为街道家长向往的学校。

经过横向、纵向的思考分析,我们认为,夏庄小学已经完成优质资源扩张的基本任务,在硬件设施设备、文化和校园建设初显成效的状况下,学校进入了追求内涵发展、追求优质与特色的新阶段。

二、办学理念与未来三年学校发展愿景

学校在未来三年发展进程中,将按照城阳区教育体育局提出的"建设高水平的教育设施现代化工程、高水平的教育治理现代化工程、高水平的人的培养现代化工程"的要求,以"诗意教育 诗化人生"为办学理念,以"一体两翼"(教育教学为主体,体育、艺术为两翼)协调发展为办学目标,进一步梳理并提升学校文化,着力打造"诗意教育"特色学校,力争在 2020 年建成一所办学理念创新、教育设施齐备、育人氛围浓厚、教育质量优良、区域知名的现代化优质品牌学校。

1. 多渠道打造精锐之师——名师育名校

实施名师培养工程,开展梯队式名师培养活动,构建名优教师培养新模式,全面提高教师整体素质,努力打造一支学习型、研究型、专家型的教师队伍。力争用 3 年时间培养出在全区有较大影响、知名度较高的优秀教师 2 ~ 3 名、专家型教师 1 ~ 2 名。

一是根据上一个学年各层次教师学习状态和发展的情况,逐步规划团队发展模式,调整学校各层次人员,完善各支队伍的培养机制,逐步完善各支队伍的长远发展体系。

二是对各学科重点培养教师进行跟踪指导,并提供一切机会参加各类培训、技能比赛和课堂展示活动,使这些教师在不断学习和实践中得到锤炼。

三是从各层次培养人员中选拔优秀教师到更高层次中进行培养。继续对各学科重点培养教师进行跟踪指导,加大推出力度,力争打造出市区内名师。

2. 全方位深化改革——特色成名校

以全面总结教育教学成果为契机,全方位深化教育教学改革,提炼特色,打造特色。

(1)教改特色——个性发展与减负高效的课改之路。

进一步优化课程结构,开发校本课程种类,体现选择性和多样化,努力建构有利于学生素质全面发展、特长发展、创新精神和实践能力发展的具有夏小特色的课程运行和管理体系,适应社会发展。

以教师发展为本,以青年教师专业发展为抓手,以名师梯队建设为突破口,全面提高教师队伍整体素质,完善学校师资的培养,坚持专家引路原则,层层培训,提高教师专业发展的针对性、时效性。提倡每位教师都有自己的教学特色,都有自己的教学法,创造适合学生发展的教育。

(2)人才培养特色——以艺术教育为引领的综合素质人才培养方向。

一是优化人才培养渠道。进一步明确课堂教学是素质教育的主阵地、主渠道的教育理念，教育活动以教学为中心，教学活动以学生发展为中心，关注课堂教学过程，积极探索课堂教学中情感、态度、价值观的教育。

坚持德育为先，进一步完善和确定"诗德·润心"德育品牌，探索新时期小学生品德教育模式，以活动为载体，在实践中提升。

二是丰富人才评价视角。把学业成绩作为重要的评价方式，同时将德育课程的评价管理作为学生评价的有益补充，为体育、艺术、科技创新、学科竞赛等特长人才提供发展条件，不断完善形成综合评价标准，拓宽人才发展多元路径，建立起适合我校学生成长的科学评价体系，促进学生全面发展。

（3）科研特色——不忘实验、示范、先行的学校使命。

树立"让骨干教师都有发挥才干的平台，让青年教师都有提升能力的导师"的教师专业成长目标，完善教师团队成长计划。教研改革的核心是紧密围绕"实验性"的发挥来做文章，如何结合学校特点打造几个有影响的实验项目，如何立足校本并与学校发展紧密结合，这些应该是教研工作特色的增长点。

3. 多角度强化宣传——策划出名校

学校要成为区域知名特色品牌学校，宣传工作显得愈发重要。面对学校发展的新的任务，要进一步突出宣传工作的重要性，组建机构，成立宣传部门，制订完整、可行的宣传方案，建立畅通的宣传渠道，充分利用校园内网、外网，微信、微站、博客、联络各家媒体，全方位打造知名学校。

4. 充分利用社会资源——支持助名校

争取街道支持，取得有关方面的经费支持，经费使用从硬件设施的投入逐步转移到软实力打造上。争取社会的支持，如社会著名人士、家长对学校的支持，聘请各类专家指导教育教学工作。争取把学校社团、家长讲堂活动搞出特色。

5. 核理、打造拳头项目——品牌誉名校

（1）文化锻造项目。

每一所学校都有它的文化底蕴，一方面以文化的传承为主线，一方面以现代创新为主线。因此，除了看得见、摸得着的硬件文化建设，围绕"诗意"教育，打造教学楼的文化布置、校园文化景点建设，更要加强文化建设，形成学校文化建设体系，突出文化引领力。

（2）竞赛、特长项目。

在原有基础上致力于国际象棋、写字、乒乓球、排球、科技等项目的精细化，每一

个竞赛项目都要有自己的规划和目标,让每一名学生都能各展所长。加大艺术、体育等特长项目的打造,逐步打造初级的有影响力的艺术项目。科技教育成为学校特色建设新的亮点。

(3)教育教学实验示范项目。

基于"刘珍建语文工作室""5＋X班主任工作室"等实验项目建设,在教师专业发展的创新、学科竞赛、课堂教学改革、课程结构调整以及课题研究创新方面,提供可借鉴的实践经验,发挥学校的先行性和示范性。

6.加强党建和党风廉政建设——党建促名校

加强学校党组织建设,完善"三会一课"制度,实现党员活动网络化。以"做合格党员,建合格支部"为抓手,推进"两学一做"学习教育常态化、制度化,用创建"党员先锋岗"主题活动充分发挥党支部的战斗堡垒作用和党员的先锋模范作用。重视党建品牌建设,根据学校支部情况,在党员干部教师中创建党建品牌。

加强学校领导班子建设,贯彻落实民主集中制,加强党风廉政建设。在广大师生中培育和践行社会主义核心价值观。在青岛市文明单位基础上申报创建青岛市文明单位标兵,在青岛市文明校园基础上申报创建山东省文明校园。

八大峡小学的办学目标及实践

八大峡小学　邱　琳

一、办学目标

青岛八大峡小学在"以海的情怀、真的教育,塑美的未来"教育理念指导下,以"1＋N"海式少年培养计划为核心,为每个孩子的终身发展奠基,努力打造青岛特色、齐鲁一流、全国知名、与国际接轨的高水平现代化学校。

学校品位:立足实际、务实创新、着眼特色、卓越发展。

教育能力:以科研课题和校本研训为主要载体,让科研与学校教育教学同构共生,提高教师的专业素养和实践能力。

特色办学：传承学校诚信德育和艺术特色，进一步打造海育引领、德育为基、体育增效、美育怡情、合育突破的特色教育品牌。

文化孕育：致力于"真与美"的教育，形成师生明礼守信的校园风尚，孕育和谐阳光的校园文化。

育人目标：培养"心胸宽广、体魄强健、志向远大、勇于实践、善于创新、敢于担当的海式少年"。

二、实施途径

学校夯实以"五节""两季"为抓手，以"五育"为统领的特色教育，实现育人目标达成与学校特色发展双轨高效合一。其中，"五节"指每年 4 月的体育节、5 月的艺术节、10 月的科技节、11 月的诚信节、12 月的教学节；"两季"指每年 1～3 月为传统文化活动季，6～9 月为读书季；"五育"指海育、德育、美育、体育、合育。

（一）海育引领

学校以基地为依托，融合以海明德、国防教育、海洋研学多个维度的海洋教育工作思路。结合海军节、全国科普日、世界海洋日等特色活动将学校海洋研学制度化、常态化，通过开展富有特色的场馆基地研学与假日实践研学相结合的海洋主题研学活动，培养学生"知海、爱海、护海"的海洋意识，进一步推进学校海洋教育特色。一年来共组织场馆基地研学 12 次，假日实践研学 4 次，涉及所有年级 700 余人次。2018 年 12 月学校被评为山东省国防教育特色学校，并向全国国防教育特色学校推广；2019 年 7 月学校国防教育案例入选首届全国学校国防教育典型案例，并向全国推广。校本课程"海况观察实践课"被评为青岛市 2019 年精品校本课程。

（二）德育为基

学校教学坚持"育人为本，德育为先"，突出红色基因传承教育、家国情怀教育、传统文化教育三大主题，通过走进爱国主义教育基地、讲故事比赛、家乡推介、实践活动、诵读经典等丰富多样的形式，让学生感受新中国成立 70 周年的自豪感，从小树立知家乡、爱家乡、建设家乡的理念。开展红色基因主题教育，让品德教育贴近学生生活。开展诚信节、学雷锋、清明节系列主题教育，"美丽青岛我的家"推介，《科学家在青岛》书籍推介会，海军建军 70 周年主题教育，美丽海滩公益劳动等活动，在活动中激发学生以家乡为荣、以祖国为傲的情怀。成功举办学校首届传统文化季，将传承中华优秀传统文化的教育常态化、体系化，全校 236 名学生在活动中获奖，12 个班级活动获研学活动优秀组织奖；3 个班级活动获"益海奉行"公益活动优秀组织奖。

2019年3月学校四（2）中队被授予青岛市"雷锋中队"称号。

（三）体育增效

学校严格落实"阳光体育2＋X"工程，以"健康＋活力"为目标，以传统与现代交融为主线，通过"课程、训练、社团、竞赛"四个途径培养学生的体育兴趣、运动习惯和健康生活方式。举办校园体育节，组织学生参加"校长杯"班级足球、篮球联赛；召开春季运动会。学生在体育节中增强了体质，磨炼了意志。学校开齐开足体育课程，与各个专业俱乐部签订教学服务合同，上好击剑、游泳、武术、足球等课程，丰富体育教学内容。创编了足球技巧练习组合，在大课间动员全员练习，让全体学生学习足球技术，参与足球运动，体验足球运动乐趣，培养了学生良好的运动习惯，为学生的终身锻炼奠定基础。

学校以跳绳为主要提升点促进学生体质健康发展，在市南区"十个一"项目推进会上做经验交流。学校跳绳社团的学生参加青岛市首届跳绳比赛，荣获规定项目和团体总分三等奖。学校不断整合优化资源，内外挖潜，开展社团训练，在市南区落实"十个一"业余训练现场会上做经验交流。学校学生荣获青岛市篮球比赛小学女子组第二名，在市南区小篮球联赛的U10（混合）、U12（男队）、U12（女队）中取得三枚银牌；荣获"区长杯"足球比赛小学女子乙组第一名、区班级足球联赛第六名、青岛市女足第12名。2019年学生在青岛市篮球赛小学男子、女子组中均获得第三名。

（四）美育怡情

学校贯彻落实国家、省、市全面加强和改进中小学校美育工作意见，持续推进美育研究。开展第24届校园艺术节，通过多种形式的竞赛活动，充分展示学生器乐、声乐、舞蹈、绘画、书法、创意制作等特长，给学生搭建展示平台。全校学生人人参与大地绘画等活动，培养了健康的审美情趣和良好的艺术修养。

学校自2018年4月开始建立管乐社团至今，短短一年多的时间已经荣获区器乐比赛二等奖、青岛市行进管乐比赛二等奖，在全区管乐总结工作中做经验交流，承办了2019年市南区行进管乐工作部署会，成为学校艺术工作的又一闪亮名片。学校依托区域"管乐大师进校园"活动，先后组织学生聆听了铜管、木管大师课，单簧管声部的学生还上台与大师互动。五年级二班鼓乐节目在市南区班级器乐比赛中荣获一等奖，在市班级器乐比赛中荣获一等奖，并参加了区中小学"我与祖国共成长"文艺演出；古琴社团参加了市推进"十个一"项目现场展示，美术作品《听说幸福很简单》参加了全区向大师致敬艺术展并获一等奖；五年级三班荣获区班级合唱比赛二等奖，学校啦啦操荣获区三等奖。

（五）合育突破

学校建立了家长学校课程体系,制订月份家长学校授课计划,开展"家长面对面"等主题活动,分别针对毕业生家长、幼小衔接幼儿家长、问题学生等特殊群体有针对性开展培训,增进家、校沟通,形成家校合力。结合全员育人导师工作,开展送联系卡上门的专题家访。组织家长开放活动、家长进课堂活动,促进家、校间的情感交流。发挥好家长委员会驻校办公和家长义工职能,通过护学岗、午餐监督员、安全巡视员等工作体验,家、校沟通,交流意见建议,从而形成教育合力。学校的家庭教育服务站被评为2018年青岛市优秀家庭教育工作站。

学校开展合作办学:邀请手拉手贵州安顺平坝区十字中心小学的干部教师到校跟岗交流;与我国香港仁济医院罗陈楚思小学缔结姊妹学校,其学校师生23人来我校交流访问,两校师生同上STEM课,同绘大地画,一同参加机器人社团,一起进行海洋研学,师生间结下深厚的友谊。通过合作办学,博采众长、开阔视野,交流双方站在一个新的起点、更广阔的平台上来审视教育、实践教育、发展教育。

三、实施成效

学校不断完善学校文化理念,形成具有地域特点和传承精神的理念框架,将办学目标、培养目标、办学特色、教风、学风、校风、班风等隐性文化逐步明确清晰。2018年学校荣获山东省平安校园示范学校、市南区教育和体育局2018年先进单位、2018年度校园体育先进学校、2018年度以海育人领航学校。2019年7月学校国防教育案例入选首届全国学校国防教育典型案例,并向全国推广。

学校规划制定过程中校长的守望与担当

朝城路小学　邓晓红

规划是一个学校发展的纲要,是灵魂,是我们办学的方向和目标,没有规划就没有办学方向,没有方向就制订不出工作计划,没有工作计划就不知道能做什么事情。2017年我调入朝城路小学,面对一所新学校,制定规划的过程也是对新学校熟悉、了解和诊断、分析的最好途径。规划的制定,可以为学校今后的发展定好方向,明确目标,排好步骤,理清思路,有利于学校中各项工作科学、有序和高效地开展。

基于这种认识,我就带领一班人开始着手制定学校的三年规划。

一、 "校情分析"是规划的起点

写好"校情分析"既是做好规划的必要途径,更是了解学校的方式,这个了解的过程可以像中医看病的方法"望闻切问"一样,通过自己的看、自己的评、自己的问,以获取撰写"校情分析"的基本资料和认识。"索取资料":向学校办公室主任或者副校长索取学校的一些情况资料,比如学校简介、学校历史、获得的主要荣誉情况、教师的基本情况、校本研训的基本状态、教研组的活动资料、临聘工配置情况。"观察校园":通过自己对校园的观察以获取一些信息,比如校园总体感觉、学校功能用房的布局、绿化情况、运动场地情况、教室设施配置,教师办公室状态、功能室配置及内部设施情况、校园网络情况、食堂工作状态。"交流沟通":和不同层面的人员聊天,比如中层人员、骨干教师、自己熟悉的已调离本校的教师、门卫、保安、食堂工作人员和清洁工,还有可能的话,通过自己熟悉的学生家长去了解一些情况。最后,再综合各方面的聊天信息,提炼出一定量的有用信息。

二、确立学校的办学理念和办学目标

在撰写了"校情分析"后,我基本上已经对学校有了较为清楚的了解,这时候就要考虑学校办学理念和办学目标的确定。对于这一点,我个人觉得不可能是一下子就定下来的,而是贯穿整个规划制定过程。

应该是"分两条腿走",一是自己的确定,二是外力的借用。在规划的前几稿中可以以自己确定的为主,等规划稿比较成熟了,可以拿出去让专家指导了,再和专家谈自己的想法,谈自己的感觉,谈自己的愿景,借助专家的力量去修改办学理念和办学目标。

三、直面问题,找准发展方向

"发展的具体目标"这一块,我个人觉得要从校情分析的不足中去寻找,去整改,去突破。我个人还觉得规划其实就是找出现有的不足并加以有序、有效的整改,从而让学校得到更好的发展依据。

所以,我在提出"发展的具体目标"时,紧紧围绕"校情分析"中的不足,进行针对性地整改。这些整改的方向,也就是发展目标应该是由校长提出来的,最起码也应该是校长整合中层意见后概括出来的。

四、传承特色，做大做实做强

在实际的操作过程中，还有一点非常重要，那就是要把学校原有的亮点和特色继续做大、做实、做强。但这点一般体现在学校的工作计划中，在规划中就体现为学校的办学优势。

五、借助统稿，达成共识

整个规划完成后，非常重要的一点就是校长要统稿，要把规划从头到尾仔仔细细地统一次稿，通过统稿，我们才能对规划更清楚、更明了。而领导班子和学校核心骨干的加入，就不仅是具体事务性工作，更重要的是借由阅读来内化，形成共识，增强对规划的使命感和责任感。

张家屯小学规划发展"本真"教育特色学校

胶州市铺集镇张家屯小学　丁万春

一、学校概况

胶州市铺集镇张家屯小学是 2014 年 9 月由原辛屯小学、天台小学合班并校后新建的一所农村完全小学。学校先后被评为青岛市现代化学校、青岛市数字智慧校园、青岛市首批信息技术应用示范学校、山东省心理健康教育会员单位、国家级青少年足球特色学校。青岛市乡村学校少年宫建设现场会在学校召开。学校为青岛市教育均衡发展现场会提供现场，代表胶州市迎接省教育厅对我市的后勤与技术装备工作调研。

二、学校"本真"教育特色的提出

作为一所农村小学,面对教育资源的局限性、淳朴民风的优越性和学生身心发展的规律性,张家屯小学立足学校实际,充分挖掘现有资源,秉承陶行知先生"千教万教教人求真,千学万学学做真人"的教育理念,教学生求真知,学真本领,养真道德,说真话,识真才,办真事,追求真理,做真人。通过本真教育,坚持因材施教,施展特长,发扬个性,把学生培养成为全心全意为人民服务的人、真正有益于人民的人。

三、"本真"教育特色实施途径

为打造一支"做人求真,做事求实"的教师队伍,培养一大批具有真才实学、会实践、有创造力的学生,张家屯小学将从四个方面进行"本真教育"特色的发展规划。

（一）健全"本真"的管理模式

1. 修订对"物"的管理制度

主要是完善实验室、图书室及其他专用教室设施设备的制度的管理。

2. 修订对"人"的管理制度

进一步明确岗位职责,包括中层领导、教研组长、班主任、课任教师及后勤人员的岗位职责;进一步明确岗位工作量;完善与绩效工资制度相配套的岗位考核奖惩制度;完善评优、评先、职称晋升的评价机制;完善教育教学新秀及教学能手的培养机制;完善班主任聘任、奖励机制;建立与完善学习制度、通报制度及整改制度等。

（二）打造"本真"的校园文化

根据实际情况,学校将对整个校园环境进行系统设计和科学规划,室外环境布置、楼道文化、教室文化、办公室文化就地取材,特色亮点在身边,努力打造"行知式"校园。

（三）凸显"本真"教育的育人活动

1. 努力打造"书香校园"

号召师生每天利用中午 20 分钟读 10 页书,利用班级图书角、学校图书室,全员、全校开展读书活动。师生读后人人写体会,谈感受,每月定期举办经典诵读、表演等活动,学期末进行全校性的读书比赛活动。

2. 全面开展多项丰富多彩的兴趣小组社团活动，不断调整和增加活动项目

学校组织语、数、英兴趣小组以及书法、美术、篮球、排球、校园足球、音乐、舞蹈等多种社团活动,每个活动都扎实开展,学生真正参与进来,有效提高学生的各项技能。

3. 大力夯实养成教育渠道

养成教育与课堂教育、读书教育、安全教育、礼仪教育相结合。

（四）营造"本真"的教学氛围

1. 探索"本真"课堂模式

"学为主体,思为主线,实为主题"是求真教育的主要特征。为了让"真"贯穿课堂教学,我们更新教育教学观念,以"真"为核心,探索出"求真多思"的课堂教学模式。一种理念,即"先学后教,以学定教"。三个阶段,即预习—交流—反馈。教师要指导学生进行课前自习,引导学生积极参与到课堂交流活动中并及时反馈。六个环节,创设情境导入—明确学习目标—自主合作交流—集体交流反馈—教师精讲点拨—巩固提升小结。

2. 构建"本真"教研伍系

（1）加强校本研训。

（2）开展形式多样的课堂竞赛活动,同课题研讨课、青年教师展示课、骨干教师引领课及教学大比武竞赛课等。

（3）为落实"本真"教育中的"实践第一"这一核心,扎实开展小课题研究活动。

凤凰台小学学校发展规划的制定与实施

崂山区凤凰台小学　孙吉昌

学校发展规划既是一种学校管理方式的更新,又是通过学校共同体成员来制定和实施学校发展综合性方案的过程,是为学校发展提供支持能力,并不断探索学校的发展策略、持续改进教育教学质量而进行的管理行动。

通过分析学校实际情况,查摆学校发展存在的主要问题和薄弱环节,同时广泛征集师生、家长对学校发展规划方面的意见,逐项条分缕析,列出问题清单,查找问题根源,我校制定了《凤凰台小学学校三年发展规划》。

一、背景分析

近年来,我校全面贯彻落实党的教育方针,实施素质教育,以"凤凰教育"为基础,在"山海凤凰,五彩人生"的办学理念引领下,努力弘扬践行陶行知教育思想,积极开展"艺友"制模式的校本培训,锤炼了一支"育于爱,行于思,业于勤"的教师队伍;同时围绕"生活教育",扎实推进校本化课程建设,在实践中引领学生"学会做人、学会求知、学会协作",为师生的多元发展增添了无限张力,加快了学校发展的步伐。但是,我们也面临一些发展的问题与挑战:学校形成了一定的办学理念,但不够鲜明、缺少特色,在理念实践性及执行力方面需要进一步加强;同时学校在德育管理、教育科研、课程建设等方面有自己的特色,但没有形成品牌,在区域外的影响力不够。

二、典型做法

1.全员参与,形成合力

一个学校要发展,需要有明确的目标,而实现目标需要全员同心同德、群策群力。教师对于学校发展目标并不清晰,很难做到凝心聚力,因而学校难以实现进步与发展。怎样实现让全体教职员工都明确学校发展目标并为之努力奋斗呢?那就是在学校发展规划制定的过程中,实现全员参与,形成合力。规划的制定、实施、反思、改进等全过程都让教师、家长、学生全程参与;学校发展规划作为学校一个时期的行动纲领,必须由教代会讨论通过实施。当教师与学校同心同德、积极投身到为了每一个学生的发展的教育事业中的时候,我们的学校才会充满生命的活力。

2.分类推进,分期落实

一所学校能够获得持续发展,一般来说是分阶段不断进步的过程。每一个阶段的进步,就是一个个规划从设计到落实的过程。我们制定好学校的三年发展规划,让每一项工作有目标、有重点,凝心聚力不走弯路。如何通过分类推进,分期落实实现学校发展规划呢?就如我校"小凤凰课程"的建设,从梳理学校文化到构建课程体系,形成了德、文、智、美、健的五品课程,青课程、赤课程、蓝课程、橙课程、白课程的五彩课程,再到课程体系实施,这一过程历时两年多,通过"小凤凰"学校课程体系分阶段地开展,有效落实了学校发展规划的总目标。

3.监督检查，总结反馈

学校发展规划落实得怎么样,过程很重要。没有教育细节的积淀,不会有教育内涵的提升;没有教育过程的高质量,就不会有教育结果的高质量。那么,如何使教育过程不跑偏,不出重大纰漏,循序渐进地朝着既定目标一步一步迈进呢? 加强教育过程的监督检查、总结反馈是学校发展规划得以实施的有效策略。

三、实施效果

通过学校制定发展规划工作的有效开展,学校能够深度剖析自身发展存在的问题,能够精准把脉,精准发力,重新梳理、丰厚了学校的文化内涵,有效构建了“小凤凰”课程体系。教师从学校课程标准、课程研发方案、课程评价、课程教学大纲、课程成果发布五个板块自主研发,让学校课程建设更科学、更系统、更适合学生的发展,同时有效提高了自身的专业素养。学校也获得了全国足球特色学校、全国海洋科普教育基地、山东省规范化学校、山东省绿色学校、山东省地震科普示范学校、青岛市文明校园、青岛市文明单位标兵、青岛市爱国主义教育基地、青岛市现代化学校、青岛市优秀家长学校、青岛市科普教育先进单位等荣誉称号。

四、问题和反思

1.缺乏教育专家的理念引领

在后期的实施中,我们将加强教育专家的理念引领,聘请相关专家到我校给予学校发展管理方面的指导,让发展体系更具科学性。

2.师资力量、研发能力较为薄弱

后期我们将发挥骨干教师的示范带头作用,聘请相关专家加强教师课程研发培训,提高师资水平。

3.学校管理评价机制需要不断完善

学校前期建立了统一的管理评价体系,在实施的过程中发现其不够系统,特别是教师对学生的课程评价不够具体。所以在后期的工作中我们将进一步完善学校课程评价体系,引导教师完善学生评价机制,有效鼓励学校、教师、学生的自主发展。

总之,我们将紧紧围绕“立德树人、核心素养、课程建构、课堂转型”四个新时期教育发展的关键词,办适合学生发展的教育,办人民满意的教育。

构建和悦文化，引领品质发展

重庆中路第一小学　李　莉

青岛重庆中路第一小学地处重庆中路东南山社区，前身为东南山新村小学。基于学校生源特点，学校以苏霍姆林斯基"和谐教育"思想为根基，重点突出"和悦"特色文化学校的建设，全力打造"和悦重一"教育品牌，实现学校品质化发展。

一、总体目标

（一）战略定位

遵循"追求优质教育，为孩子的终身发展奠基"的办学理念，办一所基于儿童立场的个性化的让学生站在中央的学校。

（二）办学定位

培养人性和谐、内涵丰富、道德高尚的全面发展的"文化人"。

（三）发展定位

通过努力，把学校建设成为管理科学、队伍优化、特色显现的有一定影响力的学校。

（四）特色定位

凸显"诵经典，悦成长"读书特色，加强校园文化建设，努力体现现代化、信息化、园艺化，为提高教育教学质量和促进人的全面发展起好物质保障作用。

（五）学校发展总目标

经过努力，实现最有成效地促进每个人（包括教师和学生）个性化的全面发展；努力满足学生和教师多样化发展的需要；将学校办成一所师生和悦成长的优质学校,让"和悦"逐渐成为我校的价值引领、文化认同。

校训：明德　立志　博学　创新

校风：文明　合作　求实　和谐

教风：严谨　博雅　善教　爱生

学风：自信　勤勉　善思　乐学

二、具体目标

1. 校园建设发展目标

积极争取校园旧校舍的新建,进行校园改造,增加设施、设备,进行学校文化建设。创建"劳动教育校园",创建人文环境,用文化熏陶人,用环境影响人。

2. 师资队伍发展目标

潜心打造一支"和谐、向上、阳光、激情"的教师队伍,健全激励机制,建设研究型教师群体。注重师德建设,明确专业发展内涵,把握教师发展趋势;引导教师参与课题研究,培育教师的科研意识;围绕教育教学疑惑,创建研究骨干团队;营造读书氛围,提升教师自身修养;创新校本培训模式,丰富校本培训内容,采取研训一体化,提升教师业务能力,提高专业发展效能;名师工程实施导向,提升教师整体素质,形成市、区、学校三级骨干教师梯队,打造特色学科,形成优势学科。

3. 教育教学发展目标

坚持以教学为中心,以课题为抓手,提升教研品味,教研和科研的紧密结合促使教研组向研究型、学习型转化。紧紧围绕"和悦灵动课堂",坚持以课标为指导,努力提高课堂教学效率,严格落实教学常规,推进课程改革,全面提高教学质量,让社会满意度大幅度提高。在"推广普及普通话和用字规范化"工作方面,认真贯彻和落实各级下达的"语言文字规范化工作"的有关法律和规定,并以素质教育为载体,把语言文字的规范化工作贯穿于学校的教学、管理及考评、考核等各个环节。

4. 德育工作发展目标

构建新时期德育内容体系和评价体系。以"立德树人"为根本任务,以我校"悦享童年"为德育主题,重点体现"回归童心,走向生活",强调"生活化、融入性、过程性"实施方式对学生进行关键品质的培养,充分整合社区、家庭、学校三者的德育资源,精心选择儿童持续发展最关键的六种品质——有德行、有智慧、有活力、有情趣、有特长、有气质,进行德育课程的开发,打造出以"和悦"为主线的德育特色课程,实现和悦教育对人的培养的根本目标。

5. 学生素质发展目标

有规范的语言,有亮丽的精神世界底色,有强烈的好奇心求知欲,有积极的个性发展追求,有坚实的持续发展潜力,有鲜明的儿童形象特征,有较强的学习能力与创新精神,成为德智体美劳全面发展的适应时代要求的合格公民。

6. 学校特色发展目标

建设先进的理念文化,"和悦"文化品牌引领学校科学发展。坚持以发展为主题,把"学生发展""教师发展"和"学校发展"视作三位一体,打造"诵经典,悦成长"主题特色,开展丰富多彩的活动,使得校园文化建设及办学特色等方面都得到长足的发展。

7. 后勤管理发展目标

按照现代化学校配备标准进一步完善学校硬件建设,强化学校信息化建设力度,在事务处的领导下,努力为教育教学工作提供优质服务,为学校"和悦教育"的有序开展提供物质保障。

学校未来的发展之路

平度市李园街道沈阳路小学　高锡喜

学校发展规划,是学校为应对教育变革和教育发展的双重挑战,根据国家或区域教育发展战略计划的要求,结合学校实际,系统地诊断学校工作基础,确立学校办学方向和发展目标,分析学校优先发展项并制订相应行动计划,促使学校挖掘自身潜在资源,提高学校管理效能和教育质量的一种重要手段。

学校发展规划是学校管理主题构思的基本表述,对于明确学校定位,优化内部资源配置,实现学校快速、健康、持续的发展有着非常重要的作用。平度市李园街道沈阳路小学根据国家、省、市相关文件和会议精神,结合学校具体实际,在广泛征求社会各界、广大教职工和学生代表、家委会等意见的基础上形成规划初稿。学校教代会审议并通过了学校发展规划。

一、学校现状分析

（一）学校概况

平度市沈阳路小学于 2017 年 11 月份开工建设,2019 年 8 月份正式投入使用,在上级政府部门的大力支持下,在社会各界的广泛支持和帮助下,各项工作跃进发展。学校可以容纳学生达 1350 人,核编教师 85 人。

学校规划设计环境优美,绿化覆盖率达 35%,为学生缓解压力、愉悦身心提供了成长乐园。学校硬件配备方面一流,教学设施现代化,有效推动课堂进行现代化改革,提升教育品质。学校师资力量雄厚,多为共产党员、获得国家级一等奖学金的优秀大学毕业生。

核心理念是学校发展的灵魂。学校打造"合和教育"品牌,以办一所"师之舒心、家长放心、社会关心的优质学校"为办学目标,坚持"培养优秀幸福的中国人"的育人目标,致力于做好"提升教师、关爱学生、影响家长"三件事,实践"主动发展、个性发展、充分发展"的理念,在德育、课堂教学、课程建设、家校社共育四个方面打造特色。

（二）学校发展优势

学校认真贯彻教育方针,面向全体学生,全面推进素养教育,全面提高教育质量。以改革求发展,以发展求生存,积极推进教育改革和创新,不断提升办学水平与效益,致力于将学校打造成教师、学生、家长共同成长的精神家园。

学校教师队伍业务精良,师德高尚,年轻,有魄力。每年计划选派教师外出学习取经,借鉴先进的教育理念,力促专业成长。

学校全面推进精细化、人性化、科学化管理,推进素质教育,立足学校整体改革,着眼于学生发展,积极推行教育教学改革。推进依法治校,创建和谐校园;倡导"六品八礼",筑牢德之根本;开展阅读工程,创建书香校园;抓好安全管理,创建平安校园;加强增收节支,创建节约校园;强化家校合作,创建开放校园;抓好阳光体育,创建健康校园。

（三）存在的问题

经费不足。目前,学校只有 300 人的经费,但处于快速发展时期,不论是环境建设还是教师外出培训都受到很大的限制,给学校的发展带来一定的阻力。

二、学校发展目标

学校努力争取创建"青岛市乃至山东省义务教育学校的示范校、排头兵"。

（一）在党建宣传工作上

坚持"党建统领全盘"的政治意识，做好党建课题工作，真正发挥好学校党支部的战斗堡垒作用。找准切入点，及时发出好声音，弘扬正能量，引导正面舆论，做好舆情相关工作。

（二）在学生发展工作上

结合青岛市中小学生"十个一"、平度市教体局"十大攻略"，做好学生发展"六个一"工程、"六品八礼"，形成制度化、常态化工作机制，持续提升学生素养。认真贯彻落实习近平总书记全国教育大会精神，培养德智体美劳全面发展的社会主义接班人。

（三）在教师发展工作上

对照习近平总书记"四有"教师标准，有针对性地开展教师专项培训工作，更新教育理念，切实增强立德树人的任务观，提高教书育人本领。加强师德师风教育，树立教师身边的正面典型；完善师德档案，建设负面记录制度，把教师的日常表现与评先选优、职称、绩效等挂钩。

（四）在后勤服务工作上

完善财务制度，提升后勤保障能力，开源节流，建设"节约型校园""绿色校园""标准化食堂"。加快现代化教学设备配备，打造智慧校园、智能办公系统、教育云平台。

（五）在工会工作上

做好困难教职工帮扶、业余文体活动组织等工作，做教职工的"娘家人"。多渠道争取社会各界支持，为教职工提供便利的福利，使教职工安心从教、专心从教。做好教职工职业倦怠预防、心理疏导等相关工作。

三、行动措施及预期成果

1. 认真学习贯彻落实《党支部工作条例（试行）》，创建"示范支部"

开展主题党日活动，坚持"三会一课"规范化。认真开好民主生活会，召开专题组织生活会。开展批评和自我批评，并在教师中进行民主评议、党员互评。

2. 进一步健全学习制度，明确学习要求，严格学习考评

政治和理论学习制度化、系列化、规范化，做到理论联系实际，学以致用。

3. 加强办公行政工作，提升服务质量和服务品质

完成智能办公系统的铺设，探索信息技术条件下的办公行政工作。

4. 进一步做好新闻宣传工作

为"合和教育"品牌的打造，发挥好学校宣传职能。深层次挖掘学校办学特色亮点，善于发现教师、学生身边的感人故事，传递正能量。

5. 深入推进学生素养

推进"六个一"工程，落实学生素养提升十大攻略，促进学生全面发展。

6. 提高班主任水平

引领班主任学习《中小学德育工作指南》《关于加强班主任队伍建设的实施意见》，以考促学，提高班主任整体水平。

7. 通过各种活动培养学生核心素养

开展研学旅行活动、学雷锋活动月公益活动、妇女节庆祝活动、开展清明节祭扫活动、经典诵读活动等。进一步开发仪式课程、节庆课程、"六个一"课程。加强学生体育锻炼，关注学生健康，实行"亮眼工程"行动。

8. 加强安全教育，为学生发展保驾护航

按照《中小学公共安全教育指导纲要》和教体局的相关要求，定期对学生进行法制讲座。

9. 家长驻校轮值工作

细化、深化家长驻校轮值工作，倾心打造家校共育日志，统一标准和要求，使其成为家长之间借鉴学习的文字平台。

10. 推进课堂教学

进一步规范师生课堂教学行为，继续推进课堂教学改革提升工程。

11. 落实名师效应

落实名师、名班主任领航工程，切实发挥名师、名班主任的辐射带动作用，打造教学共同体，推进教师专业素养提升和青年教师成长。

12. 推进"互联网＋教育"深度融合

做好智慧课堂、同步课堂和希沃课堂教学平台培训工作,为学校的教育信息化发展提供保障和技术支持。

13. 通过工会工作关心、帮助每一位教师

不断了解和完善工会会员信息,为每一位工会会员争取应有的福利待遇。

四、规划实施保障措施

加强教职工的政治学习,以习近平新时代中国特色社会主义思想指导学习和发展方向,打好坚实的思想基础。加强党建统领,以品牌建设为抓手,提升干部教师思想意识,认真学习贯彻全国教育大会精神,认真研究学校发展规划,以"主人翁"的身份投入到学校发展中来,统一思想和认识,振奋精神,共同为建设"青岛市乃至山东省义务教育学校的示范校、排头兵"而努力,为打造平度教育名城提供正能量。

加强组织保障,成立专项工作小组,明确责任,督促规划的落实工作。在具体工作中,随着外部条件和内部条件的不断变化,随时解决遇到的问题,根据需要调整、修正规划。随时评估工作成效,确保规划符合学校实际,适应学校发展。

规划再造,铺就学校发展厚实的底色

平度市崔家集镇崔家集小学　金海平

学校结合教学楼启用、平房校舍改造的实际,对学校校园重新规划、设计,在学校大门口处建设"飞向未来"雕塑,寓意学校的工作蒸蒸日上,每一位学生从这里一步一个脚印走向未来。

我们把花园中的凉亭重新改造,命名为"润心阁",心理健康指导老师利用课余时间带领部分学生来此谈心、交流,作为心理咨询室有益的补充;在旁边建设文化长廊,主要内容为理想信念教育;在办公室和一、二年级教室前面墙壁上设置中国优秀传统文化教育内容、低年级阅读书目内容简介,让学生体味中国优秀传统文化的博

大精深，初步感知阅读书目的主要内容；在中央大路两侧的墙壁上设置人格教育内容，让学生树立远大理想，从小立志，勇于拼搏，敢于担当，笑对一切，脚踏实地，一步一个脚印向着既定目标前进；在校园墙壁上设置中国传统节日介绍，让学生对其有初步了解，并能身体力行参与其中，还设置了海洋教育内容，让学生了解海洋的有关知识；开辟"涂鸦墙"，让学生自己设计、亲手作画，展示自我。

我们对教学楼的走廊文化、班级文化重新规划，精心布置，一楼主题为"安全教育"，二楼主题为"励志学习教育"，三楼主题为"理想教育"，寓意在保证全体师生安全健康的基础上，通过师生的教与学，共同实现教学的目标，实现个人的理想，教师专业化成长，学生个性化成才。在布置时要求每位师生亲自动手设计，通过布置的过程让学生有所收获，有所感悟。我们精心布置了书法教室，引领学生潜心书写，提高写字水平。我们还邀请平度市知名书法教师到学校进行书法送教活动，争取利用一学期的时间对中、高年级学生轮训一遍；在教学楼大厅设置学生书法展示板，对学生的书法作品定期择优展示；在教师中间开展粉笔字训练活动，为教师购置小黑板，进行"每周一诗"粉笔字书写展示活动。

在教学楼北面的运动区，我们设置了"我运动，我健康，我快乐""更高，更快，更强"的运动口号，并绘制了运动标志简图；在东墙壁上绘制了情景漫画，让学生产生运动的欲望，实现强身健体的目标。

对学校一些稍显"碍眼"的水房、配电盒等设施设备我们进行了"美化"改造，使之舒适、养眼。

我们通过这些建设与布置，让每一面墙壁都有特色，都能"说话"、富有教育意义，在潜移默化中，对学生进行爱国主义和良好行为习惯教育，创造"时时受教育，处处受感染"的校园文化氛围。

为孩子未来发展提供无限可能

高新技术产业开发区中心小学校长　秦志昆

我们始终有这样的思考：农村的孩子更朴实、更接地气，爱好更广泛，需求更迫切,有不同的需求及个体差异。作为农村学校,更应该给学生创造一个好的育人环境,尊重不同学生的个体差异,尽可能地为每一个学生提供需要的适合的教育,为他们的未来发展提供无限可能。让他们在兴趣中发展其潜能并体验成功,在学习中、在兴趣中、在发展中找到归属感、幸福感,从而培养起自信心,实现个性化发展的追求目标。

为实现这一目标,我校在保证国家课程开齐上足的同时,又开设了丰富多彩的学校课程,包括两类:一是各年级必修课程,包含经典诵读、个性化课程、综合课程;二是选修课程,主要是精品化社团活动。

一、必修课程基本情况介绍

1. 经典诵读课程

我校各年级的必修课程。具体时间安排在每天早读 10 分钟,学生集结时间、队列行进中以及中午入校后 20 分钟。行进诵读课程的设置主要是为了避免学生在行进中交头接耳,把学生在行进中的注意力都转移到经典诵读中来,学生合着铿锵有力的音乐,雄赳赳、气昂昂地咏诵着。这不仅有效地解决了管理问题,而且让他们在行进中感受民族传统文化的音韵魅力,感受到民族文化的博大精深。

2. 艺体类课程

艺体类课程主要涉及音、体、美三大领域。按照由易到难、由简到繁的课程安排原则将课程分配到各级部,虽然是必修课程,但是为了体现以学生为本,尊重学生个性发展需求,由教师及家长带领学生选择学生喜欢的课程来学习。为了了解学生实际兴趣和需求,学校下发了艺体课程需求统计表,根据数据统计分析学生的整体需求爱好,以最大限度地尊重学生的选择权。

3. 综合课程

综合课程即生态德育课程,包括习惯养成教育课程、节日课程、入学课程、毕业课程等。习惯养成教育课程整合了安全教育、环境教育、道德与法制等地方课程,涉及生活、学习、文明、环境、安全等多个领域;节日课程包含读书节、艺术节、体育节、科技节等国家传统节日。

二、选修课程 —— 精品化社团

精品化社团课程设置的根本宗旨是为有兴趣的孩子提供更广阔的发展平台。这也是在个性化艺体课程基础上的再提高课程,面向的是具有各种兴趣的学生,为他们的能力提供再提高的机会。各班从个性化艺体课堂精选出来的特长学生,参加每周五下午的社团活动,继续培养兴趣,挖掘潜能。学校着力打造课程精细化、成果精品化的精英活动社团,目前有 28 个有影响力的社团,包括器乐、合唱、舞蹈、篮球、足球、剪纸、泥塑、纸盘画、版画、粘贴画等。

三、师资力量 合理搭配

人员的合理搭配也是开好课程的重要保障。学校在人员安排方面进行了更合理的搭配,所有特长老师均进行跨级部教学。学校将任教个性化课程的特长教师调配到不同的级部,各个班级选择喜欢的课程和老师,这样既形成了不同级部的梯度化课程体系,最大限度地发挥了教师的特长,又给了学生充分的自主选择权利;即优化了师资分配,又最大限度地促进了教育公平,保证了每一个学生都享有均等的接受优质教育的机会。为了追求课程效益的最大化,我校还充分利用地方人才资源,聘请当地民间非物质文化遗产传承人张义强先生到校传授泥塑艺术,聘请柳腔剧团王希秀、李平生等老师到校执教葫芦丝、横笛、二胡等器乐课程,聘请当地画家到校执教水墨画。

教育的最大成就,就是给孩子一个幸福而有意义的童年,以此为他们幸福而有意义的一生创造良好的基础。"你的生活方式藏着你受过的教育",我们希望通过这样的课程设置与实施,为农村孩子搭建更多、更合适的成长平台,使更多孩子的兴趣得以培养和发展,让每个孩子遇见精彩的自己,为他们的发展提供无限可能。

和合相融，雅韵润格

—— 办一所以"和雅教育"为引领的生态学校

即墨区环秀三里庄小学　邱兆辉

青岛市即墨区环秀三里庄小学坐落于即墨区环秀湖畔,是一所现有 18 个班、600余名学生的青岛市规范化学校,属于学区小学,地处城乡接合部,学生主要来源于办学村庄、周边企业、外来务工人员家庭。外来务工人员子女占学校学生的三分之二，学校文化氛围不浓。如何通过六年的学习教育，使学生实现飞跃，建立自信，成为我们坚持不懈地探索和实践的课题。

我校以"中华优秀传统文化"为载体，以践行社会主义核心价值观为目标，提出"和合相融，雅韵润格"的"和雅教育"理念，并以"和雅教育"为引领，全面打造我校生态化特色，力求通过中华优秀传统文化的学习和传承，通过小学六年的学习，使学生形成良好的品格。学校始终致力于"和雅文化"的打造与营建，并积极探索"和雅文化"的教育延伸，据此设计规划了学校的办学思想、育人理念、校园文化、德育规范。

一、因地制宜，确立学校办学理念

办学理念是学校发展的思想支撑。我校根据周边人文环境和办学实际，梳理综合各种因素，确立了"以人为本，和谐发展"的办学理念，提出以"做对自己有信心、对他人有爱心、做事有恒心的身心健康的现代人"为校训，谋求经过持之以恒的浇注和积淀，师生形成"厚德励志，格物致知"的校风和"乐学、勤学、善学、博学"的学风，教师形成"严谨、创新、乐教、爱生"的教风。基于此，我校进一步梳理、奠定了以"雅文化"为载体，以中华文化中的"和"字为目标，倾力打造自然、社会、公民和合相融的生态学校的办学核心理念。

二、顺势而为，创建 "雅文化" 德育品牌

2013 年 6 月，即墨区教体局和即墨市诗词学会等多家单位发文倡导诗词教学进校园活动，让我校发现了学校教育先机。我校迅速将诗词教学纳入学校的教学工作中来，依托社团活动，创建专项社团，开始了诗词创作工作，继而开始了德育品牌的创建工作，逐步形成了"雅润童馨"德育品牌。2016 年，这一品牌被评为"青岛市十佳德育品牌"。概括起来，主要就是做到 16 个字：铸造队伍、构建特色、活动引领、环境默化。

（一）健全机制，铸造"雅润童馨"的德育队伍

从古典文化中汲取精华融入德育，关键在于建立一支品德修养、文化素养高的教师队伍。学校成立由校长负总责、副校长主抓、各年级语文教师和其他学科教师中的诗词爱好者共同参与的 10 人专班队伍，每周一次专题研讨，各抒己见，建立起"雅堂论坛"，推动诗词文化的深入发展和全面开花，我们还从机制入手"立规矩，成方圆"，认真探索德育队伍建设与管理的长效机制，不断提高全员育人水平，为形成"诗教育

德"的氛围奠定了坚实的基础。

（二）把握重点，构建"诗韵养德"的德育特色

"乐声淡去，余音缭绕，诗词吟罢，口留清香。"经典诗词的涵育功能就在于培养学生温文儒雅的气质，学校牢牢把握"诗教育德"这一核心，全面落实"诗韵养德、书香育人"的德育理念，积极开展"诗教进校园"活动，自主编写了6本诗词校本课程教材，每周一课，深入营造诗词蕴德的"雅文化"校园氛围，全校师生在各级刊物发表诗词已达400多首。

（三）活动引领，涵养温文儒雅的德育风雅

"播种行为，可以收获习惯；收获习惯，可以养成性格；养成性格，可以成就未来。"学校以"雅文化"为主线，积极开展丰富多彩的主题实践活动，每年固定6次大主题、10次小主题，次次有新意，参与学生不少于80%。通过良好的示范，影响学生情感，规范学生行为，培养他们温文儒雅的风貌。

（四）环境默化，营造诗情浓郁的德育氛围

围绕"儒雅"这一核心，学校重视人与自然和谐向上的德育氛围的营造，借助诗教活动，推进校园文化建设，以精心的阵地文化感染人，以精细的班级文化鼓舞人，以精致的环境文化影响人，努力追求校园整体美、环境艺术美、人文和谐美的高雅境界，极大提升了师生的人文素养。

三、乘势而上，打造"和雅文化"课堂教育理念

我校通过打造家庭、社会、学校三位一体的和谐共同体，努力构建"环境和美""家校和谐""人人和顺"的教育氛围，乘势提出"和雅课堂"的教学理念，积极研究课堂教学的"三人协同教学法"，不断将和雅教育与各科教学有机融合，在不同领域挖掘传统文化因素，除开齐、上好国家课程外，还在校本课程中专设"和雅课程"，每天利用10分钟组织学生进行经典诗文的诵读，并重视读书规律的总结，提出了"背诵跟进、重在感悟、积极展示、内化于心、外化于行"的"和雅读书法"，在渐进的礼让、问好、游戏实践过程中，逐步脱去学生的浮躁之气，举止行为趋向文雅。立足打造"和雅课堂"，成就和雅教师，培育和雅少年。

四、相时而发，拓展"和雅"生态课程

学校结合青岛市"十个一"项目的实施，在"雅文化"的基础上，确立了"八品十

能"的小学生育人目标,将国家、地方、学校的三级课程进一步优化,形成了"和雅文化"的序列课程,可解读为重孝道、讲友爱、知礼仪、明是非、守诚信、启睿智、守诚信、爱劳动,并将教育内容通过案例、诗歌创作及和雅中队的评选等丰富多彩的教育活动,让每一个学生浸润在"和雅文化"之中,并与体育、艺术、科技结合起来,形成雅韵、雅艺、雅术三大校本课程。雅韵课程包括布艺、泥塑、诗词创作、经典诵读、茶道,雅艺课程包括舞蹈、绘画、书法、乐器、声乐,雅术课程包括橄榄球、足球、乒乓球、游泳、田径,共15个课程类别,让每个学生都能学有所长。

五、和衷相济,构建和谐高雅的教育生态环境

办一所有底蕴的学校、一所适合学生健康快乐成长的学校,需要良好的教育生态,这需要家长、家庭、社区乃至全社会同频共振、和合与共。学校坚持家校一体化建设,带动家长参与到雅文化建设中来,使学生、学校、家长成为共融体。我们开展了家长与学生同诵读经典、同创作诗词、同演绎作品等活动,打开了家长与学生感受"雅文化"、共同成长的窗户。同时,学校强化与社区、村庄的通联,携手构建社区雅文化,开展村居文化活动,推动社区雅文化环境的改善,从而实现学校、家庭、社会友好协作、和谐相融,有效地提高了家庭教育水平,更好地推进了学校、家庭、社会的三位一体整体建设。一是创建管理新模式,落实家长参与权、监督权(家长委员会);二是创建家长评价机制,落实家长知情权和评议权(群众满意度)。

传承创新,文化立校,引领学校全面和谐发展

鳌山卫中心小学　王　波

鳌山卫中心小学位于风景秀丽、人杰地灵的鳌山湾畔,东临山东大学青岛校区、青岛海洋科学与技术试点国家实验室,位于青岛蓝谷核心区。基于这样得天独厚的区位优势,立足实际,进行转型升级成为全校教职员工孜孜不倦的追求和努力奋斗的目标。

在认真征求教师意见的基础上,结合学校实际,我们逐步确立起"确立文化,引

领全局；统一思想,凝聚意志；建章立制,规范管理；活动促进,价值引领"的工作策略。

文化的力量是无穷的,它可以改变一个人,改变一个团队。理想的文化场域首先应该是一个温馨的、让人与子相互依存而不是依赖的场所,在这里,大家能够找到相互支持的力量。其次,它是一个交流的场所,人们在这里可以分享不同的观点和想法,从而获得满足和提升。再次,它是一个宽阔的平台,能吸收一切有价值的信息,并将其汇成新的知识,是一个不断产生教育知识和教育智慧的场所。

根据学校的现状,我们从原地起步,初步确立了"培养全面和谐发展的人,把学校打造成有人性、有温度、有故事、有美感的学校"的目标。围绕这一目标,学校确定了工作思路:确立一种文化,制定三段目标,完成两项任务,探出一条路子。

"一种文化",即以"和·美"教育为核心的学校文化,主要包括"育人为本,和谐发展"的办学宗旨,"为孩子的未来发展服务,为孩子的幸福人生奠基"的学校使命,"做最美的自己"的校训,以及"多读、多做、多思,多交流"的学风等精神价值追求方面的内容。

"三段目标",即近期目标——规范管理创校誉；中期目标——打造文化成特色；远期目标——创树品牌争一流。

"两项任务",指教师和学生的和谐发展。

"一条路子",即"整体育人、文化内生、课程再造、系统构建"的发展之路。

在这一思路的指引下,我们确定了具体的工作思路,即紧紧围绕"构筑'和·美'教育,打造适合儿童发展的学校文化"这一核心,以教育教学全面质量管理为切入点,以制度建设为保障,以学习型组织建设为引领,以师生和谐发展为根本落脚点,凝心聚力,开拓创新,铸就尚美教育品牌。

"和"是中国文化和儒家学说的核心价值观,"德莫大于和","和"作为一种价值观先于"德","德"生于"和",同时"和"也是一种大德。"德"的最终目标和落脚点是"和",即追求和谐的价值理想是道德建设的目标。

"美",孔子讲真正的美是人与人之间的互爱——"仁"这一最高原则在个体和群体生活中的完满实现。他说:"礼之用,和为贵；先王之道,斯为美。"《论语·学而》又说:"里仁为美。"

"和·美"教育,源于此。核心理念是"正心至和,励行尚美",即要求我们端正心性,滋养心灵；勉励行为,求真尚美；和美做人,踏实做事；快乐体验,和谐成长。

以人为本,是中国文化根本的精神。办学宗旨是"育人为本,和谐发展",就是为每一位学生提供最适合的教育,使学生得到最大限度的发展,让校园成为其幸福生活的重要组成部分。

学风：多读、多做、多思、多交流。

读万卷书，行万里路；做万件事，帮万人忙；写万篇文，抒万般情。要有勤于思考、勇于实践的作风，要在实践中思考，积极寻求自身与自然、社会的和谐发展，主动学会生存；要在熟读中深思，积极寻求自身智力与人格的协调发展，主动学会做人；要有热情沟通、真诚理解的交往能力。在交流中活跃思维、激发灵感，增强思维的灵活性和广阔性；要通过交往来分享彼此的思想、经验和知识，丰富学习内容，获得新的发展。

平度市常州路小学关于学校发展的展望

平度市常州路小学　　张新宙

平度市常州路小学始建于 1983 年。学校现有 34 个教学班，在校学生 1420 人，是山东省规范化学校、山东省教学示范校、山东省文明校园、全国"新教育"实验挂牌学校。

学校占地面积小，但地尽其用；学校教师年龄偏高，但敬业爱校，有坚定不移的质量意识和发展观念。

目前，学校办学理念先进、办学方向目标清晰、发展观和育人观正确，体现了教育现代化的发展方向。

一、学校发展总体目标

紧紧围绕"为了一切的人，为了人的一切"的办学宗旨，加强管理，促进内涵发展、特色发展、持久发展；坚持正确的育人观和发展观，通过"十二心"品格教育、"每月一事""每周一项"习惯养成教育、文明礼仪教育和"书润心灵"读书工程以及"和乐"阳光课堂、丰富多彩的社团活动，"教（交）给孩子一生有用的东西"，形成"和乐合美"的校园精神。

学校的发展愿景是学校有灵魂、教师有思想、学生有个性、家长有素质。

二、办学目标和育人目标

办有灵气的教育,育有个性的人才。"有灵气的教育"是指学校的文气、学生的朝气、大人的和气融合在一起的适合每个生命个体去自由发展、快乐成长的灵动性的教育。"个性的人才"是充分发掘了个人潜能、形成了广泛的兴趣爱好和特长的人才。

三、学生发展目标

全面发展、全员发展、和谐发展、差异发展。

四、管理创新目标

学生管理——加强学生自主管理,实行班级内学生积分制管理和学校内班级值周管理。

班级管理——加强班级自主管理建设,形成管理文化特色和品牌。

学校管理——实行校长轮岗制,在目前实行副校长值周轮岗的基础上,实行由副校长轮值的月校长制和由中层干部轮值的周校长制;实行三级校长和副校长组成的校长办公会制度;在征集志愿者的基础上,实行家长驻校服务制度。

五、 队伍建设目标

学校加强对外交流合作,不断拓展教育的国际视野,积极推进国际交流学习计划。一是从 2019 年开始逐步有计划地组织干部、教师到先进国家学习,吸纳国外先进的教育思想理念和教育经验,增强学校教育品牌的影响力和竞争力;二是通过与青岛名校建立联系的方式争取支持,及时参与这些学校进行的国内外交流学习活动,学校将逐步争取原来已建立友好关系的几位青岛名校长(朝城路小学邓晓红、麦岛小学杨屹、大名路小学周耘怡、黄岛双语实验学校杨世臣)的支持;三是及时了解国外教育名家来中国讲学的信息,参与学习交流活动;四是充分利用网络与国外优秀学校教师进行交流和学习。

六、办学特色目标

学校打造"和乐合美"教育品牌——"书润心灵"读书工程,浸润"和乐合美";"十二心"品格教育,锻造"和乐合美";以人为本的校园文化,凝聚"和乐合美";现代化课程体系,拓宽"和乐合美"阵地……

七、校园文化目标

学校精心打造以"和乐合美"校园精神为核心的校园文化体系。

八、课程发展目标

学校构建以"做最好的自己"为主题的个性化"书人树"课程体系,建设国家课程校本化的根基课程和校本课程多样化的主干课程必修课、枝干课程选修课。

九、设施建设目标

1. 改造建设

学校规划设计改造主校园——重新设计功能区,重新铺设地面,加大以藤架为主的空中绿化,建设文化标志物(孔子像),打造几处主题文化场所(童话园);建设空中花园、花架,实现全面立体式绿化;建设楼顶植物园、盆景园和无土栽培实验园;建设新的阅读广场,实现校园自由开放读书;建设无线网络系统和校园智慧云终端系统,为智慧云教学创造良好条件。

2. 规划重建

学校保留刚使用六年的南综合楼,拆除北、东、西三边所有建筑,对校园进行重新规划设计,主要设施包括能容纳 36 个班级的主教学办公楼、楼内课间活动场所、读书阅览场所、室内体育场、能容纳两个级部学生的多功能教室、地下餐厅、停车位和齐备的专用教室等。

规划学校发展——"以人为本"的办学理念

莱西市沽河街道中心小学　柳云智

我校将以党的十九大精神为指导,深入贯彻落实科学发展观,以"以人为本"为办学理念,发现学生的价值,发挥学生的潜能,发展学生的个性,发挥学生的学习主动性,为学生提供适合的教育。崇尚知识,崇尚情感,崇尚奉献,为教师创造适合的舞台,逐步丰富学校的办学特色,为社会培养"合格+特长"的学生。

一、学校基本情况

沽河街道中心小学成立于1982年,位于沽河街道牛溪埠村东南,是一所五年全日制小学,拥有13个教学班。学校现有专任教师50多名,学历达标率为100%。学校从2011年8月开始进入重建模式。重新规划的校园占地面积为23588平方米,建筑面积为7340平方米。其中,建筑面积为2420.88平方米的一号教学楼于2012年10月交付使用,建筑面积为857.81平方米的学生食堂餐厅已经于2014年5月交付使用;包含各种专用教室的建筑面积为2504.47平方米的综合楼于2015年3月交付使用;新规划的体育场由1个200米塑胶田径场、2个篮球场、1个排球场、6个室外乒乓球台和1个建筑面积为100平方米的室内运动场组成,于2015年9月交付使用。

二、学校办学现状分析

沽河街道中心小学始终贯彻党的教育方针,全面推进素质教育,积极倡导"追求和谐,享受快乐"的精神,本着"为学生健康成长奠基,为教师持续发展铺路"的宗旨,严谨治校,科学管理。学校实行小班化教学,成绩显著。三年来学校获得"青岛市文明校园""智慧校园""青岛市健康校园""青岛市卫生先进单位"等荣誉称号。

三、学校发展规划历程

百年大计,教育为本。在学校的可持续发展上我校从以下几方面狠抓落实。

1.切实把握学校发展定位,全力办好沽河中心

近几年来,学校全体教职工齐心协力,同舟共济,克服困难,更新教育观念,强化进取意识,抓住机遇,大力发展,力争办成一所环境优雅、教育教学设施现代化、质量一流、具有特色的乡镇中心小学。

2.切实抓好学生养成教育,促进学生快乐、健康成长

(1)加大德育常规工作力度。

增加学校的人文色彩,在教学楼内书写校训,在走廊中张贴励志标语,在教室内悬挂各项管理制度及《中小学生守则》《中小学生日常行为规范》等,使学校每一面墙壁都能说话。利用学校升降旗集会、班会专门讲安全、养成教育的要求与进展;充分利用学校广播站、宣传栏、黑板报和宣传标语,大力宣传养成教育。

(2)加大家校合作力度。

每学期召开一次家长会,举行"千名教师访万家"活动,沟通家长和学校间的情感。与家长签订安全责任书。建立学生成长档案,完善学生信息,形成家庭、学校、社会三位一体,互相影响、互相支持,使养成教育长期有效地开展下去。

(3)加大活动育人力度。

以活动为载体,开展多种形式的德育活动,积极筹划、精心安排,让学生在活动中受到多方面教育,真正做到锻炼人、培养人。开展"懂礼仪、讲卫生、守纪律、爱学习"流动红旗评比活动。

(4)加大午休静校管理力度。

为了确保学生下午上课精力充沛、课堂实效,继续坚持午休静校制度,明确值日教师职责,促进学生养成教育的形成。

3.切实加强教师队伍建设,努力打造一支高素质教师队伍

发挥榜样模范作用。我校几名老教师虽年岁已高,但工作上兢兢业业、乐于吃苦、乐于奉献,是我校教师的楷模。学校号召全体教师向他们学习,真正做到宣传一片、教育一片、成长一片。

(1)建立健全教师评价体系。

在师德建设的工作中,先以制度建设为基础,制定出全校师生礼貌行为规范,出台新的教师考核办法,如师德量化评比,把参加集体师德活动、学生测评、家长测评、同事测评等情况综合起来,衡量每位教师的师德情况;建立评价机制,建立学生、家长对教师的反馈评价体系,作为衡量师德情况的重要依据;注重教师个性化的修养的养成,树立"身正为师、德高为范"行为准则。设立师德师风校长投诉箱,向学生、家长公开投诉电话,接受学生、家长对师德师风的监督,学校收到投诉及时进行自查自纠。开展师德师风家长问卷调查,对调查中发现的问题学校及时给予处理、整改。把师德师风建设与年度考核、评优评先有机结合起来,促进师德师风建设的各项措施落到实处。教师队伍建设是一项系统工程,是学校教师队伍建设的一项长期历史任务,不可能一蹴而就,一劳永逸,必须常抓不懈,坚持发展的思路,不断总结经验教训,勇于实践,大胆创新,才能不断提高师德水平。

(2)实施提升教师素质工程。

随着知识经济时代的到来,终身学习已经成为我们生活和工作的重要内容。所以,一张文凭的"保鲜期"已经大大缩短,我们必须及时补充新的知识,吸收新的信息,才能与时俱进。为了让学习成为学校的制度、让学习成为教师的需要,我校制定

了严格的理论学习制度,对教师理论学习的内容和学习量都做出了明确的规定。要求教师的理论学习必须以教育理论为主,要与自己的学科教学密切联系,根据自己的实际需要,有针对性地进行学习,每学期不得少于4篇学习笔记,结合教学工作写出体会和感想,并且作为教学常规必查内容。

（3）推进课堂教学改革。

坚持无纸化办公,提高工作效率。教师的工作是富有创造性的工作,是极具研究性的工作,让教师把自己的一切教育教学行为都纳入研究的范畴中,这是实践先进教育思想的需要,也是落实新的课程改革精神的需要。我们的具体做法是积极推行电子备课制度,提高备课质量。要求是钻研教材—写出教案—集体研究—修改添加使用—课后反思。写好教学反思,让教师在总结中提高。集体备课不仅把教师从繁重的工作量中解脱了出来,而且提高了备课的质量,充分发挥了集体的作用和智慧。完成二案设计,实行"学教稿"备课。学案、教学案合二为一,师生共用;"三清"强化,即当天过关"日日清"、周末检查"周周清"、月末检测"月月清"。四步课堂的教学原则:"低起点,小步子,多活动,快反馈";五项规定:实行二次备课,一课一稿设计,精选习题资料,规范课堂组织,严格课堂评价。

（4）健全有效的激励机制。

建立激励机制是提高教师队伍质量的保证,建立有效的激励机制,是我们长期开展好教师继续教育、提升教师队伍质量的有力保证。学校建立了择优外出学习制、定期理论学习制、青年教师优质课比赛制及考核制。这些制度的建立健全,充分地调动了教师参与学习、参与研究的积极性。

"人民教育人民办,办好教育为人民",这是我们执着的追求。我们将坚持不懈地抓好教师队伍的质量建设,把这一项工作作为学校的头等大事来抓,力争抓得实际、抓出特点、抓出成绩,把学校真正办成学生、家长喜欢的好学校。

4. 切实改善办学条件,构建一个和谐、向上的工作、学习环境

沽河办中心小学是一所镇办学校,但基础薄弱,为了改善学校办学条件,建立高标准的办公楼,保证学校教育教学需求,提高学校的教育教学水平,提升学生综合素质发展,我们力争在三年时间内完成学校规划建设。

（1）更新电脑50台。

（2）实行校园绿化、美化、亮化工程。

（3）更新图书5000本。

5. 切实做好校园文化建设，确保沽河街道中心小学科学发展

以"和谐校园"为统领，以优化、美化、净化校园文化环境为重点，促进学生快乐、健康成长，为学校的可持续发展奠定基础。

（1）校园环境文化建设。

做好绿化、美化环境工作。校园绿化、美化，以实用、经济、美观为原则，使校园成为工作、学习的理想场所。规范教室、教师办公室物品放置，强化室内外卫生要求，清除卫生死角，做到窗明几净，空气清新，保持各公共场所整洁。室内外物品放置整齐，学习办公用品摆放有序，张扬人文精神，营造快乐、健康的工作学习生活氛围。

（2）校园精神文化建设。

充分发挥黑板报、广播站和宣传栏的主阵地作用。引导校园文化气氛健康向上，开展形式多样的宣传活动。在教学楼外墙上书写校训"真诚待人，快乐生活，爱国立志，奋发进取"。在教学楼走廊中张贴名人头像、名言警句及温馨提示。

（3）校园班级文化建设。

班级文化是一个班级的灵魂，具有自我调节、自我约束的功能。班级文化建设是校园文化建设的重要支撑点和落脚点，也是良好班风的载体和平台，更是学生动手操作、发展个性、创设自我教育载体的阵地和园地。因此，营造积极向上、温馨和谐的班级环境，会让学生产生强烈的归属感和责任感，使学生在不知不觉中受到暗示、熏陶和感染。

（4）重视和发展校园艺术教育。

以深化课程改革为主题，面向全体学生，夯实艺术教学常规，丰富学生艺术生活，推进校园文化建设，增强学生的艺术素质和提高学生审美能力，进行个性化、创造性的艺术教育工作，使我校的艺术教育适合每一个学生的发展，营造艺术的、和谐的校园艺术文化。具体措施：①抓好学校环境建设，提高学校环境艺术品位；②开足开全艺术教育课程，探索艺术教育课堂教学模式；③积极组织开展各类艺术活动；④加强艺术教育工作的检查监督与指导；⑤建设音乐室、舞蹈室、实验室、艺术室、电脑室、图书室。

总之，沽河街道中心小学今后的三年，将是机遇与挑战并存、希望与困难同在的三年，也是学校领导班子与全体教职工同舟共济、艰苦奋斗的三年，我们有决心也有信心在上级部门的领导下，团结一致，抢抓机遇，迎接挑战。不久的将来，沽河街道中心小学必将成为质量、有特色、老百姓满意的一所镇办中心小学。

实施"四项工程"助推学校发展

西海岸新区风河小学　王明昌

学校发展要有文化引领,要以质量立校,通过开展丰富多彩的活动,让每位师生有归属感、安全感,幸福地生活与学习。我校将立足实际,秉承"以人为本,让每一个孩子都绽放生命光彩"的办学理念,努力实施"幸福、平安、文化、质量"四项工程,不断提升学校办学水平,实现学校的科学发展、内涵发展和跨越式发展。

一、实施幸福工程,建设有"温度"的校园

学校将多措并举,营造家的氛围,努力打造温暖、温情、温馨校园,让师生快乐幸福地工作学习。

1. 美化绿化净化,建设"宜居"校园

科学规划学校的美化绿化,让绿意充满校园;积极开展"卫生流动红旗"评比活动,引导学生争做"卫生标兵",使整个校园时刻保持洁净、整齐。

2. "文墨飘香",建设"书香"校园

图书阅览室全天候为师生开放;建成班级图书角,让学生时刻有书读,随时能读书;定期开展"赠书、读弓沙龙、读书演讲比赛"等活动。班班开设"书法"课程,定期开展教师书法培训班,开展"书法交流会",邀请校内外书法知名人士进校交流,让校园充满读书声、书香气。

3. 人文关怀,打造"乐居"校园

学校计划成立广场舞、乒乓球等教职工健身活动小组并配备教练,保证教职工每天下午一小时的体育锻炼;邀请医学专家对教职工进行保健知识讲座;设立了心语室,邀请心理专家到校讲座,对教师进行心理辅导,缓解教师的心理压力。加强学校食堂文化建设,学校食堂实施"温暖、温情、温馨"服务;举办师生"趣味运动会""元旦文艺汇演暨优秀教师表彰会"等活动,增强凝聚力,让教师能轻松、愉快地工作和

学习。

二、实施平安工程，建设有"安全感"的校园

1. 明确岗位职责，加强安全管理

进一步落实安全岗位职责和任务，切实抓好学校安全工作，做到制度管人、办法管事，规范办学行为，落实干部教师岗位安全责任制度，校园安全实行网格化管理，确保学校健康、安全、可持续发展。

2. 广辟多种渠道，进行安全教育

利用国旗下讲话、主题班队会、专题讲座等多种方式对学生开展安全知识教育，通过邀请专业人士对学生进行自我保护、防震、防火、防电专题知识讲座和学生自护自救知识讲座，构建学校、社会、家庭三位一体的安全育人体系。

3. 模拟真实情景，举行安全演练

时常梳理校园及周边环境存在的安全隐患，及时清理，制定安全应急预案；开展防火、防地震、防踩踏等安全逃生演练活动，让师生明确逃生流程，掌握躲避危险和自救的简易方法，提升学生安全自护能力。一系列的措施有效地杜绝了校园安全事故的发生。

三、实施文化工程，建设有"灵魂"的校园

我们坚持以"让每个孩子都绽放生命光彩"为办学理念，致力于学校文化建设的整体设计，努力创设"若水"文化育人的氛围，同时形成了"点点滴滴 从我做起"的校训、"山容海纳 追求卓越"的校风、"博学善教 润物无声"的教风、"学于点滴 勤于点滴"的学风，以及"水德润心"德育品牌建设的理念。

学校以"若水"文化为核心，为师生创造一个包容、博大、开放、自然的教学环境，不断推动学校良好的育人氛围和群体力量的形成。同时，学校也以"若水"文化为指引，展开校园环境建设，注重学生兴趣和爱好，提高学生审美水平；以"若水"文化为基础，开发课程资源，注重学生的体验和感悟，提高学生人文素养；以"若水"文化为切入点，开展特色主题活动，注重学生实践与总结，提高学生创新能力。

四、实施质量工程，建设有"内涵"的校园

1. 坚持"学校发展，教师第一"的原则，拓宽教师培训渠道，不断提升教师的专业化水平

一是开展了"阅读经典，走近名师，幸福育人"系列活动；二是实施校本研训与借力培训相结合的教师培训策略。

2. 整体推进课程改革，全面提高学生综合素养

具体做法：国家课程校本化；校本课程个性化，学校开设了 A（学校层面）、B（级部层面）两级校本课程，丰富了学生的个性化选择，促进了学生特色发展；特色活动课程化，开发了比赛课程、研究性学习课程、节日课程，培养了学生的社会责任感、创新精神、实践能力，提高了学生的综合素养。

给孩子一个美好童年，许孩子一个美丽人生

—— 城阳区实验小学学校发展规划

城阳区实验小学　　牛秀娟

城阳区实验小学全面贯彻全国教育大会精神，坚持"立德树人"根本任务，以"给孩子一个美好童年，许孩子一个美丽人生"为办学目标，全面打造"美的教育"办学特色，不断更新教育观念，完善教育设施，强化学校管理，教育质量和办学水平稳步提高。

一、深入打造现代化学校，创建温馨、优雅的校园

学校将围绕"尚美教育"文化特色，建设开放性书吧，对教室内部文化进行统一规划布置，分批次更新教师办公电脑、学生课桌椅等教学设备，对地下管道进行更新，对学校北教学楼环形走道进行封闭，不断提升学校现代化办学水平。

二、大力提升学校管理，打造平安和谐文明校园

1. 打造学校德育品牌，提高学校育人水平

（1）以"尚美扬善"德育品牌建设为主线，营造健康向上的校园德育环境和德育文化氛围。创编《城阳区实验小学美德少年传统文化读本》等德育教材，结合传统节日、各类活动等着力提升学生思想品德和身心综合素养，培养美德少年，积极打造优质德育品牌。

（2）加强心理健康教育，关注师生身心健康发展。

（3）实施家校协同育人计划，不断完善学校、家庭、社会联动育人的长效机制。

2. 大力实施课程改革，不断提升教育教学质量

（1）围绕"多元至美"课程体系建设，继续以省级课题"构建小学多元至美课程体系的研究"为引领，不断完善"六小"学校课程建设，做好课题结题和展示工作，整理出版学校课程建设教育成果丛书。

（2）各学科要不断提高课堂实效，积极打造"自然、饱满、丰富、灵动、诗意、有趣"的"臻美课堂"，提升课堂教学实效。

（3）积极开展"读书无边界"大阅读教育活动，使师生养成良好读书习惯，建设书香校园。

（4）大力实施教科研工程。鼓励教师以课题研究为抓手，做到理论学习与教学实践相结合、教研与科研相结合，不断向科研型教师转变。

（5）深入开展"全课程"教学研究，组织学生在活动中学习知识、主动探索、快乐成长，培养学生的学习兴趣和合作探究能力，定期开展结题展示。

3. 积极搭建各种平台，提升学生综合素养

（1）学校将继续开展好读书节、艺术节、科技节、足球节、英语节、戏剧节等校园节日及各类学生社团，提升学生综合素养。

（2）加强体卫艺工作。落实好市教育局"十个一"项目行动计划，举行各类艺术活动，积极参加"区长杯""市长杯"等各级各类体育、艺术比赛，力争取得优异成绩。

4. 加强党建和精神文明建设工作

认真学习贯彻党的十九大精神，履行党建主体责任，深入打造"党徽闪耀，尚美崇教"党建品牌，深化"两学一做"学习教育，加强党风廉政建设，健全完善各项管理制度，发挥党员干部教师的引领示范作用，强化"四个意识"，突出"四个自信"，做到"两个维护"。不断加强精神文明建设工作，积极争创省级文明校园。

5. 建立健全规章制度，实施民主规范管理

积极推进校务委员会、教职工代表大会、家长委员会、学生自主管理委员会参与学校民主管理和重大事项决策，实行校务公开，实施民主管理。

6. 强化安全责任意识，全面做好安全工作

层层签订岗位职责责任书，增强教师参与学校安全管理工作的责任意识。逐步完善安全工作应急预案，组织学生参与各项应急演练活动，编写学校《生存教育》校本教材，增强学生面对突发事件的应急意识和应急能力，营造健康向上的校园安全教育氛围。

三、加强干部教师队伍建设，塑造仁德之师

1. 加强领导干部队伍建设

（1）提高干部队伍的服务意识、责任意识、大局意识、自律意识，转变工作作风，深入教学一线调查研究，敢于担当，善于解决问题和矛盾，为教师做好表率。

加强对教师群体的人文关怀，让教师全身心地投入工作，开展丰富多彩的活动，提升教师的幸福指数。

（2）进一步加强师德师风教育，引领教师以争做"四有"教师为目标，恪守师德，为人师表，爱岗敬业，乐于奉献，培养造就一支仁德之师。

2. 提升干部教师专业素养

（1）实施教师梯队培养工程，名优教师、骨干教师和新教师形成"传帮带"共同成长模式，开展"实小名师""实小名班主任"评选活动，鼓励教师干事创业、争创一流。

（2）加强校本培训，制定校本培训实施方案及管理细则，调动全体教师学习和教研的积极性。

（3）继续实施与名校名师"手拉手"工程，聘请全国名师、名家到校授课讲座，指导课堂教学和课题研究。

未来，全体干部、教师将团结一致，同心协力，解放思想，砥砺前行，大力推进教育教学改革，全面实施素质教育，在党建、教育教学、教科研、学校管理、家校共建、团队建设、教师培养、学生全面发展等方面打造一流教育品牌，创造一流教育成果，不断向省市一流、全国知名、走向国际的现代化特色学校迈进。

促进学校内涵式发展

平度市南京路小学　于志坚

学校教育的内涵式发展就是以师生身心发展为基础的教育质量和教育效益的全面进步,是更注重人的发展、注重质量提升、注重管理精细、注重文化立校、注重特色和创新、注重可持续发展的学校发展模式和思路,反映了学校教育发展的本质。南京路小学在促进学校的内涵式发展方面着重做了以下几方面工作。

一、树立正确的教育思想,确立先进的办学理念

苏霍姆林斯基指出:"校长对学校的领导,首先是思想的领导,其次才是行政的领导。"学校的内涵式发展取决于正确的办学思想和先进的教育理念,首先要从教育思想的源头抓起,要遵循以人为本的理念,确立"全面贯彻教育方针,全面提高教育质量,全面提升学生的素质"的办学指导思想;确立"一切为了学生的终身可持续发展奠基"的教育价值观;确立"人人有才,人无全才,精心培养,都能成才"的人才观;确立"让每一个学生最大限度地实现最适合自己的发展"的教学发展观;确立"以终身学习促进终身发展"的教师发展观,使其成为统领学校工作的行动纲领,成为全校师生共同的奋斗目标和价值取向,使学校的一切行为都能促进人的发展,包括教师的发展和学生的发展,从而提升学校的品位。

二、实施系统科学管理,构建科学管理系统工程

1. 创新管理体制,优化管理效益,激发办学活力

实施分管校长领导、年级组长负责的年级部管理责任制,进一步细化年级组长的职责,充分发挥各职能部门的作用,调动行政班子参与管理的积极性。进一步落实管理责任,将管理责任具体化、明确化,做到处处有管理、事事见管理,实现过程管理的精细化。

2.建立健全各项规章制度

积极推行用人制度改革,完善考评机制,充分发挥教代会的职能作用,坚持校务公开制,规范办学行为,提升办学形象,保证学校稳步健康发展,实现制度管理的规范化。

3.加强民主监督,推进民主治校

充分调动广大教职工的积极性、主动性,引导师生员工牢固树立"校兴我荣,校衰我耻"的思想意识,努力构建和谐校园,实现民主管理的人本化。

三、加强教师队伍建设,促进教师专业化发展

《中国教育改革和发展纲要》中明确指出:"振兴民族的希望在教育,振兴教育的希望在教师。建设一支具有良好政治业务素质、结构合理、相对稳定的师资队伍,是教育改革与发展的根本大计。"学校内涵式发展的着眼点首先应定位在教师的发展。

教师是学校办学中的第一要素,学校要发展,教师是关键。要加强教师队伍专业化建设,引导教师树立终身学习的理念,使学习成为教师自觉的行为。要采取"请进来,走出去"的办法,请名师到学校讲学,派教师到外地听课交流,鼓励教师积极参加教研、科研活动,与名师接触,感受大师风采,寻找成长的灵感。要尽力为青年教师迅速成长搭建平台,让他们尽快成熟,逐步成长为研究型、专家型、学者型教师。

四、提高教育质量,关注学生的终身发展

教育质量是学校内涵发展的生命线、发展线,没有教育的高质量,也就失去了学校存在的根基。我校树立德智体美全面发展的质量观,在常规教学的基础上,努力拓展学生的发展领域,为学生的终身发展奠基。

一是加强对常规教学工作的过程管理,让学生的基本能力得到发展。

二是培养学生终身学习的理念,培养学生读书的习惯,让他们终身与书籍为友,朝夕与书籍相伴,让知识的涓涓细流滋润学生的心田。

三是让学生走进操场,走到阳光下,走向大自然,享受体育运动带来的健康、愉悦、激情和活力,让学生广泛的兴趣得到发展,个性品质得到张扬。学校的内涵式发展理所当然地要落实在促进学生的发展上,为学生的终身发展奠基。

五、着力打造校园文化,优化学校育人环境

校园文化建设是一所学校的灵魂,是学校内涵式发展的本质所在。

一是注重校园精神文化建设,增强学校凝聚力;注重制度文化建设,增强其约束力。

二是注重环境文化建设,增强学校的影响力。良好的校园文化,可以抑制人的不良行为,也能够熏陶、培育人的优秀品行。高品位的校园文化,能够对学生施加潜移默化的影响,提高学生的审美能力和审美情趣。

文明幽雅的物质环境、和谐融洽的人际关系、丰富多彩的课余生活、全员参与的民主管理、严谨求实的校风学风,应当成为一所学校校园文化的内涵。

先进的办学思想是学校发展的先决条件,科学管理的系统工程是学校发展的动力源泉,高素质的师资队伍是学校发展的根本保证,高品位的校园文化是学校发展的内在要求,不断深入的教学改革是学校发展的源头活水,深层次的教育科研是学校可持续发展的"加速器"。

龙山中心小学学校发展目标推进形式简介

即墨区龙山中心小学　江志林

龙山中心小学坚持"以人为本"的教育理念,发展学生个性,全面育人,学校办有特色、教师教有特点、学生学有特长。在办学理念向办学实践转化和演变的过程中,学校规划发展起着重要的连接和纽带作用,是落实办学理念的重要途径。不断通过阶段性发展评价完善目标与规划,才能更好地推进理念的深入。现将我校学校发展目标推进形式介绍如下。

一、领导班子建设

加强领导班子的思想建设、组织建设和制度建设,加强科学管理,不断完善学校良性运行机制。建立健全校长负责制、校长教学制,领导班子深入教学一线,推进教学改革的进一步开展。成立校班子建设发展评价小组,根据目标步骤要求进行季度性评价,评价方式包含自评、互评、他评。

二、教师队伍建设

建立一支团结合作、自主创新、好学奋进的教师队伍。

（一）提高教师的政治业务素质

要求教师具有适应新形势要求的政治思想和职业道德,具有较强的教改意识,不断提高新形势所需要的教学能力,努力达到教有特色。学校为教师学习创造一切机会、提供条件。

（二）加强教师职业道德教育

加强以热爱学生、尊重学生、爱岗敬业为核心的教师职业道德教育,坚持每年评"先"评"优",进一步完善教师的奖惩制度。

（三）加强对青年教师的培养

加大对骨干教师的培养力度,坚持走"优秀教师—骨干教师—教学能手—学科带头人"的培养路子,培养一部分、带动一大批。

成立教师发展建设评价小组,根据目标指标体系,通过季度自评、学期互评的方式完善和发展教师队伍建设制度。

三、教育教学改革

（一）德育为首，有效开展学生思想品德教育

加强学生的思想道德建设,培养学生自我教育、自我管理、自我服务、创新和实践的能力;强化优秀班集体建设,在队伍建设上花力气;加强学生安全教育;继续抓好学校、家庭、社会三者相结合的教育方式。成立德育工作发展评价小组,每月自评,每学期互评、他评。

（二）坚持质量立校，进一步深化课程改革

一是关注课堂,努力提高课堂教学效益。以课堂教学为突破口,积极开展课堂教学模式的创新研究,明确各学科功能,在学生学习方式的转变上进一步探索,总结推广经验;以新课标的要求,进行各学科课堂教学的改革和评价方式的改革。强化教学基础管理,加强学科组、备课组建设。强调对教师教学各环节的管理,改进学科教学质量评价机制。

二是调整确立具有本校特色的能够满足学生需求的校本课程。

三是学生体育、卫生、美育等方面工作,注重提高全体学生的全面素质和健康水平。在课间操、课外体育锻炼等传统大课间活动方面进行研究,提高锻炼效果。

成立学校教学发展评价小组,让各人、组室根据评价指标体系进行自评、互评、他评。做好教学发展评价的问卷调查并汇总、分析调查情况,形成调查报告,学校教学发展评价小组在所有评价的基础上,针对学校半学年教学发展的实施,写出评价报告。

四、坚持特色办学,创名校

(一)践行社会主义核心价值观

充分发挥社会主义核心价值观对学校办学理念的引领作用,开展爱国主义、民族传统、礼节礼仪等教育,着力打造体现社会主义核心价值观的优秀文化品牌,形成良好校园文化环境。

(二)书香满校园

广泛传播读书学习理念,兴读书学习风尚。通过开展积极有效的校园阅读活动,让读书成为师生的需要、乐趣和生活方式。

(三)生生会足球

通过足球教材进课堂,确保每班每周上一节足球课,让学生们对足球知识有系统、完整的了解。同时,学校组织以赛代练使得校园足球水平显著提升。

(四)安全在我心

多举措落实学校安全教育工作,安全教育每天三分钟,学校、家庭、社会三结合抓好安全管理工作。

成立学校特色办学发展评价小组,每学期分组自评,及时改进,推进特色办学。

即墨区大信中心小学学校发展规划的实施

即墨区大信中心小学 刘元泽

在规划学校发展方面,即墨区大信中心小学首先明确学校发展规划的意义——制定和实施学校发展规划是实现学校发展的重要途径和手段。学校发展规划为大信中心小学转变管理思想、凝聚各方共识、分析诊断学校存在的问题、帮助学校持续发展提供了有效的平台。

一、核心

学校在制定发展规划时,以追求学校发展为核心。学校认为,规划是为学校发展服务的,因而规划是形式,是实现发展的"抓手",通过规划实现学校发展才是目的,才是学校发展规划的最终追求。

二、管理思想

大信中心小学的学校发展规划体现了学校管理的一种思想:从被动管理转向主动发展。

三、制定

在制定发展规划的过程中,学校首先分析和诊断学校存在的问题,寻求解决问题的方法。其次,理解上级教育主管部门的要求,理解群众特别是家长对教育的需要,在学校的发展规划中加入主动落实教育政策法规、主动满足人民群众的需要等方面,将规划作为学校办学自律的"承诺"。由此赢得教育主管部门、社会各界尤其是家长对学校办学的支持,获得了学校自主发展的条件和运行空间。通过广泛征集教职工的意见,不断调动教职工的积极性,形成学校的组织凝聚力。

四、落实

在落实学校发展规划的过程中,大信中心小学实行"两结合"。

一是将落实学校发展规划与对教师的管理结合起来,通过制定和实施"教师个人发展计划",将个人的职业发展目标与学校发展目标结合,形成结合学校发展需要的教师发展目标及其行动方案。教师的个人发展计划包括学习、教学、科研、研究反思、评价管理、生活特色等方面。每个方面制定的目标必须对应学校总体规划,体现"学校本位",同时,也要体现个人特色与个人发展需要,体现"个人本位"。要求教师按照个人发展计划不断实现专业能力、专业精神、职业道德的提升发展。学校尊重教师个人发展的自主权,从而实现教师的自主发展。

二是将落实学校发展规划与学生管理结合起来。通过制定和实施"学生个人成长计划",包括文化课学习、特长发展、德育、体育、美育等,学生受到激励,有了更明确的目标,自主学习的劲头儿会更足,同时,家长也受到鼓励,更加支持学校的工作。通过学生和家长的双重支持,既能约束学生的行为,明确学生发展的目标,实现学生的自主发展,又能把学生和学校的发展结合起来,实现共赢。

五、反馈

为保障落实,大信中心小学还建立了良好的沟通和反馈机制,进行有效的监控和评价。学校设置了校长电子信箱并建立了校长接待日制度,社会、学生、教职工皆可以反馈意见和建议。同时,教职工也可以通过处室负责人反馈。大信中心小学全方位的沟通和反馈机制促进了学校规划的落实。

通过明确工作核心和管理思想,大信中心小学理清自身问题、上级要求、社会和教职工诉求,制定了合理的学校发展规划,将对教师和学生的管理结合起来,使得全校凝心聚力、共同奋斗,为实现共同目标而全力奋进。

以问题为导向制定和落实学校发展规划

即墨区北安中心小学　张泽宏

学校发展规划的制定决定办学方向,科学的规划必须依据学校实际,通过调查研究发现问题,找到制约学校发展的问题,并以问题为导向确定发展的目标、破解的策略。

一、问题调研

1. 调研一：家长

首先对家长进行了调研。随着即墨城镇化建设的不断推进,北安外来务工人员逐年增多,北安本地居民、迁入居民和暂住居民交融混合,不同的文化程度、不同的教育理念、不同的社会认知,造成家长对子女教育也千差万别。

和乡镇学校相比,北安家长对学校、对孩子的期望值更高一些,很多家长拿局属小学和北安中小相比,所以学校的压力比较大。家长基本上存在三种情况:他们中一部分人意识到孩子受教育的重要性,开始关注和重视孩子的发展,可是由于他们自身的局限导致了教育理念的偏颇、方法的不当,得到的结果适得其反;一部分人因为忙于生计,疏于对孩子的教育;还有一部分家长直接把责任推给学校,不管不问,以为教育就是学校的事,与家长无关。这样就形成了家长既要求学校把孩子教好、自身水平又跟不上的情况。所以家长们对老师的依赖性越来越强,而家长对学校管理的参与度却不够。因此,通过调研发现,制约学校发展的第一个因素就是家庭教育跟不上的问题。

2. 调研二：教师

北安中小上学年在编教师40人,顶岗实习教师16人.顶岗实习教师人数太多,岗位不稳定,流动性较大,并且整体专业素质水平不高,该类教师教学成绩普遍低于其他任课教师。其实顶岗教师不仅仅是教学成绩低的问题,更多的是管理经验的的缺乏,特别是在家校沟通以及对学生的驾驭能力方面欠缺,在一些问题的处理上,可能因为方法不当,造成家长的不认可,这也是影响学校群众满意度提升的重要因素。师资薄弱成为制约学校发展的第二大因素。

3.调研三：学生

由于外来务工人员子女占比例很大,生源复杂,学生生活空间的特殊性、家庭教育方式的多样性,造成他们习惯养成、读书兴趣、艺体特长等情况千差万别。学生发展的不全面也是亟待破解的困境之一。

二、目标确定

根据对三大方面的调研,北安中小找到了制约学校发展的"瓶颈",这就为规划的制定提供了有力的依据。为此,北安中心小学确定了规划的整体目标:营造正气、书香、阳光、活力的校园文化;打造社会关注、家长助力、全员参与的教育共同体;塑造积极向上、敬业爱生、互助共赢的教师队伍;培养健康、儒雅、书香、尚美、智慧的五彩少年。

工作重点及特色打造:结合北安中小城乡接合部的区位情况,针对学校实际,落实三个重点工作、一项特色工作。

（1）解决家庭教育跟不上的问题,引领家长参与学校管理,进行教育理念、办学思想的培训宣讲,培养家长认同感,通过家校常态化互动,促成家校融合,借力家长,凝聚合力,共同促进学生综合素质的提高。

（2）以习惯养成为突破口,依托《争做五彩好少年》实施方案,重点抓好卫生、路队、文明、课间操,外树形象。

（3）全力以赴做好校本教研,菜单式教研,落实好顶岗教师的业务培训,消除弱科差班,全面提升教学质量;

（4）以课程为抓手,抓好"新六艺"校本课程建设,通过大量展示平台的搭建来落实好大阅读课程、英语星级达标课程、艺体拓展课程及其他课程。

在学校总体规划的指引下,我们按照年度计划一步一个脚印、扎扎实实地推进每项工作。

办一所家门口的好学校

—— 北京名校管理经验对我校发展的启示

崂山区林蔚小学　宋林林

教育家陶行知先生曾说过，"一个好校长就意味着一所好学校"，带着对教育发展的思考与期望，带着育人求真的教育情怀，青岛市乔彩花名校长工作室志行千里、求学北京，探寻先进教育的真谛，服务师生成长，培育一方学子助力青岛教育。

一、回到原点，叩问初心

1. 理解教育本质

说文解字中对"教育"如是说："教，上所施下所孝也；育，养子使做善也。"我们从教育的本质出发，追求教育的优质发展。北京景山学校大兴实验学校成立于2011年8月，坐落于高速发展的大兴新城北端，目前有学生1528人、50个教学班、115名教师。学校高举"三个面向"的旗帜，秉承"全面发展打基础、发展个性育人才"的办学宗旨，为学生的终身成长奠定坚实的基础。北京景山学校的使命，可以概括为"五个一"："一面旗帜、一个思想、一条道路、一个宗旨、一个基础。""一面旗帜"，是指"三个面向"的伟大旗帜，即"教育要面向现代化，面向世界，面向未来"；"一个思想"，是指科学发展观的指导思想，其基本要求是坚持以人为本，树立全面、协调、可持续的发展观，促进人的全面发展；"一条道路"，就是基础教育整体改革创新的道路，即从学制与课程、教材与教法、考试与评价、课内与课外、账务与后勤、学校与社会等方面，整体推进基础教育改革；"一个宗旨"，就是"全面发展打基础，发展个性育人才"的办学宗旨；"一个基础"，就是"学生终身成长和发展的基础"，这是基础教育的最终落脚点，强调立足学生的当前发展，服务于学生的终身成长。

"教育，就是尊重儿童发展规律，引领儿童不断向上向善成长。"为此，优质的学校教育一定要把"立德树人"放在首位，"立德"就是坚持德育为先，通过正面教育来引导人、感化人、激励人;"树人",就是坚持以人为本,通过合适的教育来塑造人、改变人、发展人。

2.明确使命担当

"办一所家门口的好学校"一直是我们林蔚人的教育初心,也是我们的使命担当。在紧张而又充实的培训中,我们"带着问题学,带着责任学,带着纪律学"。目前城乡教育发展的不均衡问题仍然存在,农村学校校长也要勇挑促进教育公平优质发展、城乡教育一体化的重担。北京之行,在国家教育行政学院附属实验学校的学习给我留下了深刻的印象。首先是把习惯培养形成体系落到实处。学校将1至9学段的德育工作目标、内容、实施途径逐一进行了规划,同时通过制定"坐、站、走、跑、吃、问、写"七字行为习惯的"四阶梯"准则,面向不同成长阶段的学生适性评价。其次,学校以课堂为主阵地着力打造"轻负担,高质量"的高效课堂教学模式。为实现"轻负担"和"高质量"的目标,教师在课堂教学中认真研究,精准讲、精准练、精准扶,推动真行动、真进步、真反思。为将"三真"和"三精"落到实处,学校坚持做好三件事:一是请进来,给年轻教师配导师;二是走出去,满足教师学习的愿望;三是强教研,提升教师专业化发展水平。再次,对年轻教师的培养要充分发挥课题的引领作用,通过开展各级课题研究,提升教育教学研究能力和水平,在校园内形成了"教师在教学中研究,在研究中成长"的职业成长氛围。

在学习参观中,我也在不断地将自己"办一所家门口的好学校"的教育使命具体化:

——面向促进所有人的发展。让学生、老师、家长都充满成功的希望。

——促进人的全面发展,尽可能使学生的所有潜能得到发掘,进一步明确"美心,润智,健身"三个维度的目标,让学生在学习中快乐成长。

——促进人的个性发展,把每一个学生放在心上,为每个学生提供适合的教育机会,为每个学生的成长成才创造条件。

——关注学生的自主发展,引导学生生动地学习、自由地成长。

——关注学生的终身发展,着眼于学生的健康成长和终生幸福。

二、思想引领,提高领导力

"一个好校长就是一所好学校"这是一句永不过时的教育箴言。几天的学习考察,让我再次确信只有做有思想的校长方可办适合学生发展的教育。

1. 想得远——明确主题，把握方向

梳理前瞻性办学理念，确立可持续的发展目标，引领学校发展。在当前多样化、特色化发展的政策前提下，许多学校纷纷根据自己的教育理念提出各自鲜明的主题，来规划、设计和引领学校发展。发展主题蕴含了学校的教育主张。校长和教师在深刻理解和把握教育思想观念之后，形成了对学校教育教学的基本观点和主张。如对外经济贸易大学附属中学秉承"明德、泛智、尚美、求真"的校训和"严谨、博雅、笃行、创新"的优良校风，北京景山学校大兴实验学校的宗旨是"全面发展打基础、发展个性育人才"……另外，主题决定了学校发展的基本方向，表明了明确的教育价值取向，特别是涉及发展定位和培养目标时更为明显。

于是我思考，我们学校所提出的"活润教育"是不是明确表明了我们的教育主张呢？重新审视"基于生活，为了生活，润泽生命，灵动生长"的教育内涵，它表明了我们学校以当下的生活为基础，以面向未来生活为目的，以润泽的教育方式，实现学生灵动生长的目标。这既传递着我们的教育主张，又表达着我们的发展核心内容即"人"的"活润成长"。

2. 想得深——注重内涵，提升质量

联合国教科文组织报告《教育——财富蕴藏其中》中指出："教育应该促进每个人的全面发展，即身心、智力、敏感性、审美意识、个人责任感、精神价值等方面发展。应该使每个人尤其是借助于青少年时代所受的教育，能够形成一种独立自主的、富有批判精神的思想意识，培养自己的判断能力，以便由他自己确定在人生的各种不同的情况下他认为应该做的事情。"因此，学校应把关注和促进学生发展作为学校内涵式发展的应有之义。内涵式发展是指把握事物的本质属性，推动事物朝着健康、高效、有序的方向发展。

"办一所家门口的好学校"就需要深刻的教育思考，回归本质，聚焦学生核心素养，解决培养什么人和怎样培养人的问题。我们学校培养的是心美、智润、身健的"活润"学子，可从三个维度来实践。

从管理过程维度，注重学校科学民主管理机制的建立，营造和谐上进的校园文化氛围，关注目标达成度，实现家校共育，提高工作满意度。

从教育教学内容维度，需要为学生提供适合的课程体系及内容，设计丰富的教育活动，让学生获得学习的快乐的同时，形成必备品格和关键能力。与此相关的则是提高教师队伍的师德水平、业务能力、科研能力和管理水平，同时推动合理的教师梯度发展。

从结果的维度，则要恰当地运用评价，关注学生的身心发展水平、综合素质、适应

能力以及可持续发展能力,作为衡量学校内涵发展的要素。

所以,内涵发展更注重人的发展,注重质量提升,注重管理精细,注重文化立校,注重特色和创新,注重可持续的学校发展模式和思路。尤其是要坚持以人为本,紧扣学生发展的主题,促进学生健康、快乐地成长。

3.想得通——优化要素,建构体系

每一个校长的头脑中,都有一张"地图"和一个"指南针"。

"地图"就是为了实现我们的教育目标而建立的系统性的思维,它所呈现的是学校全面育人、整体育人的"网络图"。由学校中的各个关键性教育要素有序组合构成一个有机整体。影响学校发展的关键性要素有很多,此次培训中校长们从不同角度论述。我从中抽取出推动学校发展的 10 个关键词:办学理念、发展方式、学校制度、课程体系、教学模式、领导方式、团队建设、学校文化、办学特色、教育创新。这些关键性要素如何整合和运转,需要我们每一个学校认真设计和精细架构"网络图"。许多优质学校均采取了"整体建构"的发展模式,一切从学校整体出发,优化关键性教育要素,顶层设计教育结构,形成自成一体、相对完整的教育体系,实现"整体大于部分之和"的最佳效益。

"指南针"就是我们在按"地图"行动整个过程中的一个"目标"导向,就是我们始终坚持的"育人目标"。

在前面思考的基础上,我想结合学校的实际,通过学校制度、课程体系、课堂教学、领导方式、团队建设、学校文化等这些具体的载体来落实的"育人目标"。结合我们学校实际,未来我们会在课堂教学、团队建设、课程实施方面持续深入进行探索与实践。

深入实施"耕读堂"精品课程。通过根植乡土文化的生活化的综合性课程的体验,既使学生了解与传承乡土农耕文明、守住文化根基,又要赋予他们重要的素养:热爱家乡、崇尚自然、保护环境、主动思考、乐于探究。扎实推进课堂研究。通过关注学生差异,利用差异,通过"基于同伴互助"的课堂学习提高课堂效能,形成和发展学生共同体,实现每一个学生的不同发展。积极引导学生自主学习,创新课堂教学模式。

建设学习型团队,培养爱智相融、和而求进的"活润"教师。以全面提高师资队伍素质为中心,以优化结构为重点,坚持校本研修的层次性和多元化,促进教师专业水平的提高。完善校本培训管理机制,形成富有个性特色的校本培训体系。打造一支作风硬朗、有责任心的教师队伍。修订完善教师奖励评价机制,通过项目量化考核、年度考核、学年度校级个人发展奖及优秀团队等形式激励教师发展。依托"十三五"规划课题,加强教科研培训,不断提升学校社会美誉度。

研究开发"活润成长"评价体系。以此为抓手,推进智慧校园建设,探索基于大数据下的学生成长记录,为学生成长服务。

提升教育质量,是每一个教育人的责任。"回归常识、回归本分、回归初心、回归梦想",我们将牢记促进教育公平优质发展、城乡教育一体化的使命,努力办人民满意的"家门口的好学校"。

胶州市李哥庄小学学校发展规划实施策略

胶州市李哥庄镇李哥庄小学 于 林

为进一步提升办学水平,办好人民群众满意的教育,根据国家《中长期教育改革和发展规划纲要》精神,我校从学校实际出发,制定学校发展规划。

一、指导思想

以习近平新时代中国特色社会主义理论为指导,贯彻《国家中长期教育改革和发展规划纲要》精神对义务教育学校的要求,坚持兴教惠民、立德树人为指引,全面实施素质教育。

二、现状分析

(一)学校概况

胶州市李哥庄小学始建于 1959 年 6 月,由几间低矮的瓦房组成。2013 年搬迁至原第八中学校舍,与另外一所村级小学合并。2018 年镇内其他村庄、学校拆迁,部分学生、教师集中转入。2019 年 9 月迁入新校区,学校占地面积为 35175 平方米,校舍建筑面积为 2.7 万平方米,总投资 1.5 亿元,学校的办学条件得到极大提升,为教师和学生提供了更好的教学、学习环境。一年级新生入学达到 400 多人,学生总数达 2000 人,成为一所名副其实的大学校。

学校教师队伍不断壮大,近几年考录的本科及以上学历的青年教师占 60%,师资力量雄厚。领导班子勇于创新、求真务实,有先进的办学理念、共同的发展愿景。广大教师有较强的集体荣誉感,有着为学校的发展努力奋进的精神。

学校有着扎实开展教科研工作的传统。近年来,本着普及与提高相结合的原则,开展了群众性教科研活动,增强了教师教科研的意识,提高了教师的研究与实践能力。教育教学质量不断提高,连续 4 年荣获胶州市教学管理先进单位。

(二)存在的问题

李哥庄镇是全国百强镇,全镇有"三资"企业 500 多家,个体商户 3200 多家,94% 以上的农村劳动力转移到第二、三产业上,经济的发展吸引了众多外来务工人员。我们调查发现,2000 名学生中本地户籍学生只占一半,有近二分之一的学生属于外来务工人员随迁子女,这些学生的家庭中存在家庭教育缺失的状况。留守儿童、困难家庭子女较多,家庭教育盲区多,带来了德育教育、行为规范教育上的一系列问题。

我校青年教师学历、自身素质较高,但缺乏真正的专家型教师,校本培训较薄弱,名师效应在我校得不到体现。

三、学校重点工作目标

(一)建立现代教育的管理体系,促进学校管理民主化、科学化、规范化、人本化

进一步完善校长负责制下的分层管理制度。明确和制定干部岗位职责,各司其职、各尽其能,既分工,又协调、合作,推行分层责任管理,一层管一层,人人有事做,事事有人管。为确保工作落实,学校凝聚各方智慧,通过召开教职工大会、少代会,设立校长接待日、家长开放日,设立校长公开电话、意见箱等方式,争取使更多的教师和家长参与到学校发展规划中来,聚教师、家长、学生的智慧,设立学校发展共同目标,形成学校发展合力。

(二)完善师资培训的有效机制,建设高素质的教师队伍

加强公开课、示范课、研究课的推广,组织力量帮助有经验的教师总结自身的特色与风格,予以推广。同时也帮助水平较差的教师总结教学中的不足,学习他人的先进经验等,以利于提高。为每一位教师提供成长的平台,保障培训经费,创造机会,打造名师,形成教研梯队。

（三）落实德育工作

一是以少先队活动为阵地,以重大节日、纪念日为契机组织开展主题教育实践活动。在学生的活动中加强思想品德教育、文明礼仪教育。

二是寓教育于课堂,在误堂教学中加强渗透德育方面的思想教育。

三是加强校园文化建设,进行潜移默化的隐形教育。一是搞好学校的墙文化,让墙壁都能"说话";二是加强学校的校风校纪建设。

四是发展文明习惯养成教育校本课程,确定以"家庭礼仪""校园礼仪"和"社会礼仪"为主要内容,对学生进行系统的文明礼仪教育。通过主题班会、专题板报、社会实践等活动积极推进校园礼仪教育工作。

学校发展规划

即墨区移风店中心小学　王化堂

为进一步树立科学发展观,理清学校办学思路,明确学校办学方向,加快发展步伐,创建特色学校,根据学校办学现状特制定本规划。

一、指导思想

学校将以党的十九大精神为指导,全面实施素质教育,严格规范办学行为。坚持以教学为中心,狠抓常规管理,确立了"国文经典诵读"的办学特色,树立了创建"全面＋特色"学校、培养"合格＋特长"学生的办学理念和"办让人民满意学校"的办学目标,早日把学校办成让家长、学生满意的现代化学校。

二、现状分析

1.学校概况

移风店中心小学地处即墨西北洼,位于移风店镇文化路1号,生源来自附近的14个村庄。学校有10个教学班,近年来,学校依法治教,取得不错的成效。

2. 师资概况

学校有一支素质较高的教师队伍。领导班子与时俱进、勇于创新,有先进的办学理念。广大教师有较强的集体荣誉感,有着为学校的发展努力奋进的精神。

3. 制约因素

(1)部分教师的业务能力与教育发展要求存在着一定的差距。

(2)学校的组织管理还是以传统的刚性静态管理为主,管理的思想行为层面整体转化不大。

(3)学生来源不一,有些学生家庭教育盲区多,带来了德育教育、行为规范上的一系列问题。

(4)由于财力有限,学校的硬件建设与兄弟学校相比还有些差距。

三、发展目标

1. 总体目标

学校未来的发展,将继续深化"全面＋特色"学校、培养"合格＋特长"学生的办学理念,依法治校,以德立校,重视师资队伍建设,规范办学行为,提升办学质量,把学校办成让家长、学生满意的现代化学校。

2. 管理目标

注重制度建设,坚持以制度管人,做到逢事有人管、人人都管事,让全体教师都积极参与管理与被管理。

3. 育人目标

以课堂教学改革为重点,指导学生学会学习,学会合作,学会探究,不同年龄段有所侧重,全面推进素质教育。狠抓养成教育与文明礼仪教育,努力把学生培养成"合格＋特长"的人才。

四、主要措施

1. 学校管理

(1)充分发挥校委会在学校民主管理中的监督作用,完善各项制度,充分发挥各个团队在学校教育教学和管理中的积极作用。

(2)加强制度建设,进一步完善各项规章制度,切实做到多劳多得,优劳优酬。

(3)加强团结协作,注重精细化管理和目标管理,采用对实施过程与结果考核并重的做法,做到职责明确、政令畅通,实现学校工作的良性循环。

2. 教师队伍建设

(1)师德教育,以习总书记提出的"四有"好教师的标准来规范教师的师德行为。

(2)加强教师业务学习,完善青年教师拜师结对制度,促其早日成为教学骨干。

(3)创造各种条件培养一批骨干教师和学科带头人。

3. 德育工作

(1)加强德育工作队伍建设,初步建立适应素质教育发展要求的德育工作网络,形成"全员,全程,全方位"的德育工作格局。

(2)进一步提高学生素质,完善班级管理和班主任工作的考评激励制度。

(3)加强对红领巾执勤岗的引导,培养大批负责的"小小管理者",培养学生良好的学习和生活习惯。

4. 教学工作

(1)严格执行课程计划,强化教学工作的指导和管理,努力提高教学管理实效,充分调动全体教师的工作积极性和主动性,全面完成各项教育教学目标。

(2)以课堂教学为主阵地,深化课堂教学改革,培养学生养成自主学习、协作学习的习惯与能力,切实提高课堂教学质量和效益。

(3)加强第二课堂和学科竞赛辅导,促进学生多元智能发展,重视特长培养,逐渐形成"合格＋特长"的人才培养模式。

五、安全维稳工作

(1)加强门卫管理制度,强化安全意识,全面实行封闭式管理。

(2)定期进行校舍安全排查,及时整改发现的问题。

(3)加强学生安全教育与遇险自救知识培训,广泛利用班会、墙板、广播站等形式进行教育,定期请校外法制专家到学校上课。

以"幸福邮局"开启学校发展规划

青岛市第二实验小学   江建华

一、背景描述

"走进青岛市第二实验小学,学校布局规整、环境清新,步入大厅、穿行走廊,学校各角落都有精心的设计和布置,处处体现着丰富的教育内涵,真可谓一步一景,一景一课程。"这就是青岛市郭振虎名校长工作室的校长们走进学校后的真实内心表达。

2015 年启用的青岛市第二实验小学,从最初的 16 个教学班、35 位教师、658 名学生发展至今,已拥有 43 个教学班、96 位教师、1794 名学生。五年来,学校规模逐步扩大,校园环境不断优化,教学质量稳步提升,学校里教师讲专业、讲团结、讲奉献,学生守规则、乐学习、善合作,师生、家校关系和谐。学校连续四年在李沧区考核中获优秀等次,成为考核"明星单位",彰显出强大的影响力,成为老百姓心目中的好学校。

二、学校发展亮点

为什么一所新建校在不到五年的时间里就能迅速发展壮大并赢得老百姓的高度认可呢? 我们追本溯源,寻其发展轨迹。

1. 借"幸福邮局"的开启,找准办学起点

2015 年 8 月 31 日是学校启用之日,也是校园幸福邮局开张之时。我们以"你希望这是一所怎样的学校"的问题发出征集令,引导所有师生、家长思考需要建一所怎样的学校,以此启动办学规划的制定。最终凝练出"幸福教育"的办学理念,形成"办一所有温度的幸福学校"的办学目标,制定出学校长期发展规划。

2. 借团队的头脑风暴,找到学校发展的关键

在市、区两级教科研领导的参与下,学校领导干部、骨干教师围绕"让幸福教育带着温度落地的关键是什么"展开头脑风暴,达成"教师是一切工作的关键"之共识,

以市"十三五"课题"新建校教师成长共同体建设路径的研究"为抓手,坚持对教师的价值引领、专业引领,培育了一支特别能奉献、特别能钻研、特别能创新的教师队伍。

3. 科学谋划,精准施策,六条主线推进学校品质发展

(1)拟定学校章程、制度,完善学校管理机制。

在新校建设中,科学的章程和制度是学校自主管理、规范运行的保证,是推进教育现代化的必然选择。构建内部管理机构,制定科学、人文的管理制度,营造公开、公平、竞争的文化氛围,是建校第一年的首要任务,通过建章、立制、立规矩,约束、规范、引导了师生的行为和发展方向,推进了学校的可持续发展。

(2)加强三支队伍建设,强化担当与责任。

加大领导干部、班主任和骨干教师三支队伍的培养力度,以"担当、示范、协作"要求学校干部;以"品行好、能力强,工作踏实、乐于奉献"作为班主任队伍的评价标准;以"专业阅读、专业写作"等路径推动骨干教师主动学习、主动研究,提升其专业水平,带动年轻教师发展。

(3)架构幸福课程体系,为学生成长奠基。

用心构建"幸福课程",围绕"好玩、好奇、好学",架构"1＋X"课程群,对三级课程进行了统整、优化和拓展,实现了基础课程的校本化实施、拓展课程的主题化实施和探究课程的项目化实施,在课程实施中助力学生"看世界、做自己",全面健康发展。

(4)深化课堂教学改革,加强品质课堂研究。

围绕"品质课堂"研究,以打造"高效愉悦的幸福课堂"作为目标,建立起以共享集体智慧为基础,以课例研究为载体,以科学的课堂观察为手段的研训模式。着力营造温暖愉悦的课堂氛围,建立平等和谐的师生关系,构建学生乐学、共生的"幸福课堂",实现课堂教学的三项转变:学生生存状态的转变、教师行走方式的转变、课堂活动状态的转变。

(5)推进"悦读"工程,涵养师生生命底色。

以形式多样的诵读经典的活动引导师生遨游书海,养成读书习惯,涵养文化底蕴,形成有趣、有味、有特色的读书氛围。通过主题化、常态化、实效化的教师读书交流、分享活动,引导教师将经典阅读与教育实践结合。推进"悦读课程",助力学生良好的阅读习惯、阅读方法的获得,实现从"阅读质地"到"悦读之境"的提升。

(6)实施"邮彩"评价,促进学生素养提升。

从"幸福邮局"的开张到"幸福邮票"的发行,积极探索适合现代儿童的评价体系,探索"邮彩评价"的实施路径,以"读好书,说好话,做好事"为导向将学科课程与德育课程有效整合,细化评价标准,在"积分—集邮—兑奖"中让孩子站在了成长舞台的正中央。

实践证明,正确的价值引领、系统的规划设计、优秀的文化理念、专业的教师队伍可以为学校可持续发展提供保障。绽放美好、面向未来,愿青岛市第二实验小学在守正创新、和合共生的发展理念下走向卓越!

即墨区长江路小学发展规划的"12345"

即墨区长江路小学　王道田

为加快学校内涵式发展、特色发展、高水平发展,长江路小学确定了"12345"总体发展思路,即围绕一个核心:学生核心素养;抓住两个关键:和雅之星学生评价、"小组合作　团队竞赛"教师课堂教学评价;实施三类课程:基础课程、拓展课程、创新课程;过好四大节日:读书节、艺体节、科技节、传统文化节;培育五大特色:艺术特色、体育特色、科技特色、海洋特色、诗教特色。

一、立德树人,提升核心素养

学校坚持立德树人的教育根本任务,紧紧围绕学生核心素养的培养,加强德育队伍建设、整合德育力量,以德育活动为载体,通过"学雷锋活动""感恩活动"等多彩德育活动来培养学生健康、健全的人格,正直、友善的品德。

二、抓住两个关键,引领教师、学生提升

学校以发展学生核心素养为目标,制定了教师、学生两个评价方案,评价引领,提升学生综合素质。

(一)建立《长江路小学"和雅之星"学生综合评价方案》

学校根据《中小学生守则》和《中小学生日常行为规范》要求,以"和雅教育,让每一个孩子幸福成长"为育人目标,围绕"专注、有序、诚实、友善、自主、合作、勤奋、

宽容、尊重、感恩、责任、坚韧"12个品格,制定长江路小学"和雅之星"评价办法,引导学生学会做人、学会学习。

（二）建立"小组合作 团队竞赛"教师课堂教学评价

为了深化课堂教学改革、打造高效课堂,我们坚持目标导向,针对课堂教学进行了深入研究,构建"小组合作、团队竞赛"的教学模式,制定《"小组合作 团队竞赛"教师课堂教学评价方案》,引导教师优化教学方法,引导学生在学习中发现问题、解决问题、学会合作,从而提升课堂教学效率。

三、通过实施三类课程,促进学生核心素养的发展

扎实上好基础课程(国家课程、地方课程和校本课程)——严格按照国家规定,开齐、上足、上好;细化完善拓展课程——对国家、地方、校本三级课程进行细化补充,开发出适合本校教师、学生的补充材料、扩展资料、梯度作业等,满足学生个性化需求,建立各学科基础课程扩展资料库;努力开辟创新课程——为学有余力的学生建立适合其年龄特点、学习基础、适当提高难度或培养动手能力的学习课程,培养学生的创新能力。

四、过好四大节日,让学生在活动中成长

为了满足学生对多姿多彩的校园生活的需求,学校充分挖掘底蕴,与时俱进,确立了读书节、艺体节、科技节、传统文化节为校园四大节日,通过校园节日文化活动的实践,将校园节日文化活动蕴藏的思想品德通过"寓教于乐"的德育方法以及学校的校园文化、国家传统文化内化于心,潜移默化地提高学生的核心素养。

在传统文化节方面,学校把传统文化课的教学提上教学日程,成立了传统文化课题组,确立了六大节日(上半年:春节、清明节、端午节;下半年:七夕节、中秋节、重阳节)。上半年过三个节日,下半年过三个节日,每个半年重点过一个,通过引领学生过好中国的六大传统节日,感受中国传统文化习俗的博大精深。在每个传统节日,课题组都要经过讨论探究,本着"活动＋学科"的宗旨,开创性地运用课程的思维,整合语文、数学、英语、音乐、体育、美术、科学、综合实践等学科,以课程的形式开展丰富多彩的活动,引导研究、传承、拓展,在实践中传承传统文化。各学科围绕"传统节日"打造系列教育课程,让传统节日与课程有机结合,既锻炼了学生的能力,又丰富了他们的精神文化生活。

五、培育五大特色，促进学生全面发展、学有所长

学校坚持"面向全体学生，让学生全面发展，学有所长"的特色办学思想，充分发挥学校各方面优势，突出诗教、艺术、体育、科技、海洋五大特色教育。以五大特色为根据，学校分别开设了 10 多个社团，利用每周五下午开展活动，全校所有学生参与其中。面向全体学生开展比赛活动，极大地激发了学生的潜能，增强了校园生活的幸福感。

规划学校发展，彰显学校特色

城阳区第三实验小学　王建娥

校长是学校中扛着旗子走在最前面的人，旗子上打着什么，教师就会跟着走向哪里，那旗子就是要做好的学校规划。2011 年天泰城学校成立，在中国教育科学院基础教育研究所陈如平所长的指导下进行了学校规划的制定。

一、制定工作方案，明确规划内容

为了使制定的规划实用、有效，学校专门成立了规划领导小组，制定学校发展规划工作方案，从规划设计的原则、操作内容、时间安排、阶段成果等几方面做出详细方案，明确了规划的内容。

二、深入调查研究，分析调查结果

因为学校一切从头开始，我们只有先从外围入手深入调查研究，了解天泰集团文化、天泰城社区状况、居民情况、家长意向等，通过问卷调研、各层深度访谈、座谈、观察探寻、比较研究、社区随机访谈等形式，了解周边环境与状况。在内部我们重新学习省市规范化学校要求、城阳区三年发展行动计划等纲领性文件，进一步了解省、市、区同类示范校、特色校情况，认真分析了我校教师、学生、课程设置等情况，写出了详细的调查报告。

三、形成框架，专家论证

在调查分析的基础上，学校做出了规划的大体框架，随后邀请专家进行论证。专家论证特别重要，因为我们在制定规划的过程中，对于学校的定位、办学理念、学校文化等各方面缺乏规划的高度，是不是规范、科学我们自己也拿不准，专家的论证是我们的"定心丸"。我校的规划从开始到成稿，先后邀请了青岛师范学院专家团队，青岛市教体局领导，中国教育科学院陈如平、王磊老师，青岛市教科所原所长翟广顺，青岛市教育发展研究会陈显青、王言吉等老师给予指导，或者邀请他们到校，或者我们拿着稿子去找他们。他们有鼓励、更有尖锐的批评，这些都使我们受益匪浅。

四、吸取专家意见，修改成稿

在专家论证的基础上，我们进行了反复修改，多达六遍，对于学校的校徽和吉祥物等修改了多少遍，我们自己都数不清。

五、规划的详细文案

我校的五年规划分为五部分。

第一部分：学校发展背景。

第二部分：指导思想和战略目标。

第三部分：实施路径和主要措施。

第四部分：实施步骤和任务分解。

第五部分：战略保障。

简单总结为"一二三四五六七八九十"工程。

"一"即一个目标：按照省、市规范化学校创建标准，全力创建基础教育阶段规范化学校；按照"国际标准、世界眼光、本土优势"的要求，大力推进教育国际化；按照后发型学校的发展态势，着力打造爱智教育特色学校。力争在五年内建成一所办学理念创新、教育功能齐备、育人氛围浓厚、教育质量优良的新型城区现代化优质品牌学校。

"二"为办学理念的两大核心："爱满天下，智溢泰和"中的两个核心，即爱、智文化。

"三"为三大发展战略：品牌立校、品质强校、品位扬校。

"四"为学校精神文化"四爱"：恒爱、仁爱、真爱、博爱。

"五"为课堂教学中的"五智"：明智、理智、睿智、机智、情智。

"六"为天泰"六节"：爱智读书节（4月）、灵动艺体节（5月）、生活体验节（6月）、科技创意节（10月）、亲子教育节（11月）、国际文化节（12月），为学生个性成长搭建平台。

"七"为学校的管理组织：设立七大中心，行政服务中心、课程研发中心、教学管理中心、教师发展中心、学生指导中心、后勤服务中心、家校联动中心。

"八"为制度建设中的八大常规：课堂教学常规、德育工作常规、科研常规、班级年级管理常规、教师发展常规、家校合作常规、后勤服务常规、安全管理常规。

"九"为规划实施的九大路径和主要措施，如下。

（1）以"爱满天下，智溢泰和"为办学理念，积极推进爱智文化建设。

（2）以生活德育为引导，推进自主德育体系建设。

（3）以课程整合为手段，构建智慧课程体系。

（4）以"五智"为特征，打造智慧课堂。

（5）以专业性为价值追求，建设卓越教师团队。

（6）以提升质量为导向，探索现代学校制度建设。

（7）以微型课题为突破口，加强教育科研建设。

（8）以家校联动为途径，打造三位一体的爱智教育。

（9）以国际交流合作为平台，促进教育国际化。

"十"为学校环境文化中的"天泰十景"。

六、规划的实施

我校的发展规划有明确的指导思想和战略目标，有实施路径和主要措施，有实施步骤和任务分解，有保障措施。简单、清楚、明了，易操作，便于实施。

（1）每学年开学初全体教师一起学习讨论学校规划。

新学年伊始，总有一批新教师加入我们的团队，我们会用一上午的时间一起学习规划，或者领导干部解读，或者老教师谈体会，或者领导班子总结前一年规划实施的心得等，为的是让新教师很快融入学校文化，找到自己的工作思路，并能做出自己的个人专业发展规划。

（2）学校的各项工作根据规划制定详细的分解目标。

中层干部各管一摊，必须根据总体规划制定单项规划，例如对德育工作、教学工作，分管领导要制定更加详细的规划。

（3）学校的工作计划根据规划制定，学校的工作总结用规划来督查。

（4）在实施规划的过程中，可根据实际情况不断调整，抓住机会，彰显出学校特色。

悦读，让未来更美好

—— 阅读教学工作的几点做法

平度市古岘镇古岘小学　宿林生

阅读，是语文教育的灵魂。一个没有浓厚阅读氛围的学校，缺乏真正的教育；一个没有广泛阅读的学生，将来很难成为真正的佼佼者。基于这样的认识，近几年来我校依据教体局下发的文件要求，结合本校实际情况，积极倡导用阅读浸润校园，使之成为校园文化的时尚；用阅读滋养学生，使之成为学生精神生命的组成。我们通过开展扎实有效的阅读活动，培养具有浓厚阅读兴趣和良好阅读习惯的学生，逐步使阅读成为学生重要的生活方式，让学生在阅读中享受快乐，在阅读中启迪智慧。

一、深入宣传，打好阅读基础

为使阅读活动顺利推进，我们制定了阅读工程实施方案及具体工作安排。要求教师不论学科全员参与。教师是学校发展的根本，只有丰厚教师读书底蕴，才能获得师生共同成长。要求教师对"1512"阅读工程高度重视，对于教体局下发的阅读推荐书目教师要先于学生阅读；同时对学生做好宣传发动工作，使学生认识到开展读书活动的意义，明确读书活动的目标、任务，调查学生拥有图书和阅读的情况；建立好学校、班级、家庭各级图书角，推选好班级图书管理员；明确学生必读、选读篇目并下发目录，为开展阅读活动奠定基础。

二、营造书香环境，开展多彩活动

1. 营造书香环境，打造书香校园

学校加强了校园环境的整体规划和优化，创设良好的校园文化环境。校园内的每一块墙壁、每一条道路、每一个建筑都会"说话"，格物楼从一楼的"读书长廊"开始，设有图书室、阅览室，室外墙壁是读书展示看板，用以展示师生的读书体会、优秀

习作。楼梯口两端均设有静美典雅的图书角。以"书香浸润童年"为主题,营造了浓浓的书香氛围。二楼是书法知识长廊,展示书法大师的精美作品及其相关知识简介,让学生既学到书法知识,又感受到中国文字之美。明德楼二楼是国学长廊,内容以《弟子规》为主,学生随时可以诵读,以培养道德人格和道德信念。走廊文化成为学校厚重的文化风景。另外,学校在每个班级、每个办公室都配上开放书架,让图书进教室、进办公室、进走廊,甚至进家庭,为师生创设良好的读书氛围,营造书香环境。

学校统一安排班级集中阅览,每周及时开放学校图书室、阅览室,每月每个学生可借 3 本,统一到图书室借阅,次月相邻班级在图书室统一调配下实施交换,让每一个学生都能读到自己想读的书。

2. 根据年龄特点,开展多彩活动

根据教研室的安排,我们组织了低年级"阅读伴我成长"讲故事比赛,中年级"阅读成就梦想"演讲比赛,高年级"阅读与经典同行"诵读比赛。另外,读书手抄报评比、课本剧展演等活动童趣盎然,精彩纷呈。各班定期组织交流读书心得,优秀作品在教室内外宣传栏展览;学校为每个学生订制标准统一的读书笔记,对书写认真、记录详细的读书笔记定期举行校级评比展览。为有效配合学生的读书活动,学校以"我们的节日"庆祝活动为契机,号召学生阅读经典,背诵经典。在节日庆典时进行诵读展示,或配以歌舞,或配以背景音乐,或独诵,或集体朗诵,形式多种多样,学生乐在其中。每年的读书节,学校组织淘书乐、赶大集、古诗达标、好书推荐等活动,让学生品尝到了阅读的快乐,读书的热情在不断高涨,读书效率也在日趋提高。

3. 积极推行"1512 阅读时光"工程

学校将"1512"阅读活动写进了作息时间表、课程表。每天早晨课前诵读 20 分钟,开展全学科阅读;每天下午课前进行 5 分钟的"我说你听——读书时光交流会",由语文老师负责,学校统一印制专用漂流记录簿进行记录交流;每天晚上布置至少 10 分钟的家庭读书作业,教师巧用班级微信群,随时检查学生的读书情况,要求学生利用读书笔记,及时积累阅读过程中发现的好词、好句,并经常撰写读后感悟;每周三下午学校集中安排 1 节阅读课,教师不准讲课,让学生静享读书时光。

三、奉献爱心共享书源,立足课本加强指导

1. 奉献爱心共享书源

为保证学生有丰富的书源,学期初我们开展了"为学弟学妹捐赠一本书"活动。汇总升级学生闲置的小学生必读、选读书籍,充实各班图书角,献一本、看多本,形成

"好书都来读，我来读好书"的读书气氛。根据学生上交数量、质量依据积分制统计评比，平日分配给班级依据积分制进行管理。同时鼓励家长多为孩子购置图书、征订报刊。鼓励学生进行图书互换，确保学生有书可读。

2. 立足课本，加强阅读指导

（1）大力开展阅读研讨活动和阅读指导精品课展示活动，提炼总结阅读方法。

阅读指导精品课展示活动的基本模式是课前备课组研讨教学设计—录制课堂教学视频案例，并进一步评说总结—整理精品教案，实现资源共享。

（2）教给学生预习课文的方法，加强精读指导。

要求中高年级学生在预习时读六遍课文。第一遍，划出生字词，并给生字注音；第二遍，弄懂生词、成语的意思；第三遍，理解优美的句子；第四遍，了解归纳每个自然段的意思；第五遍，给课文分段，了解整篇课文思想感情，把握整篇文章；第六遍，概括总结整篇文章大意，了解写作特点。实践证明，六遍阅读法非常实用，能让学生学会自己分析文章，对于老师第二天的讲课起到事半功倍的作用。

四、丰富阅读形式，提高阅读兴趣

1. 师生共读——一道悦读风景线

每天早上课前20分钟，整个校园宁静安详，每一个学生、每一位老师各捧着一本心爱的书籍，惬意地阅读，精致典雅的校园沉浸在馥郁的书香里。师生享受晨读的场景，犹如一道舒心的风景线。师生之间还互相推荐好书、好文章，一起阅读。学生最易受老师的影响，对老师推荐的书和文章，他们总是能在第一时间去阅读。同样，学生一旦有了新书，也会抢着向老师介绍。如此良性互动非常好，阅读氛围日渐浓厚。

2. 亲子阅读——共同阅读和提高

我们要求教师给家长及时传递读书活动的信息，告诉他们学校正在开展哪些读书活动，每个月推荐读什么书，孩子阅读的情况如何，哪些书可以购买给孩子，哪些书适合家长与孩子共读……有许多家长积极参与其中，不少家长尝到了亲子阅读的甜头。家长与孩子同阅读、共提高。

3. 家校合作——共建学习型社会

学校通过举行家长进学校活动，对家长进行教育方法培训，鼓励家长自觉读书，为孩子做出榜样，要求家长自觉与老师沟通，鼓励孩子以小手拉大手，要求家长大手拉小手，搞好家校合作，共建学习型家庭、学习型社会。

五、评价表彰，形成机制

按时举行语文素养大赛，考查学生阅读量；每月对班级、教师进行评比考核；每月各班级通过评比选出读书小明星和读书新秀，进行国旗下表彰；对各班级读书工程开展情况定时进行家长问卷调查，结果计入考核。学期末进行书香个人、书香班级、书香家庭评选奖励。

几年来，通过读书工程系列活动的开展，经过全体师生的不懈努力，我们古岘小学师生的精神面貌焕然一新，我们在"悦读"中求得知识，在"悦读"中明了事理，在"悦读"中学会做人，在悦读中遇见美好未来。我们将不忘初心，与书为友！古岘小学郑重承诺：六年，让学生学会读书，让读书成为习惯，让每个生命在书香中行稳致远、熠熠生辉。

加强学校规划发展　全面提高教学质量

即墨区龙泉中心小学　潘秀峰

龙泉中心小学以《国家中长期教育发展规划纲要》为指导思想，以加强教师队伍建设为核心，以提高教育教学质量为根本，坚持"优化育人环境，创办示范学校"为奋斗目标，坚持以"让每一片心灵充满阳光"为办学理念，进一步深化课程改革和课堂教学改革，加强校本研究，突出学校特色建设，全面提高教育教学质量。

一、坚持科学管理，不断完善学校良性运行机制

学校管理实行"六坚持"，即坚持分层管理，坚持目标管理，坚持质量管理，坚持制度管理，坚持民主管理，坚持人本管理。工作中关注、关心、尊重每一位教师的工作、生活与发展、成长。力争创造一个平台，让教师尽显才华；搭建一个阶梯，让教师登高望远；激活一个机制，让教师自我完善。使学校真正做到事业留人、感情留人、环境留人，将教师的发展、学生的发展与学校的发展紧密相连。继续完善管理制度，加强管理力度，为教师进行体格检查，开展教师节庆祝活动，保证教师身心健康。

二、坚持以人为本，全面提升教师素质

1. 加强师德师风建设

以年级组建设为重点，以师德教育为核心，进一步深化、细化"珍惜岗位、关爱学生、热情工作、提高质量、团结协作、容纳他人"工程，进一步激发教师用自己的实际行动践行"真情塑造未来"的服务理念。让教师努力建设好自己的三个精神乐园：一是建设爱岗敬业的精神乐园。爱岗敬业、心灵宁静、信念坚定，就会充满成就感和幸福感，就会得到工作的快乐。二是建设热爱学生的精神乐园。只要带着爱心走进学生心灵，就会学亦无穷，乐亦无穷。只要建立热爱学生的精神乐园，就会不仅爱优秀学生，也会更爱有缺点的学生，这是教师的境界。三是守住依法治教的精神乐园。依法执教要落实到每一天，每一节课，每一分钟，落实到可感知、可操作。

2. 建设"学习型"教师队伍

为适应当前课程改革的需要，教师的确需要不断学习、不断给自己"充电"。教导处与教研组要充分发挥行政机制，从本校实际出发，制定切实可行的学习研修制度，以新理念、新课程、新知识、新技术为重点，组织教师参加经常性的学习研讨活动，努力提高教师的业务素质。

3. 创设良好的骨干教师成长环境

继续高度重视骨干教师的培养，对事业性强、勤于钻研业务、有培养前途的青年教师要多"压担子"；要为骨干教师的成才搭建舞台，积极鼓励青年教师参加各级各类学科比赛。

三、坚持质量立交，进一步深化课程改革

1. 关注课堂，努力提高课堂教学效益

进一步增强提高课堂教学效益的紧迫感和责任感，充分认识课堂教学在全面提高教育教学质量过程中的关键作用，把提高课堂教学效率作为突破口和切入点，召开课堂教学经验交流会，采取走出去、请进来的办法，学习借鉴先进的课堂教学经验，不断提高课堂教学水平。"抓教风、抓课堂"的具体要求：抓教风，要求做到"三严"，达到"三业"，即"严肃师德师风，乐业爱生；严格岗位责任，敬业奉献；严谨治学态度，精业钻研"；抓课堂，要做到"一不三有二得"，即"每节课教师讲的时间不超过20分钟"；要安排有练习、有检查、有反馈；教师每节课要明确："你希望学生得到什么？你让学生得到了什么？"课后要求认真反思。

2.强化教学基础管理，加强学科组、备课组建设

我们将把加强学科组和备课组建设、强化教学基础管理作为提高教师群体素质、推动课堂教学整体优化的重要手段。学科组、备课组建设方面加强"三要"：要有具体的备课活动计划，要在备课组长负责下进行集体备课，组员在备课组内要有明确的分工，形成工作合力。

学校内部管理优化措施

即墨区蓝村中心小学　于红艳

小学校长处于基础教育的最前沿，所面对的是一项极其复杂的系统性工程。作为学校管理的中心，要管理好一所学校，必须做到以下几点。

一、更新思想，不断地思考和学习

作为一名校长，要想把学校管理好，就必须积极更新思想观念。校长的思想观念直接决定着学校未来的发展方向。而校长要想真正做到思想观念的更新，就要不断加强自我学习，同时将理论和实际联系起来，保证学习的深度。首先，了解社会政治以及国家时政和国家教育方针、相关法律法规。其次，需要经常学习和思考学校管理理论，不断更新教育管理思想。再次，要积极探究教育教学相关理论。只有不断进行学习和思考，才能对学校实施更加有效的管理，真正带领学校与时俱进，指导全校师生不断发展进步，从而推动学校稳定发展。

二、依法治校在学校工作中的重要位置

俗话说"没有规矩不成方圆"，管理制度是依法治教在学校管理中的具体体现，健全的学校管理制度可以促进学校对教师的科学化、规范化和法制化管理。要想对学校进行科学化的管理，要建立并完善既适合学校教育发展，同时还符合学校实际情况的各种管理制度。学校有了这些制度的保障，才能保证一切工作的正规化，学校各项管理工作才能有章可循。校长带头遵守相关的制度规定，才能带动全体教职员

工遵守学校制度,自觉做好学校各项工作。

三、转变教学管理的理念和教学管理的内容

校长必须做到结合新课程标准,积极转变自己的教学管理理念。校长还要把自己对于教学管理的理念积极地向全校师生的实际行动上转化,合理利用学校各项规章制度的约束,最终落实到教学管理上来。新课程改革实施以来,对学生综合素质和能力的提升有了明确的要求,在新课程改革的背景下,学校要坚持内涵发展的道路,从而使学生的综合素质和能力得到切实有效的提高。

四、校长的学校管理工作应当达到一定的高度与力度

"一定的高度"指的是出发点与立意要高,目标与指导思想应当是清晰的。学校教学的核心是为了经济的建设和发展,因此,在宏观上需要服务于经济的建设和发展。"一定的力度"指的是实事求是,一切从实际出发,校长需要具备敏锐的洞察力,工作上应当充满魄力。第一,要加强团结和注重实干。第二,要做到廉洁公正。校长要确保管理工作的力度,要提高群众意识和公仆观念,才能够切实做到廉洁公正。

五、曲径通幽,营造和谐的精神文化氛围

应该从以下四个方面着手筑造学校的精神家园。一是校长应该有清晰的学校文化观。从一定意义上来说,学校文化就是管理者的文化;二是校长应该改变学校文化建设的根本方式,从人的生命世界和精神生活出发,把人文陶冶看作精神文化建设的根本途径;三是引导学生经历精神体验。作为校长,应向师生们提供丰富的文化生活,通过丰富教师的人文素养,提高教师对学生心理历程的引导能力,这样才能切实帮助学生进行精神体验;四是改进德育模式。学校以继承和发展中国传统文化为德育坚实的基础,以体现中华民族精神特征为德育核心,坚持面向世界、面向未来的德育文化,注重德育方法的科学性,做到循序渐进。

灰埠小学学校规划发展重点项目突出

平度市新河镇灰埠小学　蔺文燕

平度市新河镇灰埠小学在落实学校发展规划的过程中,对重点项目加强了监控和自评工作,对发展重点项目责任分工逐级分解为部门、组室和个人工作。我校校长认为,对重点项目只有齐抓共管、根据分工分段推进,在组织程序和职责分工上进行逐级分解,重视自评工作,才能达成最终目标。书法教学是本校一项重点项目,以"书法教学视频教材"的开发为载体,营造灰埠小学师生"汉字书写"的春天,是这一重点项目的目标。

书法教学视频教材的开发是灰埠小学自 2015 年春天开始探索的重点课题,是以"学校师生发展需要"为基础、以"打造学校办学特色"为核心的重要工作。该课题的开发,有利于提升师生书写质量,培养学生静心凝气的良好品质,更为学生练就一生的好字打下坚实的基础。教材根据学生的学习特点,将传统的书法教学以生动、形象的视频范写教学展示,打破了学生闷头苦练的状况,形成了专业引领、从细节入手的良好教学氛围。落实过程中,我们分别从课程设置、练习要求、考核办法等方面进行了落实和自评工作。

一、课程设置

在校本教材的试用推广阶段,我们遵循课内与课外相结合、书法教学与各个学科教学相结合、视频引领和教师指导相结合、集中学习和分散练习相结合的原则,开展为期一个月的"书法活动月"活动,进入课题实施阶段。以"端端正正写字,堂堂正正做人"为主旨,培养学生突出的学习特长、良好的意志品质、正确的学习习惯和高尚的审美情趣,以课堂为主阵地,坚持天天练、月月练、年年练,实现讲练结合、练赛结合,打造有写字教学专长的教师队伍,培养有写字技能特长的学生群体,创建有写字成果特色的品牌学校。

每学期开学的一个月内,每周各班利用一节地方与学校课程课、一节语文课和周三下午第三节课,一共三节课,开展集中学习,责任教师为任教各班的语文、地校学科教师和班主任。

根据课堂教学的引领,语文教师结合语文课本的生字,找出相应的联系用字,并范写于黑板上,用于学生午间临摹、仿写。

二、练习要求

"书法教学视频教材"适用于教师和学生,要求教师和学生同步练习。每个人都要准备一个田字格本,专门用于本月的练字。根据所学的内容和要练习的汉字,进行书写训练。各年级根据学生的实际情况提出要求。教师每天一个主题,每个专题写一页。

三、考核办法

（1）教师考核。

教师的硬笔书法练习课为一项教师培训内容,教师要根据要求认真练习,巩固教学基本功,按要求写好每一笔。在教师培训考核中,能够按规定练习并及时上交的为合格。认真参加教师钢笔字书写测评活动,并达到三级水平,在教师校本培训成绩中加入相应的分数。

（2）学生考核。

学生考核为优秀晋级制考核。五、六年级学生参加 2015 年学生钢笔字书写测评活动,根据达标情况,结合《书写测评晋级表》,颁发相应的荣誉证书。

学校规划重点推进项目的落实,也取得了阶段性成果。2017 年 6 月 16 日,学校成功举办了青岛市第八届写字节平度分会,学校师生的书写水平受到了与会领导的赞许。教师教学生写字不是技术层面上的指导,而是集练字、审美、意志、品格、艺术于一体。它需要真功夫,需要巧、气、劲,更重要的是需要潜心研究、反复实践、及时总结、适时推广。书法教学现已成为我们的办学品牌、课程品牌和教育品牌,具备了一定的教育竞争力。我们将更加深入持久地开展书法教育和写字教学研究活动,将书法艺术融入学校的每一个角落,让整个校园浸润墨香、花开有声、芳香四溢。

学校发展规划之重点项目的选择策略

平度市旧店镇旧店小学　李云峰

学校发展规划是学校办学思路、发展目标的具体文本和实施渠道,是学校阶段性办学思想的体现。学校发展规划的制定,在一定程度上可反映学校的办学思路和办学发展水平。学校在制定过程中应以有序推进规划各项目标为抓手,齐力推动学校创新、特色、优质和内涵发展。

一、以可持续性发展的眼光,确保项目选择的前瞻性

学校重点项目的选择是对学校办学思想和发展目标深入再思考的过程。学校以统领整体发展为宗旨,从学校改革和长期发展需要出发,充分立足原有基础、面向未来发展,制定了内容切实可行、便于操作的重点项目规划。

二、以师生需求为出发点,确保项目选择的认同性

我们认为,重点项目作为学校今后五年发展的统领性工作,不仅是学校领导者或是领导团队的愿望,还需要师生以"让学生健康成长,让教师走向成功,让学校和谐发展"为目标,以满足每个小的需求为积淀,从而使其成为全校上下齐心合力完成工作使命的共同发展愿景和理想追求。

三、以"三个基于"为原则,确保项目选择的合理性

在制定规划的过程中,学校立足本土,按照"三个基于"的原则,准确定位学校发展方向来选择重点项目。"三个基于"的内容是重点项目的选择基于充分了解学校历史变迁的基础,基于认真分析了目前学校的发展优势以及存在问题的基础,基于经过各类问卷座谈调查的综合分析基础。

四、建章立制，完善现代化学校的制度建设

遵照《现代学校制度》等文件要求，以发展的眼光看待管理问题时我们发现，学校现有的制度与现代化学校制度的相关要求尚存在一定差距，从许多方面制约了现代化学校的发展，如管理方面粗放，学校的现代化制度建设有待进一步完善。

为促进现代化学校制度建设，转变干部、教师的管理理念，围绕"和谐教育"的办学特色，学校将重点做好以下两方面的工作。

1. 完善现代化学校管理制度，促进现代化学校制度建设，从干部到教师，力求将管理工作制度化、规范化、精细化，管理手段现代化

建立健全涵盖学校全面工作、符合素质教育需要和学校实际的《现代化学校管理规章制度》，使之逐步成为教师自觉自愿追求的标准、学校发展的共同愿景，并在工作中有效实施。

2. 优化学校内部管理机制

学校从制度的静态文本化到动态人文化入手，把目标管理、制度管理、情感管理有机结合，实行"科室负责制""级部负责制"，与学科教研组双管齐下，体现责、权、利的有机统一。 健全由党组织、校务会、教代会三者责权明晰的学校领导系统，形成相互补充、相互制衡的有机协调系统。进一步强化内部管理机制，设立内部管理"四中心"：全校管控中心（校长室、副校长室）、质量监控中心（教务处、教科室）、安全教育中心（德育处、安全办）、师生服务中心（总务处）。

五、文化强校，构建学校文化建设体系

随着学校近年来的日益发展，我们深切地感受到，校园文化是学校发展的灵魂，是凝聚人心、励志向上、潜移默化、展示形象、提高品位的重要体现。学校的文化建设应该有一个主题脉络，彼此相连，形成一个整体。这样，才有氛围，才有凸显，才有感染力。但我校的文化建设较孤立，没有主题，因而缺乏应有的效应。

1. 建设和谐发展的行为文化

紧紧围绕"以人为本，和谐发展"的教育理念，建立以教师文化、学生文化、课堂文化为核心的行为文化；使教师把学生的需要当作第一信号，把学生的发展当作第一目标；使学生在自主发展中成长，在主动适应中成才，在自我超越中成功。

2. 建设以人为本的精神文化

建立涵盖管理文化和理念文化的精神文化。 确立"和谐教育"的办学特色，确

立"以人为本，和谐发展"的教育理念，确立"认认真真做事，堂堂正正做人"的校训。在管理中实施人文管理，从战略高度做出科学、合理的人力资源开发规划；做好学校教职工绩效考核，运用各种激励手段，促进教职工积极、主动、创造性地工作。

3. 建设生态儒雅的物质文化

建设包含环境文化、课程文化的物质文化。大力实施"绿色校园"，着力打造"绿色环保"的环境文化，科学、合理地规划校园环境，注重环境建设的内涵，力求校园环境优雅、有品位，使校园真正成为师生的"成长乐园"。加大课程文化的实施力度，遵循"一草一木皆课程"的课程建设原则，构建"我爱家乡的山和水"学校课程体系，让课程回归生态本色，让师生共享课程的快乐和幸福。

4. 建设高效现代的制度文化

从静态文本化和动态人文化入手，建设制度文化。规范制度的静态文本化，建章立制，修订学校章程，完善现代化学校制度建设。在制度静态文本化的基础上，关注动态人文化，建立、完善干群之间、师生之间的情感交流机制。

莱西市月湖小学"作业超市"
新型布置模式探索

莱西市月湖小学　吕学锋

经过对本校课业情况的调查，结合本市其他学校小学学生作业情况，月湖小学课改团队发现本校学生作业存在作业数量不均匀、内容形式过分单一、注重作业功利性、学生作业完成过程封闭等问题，围绕如何更好地面向全体，使层次不同、个性不同、发展水平不同的学生都能够得到更好的发展，让作业真正成为提升教学质量的助力，从2017年开始，我带领课改团队在作业设计上积极探索创建学生"作业超市"的新型作业布置模式，通过整合和创新，一方面有效地解决学生课业负担过重等问题，一方面发挥作业在提升学生学科素养和综合能力上的最大效能。

在实际运营"作业超市"的过程中，我们重点突出"真、合、实、奖"四个字，达到校园有氛围、改革有内容、方法有创新、效果有突破，基本构建起了月湖小学三至五年级"作业超市"新型作业布置模式。

一、创设氛围，突出一个"真"字

创设氛围是前提。我们在各班级教室开设了"作业超市"专栏，并将专栏装饰成了学生喜闻乐见的超市模型，分为"必选区"与"任选区"两个区域。"必选区"为学生当天晚上或者在某一个时间段内必须要完成的作业内容，"任选区"为当天晚上或者在某一个时间段内学生根据自身能力选做的作业内容。我们每天将作业置于"超市"当中，让学生身临其境，感受选择的快乐，实现主动作业、真实感受。

二、整合模块，突出一个"合"字

整合模块是关键。为避免各学科单打独斗，我们研究制定了《月湖小学作业超市实施方案》，要求各学科教师根据《方案》要求进行作业设计与张贴。通过设置专栏，对语文、数学、英语、音乐、体育、美术等学科作业进行了全面整合。一是整合内容，即引领学科教师在作业设计时不仅要关注本学科主要素养的提升，还要关注本学科以外其他素养的提升。二是整合时间，即通过专栏将作业时间量明晰化，有利于小学阶段作业时间总量的控制，同时便于学校监督检查。

三、设计内容，突出一个"实"字

作业内容是核心。我们充分发挥集体备课作用，精心研究作业形式，精选作业内容，力求最佳效果。在作业设计上，我们坚持以下三个原则。

（一）作业内容要精选

作业内容坚持难易适度、总量适当。我们根据学生的实际能力选取作业题，合理搭配，由易到难，难易适度。严格控制作业总量，突出重点，精选精练，减轻过重的作业负担。

（二）作业形式要多样

我们从课外学习和课内学习的不同特点出发，积极改革学生作业的内容和完成作业的方式，不断拓展学生的学习空间，努力为学生提供更多体验、操作、实践的机会，加强课堂与社会、生活的联系，丰富学生的个性。

（三）作业设计要把关

我们从不同学科的特点出发，设计可操作的具有学科特色的作业形式，同时尝试引导学生参与作业设计。作业设计完成后，同学科的教师进行互做、互评。在此基础上，实行提前审核制度，即任课教师提前将作业设计交教研组长审核，通过个人设计、同行互阅、组长审核，把好作业质量关。

四、转变作业评价方式，突出一个"奖"字

作业评价是动力。"习惯养成教育"是月湖小学的办学特色，我们从"培养习惯素养"出发，着眼于六个方面对学生作业进行评价：按时完成；做准确；字迹清楚工整；符合作业标准；本子洁净，不卷角；独立完成。

我们精心设计了月湖小学作业单并赋予一定的智慧币，教师每天将相应作业张贴在相应区域内，学生根据兴趣与能力选取相应智慧币的作业。每月根据学生获取智慧币的情况进行一次统计，评选出"月湖小学作业超市小明星"进行表彰奖励，调动了学生学习积极性。

"作业超市"运行一年多来，经过课改团队不断重复"创新—实践—调整—再实践"的过程，基本构建起立以减轻学生课业负担、提高提升学生综合素养为目的的新型作业布置模式，助力学校落实"十个一"行动计划，实现培养德智体美劳全面发展的学生的教育目标。

春风化雨　惠风和畅

—— 办有文化底蕴的农村学校

崂山区华楼海尔希望小学　王伦波

位于青岛崂山腹地的华楼山，是一个文化底蕴深厚、充满神奇色彩的地方。山脚下既有建于明朝的崂山华阳书院和建于19世纪初的德国蒙养学堂，又有近一个世纪的乌衣巷小学。而建于2000年的青岛市崂山区华楼海尔希望小学，在短短15年里，

就形成了学校特有的文化特色。

一、创设有文化底蕴的校园环境

健康优美的校园环境本身就是一部立体的、多彩的、富有吸引力的教科书。学生会在不知不觉中接受熏陶和影响。

1. 古诗长廊文化墙

300 多首古诗词图文并茂,使学生流连其中,尽情感受中国古代文化的魅力。

2. 主题文化介绍

一楼:以"生态崂山,人文校园"为主题,融入了学校的地理位置、环境优势、风土人情、发展历史、发展展望等,培养学生爱家、爱校的责任意识。二楼:以"我读书,我成长,我快乐"为主题,将读书方法指导、学生丰富多彩的读书活动以及学生的人文艺术作品有机相融。三楼:以"我为母校添风采"为主题,呈现历届毕业生照片、"飞翔奖"学生照片,增强学生的荣誉感、使命感。

3. 景观文化

一亭——桃李亭,亭两侧的对联"风声雨声读书声声声入耳,家事国事天下事事事关心"寓意华楼的学子立志求学,报效祖国。两廊——志远长廊、行知长廊诠释学校"学会做人,学会学问"的育人目标。四园——民俗园、棋艺园、硕果园、科技园。民俗园展示二十四节气、十二生肖、石碾等,硕果园内种有桔梗、丹参等 20 多种崂山中药,多种果树、蔬菜,让学生感受中国中医药文化的博大精深,并参与劳动实践活动。科技园展示中国古代的四大发明、日晷、气象观测设备。

二、打造有文化底蕴的教书人

办好一所有文化的现代农村学校,需要有文化的教书人来保证,因此我们学校的工作重心放到了打造一支有文化底蕴的教职员工队伍上。我们邀请中央电教馆专家和市区名师到校对教师课堂教学进行零距离答惑;邀请教研员定期来校对青年教师的课进行个性化的指导;定期开展集体备课以及华楼教师论坛,鼓励教师将每天的课堂当作研究性实践阵地。

三、追求有文化底蕴的优质教育

农村教育应当顺应网络化、数字化、个性化、终身化的方向发展,我们坚定地依托教育信息化来增进学校的文化底蕴。2012 年,我们学校成为山东省唯一一所中国教育发展基金会戴尔"互联创未来"项目学校,2013年又被评为全国"数字校园试点学校"。我们尝试从中寻找与城市学校不同的特色乡土文化资源,实现信息技术与乡土文化的融合,带领师生通过"榜山剪纸、崂山葫芦、崂山中药、崂山民俗"四个方面拓展校本课程,让学生在"现代"与"传统"、"洋气"与"土气"中,受到文化的熏陶,享受优质的教育。

四、营造有文化底蕴的书香氛围

我们全校教师、家长、学生齐上阵,打造出一本适合学生阅读的小手册——《开放阅读手册》。我们定下60本课外读物为学生的必读书目。

为了提高学生诵读的积极性,我们全体教师又探讨了阅读考级的内容和标准。阅读考级分为古诗词考级和阅读考级,考级标准由易到难,级别由低到高。开放式综合评价过关者可拿到对应的考级证书,学期末根据诵读小明星的评选办法,低、中、高年级的学生分别达到六级、九级、十二级则可成为校级诵读小明星。

《开放阅读手册》的制作与阅读考级活动,让学生读书更加有目的性,读书的积极性大大提高。在学校和家庭的共同努力下,读书真的成了一种生活、一种需求、一种时尚。

如何在学校中给学生带来更大影响,是我们要不断思考的问题。我们要坚持文化浸润,鼓励学生在青山下走出属于自己的人生路,走出有芳草也有鲜花的希望之路。让学生有更高的眼界,提升自己的境界,成为有内涵的华楼海尔学生。

张村河小学学校发展规划的解读

青岛市崂山区张村河小学　王　平

学校发展规划是学校发展的行动纲领和指南,也是学校办学理念与思想的表达和体现。为此,我校在制定规划时,尽力做到全面、完整并形成系统。在此主要从学校的规划指导与办学理念、基本情况概述与分析、重点工作、学校发展的实施机制与保障措施五个方面来进行解读。

一、规划的指导思想与办学理念

突出以科学的发展观为指导,坚持以学生发展为本,以全面实施素质教育为统领,把握教育教学的规律和改革的方向。我校以"让每个孩子都绽放光彩"为办学宗旨,凝练成独具一格的以"七彩阳光"为核心的学校理念系统。以"爱育曙光 七彩绽放"为校训,形成"阳光暖心 书香怡情"的校风、"德润童真 智启芬芳"的教风、"博艺养趣 勤学致美"的学风、充分展示了张村河小学"弘德思远 日新有恒"的学校精神。

二、学校基本情况概述与分析

我校在深入、全面地了解学校方方面面的基本情况后,从学校发展的硬件与软件的角度理性地分析,从学校发展的历史、现状、趋势、环境等层面去思考。我校教师队伍年轻而富有活力。全校教师共 101 名,其中 40 岁以下教师占 70%,他们思维活跃,易于接受新事物、新信息,可塑性较强。学历整体水平具有优势,高学历逐步普及化。但存在着学科结构不合理,骨干教师少、青年骨干教师支撑点少,教改科研意识较弱等问题。

三、学校发展的重点工作

在整体目标上重点考虑学校整体构建、重点工作、创建特色学校等。我校正处在改扩建的阶段,硬件设施齐备,迫切需要在师资队伍建设、教育教学改革、课程建设、德育方面重点提升,以此辐射到学校管理的其他方面。

在师资队伍建设上引导教师树立终身学习的理念,创设有利于提高教师专业素质的学校文化,通过启动教师专业发展方案、深化校本培训、实施校本教研和"青蓝工程"、改进教研组等措施,整合教师专业知识,使之成为主动思考、自觉恪守、善于反思研究、乐于合作进取、勇于创造的学习型教师,造就一批骨干教师,使教师不断自我更新、自主发展、自我实现,使年轻教师成熟,使中青年教师优化。

在课程建设上突出办学特色,建设和完善让每个学生都绽放光彩的生态课程、国学传统文化课程、七彩阳光等主题校园文化,扩大学生的发展空间,培养学生的各项特长。探索与培养目标相匹配的课程结构和有特色的校本课程。

四、学校发展规划的实施措施

学校每一个目标的提出都要有详细的实施措施和落实方法。我校将进一步完善教师专业发展培训机制,加强师德、学习培训、教学研究等相关平台建设,改进教师的考核评价制度,建立个性化的"教师学习和发展档案",并制定相关配套制度。

五、学校发展的保障机制

在思想、组织、物质、人力、制度上建立较为系统科学和完善的保障机制加强学校领导班子思想建设,增强班子的凝聚力,发挥领导班子的核心领导作用。开展教职工爱岗敬业、无私奉献、追求卓越等精神教育。学校要保障发展过程中设备的购置,保障合理的报酬分配。在学校发展的保障机制上建立学校发展规划落实自查自纠机制,对规划方案中的各项目标的实现情况进行阶段性检查、分析、总结与改进。

易通路小学发展规划

西海岸新区易通路小学　王元波

一、学校现状分析

青西新区易通路小学现有 52 个教学班,在校学生 2280 名,专任教师 117 名。教师中具有高级职称的有 7 人,区级以上骨干教师 38 人。学校先后获得黄岛区优秀单位、青岛市现代化学校、青岛市数字智慧化校园、青岛市优秀少先队集体等荣誉称号。

二、学校发展总目标

办学理念:唤醒内力、以德启智、和谐发展。

培养目标:培养脚下有根、心中有爱、胸怀世界的地球村小主人。

主攻方向:培养学生良好的行为习惯,提升学生的艺体素养,加强师资队伍建设,形成鲜明的学校文化,促进学校内涵发展。

三、完成具体目标的措施

学生发展:抓好学生学习习惯的培养,为学生一生的发展奠基。

教育教学：完善制度，规范管理，实现学校内涵发展。

教师队伍：搭建平台，加强培训，提升教师的专业化水平。

领导与管理：创新完善管理体制，提升管理水平。

办学特色：开发校本课程，打造艺体特色。

"成长教育"让每个生命和谐成长

即墨区第三实验小学　梁丽丽

青岛市即墨区第三实验小学地处即墨北部老城区的城乡接合部，1995年建校。从2000年开始，新城区的发展成熟带动了人口的大量迁移，新建学校的需要和教师自身的需要带来了骨干教师的大量流失，导致教师老龄化；招生区划也相应调整，城区为比较优质的生源大部分被划了出去，学校发展面临着诸多难题。

一是重分数，轻素养。67%的学生来源于农村、外来务工家庭，家长对孩子成长的理解基本停留在考试分数上；在现实的社会生态下，学校干部教师也很难走出考试成绩的藩篱。

二是差异大，少自信。学生在学习基础、个性发展和品格养成等方面有很大差异，普遍缺乏自信。

三是重讲授，不自主。教师在课堂上基本采用以知识为中心的讲授式教学，学生被动学习，综合素养和品格培养缺失。

四是学校育人和管理工作呈碎片化倾向以及事务型、任务型特征，学校缺乏共同愿景、办学理念、核心价值的凝聚和引领，发展动力不足。

这些难题成为学校发展新的突破点。经过反复研讨，我们提出了"成长教育"的办学构想，开启了以"关注生命，引领成长"为核心价值的学校第二个五年发展规划。

我们提出的"成长教育"，是依据社会和学生自身发展需求，尊重生命成长规律和个性差异，努力创造适合学生成长的环境，激发其内在的成长欲望和成长潜能，引领、指导和帮助每个学生在身体和心理、智慧和能力、道德和审美等各个方面全面而富有个性地健康成长，成为最好的自己。基于此，我们进一步提出了"让每个生命和谐成长"的办学理念和"创造适合每个孩子成长的教育,引领每名师生做最好的自己"的教育主张,成为学校办学顶层设计的基点;确立了"三相信"的学生观(相信每一个孩子都有成长的愿望,相信每一个孩子都有成长的潜能,相信每一个孩子都能在老师的引领下做最好的自己),以"做最好的自己"为校训,引领师生不断超越自我,进步成长。

在"成长教育"的引领下,学校从关注生命成长出发,以"创造适合学生成长的教育"为宗旨,致力于"生态课程、生本课堂、生命德育"平台(即"三生"平台)的构建与实施,努力达成"培养身心和谐、博学有长、仁爱诚信、自信向上的阳光少年"的育人目标。

一、成长教育理念下"三生"平台的构建

1. 生态课程

以成长教育理念为指导构建学校生态课程体系,以"尊重儿童、发现儿童、成就儿童"为视角,以育人目标为出发点和落脚点,将各项课程进行整合、调整、设计和不断完善,建立学科融合课程、社团个性课程、活动主题课程、环境文化课程四大板块的课程体系。

2. 生本课堂

成长教育理念下的生本课堂是德智一体的课堂,是学生学会学习、形成品格、生命和谐成长的课堂;是学生主体参与的课堂,是转变学习方式、激发学生成长潜能的课堂。我们立足"相信学生、赏识学生、利用学生、发展学生",通过实施"小组合作学习"转变教学方式,激发每一个学生的学习潜能。

3. 生命德育

以"人的生命成长"为原点,尊重生命、发展生命、升华生命,培育优良习惯与品格,为学生的一生幸福奠基。通过培养"十个成长好习惯"和开展"十项成长实践活动",实现"用六年影响一生"的德育发展目标。

二、成长教育理念下"三生"平台的实施策略

成长教育的文化传递在于实现全员共同成长。在"三生"平台的建设实施中,学生的成长是关键,教师与家长的成长是前提,成长性、激励性管理机制是保障,专家引领是支撑。

1. 改革管理机制

学校逐步建立起系统科学、简洁清晰、高质高效的管理机制,形成了基于"优秀标准和成长度"的"三维双三体"评价机制,为"三生"平台的构建提供动力源和助推器。

2. 助推教师成长

搭建专业成长平台,用多把尺子对教师进行专业发展评价,激励每一位老师在工作中树立自信、体验成长;构建"人情化关怀、人性化管理、人文化引领"的发展机制,实施教师关爱工程,让每位教师幸福地工作。

3. 加强家校共建

理念引领,让家长转变教育观念;课程引领,发挥全国家长学校实验基地的优势,开发家长学校课程;活动引领,通过家长开放日活动、邀请家长志愿者参与日常管理等形式,促进家校共建。

4. 借力专家引领

学校计划定期邀请省、市级专家到校听课、做讲座、指导课题研究工作,让教师更新理念、开阔视野,提升专业发展水平。

围绕"三生"平台的整体构建和实践创新,学校的成长教育取得了明显的成效,学生的自信心和综合素养显著增强,教师的专业水平和幸福指数不断提升,学校的办学特色和美誉度日益彰显。

科学做好发展规划,推动学校全面发展

平度市东阁街道崔召小学　綦丰吉

学校发展规划既是一种重要的管理手段,又是一种重要的管理理念。无论学校大小,都必须科学制定并有效实施学校发展规划,尤其是要注重发展规划的内涵,注重提升办学理念,注重提炼办学特色。学校发展规划对学校科学长远的发展有着实实在在的促进作用。

从我校现实情况来看,我校是一所农村小学,随着教育形势发展,学校的办学条件不断提高。学校始终坚持一切为了孩子、为了孩子的一切,为孩子的终生发展奠基,努力造就"会学、会做、会创新"的一代新人。

学校规划是一项十分艰巨而又细致的工作,它对学校发展起着至关重要的作用。校长对学校的发展前景负有领导责任。校长应和大家一起描绘学校发展的蓝图,科学制定出学校发展规划,切实搞好学校人力、物力、财力的优化配置,从而实现学校的发展目标。

学校规划是实现学校管理目标的蓝图。规划确定以后,在实施过程中,校长要把自己的管理行为置于学校规划之中,心中时刻装有明确的目标,并在千变万化的管理事物中,排除各种干扰,理清工作思路,做出正确决策,认真付诸实施。具体说来应做到以下几点。

一、心中有数,处之有度

校长要按照规划,把握学校改革与发展的大方向,不能偏离正确的轨道。上级布置什么任务,倡导什么,禁止什么,何事可为,何事不为,校长要心明如镜。何事急办,何事先办,何事缓办,何事不办,校长要处之有度。校长对学校的基本情况(包括人力资源、财力资源、物力资源、社会资源等)要心中有数,要充分利用各方面的资源优势,借助各方面的力量,促进规划的实施,特别是要勤于向上级领导汇报,了解领导的意图,对领导的要求心中有数,这样才能真正把握实施规划的尺度。

二、优化配置,运筹帷幄

实施学校发展规划,优化配置很重要。人力配置要注意教师队伍的知识结构、年龄结构、性别结构、学科结构、特长结构等因素,做到各方面优化组合,结构合理。如果结构不合理,要请教育人事主管部门着力解决,或通过强化培训去解决。财力配置要学会积小钱办大事,学会增收节支、广开财源,增强学校的自身"造血"功能。以自力更生为主,争取外援为辅,把钱花在实处且留有余地。物力配置要根据师生所需,尽量减小物力闲置,造成不必要的浪费。社会资源配置要注意处理好上下及周边相邻单位的关系,注意沟通与合作,为学校发展扫除一切障碍,这样才能运筹帷幄之中,决胜千里之外。

三、强化措施，加大力度

规划实施，必须有得力的措施去保证。校长既要有刚性的措施，也要有柔性的措施，做到刚柔相济。没有刚性的措施，实施乏力，无规矩不成方圆。没有柔性的措施，就难以沟通形成合力。校长所采取的措施要触及教工的灵魂，引起教工的振动。校长要特别重视研究学校之需要，教师之需要，善于采取激励措施，多激励、少处罚，这样才能凝聚人心，增强凝聚力、向心力，同教职员工一道，齐心协力实施好学校规划。

四、落实责任，注意监控

所谓落实责任，就是校长要将规划的目标分解到人、落实到人，要使责任人明确自己担负的具体责任，明确内容和时限，明确奖罚措施，明确责任追究制。值得注意的是，责任要明确，不能含糊，要具体，不能抽象；奖惩要客观、公正、合理、适度，不能只奖不罚或只罚不奖，或滥奖滥罚。同时，校长要注意在实施规划中对每个环节的监控，全面了解情况，监控在"火候"上，指导在点子上，奖惩在绩效上，落实在行动上。

五、加强领导，宏观调控

学校规划要实施好，领导是关键。校长要组建实施规划领导小组，集体研究，集体运作，集体决策，集体负责。要充分发挥领导小组的战斗堡垒作用。切忌一个人说了算，切忌一个人"单打独斗"。如果校长一个人独裁行事，必然会造成矛盾纠纷，造成失误，难以形成合力，难以达到预期效果。校长要安排得力的助手抓规划落实，善于依靠助手的力量，发挥集体的智慧，把人力、财力、物力发挥到适当限度，留有余地，同时注意加强宏观调控，灵活机动地实施好学校规划，办出一流的高水准、高品位、高质量、有特色的学校。

学校发展规划的制定和实施，必须尊重并符合国家方针政策，制定规划前，校长要学习法律法规，坚持依法治校。要注意的是制定学校发展规划不是推倒重来，应建立在原有的基础之上，所以必须尊重学校的实际，特别要注重从学校的发展历史中提炼学校的传统精神，这样才能使师生员工产生亲切感，激发他们参与的主动意识。学校发展规划的实施，要依靠全体师生员工的共同努力，要得到全体师生员工的高度认同，所以就必须尊重师生员工的意愿，要把全体师生员工引领到规划的制定和实施中来，并注意发挥他们的智慧。只有这样，学校发展规划的制定与实施才能收到应有的成效。

规划学校发展　打造智趣校园

胶州市广州路小学　徐玉梅

学校发展规划是坚持依法治校、规范办学、全面提高教育质量的重要基础。它不仅体现学校发展的需求，也反映国家对教育的要求，更体现当今社会的主题价值。学校的发展是一个动态管理的过程，要不断推进，就要时刻关注干部团队建设、教师发展方向、学生成长目标。

一、"以德为本"凝聚"团队力量"

团队建设是一个团队凝聚力、向心力的综合展现。干部团队既是学校的管理者，又是执行者；既是工作任务的执行者，又是计划实施的领军者。作为团队建设的核心，提升干部团队的综合素质是增强学校凝聚力的关键。

1.阅读启智，提升个人素养

为提升干部的综合素养，校长室每学期向干部推荐不同的书籍，如《忠告中层》《班主任工作新技能》《课堂教学微创新》《孩子你慢慢来》，让干部在阅读中联系工作实际，掌握工作技巧，灵活应对千变万化的新时代教育。

2.实践感悟，提高工作效能

中层干部是学校的领军人物，他们既要做好自己的本职工作，又要引领教师发展，指导教师工作。有效沟通、和谐相处、业务精通，是融洽干群关系的基础，也是提高工作效能的关键。

二、"以正铸智"打造"智慧教师"

智慧教育的真谛是启迪学生的思维，课堂教学不只传授知识，更重要的是培养学生的综合素养，这就需要充满教育智慧的教师，打造智慧课堂。

（一）"问题树"下，"养正"智慧正发芽

我校的教学研究主要采用"问题树"研讨方式。在每个办公室里都"栽种"一棵"问题树"，教师把教学遇到的问题随时写到"问题树"上，其他教师可根据问题内容，积极提供自己的经验或参考资料。随着"问题树"的日渐繁茂，教研组长就把有价值的问题提炼成为教研组的研究课题，"养正"智慧慢慢生根发芽。

（二）研习路上，"养正"魅力悄绽放

1. 读书学习增"养正"底气

常言道，胸有文墨虚若谷，腹有诗书气自华。为方便教师阅读，阅览室全天开放，老师们听着优美的音乐，喝着香浓的咖啡，品着营养的精神食粮，整个人变得脱俗雅致。

2. 课题研究添"养正"灵气

我校一直倡导"科研兴校"发展理念，由此生成的《养正教育课题研究》被列为胶州市规划课题。在其引领下，人人有课题、人人做研究，提升了教学技能，孕育了教学风格，科研之花愈开愈艳，科研之果愈加丰硕。

3. 课堂研究显"养正"神气

为构建养正智慧课堂，学校始终以课堂教学改革为基调，努力打造愉悦、高效的课堂。语文教研组重点研究"巧用导学卡，先学后教"教学策略；数学教研组重点研究"21181"课堂教学模式。多样的研究和教学，激发了学生的学习热情，提高了课堂的"魅力"指数。

三、"以正育品"培养"品正学生"

学校以诵读经典、传统文化、综合实践活动为依托，引领学生徜徉于探索的海洋，让学生的童年通过"以正育品"精彩绽放。

1. 以读润品，塑造美好心灵

为保证学生每天不少于 30 分钟的诵读时间，学校安排每周一、三、五上午 7：30 开始进行经典诵读，诵读小学生必背 50 首古诗。每周四下午最后一节课为经典诵读课。在经典的润泽下，我校诵读节目《木兰辞》走上了胶州电视台少儿春晚的舞台。

2. 以正怡礼，推行孝信雅行

学校坚持开展德育常规系列活动，结合传统美德，培养学生言行举止彬彬有礼；

利用"三八"节开展"负重感母恩"实践活动；清明节，组织学生走进烈士陵园，缅怀革命先烈；劳动节、重阳节，组织开展"感恩社会""关爱长辈"教育活动，培养学生树立正确的人生观、价值观。

3. 以正启智，培养睿博学生

为培养贤良方正的新时代接班人，学校根据学生的爱好和特长，开设了22个社团。丰富多彩的社团活动为学生提供了展示自我的舞台。综合实践活动，我们走进桃花盛开的桃园，走进蔬菜种植基地，走进小米之乡试验田……丰富的活动内容，多样的实践方式，让学生在实践中发现问题、提出问题、解决问题。

规划学校发展，创建学校特色，引领师生成长，是学校教育的最强音。广小全体师生凝心聚力，创新发展，努力打造充满智趣的学生乐园、蕴含亲情的教师家园、富有特色的阳光校园。

薛家岛小学学校发展规划

西海岸新区薛家岛小学　闫　东

为切实加快我校的发展，深化课程改革，不断提高教育教学质量，推进素质教育，促进学生健康成长，明确学校办学方向，加快学校发展步伐，创建海洋、书香特色校园，结合国家教育发展目标及新区教育发展要求，根据学校办学现状，特制定学校发展规划方案。

一、指导思想

全面贯彻党的教育方针，以党的十九大精神为指导，落实"立德树人""推进教育均衡发展""培养德智体美全面发展的社会主义建设者和接班人"的重要思想为指导；以全面贯彻国家教育政策及方针，全面实施素质教育、深化课程改革为契机；以树特色、创品牌为核心，实施外树形象、内抓质量工程，力争薛家岛小学在今后三年内健康、有序地发展，不断提升学校的办学品位，以高度的责任心与使命感提高办学水平，促进师生的全面发展、和谐发展，把学校办成学生成长的学园、家园和乐园，提高学校的知名度。

二、学校现状分析

（一）学校发展历程

薛家岛小学是山东省规范化学校,青岛市现代化学校。它位于美丽富饶的黄海之畔——凤凰岛国家级旅游度假区,这里交通便利,地理位置优越。学校始建于1898年,历经百年变迁,于2008年9月迁入新校,现在学生1865人,教师93名。

（二）学校发展的有利因素

（1）教育教学设施完善,校园环境整洁明亮,绿化植物浓郁苍翠。

（2）教师队伍得到有效整合,保障了各教学计划的落实与教育教学质量的稳步提高。

（3）教师队伍具有踏实工作、团结互助、积极进取的优良传统。

（4）学校文化氛围浓厚,每一楼层海洋文化主题突出,一层整体设计为初识海洋,二层为智慧海洋,三层为海洋强国,四层为和谐海洋,并分别搭配了具有海洋文化特色的代表性的实物展示——沙画、标本、剪纸和贝壳。

（5）学校文化积淀丰厚,并形成了明显的办学特色。

（三）学校发展的不利因素

（1）由于多方面原因,专用室、学生运动场地严重不足。

（2）师资队伍整体素质仍需要进一步提高。年轻教师知识能力强,但教育教学经验不足,教师的教学基本功缺乏系统的训练。

（3）个别家长对子女的学习不够重视,家庭的学习氛围、环境不佳。

（4）学校内部配置资源使用时间较长,需要逐步进行更新。

二、学校发展目标

（一）学校发展理念系统

学校承百年历史文化,扬"开放 包容 创新 进取"的精神,行"仁爱 智慧 精致 柔韧"的道路,以"让每位师生赢得成功未来"为办学目标,以"沐浴阳光雨露,绽放成功人生"为办学理念,以"做最好的自己"为校训,以"用微笑迎接每一天用认真做好每件事"为校风,努力展现出"融 容 赢"的核心文化风采。

（二）总体发展目标

努力办成一所具有鲜明海洋特色、"书香"特色的学校,让学生养成良好的行为习惯,有足够的活动场地,培养出德智体美劳全面发展的社会主义建设者和接班人。

1.总目标的界定

"书香"特色:营造浓厚的读书氛围,提升师生素养,提高审美情趣与人文底蕴。

海洋特色:有浓厚的海洋文化氛围,环境优美,不断探索和实践,创新海洋教育的有效途径。

2.阶段性目标（三年）

第一阶段（2019年）:校园文化建设能进一步体现"书香"味、海洋味。进一步强化学风、教风和校风,使学校各方面工作在原有基础上迈进一大步。

第二阶段（2020年）:加强教师队伍建设,提升团队凝聚力,不断提高教师教育教学水平,开展多种形式的课堂、教师基本功训练,在省、市、区能够出示公开课、优质课,加强教学能手、学科带头人等业务人才培养。

第三阶段（2021年）:学校管理科学高效,校园和谐民主,"书香"、海洋特色鲜明,阅读已成为师生的习惯,海洋教育渗透在日常生活中,校园活动丰富,师生的自主学习能力进一步提高。教师在省、市、区取得一定的教育教学科研成果,发表一定数量的论文。学校享有良好的声誉。

（三）培养目标

教师的培养目标:德高、博学、艺精、体健。

学生的培养目标:知书达礼、学有所长、身心健康。

（四）开展各项活动，促进学生素质全面发展

（1）积极参加上级有关部门组织的各项活动,如经典诗文诵读比赛、演讲比赛、海洋知识竞赛、艺体类活动比赛。在比赛中,提高学生的能力,培养学生全面的素质,提升学校的知名度。

（2）根据学校工作安排,结合传统节日,组织开展爱国主义教育、经典诗文诵读、社会主义核心价值观歌曲传唱等系列活动,丰富学生的学习生活,让学生在学校搭建的平台上自由发展,快乐成长。

（五）改进作风建设，增强领导班子工作活力

落实教育工作会议精神,学校领导干部要进一步解放思想,不能有"守、等、靠"

的思想,要不断创新思维,学校教育才有希望;同时要进一步增强责任心,讲党性、重品行。

学校领导班子成员要牢固树立全局观念和整体观念。学校是一个整体,在自己分管的工作中,一定要从学校发展大局出发,胸怀全局,统筹规划。要大力协同、密切配合上一级领导布置的工作,更要创新性地开展各种有利于教师发展、学生发展、学校发展的教育教学活动。

每个领导人员要对自己有这样的要求:主动一点,先行一点,多做一点,全局一点。

（六）创建平安校园，探索长期有效工作机制

安全工作是学校的头等大事,各级政府十分重视,各个部门经常检查,体现了对学生、对教师、对学校领导的关心和爱护。学校安全工作要在形成学校的常规工作方式(或制度)和人的生活行为方式上再细化落实。

用心规划，办一所靓丽民主的学校

莱西市滨河小学　赵春萍

莱西市滨河小学位于风景秀丽的莱西经济开发区洙河南岸,创建于 1997 年 9月。经过 20 多年的努力,现已发展成为拥有学生 2200 名、教职工 165 人的省级规范化学校,国家级规范汉字书写特色学校。学校在课程建设、课堂改革、学生自主管理等方面进行了大胆探索,教育教学水平有了大幅度提高,受到社会各界一致赞誉。

近几年来,滨河小学一直思索:何为教育? 教育是帮助孩子们成长为自己的样子,教育是帮助孩子发现最好的自己。"仰望星空,繁星璀璨",每一个看似平凡普通的人,只要找到适合自己的成长方向,并拥有足够的发展空间,付出足够的努力,就能够成为浩瀚夜空中的一颗闪亮之星,绽放出属于自己的光芒。基于这样的思考,在多元智能理论和赏识教育理论的指导下,莱西市滨河小学的学校文化在传承发展以"真善美"教育为工作标准的思想基础上,立足学校实际,提出了"星光滨河,筑梦起

航"的办学理念,并提出了"滨河里跃出闪耀的星,每颗星星都闪亮"的教育思想,努力创建了亮的治理体系、靓的教师团队、星光课程体系、七星评价体系,通过课程和七星评价实现育人目标——培养阳光、自信、快乐的星光好少年,努力办一所有美感、有故事、有温度的家长满意的靓丽民主学校。

一、打造学校"亮"的治理体系

"亮"即创造公平、公开、公正的管理体系,让管理在民主和人文情怀下更透明、更合理,调动教师工作积极性。

(一) 推行级部管理,将管理重心下移

横向,推行级部管理,纵向,各分管领导具体负责各自的业务,纵横交织网格化全覆盖。全体中层到教师办公室与教师一起工作,实行级部和教研团队捆绑评价制度,每个级部建立自己的微信群、家长群,保证管理政令通畅,信息传递与反馈及时,充分发挥团队力量和智慧,避免了"单打独斗""各自为战"。学校每周例会下发周工作计划即周任务清单,确保各项工作落实到位,使时间和任务同步,逐步形成了"人人有事做,事事有人做,任务具体化,责任明确化"的管理局面。

(二)推行"134"管理模式,努力实现民主治校

实行"真诚倾听、有效沟通、价值管理、团队分享"四维度的"134"民主管理模式,努力做到学生的事情学生做主、教师的事情教师做主,逐步实现了"自治与共识"。

"1"是指教师"一周执行校长"、学生"一周执行班长"、家长"一日驻校执行管理"制度;"3"是针对教师、学生、家长和社区,每学期至少开展3次针对性征集建议活动,评选"阳光金点子";"4"是指家委会、教师学术与师德委员会、学生监督委员会、学校安全教育委员会,通过不同形式的监督,将发现的问题分层梳理归类,提出整改要求,并对整改落实情况进行监督,真正形成自由沟通和建言献策的自我成长生态。

通过强化民主和监督,搭建起教代会和家委会的良性运行平台,切实发挥了家委会在营造良好家校关系中的积极作用,通过实行家委会成员轮流驻校制度、对校服和教辅资料的征订由家委会决定等措施,进一步增强了学校、家庭、社会教育作用的一致性,构建起"学校—家庭—社会"多方联动机制,完善了社会对学校教育的监督机制和支持服务体系。

二、自主合作,塑造"靓"教师团队

教师队伍是学校教育教学质量的根本保证。我们引导教师理解和践行"每位教

师都闪靓"及争做靓丽温暖的教师——靓之仪表,靓之学识,靓之品行,温润如春风化雨,温暖如三月春晖,不忘初心、方得始终的教师团队文化,充分发扬"学高身正、敬业爱生"的教风,完善教师评价制度,组织开展读书、最有温度的故事评比等活动,打造积极向上的"靓"教师团队文化。

(一)完善教师评价机制

教师评价是教育评价领域的重要组成部分,直接关系到教师的专业发展。

首先,做好核心制度的建设。遵循两条原则:民主参与、民主监督。广泛征求教职工意见,进一步健全和完善《滨河小学教师考评办法》《滨河小学教学效果考核细则》等,使考评方案更合理、更科学,让教师更信服、更认可。

其次,做到考评过程的公正。学校成立了由师德委员会参与的绩效考核领导小组,在校长领导下在教代会监督下统一开展工作,真正做到了内容、过程、结果三公开。考核结果与职称晋升、评先选优、绩效工资等直接挂钩,从根本上调动教师的积极性。

(二)读书活动提素养

在教师中启动"五个一"读书活动,即每天读书一小时、每周一次读书交流、每两周一次专业研讨、每月一篇教学随笔、每学期一篇现场论文。每学期评选 10 名优秀读书人物并予以 100 元书籍奖励,引导教师体验书香人生。学校还努力让读书和实践结合起来,所有任课教师都建立反思日记本,及时回顾、总结、分析并写下自己的成功教育经验或失败的教训。读书和反思让教师逐步培养起启发诱导的教学观、民主平等的师生观、和谐愉悦的工作观、面向全体的育人观,极大地提升了教师的科研能力。

三、深入整合,构建星光课程体系

课程建设是促进学生成长的载体,是学校有内涵、有创造力和生命力的必由之路。我们以办学理念和培养习亮少年的培养目标为核心,逐步构建以"真善美"交融为标准的星光课程体系。结合学校、学生和课程育人目标,将课程基本内容与学生必备素养(道德、人文、科学、艺术、健康)相对应,提出"星光少年五星准":小行星、小彗星、小艺星、小创星、小魁星。在建构过程中,确立了星光中的标志物"小星星"为学校的文化标识。星星寓意群星闪耀放光芒,将学生放在主体地位,通过丰富的课程浸润,借"星"让每个孩子绽放独有的光彩。在"一事一物皆教育,时时处处有课程"理念指导下,我们从课程性质、形态、内容等维度进行综合考虑,开设了"道德与做人""语言与人文""数学与科技""艺术与审美""体育与健康"五大领域的课程,并分别开设"基础性""拓展性"和"综合性"三类课程,从整体育人的高度,指向学生的核心素养,努力满足每个学生的个性化需求。

"亮"的治理体系和"靓"的教师团队文化及星光课程的建设规划,为实现"每颗星星都闪亮"的教育思想打下了坚实基础,促进了学生全面、个性化发展。

让学校成为育人的和乐家园

—— 学校和乐课程的整体规划建设

胶州市第四实验小学　徐瑞芳

学校发展规划是校长管理学校的重要工具,是校长办学理念转化为办学实践的桥梁,是全体师生行动的纲领,对教师行为具有导向作用、规范作用及激励作用,对家长具有凝聚作用。校长要履行好自身职责:定战略,搭班子,带队伍,力避被各种具体事物包围、各种小事缠身,腾出时间和精力做好学校宏观调控、整体规划、顶层设计、长远发展、近期安排。让校长不忙,教师不茫,工作不盲! 一句话,学校是舞台,校长则是舞台的导演,指挥有方、调度得当,方能保证演出成功。

胶州市第四实验小学前身为一所村级小学,2010 年 8 月划归为市教体局直属学校。为此学校抢抓改制之机,准确定位,精心规划,围绕"和乐校园创建"这一核心主旨,励精图治。这几年学校的发展,正如大家盛赞:"如今的四实小已经由一所村办小学实现了特色名校的华丽蝶变!"究其原因,主要是从理念、机制、学生、环境、教师、家长、设施等方面全方位系统地对和乐课程进行了整体架构,使学校走上了一条更快、更高、更强的崛起之路。

一、确立现代化共同愿景 —— 构建和乐理念课程

理念是行动的指南,为了让学校发展有方向,奋斗有目标,结合学校实际,多方论证,求得了共同的价值取向及整体发展规划的目标,确立了第四实验小学的发展愿

景——创建和乐校园,并从四个维度确立了现代化和乐校园的理念课程。

1.确立了"和乐校园"的价值内涵

我们认为和乐校园昭示的是人与人、人与自然、人与社会的和谐相处、快乐发展,具体指领导班子之间要团结和谐,教师之间要合作融洽,师生之间要和谐相待,生生之间要文明和气,家庭成员之间要和睦相处,学校与家长之间要同心合力;亦指校园文化、校园环境、对外交流等形成一个圆融和谐的整体,从而促进教师与学生的快乐发展,逐步打造"和乐校园"特色,铸造教育品牌。

2.确立了学校的发展方向

学校具体制定了校风、校训、教风、学风、口号、校徽、校花(荷花)、校歌(《和乐校园是我家》)、吉祥物(和和、乐乐)等,确立了"一年树形象,两年创一流,三年显特色"的奋斗目标,把"实施六化建设,创建和乐校园"作为办学特色。

3.确立了"1234"系统教育工程

确立 1 条主线:创建和乐校园。构建 2 个支点:教师专业发展和学生综合素养提升。创建 3 个依托:依托和乐自主课堂、依托和乐校本课程、依托和乐视觉校园文化。搭建 4 个平台:《和乐校园》报、《一路风景》刊、《和乐之声》集、《师生作品》栏。

4.确立了学校的工作法则

我们给全校教师提出了"五字"工作法,牢记一个"和"字(因为家和兴万事,校和以致远);胸怀一个"大"字(因为心有多大,舞台就有多大);践行一个"实"字(因为只有脚踏实地,才会有所获得);彰显一个"细"字(因为成功源于对细节的完美追求);恪守一个"学"字(因为学高为师,博学多才才能赢得学生的敬重)。同时也提出了"三个一"口号,即每一个孩子都是我们心中的珍珠,每一位家长都是我们的至亲好友,每一位老师都是学校的育人功臣,体现了善待学生、善待教师、善待家长的育人理念。

这一系列的目标理念通过我们的宣传渗透,已逐步成为学校不断发展的行动纲领,成为推动学校和谐发展的航标灯。打造和乐校园特色,铸就教育品牌,已成为全校师生不懈追求的共同愿景。

二、建立自主化管理制度——构建和乐机制课程

机制是一个集体正常运转的调控器,是校园文化建设的保障系统。"没有规矩,不成方圆",只有建立起完整的规章制度,才能保证校园各方面工作的开展与落实。

因此学校用心筹划,构建和乐有序的管理机制。

1. 建言献策定机制

为把"和乐"思想潜移默化地应用到学校管理中,让师生明白学校是展示自我、实现自身价值的大舞台,每个人都是学校的主人,都是学校的管理者,学校开展了"我为学校发展献一计"金点子征集活动,请老师、家长、学生就校园环境布置、设施添置、教育教学管理等方面,提出建议500多条,这为学校发展提供了很好的帮助。

2. 各个层面有机制

学校相继制定了第四实验小学《和乐整洁班级评估细则》《和乐有序班级评估方法》《和乐有序就餐班级》《和乐有序号班车评选方法》等。这些规章制度、管理规范,形成一种合力,推动了学校的发展。

3. 于无细处显机制

为创建精细化的和乐校园,学校机制细中求胜。

一是落实三接制。即课间接力制、午餐轮换制、上学放学接送制,做到在关键时段实现无缝隙的精细化有序管理。

二是实行免口令制。如学校的大课间由4部分组成,即整队散开、国学操、眼操、1分钟跳绳,全程没有教师的口令,学生只是伴随不同的音乐,自行完成所有的活动,这样有效培养了学生自觉有序的行为习惯。

三是推行音量制。为了使学生养成举止文明的习惯,学校制定落实了五级音量制,让学生不同场合使用不同音量来言谈做事。如0级音量:静无声(思考、就餐、午休、自习等);4级音量:震耳声(跑步喊口号等)。

总之,从拖把悬挂、纸花存放到集会疏散等,无时无处不体现着机制建设,促使着学校和乐有序地发展。

三、开展多彩化实践活动—— 构建和乐活动课程

为促进学生素养综合化,我们实施了"四化"和乐活动课程。

1. 专长化

我们开设了七彩活动日活动,先后成立了和乐号管乐团、和美舞蹈队、小百合合唱团、彩荷美术社、和弈棋社等30多个艺术、体育、启智兴趣社团,在每周五下午集中两节课活动,让学生不出校门就能学到特长、得到锻炼,使学校逐步进入"和而不同,其乐融融"的育人境界。

2. 社会化

生活即教育,社会即课堂。利用节假日时间,学校开展了系列活动,如"变幻的树叶"制作大赛、变废为宝创意大赛、"啄木鸟纠错字"活动、"雨水资源化研究";让学生到工厂、商店、田间、银行学习一门生活技艺,陶行知先生的"生活即课堂,社会即教育"的理念在这里得到了鲜活的诠释,"教育回归生活、回归田园、回归儿童、回归游戏"的育人理念在这里也得到了生动的践行。

3. 节日化

学校有一门校本活动课程"中国节",逢节必过,除了让学生了解这些节日的风俗习惯,更重要的是对学生进行有针对性的德育教育。如在"三八节"开展"我让妈妈露笑脸"活动;在"读书节"举行"书市大集"活动;在"六一节"开展"七彩童年欢乐颂"活动;在"建队日"开展"我爱红领巾　大手拉小手"活动;"国庆节"举行"童眼看世界——我看家乡新变化"摄影展等。在这些活动中,和乐理念蕴含于每个细节中。

4. 即时化

孩子们在成长过程中,总会走这样或那样的弯路,出现这样或那样的问题,无论好事还是错事都是实施教育的良机。本着教育无小事的原则,学校引领教师用慧眼随时捕捉教育时机,进行有的放矢的教育。如学校栽种桃树,我们会思考这些桃子怎么分享才能实现教育意义的最大化,会组织召开"桃子该奖给谁"的主题队会。学校不失时机地利用收获时节,将感恩教育、自我教育、爱校教育等无声地融入其中。这种随时随地的即时化生活教育在四实小比比皆是。

另外,学校也努力打造人文化景观,创建和乐景观课程;打造专业化教师团队,构建和乐教师课程;打造合格化家长队伍,构建和乐家长课程;完善标准化基础设施,创建和乐设施课程等。以上每一项学校均有谋划,均有实施策略,每一个四实小主人都能够按图索骥,按规划前行。一句话,和乐校园——从学生到教师,从课内到课外,从课堂教学到综合实践,从软件建设到硬件建设处处洋溢着蓬勃向上的力量,因为整体调控出效益、总体规划促发展。

"1＋1＋1"发展路径推动里岔小学内涵式发展

胶州市里岔镇里岔小学　刘学友

近年来,胶州市里岔小学坚持"1＋1＋1"(即"规范＋创新＋优质")基本工作路径,教育教学工作稳步发展,教育教学质量稳步提升,连续六年荣获胶州市教学管理先进单位和教育体育优秀单位。学校先后获评青岛市文明单位标兵、青岛市文明校园、青岛规范管理优秀校园……

一、党建统领,统一思想

里岔小学以党的建设为统领,让全体教师从思想上为实现学校共同愿景而统一认识,每年3月、9月开展"师德主题教育活动月",为每一位党员教师设立"党员示范岗",引领每位党员发挥先锋模范作用。学校规范建设了党员活动室,为每个班级设立了"红领巾心向党"党建宣传展示牌,在教学楼门口两侧设立党员和少先队员宣誓流动红旗雕塑,为"红色基因就是要传承"的理念营造了浓厚的文化氛围。

二、网格管理,筑牢防线

里岔小学积极创建平安校园。该校重点落实"网格化"安全管理模式,严格落实安全岗位责任制,明确每位教师的安全岗位,严格落实教师的"一岗双责";每天值班教师定岗值勤;任课教师每天严格落实"1530安全教育"和缺课追踪制度;每周五和节假日给家长发送安全短信提醒;每月都有安全教育主题,开展主题教育活动;定期开展消防、防踩踏、防震等多项安全应急疏散演练;每月都对校园及周边进行安全隐患排查等工作,有效确保了师生在校期间的人身安全。

学校创新工作思路,推行"班级岗位责任制"。每个班集体形成了"人人有事干,事事有人管"的良好局面,尤其是晨读午练、课间操、上放学、营养午餐、校园卫生等班级管理工作安全有序。学校中形成了优秀的班风、良好的校风。

三、教学研究，提升质量

里岔小学教学管理规范，质量优良，主要体现在：一是开展主题教研，每次教学研究都确定主题，以解决当前教学中实际问题为导向，让教师各抒己见、取长补短，有效地促进了教师的专业成长；二是突出团队合作，里岔小学各年级的科任教师以自觉地认同所承担的责任为起点，同学科教师资源共享、交流切磋，实现了团队共同进步；三是注重培优结对，学校出台了"培优结对"计划，有序开展辅导帮扶，对3～6年级实施分层作业，做到减负不减质，落实好师生结对、生生结对，确保每名学生每天都有小进步。

四、社团活动，夯实特色

里岔小学以高标准建立起器乐类、体育类、艺术类、科技类等14个社团，学生全员参加，每周开展少年宫活动。学校的主要做法是以乡村少年宫活动为基础，积极挖掘、开发校本教材，建立起比较完善的学校校本课程体系，逐步形成乡土材质皆资源、传统技艺皆教材的研发模式。目前学校完成了棋类教学、麦秸烙画等10多个社团的校本教材创编工作。其中校本教材《快乐象棋》和《麦秸烙画》荣获青岛市精品校本课程一等奖。校本课程的开发落地，保护了学校及地方的传统文化，同时也为"色彩校园"特色的传承积淀了宝贵的资源！

近年来学校少年宫活动靓丽纷呈，成果丰硕。如学校器乐社团获青岛市鼓号操大赛"银号奖"；学校棋类社团在胶州市首届中小学生中国象棋锦标赛中，包揽小学组三个组别的团体冠军，连续六届包揽胶州市小学组团体总冠军；学生获得山东省器乐大赛金奖；课本剧《王二小》荣登"学习强国"国家平台……

结合学校"色彩校园"办学特色的建设，学校申请立项了胶州市立项课题'里岔小学'多彩少年'评价体系"，成立课题研究小组，认真研究学生综合评价的理论基础和操作规程，既让评价有章可循，又以评价助推"色彩校园"办学特色的纵深发展。

以乐促智，以技促能，多彩的社团活动，既增长了学生的能力，又开发了学生的智力，处处彰显着"色彩校园"的魅力，中国网、半岛都市报等多家媒体对学校的社团活动等工作进行了专题报道。

让校园成为师生幸福成长的乐园

城阳区流亭街道空港小学　孟　萍

学校以立德树人为根本,秉承"让校园成为师生幸福成长的乐园"的办学理念,以"学生全面发展、教师幸福提升"为两翼,围绕"一个根本、两个平台、三个品牌"工作思路,致力于打造有高度、有温度、有力度、有深度的幸福校园。

一、聚焦一个根本,夯实学校发展之基

梳理形成"1223"安全工作思路:"一个统筹"即通过制度、预案、计划对学校安全工作统筹管理;"两个切入口"即五大专题教育日和六个重点主题教育;"两个平台"即安全平台和微信公众号平台;"三个定期"即定期进行安全隐患排查、定期进行安全演练、定期签署责任书,全面提高师生、家长的安全意识和自护防范能力。

二、搭建两个平台,立足学校发展之本

1. 搭建学生全面发展平台

在"实现全体学生的发展和每一名学生的全面发展"这一办学目标引领之下,我们构建了"润德、启智、健体、尚美、育劳"五大课程体系,力求每个学生能够学有所好、好有所长、长有所展。

润德课程秉承"一个品牌、六大主题、三大课程、一个特色"的德育工作思路,以"爱国、感恩、劳动、生态、法治、成长"六大德育主题为主线,"月课程、周课程、日课程"三级课程为支撑,"传统文化育人"为特色,扎实推进全员育人、全程育人、全方位育人。

启智课程根据学生年龄特点和思维水平从棋类、科技、课堂三个层面开展,在低年级开设国际象棋和围棋课程棋类启智课程;面向学有所好的学生开展无人机、机器人、3D打印等科技类社团启智课程;围绕学生思维能力培养抓实课堂启智主阵地。

健体课程有全校全员参与的足球、跳绳常规体育课程,有不同年级的分级体育课程,还有篮球、排球、乒乓球、跆拳道、健美操等精英社团课程。将强身健体、能力培养与团队协作、意志力等品质培养充分融合。

尚美课程主要包括"尚美校本""尚美节日""尚美社团"三大课程体系,面向全体学生塑审美情趣,让学生在参与体验中学会欣赏美、感受美、创造美。

育劳课程通过实行劳动达级、举办技能大赛等方式打造"接地气、接生活、接未来"的劳动课程体系,将劳动技能的学习与独立生活和自主管理能力的培养、感恩、勤俭等品质的塑造充分融合,以劳树德、以劳强体、以劳育美,强化劳动育人理念。

2. 创新教师专业发展平台

启动工作室领航工程。先后成立基于学科专业提升的学科名师工作室、针对青年教师成长规划的"青春 n + 1"工作室、着眼于班级管理思路引领的班主任工作室,依托三个工作室的建设,全面提升教师专业素养。

推进论坛交流共享活动。每周一开展面向全体教师的"观书雅阁"教师读书共享论坛和面向班主任的"我话我班"班主任班级管理论坛,每周五面向全体中层干部开展"三化四度"现代学校制度管理论坛,全力促进、多层助推干部和教师的专业发展。

探讨成立有健步行、足球、乒乓球、篮球、瑜伽等项目的"教师幸福俱乐部",丰富教师课余生活。倡导健康身心、幸福生活、快乐工作,追求敬业、专业、乐业的工作理念。

三、打造三个品牌,明晰学校管理主线

1. 夯实党建工作,打造党建品牌

坚持以党建内涵提升为重点,持续推进党建工作规范化、制度化。深入开展"党员好故事、师生好榜样"优秀党员先锋岗和先锋个人评选活动,形成一支风清气正、率先垂范的党员干部队伍。将党建工作与师德建设有效结合,着力打造"雅正力行、仁爱先锋"党建品牌,深化"典雅方正、率先垂范、宽厚仁爱、力行致远"的品牌内涵,引导广大教师以德立身、以德立学、以德施教、以德育德,全心全意做学生的引路人。要不忘初心做教育,与时俱进做教育,带着感情做教育。

2. 深化德育工作,打造德育品牌

以传统礼仪教育为着眼点细化常规养成教育,建立阳光班级、阳光学子评选机制。以"雅行润心"为主线丰富德育活动内容,使其更加系统性、持续性;以全员育人导师制为抓手,通过班教导会、导师跟踪制等形式实现德育课程立体化;以学校温心工作坊为主导,积极探讨心理健康教育的有效方式,通过团体拓展和个别咨询等

方式为师生提供及时有效的心理健康服务。

3. 提升教学工作，打造教学品牌

抓紧教育教学这一重点工作，抓牢课堂主阵地，打造"有目标、有章法、有效果；充满掌声、笑声、辩论声；学生百分百参与率、教师百分百关注率"的"三有三声双百"绿色生本课堂模式，以名师工作室为平台，鼓励和帮助优秀教师提炼总结他们的优秀教学法，形成自己独特的教学风格，打磨出校内优秀教学品牌，形成富有成效和空港特色的教学品牌。

实施"1236"目标，带动学校高质量发展

西海岸新区王台小学　马金福

青岛西海岸新区王台小学是一所乡镇中心小学，位于全国纺织机械名城、"智造小镇"王台镇驻地。学校于2007年迁入新校，占地38628平方米，建筑面积12609平方米，运动场地面积18546平方米；现有教学班44个，在校生1896人，教职工99人。

2018年青岛经济技术开发区管委进驻王台，也为王台小学的发展带来了新的机遇和挑战。为了实现学校的高质量发展，学校高起点定位、高标准谋划，研究确定了"1236"总体工作目标思路，即强化一条主线、完成两项争创、实施三大课题、突出六大重点，多措并举，内抓质量，外树形象，实现学校跨越式发展。

一、实施党建引领

着力打造"红心向党，倾情执教"党建品牌，开展"不忘初心、牢记使命"主题活动，建立党员讲台、党员班级、党员先锋岗等，建立党员联系人制度，党员的模范带头作用和党支部的战斗堡垒作用得到充分发挥。

二、实行尚礼教育

重点打造"礼行天下"德育品牌，通过开展"三二一"工程（"三"指"三入"，入楼即静、入座即学、入学即专；"二"指两人成队；"一"指一声问好）和六个学会（学会走

路、学会说话、学会就餐、学会饮水、学会学习、学会如厕），从点滴入手，从细节抓起，学生"彬彬有礼"的良好的礼仪行为习惯正逐步养成。

三、打造教学亮点

教学质量是学校的生命线，积极探究小组合作与积分制评价相结合的教学新亮点，结合教育积分制管理模式，探索班级管理和教学评价的最佳结合点，充分调动学生的学习内动力，提高学习效率，打造高效高质量生态课堂。

四、打造活力社团

积极探索全员社团活动模式，依托乡村少年宫活动阵地，成立学科、艺体、非遗、传统文化四大类30多个学生活动社团，引进外教口语、烘焙、十字绣等特色活动，每周五下午选课走班，全校学生根据自己的兴趣爱好特长，分别参加自己喜欢的社团活动，学生的个性得到充分张扬。

五、实施开门办学

每周二、三、四分别邀请低、中、高年级的学生家长代表到校进课堂、看课间、陪就餐、写建议；成立各级家长委员会，实施家长驻校办公；开办家长学校，举行家长教育大讲堂。利用学校微信公众号，建立家校桥栏目，定期推送育人经验。家校共育，形成合力，学校社会满意度越来越高。

六、凸显学校特色

着力创建"书香墨韵"读写特色，构建书香校园。班班建立图书角，利用晨读、午诵、读书卡、手抄报、墙壁报、征文比赛、校园广播站等方式开展形式多样的读书活动。

一分耕耘，一分收获。学校获得山东省规范化学校、青岛市规范化学校、青岛市教学示范学校、青岛市现代化学校和青岛市文明校园等荣誉称号。学校有1名教师被评为山东省特级教师，有5名教师被评为青岛市教学能手，有8名教师被评为青岛市青年教师优秀专业人才。2020年的目标任务已基本高质量实现，学校被评为青岛市示范家长学校，通过青岛市高水平现代化学校和四星级阳光校园验收。

进入新时代，王台小学将继续以立德树人为根本任务，不忘初心、牢记使命，努力创建更高水平的现代化学校。

精准定位　　规划发展

莱西市城西小学　李永贵

一、学校基本概况

莱西市城西小学始建于 1978 年 3 月，地处城乡接合部。学校始终贯彻党的教育方针，全面推进素质教育，积极倡导"尊重教育"，坚持"以师生可持续发展为本"的办学理念，努力打造文明、和谐的校园文化氛围。学校先后被评为青岛市文明校园、青岛市智慧校园、青岛市健康校园、青岛市示范家长学校、莱西市美丽校园、莱西市办学质量先进单位。

二、学校发展思路

（一）指导思想

高举习近平新时代中国特色社会主义思想伟大旗帜，以《国家中长期教育改革和发展纲要（2010—2020）》为指南，坚持培育和践行社会主义核心价值观，坚持教育为社会主义现代化建设服务，全面推进素质教育，培养新时代德智体美劳全面发展的社会主义建设者和接班人。

（二）办学目标

以"让学校成为师生共同成长的乐园"为办学目标，以促进教师专业化发展、提高学生综合素养为出发点和归宿，力争把学校办成一所"办学质量优秀、办学特色突出"，在学生、家长及社会中认可度较高的高水平现代化学校。

校风：开放、自由、包容、博大。

校训：好习惯终生受益。

教风：和风细雨，润物无声。

学风：自主、合作、乐学、多思。

（三）具体措施

1.明确办学思路、定位和目标

切实把握学校发展定位,更新教育观念,强化进取意识,打造优质教育品牌,改善办学条件,做好校园文化建设,构建一个和谐、向上的工作、学习环境,努力争创青岛市星级阳光校园和青岛市高水平现代化学校。

2.以"尊重教育"为抓手,落实立德树人根本任务,全面推进德育体系建设

根据学生年龄特点,分年级制定培养目标,开展教育活动,确保教育实效,让学生在实践中感受尊重、体验尊重,将尊重教育的理念广泛传播。利用传统节庆日、重大纪念日等时间节点,组织开展"我的中国梦""我们的节日""扣好人生第一粒扣子"等各种形式的主题教育实践活动,积极弘扬和传承中华优秀传统文化,增强国家意识和社会责任意识。以校园文化墙建设为载体,加大学校内涵建设力度,增加学校人文色彩,打造读书、安全、科技、传统文化四大教育长廊,使学校每一面墙壁都能"说话",让学生在尊重教育的氛围中健康成长。

3.切实加强教师队伍建设,努力打造一支高素质教师队伍

一是狠抓师德师风建设。通过民主管理、情感管理、自主管理、人才管理等一系列人才管理途径,提高教师工作积极性、主动性,引导教师自觉做中国特色社会主义的坚定信仰者和忠实实践者,努力做有理想信念、有道德情操、有扎实学识、有仁爱之心的好教师。二是建立健全教师评价体系。修改完善教师考核办法,把参加集体师德活动、学生测评、家长测评、同事测评等情况综合起来,积极构建学校、教师、学生、家长和社会广泛参与的师德监督体系。三是加强师德教育。把师德教育纳入教师培训的主要内容,强化教师的政治和业务学习,通过培训使广大教师不断增强政治意识、大局意识、核心意识、看齐意识,引导教师始终坚持以德施教、以德立身,自觉忠诚于党和人民的教育事业。

4.深化课堂教学改革,提高教育教学质量

一是制定课程方案。学校根据办学理念、育人目标、办学特色和学校实际,科学规划学校课程,制定并落实学校课程方案。

二是开齐开足课程。学校按照国家课程方案、课程标准开齐、开足、开好课程,确保教育实效。

三是规范教学实施。根据《莱西市普通中小学教学管理暂行办法》(西教办发〔2018〕216号)要求,教师做好制订计划、备课、上课、辅导、批改等各个教学环节,严

格控制学生作业量,规范教师教学行为。

四是加强教学研究。深入开展"一师一优课"和"一课一名师"活动,落实推门听课和研讨课,开展晒课、观课、评课、研课活动,积极参加各级教研活动,积极开展课题研究。

莱西市城西小学全体师生必将以团结、上进、阳光、自信的心态打造干净、整齐、温馨、舒心的标准化、规范化、智能化、现代化的文明校园!

立足学校实际,办公平而有质量的教育

包头路小学　杭　伟

青岛市包头路小学始建于 1934 年 2 月,历史久远,学校教育教学质量在社会上有较好的口碑,近几年办学知名度也在不断提高。但随着时代的发展和城市规划的变迁,作为一所坐落在市北区西部老城区的学校,学校发展和教育教学实际工作中还存在着如下问题:一是教育空间、资源受限。学校建制为 12 个教学班,由于城市建设、环境优化、多校合并的影响,学校现为 13 个教学班,学生活动区域不能满足需求。二是队伍建设不够优化。虽近几年学校重视教师队伍建设,但各级学科带头人、教学能手、专业技术人才不多,骨干教师不够出类拔萃,教师队伍平均年龄偏大。三是家长对学生素质培养不够重视。现有学生中的 78% 是新市民子女,许多家长每日为工作、生活奔波,无暇顾及孩子的学习与兴趣培养,学区内家长教子能力与水平、对孩子全面发展的重视程度有待提高。面对这种现状,学校认识到办公平而有质量的教育是在新时代发展的新目标。因此,学校对标公平与质量,做好"五个落实"。

一、落实好德育活动梯级特色

学校德育活动体系不断完善,学校结合生态教育特色设计了低、中、高三个学段的研究性学习课题,引导学生树立环保意识,关注环保问题,开展环保研究,提升环保能力。根据学生的年龄特点,在每年的春秋季德育活动中,学校设计出不同的德育活动主题,分年级实施、分主题推进,取得了良好的德育效果。

二、落实好教学管理的分层次特色

面对中老年教师较多的现状,学校连续多年开展师徒结对活动,发挥中老年教师的"传帮带"作用,对青年教师在班级管理、家长沟通、专业引领等多方面进行指导和帮助,促进年轻教师的快速成长。面对已经成熟的骨干教师,学校通过不同主题的教研,凸显他们的引领作用,特别是刚刚结束的"精准浸润智慧,精诚提升素养"的骨干教师教学展示活动,引领各梯队教师的教学水平又上了一个新的台阶。面对教学工作中的各个环节,学校提倡教师科学分层,课堂教学中分层合作、作业布置中分层作业、课外活动中分层培养。

三、落实好课堂教学的尚善特色

在学校尚善课堂构建中,通过引入"思维导图"这一思维工具,倡导"小组合作"的学习形式,推动了课堂的深度学习。学校邀请思维导图专家北京人大附中的杨艳君副校长对思维导图的使用进行跟踪指导。学生在课堂学习中自主探究、合作互助、共同成长,真正成为课堂的主人。

四、落实学校课程的多元特色

学校构建了"尚善课程体系",努力实现国家课程校本化,地方课程整合重组,学校课程精细化开设,形成了三级课程互为补充、良性互动的课程体系,实现了每一个学生面向未来,全面、快乐、个性化发展。

五、深化家校合作的融合特色

在区教体局"小手拉大手,提高满意度"活动的引领下,家校工作深度融合。课堂上、德育活动中、教学检查时经常出现家长的身影,校门外、学生家中处处是教师和家长关于学生表现的亲切交流。学校还通过家长学校对家长进行多角度培训,完善家委会各项职责与制度,努力实现打开校门办教育,使学校的发展得到更多的助力。

学校在"造峰扬谷"的均衡发展思想指导下,以更有力的措施关注了学校的不同群体,尤其是弱势群体,努力为每一个学生营造健康、快乐的学习生活环境,使学校的教育教学工作实现高水平、高质量的高位均衡。

打造科学与人文交融的"五园"新样态学校

宁夏路第二小学　安晓兵

青岛宁夏路第二小学自 1992 年建校以来,在历任校长及师生的努力下,科技特色彰显。学校继承并发展"全纳教育"思想,秉持"珍惜并善待每一个学生"的教育理念,结合实际提出创建"五园"新样态学校的目标,即努力打造书香校园、科技趣园、艺术梨园、运动乐园和生活家园。借助课题引领、教师队伍建设、课程建设、家校互动等方式推动教师专业发展,通过每天进步一点点的百次演讲、读百本图书等"八百"行动促进学生多元成长。努力打造人文与科技交融的现代化品牌学校,努力创建让老百姓满意的家门口好学校。

一、师生共读,浸润书香校园

学校邀请曹文轩、位梦华、张吉宙等知名作家进校园,掀起阵阵读书潮。不少班级藏书可达几百本,建议学生六年读书百本。学校借助网络平台、每周一集会主题式诵读、午间班级诵读等形式进行阅读推进,定期开展读书小博士评选,培养学生阅读习惯养成。

学校教师研发《阅读手册》,1 ～ 6 年级分设不同的内容,内含阅读方法指导、必背古诗词、传统文化经典,推荐阅读书目,借助儿童记忆黄金期实现熟读成诵。学校先后加入了诗教委员会和人文教育专业委员会,大力推行人文教育和诗词教学,不断激发学生的诵读热情。

二、拓展创新,营造科技趣园

学校自建校伊始就将科技教育作为特色用心打造。"行"文化长廊从阿基米德定律到人类社会的进化史,从学生的创意设计到精心制作的小发明,注重向学生渗透科普知识。同时,学校成立了各类科技社团,为了实现学生的自主发展,学校 8 年前就成立了少年科学院,通过科普部、创新部、环保部、信息部、模型部、科幻画部六大部,开展面向全体学生的科普教育实践活动,学生的科技兴趣和特长得到很大发展。

科技老师彭勇奇,20年来致力于科技教学。学校研讨开发的课程自编教材《科技与生活》《科技与实践》《科技与创新》由青岛出版社正式出版发行。学校先后荣获全国科技体育传统项目学校、全国宋庆龄少年儿童科技发明示范基地、省科普教育示范基地、省航海模型示范学校、省绿色学校、市知识产权教育试点学校等多项科技方面的荣誉称号。

三、搭设平台,推进艺术梨园

为增强学生的核心素养和审美水平,学校开设20个兴趣社团和30门选修课,其中12个社团为艺术类社团,选修课也以艺术为主打。古琴、非洲鼓、吉他、合唱、手工折纸、戏剧朗诵、沙画等课程丰富学生的眼界。学校聘请青岛京剧院赵文姬老师给学生教授花旦表演。而小主持人、男生舞蹈班、创意素描等选修课程通过走班上课,让学生选择性更大,在"韵"课程中感悟成长。通过合唱节、戏剧节、升旗仪式上的才艺展示等形式,促学生不断自我提升。

为提高学生的诵读水平,学校聘请青岛朗诵家协会的吴青老师指导朗诵社团,与青岛电视六台长期合作,及时播报学校的艺术活动,发展学生的舞台表现力,校园的艺术氛围愈加浓厚。

四、焕发活力,创设运动乐园

学校在运动乐园打造方面多元开放,要求每一位学生要熟练掌握一项球类运动,并外聘了足球、篮球、排球专业教练。学校与鲲鹏足球俱乐部长期合作,夯实了全国足球特色学校的根基。帆船特色是学校另一大亮点,作为青岛市首批帆船学校、青岛市帆船特色学校和青岛市帆船运动后备人才基地,为青岛市帆船队输入了多名队员。亢晓璀老师培养的学生获得亚洲青年赛冠军。

学校的阳光体育活动丰富多彩,啦啦操、健美操精彩纷呈,校园吉尼斯涵盖方方面面,五年级武术长拳质检曾获得市南区第一名。

五、责任担当,共建生活家园

为营造师生温馨家园,学校针对教师做了一些关爱培训。DIY教师节礼物、健康养生课、心理疏导课、法律培训课、急救知识学习等诸多课程,让教师全方位提升自己。

为培养学生的责任心,学校利用节假日为每位学生发放风信子及水稻种子,让学生在家种植,学会按时养护,细心观察,做好观察记录。还将在各班教室开辟护绿角,小鱼、小龟等小动物养殖区,让学生在精心照顾的过程中增强责任心。通过小小志愿者、校园文明使者、文明监督岗等系列活动让学生在校园生活中懂得关爱他人、担当责任,共建美好家园。

同心同力　共同成功

胶州市大同小学　代洪霞

"同成教育"是我校"以人为本,人人成长"办学理念的升华,它源自"天下为公,世界大同"的儒家理想和"成长教育"理念,包括"打造成功教师,培养成功学生,引领成功家长,建设成功学校"四个方面,讲求"营造优质环境,促进师生共同成长;拓展教育资源,促进师长协同成事;追求卓越发展,促进师生志同成功"。同成教育是学生事事时时体验成长快乐的教育,是教师享受工作过程的教育,是学校与家庭共享合作成果的教育。

一、同成教育是一项使命工程

同成理念不仅反映着教育改革对我校办学目标确立的基本要求,也是学校在竞争和发展中立于不败之地的重要策略;是全体教师在学校领导集体的带领下实现人生抱负、体现自身价值的重要途径;是培养乐观向上、个性鲜明的大同学子的必然选择。同成教育不仅展现着学校领导集体的博远的办学思想,还凝聚着教师的智慧和力量;既体现了学校的悠久历史和地域优势,又展示了学校致力于传承传统的浓郁的文化气息。

二、同成教育是一项系统的工程

要实施同成教育,使蓝图变为现实,全体的师生和家长就需要凝心聚力、同心同德,共同建设美丽和谐的校园;积极开展丰富多彩的教育活动,给学生一个充满朝气、处处体验成功的快乐童年;教师通过辛勤付出,品尝教书育人的快乐,实现人生价值;构建温馨的育人环境,培养重视教育、注重合作的优秀家长。在这个过程中,我们每一个人不仅要贡献自己的聪明才智,还要精诚合作、优势互补,在竞争中共同发展。

三、同成教育是一项刽新的工程

这是一个崭新的课题,是一项没有任何成功经验可以借鉴的探索。因此,教育科研必须成为教师生活的常态.所有的教师都要成为课题的参与者和探索者。脚踏实地,研教并重。在实践中反思,在反思中积淀,在积淀中成长,在成长中成功。

四、同成教育是一项魅力的工程

打造成功教师、培养成功学生、引领成功家长、经营成功学校是我们共同的奋斗目标。我们要通过自己的努力,让每位学生都体验到成长的快乐,使每位教师都到享受工作的美丽,让每位家长都感受到家校合作的愉悦。以学生的成长、教师的成长、家长的成长来实现学校的成长。

阳光教育　初放光彩

崂山区辽阳东路小学　刘　峰

崂山区辽阳东路小学是一所新建的公办直属学校,2018年7月份正式投入使用。学校占地面积2万余平方米,建筑面积1.5万平方米,设计规模30个教学班。教学设施一流,现代化教育装备齐全。根据校名中的"阳"字,学校确定了阳光教育的办学特色,提出"向阳而生"核心办学理念,秉持"每个生命灿若阳光"办学宗旨,着力打造有温度、有色彩、有梦想、有朝气的阳光品牌学校。

一、创建"阳光普照"的校园环境

在"向阳而生"核心理念的引领下,校园文化建设与理念一脉传承,教室、操场等场所处处体现阳光特质,在布局设计、装修装饰上呈现温暖舒适、明亮向上的格调,给学生创建一个富有色彩、生机盎然的生活和学习环境。

二、践行"阳光透明"的民主管理

学校立足自身实际,吸纳先进理念,积极构建现代学校制度。学校制定了学校章程,修订了教学管理各项制度,确保各项工作正常运行;同时积极采纳教师的意见,实施了校务公开、民主管理、民主决策,对制度制定与实施、评先评优、教师考核等过程做到规范透明、公平公正。

三、塑造"阳光博爱"的教师团队

(一)师德培训,筑牢精神家园

学校采取多种方式进行师德培训,在继承和发扬职业传统美德的同时,让教师在学识、能力、仪表上,特别是教育观念上不断自我更新,不断地"自育",筑牢精神家园。

(二)读书交流,提升文化素养

读书是教师成长的最佳途径,学校给教师提供自主阅读、相互学习、共同成长的平台。教师撰写读书笔记,开展读书交流,让书香浸润心灵,让经典提升境界。

(三)对话专家,聚焦专业能力

专家的引领是促进教师发展的有效途径。通过专家对教育理念的前瞻认识,对教师的教学进行诊断和评价,进一步帮助教师构建个性化的教学内涵和教学思想。

(四)外出培训,学习内化成长

"他山之石,可以攻玉",学校争取多种机会安排教师外出培训,建立了"青蓝工程"、名师引领工程、外出学习汇报、骨干教师经验交流等制度,帮助教师在学习别人先进经验时,不断反思自己的思维方式,进一步明确各自的发展目标和方向。

四、开设"阳光多彩"的校本课程

课程建设是学校教学工作的重心,开发多彩的课程是学校发展的关键。针对低年级学生的特点,学校开发了"阳光路上你我同行"始业课程,帮助学生完成幼小衔接。开设绘本阅读、形体、外教、社团等特色课程,丰富课程体系,拓展课程文化。开设朗读、习惯养成、运动微课程,对学生进行专项训练,提升其能力。学校开展了两期"阳光课程,在这里生长"学科素养成果展示活动,将枯燥的知识变为学生喜欢的游戏,人人参与,乐在其中。

五、构建"阳光高效"的灵动课堂

灵动的阳光课堂应该是怎样的？学校要求教师在课堂中做到"五关注""五体现""四开放",即教师关注自主、关注和谐、关注情趣、关注资源、关注发展,设计阳光课堂；学生体现对话、体现体验、体现合作、体现创新、体现超越,生成阳光课堂。建立开放教学目标、开放教学内容、开放教学方式、开放教学过程的课堂教学格局。围绕这些目标,学校开展"亮相课""汇报课""青年教师模拟上课"等赛课活动,让教师在备课、磨课、上课、评课活动中不断提升、不断成长,推进"阳光课堂"教学模式的研究。

六、培养"阳光自信"的时代学子

根据一年级学生的年龄特点,学校以主题教育为载体,开展庆元旦、庆"六一"等节庆类活动；开展开学典礼、入队等仪式类活动；开展讲故事、舞蹈比赛、合唱比赛等活动；实施专项测评、能力测评等素养工程,培养阳光自信、灵动向上的阳光学子。

校长的使命与价值

平度实验小学　张晓峰

一、校长的理念是学校办学的灵魂

苏霍姆林斯基认为:"校长的领导首先是思想的领导,其次才是行政领导。"校长的办学思想就像巨轮的舵盘,它决定着学校的走向,科学、前瞻、求实的办学思想会在学校、教师、学生的发展中发挥不可估量的决定性作用。

一个有思想的校长,要用思想的力量推动学校教育的改革；用思想的力量凝聚人心、管理学校,用自己明确的办学思想和教育理念去支撑育人的大厦。

校长的使命在于感召和引领。

校长的使命在于定向和谋划。

校长的使命在于行动和示范。

校长不仅要有大气和宏观的战略思考,还是一个战术的研究者和践行者。

教育者的风范不是在说而在做。这就要求校长在言行自律中解读规范,在无言的以身作则中呈现示范。著名的教育家梅贻琦说:"学校犹水也,师生犹鱼也,其行动犹游泳也。大鱼前导,小鱼尾随,是从游也。从游既久,其濡染观摩之效,自不求而至,不为而成。"校长有责任解决好学校之"水"的宽阔和优质,利于师生之"游",校长还需要做好"大鱼前导",尤其是学校核心价值的行为体现。

教育者还需要低重心操作,走进课程和课堂的研究之中,走向教师和学生的成长的需求之处。课堂是教育的第一现场,在这里有鲜活的教育故事,在每一个的故事里蕴涵着深刻灵动的教育学。校长不仅是学校师生的精神领袖,还是教与学研究中的学术首席,以自己的学术力量,激励与指导师生在研究的状态下进行"教与学"。

二、办学质量的提升是系统工程,核心在课堂,重心在课程整合,关键在校本教研

在小学阶段实施素质教育,就是要唤起兴趣、播种习惯、培植自信。课堂作为一个复杂的场所,要求教师作为一个行动者积极地培养、鼓励和引导学生。但目前教师受"教材中心、教室中心、教师中心"的影响和"以纲为纲、以本为本"的禁锢,教师更多固守着这样的工作轨迹——走进"教室"教授"教材",上完"课时"即可。这样,缺乏"学科"至上的"课程"意识,仅仅把课程理解为学科内容和教学题材,把课程等同于学科知识的总和或全部的课堂信息,甚至把"学科教学"混同于"课程建设",因此,缺失"学科教学"至上的"课程建设"的使命感和能动性。

教师还没有真正从知识为重的课程观走向学生发展为本的课程观,使教师还没有真正走出"教教材"的困境,不能基于学生的认知经验和现实生活充分获取生动丰满的课程资源来活化教材,更不能基于学生差异来选择差异的课程内容适切于不同的学生,课程内容在很大程度上还局限在课本、教参、课例之中,即便有些拓展内容也是零散的和随意的,因此,仅仅局限在教学研究中,没有课程意识和正确的课程观,学科教学也难以承载其"教书育人"的课程价值。

课程实施的空间维度主要还是限于教室的固有空间,少有走向学生生活的情境和大自然的空间,给予学生丰富的实践和体验;课程实施的人际互动主要是发生在师生之间的讲授与倾听、理解与记忆,少有生生之间的合作和争辩,少有学生自己独立的思考和与自己心智的对话;课程实施的时序维度,即学习进程、学习的时间安排常常是要求"又快又对",或是亦步亦趋地完成有标准答案的文本作业,少有学生自

己设计方案来解决问题。

解决这些问题的关键就是校本教研。

三、校本教研干什么

教师专业发展是每个学校管理中的重要议题。管理者绞尽脑汁,给教师提供各种各样的专业发展机会,但实际效果不尽如人意。为什么?把教师作为培训对象而不是发展主体来对待,忽视了人的生命能动性;教师在培训中的话语权被剥夺;给予式的培训模式脱离教师发展的实践场域,解决不了教师专业发展中的个性化问题。

促进教师专业发展需要"培植专业精神、丰富专业知识,优化专业技能,提升专业智慧"。所以教师专业发展是一项"艰辛的系统工程",是一项复杂的人本化教育工程。而这项人本化的教育工程不能脱离教师的实践现场,需要扎根在学校、彰显在课堂。

1. 校本教研关键在"研"

为了克服每人一堂课的盲目与随意,由学科组基于学科教学的重难点和教学疑惑的有效突破确定研磨的课例,课例的选择力求典型,通过团队的协同研磨,力求对同类同质问题的解决有所突破,课例研究过程中的问题思辨与智慧碰撞对其他课例有所借鉴。组内教师集中攻关,一起研究设计教案、准备资料等,先由一位老师上课,其他老师现场观摩,听课的老师是研究者,不是评判者,课后的研磨主要是对课堂的教学实施中的问题进行深度地分析和反思,再齐商共研改进策略,修改教学设计;以此类推,直到教研组的最后一位老师上完这一课例,团队教师再次完善课例的教学设计,梳理总结课例研磨过程的问题与收获。就是在一个又一个课例的传承研磨之中,教师之间的思想交流、经验分享和智慧提升,有效促进了教师团队的专业水平。

2. 校本教研一定要全员参与

教师劳动具有个体性、脑力性和创造性。在认识和处理问题上,教师作为一个知识分子,由于职业或习惯的原因,有自己的思想和主张,个性、自尊心比较强,职业养成性也比较强。但是,单个的教师从事的是某一学科的教育教学,影响的是某一类学生,而学生的全面、和谐发展是全体教师合作的结果。当代的教育不需要教师个人的"英雄主义",更多的要谋求协作和合作,只有这样才能让学生全面发展。学校要真正实施素质教育,培养出全面发展的学生,更需要教师"团队精神"的感染和启迪。

现代学校无论是教育教学、教育科研还是行政管理,都不是仅靠个人的力量所能完成的,而是需要依靠集体的力量,依靠群体的相互信任、团结协作才能达到目标。

没有一个万能的办法可以应对教育中的所有问题,只有在教育实践和研究中,才能发现属于自己的教育收获和教育智慧。校本研修是教师团队专业发展的必由之路,促进教师个体和整体的专业发展也是校长的道德使命。

3. 校本教研要善于总结、提炼提升、务实求真

学校的研究主题必然聚焦学校教育教学的共性问题。经过对大量的教育教学的观摩和研究,我们发现教师教学的核心共性问题是"课堂控制"。根据学科和年级特点,学科组自主确立研究课题,如语文学科"阅读与习作有效策略的研究"、数学学科"兴趣与思维培养有效策略的研究"。教师依据学科课题和自己教学中的问题,制定自己的"微型课题",开展教学研究,以行动研究为主导,着力改变"教师控制",践行"学为中心"的教学思想——乐学、学会、会学。

在校本教研中,除了干部与老师、老师与合作伙伴之间的及时对话、互助之外,在每月的项目研究"阶段会谈"上,老师可以畅所欲言,可以谈创新做法与最新经验,也可以谈研究困惑和存在问题,甚至是对项目研究的质疑,无论谁做会谈的主持人,老师的所有表达都被尊重和重视。在这样的会谈中,管理者没有给予老师好坏的评价,只有彼此真情的表达、倾听分享与激励互助。如在老师谈创新做法时,在追问中引导老师说出其创新探索的过程和感受,不难发现,任何研究中的创新都需要付出和坚持,能与大家分享自己的最新经验,自然是愉悦的,有满满的成就感。同时,也从老师的质疑和问题出发,展开讨论。每一个合作伙伴都从自己的经验中给出建议,助力伙伴的问题解决。在一次次这样的阶段性会谈之中,老师们获得榜样和互助的力量,校本研究也在不断深化,教师团队的凝聚力和研究水平得以整体提升。

四、通过学习,有所感悟

情智教育打造情境课堂,情境课堂是尊重学生、尊重生命的课堂,是一个交流的、有情感的、开放的、高效的课堂。情境课堂注重创设情境,推行"情智小先生",注重发挥学生的主体地位,把话语权还给学生,放手让各具潜能的学生逐一登上讲台,小先生教小伙伴,小伙伴推选小先生,使学生真正成为课堂主人,让学生尽情释放自己的潜能。情境课堂能充分地实现生与生之间的交流和学习,构建学习共同体。

情境课堂追求"四小"课堂:每堂课要上得学生"小手直举、小眼发光、小脸通红、小嘴常开"。经过几年来的实践与探索,我们初步形成了"怡情类"和"启智类"两类课堂的一般模式。怡情类:初读入境,启动情智——熟读感悟,生成情智——精读明理,发展情智——实践创新,展现情智。启智类:情境寓问,启动情智——探究解疑,生成情智——合作构建,发展情智——延伸应用,展现情智。该模式解决了当前学生

学习兴趣低下、自主学习能力较差的问题,引领学生在自主学习、自主展示、自主探究、自主拓展四个环节中学会合作、学会思考、学会质疑、学会探究。

学校发展三年规划

蓝村第二小学 解 钢

学校的总体发展目标:三年内学校稳定发展,教学成绩优秀,阅读创特色。

一、师德师风工作

1.加强政治学习

通过每周的政治学习,弘扬三种精神——拼搏精神,奉献精神,钻研精神。树立一个敬业爱岗典型,在全校形成团结、健康、向上的正气。

2 坚持民主管理

以"立身正,处事公"为原则,对学校重大问题的决议,如优秀教师的评选、职称评定、绩效工资的发放、学校的财务收支,通过召开教代会公开公示和表决,引导教师参与学校管理,树立主人翁意识。

3.做好思想工作

每周与 3～5 名教师座谈一次,谈目标、谈差距、谈问题、谈措施。

二、常规教学工作

1.抓学生日常作业的书写

为了使学生养成好的书写习惯,我们将从三个方面来做:第一,规范写字姿势。通过课堂、班会,纠正不良的书写姿势和书写习惯。第二,做好引导。各学科都要向学生明确书写标准和要求,编写书写口诀,让学生牢记于心。上好硬笔书法课,开设毛笔书法课。第三,定期开展书法达标测试(每月一次)、书法比赛(每学期一次)和优秀作业展评(每学期两次)。让优秀学生得以展示,让后进学生明白差距。一年后整体书写水平明显改善。

2. 四清工作

(1)各学科建立每课每单元的知识清单。

(2)建立循环听写、背诵检查制度。

(3)实行课课过关、人人过关。

(4)坚持月考制度。树立学习标兵,发挥榜样的示范引领作用。

三、队伍建设

阶段目标:建立一支健康向上、团结的队伍。

1. 班子成员队伍建设

每周召开由少先队辅导员、教导处、后勤参加的班子成员会议,做好周汇报。明确工作分工和阶段工作重点,细化目标要求,明确责任分工。做到事事有人干,时时有人管。同时要求人人工作认真精细,上报工作实现零差错。

2. 教师队伍建设

阶段目标:一年内推出镇内学科带头人2人,三年内推出县级名师1～2人。

明确责任目标,加强业务培训和校本教研,打造一支善于钻研、业务精湛的教师队伍。第一,教师培训工作有序化。制订教师培训计划,对新上岗教师在学生管理、组织教学、课堂教学、家校沟通方面进行培训,使新教师尽快胜任教学工作。第二,开展新教师过关课比赛。第三,结合教学中存在的问题,进行微课题校本教研,要求人人有校级教研课题,三年内力争申报市级课题1项、县级课题2项。

3. 德育工作和少先队建设

完善少先队各项规章制度和学生一日常规,设立文明监督岗,对日常行为习惯进行监督和管理。做好少先队干部的培训工作,使之成为老师的小助手、学生学习的榜样。成立红领巾广播站,宣传优良学风,传播传统文化,弘扬正能量。制定阶段性德育主题,有计划地开展队课和班队会。

创新德育教育形式。将德育教育和传统文化教育作为学校工作的重点。

四、创建学校特色——阅读特色

阶段目标:一年有变化,各班语文成绩上升1～2个名次。两年见成效,学生素养有明显提升。三年出成果,编辑校刊《学生作文报》。学生作文能在报纸上发表。教师人人都能坚持教育经典阅读。

（1）一、二年级开展以只字为主的海量阅读。利用小学生学习报纸、安全教育读本等各种材料,让学生大量阅读,以《日有所诵》和《好妈妈儿歌》为主开展背诵比赛,力争识字量突破 2000 字,实现能脱离拼音,自主阅读。三、四年级以经典阅读为主,五、六年级以经典背诵为主。抓每天早上的背诵检查,中午的经典诵读（由班主任负责,每天 13：30—13：40。内容以《日有所诵》为主,每周一单元,齐声诵读,并选背两篇）,晚上睡前的课外阅读（每天晚上 10 分钟阅读,家长在微信群传送照片或者签读书条）。

（2）通过开设阅读银行,开展每月"阅读之星""书香家庭""书香班级"评比,激励每个学生热爱阅读,喜欢阅读。

（3）通过每周的"阅读整本书"的阅读指导课,指导学生如何阅读,分享阅读感受。

（4）倡导学生写每日作文素材或者日记。评选优秀作文、日记在校园广播上播放,选送优秀作文向报刊投稿。尝试编辑学校校报。

（5）通过定期开展读书交流会,督促教师阅读,倡导主题阅读。

（6）开展图书漂流活动。

浅谈青岛金水路小学的规划与发展

金水路小学　方建磊

青岛金水路小学秉承"以人为本、全面发展、突出特长"的办学理念,坚持"做最好的自己"的培养目标,提出了"惜时如金,上善若水;诚实做人,踏实做事"的校风,"德艺双馨敬业奉献"的教风和"自主创新乐学善思"的学风,致力于培育"人格好、学习好、身体好、习惯好、礼仪好"的金水学子,打造"金色童年"品牌教育活动。学校以丰富多彩的校园活动为载体,切实加强学校的精神文化、物质文化、制度文化、行为文化建设;把绿化、美化与校园文化建设相结合,与育人服务相结合,不断丰富学校文化内涵,提升学校文化品位,逐步实现学有特长、教有特点、管有个性,达到文化治教、文化强教、文化兴教。创办让家长放心、学生开心、教师舒心的学校,让每一位学生拥有金色童年,做最好的自己!与此同时,学校全方位、多角度全力构筑教师幸福成长家园,逐年提升教师教育教学幸福指数。

一、先进的教育理念引领学校特色建设

所谓先进的办学理念一是要有前瞻性。把握时代发展的脉络,抓住教育的未来走向和社会发展提供的机遇,勇敢地规划本校发展的蓝图,做到超前规划、超前发展。二是要有创新性。要创新,必须敢于突破和超越环境,突破和超越自己。三是务实性。既要高瞻远瞩,又要脚踏实地。办学理念要立足学校,符合学校发展实际,是通过努力可以达成的目标。四是独特性。特色和理念应是一脉相承的。现代学校办学,必须首先突出具有自己独特风格的办学理念。学校办学理念明确,能具体化被教师认同,并最后变成自己的行动目标,学校就一定会形成自己的办学特色。学校特色不在大而全,而在少而精。无论在办学、管理上,还是在教育、教学上,抑或是课外活动上,只要能在其中一点上有独到之处,就可以形成学校特色。如果追求得太多、太全面,那么就难以形成某一方面的"优"或某一方面的"特"。

具体做法,一个学年可以主要完善和发展一个主题内容,采取"主题发展,整体推进"的策略。如第一年可以确立为"教师发展年",针对教师发展,开展一系列教师发展工作,公开课、示范课、研讨课、教学实录比赛、专家报告会、班主任论坛等,使教师业务素养逐步提升。往后可以根据学校具体情况逐年确立"高效课堂年""精品课堂年""精细化管理年""精品课程年"等。把学校逐步办成具有一定办学特色和影响力的名校。

二、创设平台促进师资队伍建设

教师的发展是学校发展的原动力。教师的发展是与学校的发展、学生的成长紧密联系在一起的。学校要时刻关心教师的生活、学习和身心健康,努力为教师创造良好的工作环境;为教师提供展示才华的机会,搭建专业发展的平台。培养高素质、积极进取的教师队伍。

1.学校尽最大努力为教师提供平台

为教师创造成长发展的平台,如新入职教师要进行青年教师展示课、骨干教师要进行示范课和带教课;同课异构,同课同构;开展名师引领、学习成果报告会等。

2. 发挥本校名师和业务尖子的带动作用

利用每周各教研组校本教研的时间,学科主任或业务骨干对本组教师进行指导。可以采取先说课研讨,对备课内容进行修改;再进行听评课教研,对授课环节进行打磨修改;然后其他教师在本班授课。还可以根据各年级段的特征差异,进行有针对性的教研指导。为加强小初高衔接,进一步提升课堂教学的实效性,我校语文骨干教师与青岛 63 中、青岛 58 中等名校教师开展同课异构活动。

3. 以评价、评比激励教师成长

学校开展各种评选活动,评选优秀教师、优秀班主任,还可以评选教师专业发展积极分子、我最喜欢的老师、"我最喜欢的课堂""最和谐班级""最敬佩的班主任"等,让教师感知到学校在奖励发展的、上进的教师。教师专业成长的考核量化,可以根据教师的成长目标内容、科研成果及参加业务活动成绩进行量化。

三、提高内涵,加强文化建设

文化的影响力是强大而久远的。学校文化的形成是一个长期积淀、由量变到质变的过程,是全校师生在共同教育理念引领下,逐步形成的特色文化。学校文化应包括校园物质文化、精神文化、制度文化和行为文化等多个方面,它渗透于校园的各个角落。学校应致力于把文化教育意识,多形式、多渠道融入全体师生的心田,并逐步把它深深根植于整个办学过程之中。校门、外墙、教室、楼道、门厅、绿化建设等,都要在学校办学理念的指引下,进行设计和建设。让一草一木、每面墙壁、每个展板、每幅标语都散发育人文化气息。逐步建立起涵盖课程文化、行为文化、环境文化、制度文化等的特色学校文化。

总之,学校的建设与发展是一项长期的、综合性的工作,需要全体教职员工共同努力、长期坚持、改革创新,逐步形成"有特色、有素质、有内涵"的"学生喜欢、家长满意、社会认可、教师幸福"的优质名校。

建设现代学校制度
优化"立德树人"的发展环境

普集路小学 林立春

"立德树人、实践育人"的发展过程中，氛围营造和平台的搭建是基础，模式和机制的创新是核心。作为新建的年轻学校，从建校初就要提前谋划，积极构建依法办学、自主管理、民主监督、社会参与的现代学校制度框架，为促进教育的内涵发展和现代化实现提供制度保障，优化"立德树人"的发展环境。

一、制定学校章程，完善依法自主办学的制度体系

我们把全员参与、凝聚共识作为章程制定的关键，深入宣传发动，积极引导广大教职工、专家学者、家长等参与到这项工作中来，增强依章程办学的主动性和自觉性。学校专门举办了"学校战略发展研讨会"，邀请青岛市教育界老领导、专家、家长代表、教职工代表等社会各界人士参与，让他们一起商讨学校未来发展的战略规划，为章程的制定提供科学、有效的保障。其章程中构建了符合现代学校制度的组织机构，改革传统的行政机构，实现了由管理向服务的转变。学校设支部委员会、校务委员会、学术委员会、教代会、家长委员会等并行的机构，以促进民主决策、相互监督、相互制约，推动现代学校制度建设。改组传统的中层部门，在校务委员会下，学校行政机构设立了教学管理指导中心、学生发展服务中心和后勤保障服务中心，替代了传统意义上的办公室、教务处、政教处、总务处和教科研室。以内部机构革新为抓手，强化学校行政组织对教师和学生的指导与服务职能。

二、强化民主管理，构建多方参与的学校管理体制

以民主开放为价值追求，紧紧围绕校内治理结构的完善、校内校外关系的调整，通过构建各类专门委员会和自治组织，促进学校管理的民主化进程。

1.建立校务委员会

将校务委员会建设作为探索学校新型民主管理机制特别是民主决策机制的重点,搭建了学校、家庭、社会三方互动的平台。校务委员会由校方代表、家长代表和社会代表组成,社会代表一般是来自社区、派出所、共建单位、专家学者等层面的人士。校务委员会主要具有三方面的职能:一是审议和决定有关学校发展、学生管理的重大事项;二是咨询和建议,提出完善学校管理和学生教育的建设性意见;三是宣传和协调,宣传学校的发展规划和重大决策,协调学校、家庭、社会之间的关系。

2.完善教职工（代表）大会制度

明确了教代会的职权,规范了教代会的程序,建立健全了教代会的各项制度,依法保障了教职工对学校重大事项决策的知情权、参与权、表达权和监督权。

3.建立学术委员会

发挥学校学术的权威性特点,在全体教师中民主推选成立学术委员会。成员由具有代表性的威信高的优秀骨干教师担任,由教师推选产生,定期换届。凡是与教师切身利益密切相关的教育学术、职称评审、评先选优等工作,都由学术委员会负责,使各项工作全面公开、透明。

4.加强家长委员会建设

坚持把家长委员会建设作为加强学校民主建设的重要内容,成立了校、班两级的家长委员会,建立了家长委员驻校办公、各班每周家长轮值、家长义工等各项制度,形成了家校合作共建的良好局面。

5.健全学生自治组织

为培养学生的民主意识和参与民主管理的能力,将学生自治组织的建设作为一项重要内容纳入现代学校制度建设试点项目,制定并完善学生会章程、少先队大队委员会等工作制度,建立并实施了学生干部竞选机制、少先队民主管理委员会制,拉低了学校管理的重心,使决策越来越贴近学生、贴近实际。

三、开放性评价，探索民主开放的评估模式

除教育主管部门对学校的评估、监督、检查外,学校全面实施开放性评价,从家长评价和第三方评价两方面入手,定期进行家长、学生网络评价,每年进行对学校的第三方评价工作。让学校更好地聆听来自各方面的声音,不断改进工作,优化"立德树人"的育人环境。

学校发展规划的调整

淮阳路小学　袁海涛

　　青岛淮阳路小学始建于 1968 年,是一所市级现代化学校。学校历经几代人的努力,积淀了厚重的文化底蕴。多年来,结合已有的办学成果和文化积淀,确立了"童年雅学,人生雅正"的办学理念,以"雅言雅行、雅情雅趣、雅学雅正"为校训,以"儒雅、诚信、博爱、博学"为校风,以"关爱、博学、平等、进取"为教风,以"学思相伴、知行共生"为学风,努力实现"做博雅教师,育文雅学生,办高雅学校"的发展目标,先后被评为山东省艺术教育示范学校、山东省绿色学校、青岛市现代化学校、青岛市教师培训先进单位。学校艺术教育特色从 20 世纪 80 年代起就在岛城小有名气。"小天鹅"舞蹈队连续多年在市、区各级文艺汇演中名列前茅,大批艺术人才也从这儿走上了全国、省、市专业院团的大舞台。多年来,学校的礼仪教育文化、安全教育、班级文化建设等与艺术特色教育齐头并进,蓬勃发展。

　　然而,近年来,随着本地生源不断缩减,新市民子女大量涌入,学校连续扩班 4 个,新市民子女比例提升至 60%。学校对学生的习惯养成教育出力多,收获少。一些学生在文明礼仪、节约环保、学习、劳动等方面,尚未形成良好的习惯,缺乏责任感和合作意识,集体观念淡薄,影响了其良好品质的形成。师资力量补给不足,学校培养的骨干教师交流到其他学校,新教师较多,教育教学精、专力量相对薄弱,教师的专业化发展水平参差不齐。

　　面对生源的巨大变化,我校的发展规划经过反复调研论证,形成了文字稿。首先,学校组织干部、教师代表、家长代表梳理了学校的上一轮三年发展轨迹,特别总结了"雅"文化给学校带来的变化,初步规划了学校未来五年的发展愿景。由中层干部执笔,拟定了各部门的五年发展规划。其次,在全体教师、家长、学生中征求意见,特别是针对学校发展愿景、办学条件、课堂教学、德育活动、家校沟通等方面进行了意见征集。每个中层干部将收集到的与本部门有关的建议进行了梳理,整理到本部门的五年发展规划中。再次,我们组织教师以级部为单位,讨论学校五年发展规划的可实施性,提出进一步的改进意见。学校根据教师的意见再次修改五年发展规划文字稿。

在规划调整中,我们依然秉承前期确立的办学理念,"童年雅学,人生雅正",凝练了"雅"文化品牌,以争创智慧校园和节约、和谐校园为契机,"从互联网＋"、课程重组、诗书立雅、礼仪知雅、艺术育雅等方面确立了学校未来重点发展的项目。

一、创建青岛市数字化校园

首先,鼓励各科教师合理借助网络课程,将诸多前沿知识能够及时地引入课堂,成为学生的精神套餐,使课程内容艺术化、生活化。其次,借助于网络课程开发校本选修课程。建立网络平台,让网评成为教育教学管理工作的重要手段。学生及家长可以通过网络平台,给教师的教育教学打分。

二、创建青岛市平安和谐校园

加强校园文化建设,营造优雅育人环境;坚持依法办学,依法治校,营造法制氛围;加强师德建设,增进和谐师生关系;重视家校畅通工作,建立三级 QQ 群、微信群,成立家庭教育互助组,进行"学习型家庭"的研究与实践,构建一套行之有效的家长学校管理机制,完善"家长委员会"议事机制,坚持好"学校事务告知制",建立"家长导师团",带动全校家庭文化素质的全面提高。

加强学生对传染病、常见病、近视的预防和治疗,把健康教育的内容有机地结合在各项活动之中,制定《淮阳路小学文雅少年健康指导手册》,让家长学生知晓国家对学生要求的体质检测的标准,促使学生尽早养成坚持锻炼的习惯。

三、加强"雅"文化建设

根据学生特点开展特色教育工作。加强艺术师资队伍建设、普及加提高"齐步走",继续为学生搭建成长的平台,帮助学生在艺术之路上做最好的自己。每一位学生在课堂中学会一门乐器(竖笛／打击乐),掌握一项美术技能(儿童画),学会一项运动项目(球类)。编排富有特色的师生优雅礼仪操,将礼仪培养、艺术熏陶、运动健体有机结合。

四、进行课程重组，实现国家课程校本化、学校课程特色化

构建较为完善的课程体系,实行学分制管理、走课式运作。在课堂教学中以"疑思议得"教学模式,对现有的国家级课程做合理的加、减法,并尽快将教师对国家课程的修改结集成册,特别是语文学科,要在压缩教材课时的基础上,推广大阅读,让

学生习惯与书相伴,在诗书浸染中,养成"绅士风度""淑女气质"。同时,学校还充分利用和拓展校外的课程资源,注意发挥家长与社区资源的作用,推进文化节课程。本着"内容系列化,内涵丰富化"的原则,将各类教育活动统筹安排,整合为文化节课程,启用"项目管理"体系,将各文化节活动立项,通过教师自主申报形成项目,由团队负责实施,促进学生全面和谐发展。依托学科优势,积极拓展学生学习的外延空间,实现课内到课外的有效迁移,让学生在自然、社会、生活中去观察、去体验,在活动的过程中,呈现出与课堂教学不同的特性,从而使学校的课程文化真正丰富起来,做到学校课程校本化、特色化、个性化,实现校本课程的华丽转身。

总之,我们力求在学生求学的初级阶段,给学生营造和雅校园氛围,培养学生文雅的谈吐、优雅的举止、高雅的志趣,在知识的海洋中寻觅博雅领域,为学生的终生发展奠基,为学生未来拥有和而不同的人生而不懈追求!

立足实际,共生共赢

—— 崂山区枯桃小学"共生"教育引领学校和谐发展

崂山区枯桃小学　袁宝盛

崂山区枯桃小学的学生来自全国各地,北到黑龙江,南到广西,西到贵州、青海,东到江苏、安徽,生活习惯各不相同,家长中 77% 的人具有小学或初中学历,19% 有高中学历,4% 有专科以上学历。学校既要充分考虑学生的个体差异,又要凝聚共识,让学生在这里获得尊重感,找到认同感、归属感。为了让家长安心将孩子托付给学校,枯桃小学立足实际,攻坚克难,以"融合"为出发点,着力打造"共生"教育特色,为实现家校、师生的共生共赢找到了新路径。

一、以生为本,打造"共生"教育理念

著名教育家顾明远先生曾说过:"为每个学生提供适合的教育就是最好的教育。""共生"教育就是最适合枯桃小学实际情况的教育,它是在对生命关怀和对个

性接纳的基础上，把教育活动看作一个有机的生态整体，通过构建平等、包容、尊重、赏识、互动的教育空间，达成相互促进、共同成长、和融发展的理想教育状态。

学校注重对当地生态花卉文化的传承。枯桃小学地处远近闻名的百年花卉种植村——枯桃社区，这里是拥有丰厚的花卉文化。学校充分利用生态廊架、文化长廊等设施，栽种竹子、爬墙虎、凌霄花、迎春、各种蔬菜，使校园彰显自然中的"共生"。寄望学校育人如育苗一样，因地制宜，因材施教，用教育的阳光和雨露滋根润怂、涵养身心，从而让不同层次、不同个性的学子如不同种类的花草一样，遵性而长，共存共生。

学校注重对素质教育终极目标的追求。教育具有宽广的人文视野，它的终极目的是促进人的全面发展。学校教育不能追求整齐划一、千人一面，而要充分尊重学生的个性和人格，学校结合青岛市"十个一"项目的要求积极开展各种活动，让学生在和谐、自由、民主的氛围中探索真知、拓宽视野、张扬个性、多元发展，使生命之花绽放得绚丽和多姿，进而彰显出教育生态的"共生"气象。

学校注重自身发展的需要。枯桃小学的学生为来自全国各地的新市民子女，学生的习惯养成参差不齐，人文素养不尽相同。鉴于此，枯桃小学期待创办一所能让来自不同地域的学生互相融合、和睦相处、和谐发展的学校，让低年级的学生迅速融入学校，互帮互助、平等相待；让高年级的学生融入城市，自立自强、自尊自爱。我们期待，在不久的将来，各种教育活动有声有色，师生之间和融共进，家校之间互通共长。

二、融合渗透，完善"共生"教育体系

为充分发挥"共生"教育的推动力量，枯桃小学更是全方位考虑，多举措入手，将"共生"的价值渗透到教育教学的各个环节，秉承"立根养性，良习自成"的德育理念，崇尚"言行共美，学思生慧"的校训，坚持发扬"自强不息、奋发有为"的学校精神，注重学生品性、智商、情操、文化、生理、心理的全面发展，激励全校学生具备智慧如云、宽容如海、稳重如山的人文素养，以传统文化濡染心灵、以道德礼仪修身立人，努力争当有涵养、有智慧、有梦想、有担当的时代少年。

在培养目标上，实施"五育共生—全面发展"。开展各种教育活动，为学生德智体美劳的发展提供平台。教育不是挖掘分数的机器，也不是升学的工具，因此枯桃小学不仅重视德育、抓好智育，同时也强化体育、美育、劳动技术教育和社会实践。

在教学管理上，力推"师生共生—教学相长"。在枯桃小学，教师之间相互学习，相互依存，共同成长。学校邀请作家杨洋到校与教师共同探讨专业成长，成立学术委员会并选拔学科带头人引领教师更好地发展，教师们在探讨和学习中取长补短，紧

密相连、共享、共进。教师与学生的关系也不是简单的教与学的关系，而是彼此适应、彼此依存、彼此尊重、彼此欣赏的关系组合。

在家校关系上，鼓励"家校共生——同心共行"。枯桃小学特别注重与学生家长的互动活动，建立学校与家长之间的平等双向沟通机制。学校多次开展"山海大课堂"活动，家校合作，共同育人。

在教育改革中，提倡"社会共生——创新俱进"。作为一所位于海滨城市的小学，学校紧跟时代步伐，让学校与社会融为一体、与世界同步共行。积极推行教育改革，多次召开教师会、党员会，通过会议传达精神；开展各种教师赛课活动，提高课堂效率，提升教育质量；鼓励师生走出教室、走向社会。

三、倾情守护，传递"共生"教育力量，传播社会正能量

在枯桃小学求学的学生，远离家乡，远离亲人，幼小的心灵敏感脆弱，但幸运的是，他们遇到了很多像亲人般关爱他们的老师。

毕桂玲老师今年 52 岁，是远近闻名的"水鞋老师"。25 年如一日，每逢下雨天，她总是自己穿着水鞋，把十几个孩子一个一个背过漫水桥。学生流鼻血把衣服弄脏了，毕老师二话不说就把学生的衣服拿来洗干净。

三年级一班的留守儿童梦梦，因爷爷、奶奶回老家处理事情，被独自留在出租屋里。班主任刘雪花老师得知后，把梦梦接到自己家里，和家人同吃同住，一住就是一个多月。梦梦的头发长了，刘老师看到后就让万老师帮她一起给梦梦理头发。

枯桃小学用一个个倾注关爱的行动，用一个个充满尊重的细节，把"共生"教育从理念变成师生家长可参与、可感知、都受益的实践。

小学校也有大情怀，小学校也有大蓝图。枯桃小学把"共生"融入自然、融入人性、融入教育、融入时代，以"共生"作为核心理念，既契合学校的地域风情，又洋溢着对教育境界的信仰追求；既体现了学校与众不同的文化个性，又突显出学校的现实形态和发展愿景。"共生"二字彰显了学校办学的大情怀、大智慧、大追求、大境界，是学校的立校之基、兴校之本、强校之魂，是学校的精神之火、信仰之灯，正引领着枯桃人大胆追梦，奋斗未来！

用文化的力量引领学校发展

西海岸新区海王路小学 邵学忠

学校文化是学校发展的核心竞争力,是引领学校发展的灵魂。加强学校文化建设,是深入实施素质教育、全面促进师生共同发展的重要保障,是创办学校特色、打造教育品牌的必由之路。学校在"自主教育"理念引领下,坚持"以人为本,关注生命",从精神文化、物质文化、管理文化、课程文化和行为文化等方面,打造具有特色的文化体系,引领学校发展,创建全国名校。

一、建设高境界的精神文化,引领学校发展

确定"让每一个孩子拥有自主幸福人生"的核心价值观,构建学校精神文化体系,形成特色鲜明、内涵丰富、指导性强的教育目标、育人目标、校训、校风、教风、学风、校歌等。

(1)办学宗旨:让每一个孩子拥有自主幸福人生。

(2)办学方向:让学校成为师生向往的自主学园、成长乐园、幸福家园。

(3)办学目标:创建高质量、现代化、有特色、有国际视野和民族情怀的全国名校。

(4)校风:自尊自信(人格行为)、自主自觉(学习成长)、自立自强(健康生活)

(5)教风:专业专注,乐业爱生。

(6)学风:自主合作探究,乐学善思创新。

二、建设高品位的物质文化,优化育人环境

以"让每一位师生有信仰,有灵魂"为理念,以"让每一面墙壁都说话,每一株花草都育人"为目标,遵循"整体性、教育性、独特性、发展性、童趣性、开放性"原则。坚持用儿童的思维去思考,用儿童的眼睛去观察,突出学校办学特色。

（1）确立学校形象识别系统。

建设具有"自主教育"特色的学校标志、标准字、标准色等形象识别系统，并在学校内部书籍、报刊、作业本、印刷品、报告材料及课件和对外交流、宣传等方面广泛应用。确定校旗、校服、校树、校花。

（2）规划学校建筑文化。

包括学校建筑风格及基本颜色、楼宇、道路、办公室、教室、楼道等文化元素的设计和承载等。

三、建设高标准的管理文化，促进师生成长

制定学校章程，完善学校制度，构建以德治校、依法治校、以情治校的管理新文化，为促进师生全面成长奠定良好的基础。

四、建设高层次的课程文化，提升师生素养

以自主精神文化为指导，全面贯彻国家课程方案和课程标准，建设校本化自主课程文化。构建学生发展课程，国家规定的基础教育必修课程，围绕学校特色，根据学生的年龄特点、兴趣爱好、个性特长开设了选修课程；构建教师发展课程，实施"专业阅读＋专业写作＋专业发展共同体"的教师专业化发展模式；构建家长发展课程，建设家长学校，建设班级、年级和学校三级家长委员会、建设和谐自觉的家长志愿者团，引领家长提升教育素养，加强家校互动，架起和谐育人的桥梁。

五、建设高质量的行为文化，塑造师生形象

围绕"自主教育"核心价值观，加强教师职业道德建设，加大名师培养力度，不断提升教师队伍的文化素养和教育教学水平。教师形象：外雅、内秀、乐业、爱生。教师行为准则：爱心对待学生，热心对待家长；诚心对待同事，尽心对待事业；信心留给自己，忠心交给国家；孝心奉给父母，爱心献给社会。

学校文化建设还注重班级文化、社团文化建设，开展主题教育活动，发挥校园电视台、广播站、网站、校报、校刊的文化阵地作用，努力形成独具学校特色的典型活动仪式和品牌教育活动形式。

制定五年发展规划 打造和雅育人特色学校

南仲家洼小学 王 健

2015 年,学校以党的教育方针和《国家中长期教育改革和发展规划纲要(2010—2020 年)》精神为指导思想,以全面实施素质教育为主要任务,遵循教育发展规律,制定了五年发展规划:坚持"和雅育人"办学理念。构建结构优化、质量一流、充满活力的现代化教育体系,努力提高学校办学水平,凸显学校特色文化,优化学校内涵发展,激发每一名学生的发展潜能,增强每一位教师的职业使命感,办好人民满意的教育,促进学校和谐发展、高立发展、持续发展。

一、确立"和雅育人"办学理念

"和"者,和睦、和谐也,是中国传统文化的精华和一种高尚的民族精神。雅,正也。"和雅育人"办学理念是我们追求的办学根本宗旨和核心价值取向。学校站在关注儿童健康成长、尊重儿童和谐发展的高度,以润物无声的方式,在探索实践中诠释"宽和为怀,言行致雅"的教育真谛,努力践行"宽和立天地,兴学尚自然"的办学目标。通过不断完善"和顺管理、和雅教师、和乐教学、和美校园"的"四和"育人体系,着力构建"传统与创新并重,科学与人文并举"的管理文化,"和谐共存、共享成长幸福"的教师团队文化,"让每一个孩子都精彩"的学校课程文化和"拥抱绿色 和谐共生"的环保教育特色文化。学校以润物细无声的方式,以"和而不同"的气度,以"博雅致远"的眼光,倾心打造和雅校园,塑和雅教师,育和雅新人。

二、确立"四和"育人体系

1. 和顺管理,营造学校"和雅"育人氛围

遵照教育部和省、市、区下发的《现代学校制度建设》等文件要求,学校将以"刚性规范,柔性服务,活性激励"为主题,继续将"和顺管理"理念作为学校工作的引领,

从干部到教师转变管理理念,人人围绕学校五年规划确立个人工作目标,自主管理、自我约束、自我检测,实现"学校、教师、学生、家长、社区之间的多维和谐"。通过不断完善《现代化学校管理制度》《教师出勤管理制度》《教师在校一日常规》等管理制度,使制度具备维护学校利益和师生合法权益的双重功效,逐步成为教师自觉自愿追求的标准,建立学校发展共同愿景。

2. 和雅德育,培养"和雅"教师和学生

抓好师德师能,培养"和雅教师"。学校将不断加强师德师风建设,通过每年度"和雅教师"评选活动的开展,使教师不断树立正确的世界观、人生观和价值观,培养和树立教书育人、为人师表、献身教育的优秀典型,引领教师在实现自身价值上,逐渐形成更加崇高的信念追求。在引领教师专业发展上,学校将从课程开发、教学研究、青年教师培养、课题研究等方面,以校本研修为抓手,借助多元、自主、丰富多彩的校本培训模式及活动,为教师的专业发展搭建广阔平台;通过加大青年教师、骨干教师、校园名师三个层次的培养力度,打造学校名师团队。在成就每一位教师提升发展的同时,成就学校的不断发展从而实现做"和雅"教师的目标。

以行为习惯养成教育为主线,培养"和雅学生"。树立"时时育人、处处育人、事事育人"的观念,进一步强化学生的行为规范教育,通过继续开展"和雅争章"活动,规范日常行为习惯的评价体系,切实提高德育实效。开展学生文明修身、文明礼仪、文明语言、文明交际等系列教育专题活动,深化"108个好习惯"德育品牌,注重学生发展的全面性、多元性,使每一位学生都能健康成长、和谐发展,培养"品德高尚、尚美维新"的南仲"和雅"学子。

3. 和乐教学,建立"和雅"课程体系

学校将贯彻落实《青岛市教育局关于深化中小学课程改革的意见》,以国家课程为基础,大力推广地方课程,努力建设学校课程。首先,总结"生本智慧课堂"实践经验,构建并不断完善我校"四环导学,和乐学堂"的教学模式("四环"指自主学习、合作探究、成果展示、巩固提升,"导"指教师有效、恰当地指导和点拨,"学"指的是学生自觉主动地学;"和乐学堂"指师生和谐共进,学生善学乐学),以这一教学模式为抓手,有效促进教师"教"的行为和学生"学"的方式的转变。其次,建立"生本智慧课堂"课堂监控和评价体系,关注常态课落实,关注教师教学行为的转变,以提升教师课堂教学质量为突破口,为"和乐教学"奠定扎实的基础。再次,充分挖掘我校现有教学资源、环境资源以及相应的师资力量,有效整合学校原选修课程资源,构建"一主两翼"的学校课程体系,即"以特色课程为主,以主题课程和个性课程为两翼"。

特色课程以"拥抱绿色"为主题,自编校本教材,建立由浅入深、螺旋上升的课程体系,通过全员参与,彰显学校环境教育特色。主题课程结合学生年龄特点,将国家课程、地方课程及学校特色课程相结合,分级部确定主题开设。按照"文化主题—级部主题—班级主题"的思路开发和实施,通过"课程准备—实践探索—交流分享—总结提升"四步实施流程,将研究性学习与实践活动有机融合。根据现代社会的发展需求及学生个性发展的需要,设定适合学生成长的个性课程,由学生自主选择,采用全校"走班制"上课,促进学生的全面发展、个性发展、自主发展。

4.和美校园,彰显"和雅"学校文化

在硬件设施上,进一步建设"和雅"走廊,打造学生"3D创客空间",进行"最美教室、办公室、处室"建设,完善"百草园"校内环境教育实践基地功能,处处以"美"来彰显特色文化。软环境建设上,首先以"国际生态学校"创建为契机,逐过开设特色课程、开展以环保为主题的实践活动,深化校园文化;其次,借助数字智慧校园信息化发展平台,通过开设学校微信公众平台,完善校园网,创办《蒲公英》校刊等方式,加强学校与家庭、社区之间的联系,加大对学校办学理念、校园文化的宣传力度,全面彰显"和雅"办学理念。

基于儿童立场,朝向未来生长

青岛市实验小学 胡繁华

作为一名教育管理者,要深入思考这几个问题:为谁培养人?培养什么样的人?怎样培养人?叶澜教授曾提出的"教育要不断生长,教育要唤醒师生主动成长的内生力"给我以深刻的启迪。匠而我想借杜威的教育观点"教育即生长"来阐释我的心得,那就是:"基于儿童立场,朝向未来生长。"

基于儿童立场:指教育要以儿童为前提,教育为了儿童,教育依靠儿童采展开和进行,教育应从儿童出发,理解和尊重儿童、包容和激励儿童、引导和发展儿童。这就是儿童立场,即现代教育的立场。儿童立场是由教育的本质和主旨所规定的,儿童立场是真正的教育、良好的教育的鲜明标志和成功的根本动因。

朝向未来生长："教育即生长"是杜威的教育观点,指孩子的成长是指向未来的,孩子在成长过程中所获取的知识、培养的能力、发展的思维都是朝着未来不断延伸的。这引导教育者不光要着眼于当下,更要具备教育的前瞻性,真正站在孩子未来发展的角度促进孩子的不断学习和成长。

简言之,基于儿童立场,朝向未来生长必是以人为本、学为中心的,是全面和个性化的,是真正站在学生未来发展的角度促进学生不断学习和成长的。要想有效落实这一理念,它的途径有很多,但是我认为以信息化为手段,推动教育的变革和创新,实现学生的主动生长,促进他们的个性化可持续发展将是必由之路。

当前,我国教育信息化建设正在步入 2.0 阶段。这是教育实现跨越式发展的时代机遇,而要想抓住机遇,就必须深入创建教育新时空、新环境和新学习资源,并基于此创造出各种自主学习、研究性学习、团队学习新形式,发展学生的深层学习行为及创造性思维,全面推动学习方式变革。教育信息化已经成为一个时代变迁中的教育改革"符号",其所引发的将是一场史无前例的教育创新系统工程。在此时代大变局之中,我们的教育教学研究也需要在多学科交叉融合的宽广视野中展开,只有把以自主、开放、互联、合作为核心特征的学习文化贯穿于一切课程教学过程之中,只有在充溢着时代精神的教育新天地里,带有鲜明信息时代文化基因的一代新人才能"破茧而出"。

那么如何以此推动教育教学的深层次变革?我们按照"一个中心、双线推进、三重构建、四层应用"的思路来逐步实施,已经初见成效。

一个中心:围绕学校育人理念,以学习者为中心,进行智慧校园的环境创设、平台应用和资源统整,服务和支持学生的自主学习。

双线推进:智慧校园的建设从教师和学生两条线同时推进,谋求新技术应用背景下的教师教的方式和学生学的方式同步变革,通过师生之间的全向交互,构建师生关系的新样态。

三重构建:利用技术手段穿越资源边界,打破现有教育的僵化,通过慕课、翻转课堂等新模式,构建开放性的未来课程体系。

优化资源在多维情境中的切入、呈现与展开,加强学习过程的数据记录与反馈,变革教学评价方式,构建未来课堂样态。

借助技术手段转变教师职能,引领学生研究规划学习进程,组织学习材料和学习方式,使教师具有必备品格与关键能力,构建未来教师角色。

四层应用:在数字化建设的基础上,凸显社交化、个性化、开放化、智能化的特点,突出信息化时代对教育教学的要求和学生素养发展的方向。

（1）基于校园基础网络,建立高标准的数据共享中心,实现教学管理与评价的科学化、自动化、精细化。

（2）基于网络教学平台,统一班级内的集成应用软件,让学习与认知行为可视化,借助丰富而实用的教学资源,为自主学习的发生提供技术支撑。

（3）基于数字环境,最大限度地消除时空限制,为学习过程的互动、协作与共享提供便捷服务,借助智能分析技术,推送个性化资源。

（4）基于STEM课程理念,运用技术手段支持学习的跨界与融合,开展超学科的项目式学习,探索培养学生核心素养的新课程样式与运维机制。

总之,"互联网+"技术必将引发教育的变革,学校的围墙正在悄然打破,学习变得没有边界,个性化学习变得不再遥远,新的教育生态正在我们身边逐渐生成。我们必须"基于儿童立场",回归教育本源,以"学生自主发展"为方向,以"向着未来出发"的行走姿态,尽最大的可能发展人,让每一个学生因为技术手段的支撑,更加多元化、个性化地向着美好的未来持续地生长!

顶层整体引领　常规精细落实

—— 学校发展规划

西海岸新区董家口小学　李振来

董家口小学于2016年9月正式启用。鉴于师生来源比较复杂,为更好地谋求发展,凝聚共识,学校精心规划顶层设计,打造"惠生教育"品牌,树立了"向常规要质量"的理念。

一、以"惠生"为引领,打造学校特色

一所新校、一所名校,对学校的发展要有科学的整体规划,要有学校长远发展的顶层设计为引领。对此,董家口小学给出了慎重的答案:"惠生。""惠生",惠及民生、惠及学生、由外惠内、由内外生,就是让我们回归素质教育原点,把人应具备的成长

成功的能力与态度、习惯与性格与现在的教育过程有机结合,与教学三维目标有机整合,深入挖掘现在教育内涵,对学生进行全面培养,培养学生全面发展,个性成长,提升品位,健全人格,为人生成功奠基。

二、以"人"为本,增强学校内驱力

我们深深地意识到,学校发展的核心因素是人,提高教育教学质量,重点要做好学校六个方面的建设。一是校长自身建设:校长必须具备以下六项专业标准,即规划学校发展,营造育人氛围,领导课程教学,引领教师发展,优化内部管理,调适外部环境。二是党员队伍建设:发挥教师党支部的战斗堡垒作用,激发党员教师的先锋模范作用。三是干部队伍建设:提高干部的执行力能力,组织能力,协调能力,引导干部成为学校工作的行家,身体力行做好本职工作。四是教师队伍建设:提高教师的专业化水平,让教师拥有扎实的知识功底、过硬的教学能力、勤勉的教学态度、科学的教学方法等基本素质。五是提高教育教学质量:落脚点为学生的成长,重点抓好学生的习惯养成教育,真正把学生培养成全面发展、个性成长、人格健全的人。六是协调好家委会工作和做好家长学校工作,实现学校、家庭、社会三位一体的全方位工作方式。

三、以"制度"为保障,规范运行机制

一所学校,想要实现长足的可持续化发展,制度建设不可马虎。董家口小学所有制度中,制定的目标和落实都体现"惠生"教育因素、"惠生"管理思想、"惠生"教育目标。学校实行扁平化管理机制,运用"三四五"管理模式,即设三个年级管理组、四个管理团队和五个教研组。三个年级管理组实行"重心下移,基层为主"的扁平式管理,简政放权,级部主任负责级部所有管理工作,成为一个权力相对扩大、有独立作战能力的团队。四个管理团队包括业务发展管理、学生成长管理、校务管理、后勤服务管理团队。成立语文、数学、英语、艺体、综合学科五个教研组,在教学业务提高、学生素质培养上,教研组长承担重要责任。管理方式遵循"制度化、科学化、规范化、人性化"教育管理原则,由控制式向激励式转变。与教师共商、共定、共同执行各项制度,通过制度促进人的自觉性、主动性、积极性。

四、以"教学"为主体,培养未来栋梁

教学是教育工作的主体,学校教育必须坚持以教学质量为中心。学校以"全面育人才、育全面人才"为办学目标,以五年规划为指导,深入推进教学研讨工作,进一

步健全教学研讨常态化工作机制，打造优质高效的"惠生课堂"，探索建立科学的、高效的、具有学校特色的教学模式。对学生进行文化素养、艺术素养、体育素养、身心素养等全面培养。在常态教育教学工作中，我们严格精细教学管理，深化教学研究，全面提高教育教学质量。学校领导围绕教育教学这一中心环节，为教学服务，教导处、各教研组充分发挥其职能作用，全方位地、科学地组织教学过程，形成了科学、规范的常规教学工作机制。在历次教学质量检测中，我校成绩都名列前茅。

我们将不忘初心，扎实工作，不断开创学校教育教学工作新局面！

养习惯、润特色，助力学校发展

—— 莱西二实小未来发展规划

莱西市第二实验小学 刘 帅

近年来，莱西市第二实验小学实现跨越式发展，成为莱西市区内首屈一指的市直小学。学校在未来应该朝什么方向发展、学校应该培养什么样的人才能助推学校实现新发展、新跨越，这是摆在二实小人面前的一个命题。做好未来发展规划不仅体现着二实小人的志向、智慧和胆魄，也是鼓舞士气、明确方向的一个重要举措。新的发展规划不仅要保留二实小原先的优势，反映时代的发展趋势和要求，还要满足家长的需求、实现教师发展，更要满足学生健康成长、主动发展的需要。总之，要将二实小的教育内涵提升到一个新的水平，就要在秉承先前优良传统的前提下，探索科学发展、和谐发展、持续发展的新模式。

一、学校发展的历史回顾与现状分析

莱西市第二实验小学始建于 1986 年，现有 2449 名学生、126 位教职员工，先后荣获山东省规范化学校、山东省教学示范学校、山东省艺术教育示范学校、山东省校本研究先进单位、全国足球特色学校等 30 多项荣誉。各级电视台、报纸先后报道过学校的办学经验。上级各部门到学校检查工作，都对学校工作给予高度评价。学校连续多年获得"办学质量考核优秀单位",得到了学生、家长和社会各界的广泛认可。

追根求源,二实小取得成就有以下因素。

1. 同心同德,上下同欲

全校师生形成了共同的价值观——培养良好习惯,为学生一生幸福奠基。

2. 追求卓越,创建品牌

"二实小"成为莱西市小学教育一块响当当的品牌,这个品牌意味着追求卓越、不断前进。

3. 无私奉献,协同发展

二实小有一大批不计得失、无私奉献的教师,他们默默工作,踏实勤勉,协同发展。

4. 优质资源,保障到位

学校教育核心资源建设不断完善充实,基础资源建设不断拓展更新;实验楼的建成和使用,更是有效地解决了阻碍学校未来发展的大班额问题。

但是,我们必须清醒和理性地看到,学校的内涵发展还存在某些缺失,主要表现在以下两个方面。

(1)学校特色建设需要做好顶层设计,要有长足的规划。

特色课程的创建还有很长的一段路要走;拓展性课程、探究性课程的质量参差不齐,需要找到提高师生积极性的方法。

(2)化解大班额带来师资不足的问题,在现有师资条件下,保证"二实小"品牌的含金量。

二、未来发展的目标分解与驱动项目

结合学校发展历程、现状及学生、学校未来发展的需求,我们认为学校在着力培养"读好书、写好字、做好人、健好体"四个好习惯的前提下,突出"写好字"特色发展,着力打造书法特色名校,提升学生素养。

(一)读书立人——读好书

继续秉承"爱读书的孩子爱学习,会读书的孩子会学习,多读书的孩子学习好"的读书理念,开展丰富多彩的读书活动,展示学生读书成果,激发学生读书热情。

（二）翰墨飘香——写好字

构建"1234"书法特色育人体系，即一个特色、两个阵地、三方力量、四个维度。一个特色是书法教学特色，两个阵地是课堂、课外，三方力量是学校、家庭、社会，四个维度是以书润德、以书启智、以书育美、以书践行。我们相信：写字能让学生静下来。静能致远，静能生慧。

（三）善习养正——做好人

"善习养正"引领学生涵养正气，修德正心，形成健康人格。着重培养五大"做人"习惯：爱整洁、有礼貌、能节俭、守秩序、讲诚信；五大"学习"习惯：会预习、用心听、多思考、善交流、认真写。

（四）强健体魄——健好体

学校以培养学生身心健康素养为目标，让运动成为一种习惯。结合学校现状，开展群体健身活动；开设田径、乒乓球等社团训练；引进外援，开设跆拳道、小足球等多元课程；召开大型运动会……使学生人人都有一个自己喜欢的运动项目，坚持每天运动一小时。

"培养良好习惯，为一生幸福奠基"是二实小人共同的梦想和追求。我们将携手同心，勇于担当，锐意改革，用心谱写学校发展新的华章！

传统与现代结合，助推学校特色发展

西海岸新区黄岛小学 王卫杰

青岛西海岸新区黄岛小学始建于1949年，新校区于2015年8月投入使用，占地30.5亩，设计规模36个教学班。学校按照最高标准配备了现代化的教育教学和生活设施，功能室齐全，是西海岸新区首家配建游泳馆的小学。

一、发展"诗教"特色，打造诗意校园

我校以传统文化及诗词教育为内容开发了"诗教"系列教材，制定了《古诗文争章达标方案》，给学生每人发放一本《古诗文争章达标手册》，在全校开展古诗文达标争章活动。根据新课标中给定的古诗及其他优秀古诗文，按照普及性、提高性、差异性发展的特点将200多首古诗划定为七级，每个年级都设定必达目标，除背诵规定数量古诗外，还包含国学经典的诵读、古诗文的默写，五、六年级更是有创作古诗的数量要求，学生每达一级将获以古代著名诗人李白、杜甫等为主题设置的图章。每年的端午节期间，学校会启动学生达标考级程序，给通过考级的学生发放达级证书，并对获得相关数量图章的学生颁发奖品。

学校每月组织开展"诗风联韵"楹联比赛和"经典诗歌诵读比赛""诗配画""古诗词硬笔书法比赛"等丰富多彩的诗教主题月活动，组织"晨诵、午写、暮读"及成果汇报展示，传承中华民族优秀文化，陶冶学生情操，让古诗文鉴赏成为学生美德形成和智力发展的有效载体。

二、依托创客工厂，培养学生科学素养

学校秉承"让每一个孩子健康成长"的办学理念，以传统诗教和创客工场作为学校特色发展的两翼。为推进现代化学校建设，架构数字智慧校园，学校着力打造设备一流、配置超前的包含3D打印、动漫、机器人活动室在内的创客工场。利用课程激发学生的无限创意。其中创客类课程有机器人、3D/动漫、计算机编程、七巧板/魔方、航模、科技制作等。丰富多彩的课程满足了不同学生的需求，为塑造学生的个性提供了广阔的学习空间，使学生的特长、潜能得以充分的挖掘。学校每年组织开展的"科技创新月"活动，更是培养了大批"创客小达人"，在省、市各类比赛中屡屡获奖。2018年10月，黄岛小学成功承办了青岛市小学信息技术学科教学研讨会，展示了学校创客特色创建成果，并在大会上做了经验交流。

围绕生活教育文化，打造一流特色学校

即墨区通济小学　王治国

通济小学现有 19 个教学班,在校学生 942 人,在岗教师 45 人。多年来,我校从生活化作文入手,构建生活化课堂,进行生活德育,并提炼出"生活教育"文化主题。至此,我们致力于围绕生活教育文化主题,规划、打造一流特色学校的实践研究。

一、坚持文化立校，确立生活教育的办学理念

通济小学 2002 年开始进行的生活化作文实践研究在全即墨区推广,现在我们在"生活化作文"基础上构建起了"生活化课堂教学模式",即课前向生活开放、课上再现生活、课后向生活延伸。同时,我们又提出了"生活德育",并通过"德育王化"(即点化、感化、内化、转化、净化)来构建生活德育体系,推进德育建设。学校将文化主题确定为"生活教育文化"。确定了生活教育的办学理念和办学目标,并提炼出六字校训。

办学理念:实施生活化的教育,使教育和生活相融合。

办学目标:培养学生具有自主生活的能力、实践探索的精神、合作共享的意识、健康的体魄、艺术的兴趣。

校训:体验、创造、分享。

二、构建生活教育板块，打造学校特色

我们确定生活教育的三个板块,以生活德育体系培养自主生活的能力,以生活化教学模式培养实践探索精神与合作共享的意识,以个性化的校本课程体系来培养艺术的兴趣等个性特长。这三个板块相辅相成,形成了课内外结合、家校社会沟通的立体教育网络。

（一）构建生活德育体系，培养学生自主自立的能力

学生的生活包括学校生活、家庭生活和社会生活三部分。生活德育必须涵盖学生在学校的所有生活。为此，我们从学生的学习生活、家庭生活和社会生活三方面入手，把德育融入学生的各种生活之中，使学生在生活中学会自理自立，学会做事做人。

1. 德育与学校生活融合，是实施生活德育的主阵地

第一，利用一切可利用的教育资源，除着眼于学生目之所及、足之所进的宣传橱窗、板报、文化长廊等处渗透育人观念外，还常年坚持阵地教育，加强少先队文明监督岗的工作力度，严格升降国旗制度，每年建队节都要组织一年级新生入队、参观少先队活动室，让队员们了解中国少年先锋队的历史以及我校少先队工作蓬勃发展的历程。

第二，班级教育，加强学生自主管理，根据小学生年龄的特点，我们以习惯养成教育为目标，分年段制订了学习、纪律、卫生、文明礼仪和生活等方面的系列目标和实施措施。开展"我的事情我做主"主题实践系列活动。小到擦黑板，大到图书角的管理，激励学生毛遂自荐、竞争上岗，进行高效能的班级自主管理，使班里事事有人管、人人有事干，学生们有的成了图书管理员，有的当上了校园卫生监督员，有的成了帮助别人学习的小老师……学生寻找一个岗位，获得一种感受，养成一种品质，把做人的基本道理逐渐内化为自己的良好品行。

第三，开展各项活动，以活动促落实。结合主题教育月开展文明礼仪课程、感恩教育、法制教育、安全教育等主题活动。

综合实践课开展了"节约用水，保护自然"主题教育征文活动，有11位同学获得区级奖项；举行"诚信伴我成长"主题演讲比赛，通过名人佚事、身边小事等谈感受、说体会，渗透"诚信、友善"等社会主义核心价值观内容，积极营造和谐、诚信的校园环境；开展"珍爱生命，预防溺水"宣誓签名活动、"暑期阳光快车活动"、向祖国妈妈献礼等多种多样的德育实践活动，使学生形成了良好的道德品质，培养了学生的自主能力。

2. 生活德育与家庭、社会生活融合，是实施生活德育的催化剂

我们采取开办家长学校、建立家长开放周等一系列的方法，把德育教育向家庭和社会拓展，构建三位一体的生活德育网络。除了用不同形式的家访沟通之外，每学期至少召开两次"做智慧家长，静候陌上花开"家长培训，邀请家长参与学校活动，在家对孩子进行星级评价，对孩子的起床、洗漱、上学、读书、孝敬长辈、锻炼身体等各

方面进行评价,让孩子在家也能得到父母及时客观的评价,不再是被催着起床、看着吃饭、哄着去上学、盯着写作业,减少了训斥和打骂,增进了父母和孩子之间的感情。在此基础上要求各班每周布置德育作业,如给家长洗脚、帮父母端茶、做家务、整理房间、做文明学生等,这样就让学生清楚地知道在学习、生活中应该做什么、应该怎么做并付诸实施,久而久之,学生就逐步养成了良好的习惯。

(二)构建生活化课堂教学模式,培养探索精神与合作意识

"体验"是生活教育的主渠道,是学校教育特色之一。我们对生活化课堂教学的定位是联系生活实际,追求体验的课堂,让学生经历学习的过程。构建了"134"式生活课堂教学模式:一个理念即先学后教、不学不教、以学定教;三项要求是课前向生活开放、课上再现生活、课后向生活延伸;四个课堂硬性环节即先学后教、经历体验过程,质疑答疑、激活创造火花,小组合作、交流共享成果,训练应用、密切联系生活。

同时,我们积极改革作业方式,让传统的读背写作业尽可能在课上完成,课下作业强调与生活实际联系起来,增强体验性与实践性。作业形式丰富多彩,观察、调查、查阅整理资料、走访、劳动体验、动手操作探究的作业大大调动了学生的兴趣,提高了主动性。各种作业引导学生重新回归生活体验。

在实践中我们深深地体会到,还学生主动学习的权利,要落实于课堂,要将课堂与学生生活实际密切结合,让学生在每节课中都经历体验的过程,才能培养出可持续发展、终身发展的学生,实现为学生一生的发展奠基的目标。

(三)构建生活化校本课程,促进学生个性发展

学校在开展好文化课学科教学的前提下,以多元化的人才观、培养观为引领,每周五下午,专门开展社团教学,发现、引导、培养学生的特长,促进学生个性发展和全面成长。社团教学专业性强,有些课专业教师不足,学校就采取外聘的方法把教师引进来,对内挖潜力,对外聘人才,这样学校的社团教学就轰轰烈烈地开展起来。目前,通济小学一共开设了27个社团班,包括快板、书法、轮滑、绘画、舞蹈、足球、跆拳道、花样跳绳、太极拳、小主持人等。学校还把快板课程作为学校课程开发出来,为全校1~6年级19个班级每周开设了一节快板课。开设快板课、学习快板,可以使学生在语言学习、表演、创作等方面的素质得到很大提高。学校给学生提供舞台,利用升国旗时间开展"朗读者"活动,建设"七彩虹广播站",让学生自己组织稿件,主持节目,在"六一"节把自己在社团上的收获展示出来,一批批特长生不断涌现。

在社团和学校特色课程的开设方面,我们还刚刚起步,许多社团和学校课程还很

粗糙,还有许多地方不成熟,但是我们的指导思想是尽量为学生发展提供广阔的空间,在此基础上,努力打造更多的精品社团,使学生在学好学科课程的前提下,可以多元发展和特色发展。

三、教育入手,塑造心灵,加强教师队伍管理

1.加强师德建设,树立师表形象

我们组织干部、教师每双周一次开展政治业务学习,认真学习《教师法》《中小学教师职业道德规范》等政策性文件,组织开展生动有效的师德教育活动,充分挖掘、宣传我校老、中、青教师中的先进师德事例,用身边的榜样影响和激励每位教师,让大家学有榜样、做有目标,不断提高自身的精神境界和师德修养。

2.加强业务学习,促教师专业化水平提高

在坚持传统的"传、帮、带"的基础上,本学期邀请教研室教师对在职教师集中培训。同时,通过说课、公开课、示范课等形式,提高教师驾驭教材和课堂的能力,并要求青年教师必须参与课题研究和新课程改革。我们除了加强校内教师间的互动,更重视把教师送出去学,栾树先、李术明、卢英等多名教师参加市业务培训与学习,他们都十分珍惜各种学习机会,把外出学习看作高级"精神福利"。通过走出去学、带回来教,全校教师有效地吸收、消化新的课改信息和教育理论,逐步确立全新的教育理念。

3.广开言路,金点子遍地开花

学校的发展离不开教师的广泛参与,我们树立"每一位教师都是学校的主人"的意识,开展了"通济小学发展大家谈"金点子征集活动,教师们踊跃献言建策,征集到的28条金点子涉及学校线路改造、校园环境美化、师德建设、推进学校民主管理等方面,学校全部采纳,将其列入双周计划,并逐步实施,学校管理再上一个新台阶。

4.开展工会活动,激发教师工作热情

学校举行"发现通济小学之美"主题摄影比赛,共收到教师的摄影作品百余幅。作品从不同角度展现了通济小学人与自然、人与人的和谐之美。学校举行推球、慢跑抽奖和妇女节献花等活动,进一步激发教师对学校、对教育工作的热爱,提高工作热情。

我们坚信,在所有干部、教师的共同努力下,生活教育必将成为我校的办学特色。陶行知说:"整个社会是我们的学校,全部生活是我们的课程"。我们站在这样的高度

来审视教育,今后会继续坚持不懈地实施生活教育,为学生提供丰富多彩的生活体验,促进学生的健康全面可持续发展,让学校成为学生最向往的地方。

幸福教育,因诗慧而更美

——"规划学校发展"专题实践

西海岸新区育才小学　管延爱

2019年8月,组织安排我担任了西海岸新区育才小学的校长。通过研究校史,我了解了育才小学实施诗慧教育多年,积累了丰富的经验。我团结、带领广大教职工,创新实践,持续推进诗慧教育内涵式发展,不断创造立德树人工作新模式,为师生可持续发展和幸福人生奠基。

一、发挥好现代化办学理念的引领作用

围绕立德树人根本任务,将习近平新时代中国特色社会主义思想与学校"尚雅养慧,育才报国"的办学理念深度融合,立足中华诗教和海鹰少年军校两大平台,创新、稳步推进实施以"灵动、优雅、唯美、哲思"为内涵的诗慧教育,内聚智慧,外塑优雅,涵养孩子的诗心、诗情、诗品、诗慧,为学生的可持续发展奠基,稳步实现"办诗慧学校,育高雅人才"的办学目标,努力建成全国知名诗慧教育学校。

二、发挥好精神文化的导向作用

以诗意文化为导向,整体规划、分层设计、有机衔接、系统推进,通过培植诗慧教师、开发诗品课程、打造诗化果堂、实施诗情德育、建设诗意校园,引导学生用审美眼光观察世界,用诗意情怀体验生活,用艺术思维创生智慧,涵养人文情怀,形成高雅品德,积淀中国智慧,弘扬民族精神。

立足新的教育形势,在日常教育教学工作中,有效践行"以诗为友,与高尚同行"的校训,弘扬"崇真、扬善、求美、创新"的校风,"居儒典雅,因材施教"的教风和"乐

学笃行，放飞性灵"的学风，让教育在内容、过程和行为中，充满着诗意美感，让师生诗意地栖居，幸福地成长。

三、构建好现代化的管理体系

（一）与时俱进，建立并完善现代学校管理制度

坚持开放办学和民主管理的原则，持续建立健全各项规章制度，特别是要进一步完善《教职工代表大会制度》《家长评校社会评教制度》《诗慧课堂教学评价制度》等有关制度，实践"有诗意、有思想、有故事、有温度"的"诗慧"管理模式，用"诗慧文化"引领学校长效发展，用制度规范学校发展，用制度激发师生热情。

（二）持续培养具有现代化素养的诗慧教师队伍

发展教师就是发展学校。以"涵养诗慧、德艺双馨"为目标，通过专家引领、实施"三课"工程、同伴互助和行动反思等方式，引领教师用国际化视野看待教育，用中外先进文化实施教育，用信息化手段服务教育，用诗性文化润泽心灵，努力培植境界高远、博学多才、富有人文情怀和科学精神的现代化教师。

（三）实践好诗情德育，促进德育现代化

以"求真向善、立德树人"为目标，结合新的教育形式，充分发挥本土资源优势，编写系列诗情德育读本，开设主题丰富的诗情德育讲坛，构建家校育人共同体，实施好家国情怀教育、社会关爱教育和人格修养教育，坚持不懈地打造"尚雅养慧"德育品牌，涵养学生良好的行为习惯和道德情操。

（四）实施好"诗品"课程，推动教学现代化

以"崇贤尚雅，涵养诗性"为目标，充分利用本土教育资源，开发、完善"诗品"课程体系。以"激发兴趣，放飞性灵"为目标，打造"诗化课堂"。积极实践并深化打造"诗意语文""数有思想""诗情英语""实验探究"四大学科课堂和"声情并茂""激情运动""诗情画意"音乐、体育、美术诗化课堂，广泛深入实践以"诗意、合作、灵动"为内涵的诗化课堂教学模式，努力实现简约、科学、形象、人文的现代化高效课堂，提高教育教学质量，培养学生核心素养。

我们的工作成效明显。学生乐学笃行，个个追求优雅，人人喜爱诗歌。《少年诗刊》《延河》里，经常发表育才少年文采飞扬的作品。学校顺利通过了山东省文明校园的复查验收，获青岛市五星级阳光校园等荣誉称号。

在新的发展道路上,学校将立足优势谋发展,推动发展创特色,与全体教职工一道,努力推进诗慧教育的内涵式发展,不断创造学校立德树人工作的新成就,为我区"教育,让新区更美丽"品牌增添靓丽色彩!

科学规划　均衡发展

西海岸新区兰亭小学　孙传香

一、背景分析

科学规划、均衡发展是新时代教育的主流方向。在习近平新时代中国特色社会主义思想的指导下,依据国家与地方教育规划纲要和教育政策法规,兰亭小学以学习型校园建设为切入口,以品牌建设为着力点,以特色课程建设为新亮点,以'合作学习"为增长点,以信息化学校建设为支撑点,不断优化育人环境,创新管理机制,加强师资队伍建设,深入实施课程改革,以和谐促发展,以质量铸品牌,建新时代一流高质量学校。

二、典型做法

1.严格规划制定流程

（1）成立机构。

成立学校发展规划编制领导小组和工作小组。领导小组由校长任组长,邀请教育专家、教师代表、家长代表等共同参与。工作小组由主执笔人和学校各部门负责人组成。

（2）制定方案。

制定学校发展规划编制工作方案,明确人员职责分工、工作流程、时间安排等内容。

（3）开展调研。

通过校务会、学术委员会、教师会等充分讨论研究学校下一阶段的发展方向和工作重点。面向家长、社区发放规划意向调研表,征集意见建议。

（4）形成草案。

学校规划制定工作小组汇总调研成果，全面深入地分析学校办学基础、发展优势、存在问题，初步确定发展目标、重点工作，形成学校发展规划草案。

（5）专家论证。

邀请教育专家学者、学术委员会对草案进行研究论证。根据意见建议对学校发展规划草案进行调整、修改，形成审议稿。

（6）向教代会、校委会报告。

学校发展规划审议稿提交教代会、校务委员会研究讨论，听取意见建议，并进一步修改完善。

（7）形成社会稳定风险评估报告。

（8）提交校长办公会研究决定。

经过多次修改完善后的学校发展规划审议稿提交校长办公会研究决定。

（9）备案公布。

经校长办公会研究决定后的学校发展规划，报青西新区教体局督导室备案后，在学校网站公布。

2．严格规划落实举措

（1）德育工作品牌化。

以青岛市十大德育品牌——"学雅养正"为目标，以强化行为规范养成教育为重点，以雅行、雅品、雅学为落脚点，创新性地开展德育工作。

（2）家委会工作常态化。

深入开展家校合作，确立了集团家委会、校级家委会、班级家委会三级家委会，鼓励家长入校办公，参与计划制订与文化建设，督查学校管理，使学校教育和家庭教育共赢。

（3）小组合作实效化。

学校采取"走出去，请进来"的策略，组织业务干部、骨干教师到名校考察学习小组合作学习，扎实践行我校"自主课堂六段教学法"课堂教学模式。

（4）书法特色鲜明化。

以创建全国书法示范特色校为目标，优化资源，深化落实，软硬兼修，让书法特色更加鲜明。软件方面，除了师资培训外，还在将书法纳入课程表、实施分层教学的基础上，推行课前经典诵读2分钟、静心习字一刻钟，成立专门的学生书法委员会来主持此项活动，进行监督检查反馈练习情况，让传统文化与书法教育连为一体。在硬件方面，学校在原有两个标准书法教室的基础上，设立书法工作室和书法体验馆，将多媒体设施引进书法课堂,确保硬件设施精细化。

（5）课程建设规范化。

严格按课程设置抓好三级课程。考试学科落实好"三抓":抓好高效课堂,抓好"堂堂清",抓好单元检测;考查学科、常规教学要"四管齐下":值班校长一日四巡制、级部主任包干制、干部集体调研日、问卷调查"四管齐下",培养学生良好的习惯,提升素养。

（6）管理精细化。

五个校区（兰亭本部、朝阳小学、凭海临风小学、兰亭小学南校区、灵山岛学校）实施集团化办学的模式及管理模式:五校区成立了集团理事会、集团校长会、集团校干论坛会以及集团督导组,一套领导班子,一个管理标准,行政以纵为主,业务以横为辅,纵横交错,同步发展,形成了"1＋1＋1＋1＞4"的合力。

三、主要成效

兰亭小学因规划超前、科学,实施到位、高效,近年来,取得了多项成绩。学校以书法为引领,围绕着"国学立品、写字立人"的工作主题,确立了"写好中国字、做好中国人"的校训。秉承"写好人生每一笔"的核心理念,学校旗帜鲜明地打造了"书法浸润人生、国学传承文明"的办学特色,享誉全国,是全国书法教育示范学校、青岛市唯一一所山东省小学书法教材实验基地、山东省首所书法教育示范校、青岛市唯一一所山东省王羲之书法特色学校、青岛西海岸新区唯一一所山东省家庭教育示范基地。学校连续八年被评为黄岛区教育工作先进单位,在综合考核、教学质量抽测中均名列全区前列,是一所设施先进、校风纯正、质量一流、管理规范的现代化书法特色学校。

目前,兰亭小学托管了朝阳小学、凭海临风小学、兰亭小学南校区（翰文）和灵山岛学校,五校共有 126 个班、在岗 353 名教师、5292 名学生。五校区坚定不移地推进集团化办学,在继承兰亭小学国学经典和书法教育的基础上,做到美美与共、和而不同:以传统文化教育为主轴,保持在办学思想统一、办学理念一致、课程实施协同的基础上,发掘与培植各校区的办学特色,打造兰亭的书法、凭海临风的舞蹈和朝阳的影视、翰文校区的"礼·仪"、灵山岛的海岛与国防五大品牌。五个校区共有一个法人、一套领导班子、一套管理制度,业务上横向引领,行政上纵向负责。每个校区都有一个执行校长,以兰亭小学为龙头,在教育理念、学校管理、教育科研、信息技术、教育评价、校产管理等方面统一管理,做到了目标同向、师资同酬、教研同步,实现管理、师资、设备等优质教育资源的共享,形成了一校五址的集团化办学模式。

满园春色关不住，四润谱写新篇章

莱西市泰安路小学　滕立人

新时期，莱西市泰安路小学秉承"为学生未来发展做准备"的办学理念，围绕"做身边人的榜样"的校训，全校上下团结一心，求真务实，努力打造一所有特色、有温度的学校。现在，"润课程""润少年""润家长""润教师"四张靓丽的名片，拉开了学校"润"特色发展的新篇章。

一、开设"润"课程

在"润"课程开发的实践中，我们学校以多元智能理论和建构主义理论为支撑，将视野从"学科本位"向"儿童本位"回归。科学地把握"面向全体"与"关注个体"的关系，进行课程设计与实施，以尊重差异、鼓励特色、释放个性。

学校地处市区，学校内部、家长和周边培训机构存在着优良的师资力量。学校充分调动学校、家庭和社会的资源，先后成功开发出《可爱的家乡莱西》《思维训练》《数独》《电脑编程》《戏曲》《小主持人》《思维导图》等语言智能和数理逻辑智能的教材。

其中，依托教材形式的戏曲课程和思维导图课程成为青岛市特色课程。

戏曲课程依托校本教材《我的戏曲我的梦》获青岛市精品课程。经历了近11年的课程开展，取得了优秀的成绩。戏曲学习班的学生先后参加国家级、省级、市级等比赛演出，均获奖项。

学校开展思维导图课程。2015年学校邀请了北师大附小的杨艳君校长进校指导。经过几年的学习探索研究，积累了非常丰富的经验，获得了骄人的成绩。学校先后承办青岛和莱西市现场会20余次，并于2019年5月18日至19日成功举办了山东省第二届中小学思维导图与课堂教学重建实战观摩会。

二、塑造"润少年"

学校出台了莱西市泰安路小学"6S管理"的具体规定，要求学生做到保好洁、走好路、出好操、建好身、行好礼、读好书,打造"润少年"和"润班级"。学校还组织政教处的领导制作了6S卡片,要求学生熟记并且做到。"润少年"和"润班级"的评选由学生的民主组织——值周班组织检查和评比。中、高年级各班轮流担任值周班级,全校的值周工作由政教处负总责,班主任直接组织,每周设立班值周组长若干人,值周组长分区域带领队员进行管理,值周人员的岗位遍及校园。"润少年"值周班的小队员每天像旗帜在校园的每个角落飘扬。学校的大队委竞选从报名到宣传,再到竞选全部由学生自主完成。

三、培养"润家长"

学校实行民主办学,主要体现为让家长参与学校的管理工作,培养"润家长"。

(一)家委会工作扎实有效

学校为家委会设立了专门的办公室,每天每个级部安排1名家委会成员驻校办公。每天参与驻校的家委会成员要留下宝贵的合理化意见和建议,并写下自己的驻校感受。学校每月对家长的合理化建议和意见进行汇总,以"致家长一封信"的形式反馈给所有家长。本学期共有400多名家长驻校,提出的合理化建议共700多条。家委会的合理化意见和建议为学校的长远发展提供了不竭的源泉。

(二)让家委会参与学校内部管理

组织家委会参与校务管理,如校服选定、少先队大队委竞选、每天的学校放学路队管理、每天下午的学校课程检查、义卖活动,这些活动加强了家校之间的沟通,也充分发挥了家委会的作用。

(三)充分发挥家委会的调和作用

对于家长投诉上访事件,学校委托家委会全权处理,家长与家长之间沟通和理解更容易,这样有利于矛盾的化解,便于把矛盾消灭于萌芽之中。

四、打造"润教师"

打造"润教师"就是学校发掘教师身上的闪光点。学校开设了5个名师工作室、5个名班主任工作室,充分发挥教师的特长,使其成为身边人的榜样。

(一)师徒结对

为帮助年轻教师快速成长,学校组织骨干教师与年轻教师结成对子,采取一徒三师制，即每个徒弟有三位师傅，一是领导干部师傅，负责讲解学校规章制度；二是班级管理师傅，无论徒弟是不是班主任，都要配备一名班主任师傅，学习班级管理经验；三是业务师傅，每周互相听课、评课，提高徒弟的专业水平。

（二）明星教师打造

学校每天对教师的教学常规工作进行检查，发现优秀教师，每周进行宣传表扬，打造了一批明星教师。

（三）项目分工

学校将各项特色工作分化成十几个项目，每个项目安排一名教师负责，负责教师可以组建自己的团队。例如，学校的读书、写作、数独、科技等活动都由专门的教师负责实施，组织了丰富多彩的活动。

荣誉和数据，见证着学校全体师生的努力，见证着学校教育发展的轨迹。 在今后的日子里，全校师生将满怀豪情、积极工作，为把我校办成现代化、高水平、有特色的品牌学校而继续努力！

实施"1234"发展战略，推进学校规划落实

西海岸新区太行山路小学　肖焕盛

太行山路小学不断加大教育改革创新的力度，以"1234"发展战略，即确立一个理念、实施两项工程、汇聚三方合力和立足四个创新，稳步推进学校规划的落实，具体如下。

一、确立一个理念，引领发展方向

办学理念是学校的精神和价值追求。结合太行山路小学的地理位置和实际，在传承办学成果的基础上，学校确立了"太行养中华正气，书香育世界情怀"行动纲领，并以"正气树人 品质立校"为办学理念，以"不诚无物 见贤思齐"为校训，以中华正气奠定品格，以世界情怀走向国际为重要发展目标，力求实现"学在太行，品质太行"

的办学理想。

二、实施两项工程，奠定发展基础

1. 文化建设，彰显办学理念

以"太行养中华正气，书香育世界情怀"为主题的校园文化，将中国传统文化特色和国际化特色完美地融合在一起，构成了独特的文化价值体系，得到了领导、教师和家长的认可，受到学生的喜爱。

2. 制度建设，落实办学理念

学校围绕办学规划完善了各项规章制度，修订了《太行山路小学教学常规》和《太行山路小学教师绩效考核办法》，编印了《太行山路小学管理指南》。各项制度的制定和实施，都是在广泛征求教职工意见的基础上，由教代会通过后再执行。这种民主化的管理，使教师执行制度成为一种自觉的行动，促使教师自我管理、自觉发展。

三、汇聚三方合力，启动发展引擎

干部、教师和家长是推动学校快速发展的"三驾马车"，三方形成合力，是推进学校素质教育、实现办学目标的关键。

1. 坚持德才兼备，锻造干部队伍

按照任人唯贤的原则，学校选拔和培养了一批广大教师认可、工作实绩突出的青年教师进入校委会，分级管理，责权分明，为学校注入了发展活力。

2. 坚持高端引领，提升教师素质

加强与国内教育发达地区乃至国外学校、教师培训基地的合作。每学年安排近百人次外出培训，与中国教师教育视频网签订了优质教育资源共享暨战略合作协议。

3. 认同办学理念，家长主动奉献

家长踊跃走进课堂，"家长大讲堂"活动开展得有声有色，真正做到与孩子共同成长；家长自发成立"家长志愿者"团队，每天早上在学校路口指挥交通，为孩子保驾护航；家委会每年组织亲子运动大会，山东省教育厅厅长邓云峰曾亲临比赛现场，与孩子们共同感受比赛的热烈气氛。家委会捐资近200万元建设学校孔子苑、大厅和操场，极大地提升了学校的育人环境。

四、立足四个创新，实现发展目标

1. 课程创新，促学生多元发展

在开好国家和地方课程的同时，学校开发实施了被学生称为"兴趣花园"的"中华韵、世界情"主题系列课程，构建起科技与制作等五大类30门学校课程，全面提高学生的科学素养与人文修养。

2. 科研创新，提教育教学质量

教育部教育管理信息中心课题"信息技术促进教师专业发展的实证研究"、山东省教育学会课题"校园创客空间建设案例研究"、青岛市教育科学"十三五"规划课题"小学国际化核心素养培养路径的研究"等多个课题陆续结题；学校有26人在《小学教学参考》《教育家》和《教育文摘》等国家级和市级刊物上发表了论文。

3. 智慧校园，勇立信息化潮头

校园网全面升级，接入教育城域网，信息点覆盖所有教育、教学。校园安防监控系统实现校园监控24小时无缝覆盖。学校电视台投入使用，实现校内现场直播和校外点对点直播。录播教室的建成为教师录制微课和进行课堂教学诊断提供了便利条件。智慧校园实现了学校管理和教育教学的智慧管理云时代。

4. 特色创新，获社会充分认可

作为青岛市国际教育示范校，学校专注于发展学校的传统文化国际化的教育特色，走在了教育现代化、国际化的前列。学校先后与韩国群山市龟岩小学、澳大利亚阿德莱德普尔特尼文法学校、俄罗斯彼尔姆市第二中学、彼尔姆市奥运足球后备学校、普希金俄语学院、哈巴罗夫斯克第四中学结成姊妹友好学校，成功实现了互访和国际同步课堂。中央电视台、人民日报、新华网、青岛日报、山东电视台等多家媒体对我校的办学特色进行了报道，学校办学成果赢得了社会和广大家长的认可。

积极开发资源　努力服务学校发展

胶州市北京路小学　张坤霞

"一名好校长，就是一所好学校。"要想成为一名好校长，既要业务精湛让师生服气，管理科学让师生顺气，将学校打造成团结高效、和谐奋进的团体；又要善于开发利用资源，做好学校发展的"后勤部长""外交部长"，使各种资源最大限度地为我所用，服务学校发展。

一、用足、用活家长资源

学生家长来自各行各业，其中不乏各行业的能手与精英，学校设立了班级、级部、学校三级家长委员会，并成立了家长学校。坚持每月组织一次学校家长委员会会议，与家委会成员讨论工作安排，让家长积极参与学校民主管理，为学校班级工作献计献策，将家长紧紧团结在学校周围。每学期组织开展两到三次主题实践活动，请家长提供学习实践基地，供学生参观、实践。同时聘请有特长的20名家长担任"家长教师"，"家长教师"在学校乒乓球、围棋、剪纸、书法、象棋、绘画、小主持、秧歌等多个社团中，发挥了重要作用。

二、牵手"联姻"校外资源

一些校外的企事业单位、爱国主义教育基地等有与学校合作的意愿，这就为双方合作打下了很好的基础。自己在家等着人家来上门不行，必须主动登门寻求合作。学校想方设法寻求与校外资源"联姻"的机会，与胶州城投公司、胶州文化馆、高凤瀚纪念馆、胶州第一党支部纪念馆等结成共建单位与友好合作单位，共同开展活动，像亲戚一样常来常往。既争取到校外资金，支持和改善了学校办学条件，又拓展了校外课堂，升华了师生的境界，开阔了师生的视野。

三、积极争取上级资源

每年教育部门都有一些试点、实践或者推广活动和任务，只要能够贡献一分力量，有利于学校发展和学生成长，学校总是积极争取，如上级教育部门试点、试验性课题、现场会议，主动跟文明办、妇联、团委、广播电视台等对接汇报，积极参与创建新时代文明实践点、巾帼建功团体等，每一次完成任务的过程都变成推动师生和学校进步的过程。在抢任务、完成任务的过程中，张坤霞带领师生增强了本领，锤炼了队伍，提高了学校的知名度和美誉度。

打造"五味"教育品牌　创建高水平现代化学校

胶州市第五实验小学　赵建华

我校以立德树人为根本任务，以质量提升为核心，以创建高水平现代化学校为载体，凝心聚力，担当作为，高站位谋划教学工作，全面推动学校高质量发展。

一、打造"五味"文化品牌，彰显办学思想现代化

学校确立了"五味"文化特色，理顺了办学目标，即"办有色彩、有味道、有故事的学校；做有爱心、有气质、有智慧的人师；育有品格、有志趣、有特长的学子"，学校形成了"做起来 细品味 出故事"的浓郁校风，融铸成《五实小高质量发展的20个好习惯》。"行胜于言""凡事慎于始""独行快、众行远"成为五小广泛认同的价值追求。2019年我校在全市小学毕业初中分班考试中名列前茅。9月26日，在全市教学工作会议上，我校做了题为"凝心聚力 担当作为 推动学校高质量发展"的工作汇报。

二、建设美丽文化校园，实现办学条件现代化

（一）建设美丽的校园环境

我校致力于美丽校园建设，让学生在优雅、温馨、舒适的环境中学习、成长。我们按照学生的意愿精心布置校园环境，处处体现出童年的味道、生活的色彩；校园里三季有花，四季常青。校园实现了亮化、美化、绿化，使学生受到熏陶，整个校园景色秀美、兴致盎然。

（二）营造浓郁的文化气息

学校积极营造"处处皆景，景景育人"的浓厚氛围，我们坚持把来自课堂、课程中的原生态成果，如"传承红色基因 放飞雏鹰梦想""大地的味道""红心向党 永远跟党走"等内容随时展示出来，坚持让学习过程表现出来，让成果分享出来。因其散发着生长的气息，每一次布展都变成师生自我成长的秀场。大家创生了文化，文化又无声地把教师紧密凝聚在一起，融铸成五实小高品质教育的 20 个好习惯，这些土生土长的理念，逐渐成为五实小人广泛认同的价值追求。

三、打造和谐专业团队，实施教师素质现代化

学校领导班子走访教师家庭 70 多人次，连续开展八届课堂"寻根之旅"教研活动，上好"五实小气质课"，推进"新秀•名师"的"青蓝工程"，举行"STEAM 大讲堂"。60 多名教师赴北京、广东、重庆等地学习交流，推广自己的教学成果。"爱生如子"成为我校师德建设的核心，家长满意度达到 100%。

四、施行科学民主管理，实现制度建设现代化

党建统领全盘工作，发挥党组织政治核心、战斗堡垒作用，开展党员先锋岗活动，营造干事创业、攻坚克难、为民服务的党建文化氛围。依据学校章程规范办学，建立起科学、规范、高效、协调的管理系统，坚持依法办学、依法治教，建立起现代化学科管理体制和运行机制。"把五实小当成一个温馨幸福的家庭来经营"，基于这样的办学理念，学校在教师中开展"和谐团队""感动校园人物""书香教师"等评选活动，还搭建了"月度最美教师"和"五实小人 出彩事"两个平台，鼓励教师善于合作，勇于创新。

五、构建"五味"课堂，实现课程实施现代化

学校开设了"党建进讲堂"微课程，开展了十几次"传承红色基因 放飞雏鹰梦想"

系列活动,做到"每周一讲、每月一谈、每学期一评"。学校将德育目标融入学科、节日、主题活动、党建活动,举办活动 30 多次。"五味"校本课程深化"足球、胶州秧歌、传统武术"进校园活动。学校开展了十几次研学实践之旅,开辟了"五味"小菜园,人人是最美劳动者,让学生德智体美劳全面发展。

六、培育儒雅大气学子,凸显学生素质现代化

我们落实"十个一"工程,提升学校核心素养。学校构建"五味"课程,开设秧歌、健美操、合唱、油画、舞台剧等 20 多个社团,设立"十二文化节",开展"五味"体验教育,开展好习惯测评活动。我校学生积极参加上级组织举行的才艺展示、合唱比赛、经典诵读、创客比赛等活动,在部分比赛中获得一、二等奖。学校实施"五味成长币"评价,旨在让每一个学生都享有人生出彩的机会。

学校发展规划的思考与实践

香港路小学　于庆丽

古人说,"凡事预则立,不预则废"。规划对人与社会的发展来说至关重要。学校的发展规划如同学校发展的行动指南,指引着学校前行的方向,也是校长专业标准的重要内容之一。香港路小学在规划学校发展方面主要在把脉现状、挖掘内涵、传承发展等方面进行了思考与实践。

一、广泛调研,找到学校发展的逻辑起点

学校要发展,贵在找到"自我",了解"自我",因为校正方向、正本清源,学校方能走向可持续发展。为此,自 2017 年暑期来到青岛香港路小学任职后,我和新一届领导班子成员全面听课、广泛调研、参与学生活动、建设校务管理委员会、家委会等,初步了解学校在教师队伍、教学质量、学校生源等方面的现状,为学校的规划发展找到了事实依据和逻辑起点。

二、传承发展，规划学校未来的发展愿景

学校要发展，我们每个人必须面临新的挑战，拥有"求变"的思想，才能赢得发展的契机。因为教育的现代化首先是人的现代化，在多年的教育实践中我始终抓住"人"的发展这一关键，坚守"教育是为了提高人的生命质量与生命价值"这一信条，本着传承与发展的办学思路，围绕"生本立校、幸福成长"的办学思想定位，即"以学生的发展为本位、以师生的幸福成长为旨归"，将打造一所"有责任、有活力、有品位"的幸福校园作为未来的发展方向。因为，优质的学校教育一定是源于责任、基于活力、终于品位的。学校构建了幸福三原色的育人图谱，将"责任、活力、品位"作为打造幸福校园的三大核心元素，这三大核心要素如同美术学科的"三原色"，可以描绘无限美好。三大核心元素不是育人的全部、更不是终点，我们应以此为核心而延展，指向学校未来的可持续发展，描绘面向未来的美好愿景。

三、勇于实践，找准学校发展的行动指南

（一）有责任是打造幸福校园的"底色"

"有责任"是打造幸福校园的基础，也是勾画学校美好蓝图的"底色"。教师有了责任感才能富有爱心，不失教育底线；学生有了责任心才能主动成长，不断前行。多年来，香港路小学一直在探索"责任教育"，站在时代发展的新起点上，丰富了"责任教育"内涵，构建了三维责任体系，分别出台了针对教师、学生、家长的"责任规范十条"，使他们明确各自的责任发展目标和行为标准，使"责任教育"得到深化、细化和完善。把"爱与责任"牢牢地根植于每一个教育者的心田，锻造有责任感的教师，培养有责任心的学生。

（二）有活力是打造幸福校园的"主色"

有活力是打造幸福校园的关键，也是勾画学校美好蓝图的"主色"。活力代表着旺盛的生命力，是自主学习、成长、创造的内在驱动力。学校要锻造有活力的师生，教师要充满教育激情，要勤于钻研，主动发展，教出自信，教得幸福；学生要充满求知的欲望，要乐于探究，善于创新，学出自主，学得快乐。

为打造优质的教师团队，学校实施了"立德提能工程"。一是以评价促发展。每月评选一次"最美党员服务明星"和"最美教师服务明星"，发挥党员和骨干教师的模范带头作用，树立教师的奉献和服务意识。二是成立校级名师、名班主任工作室。挖掘教师内在发展潜力，分层打造教师团队，制定教师发展目标，广泛搭建展示平

台，带动教师专业发展。为激励教师加强教学研究，学校以"十三五"课题"基于逆向教学设计的课堂教学改进与课程建设研究"为引领，从理论到实践，系统提升教师的研究能力。三是搭建展示平台。学校还设立了"读书节""教学节"，开展了"月磨课""预约课""评比展示课"等系列教学评比展示活动，不断激发教师研究的积极性，提升教学质量。

为促进学生的全面个性发展，学校围绕发展目标，架构了"幸福三原色"课程体系，构建了"幸福三原色"课程体系图谱，通过"责任、活力、品位和交融"课程群的同步实施与推进，将学生的核心素养提升融于学校校本化的课程实施中。在课程实施的过程中，学校还将着力打造"幸福三原色课堂"，从以学定教目标的确定，到课堂评价方式的前置思考，再到学科素养目标的达成，力求课堂教学质量不断提升，成就学生的幸福成长。

（三）有品位是打造幸福校园的"亮色"

有品位是打造幸福校园的目标与追求，也是勾画学校美好蓝图的"亮色"。"品位不仅是外部形象的展示，更是内在气质的彰显。一所学校的品位，体现在教育教学的各个方面。对目前的香港路小学来讲，品位还意味着'进位争先'的勇气和决心。"在未来的发展中，学校将围绕"管理育人、教师育人、课程育人、教学育人、德育育人、环境育人"这六大实施路径，提升学校发展的软实力。同时，学校要推进信息化进程，加大信息技术与教育教学的深度融合，加强数字化校园建设；还要通过加强国际交流，提升师生的国际视野，让师生拥有更为丰富的见识。

正是因为有了学校发展的整体规划，我们的行动才会更有方向、更有动力，学校才会不断走向可持续发展！

学校发展规划制定中的几个"规定动作"

青岛辽源路小学　王宁

我在校长岗位上经历过新校的创建，也接任过发展历史较长的老校。这样的任职经历使我在规划学校发展方面有自己的体会：对于新建学校就好比白纸上作画，在布局构图上下足功夫，就会达到事半功倍的效果；而接手一所有较长发展历史的学校，规划学校发展的举措上就需要遵循稳中求进的原则，一些"规定动作"必须做到求真务实。

一、注重传承，多看多听

接手有历史的学校，要多走多看，对显而易见的表象，走走转转就了然于心。但是渗透在"骨子"里的传统、文化、精神之所在是需要时间、需要通过观察和沟通等形式才能感悟到的。多听听不同的声音，向历任的校领导、学校中层干部、不同年龄层面的教师代表了解学校发展的历史；与学生和家长，学校的安保、保洁人员甚至是学校所在社区的居民多聊聊。这样的访谈会让我们收获不同层面和视角下学校整体风貌、管理特点、师风学风等各方面的信息，也一定会听到不同的声音和需求，这是制定学校发展规划的基点。

二、自我剖析、集思广益

访谈促进了校长对学校情况的全面了解。在此基础上应充分发挥广大教职工的智慧，广泛收集和听取教职工的意见、建议，通过多种形式为教职工提出意见和建议、参与决策搭建平台。还可以通过"头脑风暴"、工作坊等形式组织全体教师对学校的历史与现状进行 SWOT 分析。这是激发全校干部教师群策群力的关键环节。引领大家从学校发展的历史回顾中，解析出主要特色。学校的现状分析可从两方面入手：一是学校目前存在的优势到底是什么？二是学校办学面临的主要问题与困难是什么？通过分析，加强自我认识，为规划的制定梳理脉络。这样既保证了教职工可以畅所欲言，共同关注、共同参与、共同决策，又能保证学校的各项决策合民意、聚民心、集民智，确保学校决策的科学化、合理化。

三、确定理念、固本求新

在传承的基础上明确理念和发展目标。学校的办学理念一定是基于学校自身的发展史和对需要破解的问题的思考，不必追求新异，务求实际。发展目标要从学校发展目标、学生培养目标、教师培养目标、未来学校发展的几个重点项目等方面确定，目标的确定要着眼现在、放眼未来，有梯度，不能急功近利。这部分内容要上上下下反复论证，同时要征询专家的建议和指导。

学校发展规划的制定，前期工作必须要深入、扎实。只有这样制定出的规划才具有适切性、可操作性,落实才有实效性。当然,一个好的发展规划的制定还需要做很多工作,由校长统筹各方力量,上下协同,将规划落实好,最终促进学校的可持续发展。

科学编制学校发展规划基本程序的实践

重庆路第三小学　林　霞

为了充分实现发展规划在学校发展中的重要作用,学校在制定规划时,坚持"上下结合""内外结合"工作理念,在实践中我们总结了编制学校发展规划的"一般程序"。

一、规划制定前的准备工作

学校要思考时代背景、社会发展对教育发展、人才培养的要求以及社会普遍认同的教育观念。

学校办学要有教育理念和正确的教育思想,形成校长的办学思想。

教育理念是校长自己确信的对教育事业的希望。教育理念与时代发展特征相联系,在一定程度上反映出当代社会对教育的要求。理念是比较稳定的和不多变的。

教育思想是教育客观反映在教育家头脑中和意识中的,经过思维活动而产生的结果。教育思想是教育经一定的实践积累,上升为理性的实践总结,如孔子的教育思想、杜威的教育思想、苏霍姆林斯基的教育思想。

办学思想是校长依据学校现状和上级教育行政部门的要求,以确信的教育理念和教育思想,对如何办学的思考结果。简言之,办学思想是校长怎样办学的思考。

校情分析可包括学校发展的历史沿革、学校教育改革的客观现实、学校软件和硬件的基本情况。在调查的基础上,要了解学校发展的优势和劣势,对学校的现状和发展要有清醒的估计。找准学校的"最近发展区"和"最优发展区",定出比较适切的学校发展目标。

学校发展环境分析,应包括以下几方面。

(1)社会需求:现在社会的要求、学校所在社区的要求、家长的想法和需求。

（2）学校竞争环境分析：特别要了解同类学校的情况。

（3）学校办学资源的分析：除前述的学校内部资源外，要了解学校外部可利用的办学资源，包括社区资源、家长资源、上级可提供的资源、海外资源。

外界对学校办学现状的诊断、评估可征询教育行政部门、督导部门、社区等对学校的诊断评估情况。

二、确定学校的发展策略

根据上述的分析和了解的情况，组织中层以上干部广泛讨论，由校长综合后，确定学校的发展策略：

（1）最先发展区：学校需要发展什么？根据学校缺什么、有哪些不足确定发展什么。

（2）最优发展区：学校有哪些优势项目，需要深入发展、特色发展、优先发展的，遵从特色项目—学校特色—特色学校的思路。

三、学校发展目标的确定

目标要适切、有递进性、不要好高骛远。设定学校发展的整体目标，一般用三到五句话加以描述，应高度精练，反映校长的办学理念、教育思想和办学思想。

办学目标：对学校发展前景进行形象设计，并提出发展目标，也可分为起始目标和终端目标，一般包括办学的指导思想、发展战略内容、办学核心理念或规划主题思想。

培养目标：按照一定的目标，经过长期地训练或教育，学生发展、成长要达到的要求和标准。

管理目标：通过规范的学校治理，使学校工作顺利进行，达到预期的学校氛围。部分管理目标可通过校风、学风、教风来表述。

学校发展总目标内涵的界定，包括对办学目标、培养目标、管理目标的内涵界定，对其中有实际意义的词做出界定。阶段目标、分类目标和实施措施，可有轻重缓急，确定优先发展还是优势发展。目标包括课程与教学、德育工作、信息技术、学校文化建设几个类别。

学校发展性阶段目标，在制定学年目标时再具体细分为三年、六个学期，分段实施达标。有些在1～2个学期实施达标，有的要用三年时间达标。

四、学校发展的保障体系

学校发展的保障体系包括党支部（核心）、工会、共青团工作等保障部门，干部、教职工队伍建设，促进学校发展的龙头课题，人事与分配制度改革，学校的基本建设，学年度发展指标的制定，输入保障（经费、师资、生源、协作办学、校园建设），过程保障（科研、制度改革、规章制度、学校自评、队伍建设），结果（输出）保障（阶段性评估和反馈）等方面的内容。

筑生态之基，谋特色发展

无棣四路小学　钟　芳

我校于 2016 年成功创建国际生态学校，近年来，学校以"有无相生，四时充美"为办学愿景，努力构建适合学生成长的良好学校生态，在生态管理、生态德育、生态教学、生态课程、生态评价等方面进行了积极的探索实践，取得了一定的经验，在生态教育的理论基础、核心内涵、实践探索、成果形态等诸方面进行了较为深入的研究、梳理和提升，在营造高品质学校教育生态方面取得了有益的成果。在整体优化学校生态的研究视角下，深化生态教育实践，进一步彰显学校生态教育特色。在学校、家庭、社会的合理互动中，探索有效的开放体系，实现学校教育、社会教育、家庭教育的生态和谐。通过构建生长性学校生态系统，促进教师的专业发展、学生的健康成长，实现学校的可持续发展。

教育的特色发展是其追求高质量、内涵发展的必然需求。以文化引领发展，深入挖掘办学特色，以"构筑教育生态化平台，促进学校可持续发展"为特色学校建设理念，实施以"绿色孕育生态—生态辉映和谐—和谐促就成长—成长凸显人本—人本着染绿色"为主线的教育生态化行动，进一步挖潜内部管理，深化内涵建设，提升生态教育特色建设的理念与品位，为师生的可持续和谐发展奠定了坚实的基础。

历史是我们办学不断向前发展的基石。作为青岛市绿色学校、国际生态学校，学校特色发展的历程，也是我们不断提炼办学理念的历程：从 2008 年学校初期"环保项目"到"绿色教育"，再到新一轮五年规划实施中积淀生发的"生态化教育"的过程，

让我们凝练出以 '营造和谐的教育生态环境,关注鲜活的个性生命特性,开掘学校可持续发展空间"为三维办学目标基础上的"构筑教育生态化平台,促进学校可持续发展"的办学理念。"教育生态化""和谐发展"已成为我们教育行动的自然诉求。

因此,我校围绕"生态校园、生态管理、生态德育、生态课堂",打造了生态化学校教育链,致力于创设有利于学生、教师、学校可持续发展的优良教育生态,充分发挥学校内外各种教育生态因子的作用,努力提升学生学校生活品质、课堂学习品质和教师工作品质,努力使我们这所西部老校生机勃发,也真正为人的可持续和谐发展奠定基础。

通过生态教育,在理论和实践的结合上使校园的环境质量达到新的层次,师生的生态意识明显增强;师生人文精神明显提升,生态课堂建构模式初显,学校课程先后被评为市、区精品课程,教师多篇生态教育、教学方面的论文发表。学生积极参加多项研究性学习、科技制作、文体活动。学校先后获得国际生态化学校、青岛市书香校园、青岛市海洋教育特色学校等,学生也多次在市、区艺术、美术、科技、书法等比赛中获奖。

实施"安·适"教育办学规划
走好办学第一步

西海岸新区嘉陵江路小学、安子小学　李晓丽

安子小学是一所新建学校。在学校的办学规划中,学校提出了内涵式发展之路,重点解决好三个问题:一是学校文化的顶层设计问题,二是学校课程体系中层支撑问题,三是具体的教育教学管理的基本方式落地问题。学校在具体的办学实践中做到文化的宏观与课程的中观、教育教学管理的微观"三观"贯通式构建,实现学校内涵发展的系统性突破。

一、在宏观上，提出"安适教育"的文化主张，让文化管理成为内涵发展宏观层面上的风向标

学校在深入调研基础上，提出"安适教育"的办学主张，其内涵定位为提供个性化教育发展样式，形成以"安全、绿色、活力、包容、拼搏"为基点的发展样态，让学校成为传统与创新的完美结合体，从而实现培育具有家国情怀与国际视野的优秀学子的育人目标。在全面剖析安子小学独具特色的文化资源和教育资源的基础上，我们根据安子小学的地域环境、建筑布局、建筑特点、功能分区等因素，对学校精神进行物化和具象设计，从而形成以"传统、民族化、国际化"为特色的"一经、一纬、一环，两中心，四层阶"的环境文化系统框架。在充分的论证的基础上，学校提出了以党建工作为旗帜引领，以"积极文化生态"培植为主思路，实施"双打造""共培养"工程，通过搭建"党员奉献岗""青年建功岗""最美安小教师"等多元平台，构建"引领层，带动层，规范层"三层次文化生态格局。

二、在中观上，构建了"AS"课程体系，让多彩课程实施成为内涵发展中观层面的基石

学校通过"双轨多式"模式构建了"AS生命"课程体系，主要抓住两点：第一点，在落实好国家课程标准的同时，注入与校本课程体系的总目标相一致的校本化因素，科学规划、有序推进，集小成为大成，走向特色。第二点，"精彩生命课程体系"，主要包括"实施国家、地方课程的校本化"和"自主进行学校课程开发"两个大部分。涵盖运动与健康、综合与实践、科技与创新、艺术与审美、传统文化与民族精神、家国情怀与国际视野六大学习领域选修科目。

三、在微观上，实行定向工程，让规范管理成为学校内涵发展微观层面的发生器

（一）建立精细的管理机制

学校通过理顺工作关系，以服务对象为中心，将工作重心下移，将教学管理权下放。在管理流程管理中，建立了流程管理机制，确保精细化管理落地；建立起合理化、科学化的教师评价考核模式。坚持"从起点看提高，从基础看进步，以评价促发展"，重视过程评价、日常评价、积累性评价，民主性评价。

（二）实施德育品牌创建工程

学校通过健全德育工作网络,实施德育序列化工程,构建德育课程体系,打造"尚爱育德"德育品牌,将德育工作落到实处。一是"尚爱育德"德育课程形成序列化,着力打造"六个一"德育工程。二是构建体验式少先队社团课程。我们以 AS 选修课程为抓手,重点打造教育戏剧、合唱、舞蹈、器乐、武术、跆拳道、足球、绘画、手工、硬软笔书法等社团,给全体学生提供了锻炼的机会,发展学生的特长,提高学生的综合素养。

（三）实施教师专业成长工程,推进教师自主分层次发展

一是与教师一起构建一个清晰而美好的愿景。二是给教师一个自由成长、探索追梦的舞台。学校开展"三组织""两队伍"建设行动。组建课堂研训、名师培养、科研培训三个组织。锻造两支队伍:教研组长队伍,使其成为引领教师专业成长的领袖团队;青年教师队伍,设计多项措施助推青年教师快速成长。三是推行"人格信任"制度,让文化管理释放能量。

（四）打造"绿色活力"生命力课堂

学校遵循"以学习者为中心的智慧实践"教学宗旨,坚持基于学法,改变教学目标,关注学习能力的培养;基于学习、改进教学方式,关注学生需求;基于学生,改良师生关系,关注弱势的学生的课堂教学理念,将课堂真正地还给了学生。同时以"五一三制小初衔接实验的研究"为抓手,建立了三种教研模式,一是专家引领模式,二是名师带动模式,三是集体备课模式,扎实有效地进行课堂教学的规律研究。

和合共生引领学校发展

天山小学　卢华丽

一、传承中发展

青岛天山小学始建于 2001 年,是一所小区配套学校,从规划的 15 个教学班发展

到今天的 25 个教学班,千余名学生。多年来,天山小学在市南区优质教育的统领下,在前面六位校长的努力耕耘中,学校的民族教育特色已享誉省内外,且在全国范围内也具有一定的知名度。我的思考是:站在新时代的教育改革发展中,如何让学校在传承中发展? 答案是努力打造学校品牌,为学生的可持续发展和人生幸福夯实基础,使之成为老百姓家门口的优质学校。

二、探索中寻根

就学校的发展,我们分别召开了全体干部会议、教师智囊团会议、全体教师会、家长代表会议,分别就学校的发展优势和不足进行分析,就学校的发展愿景听取大家的意见。在智慧碰撞中,我们找到了学校发展的根脉。特别是依据学校民族团结教育特色发展的优势,我们找到了"和合文化"作为学校的发展哲学。

习近平总书记在《之江新语》一书中说我们的祖先曾创造了无与伦比的文化,而"和合"文化正是这其中的精髓之一。"和"指的是和谐、和平、中和,"合"指的是汇合、融合、联合。这种贵和尚中、善解能容、厚德载物、和而不同的宽容品格,是我们中华民族所追求的一种文化理念。自然与社会的和谐,个体与群体之间的和谐,我们中华民族的理想正在于此,我们中华民族的凝聚力、创造力也正基于此。因此说,文化育和谐,文化建设是构建和谐社会的重要保证和必然要求。

"和合"是中华民族独创的哲学概念、文化概念,是中华民族的创造。青岛天山小学作为一所以民族教育为特色的学校,以"弘扬民族精气神"为办学理念,以"天人合一,山容海纳"为文化引领,深入挖掘"和合"理念,这是传承与发展的必然需要。

三、发展中创新

(一)构建"和合"课程,打造"和悦"课堂

学校的"和合"课程,强调"人本",用变化的思想和包容的情怀对待差异,满足人的内在需求;它聚焦受教育者生命质量的提升,遵循"人化—整合"的趋势,以学生发展核心素养的培育为目标,通过课程目标一体化、学科边界模糊化、内容组织综合化、教学场域多样化、教学形式适需化的构建,从课程理念和操作模式上转变教与学的方式,实现学生跨学科知识与技能的融会贯通、身心发展的同步推进;达成与学习伙伴的和谐共处和与现实世界的多元连接。课程的实施也必将促进学校课程管理、教学研究、教师素养的同步发展,最终实现学校品质的"和合而生"。学校秉承"厚德博学,弘扬民族精气神"的办学理念,以学生兴趣和未来发展为指向,在"和"的教

育思想引领下,确立健康生活、综合提升、全面发展的培养目标,着力培育"和德、和雅、和智、和美、和健、和创"六大特质,关联个体发展之和、与人共处之和、自然共生之和,指向学生的道德素养、人文素养、科学素养、艺术素养、健康素养、创新素养的培育,让天山学子成长为具备"天人合一,山容海纳"气质的和气、大气的中国人。

我们秉承"厚德博学,弘扬民族精气神"的办学理念,文化铸魂,基于民族特色,落脚传统文化,聚焦核心素养,培养融传统文化与现代品质于一体的新时代小公民,用我们的坚守,致力于"一核三图五有""和悦"课堂的教学研究,为学生的可持续发展奠基。

(二)构建"和美"文化,打造和嘉团队

学校致力于"和美'文化建设,通过文化铸魂,引领教师发展,促学校教育的品质提升。引导教师追求和而不同、相融共生、合作共赢,并将"和美文化"的内涵概括为"和而不同发现美、各美其美体验美、美美与共创造美",以"天人合一,道法自然"的教育规律和学生成长规律为基石,把国家课程的深度开发与校本课程的特色构建有机融合。秉承"厚德博学,弘扬民族精气神"的育人理念,通过学校课程的建设与实施,进一步提升课程领导力、组织学习力、团队执行力、机制适应力,丰富学校文化内涵,逐步形成管理团队、教师团队和家长、社区认可的天山小学民族传统文化教育的共同愿景,实现以教育文化凝聚教育力量,用教育特色打造教育品牌的目标。

学校致力于满足教师成长需求,提升教师职业幸福感。学校开发教师教育潜能,促进教师对已有知识、经验的挑战与升级,满足其创造力需求,建立自己的专业自信,体验"教师在岗位上的幸福感",提升教师专业发展动力。我们用责任点燃教育激情,促进每一个学生的健康成长。

在明晰的规划中有序发展

城阳区仲村小学 栾国锋

学校发展规划是学校规范办学、科学发展的重要条件。凡事预则立,不预则废。

有了规划，就有了明晰的办学思路、可操作的行动依据。仲村小学自搬进新学校开始，进行了新学校发展顶层设计和规划。学校经过四年的发展，从城阳区一所实力薄弱的农村学校迅速迈进先进学校行列，实现办学水平的新变革。

一、规划制定的背景与过程

制定科学有效的学校规划，必须对学校发展现状、发展需要、发展目标进行准确的诊断、分析和论证。仲村小学在规划制定过程中，依据学生发展、教师队伍、教育教学、领导与管理、特色建设五大体系的客观现实，在充分发扬民主、尊重集体智慧、听取专家建议的基础上，找准学校"最近发展区"和"最优发展区"，形成了比较适切的、有递进性和延续性的发展规划。

在学生发展方面：针对仲村小学 74% 是外来务工子女，家庭环境、生活背景导致学生生活习惯、文化信仰、人生规划和奋斗目标缺失，与城区学生差距较大的现状，从补足差距、发展个性的角度来进行校本课程建设，以课程实施和课程评价作为学生素养发展的有效载体。让学生在丰富的课程认识、体验和践行中革除积习，养成习惯，养成现代公民必备的素养基础。我们确立的目标是培养学生成为具有中华灵魂、国际眼光，能够面向未来发展的人。

在教师队伍方面：整体观念落后，教育热情不高，课程领导力培训迫在眉睫。学校的骨干教师群体还没有形成，教师的学习力、研究力较弱。教师发展目标是具备先进的教育理念，掌握有效的教学技能，培养职业幸福感，打造一支适应高位发展的教师队伍。

在教育教学方面：课程与教学改革观念相对落后，学生评价方式单一。目标是通过"小助理大同学"学本课堂建设，培养学生自主合作的学习能力，成为最精彩的自己。

在领导与管理方面：干部课程管理能力不高。目标是干部具备引领课程建设、制度建设和教学改革的能力。

在特色建设方面：创建书法特色、跳绳特色、科技特色、古诗诵读特色、舞蹈特色、足球特色等项目。通过特色项目的创建和发展，引导每个学生成为最精彩的自己。

二、规划的执行实施

学校背景分析和发展需要明晰后，仲村小学确立了"打造农村学校城市化典范"的总目标，引领学校规划的发展。为确保发展品质，学校聘请齐鲁名校长、乐陵实验小学校长李升勇、郭振虎等组成专家团队，对重点实施项目实现品质发展进行了特色规划、前沿指导和跟踪诊断,并实施了"构建理念品牌,实现课程育人"行动。

1.构建校本课程体系

一是面向全体,开设"生命有根"主题基础课程,促进学生的好习惯持续发展。二是多元培养,开设"文化有魂"主题整合课程,促进文化传承发展。三是面向未来,开设"教育有人"主题成长课程,促进学生的身心健康发展。四是尊重差异,开设"人生有梦"主题特长课程,促进学生的个性充分发展。通过传统的、面向未来的、国际化的三位一体的课程教育,培养学生成为最精彩的自己。

2.建立课程实施纲要

为科学实施校本课程,结合学生面向未来的必备品格和关键能力,学校精心研究,为每项课程都建立了课程纲要。纲要中有课程开设的背景分析,有融合落实国家课程、地方课程的培养目标,有课程内容的活动安排,有集体实践的课时安排等。课程方案的精细设置,推进了校本课程建设深入、高品质发展。

3.制定课程评价策略

为保障校本课程实施效果,学校对开设的每一项校本课程都建立了评价策略。为确保课程评价办法科学、有效,学校实施了课程评价建设"三步走"策略。第一步是教师根据课程特点和学生实际,以可操作、能激励的原则自行制定评价办法。第二步是邀请了市教科院课程研发中心专家到学校,培训课程评价理念和策略,对制定的评价办法逐一进行诊断、完善。第三步是邀请齐鲁名校长郭振虎工作室全体校长到学校,进行研讨、论证和指导。

尚军明德　奠基未来

台湛路小学　张淑世

有人认为,未来学校的竞争,归根结底是学校文化的竞争。作为校长,应善于在教育实践中把学校文化逐步积淀下来,成为一种教育影响力,一种孕育着巨大潜能的教育资源。近年来,学校以文化建设为突破口,奏响学校文化"四部曲",促进学校内涵发展,倾力打造"尚军明德"海防教育特色文化品牌。

一、尚军氛围营造——环境文化立德

独特的环境氛围折射着学校特定文化韵味,学校注重文化氛围和特色氛围双重氛围营造。

1.文化氛围重外显

学校的文化氛围主要体现为校徽文化、长廊文化、橱窗文化、班级文化四重文化内涵。我们设计了以梧桐叶、白鸽为构成主体的学校校徽。一楼是以军事武器为表现形式的碎纸贴画展;二楼国防长廊中,左侧是"军事天地",右侧是学校国防教育25年历程图片展。校园橱窗中张贴了"小小军事观察员"制作的国防简报。教室软板有国防知识角,图书角摆放国防读物,评比栏设有"国防之星",使国防教育起到润物无声的效果。

2.特色氛围重内隐

学校建立了集国防知识展览、体验、交流平台于一体的国防展览体验室,立体化展示"辽宁号"缩略图及海防布局。2015年建成的"台湛号"海洋国防体验室,增添大型模拟驾驶器,让学生们感受战争等不同环境下的驾驶体验。三楼中国海防线的介绍,海洋角的"大鱼小鱼落珠盘"为学生们提供了展示作品的平台。

二、尚军养成教育——内化行为修德

行为习惯养成教育一直是学校工作的切入点,学校从大处着眼、细节入手,坚持养成教育全员化、日常化、系统化,把道德认识转化为道德修养。

1.军事管理,显特色

学校从国防教育入手,将"尚军育德、尚军启智、尚军健体、尚军求美"作为学校教育总目标,全校为营、年级为连、班级为排,增强了学生们的集体荣誉感。

2.活动促进,抓落实

通过"好习惯塑造好人生"规范学生们的礼仪,落实学校礼仪监督岗职责,从生活、学习和文明习惯三大方面开展礼仪课程学习,促进学生良好习惯的培养。

3.评价媒介,巧推进

重视对学生国防素养的跟踪评价,搭建"星光少年"综合评价体系,组织"尚军明德,硕果纷呈"颁奖仪式,双管齐下内化学生们的行为习惯。

三、尚军课程建设——知识涵养育德

学校课程是实施素质教育的重要组成部分,学校深入挖掘文化特色品牌内涵,构建基于课题、依托教材、根植课堂、突破传统、延展特色五维立体式课程体系。

1. 基于课题,深入研究

山东省少先队重点课题的结题为学校发展夯实基础,青岛市"十二五"规划课题成果为海防学校的发展提供保障,山东省规划课题和青岛市"十三五"规划课题促使学校长足发展。

2. 依托教材,整合资源

学校设立了海防教育的学校课程,编写了"国防教育教材",同时学校将海防教育渗透于各学科教学之。

3. 根植课堂,形式多样

学校海防课程根植课堂,通过分层次、分组别两个层面进行教学。分层即对德馨连、崇德连进行分层教学;分组则是以实验排为主,排内分组进行教学。

4. 突破传统,并蒂莲开

学校对尚军课程体系进行了科学规划,开设了尚军育德、尚军启智、尚军健体、尚军求美四大课程,并采取 60 分钟长课与 35 分钟短课相结合的方式,促进课程的有效实施。

5. 蓝色海洋,延展特色

举办海洋国防周、海洋节活动,通过各种主题鲜明的特色活动,培养学生们树立爱海洋、爱祖国,争做蓝色小卫士的海防意识。

四、尚军实践载体——多元活动润德

学校特色文化品牌创建以实践活动为载体,充分发挥少先队主渠道作用,通过多维载体,多元活动完善学生们的人格教育。

(一)多维载体助力多彩校园

学校充分发挥"尚军讲堂"有利"阵地"的作用,通过签约实践基地,邀请社会知名专家,挖掘区域、家长资源等,构建多维教育载体。

1.基地建设

学校重实践,与青岛革命烈士纪念馆建立实践基地并签订共建协议,定期培养"红领巾学校志愿讲解员"。

2.共建联手,拓资源

学校在抗日战争胜利 70 周年之际,邀请潜艇学院解放军叔叔为学生们介绍抗战历史,汇编了诗歌集《忆英雄》。

3.家校互通,助成长

学校普法日,邀请在市北区司法局工作的家长为学生们上普法课,并赠送适合学生们阅读的普法书籍。

(二)多元活动铸就幸福童年

学校创新活动形式,借助纪念性节日、校园文化节开展海防主题实践活动。

1.军之风——与英雄榜样同行

在雷锋日,学校引导学生用力所能及的方式去帮助自己身边需要帮助的人。学校在清明节举行"缅怀先烈 铭记历史"英雄事迹展,组织学生学习青岛地区抗日英雄事迹。

2.军之韵——与节日文化同行

学校借"中国共产党成立 98 周年"契机举行"红歌会",在建队日开展"红领巾快乐学堂"学习活动,在端午节开展"粽香飘飘端午情"制作彩粽活动,等等。

3.军之爱——与星星火炬同行

充满爱心的学生们邀请"蒲公英"志愿者进校讲述灾区学生生活、学习情况,举行"爱心义卖"活动;走访社区独居老人,尊老敬老的意识在学生们的心中生根、发芽。

"雄关漫道真如铁,而今迈步从头越",我们将在传承中发展,在发展中创新,建设适合师生成长的学校,让置身其中的每个人找寻到最佳发展点,凸显"尚军明德"特色品牌,为学生的幸福人生奠基,成就教师的教育幸福,办让人民受益的教育!

聚内涵发展之力　走特色强校之路

嘉定路小学　刘艳华

2015年,在时任校长刘艳华的带领下,青岛嘉定路小学全体干部、教师开始着手制定新一轮学校五年发展规划。

一、发展目标明确,传承与创新并举

学校该如何发展?朝着哪个方向发展?这是摆在嘉小干部面前的问题。刘校长与干部团队成员反复开会研究,组织教师座谈,征求家长意见,最终确立了学校新一轮五年发展目标:走个性化、特色化的内涵式发展之路,通过学校文化建设,打造独特的精神文化,建设先进的课程文化,构建和谐的师生文化,培育民主的制度文化,营建高品位的物质文化,努力形成特色发展、优质发展、持续发展的学校发展态势,提升嘉小的社会美誉度和区域影响力,全力打造青岛市名牌学校。

同时本着"立足现实、传承历史、着眼未来"的原则,在全面总结学校历史经验和现实工作、继承学校优秀文化传统的基础上,进一步端正学校办学方向,提炼核心价值观,明确办学目标,优化办学理念,制定发展策略,在原有基础上形成系统、独特的,能为全体师生广泛认同的、符合学校发展方向的精神文化体系。

二、重点项目确立,凸显学校特色

在规划制定的过程中,有一项很重要的工作就是确立学校重点发展项目。校领导高度重视此项工作,充分考虑如何在"嘉文化"统领下,打造富有学校特色、带有浓厚"嘉文化"味道的发展项目。因此,在项目的确立、措施的制定等方面花费了大量的时间,几易其稿,推翻、重建,再推翻、再重建,最终达成共识,凝练了两项重点发展项目:一是以科学开发为机制,品格培养为重点,多元整合为特色,文化塑造为追求,努力架构富有"儿童味道"的"嘉"课程体系,培养出儒雅明理、自立自强、自信阳光的嘉小学子。二是推进"以生为本,和谐发展,特色显著,人人有才"的科技教育理念,在学生中积极开展科技教育,增强学生的科普意识,增长科技知识,培养学生勤奋钻研、勇于实践、积极创新的能力,凸显学校浓郁的科技特色。

之所以确立以上两项内容作为学校重点发展项目,主要基于两方面考虑:一是课程建设是深化课程改革的核心,是提高教学质量和办学水平的关键。因此,学校如何在"嘉文化"的引领下,构建科学的课程体系将成为后期工作重点。二是作为全国科技教育传统校,学校20多年科技工作取得了丰硕成果,营造了浓厚的科技教育氛围。因此,将科技作为重点项目进行推进,对于学校的特色发展、优质发展,对于学生综合素养的提升,都将起到很好的推动作用。

三、职责分工明确,保障措施到位

学校规划的制定与实施,需要群策群力,既民主又集中。因此,学校成立了以校长为组长,副校长为副组长,中层干部、教研组长为组员的"五年发展规划"领导小组,全面负责规划的制定、论证、实施、评估等环节。党、政、工职权明确,其中党支部发挥政治核心作用,充分发挥党员的模范带头作用;行政中层职责分明、责任到人、分工合作;工会起好桥梁作用。同时,发动和组织全校教职工认真讨论《学校五年发展规划》,统一认识,振奋精神,形成了齐心协力、荣辱与共的局面。

最终,新一轮学校五年发展规划在全校干部教师的共同努力下完成,教代会一致通过,开启了学校未来五年新的发展征程。

校长对工作既宏观统领又"亲力亲为"

西海岸新区海军小学　毕许彬

眼下,校长管理学校的行为有很大差别。有的校长整天不在学校,就是一个社会活动家;有的校长虽然在学校,但基本上不出办公室,只听请示和汇报;有的校长在学校里任何事情都自己干,工作可能也不错,但经常是累得半死;有的校长虽然把学校管理得井井有条,但是学校外的事情一概不闻不问;也有的校长能够做到学校内外事情兼顾……

作为海军小学校长,我认为校长是一个学校的灵魂。校长的思想和行为关系到学校的发展,会对师生产生深远的影响。校长是一个学校成功与否的重要节点。尽管学校管理思想不一样,但是殊途同归、目标一致,并有规律可循。作为校长,应该用辩证的思维和行为来指导工作,既宏观统领又"亲力亲为"。

一、校长要有准确定位

校长,是学校先进教育思想的集大成者,是教师工作与生活、学生学习与成长的正确引导者。校长要掌控全局、把握重点。校长应该是行政的,更应该是业务的,还应该是社会的。校长对工作要宽松有度、表面与深入有机结合。校长应该时刻思路清晰、坚定而扎实地全面做好教育工作。

二、校长必须树立质量第一的思想

教育,是为了培养未来的合格公民,教育的内涵应该是全面的,教育质量应该是高追求的。学校应始终树立质量第一的思想,没有质量的泛泛而做不是好的教育,是浪费时间、荒废教育,是教育意识不强、教育责任不到位的表现。我们历数中外著名的大学、中学、小学,北京大学、哈佛大学、北京 101 学校、重庆谢家湾小学,没有一个是不重视教育质量的学校。

质量是学校的生命线。而高质量的关键是工作的有效落实。

三、校长要经常在基层中"亲力亲为"

作为校长,对教育教学的所有工作都要明晰和统筹兼顾并分工明确。既要从繁忙的具体事务中抽身出来处理最重要的事情,也要积极主动地"亲力亲为",了解和解决基层工作中的实际问题。

1."亲力亲为"可以感受秩序、验证管理效能

好的管理秩序让人走在校园里就会感觉很安静与舒心。校长"亲力亲为"可以更深刻地感受到自己治理学校的疏漏和效果,以制定新的科学措施。

2."亲力亲为"可以和谐师生关系

校长到教室听课后与教师的交流,巡视学校时教师的微笑、学生的问好、自己的回礼,走进办公室和教师的亲切交谈等,都和谐了关系、化解了矛盾、拉近了距离。许多学校设计的校长和教师的同台演出、校长和师生一起进行校内外实践活动等都是很好的事例。

3.“亲力亲为”可以发现矛盾、隐患

许多地方提倡的校长巡校制度是非常必要的。校舍破损往往是安全隐患,必须查明情况、马上解决,不然后果难以预料;教师的情绪波动往往是工作激情或矛盾的起因,必须及时协调,不然会有更大的矛盾发生。工作虽然有分工,但是监督、检查是不可缺少的。我曾经走过许多名校(幼儿园),那里的校长(园长)没有不经常深入基层工作的。

4.正确认识“亲力亲为”

所谓“亲力亲为”,并不是什么事情都由校长自己去做或参与,而是一种全面掌控的意识、一种深入实际的行为、一种不怕吃苦的态度、一种透视本质的精神。

四、恰当化解干部的不理解

一些干部可能会说,校长就听汇报行了,深入基层是否是对其他人的不信任?碰到这种情况,校长要开诚布公地说明,第一,任何工作离开了监督是不可以的,就连校长的工作也是在上级的监督检查中进行的。第二,校长深入基层是走群众路线、扎实工作的需要,这种行为要从校长做起,其他干部都要跟上。第三,校长不是坐在办公室的纯行政干部,而是学校课程实施的领导者、教学质量的第一责任人,需要带领全体教学、管理等部门深入工作中,当内行、提质量。第四,为了发展的高效,学校要借鉴教育内外扁平化管理模式推进工作。

总之,校长对教育工作应该宏观统领又“亲力亲为”,体现工作的整体把握与深入执行。只有这样,才可以使教育事业既有宏伟目标又落地扎实。

流亭小学破解发展难题的具体做法

城阳区流亭街道流亭小学　韩万青

城阳区流亭街道流亭小学始建于 1929 年,新校于 2001 年 5 月由原流亭小学、双台小学等五处学校合并而成。这所拥有 90 年历史的村级小学有着深厚的历史积

淀,见证了近百年教育发展的风雨历程。

　　韩万青校长于两年前调任流亭小学。上任伊始,他带领学校领导班子对学校办学的内、外部环境进行了调查研究,对新时代背景下办学所面临的问题进行了详尽的梳理分析,总结出现阶段亟待解决的主要矛盾如下。

　　1.外部环境的变化

　　(1)新形势下,党和国家对教育工作有新要求。

　　(2)多年的"一孩"政策导致全社会对教育超度关注,对学生过度保护。

　　(3)激烈的生存环境下家长对教育有超高预期。

　　(4)人口大流动背景下社会对优质均衡教育有强烈苛求。

　　(5)国民素质特别是家长学历水平的提升,引起对教育的多元理解、质疑和渴望参与教育管理的冲动,给学校和教师带来压力。

　　2.内部环境的变化

　　(1)教育观念理念的争论不休,给教育带来了巨大伤害。

　　(2)教学方法、模式层出不穷的创新让教师无所适从、迷茫。

　　(3)青年教师价值取向的多元化对学校管理有冲击。

　　于是,以问题为导向,破解难题,争取一流,就成为流亭小学未来几年的工作目标。为实现这一目标,韩校长邀请青岛市教育局处长李彦、教育专家牛锡亭从战略全局俯瞰,帮助学校制定了"软硬两手抓、艺体展两翼、家校创共赢"的工作策略,积极调动各方面力量予以逐一落实。

一、硬件方面

　　学校确定未来几年完善硬件改造,改善办学条件,为高水平现代化学校创建奠定物质基础的工作任务。依次展开如下工作。

　　(1)全面完成阶弟教室施工。

　　(2)更换学校老旧门窗。建设多媒体录播教室。

　　(3)对全校学生的桌椅进行全面更换。

　　(4)为阶梯教室、跆拳道室、心理咨询室、个别办公室增添或更换空调,同时更新室外部分体育器材。

　　(5)完成老楼装修、学生饮水设备升级改造,更换到期的办公电脑。

　　(6)翻修学校田径场。

　　(7)建设学生食堂、室内体育馆,进行校舍三期改造扩建工程。

时至今日,前六项已顺利完成,大大缓解了周边外来人口的孩子入学需求、对学校环境的高质量要求,外界对学校的社会评价大幅提高。

二、软件方面

苦练内功,加强教师队伍建设,提高教育教学质量,包含以下重点工作。

(1)加强班主任队伍建设。

成立流亭小学名班主任工作室,依托我们自己的名班主任,定期举行"班主任沙龙"和班会示范课。

(2)加强骨干教师队伍建设。

(3)加强青年教师队伍建设。

开展实施新的"青蓝工程",师徒要一起压担子,师傅要有示范课,徒弟要上汇报课,要通过听、评、备课,指导试卷分析、指导出卷等形式,促进青年教师成长。

三、艺体展两翼,创特色、谋发展,带动全面提升

(1)以足球特色为龙头,带动体育项目全面发展。

做好校园足球普及工作,开展校级联赛。

(2)在"校长杯"足球联赛的基础上,逐步推进橄榄球、篮球、排球校级联赛。

做好体育社团的训练。篮球、排球、健美操力争"区长杯"取得好成绩,跆拳道力争"区长杯"冠军,田径运动会力争街道第一。

(3)做好体质检测。

要通过体育课、大课间、体育社团等,全力做好体质检测的准备工作,确保达标率、优秀率在区内的领先地位。

(4)抓好艺术社团建设。

加大管乐队、合唱队、舞蹈队的训练力度,加强书法、绘画的平日训练,进一步提高艺术水平;继续保持合唱、舞蹈在街道中的领先优势,加快管乐团合练步伐,力争使各个艺术特色项目在"区长杯"比赛中取得优异成绩。

对艺体工作的开展,韩校长进行了大胆的改革尝试,对艺术、体育工作采用了项目负责人制,启用骨干力量,全面放权,鼓励青年教师创新性地开展工作。学校提供充足的后勤保障,该措施取得很好的效果,学校的足球队在校园足球比赛中斩获省市冠军,艺体社团在"区长杯"比赛名列前茅,极大地带动了学校全面工作的开展,为学校赢得了社会美誉。

四、家校创共赢

为满足家长渴望参与教育管理的冲动,加强家校合作联系,形成教育合力,学校开展了如下工作。

（1）做好"七彩阳光家庭教育服务站"。

开展家庭教育讲师宣讲活动,促进家庭教育发挥榜样力量。

（2）推进"彩虹桥家长志愿者"团队建设。

扩大家长志愿者服务范围,继续推进家长志愿者进课堂活动,借助家长的力量,提高孩子的兴趣、开阔孩子的视野。

（3）成立学校、级部、班级家委会。

设立家委会办公日,家委会成员驻校办公,对学校整体工作进行监督并提出合理化建议。

两年来,学校通过正确的规划和以问题为导向的发展思路,通过有效的落实手段,使学校各方面的工作得到了科学、有序、健康的发展,向着一流强校的目标稳步迈进。

一本书，丰盈了一个学校

西海岸新区崇明岛路小学　宋云健

《中国新教育》由中国教育学会副会长朱永新教授所撰写。书中系统阐述了"新教育"的思想与实践,阐述了新教育的概念、新教育的精神和特征、新教育的管理法则、教师发展、儿童课程和家教主张等一系列重要问题。朱永新教授提出了"让师生过幸福完整的教育生活"的理念,倡导"四大改变":改变教师的行走方式、改变学生的生存状态、改变学校的发展模式、改变教育的科研范式;提出"六大行动":营造书香校园、师生共写随笔、聆听窗外声音、培养卓越口才、构筑理想课堂、建设数码社区;实施新教育的每月一事、儿童课程(晨诵、午读、暮省)等理念和行动。

学校通过个人自读、全体教师共读、外出参观加深理解、听专家报告等方式,学习原著。教师在读书过程中,开展读书沙龙活动,有时根据读书的进度,进行阶段阅读交流；有时针对书中观点，进行探讨研究。

学校为更好地实施新教育，派遣教师外出培训学习，组织教师参观淄博金茵小学、潍坊日向友好学校，派教师参加新教育开放周、新教育年会，将更多的新教育理念带回学校，传达给其他教师，将新教育的教育理念中好的做法运用到教育教学中。

为深化教师对新教育的理解，学校邀请新教育亲子共读研究中心的童喜喜老师、时朝莉老师做报告，对全体教师进行新教育专题培训，让他们更深切地理解新教育，践行新教育。

学校的校园文化建设处处体现出新教育的理念，校园的花坛中摆有晨诵、午读、暮省的景观石，时刻提醒学生养成晨诵、午读、暮省的生活方式。校园南侧花坛中摆有提示学生读书的石头书，向学生渗透读书的三个层次，从"开卷有益"到"读书百遍，其义自见"，再到"博览群书"。教学楼三楼是新教育长廊，共有四幅画面，第一幅是"亲子共读"，小小的萤火虫在黑夜中放出微弱的亮光，我们的家长和教师，仿佛这一只只小小的萤火虫，虽然个人的力量非常微弱，但是每个人都会影响别人，众多的人集聚在一起，一样可以绽放出强大的亮光。相信在点亮自己的同时，一样可以照亮他人。第二幅是"改变"，从阅读开始，旨在告诉学生，一只毛毛虫的蜕变在于不断地积累，只有量的积累才能导致质的变化，只有多读书才能够加深生命的厚度，才能达到美丽的变身。第三幅是"只有行动才有收获，只有坚持才有奇迹"，主要想要透过画面告诉学生坚持，一只蜗牛虽然爬行得很慢，但是只要坚持，不放弃，它依然可以到达它的顶峰。第四幅场景就是照片墙，挂满学校活动的照片，记录了新教育实施的历程。校园里的每一个文化场景都时刻给学生以熏陶。

通过读《新教育》学校提炼了新教育的理念，将新教育解读为五个字：心、行、幸、星、信，意为新教育是对心灵引领的教育，是注重"行动"的教育，是让人拥有幸福感的教育，是信心、信任、信念的教育。新教育人把青春和智慧奉献给学生，执着、坚韧，无论碰到什么样的困难和挫折，仍然坚定地往前走，从不在乎个体的力量有多渺小。教师相信岁月，相信种子。学校将新教育的解读文字悬挂于学校阶梯教室的外墙上，时刻提示着教师，也影响着学生。

学校努力营造书香氛围，让读书成为一种习惯，让书香溢满校园。校园文化建设处处营造书香的氛围，教学楼设有开放式读书角，便于学生课余时间阅读。班级共读的开展，培养了学生浓厚的读书兴趣。课余时间在学校的走廊、操场、过道等地方能够看到捧着书津津有味地阅读的学生。

让阅读成为一种生活习惯，成为一种生活方式。学校开展亲子共读活动，专门成立了全校亲子共读交流群，交流读书感受和亲子共读的方法，努力打造"为爱朗读"的读书品牌。

学校关注每一位教师的成长,促进教师的专业发展。新教育提出教师的发展带动学生的发展,教师的高度决定学生的高度,学校在促进教师的专业发展和成长上采取了多项举措。

教师专业阅读与专业写作共抓。学校开设公共博客平台,每位教师把自己的教育故事、教学感悟及时写下来,发表到学校的公共博客平台上,在公共博客平台上交流,在交流中进步,在交流中提升。

为更好地推动学生读书,一、二年级开设了读写绘课程,全校开设晨诵、午读等儿童课程,开展读书节、诗歌诵读等丰富多彩的读书活动。

学校把朱永新教授"让师生过一种幸福完整的教育生活"的教育理念,贯穿在教育生活的每一天中。学校关注每一个学生幸福的指数,开展丰富多彩的活动,如春游、海边诵诗、校园桂花节,丰富学生的生活,让学生有幸福的体验。有了教师的幸福,才有学生的快乐。学校关注每位教师当下的幸福,教师诗歌朗读会、元旦庆祝等,让每位教师体验着幸福。学校更关注课堂学习中的幸福感,营造轻松和谐愉快的课堂氛围,构建理想课堂,让师生都能在课堂中体验到幸福。

一本好的教育学著作,就可以改变一所学校,就可以促进学校的规划与发展。

和美教育促进学校长远发展

即墨区灵山中心小学 陈学路

即墨区灵山中心小学由灵山镇人民政府创办,创建于 1983 年,学校几度易址。2018 年 10 月,新的教学楼建成并投入使用。新的校舍,新的教育形势,怎样规划学校的发展?

学校基于"继承传统、适应变革、发展创新"的思考,通过全体教职工深入探讨,反复梳理,集纳智慧,结合学校文化传统和历史沿革,经过反复斟酌与思考,提炼出"和美教育"的办学理念。

什么是和美教育?

"和美"中的"和",是中华传统文化的精髓所在。孔子提出"和为贵",他还强调

"君子和而不同,小人同而不和",即承认多样、主张多样,从多样中寻求统一,达到和谐、促进和平与发展。《中庸》道:"和也者,天下之达道也。""和",既是"合为一体"之意,又是"和谐""和睦""和美"之意,是天下之美的集中体现。学者费孝通说,"各美其美,美人之美,美美与共,天下大同"。"和美"教育主张的提出正是秉承了历史文化的。

"和美",即"和谐、尚美",其核心理念是"和而不同,美美与共"。我们将把"和而不同,美美与共"的教育思想贯穿学校教育的全过程,倡导关注教育的生命主体,以尊重、理解、赏识、激励为核心,在教育过程中,承认差异、尊重差异,因材施教,鼓励个性的充分展现,实现多元的发展,努力创造"和而不同""各美其美""美美与共"的和美教育境界,让每个生命全面和谐发展。

学校提出了"让每个孩子的最美人生在这里奠基"的办学愿景,就是要落实"让孩子站在学校正中心"的办学宗旨,以"育最美学生,做最美教师,办最美学校"为发展主题,以"寻找最美丽的心灵""做最美中小人"为工作主题,已逐步形成了"中正仁和、励行尚美、追求卓越"的独特文化内涵。学校办学的历史积淀为"和美教育"主张的确立和实施奠定了基础,提供了丰富的实践经验。

和美教育细化为七个部分。

1. 和洽管理

和洽管理是指以人为本,充分尊重人的自然、社会属性,注重人的发展需求,和谐圆融、和睦融洽的学校管理。

2. 和煦德育

和煦德育是指通过营造良好的德育环境及开展有益的德育活动,并在此过程中不断欣赏、善待和发展每个学生,使学生潜移默化地受到如阳光春风般的品行教育的育人途径。

3. 和美课堂

和美课堂是指在师生之间、生生之间民主、和谐的教学氛围中,尊重个体的独立性,让学生个性得以优化,在教学过程中进行审美体验,培养学生的创新精神和审美能力,促进学生的基本素质和个性品质得到和美发展的课堂。其基本表现形式是"和谐民主""合作互助""乐中求美"。

4. 和乐课程

和乐课程是指以"让学生在学乐学做中和谐发展,在体验成功中快乐成长"为指导思想构建起来的一种体现学校特色并与基础课程配套互补的校本课程体系。我校的和乐课程包括生活审美教育课程、体艺审美教育课程、家乡文化校本课程、中华传统文化与礼仪校本课程。

5. 和馨教师

和馨教师是指在思想品德与教书育人技艺方面不断加强修养的艺精德美、德艺双馨的教师。

6. 和美少年

和美少年是指具有良好审美情趣的品德优秀、身心健康、素质全面的少年。和美少年以"能审美、会做人、懂科学、会健体、有内涵、会学习"为评价标准。

7. 和合家校

家庭是孩子的第一课堂,家长是孩子的第一任老师,家庭与学校是孩子成长的忠实伙伴。所以,在素质教育的路途上,我们坚持与家长同行,加强家校合作,融洽家校关系,为学生的成长搭建更加广阔的舞台。

秉承文化立校　促进内涵发展

莱芜一路小学　金　颖

我校以"夯实基础、挖掘潜力、发扬特色、树立品牌"为工作目标,通过"提升管理层次、提升教师素养、提升德育品牌"等途径,构建"和谐、共荣、民主"的管理文化,"德高艺精"的教师文化,"规范、务实"的教学文化,"三规四礼"养成教育文化和学生快乐成长文化,促进学校内涵发展。

一、提升管理层次,形成"和谐、共荣、民主"的管理文化

1. 健全制度,提供保障

学校将进一步建立人本民主与科学规范相统一的学校管理制度,即规范加特色的管理内容、纵横互补的管理体系、分层管理机制以及畅通有序的民主化程序。

（1）明确共同规范——学校坚持"以人为本"的管理思想,将学校各项制度进行梳理、删减、增补,邀请家长、教师、学生参与学校制度建设,制定体现时代精神的工作条例及相关评价制度,形成制度汇编,使规范真正内化为全体教职员工自觉遵守的准则。

（2）形成操作体系——运用纵横互补的管理体系以及分层管理机制保障系统和谐、有序地运转。纵横互补的管理体系:纵向的"校长室—教导处—教研组—教师"教学功能管理线与横向的"校长室—年级组(各处室)—班主任—班级"教育目标管理线,纵横互补,做到岗位目标明确、责任到人,全程、全员管理,思路清晰,管理无盲区,使学校管理工作做到细处,落到实处。

2.打造和谐团队,让教师找到心灵归属和情感依托

继续创建处室愿景文化,营造好"小家"的温馨氛围;心理工作室建立"有效情感沟通桥",交流身边同事工作中的点滴好事,倡导大家关注身边教师的闪光点,感恩学校的关心和同伴的帮助,互相欣赏,融洽相处;向教师推荐佳片美文、生活小窍门、健康小知识等,丰富教师的职业生活,培养教师的情趣。

二、减负增效,打造"规范、务实"的教学文化

1.进一步规范教学五环节的管理,提高教学质量

继续实行分层备课管理,青年教师"返璞归真",手写备课;骨干教师"名家翻唱",借鉴名师的教案,针对自己的生情进行修改。

2.继续遵循"蹲级部办公,进课堂指导"原则

业务干部对于自己分管的级部和学科,做到"蹲级部办公,进课堂指导",紧紧围绕"三个问题"开展调研管理工作。一是深入课堂发现问题,即发现制约课堂效率的关键问题;二是分析数据背后的问题,即依据教学目标对各项质检进行相关数据、资料的收集、整理,分析、反思,用"数据说话";三是研究并解决问题,即以教研组为单位开展主题研讨式、跟踪延伸式、同伴互助式等教学研究活动以解决问题,做到实情在一线掌握、办法在一线产生、问题在一线解决、成绩在一线创造。

3.以学科突破点为基,深化"提质减负"的研究

语文学科高年级以"如何记录课堂笔记"、中低年级以"古诗词诵读"为研究基点,数学学科以"课堂面批百分百,教学重点堂堂清"为研究基点,英语学科以"学生发言百分百"为研究基点,做到课堂教学面向全体学生,培养学生的学习能力。

三、依托重大节庆日活动，开展公民教育，打造学校"三规四礼"德育文化

（一）以"三规四礼"促学生文明素养的提升

1.制度促养成

建立学校"常规"养成教育相关制度，如"三规四礼"《大课制度》《小明星评选制度》等，以制度促落实，促进师生内动力，使学生明确努力方向，教师明确管理职责，推动"三规四礼"文化的深度发展。

2.活动促养成

利用晨会、升旗仪式、红领巾广播站等宣传阵地，在学生中开展"三规四礼伴我成长"系列演讲活动，发挥同伴教育的作用。开展"最感人的敬亲信、敬亲语"评选活动，"常规"三字歌创编活动等，让学生在实践中形成良好的行为习惯和文明素养。

3.自我管理促养成

自主管理协会的相关制度，使各个部门的工作常规化，通过自主管理引导学生学会尊重自我、尊重他人、尊重公共秩序，促进良好班风、校风的形成，提升学生文明素养。

（二）开展班主任"主业化"研究，加强德育队伍建设

为加强学校班主任"主业化"研究，打造人人都是德育工作者的全员德育队伍，学校实施"分层打造，整体推进"的方式，提高全体教师的德育工作水平。

1.青年班主任——以《指南》促规范

组织有经验的班主任教师编写《班级管理工作指南》，涉及班级管理中的人、物、时间、空间等各个方面的要求及管理方法，如怎样排座位、排值日表；怎样选班干部，教室的布置，学生常规管理。以此规范班级的管理，提高青年班主任的班级管理能力。

2.骨干班主任——以"机制"促艺术

建立健全班主任"主业化"培训机制、考核机制、激励机制。充分利用青岛市班主任远程研修网，做好每月一次的班主任培训学习；结合新的绩效工资实施方案，修改制定新的《班主任考核实施细则》；鼓励班主任教师发挥自己的特长，开展个性化班级管理；通过机制的落实，使骨干班主任教师形成自己的班主任工作艺术，开展班主任工作艺术漫谈。

3. 全体教师——以"课堂渗透"促德育研究

继续开展德育课堂渗透研究,通过教师在备课中体现德育渗透点、撰写课堂德育渗透案例、人人参与德育大讲堂等形式,倡导教师在课堂上进行德育渗透,将教书与育人完美结合。

学校规划要从安全到归属感

福州路小学 赵 妤

青岛福州路小学始建于 1999 年,位于美丽的夹岭山下,是一所省级规范化学校。为解决市北区浮山后学生入学难问题,在区政府和教育局的支持帮助下,学校先后于 2006 年、2014 年两次进行扩建,使学校办学规模从最初的 12 个教学班,发展到可以容纳 36 个教学班。下面简要谈谈学校规划建设中的一些思考。

一、安全是学校规划的第一思考

2006 年第一次扩建是接楼,由于校方参与规划与设计,因此竣工后外观的整体设计与原操场位置形成比较规整的结构,不但扩增了教室和功能室,而且新建了学生餐厅,解决了家长的后顾之忧。

2014 年第二次扩建是新建一座建筑面积为 9868 平方米的教学楼,位于操场的北侧,地下一层,地上五层。学校教学楼主体是由设计公司于 2009 年根据《山东省普通中小学办学条件标准化建设》文件汇编的要求而设计的,后因各种原因没能实现九年一贯制的设想,所以学校在 2014 年开始施工时已经无法改变原规划设计。

当时,连接两座教学楼的设计没有提前规划,于是校方积极介入并从安全的角度提出了各种想法,并在后续使用中出于安全考虑也做了一些改变。

一是南、北两座教学楼中间由于操场与新建教学楼水平落差较大,将采用楼梯衔接通道,为缓冲坡度,每隔 15 个台阶就有一个平台缓冲,将室外楼梯自身存在的安全隐患降低。

二是我们考虑更多的是后续使用的安全和方便,鉴于上下楼梯对学生的行为能力的要求,把新扩建的教学楼定位为 4 ~ 6 年级学生使用。我们还考虑到高年级男女生身高多在 1.7 米左右,为杜绝安全隐患还将室外楼梯的护栏由原来的 1.2 米高度调整成 1.4 米。

三是为防止顽皮的学生从不锈钢扶手上滑下来,我们把教学楼内的楼梯扶手设计成带障碍的,既可防滑,又可以当把手,一举两得。

四是原教室的窗户是内开式的,打开的窗户既遮挡学生的视线又易碰学生的头,所以我们在教学楼的建设中,申请更换了窗的合页等零件,变成平推内倒;为防止学生将身体探出窗外,为每间教室的窗户安装了带有安全锁的钢制纱窗。

五是学生卫生间进口和蹲位均设有门,但卫生间的外门在利用率最高的课间就是一个"鸡肋"。于是,学校将外门打开,安装门吸,在门上安装上半门帘,男生卫生间的门帘为蓝色调,女生卫生间的门帘为粉色调,既起到遮挡作用又美观而有童趣。

二、空间巧妙利用是后建设的重点

新建教学楼由 4 ~ 6 年级学生使用,因此新楼厅廊空间、专用室等的整体设计,均按照 4 ~ 6 年级学生的年龄特点而定。我们通过就地取材巧妙利用空间,从而真正地实现以师生的发展为本。

一是原大厅内根据消防安全设置了三道门,在使用时我们考虑到三道门开关门时对学生的进出和逃生均不方便,因此我们只保留了一道防火门,拆掉了两个门,并把两道门间的玻璃隔断作为学生作品展示的空间。

二是走廊学具橱的设计,充分利用走廊上每间教室外面的框架柱之间的位置,实现一生一柜。

三是图书馆建在二楼,鉴于承重方面的考虑,我们打算把周边的空间都充分利用起来,分散书籍的重量,也让学生可以根据自己的需求来选择书。我们把一间没有窗户的暗室开窗,从旁边的房间借光作为藏书室;把借光线的房间作为借书区域,把 300 余平方米的空间月活动板间隔成自由悦读区、分享阅读区、福小好声音区三部分。

四是学术报告厅的改造。为实现一室多功能,我们将位于三楼近 300 平方米的合班教室,改造成学术报告厅和录播教室二合一。

五是创客空间的改造。三楼原本是学术报告厅,但是"人"字屋顶的设计,加上屋顶还有多个大排气通道,整体感觉压抑,根本无法实现报告厅的功能。施工时我们就发现这一问题,所以将使用功能做了调整,没有安装吸音板吊顶,而是巧妙利用大排气通道的工业化风格,做了创客空间的设计。这是我们目前先做的"爱追梦"体验馆。

三、学校家是校园风格建设中的归属

在校园风格规划中,我们首先以办学理念为依托,以学校"和乐美"文化品格为定位,从校园设计到人文景观,努力实现南、北楼"和而不同、美美与共"的幸福乐园。我们提出学校是老师和学生的,应该由他们来设计自己喜欢的学校,这样师生才会对学校这个家更有责任感和亲切感。于是,师生集思广益,找准定位。

(1)文化定位:幸福(源于学校办学理念),如大厅的幸福石。

(2)人文定位:和美(源于学校的文化品格和、乐、美)。

(3)颜色定位:环保绿(源于学校前后有山,风景宜人),如绿墙、绿植、绿色门牌。

(4)设计方向:现代、灵动。

我们采用了美术老师和学生共同设计的波浪石子步道、波浪线条花坛、双色波浪线火烧石地砖等,让老师和学生在这片校园里能找到属于自己的符号。

精心打造有"爱"的校园

胶州市香港路小学　孙　慧

"爱"是人类永恒的追寻,每个人都在生命的不同时空节点感受、思考、领悟着不同的"爱"。一所学校少则几百、多则几千名师生共同生活在一起,怎样统一思想、凝聚力量、蓬勃发展是每一位校长都在思索的课题。

多年来,学校注重内涵式发展,致力于精心雕塑学生的心灵,努力培养学生的能力,用心挖掘学生的潜力,为社会培养民主开放、个性丰满、富于创建、精神饱满的现代公民,学校教育逐渐形成了鲜明的教育特色。把"爱"的教育内化为一种理念,师生们在学校中的生活是充实的、欢快的、充满生机的、富有创造性的。

一、打造美丽校园,融"爱"于境

1.重视校园环境建设

校园环境建设是学校教育的重要组成部分,是全面育人不可或缺的重要环节。

学校紧紧围绕"携爱同行,让每个生命幸福绽放"的办学理念,科学规划校园环境建设总体目标,校园建筑和谐统一,专业教室独具匠心,绿化美化沁人心脾,使学生举目所及、举足所涉的不仅是知识的殿堂,也是艺术的圣地,学生流连其中,无不受到情感的熏陶、心灵的净化、美的启迪。

2. 在校园文化建设中,学校处处彰显着对"爱"的理解

以学生为出发点,大胆构思、精心创建了海底世界、童话乐园、森林大冒险、欢乐交通站、梦幻星空等各具特色的主题活动室,让学生在玩中学,在学中玩。

二、建设友爱团队,融"爱"于情

打造一支高素质、有担当、能战斗的教师队伍是学校建设的关键,学校高度重视情感引领在教师队伍建设中的特殊作用。

1. 师德建设,彰显教师人格魅力

学校每学期举行"立师德 树师风 争做四有教师"主题教育活动,与每位教师签订《师德规范承诺书》,开展优秀教师经验交流和教师才艺展示活动,教师通过不同的方式诠释对"四有教师"的理解,感受作为一名人民教师的自豪与荣光,感悟职业的归属感和幸福感。

2. 专业引领,提升教师专业素养

学校秉承"教师发展学校,学校成就教师"的理念,积极推动教师专业成长。实行骨干教师培训机制,推动青年教师落实个人发展规划;采取走出去、拓视野,请进来、增内涵的方式对教师进行业务培训;狠抓教研,利用经验分享、好文推荐,采取每人一堂公开课的方式,集思促发展,凝心聚合力。通过这一项项扎实有效的举措让教师在发展中感受到引领之意、帮扶之情,用"爱"的凝聚促进教师专业发展良性循环。

三、构建多彩课堂,融"爱"于教

1. 全面落实新课程方案

我校严格落实课程标准,按照国家规定的教育教学内容和课程设置开展教学教研活动,确保学生在学习中固本强源,学有所获、学有所乐。

2. 积极编写校本课程

学校结合学生实际编写了《每日故事》《我们的节日》等校本课程教材,努力实现学生喜欢什么我们就关注什么,学生关注什么我们就编写什么,用贴近学生生活

的校本课程教材激发学生的学习潜能,增添学习的乐趣。

3. 着力开展兴趣特长活动

学校成立了科技类、艺术类、体育类等多个门类共50余个社团,让学生在丰富的社团课程中找寻自己的最爱,找寻自身的突破点,为未来的人生之路种下一棵饱满的种子。

4. 积极开辟课外实践基地

充分利用社会教育资源,组织研究性学习、志愿服务等综合性实践活动,让教育走出校园,让学习融入社会。

四、加强教学管理,融"爱"于研

1. 业务学习扎实开展

学校坚持各学科集体备课,规定时间雷打不动,教学干部亲自参与,与教师共商、共研、共议。

2. 学校班子成员坚持课堂教学巡查制

学校坚持推门听课制度,时时了解一线课堂的真实情况,发现问题,及时谈话。加强对教学常规的检查,对检查中发现的问题及时反馈给教师,督促教师不断改进教学工作,充分体现出有效的管理是最有温度的爱。

3. 推动课堂教学改革不断深入

学校重点进行了学科整合和学科实践活动,例如在语文课堂教学中坚持以一带多,实现群文阅读,打造出"1＋2＋N"的阅读教学模式。

目标引领发展　责任成就未来

青岛镇江路小学　张晓迎

青岛镇江路小学特别重视学校发展规划的落实。在落实发展规划的过程中,做到五步落实法：责任到人，目标分解，全面落实，定期反馈，目标考核。

第一，责任到人。将学校五年发展规划根据干部分工，做好每位干部的分管安排，确保每一个项目有一位责任干部，每位干部就是这个项目的负责人，干部再根据发展规划设计好下一级责任人的安排，确保每项工作有专人负责。

第二，目标分解。将全校总的发展规划，做好每年度的分解后，还要结合每年度和每学期的工作计划，做好落实。每次做学校工作计划（年度、学期），学校组织干部逐条学习年度发展规划，再次将每个目标分解到学期工作计划中，确保结合学期工作做好落实。

第三，全面落实。工作口落实是确保实施的关键，所以学校重视每周工作计划的制订，结合每周的周计划，做好规划中相关工作的落实。

第四，定期反馈。为了确保发展规划的执行和落实，需要做好定期反馈。校长在学校每月校务会组织干部针对落实情况做简单的梳理和小结，同时采取档案检查、过程性工作检查等方式，定期反馈规划落实情况，发现问题，及时查漏补缺。

第五，目标考核。每学期结束，进行干部完成落实发展规划的自我反思和目标考核，通过家长调查问卷，查阅档案资料等方式，了解各个干部分管工作目标的落实情况。根据干部填写的目标达或自我评价，做出学校目标达成评价。

学校发展规划的落实，校长的引领特别重要。校长要有落实好发展规划的意识，要重视过程管理和目标达成，还要关注年度工作重点和目标的落实情况。通过加强干部团队的管理，让每个项目有专人负责，每现工作确保落实。同时还要注重反馈、反思整改落实和评价的环节。由于学校各种事务性工作太多，有时候制订了计划，却忘记了落实；或者虽然安排，但是没有检查、督查的环节，工作落实的有效性受到影响，因此还要通过反思、反馈的目标考核的方式，确保每项工作有效落实。

总之，学校的发展规划目标落实到各个层面，要调动所有教师、干部的力量。大家齐心协力，共同努力，促进学校不断发展！

从四个方面规划，促进学校内涵发展

莱西市姜山镇中心小学　赵　明

莱西市姜山镇中心小学始建于 1989 年 5 月，新校于 2019 年 9 月投入使用。学校现有 1020 个学生、24 个教学班，服务周围 26 个村庄。学校坚持从四个方面为学校发展规划蓝图。

一、坚定学生发展为主体不动摇

学校把学生习惯养成教育作为一项重要工作来抓，培养学生良好的学习、生活、行为习惯，激发学生学习积极性和主动性。学校帮助学生加强自身修养，提高自身素质，规范学习习惯、生活习惯、行为习惯，为培养学生德、智、体、美、劳全面发展打下坚实的基础，使学生受益终生。

二、大力推进素质教育，全面提高教育质量

（1）探索德育工作途径，将学生培养成具有人文精神（举止文明、有责任感和爱心），具有创新意识的孩子。

德育的任务是要影响人格、形成美德，而美德的培养不能靠说教，必须靠感染，靠"动情"。学校领导和教师要以"礼仪教育"为抓手，设计能触动学生心灵的人文教育环境，让学生耳濡目染。

（2）加强学科教学，发展智力，增强能力，切实提高学科教学质量。

学校认真实施新课程标准，确立以人为本的新理念，不断改革课堂教学，培养学生合作、探究、独立学习的精神。

（3）全面实施《体质健康标准》，加强体育教育。

积极开展体育活动，切实增强学生体质，使全体学生的各项身体素质指标基本符合要求。

（4）积极开展兴趣小组活动。

重视培养学生的实践能力和创新精神，让学生的兴趣爱好和个性特长得到充分展示。

三、加强队伍建设，提高教师综合素质

全力造就一支思想领先、作风过硬、富于开拓精神的干部队伍和一支观念超前、师德高尚、有强烈责任感和较高学术修养、富有创造力的和谐团结的教师群体。

（1）加强领导干部队伍建设。

做到思想上有活力、工作上有创新力、管理上有凝聚力，成为"团结、廉洁、高效、开拓"的好班子。

（2）强化师德师能建设。

促进教师专业发展，加六骨干教师的培养力度，形成竞争、合作、进取的良好氛围和激励机制，形成乐于奉献、富有特色、积极反思、合作研究的教师群体。

四、加强学校管理，创建和谐校园

（1）以人为本，加强团队凝聚力建设。

大力倡导和培育"尊重、赏识、期待"的校园人文精神和"爱生、奉献、探索、创新"的教师工作作风，使学校形成团结合作、积极向上的浓厚氛围。

（2）和谐管理，加强办学资源的整合与优化。

开明办学、开门办学，充分挖掘校内资源，大力开发校外资源。初步形成制度与人文、继承与创新、共性与特色、民主与集中、稳定与发展相匹配的和谐管理思想，促进学校全面、可持续的发展。

（3）全面实行校长负责制。

通过强化常规管理，提升各项工作的规范化程度，使学校各项管理工作做到有章可循、有法可依，真正实现依法治校，依法治教。

加强学校日常教育教学工作的督查，提高管理的针对性、实效性，增强教职工的积极性、凝聚力，营造奋发向上、层级服务的氛围，为学校发展提供动力支持。行政管理重心下移，实行分层管理，使学校管理工作精细而富有实效。

（4）建设学习型组织。

校长致力于学习型学校的建设，促使教师养成读书的习惯，做学习型的教师。建立教师学习制度，形成一种弥漫于群体中的学习气氛，使学习成为一种环境、一种对话、一种问题意识、一种反思意识。

传承红色基因　培育时代新人

西海岸新区红军小学　王新华

一、背景分析

2011 年 8 月,我校被全国红军小学建设理事会命名为"山东青岛胶南革命英烈红军小学",因行政区调整更名为"青岛西海岸新区红军小学"。我校位于青岛西海岸新区滨海街道办事处驻地,是青岛地区第一所红军小学。

二、背景描述

2011 年 8 月,习近平主席为红军小学题词"近期开展的'捐建希望工程红军小学'工作已有一个好的开端,望继续努力,把实事做实,好事办好",对全国红军小学提出了希望。作为当时青岛市唯一红军小学,学校确立了"传承红色基因,培育时代新人"的办学理念,围绕这一理念,学校开展了一系列的教育活动,取得了较好的效果。

三、创新创优点

自红军小学成立以来,学校坚持把"红色教育和传统文化教育相结合",学校充分挖掘红军的正能量,把"传承红军精神,培养红小人良好习惯,弘扬红军正能量,树立正确的人生观"作为学校教育工作的重点,确立"传红扬正"作为创新创优工作项目,制订计划,认真工作,开展了一系列的教育教学工作活动。

主要措施做法如下。

1. 环境育人,让红军精神渗透到校园的每一个角落

学校创办了《红星校刊》,围绕"传红扬正"刊登师生作品,宣传全校各班开展"传红扬正"的活动,结合学校实际,将南楼建成以培养学生"读""写""诵""讲""演"

良好行为习惯为主的"养正厅"。学生从清晨一踏入校园,就可以看到这里展出学校创新创优工作的一系列活动成果。这里教育全校学生"培养红小人良好习惯,树立正确的人生观",有效地促进了"传红扬正"活动的有效开展。

2. 活动育人,让红军精神浸润广大师生心灵

(1)课程引领:加强"传红扬正"教育学科渗透,对各学科任课教师提出要求,根据不同学科的特点,在学科教学中渗透"传红扬正"教育,通过语文、音乐、美术、体育等各学科教学,使"传红扬正"教育在各学科的课堂教学得到全方位渗透和落实。

(2)课外延伸:学校先后组织开展了"花开映山红,放飞中国梦""万人同唱映山红"等社会实践活动、到航母基地开展了"热爱祖国 心系国防"主题教育、"传承红军精神,放飞童年梦想"的"六一"国际儿童节庆祝大会、红色运动会、"红军精神伴我行冬季长跑活动""点燃激情、唱响红歌"合唱比赛等一系列活动,拓展红色教育外延。

(3)分层落实:根据不同学段学生的特点,细化"传红扬正"活动内容和形式,开展不同的活动,实施不同的教育,开展了"培养'读、写、诵、讲、演'习惯,让学生拥有幸福童年"的特色教学活动,在潜移默化中传承红军精神,实现"培养良好习惯,树立正确的人生观"的目标。

3. 制度育人,让红军精神品质感染每一位学生

结合《中小学生守则》《中小学生队员日常行为规范》《队员日常行为管理考评标准》,灵活运用"百分竞赛表",制定了切实可行的"五星少年""五星中队""五星少年"评选方案,将红军战士的良好作风与队员行为规范养成进行有机结合,磨炼队员的意志,养成队员良好的行为习惯。

四、变化与提升

在"传红扬正"目标的引领下,学校教育呈现出了"内容丰富、全员参与、动态呈现、传承创新、个性鲜明、前瞻实用"的特点,学校先后荣获青岛市科技教育优秀组织单位、黄岛区五四红旗团支部、黄岛区第二十二届爱国主义读书教育活动优秀组织单位等多项荣誉,先后在全区小学课程与教学工作会议上做经验介绍,《扬红润德 梦想起航》典型经验刊登在山东省教育厅主办的《基础教育改革论坛》上;学校先后被山东电视台、青岛日报、半岛都市报、新黄岛等媒体宣传和报道。

五、结语

我校立足实际,以"传承红军精神,培养良好习惯,弘扬红军正能量,树立正确的人生观"为目标,将"传红扬正"全面纳入学校教育教学的全过程,一系列的教育活动,有效地促进了师生"良好习惯、正确的人生观"的形成。

因地制宜,科学规划,持续发展

明德小学 袁 云

青岛郑州路小学是市北区最北部的一所小学,坐落于郑州路和周口路交界的闫家山上,掩映在亟待改造的村庄当中,是一所有着 90 年建校史的省级规范化学校。1982 年,这所曾经几易其名、在私塾学堂废除基础上建立起来的学校,结束了洛一小分班和闫家山小学两校共处的局面,正式更名为青岛郑州路小学。其间,它送走了一批批闫家山当地村民的孩子,又随着城市的变迁迎来了一批批外来务工人员随迁子女。迄今为止,本地村民的孩子仅占学生总数的 30%,外来务工人员随迁子女的数量逐年递增,已占 70%,在部分年级已接近 80%。作为这所学校的第 6 任校长,我既继承着曾经的开拓者所创立的成果,也肩负着新时期教育改革的重任。因此,经过我们全体干部、教师的共同梳理,形成学校的发展脉络:

学校的优势如下。

第一,学校特色文化"逐梦的小山鹰"正逐步走向成熟,并引领学校各项工作持续发展。师生精神面貌昂扬,有机会从偏居一隅的闫家山校园,走上世界口哨艺术大赛的舞台,走上青岛春晚,与国际友人会晤……这些极大地鼓舞了师生、家长的发展士气,学校的美誉度逐年提高。

第二,教师队伍面对生源结构复杂的局面,能主动克服困难,以积极乐观的态度去开展工作。针对学生实际情况开发的学校课程渐入佳境,深受学生喜欢。

第三,学校已通过青岛市标准化学校验收,办学基础条件好。

学校的不足之处如下。

第一,秉承"弘扬民族精神,传承民族文化"的办学宗旨所创立的特色文化"逐梦的小山鹰"尽管已初见成效并小有知名度,但在教育教学实践中浸润不足,特质不凸显。

第二，依据"培育健康快乐、自信自强的现代人"办学理念所构建的多维课程体系，尽管深受学生欢迎，但课堂教学改革的深度不够，学生的学业成绩有待提高，师生的创新实践意识需进一步激发。

第三，践行"自强、自立，合作、进取"的学校校训所出台的民主管理体系，尽管架构鲜明严谨，但是，校委会、职代会、家委会、学生会等决策、管理、监督机制的合理性、人文性、可操作性还需细化、科学。

综上所述，优势突出，差距明显。我们且行且思，在学校文化的引领下进行梯度推进。

学校因地制宜提出了以"弘扬民族精神，传承民族文化"为核心的办学宗旨，梳理出如下办学思想——

办学理念：培育健康快乐、自信自强的现代人。

学校愿景：让校园充满活力，让学生追求梦想，让教师获得幸福。

学校校训：自强，自立，合作，进取。

特色文化：逐梦的"小山鹰"。

学校精神：志存高远，自强不息。

可以说，办学思想的确立为我们指明了发展方向，我们在创建"逐梦的小山鹰"特色文化的过程当中，通过管理、课程、社团、标志、宣传、家校、环境七大体系的建设，以师生家长共同参与的方式，使得我们的办学宗旨为大家认可，形成了学校的核心价值观。

结合现代化学校建设的目标，面对上述梳理出来的不足之处，我们为追逐梦想的"山鹰们"量身定制了"丰羽计划"，并将原有七大文化体系进行整合：

将原有"家校体系"归入"管理体系"——着力解决民主管理力度不强的问题。

继续完善管理、课程、社团、环境、标志、宣传五个体系——着力解决课堂教学、课程开发及学生的创新实践能力问题。

新增两个体系，一是以德育课程和励志动漫剧为载体的"山鹰展翅，快乐发展"的德育体系；二是以"双翼齐飞计划"为落脚点的师生个性化发展体系——着力解决文化浸润以及师生特有精神风貌的形成问题。

同时，我还认识到，现代化学校建设对校长提出了要"具备教育家素养，课程领导力以及教育教学管理的专业化水平高"的要求，我认为自己在宏观把控学校发展方向以及课程领导力和科研水平方面比较弱，需要学习加强。

行成于思　业精于勤

书院路小学　王春蕊

"凡事预则立,不预则废","行成于思,业精于勤",这些名言警句无一不在说明规划的重要性。2017 年 8 月,新一届领导班子成立之后,面对一所已有 90 年办学历史的老校,如何规划发展,成为团队成员共同的思考题。

一、规划发展要尊重历史

何谓"文化"? 历史沉淀下来的才是文化。文化是一条河,传承和创新是文化前行的两个轮子。一所经历了晚清时期的私塾,后来成为德国、日本占领时期的蒙养学堂,到 1929 年转为公学制,后来经历了民办、公办"两条腿走路"时期以及初中、小学分离,到 1999 年迁址并更名。

德国的浪漫派诗人诺瓦利斯说,"哲学原就是怀着一种乡愁的冲动到处寻找家园"。一代又一代的"书院人"在这片教育的热土上静静守候、默默耕耘,不断求索教育的真谛。追溯学校历史的过程中,体悟教育朴素而深刻的真谛,新时代学校的教育哲学渐趋明朗。

二、规划发展要与时俱进

习近平总书记曾在北京大学师生座谈会上的谈话中引用"才者,德之资也;德者,才之帅也"说明人才培养是育人和育才相统一的过程,而育人是本,人无德不立,育人的根本在于立德。教育不能片面地适应人的本能,教育应该进行适切地塑造。党的十八大提出将"立德树人"作为教育的根本任务,全面实施素质教育。"德为先",德行是灵魂的力量和生气。

1929 年建校的青岛书院路小学,在历史的长河中不断探索,积极进取,从蒙养学堂到私塾,再到学校发展的鼎盛时期的"探索构建养成教育目标体系　全面实施素质教育"的课题研究,都落脚在"养正"二字上,为了全面传承学校文化,深入推进学校的发展,在今后的发展中将继续发扬"养正",做足"书院"的文章,彰显书院气质。

"养"是培养,这是任务。符合时代发展的要求,给每一名学生提供适合成长的环境、情境,构建良好的教育生态。

"正"是正道,这是目标。指坚定不移地遵循教育正确的运行、发展规律,使学生形成端正的品行。

"书院"是学校名称,更是学校的特点,既有古代书院的气质特点,又有现代学校的文化内涵。本着"每个孩子都是天使"的理念,实现"让每一名儿童站在学校中央"的愿望,让孩子在书院校园中能够自主成长,素养得到全面的提升。

"养正书院"实际就是"立德树人"在书院的有效落地的表现形式。

三、规划发展要系统施工

1. 架构系统

詹姆斯·马奇把学校的管理组织称为"有组织的无政府状态"。充分发挥学校内部管理机制的整体功能,构建科学的运行模式,以形成"合实养正"的管理文化,促成学校各项工作的健康发展。我们着眼学校品质发展,凝聚力量与智慧,基于文化底蕴进行了顶层设计。

学校形成了有效的管理机制,营造健康的管理文化,引领广大干部能够在管理中做到在事业上助力,生活上关怀,情感上包容。

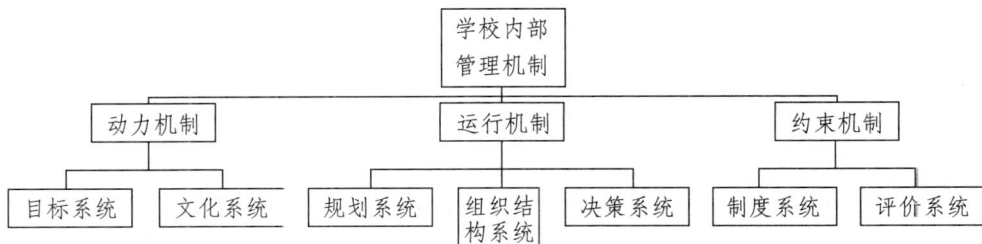

2. 科学施工

学校本着"传承优秀文化,顺应儿童天性,促进儿童充分、自由、和谐发展"这一办学思想,遵循教育规律,让每一名生活在这个园子里的老师、学生以及学生的家长都能够适应。办适合儿童发展的教育,这就是对教育规律的尊重,更是学校规划发展的重要内容。

学校在三大管理系统齿轮咬合运行的基础上,架构和实施了"养正课堂""养正家校""养正教研"以及"养正管理"四大板块。

学校构建了"养正课程"体系,学校的课程体系呈"人"字形,展示了学校在整体育人方面的决心。学校在全面分析未来人才培养的四大核心素养和中国学生的核心素养的基础上,提出了学校课程的五大素养:乐学习、善思辨、勇担当、敢创新和会生活。

在"养正书院"核心理念下,学校展开了"养正评价"的构建与实施。学校通过过程性评价、终结性评价全面评价班级的工作,并穿插"即时评价",发现典型及时给予表扬。学校开展了以"学校养正少年""家庭责任少年"和"社会公益少年"为评价体系的养正评价体系,在三方面表现突出的学生在每学期末将受到"养正书院好少年"的表彰。

学校是创新的场所,创新之路应该从学校开始;学校是读书的地方,应该飘荡着书的香味;学校是培育诗意和激情的地方,学生应该在这里受到诗一般的陶冶,学校文化应"无孔不入",使文化成为学校之魂,学校即文化。

规划——学校发展的解码器

北山二路小学　高先喜

管理学大师德鲁克在谈到企业管理时有"经典三问"。第一问:"我们的企业是什么?"即企业要做什么,这是办企业的目的和使命。第二问:"我们的企业将是什么?"这是企业对外部挑战的回应,是对企业发展未来的判断,也就是愿景。第三问:"我们的企业应该是什么?"就是企业如何根据外在条件和需求的变化,更好地履行自己的使命。作为校长,同样要努力回答这三个问题。"我的学校是什么?""我的学校将是什么?""我的学校应该是什么?"只有学会理性观察和思考,准确把握教育本质和社会发展对教育的需求与挑战,才能很好地回答这三个问题,并为自己选择一个高点;也只有把这三个问题搞明白了,才能规划好学校的发展。

2019年8月底,我调任北山二路小学履职校长。如何将自己的办学理念、教育格局融入学校的发展中?我坚信,"规划要先行"!因为,发展规划就像运动员赛跑中的起跑那样重要,它是学校发展的纲领文件,它是学校自评的测量依据,它是基于对学校现存问题的梳理把脉。做出发展规划,从而确立目标,并通过周密的战略安排、制度设计、文化构建等,以最有效率的方式去达到目标,建立起一套科学的价值系统。

一、系统进行背景分析

一是关于学校发展机遇的分析。要从国家及地区政治、经济、文化、教育政策发展的走向来把握学校的未来发展趋势。要对学校所处的地理、社会环境与其他学校发展相比,有清晰的认识。二是关于学校相对优劣的分析。要认识到学校在地理位置、课程建设、公共关系、师资、教学质量、生源等方面所具有的长处和劣势,扬长补短,以推动学校的良性运行。三是关于学校发展历史的分析。要认真研究多年来的遗留传统,以及在发展目标上能多大程度地得到社会和学校师生的认同,尤其是在传统基础上形成的学校特色能否有助于发展规划目标的实现。四是关于相关利益群体的分析,包括受教育者、投资者、教师、学生、家长等。要将这些群体的合理化建议纳入学校的发展规划之中。

二、明确规划具体内容

学校发展规划一般包括三个部分、四个方面的内容。三个部分是学校总体发展规划、课程和队伍建设规划、校园发展规划。三个构成部分不是孤立的,而是相互联系的。四个方面的内容:学校现状分析,是对自身所具有的基础、问题等进行全方位地梳理,明确学校在同一地区、同类学校中所处的位置及特色是什么;发展目标展望,是陈述学校在某一时段的发展目标和程度,包括办成什么性质、什么类型、什么水平的学校;发展要素确定,是规划的主体部分,即学校选择要重点发展的若干项目及领域;设置保障系统,是指为服务于发展目标和发展要素而需要提供的人、财、物等资源及相关的学校制度设置。

三、突出规划可操作性

制定发展规划不是为了追求完美的发展蓝本,而是追求更有效、真正发挥作用的行动纲领;不追求逻辑严密,但求实效和可操作性。因次,在制定学校规划时有几点是必须的:一要重视调查研究。正确地把握自身条件,看到自己的成绩,找出自身不足,明确学校的最近发展区,提出重点发展项目,落实切实可行的措施。二要独立思考特色学校的创办。特色学校不是自然形成的,需要全面科学规划和有计划地建设。校长应改变从属思维的定势,改变被动思维的模式,大胆创新,使学校个性化、特色化。三是制定的内容要具有可能性、重点性和伸缩性。学校精心设计的规划,必须是"跳一跳能摘到的果子",否则,规划的各种作用都将变为零。同时,设计的规划中所制定的目标,必须是带有较大重要性的指标,是办好学校、提高教育质量十分必要又必不可少的目标。而且,制定规划中的目标要有弹性,要留有余地。

履职新校一个月,一切都在熟悉和摸索中。我深知,学校发展规划不仅是一个文本,还是一个过程。校长必须以学校发展规划的制定为契机,学会用价值统领学校的整体工作,明确学校的办学方向和发展目标,把思想层面的价值引领转化为学校实际办学的行动,要设法将价值具体到学校的课程、教学、管理、评价和学校的对外关系上,发挥价值的统领作用,形成工作合力,寻求学校发展的解码器,从而促进学校的实效性发展和跨越式发展。

科学制定发展规划　促进学校长足发展

长沙路小学　康彦华

学校发展规划既是一种学校管理方式的更新,又是通过学校共同体成员来制定和实施学校发展综合性方案的过程,是为学校发展提供支持能力,并不断探索学校的发展策略、持续改进教育教学质量而进行的管理行动。规划的制定要立足学校的实际和长远发展,确定好短期和长期目标,以此作为导向,使规划的制定更具有科学性和指导性。

一、通盘考虑学校发展规划的制定

学校制定发展规划,从目标的确立到计划的确定,从有效的落实到问题的整改,每一个环节都体现了管理者的教育思想,体现了各部门干部的分工合作、有效落实,体现了全体教师的集体智慧和团队力量。制定学校规划要讲究分寸,注意火候,抓住时机,与时俱进。特别是制定近期规划或单项规划,要准确把握时间性。每一所学校都有自己的优势和劣势,校长在规划中如何权衡利弊,如何发挥学校自身优势,避开短处,促进学校工作良性发展、跨越式前进,这是校长规划的技巧。校长要明确学校发展的优势、劣势,在一定的条件下,有些优势可转变为劣势,反之亦然。规划的制定要前后相继,逐步推进。不积跬步,无以至千里,学校规划中每一项决策目标的实现,要一步一个脚印地推进,方可取得成功。因此,学校规划必须环环相扣,小规划服从大规划,短期规划服从于长远规划,分项规划服从于整体规划,并从小规划、短期规划、分项规划做起,逐步深入拓展,为最终实现决策宏伟目标奠定基础。

二、确保规划执行过程中的完成度

措施是实现目标的手段,以我校的五年发展规划为例,学校的总体目标分别从学校、教师、学生三个方面列出了发展性目标,根据目标确立了包括学校文化、现代化管理、教师专业发展、德育教育、生本课堂、学校课程、教育信息化和学生身心健康培养八个方面的重点发展项目,每学期严格围绕重点项目制订计划,责任到人,逐步做好项目的推进。但在实施过程中,也会面临项目的调整问题。例如德育教育中力争"青岛市十佳中小学德育品牌",一直以来学校以创建"青岛市十佳中小学德育品牌"为着力点,全面开展各项德育教育工作,取得了显著成效。但由于本项评选名额少、参选学校多,学校一直未能如愿。在督学以及相关专家的建议下,我校将加强德育品牌建设、以品牌建设推动学校德育工作的全面发展的目标,转变为德育工作的主要方向,确保规划早日完成。

三、对规划实施进行发展性评价

评价工作是教育督导室对学校的要求,旨在对学校发展规划的实施过程进行评估诊断,以改进学校持续发展的运行机制,促进学校实现发展规划的目标。

在日常工作中,我们也常常会发现由于工作内容繁多,许多教师疲于应付,忽视了措施的发展性功能,不利于学校管理效能的提高、教师专业发展的水平改进。学校在实施发展规划的过程中不断总结、反思、改进,学校的办学水平有了一定程度的提高。

一是要重视调研与小结。学校可以根据评价计划,采用教师问卷调查表、家长问卷调查表和社区问卷调查表的形式,构建学校、家长、社区三位一体的大教育格局的评价机制。例如,对家长反映较为集中的问题如社会实践内容多样化,学校就在后续的活动安排上做了相应调整。

二是激发教师的精神动力。学校的发展离不开全体教师的参与,绩效制度的实施在一定程度上激发了教工的积极性,特别是 2019 年"三定一聘"和薪酬制度的实施更是体现了多劳多得的奖励政策。学校也意识到应充分调动教师的主人翁意识和团队合作意识,因此,学校通过打造团队协同发展,构建合作型团队,发挥集体的力量,实现资源的共享和团队的互助。

三是重视专家的科学引领。在学校特色建设的指标中,原拟定的年度目标不能体现学校特色,因此在专家的指导下,学校将开发完善"男生课堂 女生课堂"学校课程,构建基于性别差异的校本课程体系,培养有志气的男孩儿和有气质的女孩儿,建立专项资金,引入教师、社会、家长等资源合力完成课程的开发重建,并将其作为年度工作目标,使此项指标的达成度更有实效性,更能突出学校特色。

"一贯制"与"集团化"办学的困局与破局

青岛汾阳路小学　仇立岗

2020年10月12日,受校长指派,我参加了青岛市九年一贯制学校联盟首次会议暨联盟启动仪式。根据会议安排我首先参观了市北启元学校和崂山育才学校两所发展较好的九年一贯制学校,听取了两所学校的校长在一贯制学校运行方面的经验介绍;接着聆听了市教科院柴清林院长从政府视角、研究视角对于全市九年一贯制学校运行现状和发展展望的报告。报告结束后,市教科院马建华博士介绍了全国九年一贯制学校的发展状况,随后和参会的青岛市16所九年一贯制学校的领导就各自学校的发展情况进行了座谈交流。此次会议给了我较大的触动,现将对此次会议的思考汇报如下。

一、"一贯制"与"集团化"办学所面对的现实问题

从干部调整、教研员配备的方向上可以看出,我区教体局十分重视中小衔接工作。特别是和我一间办公室里的两位中学副校长,都到小学去任校长,这让我开始思考,不管是区、县层面的一贯制举措还是单个学校的一贯制行动,都要面临这样一个状况,那就是不同办学层次(中、小学学段间)、发展水平(集团化分校间)的学校拥有的文化、课程、资源、信息、人员、外围环境等方面存在较大差异。这些差异存在于师生行为特征、心理认知方面,可能表现为"貌合神离"的工作状况。作为学校的管理

者该如何面对这些问题？

1.现实操作困境的主要体现

（1）年级跨度造成的管理差异。

传统的垂直管理面对九个年级、多个校区，一套机构已经不可能驾驭。

（2）学生间互动少造成的文化差异。

校际、学部间用什么活动可以促进彼此的理解，形成统一的文化，减少欺凌的发生，是一个难题。

（3）课程的不对接造成的质量差异。

衔接课程、特色课程都需要课程整体设计和教学质量的保障，但是班额的不统一、生源的差异、师资的差别让统一的质量水平成为一种奢求。

（4）教师的工作经历造成的融合差异。

中、小学教师不同的知识结构、工作方式、学生特征，造成了彼此理解困难，用什么来促进理解，挑战着管理者的智慧。

2.困境形成的原因

（1）各种合作行为都要面对差别，这给学校管理者、活动策划者提出了较高的要求，而这一要求对于传统思维和传统学校培养起来的干部是一种相对极端的挑战。

（2）在分散的办公环境下理解学校主要领导的办学理念是一件极度劳心劳力的事情。

（3）在学部间、学区间的资源输出往往力不从心。

在教师编制严控、产假式缺编的今天，不用说彼此支持，往往连自身都难保。即便是抓壮丁式的简单派出，更多的是造成个人独舞的局面。

（4）文化的阻隔力大于行政的执行力。

我们可以用教师代表大会通过统一的文件，传达一致的思想，但是藏在教师内心的不认同，直接导致了在一些工作中的"非合作弱抵抗"状态。

二、破题的方法

有专家说，择校热需要标本兼治。"首先要继续推进义务教育均衡发展，鼓励有条件的地区试行市域均衡，同时通过学校联盟、集团化办学、划分大学区等方式，迅速扩大优质教学资源，这是根本之策。"在这一治理理念的指导下，一贯制学校和集团化办学或许在未来一段时间内，将是一个尝试满足老百姓从"有学上"到"上好学"的实际需求的研究举措。这就需要我们从实践中收集和提炼有益的操作经验。

1. 弥合差异应遵循的原则

无论是中、小学部之间还是集团校之间，需要把握这样几个原则：

（1）民主平等的原则。

就像青岛滨海学校李全慧校长在交流中说的，我们不能用简单的投票确定民意，因为学部人数的不平衡，常常导致"假民主"的出现。

（2）双向互动的原则。

无论是学部间还是集团校区间，流动和交流都应该是双向的，即听到彼此的声音、尊重彼此的利益，在交流的过程中抓住优质资源的精髓，适应对方的需求。

（3）构建信任的原则。

无论是学部的管理还是校区的管理，只有充分信任和授权，将传统的集权式管理进行权力重组，才能节省主要管理者的时间成本，让他成为有空思考的人。事事过问的管理方式虽然高效统一，但必然会不自觉地用自己的经验去对待另一群体。

（4）文化重塑的原则。

能够彻底掌控一贯制与集团化学校的核心办法就是打造一致的文化理念。从行为模式的简单模仿和人员的派出支援到思维方法、职业信念、工作习惯、向心力形成的多个层面进行跨文化的重塑。在这条路上我们不能心急，可采取微调方向、允许跑走并存的微步改革。

2. 可操作的办法

结合多年来的摸索以及兄弟学校的经验介绍，我感觉可以落地的举措主要有这样几方面：

（1）管理体制的改革。

从垂直管理的方式到"级部管理＋条块统筹＋项目负责"的分级治理体系，解决跨学段、跨校区的管理问题。打造学校统一的文化符号。

（2）课程建设的一体化改革。

建设衔接课程（不仅是知识点的衔接，更重要的是心理接受能力和学习偏好的衔接）和走班课程（专业课程选课走班、按学案分层走班、跨年级融合课程走班），构建精准分层的学校育人目标及课程实施方案（教学资源开发）。

（3）人才培养体制的建设。

新教师的跨学段、跨学区使用，可以有不同的文化视野。研究针对性更强的考核办法，形成紧密的大学科课例研究制度。

（4）统一的学生综合发展评价。

用"个人学分制＋合作积分制＋学院管理制"解决跨学段、跨校区育人质量标准一致性的问题。

综上所述,面对一贯制与集团化办学的新局面,我们必须保持开放的心态,才能妥善处理其中的问题与矛盾,必须采取积极的思维,才能整合利用辖区的人力与智力资源,实现"6＋3＞9"或"1＋1＞2"的神奇变化。

青西新区龙泉小学"11211"工作思路分解

西海岸新区龙泉小学　王　朋

2019年是中华人民共和国成立70周年,是教育体育系统深入实施"奋进之笔",担当作为、狠抓落实的重要一年,是龙泉小学迁入新校的一年。龙泉小学紧紧围绕"12310"工作思路(突出一条主线,打赢两大攻坚,推进三大改革,实施一大行动),结合学校实际,制定切实可行的"11211"的学校工作总体思路(抓牢一个根本,突出一个中心,打赢两大攻坚,实施十一大行动),助推学校教育体育工作形成合力,再上新台阶。

为了更好地实施"11211"工作思路,王朋校长分析学校优势,决定发挥团队力量,把工作思路细化给各个处室,教导、总务、德育三处合理划分工作内容,拆解"11211"学校工作总体思路。各处室按照分工有序开展各项工作,把工作落实到人,人人有目标,人人有责任。

其中教导处负责抓"教育教学"中心工作,实施体育美语行动计划、推进教研科研改革行动计划、"互联网＋教育"行动计划、对外交流与合作行动计划、"一个一"项目行动计划、社会关切问题综合治理行动计划六大计划行动;总务处负责抓牢"安全"这一根本,实施阳光安全校园行动计划,做好地震、防火、校园突发事件等安全疏散演练,抓好学生放学路队安全、饮食卫生安全、设施设备安全、校舍安全、教育活动安全等安全工作;德育处负责师德建设,实施少先队行动计划、干部教师队伍高水平建设行动计划、家校协同育人行动计划、德育提质增效行动计划。学校制定长效机制,调动老师的积极性,根据工作需要使用相关学科的老师辅助工作。各部门及人员之间并不是独立分开的,在打赢"青岛市文明校园创建""青岛市高水平现代化学校创建"两大攻坚战中,通力合作,互相配合。每一项工作都需要制定发展目标、规章制度、活动预案,确认责任人与责任制度。

拆整为零是为了更高效、更有实效地展开工作;化零为整,将各项工作统一到学校总体工作思路中,形成合力,实现发展目标。

"融合"理念下实施劳动教育的探索

西海岸新区海之韵小学　赵炳梅

在 2018 年全国教育大会上,习总书记把劳动教育纳入社会主义建设者和接班人的要求之中,劳动教育再成热点。为响应党的号召,学校也立刻行动起来,开展了劳动教育模式的探索。我们的学校是一所城区学校,每个学生都是家中的宝贝,一般家长都重视孩子的文化课学习,很少让孩子参与劳动。这些被家长照顾习惯了的孩子,到了学校也没有劳动意识。因此,劳动教育一直是我们全面实施素质教育过程中的一个十分薄弱的环节。

如何把劳动教育纳入课程管理? 如何进行质量的督导与评估? 对于我这个分管教学的副校长来说,这可是一个新的挑战,因为之前没有任何研究基础,周边兄弟学校也没有可借鉴的经验。正在我一筹莫展之时,工作室举行教学管理论坛,工作室的成员依次交流了自己学校的办学特色和教育思考。听了大家的交流,我似乎看到一缕曙光,虽然他们没有谁直接谈论劳动教育,但是他们谈到了"课程的跨学科融合"以及"STEM 教育课程的设计",这些关于课程改革的新视角给我带来了启发: 劳动教育也可以和其他课程以及教育活动"融合"啊! 带着新的思考,我调研一线老师、与工作室成员切磋,逐渐有了思路,新学期在劳动教育课程实施方面开展了一系列探索。

一、以"开放"的理念安排劳动课程

一是上课时间开放。在课时的安排上,根据课程内容实行长、短课时相结合:有40 分钟一节的劳动技术分享课,有 1～2 小时的劳动实践课,有 10～30 分钟的课间劳动,有半天时间的公益劳动课等。二是上课地点开放。根据课程内容的需要,上课的地点有时在教室,有时在校园,有时在学校食堂,有时在种植园,有时在校外基地,还有时在其他公益活动场所……

二、以"融合"的理念设置课程内容

(一)劳动教育与研学旅行相融合

我们充分挖掘社区教育资源,将劳动教育与每学期一次的研学旅行相结合。我们曾带领学生到全区有影响力的糕点制作公司研学,学生不仅学习了糕点制作技术,体验了糕点制作流程,还收获了劳动的快乐。

(二)劳动教育与校园文化活动相融合

学校每学期都会结合重大节日举行庆祝活动,于是我们又把劳动教育与校园文化活动相结合,开发了丰富多彩的节日课程。

往年的元旦,学校食堂都会包饺子给老师们做晚餐。2019年的元旦我们吃的饺子别有一番风味,因为是学生给老师包的。庆祝活动的当天下午,学生在老师的带领下来到食堂,戴上口罩,穿上工作服,在食堂面点师傅的指导下,和面、做馅儿、包饺子,因为是包给老师吃的,劳动过程中他们心里充满了感恩,把自己的心意包进了饺子。

往年庆祝"六一"节,学校会安排食堂为每个班级做一个节日蛋糕。2019年的"六一"节,学校开展了"我的蛋糕我来做"食育文化体验活动。6月1日上午,全校学生品尝了自己参与制作的节日蛋糕。

(三)劳动教育与德育活动相融合

为了培养学生的环保意识,我们将劳动教育与环保教育相结合,举行了"我做环保小卫士"系列活动,让学生打扫卫生、捡拾垃圾,体验清洁工人的工作。为了培养学生孝老敬亲的美德。我们开展了到敬老院送爱心的活动,让孩子们到敬老院参加义务劳动,帮助老人打扫卫生、洗衣服……

"融合",赋予了劳动美丽的教育价值,学生们以火热的激情投入劳动中,在劳动中收获了全面的成长。随着课程实施的探索,我们发现,还有那么多有价值的教育资源等待我们去开发、去研究。这样的探索,让我和我的同事们在劳动教育的路上"越陷越深";这样的研究,让我们的团队潜入劳动教育课程中"不能自拔"!

管理权限清单制度的自我进化

——为学校塑造行为

大名路小学　周韫轶

实施学校管理权限清单制度是建立现代学校制度、提高依法治校水平的内在要求。作为现代学校制度建设的试点区校,青岛大名路小学积极秉承区域政策意见,积极响应区域改革要求,规范工作流程,全面推动学校管理权限清单依法、规范、公开制定,形成了决策、执行、监督相互协调、相互制约的现代学校治理结构。

为规范启动学校管理权限清单的制定工作,学校全面梳理有关教育的法律法规,政策要求,为依法制定学校管理流程、实施管理权限清单制度奠定了规范基础。学校结合《市北区人民政府办公室关于推进依法治校建设现代学校制度的意见》中下放的学校办学自主权,对区级给出的 5 大类别 34 项管理权限目录进行了二次的"删减扩并",形成了学校管理权限清单。学校管理权限清单的事项经过校务委员会、教代会、家委会逐级讨论,专题会议审议,专门意见听取,按规定需经上级教育行政部门审批核准,并与相关部门汇报确定审核批准程序。学校清单编制组制定出"学校管理权限事项表"的参考模板,并分项目组逐项梳理清单目录中所列事项的事项名称、类别、实施依据、工作流程、承办部门和联系方式、监督投诉机构及联系方式等内容,并对事项制定和有关决定形成、批准和实施流程做出详细性规定。最后,按照"一事一表"的方法制定《学校管理权限事项表》并汇编成册。

实施学校管理权限清单制度,是推动教育治理体系和治理能力现代化的重要路径,也是现代学校制度建设的内在逻辑。青岛大名路小学在整体推行的过程中,形成了以下实践认知。

管理权限清单的建设,基于治理的思维,突破了"人治"式的管理,注重从体制机制创新的层面进行系统构建,这是学校结构性治理的重点设计。而且,管理权限清单的"规则性",凸显了依法治教,使学校的每一项具体实际工作都有了实施依据和价值追求。

学校管理权限清单的本质在于沟通,它的实施离不开划定角色、遵照流程。遵守清单,就是检视那些微小且漫不经心的 bug(漏洞),同时,也需为塑造学校行为的随机应变和主观判断留出足够空间。学校管理权限清单的运行是项纪律,清单的管好用活,是一种保障高水平治理能力的纪律。

学校管理权限清单的框架是质量标准,它不是大而全的操作手册,而是理性选择后的思维工具。作为社会治理单位的中小学校,需要以管理权限清单为学校治理的聚焦点,根据教育发展的自身规律、教育现代化的基本要求、教育承担的社会责任综合思考,改变行政管理的路径依赖,由"他治"到"自治";改变区域统一的步调牵绊,从"依附"到"自主";改变内部管理的权利分配,从"集权"到"让渡",从而提高教育治理水平。

总而言之,学校管理权限清单制度的自我进化应成为一种学校自我塑造的习惯性行为。

"慧"风和畅，润爱国城

城阳区国城小学　　郝玉芹

回顾城阳区国城小学的发展之路,每一步都值得我们细细品味。阳光城阳,风雅国城,学校自 2015 年 9 月建校以来迅速发展,成为有 1 ~ 6 年级 64 个教学班、在校师生近 3000 人的大校。办学远程中,学校带领全校教师共同学习中共中央国务院《关于深化教育教学改革全面提高义务教育质量》和《城阳区工作要点》文件精神,从三个方面开展工作。

一、携慧爱之花，嗅风雅之芳

1. 规范教学常规，提高教学质量

(1)严格执行课程计划,认真落实"五个一",上好开学第一课。

进一步加强推门听课等措施,与教学常规抽查相结合,加强课堂教学巡查力度,检查课程执行、教学秩序情况,了解教学常规落实及课堂教学中存在的问题,提出要

求,规范教师的教学行为。

（2）贯彻落实减负规定。

严格控制学生在校时间,严格控制学生家庭作业量,低年级不布置书面家庭作业,中、高年级作业量不超过1小时。

2.建设师资队伍，发展专业素质

课改的深入,对教师的素质提出更高的要求,需要每一位教师树立忧患意识,增强学习主动性,要在学科领域中成为学习型、研究型的教师。开展灵活多样的备课方式,各学科按要求具体备课,提前备课,要求年轻教师进行纸质备课。按要求积极撰写教学反思,养成课后反思的良好习惯。

二、饮慧爱之水，润风雅之心

学校实践活动主要分为校内实践和校外实践。在校内实践方面,学校将组织全校性质的义卖活动,让学生懂得分享爱,把不需要的玩具、衣服等通过物质交换或"买卖"的形式进行流动,将义卖得来的钱捐赠给贵州"手拉手"学校进行帮扶;其次,开展全校性劳动技能大赛。校外实践方面,学校组织班级进行传承红色基因、环保类班级研学活动,利用周边资源如国学公园、海军博物馆、国防基地、青少年法治教育基地等开展形式各异的研学活动,达到育人目的。

三、乘慧爱之风，扬风雅之帆

1.家校合作，建设和谐校园

新学年,在"风雅国城 慧爱童年"的办学理念的指引下,我校学校完善三级家委会,家长们自发成立国城"润爱驿站"组织机构,学校为家长们设置了家长驻校办公室。每一位润爱驿站的家长履行着他们的职责,自愿为学生服务,他们用热心与细心感动着在校的每一名师生。遇到恶劣天气或学校组织的亲子运动会等大型活动,车辆拥挤,他们会在路口拐弯处自发安排多名家长执勤。他们的行动影响着身边的每一个人。爱的阳光,照耀着国城,照耀着国城宝贝们。

2.四大特色，展现国城风采

在双语教学方面,学校以双语实验学校为契机,聘请专业外教定时、定地到校为学生上课,与英语老师一起研讨英语校本课程,培养学生英语学习的兴趣和交际能力。

在体育方面,学校结合区体育与健康工作计划,开展体育各项竞技比赛,积极开展体育卓雅课程的校本课程研究。学习并推广SPARK课程,研究如何将SPARK课程本土化,提升我校体育教学质量。

科技活动是孕育创新思维的温床。在科技方面我校结合区小学信息技术学科主题人工智能进校园组织活动。我校创客团队的主要工作是机器人大赛、电脑作品大赛、全国静态模型大赛。

为提高学生艺术素养,"十个一"活动蓬勃开展。我校坚持以团带校,逐步扩大精雅课程规模,进行精细化训练,有针对性地参与赛事,提升学校品牌形象。各个社团积极纳新,扩大编制,积极参加各级各类比赛演出,扩大艺术教育影响力。

2019年作为全省"工作落实年",我们要坚持"干"字当头,凝聚智慧,开拓进取,勇于担当作为,狠抓工作落实。严格按照"解难题,强内涵,争一流"的总体要求,以"想透、说清、干实"的标准,瞄准新目标,落实新措施,实现新发展,为学校发展做出新的更大的贡献。

平度市胜利路小学的生命·实践教育

平度市胜利路小学 赵 艳

一所学校的发展,首先要解决教育理念的问题(即基本方向),其次是解决规划问题(即具体目标)。近年来,胜利路小学在赵艳校长的带领下,基于对教育本真的深刻理解,怀着对生命的敬畏与尊重,开启了"生命关怀"理念下学校教育实践之旅,学校展现出新的朝气和活力。

"教学、班级活动和学校管理构成了完整的学校实践"(叶澜)。基于此,学校做了三个板块的生命·实践教育探索:生命课堂的教学创新、自主养德的育人模式、以人为本的人文管理。

一、打造生命课堂,激扬生命潜能

以"关注学生生命成长"为课堂教学基本点;以课前预习、课内探究、课后延伸为三个板块,以"生本、生活、生动、生成、生态"为生命课堂的五个特征,实现"知识课堂"向"生命课堂"的逐渐转变。

在生命课堂的具体实践中,我校把优秀文化传统教育有机融合于课堂和丰富多彩的实践活动中,创建富有学校特色的传统文化教育课程体系,厚实了"135"生命课程建设的丰富内涵,以传统文化课程助力学生文化自信的形成。

我们先后开发了"爱在这里流淌""好习惯铸就人生""我心中的海"等生命课程,突出生命课堂各学科的基本教学流程的研究。

二、增强德育实效,体验生命快乐

全面实施"一个核心,五个坚持"德育工作模式,即以"文明素养塑造工程"为核心,坚持"自主养德"品牌、坚持成长序列仪式、坚持"爱润"家校共育、坚持课程建设融合、坚持积分管理机制,形成"同心圆"效应,合力强势推进,不断拓宽德育教育的深度和广度。

我们建立了小学六年成长序列开展平台;组建了学生自主管理七彩队伍;设立了"爱润生命"——做智慧型班主任工作论坛;成立了"爱润生命"家校联动工作委员会,突出学生的自主管理、自主成长,着力培养文明自主好少年。我校的"自主养德"被评为青岛市十佳德育品牌。

三、实施人文管理,播撒生命温暖

在尊重生命的校园里,管理也应有生命的温度,体现出更多的个体差异和对生命的尊重。我们让广大师生积极参与到学校管理和班级管理中来,很好地实现人文激励与成长自律的相融。

以人为本,实施"131"管理模式,树立管理即服务意识,通过校委会、家委会、教代会和少先队渠道,实现师生健康主动发展的目标。实验新基础教育提出的扁平化管理,即实施以年级部主任为核心的年级部管理负责制。做细、做实领导干部实名联系教职工和学校工作"每月一建议"两项工作,深入一线听师意、核实情、解师忧。

有耕耘就有收获,有种植就有绿荫。通过办学特色的深入实践,学生综合素养全面提升,在各级各类赛事中均取得优异成绩,学校教学质量不断提高。学校获得了全国防震减灾科普示范学校、山东省规范化学校、青岛市十佳德育品牌、青岛市中小学海洋教育特色学校等多项荣誉。学校的管理、教学、德育等工作先后在平度市各会议上进行了经验交流,多家媒体也给予了报道。

办学特色引领下的学校高品质发展

重庆路第二小学 邱 涛

学校规划必须深入每一个人的内心,才能真正引领大家并变成每一个人躬行实践的指南。为此,我们必须明晰和形成学校发展的方向。

我于 2015 年来到青岛重庆路第二小学,这是一所有着 60 年历史的老校,"绿色教育"是学校的特色。从学校发展角度来讲,将特色项目提升到文化领域,走上特色兴校的发展之路,成为学校新的使命。有了这样的使命,我带领学校领导班子开始思考如何实践。

在办学特色的构建中,从特色定位到培育,可谓"心路漫漫"。我们几经考证,发现学校最早是一所环保特色学校,经过十几年的努力,近几年,才开始致力于"绿色教育"的研究,在取得了国际生态学校绿旗后,学校的特色也由"绿色教育"上升为"生态教育"。随后,我们请专家会诊,最终,遵循从历史传承到自觉培育的原则,将特色项目提升到了文化领域,确立了"生长教育"的办学特色。定位于"生长教育",基于两点思考:一是美国教育学家杜威曾说过,"教育即生长",他认为教育的目的就是在于不断地和充分地生长。二是人的生长主要包括三个方面:身体、行为、精神。生长是一种生命状态,更是一种精神。重庆二小所追求的办学特色,就是促进师生的人格不断建构、精神不断发育、生命高度不断提升的教育。

办学特色定位后,在实践中提炼和在展望中规划时,我们又逐渐找到了学校对办学特色的独特理解,找到了"生长教育"的灵魂和精神,就是"三大精髓",它们是重庆二小的文化内核和广大师生立身为学的最高境界。这"三大精髓"是尊重生命、尊重规律、尊重个性。"三个尊重"是生长教育的一种思维方式、一种实践行为,凸显出学校以生长教育思想为核心的文化气质和文化品格。在其引领下,我们完善了学校发展的顶层设计。它统筹了学校发展的基本要素——课程、教学、教师、学生,并通过高效的管理把德育、教学、教科研等工作整合为一个有机的系统。

在这个有机的系统中,课程设计是重中之重。丰富多彩的课程能够让学生有更多发现和认识自己的契机,发现自己的兴趣、爱好、潜能,最大限度地发展自己的天赋,使其内部的灵性与可能性得到充分的发展。学校本着"三大精髓"的原则,课程委员会经过多次研究,制定了《学校课程规划方案》,构建了"生长树课程"体系,是以"生长树课程"为主干,以"国家课程、地方课程、学校课程"三大领域为主题,以"少先队活动课程、主题探究课程、特色社团课程、经典吟诵课程、多彩微课程、早安物语课程、午间休闲课程、爸妈课程秀"八个精品课程为渠道的学校课程架构。各个领域的课程又根据内容分层设计,分为基础型、拓展型和提高型,形成了立体化的课程结构,"生长树"课程体系以显性教育的方式,满足了学生的内在需要,引导学生进行自我生长。

"生长教育"的办学特色,于无形之中为我们注入了发展的动力,更于无声之中向外界传达了学校的形象。近年来,学校先后获得了国际生态学校绿旗、国家级绿色学校、全国生态文明教育示范学校、国家语文教师专业化发展工程基地校、山东省精神文明单位、山东省规范化学校、山东省艺术教育示范学校、青岛市文明校园、青岛市书香校园、青岛市五星级阳光校园、青岛市花园式学校、青岛市教书育人先进单位等多种荣誉称号。

多元并举　固本探新　打造精致学校

新昌路小学　薛　燕

青岛新昌路小学秉承"点滴尽致"学校文化,以"成就最好的自己"作为办学理念,着力于打造以实现学生自主成长与教师专业发展为核心的精致化学校。

一、"双轨"齐行,推进精致化管理

学校探索管理制度的流程化,创新"发展联盟"学生自主管理模式,以规范为底线,依托精致化管理,保证了学校教育教学管理的规范性与实效性,持续提升了团队整体管理效能,全面提高学生综合素养,逐步达成"打造精致学校"的办学目标。

（一）以制度流程化实施，落实精致化管理

指向于"打造精致学校"的办学目标，学校不断强化各项工作落实的力度，创新举措，立足校情，让管理制度化、制度流程化，依托精致化管理，持续提升了管理效能。每一项流程的制定，都要基于学校规范管理的需要，从问题出发，在实践中不断地探索、磨合，寻求问题解决的最佳途径，逐渐形成思路，提炼管理范式。学校主要从"提升德育课程实效""优化教学管理路径"两个维度推进制度流程化实施。

（二）以德育机制创新，推进精致化管理

结合学校"点滴尽致"的核心文化，秉承"以儿童为中心，尊重差异，激发动力，因材施教"的学生发展联盟建构理念，学校改变传统的班级管理、学习、活动方式，充分发挥学生自主管理的优势，优化班级组织管理架构，将班级管理放手给学生，使其在合作、交流、反思的过程中实现"做中学"。从课堂教学的合作到研究性作业协力完成，从班级管理的集体性优势到社会实践活动中学生发展联盟凝聚起来的家长、社会资源，学生发展联盟已深入学校管理、学生成长、家校合作等方方面面，真正发挥了学校、家庭、社会的教育合力，为学生的发展携手同行。

二、以课题研究推动课堂变革与课程创新

学校以"基于深度学习的课程资源整合"课题研究为依托，立足课堂，通过学、研、做一体化的基本研究方式，从课程标准的再研读做起，深入进行学情分析，广泛挖掘和利用课程资源，在各学科教学中有效地促进了学生的深度学习。在日常教研活动中，以课程目标的细化为主要着力点，通过个人、小组、集体的磨课研究、流程化操作，逐步形成了学校"三次集备六步研"的特色校本研修路径。此研修路径的形成，不仅让教师个人教学研究水平得以持续提升，也使整个教研团队的研究能力再上一个新台阶。同时，教师不断提高的研究能力反哺于学生课堂实践，给学生带来了不一样的课堂体验，促进了师生的共同发展。

在课程建设方面，学校积极推进学校课程的深度建构。以深入推进国家课程的校本化实施为基本着力点，丰富完善学校课程体系。通过英语和美术两个学科"以点带面"的示范引领，带动各学科的校本课程开发。

三、以深度研究助力教师专业发展

（一）从关注形式走向发展内涵

校本研修立足学校实际，教研组教师在改革备课模板的基础上，着眼于提升集备

和教研的实效性,重新设计了常态集备纪录,从"整合课程资源促进学生深度学习"和"捕捉课堂生成性资源促进学生深度学习"两个维度展开深入研究,形成了"三次集备六步研"的研修路径。学校各个集备组按计划进行了深度教研展示活动,专家们结合教师课例对课题的实施与深化进行了细致的指导,使常态的研修活动从"有形式"走向"有内涵",促使教师成为学生深度学习的引领者。

(二)学术引领:从实践研究走向专业研究

没有先进理念的引领,实践只能是低层次上的徘徊,要实现实践的超越必须要有理念的引领。教师由初步的科研札记,到深入进行课程资源整合和深度学习相关学术期刊,围绕悦动课堂的研究,形成学术论文。学校多次举行校级学术交流活动,推广教师研究成果。

在学校举行的学术论坛和市级课题结题会上,学校骨干教师分别结合"深度学习"阐述了在"如何整合课程资源,促进学生深度学习"方面的实践与思考。教师的理论学习有深度,实践才会有力度,教学研究的探索才更具价值。

发展是最美的生存样态

南京路小学　位　华

青岛南京路小学实施的五年发展规划(2016～2020),面临学校重建、新校启用的挑战,我们对规划的认识有了深刻的认识,以"规划引领、滚动发展"为宗旨,使学校走上文化逐步鲜明、内涵逐步丰实的现代化、国际化、特色化的高品质发展轨道,让校园成为学生、教师、家长等共同成长的生命场。

规划需要"同化"。在纷繁复杂的变化和挑战面前,教育要应和社会的要求向纵深发展,首先要明确"培养怎样的人"。基于学校的发展规划以及研究学习,我们重新思考和定位了育人目标:培养具有中国情怀、国际视野的未来人才。简单说,就是成就生活的美好和人的幸福,促成终身教育体系建设,为人类共同体的发展发挥积极影响。围绕这一育人目标,我校教师在"你认为最需变革的是哪方面"这一调研题中,有 70% 的教师选择了"共同愿景",因此,全体教师乃至家长都参与其中,校级领导团队、校务委员会、学科组团队等多轮对话,摸清"学校领导与管理团队""课程建设与教师队伍建设""学生工作与班主任队伍建设""学生全面发展与学校特色建设""家庭教育与学校教育"五大领域到底"有了什么""难什么""往何方",让规划校本化、视听化、样态化。在规划不断完善过程中,让每一位参与教师对学校、对团队有了深入的认识和主人翁的意识,激励每个南小学生做合格、有特长、走向成功生活的现代小公民,在孜孜以求中共同明晰学校教育目标。未来的发展之路,我们也将坚信这一价值取向,追寻"领导管理""教师队伍建设""课程建设""特色建设"四大实践领域的"教育通达"。

规划应当"实化"。我们首先对发展目标进行层层分解,将学校总的发展规划,逐级分解为各部门、各学科和个人发展计划。年度目标按照项目式管理形式进行层层分解,在年度尤其是学期计划分解时就很清晰,无论是学校计划还是学科部门计划,都是在规划指导下形成的。学校的发展规划和总体目标细化为各个层面的行动计划,学期初通过干部讲堂,明晰学期重点工作,加强日常管理和反馈;定期召开责任督学、教研组长的中期评估;学期末进行工作总结,并采用问卷调查、意见反馈等方式积极听取全体教师、家委会和责任督学的意见和建议,进行汇总,落实改进意见。学校凝心聚力,聚焦问题,持续提升。在 2018 ～ 2019 学年度社会化评估中,全校家长对学校办学质量的评估综合满意度比区平均值高近 4 个百分点,社会、家长、教师、学生对学校工作的高度认可,是对我们主动发展、持续进步最好的褒奖,也是我们不断追求学校优质发展的动力。

规划不能"固化"。不论是规划的年度评估、中期评估还是总结性评估,即使没有任何行政要求,我们也会主动、认真地组织,在每一个领域进行总结反思,并能有效结合推进教育现代化的重要文件精神。例如,促进学生全面发展的"十个一"项目行动计划的实施,区域"二十个项目"的推进,将落实与年度目标达成相结合,以期找到新的出发点,清晰自己目前站在哪里,让学校发展始终处于一种迁移后续、螺旋递进的发展状态,一步步走向主动健康地成长。

学校发展目标落实到学校的各个层面,使学校上下齐行动,为共同愿景而努力!发展永在过程、新境永在追寻,自我更新、主动发展才是最美的生存样态!

夯实教育基础，发展学校特色

胶州市正北小学　梁　健

近年来，胶州市正北小学在胶州市教育和体育局的正确领导下，围绕"全面实施素质教育，全面提高教育教学质量"这一工作中心，坚持"教学质量是学校生命线"的办学思路不动摇，以构建"魅力课堂"为主线，依托合作教育理念，狠抓教师队伍建设，全校师生群策群力、顽强拼搏，教育教学质量和办学水平显著提高。

一、提升学校凝聚力，促进教师专业成长

（一）注重人文关怀，提升学校凝聚力

"学校是我家，我们都爱她。"每天清晨，学校领导站在校门口微笑着向师生们问好，为师生们服务。校长对每位教师的家庭情况了如指掌，谁家有什么急事难事，都会在第一时间打去电话，及时帮助解决困难。在职称评定、荣誉评定等关系到教师们切身利益的大事上，学校通过教导处，反复验证讨论，制定了严格规范的规章制度，本着公开、公正、公平的原则贯彻实施，教职工们心悦诚服，学校的凝聚力日益增强。

（二）加强校本教研

我校一直把教师专业成长作为学校发展的重中之重。为促进教师队伍专业化发展，学校建立了长效激励机制，使教师队伍充满活力。

以教学过程监控为抓手，全面提高教学质量。教学质量是学校工作的生命线，这一点无论何时都不放松。我们通过周周清、月检测、期中期末教学质量检测等反馈措施，及时进行对比调控、查漏补缺；针对薄弱班级、薄弱学科及时了解、谈话、帮扶、调整，确保齐头并进。

二、聚焦集备，打造合作共享新平台

团队与合作是集体备课的两大主要的组织特征，教育教学效益的最大化是集体备课的价值取向，也是集体备课的目的所在。我们在集备中要求全体教师明确要求，少讲多练，充分发挥学生学习的主体作用。

（一）规范备课流程

集备中，坚持“人人都备，一人主备”，备出各自问题，带着问题进入集体备课。具体流程是：备课组提前一周准备教案和导学案，针对学生学情实际，交流“四统一”（统一进度、统一教学内容、统一练习、统一检测）。按照章节对教材进行分析，确立重难点、考点、易错点，精选作业，减轻学生负担。作业布置努力做到“五有”：作业有发必收、有收必看、有看必批、有批必评、有评必补，最后形成教案和导学案定稿，进入课堂。

（二）打造温馨集备室

学校为每一学科准备了一间集备专用室并进行简单装修。每个集备室配备了电脑和自动热水壶。屋虽小，但温馨自然，为老师们备课提供了专门空间和便利条件。老师们进得来、坐得住，安心备课，集备效率大大提高。

三、实施分层教学，让每一名学生快乐成长

学校十分注重因材施教，分层推进工作的具体开展和落实工作。

（一）深入落实“一生一策”策略

在课堂教学中，坚持面向全体学生，实施分层教学、因材施教：针对不同层次、不同个性的学生采取不同的指导方法。教导处在辅导学生方面提出了“盯”“拽”的主张，即盯好关键生、拽住懒惰生，辅导效果非常显著。

（二）深入开展“帮差、扶中、促优”工作

在教学中，老师们对优秀生重在点拨，给予其充分自主的学习时间和空间；对中等生以鼓励为主，促进稳步提高；对后进生落实师生结对，采用“小步走、细指导、勤反复、多激励”的办法，促其不断进步。以上措施的实施，使我校在“消灭低分、扩大合格、发展优秀”方面取得了可喜的成绩。

“雄关漫道真如铁，而今迈步从头越”，胶州市正北小学全体师生不忘初心，牢记

使命,砥砺前行,决心把学校建成学生快乐成长、教师舒心教学、干部热心工作的现代化、个性化、人本化、规范化的品牌学校。

"融合"理念下实施劳动教育的探索

西海岸新区海之韵小学　赵炳梅

在 2018 年全国教育大会上,习总书记把劳动教育纳入社会主义建设者和接班人的要求之中,劳动教育再成热点。为响应党的号召,学校也立刻行动起来,开展了劳动教育模式的探索。我们学校是一所城区学校,每个学生都是家中的宝贝,一般家长都重视孩子的文化课学习,很少让孩子参与劳动。这些被家长照顾习惯了的孩子,到了学校也没有劳动意识。因此,劳动教育一直是我们全面实施素质教育过程中的一个十分薄弱的环节。

如何把劳动教育纳入课程管理? 如何进行质量的督导与评估? 对于我这个分管教学的副校长来说,这可是一个新的挑战,因为之前没有任何研究基础,周边兄弟学校也没有可借鉴的经验。正在我一筹莫展之时,工作室举行教学管理论坛,工作室的成员依次交流了自己学校的办学特色和教育思考。听了大家的交流,我似乎看到一缕曙光,虽然他们没有谁直接谈论劳动教育,但是他们谈到了"课程的跨学科融合"以及"STEM 教育课程的设计",这些关于课程改革的新视角给我带来了启发:劳动教育也可以和其他课程以及教育活动"融合"啊! 带着新的思考,我调研一线老师、与工作室成员切磋,逐渐有了思路,新学期在劳动教育课程实施方面开展了一系列探索。

一、以"开放"的理念安排劳动课程

一是上课时间开放。在课时的安排上,根据课程内容实行长、短课时相结合:有 40 分钟一节的劳动技术分享课,有 1～2 小时的劳动实践课,有 10～30 分钟的课间劳动,有半天时间的公益劳动课等。二是上课地点开放。根据课程内容的需要,上课的地点有时在教室,有时在校园,有时在学校食堂,有时在种植园,有时在校外基地,还有时在其他公益活动场所……

二、以"融合"的理念设置课程内容

(一)劳动教育与研学旅行相融合

我们充分挖掘社区教育资源,将劳动教育与每学期一次的研学旅行相结合。我们曾带领学生到全区有影响力的糕点制作公司研学,学生不仅学习了糕点制作技术,体验了糕点制作流程,还收获了劳动的快乐。

(二)劳动教育与校园文化活动相融合

学校每学期都会结合重大节日举行庆祝活动,于是我们又把劳动教育与校园文化活动相结合,开发了丰富多彩的节日课程。

往年的元旦,学校食堂都会包饺子给老师们做晚餐。2019 年的元旦我们吃的饺子别有一番风味,因为是学生给老师包的。庆祝活动的当天下午,学生在老师带领下来到食堂,戴上口罩,穿上工作服,在食堂面点师傅的指导下,和面、做馅、包饺子,因为是包给老师吃的,劳动过程中他们心里充满了感恩,把自己的心愿包进了饺子。

往年庆祝"六一"节,学校会安排食堂为每个班级做一个节日蛋糕。2019 年的"六一"节,学校开展了"我的蛋糕我来做"食育文化体验活动。6 月 1 日上午,全校同学品尝了自己参与制作的节日蛋糕。

(三)劳动教育与德育活动相融合

为了培养学生的环保意识,我们将劳动教育与环保教育相结合,举行了"我做环保小卫士"系列活动,让学生打扫卫生、捡拾垃圾,体验清洁工人的工作。为了培养学生孝老敬亲的美德。我们开展了到敬老院送爱心的活动,让孩子们到敬老院参加义务劳动,帮助老人打扫卫生、洗衣服……

"融合"赋予了劳动美丽的教育价值,孩子们以火热的激情投入劳动中,在劳动中他们收获了全面的成长!随着课程实施的探索,我们发现,还有那么多有价值的教育资源等待我们去开发、去研究。这样的探索,让我和我的同事们在劳动教育的路上"越陷越深";这样的研究,让我们的团队潜入劳动教育课程中"不能自拔"!

走高效减负之路　务质量提升之本

崂山区东泰小学　梁泽旭

一直以来,学校紧紧围绕"减负、增质、高效"这个主题,把"减负增质"作为提高教学质量的根本要求,立足课堂教学,夯实教育科研,确保减负不减质,努力提升教学质量。

一、优化过程管理,让教学管理"活"起来

1. 不断创新课程设置,丰富课程内容

在严格执行国家课程设置,开齐、开足各门课程的同时,我们不断优化课程设置,创新课程计划,使国家课程、地方课程和校本课程有机融合。完善了以国家课程为主,地方课程和校本课程为辅的结构模式。

2. 强化教学常规管理,向管理要质量

质量看常规,常规看落实,落实看细节,细节定成败。我们加大了教学常规管理力度,实行了校长负责全面,其他领导包年组、包学科,做到梯度管理、层层配合,层层签订教学质量责任状。按照责任状的要求,形成了校级领导、中层领导和教师三个层次的目标管理机制,年终兑标,奖优罚劣。开展以"评教、评学、评考"为内容的三评活动,制定评估细则,建立了科学合理的教学质量评估体系。班子成员每人包一个年级,听该年级每一学科每位教师的课,及时跟踪指导,促使教师的业务能力快速提高。在管理过程中,我们注重抓薄弱、抓具体、抓反复,对于一些解决之后容易复发的问题,增强工作的韧性,揪住不放,直到问题得到彻底解决,这样就形成了具有我校特色的教学常规管理模式,有效促进了教学质量的提升。

二、着力提升教师队伍素质,为提高教学质量做保障

提高教师素质是提升教学质量的基础。我们为教师专业化成长创造条件,做到

给教师一个平台,使其尽显才华;给教师一个阶梯,使其登高远望。积极开展赛教课、教学基本功大赛、演讲征文比赛、论文评比、教师读书和校内小课题研究等丰富多彩的活动。同时我们还开展了多种形式的教师校本培训,我校规定每周三第七、八节为全体教师培训时间,领导和骨干教师分别进行业务讲座、课例分析、教学会诊、问题研讨等深受教师喜爱且形式多样的培训;我们还积极鼓励教师进行学历进修和外出培训,努力为教师的学习创造条件。

三、严把"四关",在教学质量提升上求突破

1.严把备课关,在"细"字上下功夫

要求所有教师都要写详案,做到"目的、重点、方法、内容、作业、反思"的统一,并按照"个人初备→集体研讨→修正教案→课堂跟踪→反思提升"五个基本程序有序推进集体备课,真正达到既能查遗补漏又能互相学习提高的目的。

2.严把课堂教学关,在"实"字上做文章

我们针对过去教师课堂教学中的低效和重复性劳动,专门制定了"高效课堂"的课堂教学规范、评价标准和管理制度,坚定不移地进行教学方式的变革和创新,纠正"以讲代学、一讲到底"的传统的知识传授方法,把学习的主动权还给学生,逐步形成以学生发展为目标,以学生主动学习为特征的高效课堂教学模式。

3.严把作业改评和课后辅导关,在"精"字上动脑筋

作业改评和课后辅导是课堂教学的有效延伸,是对课堂教学效果的及时反馈和再一次升华。为此,在常规教学中我们要求教师在日常的学生作业批改中做到详批、精批、严批、面批,从作业批改中及时发现不足,更好地指导课堂教学。同时,我们十分重视课后辅导,坚持扶优、提中、补差的原则,进行分层辅导,分类指导,让不同层次的学生都感到有学习"奔头",逐步形成"课间学生抢着问,自习教师抢着上"的良好局面。

4.严把考评关,在"准"字上求效果

我们按照教学计划定时进行月考、期中和期末测试,对每次检测成绩优秀及提高幅度大的学生都及时进行表彰,对成绩不理想的学生多给予包容与理解,多鼓励、少批评,真正对他们付出爱心和耐心。此举进一步激发了学生们的学习热情,"比、学、赶、帮、超"的浓厚学习氛围正在形成。

"减负、增质、高效"只有起点,没有终点。不管是昨天、今天还是明天,我们将坚

定"高效减负增质"的办学之路,用集体的智慧践行智慧教学、智慧育人,让"轻负担、高质量"走得更稳、更远……

青联希望小学"武术进校园"三年规划

青联希望小学　郭光辉

青联希望小学积极落实市教体局有关学校特色创建文件精神,根据学校的实际情况,确定武术为学校办学的特色项目。2011 年参加工作的刘皓老师有着 12 年的习武历史,以武术专项考入体育本科院校,擅长三铺龙拳、散打及太极等套路;王玉高老师,自幼习武,擅长气功、长拳,有着 30 多年的习武历史……学校作为一所小规模村级学校,武术师资力量相对雄厚,因此武术进校园、进课堂水到渠成。

2011 年 9 月,武术以社团的形式首先被部分爱好武术的学生所接触,随着社团规模的壮大,2014 年 9 月,学校向全体学生落实"武术进校园"活动。2016 年 9 月,学校积极编写武术教材,确立武术为学校课程,正式进入学生课堂,并制定三年发展规划。

一、总体规划

培养学生对武术的兴趣、爱好。通过基本手型、步型和简单的武术组合动作的学习,全体学生能够整齐划一地展演三铺龙拳武术操、十步拳、24 式太极拳,每生根据爱好能熟练掌握软、硬两种器械套路。2017 ～ 2018 年,学校武术进校园、进课堂形成完整体系,武术社团积极创建市"星社团";2018 ～ 2019 年,我们带领优秀学生参加各级各类比赛,向优秀学校、学生切磋学习;2019 ～ 2020 年,我校武术特色教学工作走在胶州前列,成为胶州市闻名、青岛市知名的武术特色品牌学校。

二、学生、学校层面规划

（一）学生层面

1. 了解武术的起源和发展（武术文化）

让学生知晓武术名家，培养孩子继承优良传统文化的意识。

2. 练习传统武术的基本功

学习、掌握简单的基本套路和器械运用。

（1）一、二年级：培养习武兴趣，初学武术基本功，锻造吃苦耐劳的武术精神。

（2）三、四年级：学实武术基本功，初学武术花式套路，端正学武动机，锻造虚心好学的武术精神。

（3）五、六年级：学实武术基本功，学精两套武术花式套路，锻造尊师爱校、虚心好学、遵纪守法的武术精神。

3. 在武术练习中注重武德教育

培养学生吃苦耐劳、坚持不懈的学习精神。

（二）学校层面

一是齐心努力，打造"武术"品牌，创建特色学校，提升学校的办学品位。二是以武术特色学校建设为内容，丰富师生的校园生活，加强校园文化建设。

三、学习内容与要求

1. 一年级

初步了解中华武术，培养武术兴趣，初步接触一些武术基本功和武术文化。

2. 二年级

（1）基本学会四节武术操。

（2）基本掌握三种手型、六种步伐。

（3）了解一些武术界名人的故事。

（4）知道基本手型和步伐的名称。

3. 三年级

（1）基本学会八节武术操。

（2）基本掌握三种手型、六种步伐。

（3）了解武术的起源与发展。

（4）讲 1 ～ 2 个有关武术的小故事。

4. 四年级

（1）熟练掌握八节武术操。

（2）基本掌握第一套拳术。

（3）了解各种拳路。

（4）知道第一套拳术各动作的名称。

（5）观看 1 ～ 2 部武打片，组织讨论。

5. 五年级

（1）基本掌握第二套拳术。

（2）观看武术比赛（录像），并简单评判。

（3）知道第二套拳术各动作名称。

（4）观看 1 ～ 2 部武打片，开展影评征文、演讲。

6. 六年级

（1）基本掌握一套器械。

（2）了解各类器械。

（3）知道所学器械的动作名称。

（4）阅读 1 ～ 2 本有关武术的小说，开展征文演讲、自编小报等活动。

第三部分
中学教育

引领学校发展的"三大思路"

即墨区金口中学　苑强先

学校发展中存在的主要问题：①思想品德教育问题；②师资队伍建设问题；③课程课堂教学改革问题；④校园文化建设问题；⑤学校特色发展问题；⑥学生发展评价问题；⑦经费机制保障问题；⑧教育思想观念问题。

为了解决这些问题，我们先是设定好奋斗目标，设计好工作思路，抓好落实路线，采用制度保障、文化培养和多方位评价来促进学校的全面发展。发展中我们牢记以思想为引领、以理论为支撑、以研究为促进、以过程为完善、以课程和师资为提升、以制度为保障、以技术为助力、以评价为改进。所以，找准起点，找对终点；抓住重点，突破难点；形成特点，打造亮点；制定评价点，落实标准点，一直是我们的努力方向。

在学校持续健康发展的方面，我校主要做了以下工作。

一、抓实"三风"建设，着力培育校园文化

"三风"指良好的校风、教风、学风，就是说要着力培育优良、淳厚的校园文化。好的学校文化看似无形却拥有无限的正能量，它能使校园内洋溢着积极向上、活跃和谐的气氛，由此引领学校教育的蓬勃发展，为全面提升学校的办学影响力产生巨大的精神动力。常言道：学校的一流管理靠文化，二流管理靠制度，三流管理靠权力。我们在教学管理过程中不难发现，制度总有不到的地方、制度总有不能的地方，制度的本身、制度的背后、制度的执行，靠什么？靠文化来支撑。所以，我们以抓学校"三风"建设为突破口，从自身实际出发，量身打造校园文化，为稳步推进学校发展打下坚实基础。比如我们的学生每天都有晨读，朗诵古诗词，中午都有学写规范字的活动。

二、注重"两个更新"，立足转变教育观念

"两个更新"：一是教育理念的更新，二是学校管理思想的更新。只有高度重视自身教育理念和管理思想的与时俱进，才能及时发现教育教学中存在的问题。最理

想的学校究竟应该什么样？传统教育模式是否还存在某些不利于思考的弊端？用哪些方法可以修补存在的不足、问题？诸如此类，都是我们认真思考的问题。为此，我和学校的三位副校长一起加强业务学习，创新教育理念，不断提高自身业务素养；结合实际认真学习党和国家的教育法规、方针政策，及时转变教育思想、学校管理思想，着力提升自己的管理水平；在工作中以身作则，率先垂范，为深化学校管理、全面落实立德树人的根本任务、正确引领学校健康发展发挥重要作用。

三、发挥"一个作用"，释放教育正能量

"一个作用"指学校领导要发挥个人魅力对教育教学的影响作用。"其向正，不令而行；其身不正，虽令不从。"作为学校的灵魂人物，我认为我的自身修养和魅力对学生、教职工的感染作用不容小觑。毕竟，学校是知识分子聚集的地方，又是授人以知识、助人成才的地方。这就促使我不断扩充知识的内存，提升文化修养。为此，我努力做到"三立"："立德"，要始终怀着敬畏之心，自觉遵循教育的规律，对学生的终身发展负责；"立功"，要树立正确的政绩观，把创新人才培养的模式、培养多元优质的人才作为在任的执着追求，心无旁骛，目标专注；"立言"，要在不断的阅读、反思、实践中提出和传播自己的教育主张，让自己的教育思想为更多人接受和实践。我深深懂得，若我不能履行"言必行，行必果"的承诺，必将会导致一系列的"教育故事"发生。

总之，引领学校持续健康发展，就要努力启发教师去观察、分析、研究问题；去启发、引领师生员工反思教育中的不足、问题，并能充分想办法解决问题。

学校发展规划

莱西市城北中学　仇洪财

一、基本情况

城北中学是一所普通的农村中学。近年来，城北中学坚持"快乐学习，奠定梦想基石；快乐教育，成就幸福人生"的办学理念，积极实施三项举措，努力打造"快乐教

育"特色品牌,学校面貌发生显著变化,教育教学实现新的突破。

学校占地面积 90 亩,建筑面积 6390 平方米,学校现代化设施完备,微机教室、网管中心、图书阅览室、生物物理化学实验室一应俱全,网络覆盖整个校园,有班班通 26 套。共有 14 个教学班,533 名学生,55 名教职工,涌现出一批莱西市级优秀教师、优秀班主任,青岛市、莱西市级教学能手。

二、总体目标

坚持科学发展观,举"以人为本"之旗,走"和谐管理"之路,将学校建设成队伍精良、质量较优、管理优化、特色明显、设施先进、校园优美的好学校。努力把学校办成学生喜欢、家长满意、领导放心、社会认可的现代化教育特色学校,为形成品牌校奠定全面基础。为此,我校积极开拓创新,团结互助,勤奋进取,为圆满完成学校三年规划的各项任务而努力奋斗。

三、具体措施

1. 学校管理

(1)充分发挥教代会在学校民主管理中的监督作用,完善各项制度,充分发挥各个团队等群体组织在学校教育教学和管理中的积极作用。

(2)全面实行校长负责制,分级落实,坚持依法治校和以德治校相结合的方针。

(3)加强制度建设,进一步完善各项规章制度,制度执行要公正、公平、公开,切实做到多劳多得,优劳优酬。

(4)加强团结协作,注重精细化管理和目标管理,采用对实施过程与结果考核并重的做法,做到职责明确,政令畅通,实现学校工作的良性循环。

2. 队伍建设

干部队伍建设坚持"和、学、树、管"的干部管理思路。

(1)和:加强干部之间的交流、合作与团结,建立和谐的人际关系,坚信"人和事定成"。

(2)学:学习、贯彻"科学发展观",学好政治理论、领导策略、科研理论及业务知识。

(3)树:不断树立为教师服务、为学生服务、为家长服务的意识,甘当人民公仆,树立良好形象。

(4)管:加强对干部队伍的培养,坚持民主评议干部、民主评议党员制度,促进干部素质的提高。

3.教师队伍建设

（1）以十六字方针指导教师队伍建设，"人和为贵，奉献为先，素质为本，服务为荣"。

（2）师德教育，以"五有"规范教师的师德行为，即有先进的思想、高尚的人格、科学的头脑、渊博的知识、强烈的爱心。

（3）加强教师业务学习，鼓励支持教师参加业余进修，完善青年教师拜师结对制度，促其早日成为教学骨干；深入开展教学研讨活动，努力形成浓厚的教学研讨氛围，强化校本教研力度。

4.教学管理

（1）严格执行课程计划，强化教学工作的指导和管理，努力提高教学管理实效，充分调动全体教师工作的积极性、主动性，完成各项教育教学目标。

（2）以课堂教学为主阵地，深化课堂教学改革，树立学生课堂主体、教师主导的思想，培养学生养成自主学习、协作学习的习惯与能力，优化课堂，切实提高课堂教学质量和效益。

（3）完善"常规教学管理制度"，要求教师要充分用好"四本"——备课本、听课本、学习摘记本（业务学习本）、作业批改记录本。

（4）加强第二课堂和学科竞赛辅导，促进学生多元智能发展，重视特长培养，逐渐形成"合格＋特长"的人才培养模式。

"百年大计，教育为本"，为了学校的宏伟蓝图，学校将进一步加强与提高教职工主动参与学校发展的主人翁意识和参与能力，激发广大教职工主动发展的意识和创新精神，为学校和谐稳步的发展、为学校实现中长期办学目标而努力工作。

冷戈庄中学 2019 年重点工作推进办法

平度市冷戈庄中学　绪　照

为全面落实省市各级教育工作会议精神,围绕"深化改革,内涵驱动,保安提质,特色发展"的总体目标,坚持立德树人,规范和完善德育管理体系,优化教学工作机制,深化课堂教学改革,全面提升我校教育教学质量,2019 年我校重点在课堂教学和学生行为习惯教育方面进行了尝试,具体推进办法如下。

一、从规范入手抓学生行为习惯养成

要抓好学生行为习惯养成教育,要构建一个体系,开辟两块阵地,利用三条渠道,通过四个途径,开展"五好小公民"活动,采取四项措施,才能达到这个目的。

(一)构建一个全方位的教育网络体系

(1)建立学校、家庭、社会三结合的教育网络,即:学校——教导处、团委、少先队;家庭——学生家长和家长学校;社会——各级关工委组织和相关执法部门。

(2)构建校内教育网络:党支部、团支部;德育工作领导小组、班主任、思品课教师。

(二)开辟两块阵地—— 学校、家庭

学校是德育教育的主阵地,是学生学习、生活的主要地方,学校要充分利用学生在校园内的学习、生活等方面对学生行为习惯进行教育培养。如习惯养成记分卡。

经常召开家长会,同家长沟通,要求学生在家里要参加一些力所能及的劳动,要求在家中的行为也要像在校内一样,保持文明行为习惯。如家庭积分卡。

(三)充分利用三条渠道、通过四个途径

学校要利用课堂教育、班级管理、日常活动三条渠道,通过自我管理、主题活动、公益活动、文明礼仪教育训练四个途径,使学校与家庭密切配合,老师与家长共同联

手,学校与社会齐抓共管。

（四）开展争做"五好小公民"活动

针对学校和学生实际,结合共建文明和谐社会的大局,开展争做"五好小公民"的活动。即在家做"好小帮手";在社会做"好小标兵";在校做"好小伙伴";在社区做"好小卫士";独处时做"好小主人"。

（五）采取四项措施

（1）学习观摩,榜样引领。

（2）教师示范、指导。

（3）制度制约。

（4）考核评比。

（六）达到学生养成良好的行为习惯的目的

通过网络化的管理体系、社会化的参与、规范化的操作、制度化的约束、经常化的保持,学生的良好行为习惯一定能够养成,以为共同构建文明和谐社会做出贡献。

二、从细节入手抓实教学工作

我校认真贯彻落实各级教育工作会议精神,强化质量意识,努力提升办学品位,进一步提升教学成绩,践行"办家门口老百姓满意的学校"理念。

1.抓好教研、集备,促进教学质量的提升

认真贯彻落实教研室"半日教研活动"的规定,学校专门召开教研集备会议,成立校级教学工作指导小组,实行中层领导包教研组,全程参与教研活动,监控考勤和活动过程,注重教研集备实效。教研组教学成绩在业绩考核中进行实行捆绑式评价,每一学期评选出优胜教研组。

2.强化"培优补差"

制定切实可行的托底培优方案,将"培优补差"工作纳入日常教学常规,将优生、学困生成绩计算到教师教学成绩和业绩考核中。

3.加强语文和英语教学

大力开展阅读教学,专人负责阅读指导,激发读书兴趣,形成阅读氛围。定期开展读书笔记展评、征文比赛、演讲比赛、师生共读一本书等活动。

4. 强化教学"日清""周清""月清"

"日清"——规范当堂检测。"周清"——利用周末,由备课组长组织集备,确定本周教学重点、难点,学生没掌握好的知识,布置周末作业于纠错本或者印刷试卷,进行周末强化。"月清"——每月一次过程性检测。

5. 做好青年教师的"传帮带"工作

"青蓝工程"是我校加快青年教师专业成长的一个重要途径,制定"青蓝结对"工作细则,为每一位新老师指定优秀的骨干老师,作为他们的导师,以指导、帮助他们尽快地实现角色转换,快速提高教学业务水平。

6. 积分制、小组合作全面开花

为进一步规范学生常规管理,促进学生习惯养成教育,强化家校共育,提升教育教学管理水平,实践"在文明校园里育人、在和谐环境中发展"的办学理念,自这学期开始,全面推行积分制管理。印发"冷戈庄中学学生积分制家庭积分卡"和"习惯养成积分卡",强化家校合育,彼此沟通,将班级积分制与精细化管理、课堂教学相结合,构建高效课堂。

7. 制度引领,突出业绩

依据教研室一分四率修改我校教学成绩计算办法,加大教学成绩在业绩考核中的比例。修改教学常规检查制度,突出备课、批改等实效教学工作。修改评优评先、职称评审制度,消除人为因素,一切用教学成绩和业绩说话,激发教师工作积极性。

莱西市河头店镇中心中学三年发展规划
(2018 年 9 月 ~ 2021 年 8 月)

莱西市河头店镇中心中学　王晓东

莱西市河头店镇中心中学的前身是莱西八中,于 1958 年创办;1985 年同河头店镇联中合并,更名为河头店镇中心中学。1989 年 8 月又将小沟子联中合并到中心中学。2016年，河头店镇党委政府根据教育发展需要，投资1500余万元，将学校整体搬迁至龙泉湖社区，办学条件进一步改善，为学校持续稳定、和谐发展奠定建设基础。

多少年来，在各级党委和政府的正确领导下，中心中学得到了长足的发展，先后被评为莱西市五星级管理学校、莱西市规范化学校、莱西市教学工作先进单位、莱西市优秀家长学校、莱西市体育传统项目学校、莱西市文明单位、莱西市干部教师教育先进单位、青岛市平安和谐学校、青岛市文明单位等。今年被确定为全国第一批"家校共育数学化学校"试点校。

一、学校现状分析

（一）学校整体状况

学校占地面积22000多平方米，建筑面积平方米，教学及辅助用房面积3212平方米，体育运动场馆面积9635平方米，总投资1500多万元。目前学校有15个教学班，学生539名。教职工79人，其中，高级职称12人，中级职称34人，初级职称32人；获青岛市级荣誉2人，莱西市先进工作者、优秀德育先进个人13人；有研究生学历2人，本科学历69人，专科学历8人。教职工中，50岁以上有18人，40～49岁有43人，30～39岁有13人，30岁以下有5人。2010年创建青岛市标准化学校并顺利通过验收，学校现有图书25725册，生均45.2册；教学用计算机125台。

（二）学校发展优势分析

1.外部条件

（1）硬件设施优良。

镇政府投入1500多万元，于2016年4月搬入，工作环境优美，教学设施完善，多功能室齐全，发展潜力大。

（2）地理位置优越。

地处龙泉湖社区西邻，与市中心交通便利，环境安静优雅。

（3）生源相对固定。

原河头店镇约40个村的初中适龄学生基本全部在本校就读，距离远的有交车覆盖。河头店政府对教育重视程度高，学校受社会关注大。

2.内部条件分析

（1）学校管理制度与人性化结合。

学校规章制度基本健全,教师队伍整体素质高。管理上既有制度约束,又有教师自主管理。学校管理追求规范、民主、科学、人本化。

(2)师资队伍雄厚。

学校现有教职工总人数 79 人,在专任教师中,具有高级职称者 12 人(占 15.2%),中级职称者 34 人(占 43%),初级职称者 32 人(占 40.5%),未定级者 1 人(占 1.3%)。专任教师学历达标率 100%,其中,研究生学历 2 人,本科毕业 69 人(占 87.4%),大专毕业 8 人(占 10.1%)。

(3)年龄结构合理。

从年龄结构来看,整个教师队伍的年龄结构成正态分布。30 岁至 45 岁的教师有 27 人,占了专任教师的 34.2%。这是学校的骨干力量,这些教师不仅仅充满活力,有充沛的体力,最有可能发挥其工作潜能。

(4)农村学生天真纯朴。

学校学风良好,绝大部分同学都有比较好的学习习惯、方法和主动获取知识的潜力。学校整体教学质量在莱西市近几次检测中稳中有升。

(三)学校发展制约因素

1. 教师与干部队伍建设

(1)领导干部队伍,年龄结构合理,管理水平、创新理念不足。

领导干部在讲规矩、讲奉献、讲担当、讲实干上成绩突出,但在讲学习、讲创新上力度明显不够。4 位校级领导:1 位 42 岁,3 位 50 岁;2 位副高职称,2 位中级职称。中层领导 5 位,平均年龄 45 岁,45 岁以上 3 人,45 岁以下 2 人。中级职称 2 人,初级职称 3 人。

(2)教师专业发展不均衡,队伍整体素质待于提高。

学校为农村中学,教师在育人过程过多追求成绩、忽视学生的全面发展,大部分教师更注重工作时间与工作强度而忽视个人专业化成长。区县级名师缺乏,学科结构性缺员。部分学科教师无骨干带动,专业性不足,师资薄弱。

2. 家长的家庭教育观念滞后

农村家长文化程度相对低,重视学校教育,忽视家庭教育。重视分数,忽视习惯养成教育。对学校教育了解不够,家庭教育缺失、观念落后,家庭教育与学校教育存在脱节。

3. 生源素质总体不高，学生综合素质有待于提高

地处农村，学生在学习习惯、学习兴趣、独立思考以及创新性思维等方面欠缺。学校所处周边环境中影响学生学习的因素较多，而少年宫、图书馆、艺术培养等资源缺失，学生在全面发展的客观性条件上、教育大环境的营造上明显不足。

4. 学校现代化管理水平有待进一步提高，制度需进一步完善

5. 学校文化管理不到位

历任校长虽然用心投入学校文化建设，搭建各类平台以深入挖掘办学理念价值文化、活动文化、环境文化等，突出良好校风、教风、学风建设，但尚未构成规范化、系统化、品牌化的学校文化特色，学校文化对师生浸染不足，没有形成学校的一种内在文化与精神。

二、学校发展目标

（一）学校总体发展目标

通过教师专业发展带动学生全面发展，促进学校自主、可持续发展。遵循现代教育基本规律，以学生发展为本，全面实施素质教育，为学生终身全面发展奠定坚实基础；以学校管理现代化、师资队伍现代化和教育教学现代化促进构成适合河头店镇中心中学特点的办学模式和办学特色。把河店镇中心中学办成"学生喜欢、教师幸福、家长满意、社会认可"的优质学校，成为莱西市一流的现代化农村学校。

三年目标分解如下。

1. 2018.9 ~ 2019.8：规范管理年

健全机制，规范教育教学行为，学生规矩教育，教师常规教研。

（1）建设一支责任心、事业心、创新、主动、团结协作、高素质的干部队伍。

当干部队伍在业务上能独当一面，人品为人所仰慕，管理才能为人所折服。根据德、绩、勤、能决定是否受重用。

（2）制定、完善管理制度。

制定教职工常规管理十条规定，据此规范教师日常教学；抓住关键几条制定教职工考勤制度，要有调动性，调动大部分人的工作积极性；要有针对性，针对目前学校存在的主要弊病；要有实效性，制度与绩效考核挂钩。要有原则性，与上级文件精神高度一致。

（3）修改完善教师评价制度。

抓住重要问题，突出重点工作。在工作业绩与工作量上对教职工绩效考核制度进行完善。

2. 2019.9—2020.8：创新推进年

更新教育理念，全面推进课堂改革，办和谐学校。

（1）课堂改革有序推进。

①发挥集体备课的作用。

②课堂扎实有效。

③切实让听评课常态化。

④低负高效，作业的布置与批改。

（2）学生习惯养成见成效。

德育为首，立德树人，培养有理想、有教养、有规矩的新时代中学生。

①让活动成为德育教育的载体。主题活动顶层设计，科学有效。

②家校共建，提高办学满意度。学校进社区、教师进家庭。

③加强班主任队伍建设。班主任培训、交流、共读一本书。

（3）教师的专业化发展措施。

教师要解放思想，转变理念，创新求变，让教学研究成为新常态。

①把专家请进来，让教师走出去。

②加强常规教研，提高集体备课实效性。

③小课题研究，把突出的问题课题化。

④教师阅读工程。

3. 2020.9—2021.8：质量提升年

以人为本，教育教育质量全面提升。办学凸显特色，创青岛市书香学校。

（1）教育教学质量显著提升，教育教学质量居全市同类学校前列。

①把教师专业发展放在第一位，全面提高教师素养。

②以学生为本，让教师成长带动学生全面发展

③全面提高家长对家庭教育的认识，加强加校共建。

（2）学校办学要有鲜明特色。紧抓学生阅读、书写，创建青岛市书香校园。

①领导带头让阅读成为师生时尚，让阅读成为学校名片。

②每天定时阅读、摘抄。定期开展阅读活动。

③家长与学生共同阅读。

④创办校刊。

（3）教师专业化发展初见成果，专业比赛在全市有一定知名度。

①举行校、镇级教研活动，让教研创新常态化。

②加强教研组长团队建设。

（4）领导干部管理水平显著提高。

①积极参加外出各种培训。业务精湛、管理能力一流。

②承担分管业务的课题研究。在自己领域成为权威，自己管理工作能独当一面。

（二）课程建设与队伍发展目标

1. 课程发展

开齐开足课程，认真贯彻"立德树人"的教育任务。满足学生终身发展需求，符合新高考政策对学生各方面的要求。

德育教育课程化。研发学生规矩教育、安全教育、爱国教育等一系列课程。发挥课程建设在学科德育建设中的基础性作用，用心探索贴合学生特点的教学方法，构成一批以素养教育为主题的精品课。注重德育科研，引导教师针对当前德育工作的重点、难点和热点问题，在学科教学和班主任工作中开展课题研究，切实发挥德育科研的引领作用。

2. 学生发展

培养学生具有牢固的基本知识和基本技能、丰富的科学文化素养；养成良好的行为与学习习惯；培育爱国、诚信、自主、担当的现代化中国公民。

3. 教师发展

（1）教师专业成长。

教师师德高尚，个性发展明显，具有自身教学风格，教师教学教研能力普遍增强，90%以上的教师教学理念先进，能较好胜任本学科教学。教育教学质量在农村学校居前列，40%以上的教师在区、市有一定影响。

（2）绿色教育质量。

有先进的教学理念，通过对师友互助教学方式的探索与研究，通过对集体备课、课堂教学、作业布置与批改、课后辅导等各教学环节的不断优化，教育教学质量居农村学校前三名。

4. 家长发展

改变家长对家庭教育的认识，充分利用家长会、家长培训、家委会每周四驻校、国家家校共育数字化学校的实验探索与实践更正家长的育人理念。提升家长素养,让家长成为学校发展的另一个有力保障。

(三)学校文化引领力

1.教育目标:为学生能成为适用人才奠定基础

校训:勤学修德、明辨笃实

校风:严谨求实、团结文明

教风:爱岗敬业、教书育人

学风:尊师守纪、乐学善思

以"以学生为本,为学生终身发展奠基"的办学理念为宗旨,以"为学生能成为适用人才奠定基础"为教育目标,着力培养学生的五大习惯。结合学校管理思路的整合提升,完善学校规章制度,构建健康和谐的学校制度文化;结合学校活动和校本课程开发,激活学校活动文化;挖掘环境文化,开发利用学校,美化、绿化、净化学校环境,美化行为、绿化环境、净化心灵,建设书香学校。

2.实施策略

(1)全体教师共同参与。

组织全体教师共同探索、深化办学理念、办学目标和办学策略的全方位、个性化思考,聘请专家指导,整体架构学校的办学思路,健全办学理念等核心价值文化。

(2)精细规划学校管理。

精细规划学校环境和文化建设,建设学校文化长廊,营造走廊书香氛围,丰富主题班级文化,挖掘环境文化。

(3)让活动成为直击心灵的教育。

以活动为载体,全面贯彻落实"立德树人"教育任务。学生规矩教育、军训、武术进学校、"我为社区卫生做贡献"、开学典礼、毕业典礼等活动按计划扎实开展。让学生在活动中受教育。

三、三年规划实施保障机制

(一)组织保障

成立以校长为组长的规划管理领导小组,具体指导三年规划的实施过程,各处室、教研组具体落实,全员参与。管理小组根据总目标和阶段目标,负责本规划的全程实施和管理。

1. 规划领导小组

组长：王晓东

副组长：徐振军 江学波

组员：李延强 孙玉清 郭光明 李全云 孙云峰 孙志军

2. 计划工作小组

在学校规划领导小组的部署下，根据本规划的工作任务，落实组长全面负责规划实施制、副组长具体分管制、中层部门执行职责制。

（1）教导处：对教学过程与课堂教学等常规进行改造，提升教育质量，探索有效教学的评价机制。负责课题运作，教师的专业化发展。

（2）政教处：完善德育管理机制，建立家庭、学校、社区三位一体的德育管理新模式。

（3）办公室：加大宣传力度，提高教师的信息素养，为数字化学校带给技术支撑。

（4）总务处：为计划的正常运转提供强有力的后勤保障。

（二）制度保障

1. 加强教职工反馈与监督

在规划的具体实施阶段，学校规划管理领导小组和各部门做好规划的充分调研、学习、咨询指导等工作，发军教师积极能动性，发现问题及时纠正，构成干部理解群众监督的工作机制，保障三年规划的顺利实施。

2. 反馈整改通报绩效相挂钩

及时进行计划的检查测评工作。建立一套科学有效的评价标准，对各部门及个体的短期目标行为进行评估，将行为绩效与实施奖惩结合，鼓励先进，激励全体。

（三）师资保障

加强学校领导班子的建设，发展教师专业素养。各处室既有分工又有合作。努力建设一支师德高、观念新、教科研能力强的师资队伍。

（四）后勤保障

合理配置资源，提高教育经费的使用效益，为学校三年规划的实现提供物质保障。

（五）资源保障

1. 外部资源

协调好学校与中心中学教育党总支、政府、社区、家庭的关系，努力争取政策支持、资金支持、舆论支持，争取更多的专项资金，为学校三年发展争取更多的外部资源。

2. 内部资源

思想与行动高度统一，充分调动全体教职工的积极主动性，广泛听取群众意见。干群一心，以学生为主体，以学校发展为目标，充分发挥学校的内部资源优势。

以"发展教师，成就学生，壮大学校"为指导，让理念与实践相结合，让教育实践提升到规律的高度，学校三年发展规划的目标离我们越来越近。

祝沟中学"传统文化教育特色学校"发展规划

平度市旧店镇祝沟中学　　耿军强

一、指导思想

2014 年 3 月 26 日，教育部印发了《完善中华优秀传统文化教育指导纲要》，开展中华优秀传统文化教育的主要内容是、以弘扬爱国主义精神为核心，重点开展以天下兴亡、匹夫有责为重点的家国情怀教育；以仁爱共济、立己达人为重点的社会关爱教育；以正心笃志、崇德弘毅为重点的人格修养教育。

二、学校现状

祝沟中学位于平度市的最东端，东临小沽河，与莱西市接壤，是一所寄宿制农村学校。随着社会经济的发展和人员流动的加速，社会上出现了许多留守儿童和单亲家庭,给孩子的思想教育与心灵熏陶带来了严重的影响。为了弥补家庭教育的不足,学校拟打造"传统文化特色学校",让优秀的传统文化感染熏陶每一位学生,真正落实"素质教育,德育先行"的学校总体发展规划。

三、基本思路

坚持优秀传统文化和社会主义核心价值观相结合,弘扬中华优秀传统文化仁、义、礼、智、信、忠、孝等精神价值。

坚持优秀传统文化和中国共产党的发展史相结合,弘扬中国共产党的红船精神及长征精神等的历史价值。

坚持优秀传统方文化与校园常规教育相结合,充分发挥课堂教学的主渠道作用及常规管理中的习惯养成,让优秀的传统文化深入学生的内心。

坚持学校传统文化教育与家庭、社会传统文化教育的有机结合,发挥学校教育的主导作用,加强学校、家庭和社会教育的配合,形成社教育合力。

(四)主要措施

1. 打造传统文化长廊

学校有三条甬路,大门西甬路以"传统文化教育"为主题,打造"传统文化"长廊;大门东第一条甬路以"八德教育"为主题,彰显中华民族的传统美德,打造"美德"教育;大门东第二条甬路以红色教育为主题,让学生了解中国共产党的光辉历程,做到爱国爱党。

2. 新师拜师机制

在全校形成尊师重教的良好风气。学校每年教师节利用升国旗的时候开展拜师仪式,让老教师感到受尊重和自豪的同时,也给年轻教师和学生传达尊师的理念,让尊师重教蔚然成风。

3. 升旗仪式进行经典诵读

每周的升旗班级选择一篇优秀传统文化篇目进行诵读,让学生感受传统文化魅力的同时提升学生的诵读水平。

4. 编写教材

由教科室组织部分教师编写传统文化校本教材,教材按年级编写,学校培养专门的地校课程教师并进行培训,负责校本课程的传授。

5. 经典诵读比赛

每学期进行一次传统文化经典诵读比赛。利用中华民族的传统节日,由团委组织比赛并发奖,对于优秀作品学校制成视频发送到班级群里进行宣传。

6. 日进夜思

学生利用早读和晚自息的时间诵读晨起自勉文和夜幕醒思文,对一天的学习和生活进行反思激励,做到"日进夜思"。

7. 饭前诵读感恩词

让每一位学生都知道一粥一饭来之不易,应感恩那些应该感激之人。

8. 组建家校互动平台

团委下设宣传委员,由宣传委员负责组建家校共育互动平台,负责学生的传统文化教育,主要以作文的形式呈现,让学生感受到父母劳动的艰辛。每逢父母的生日学生就给父母写一封感谢信,让孩子懂得感恩父母。对于一些留守儿童,就让孩子每周月一封信寄给父母,父母也要给孩子写一封信,让亲子之间进行心灵的沟通。

9. 正面宣传

大力宣传传统文化践行优秀者。由团委宣传委员负责,每季度评选 6 名学生和 2 名教师在传统文化践行方面比较突出的事例进行宣传并制成看板,同时发布到学校公众号里。

10. 课堂渗透

由教导处负责对教师课堂教学中的传统文化的教育进行监督量化,分数记入年终业绩考核之中。

（五）保障机制

为保障以上措施的顺利实施,学校成立由校长为组长,副校长为副组长,教导主任、团委书记、团委宣传委员为组员的传统文化实施领导小组,负责传统文化的实施。

组建传统文化骨干教师队伍。传统文化教育的实施离不开教师,这是传统文化教育的必要保证,学校将组建一支强大的有传统文化教育特长和意愿的师资队伍,并定期进行培训,让学校的传统文化教育落地开花。

制定考核奖励机制。为鼓励和调动教师参与传统文化教育的积极性,学校建立奖惩机制,对于有突出贡献的教师在评优评先、职称评定等方面给予一定的奖励。

践行理想教育，规划温馨校园

平度市南村镇郭庄中学　侯　刚

理想信念教育是学校教育的永恒主题，是学校德育教育的重要内容。为进一步提高学生道德素质，教育与引导学生学会自立、自律、自强和自主发展，同时让教师在昂扬向上的氛围中工作，在坚定的信念中干事创业，让每个学生在学校积极茁壮地成长，学校今后的规划和发展方向如下。

一、爱国主义教育为理想信念教育奠基

（1）利用好国旗下讲话，规范升国旗制度。

学年初进行理想教育，并要求全体学生要视国旗如母亲，尊重国旗，爱护国旗。

（2）理想信念教育应与学科教育相结合。

德育工作的主渠道在课堂。要注重学科渗透，各科教学都要注意渗透思想道德教育。

（3）对学生进行爱国主义教育和理想信念教育、传统美德教育和行为习惯养成教育。

要坚定不移地完成学生行为习惯的养成教育。从培养信念教育、传统美德教育入手，开展理想信念主题教育活动下的诚信教育、法制教育、青春期教育等。

二、传统美德教育和行为习惯养成教育为理想信念教育生根

我校基于理想信念教育的养成教育主要突出以下主题。

（1）强化"责任"教育。

强化"责任"教育是养成教育的基础，只要具备了基本的责任意识，其他规范要求的养成就能取得事半功倍的效果。责任教育主要包括对自己负责、对他人负责、对班级负责、对学校负责、对家庭负责、对社会负责的教育。

（2）狠抓"秩序"教育。

秩序指学习、活动、生活、工作都要讲究客观规律和规程要求,给人一种井井有条的感觉。学校生活中的秩序包括课堂秩序、课间秩序、活动秩序等,即学习、活动、生活三个方面的秩序。

（3）加强"礼貌"教育。

礼貌首先在观念上,主要指学生对长辈、对老师、对同学和他人要有礼貌,待人接物要有礼节。礼貌意识的养成要靠广泛的宣传教育,礼貌行为训练要持之以恒,并辐射到家庭、社会中去。

（4）落实"友爱"教育。

友爱是指人与人之间要友好相处,正确处理与别人交往中的关系。友好的行为要靠强化才能增进,一是外部强化,即提供一些规范性的要求,采取一些有利于友爱行为健康发展的措施,促使其"友爱";二是内部强化,爱只有在心中,才会产生自觉的友好行为。

（5）促使"上进"教育。

上进是指学生应具备积极进取的心态,指学生在学习和活动中要努力向上,学榜样、赶先进、创优秀、攀高峰。上进首先是一种意识,又是一种意志,上进意识的培养除了宣传引导外,更主要的是要靠教师的示范。

（6）强调"卫生"教育。

对学生行为规范教育的重点将放在卫生习惯上,严禁学生在校期间吃零食,严禁学生乱丢、乱扔、乱画,对行为习惯不好的学生进行教育。

为强化学生的行为养成教育,真正做好、做实以上工作,采取"日检查、周评比、月讲评"制度,其中日检查是基础管理,周评比是及时反馈,月讲评是强化教育,以日检查为基础,一周一小循环,一月为一大循环,形成"教育—管理—反馈—再教育—再管理"的工作模式,使学生的行为规范最终能达到要求。

三、"温馨家园"教育为理想信念教育助力

学校以"温馨家园"特色德育品牌为抓手,以活动为载体,保证学生时时处处都能受到良好的熏陶和浸染,养成良好的行为习惯,在潜移默化中实现质的飞跃。

（一）用温馨的学校硬件物质环境熏陶人

（1）构建美丽校园,优化育人环境。

设置多种校园文化功能区,让每一面墙壁都会说话,发挥隐性教育功能。

（2）形成班级文化特色,营造温馨氛围。

学校为每一个班级制定了班级名片,内容涵盖班主任寄语、任课老师寄语、班风、班训、班规等,并在每一个班级的教室外设置体现班级德育活动的德育活动展区,构建出各班的理想教育特色文化。

（二）用温馨的课堂教学环境感染人

（1）学校制定了温馨教育课堂教学评价标准。

学校成立了四个高效课堂课改小组,探讨实施"102015"的课堂模式,根据学生情况划分和搭配学习小组,在课堂教学中营造活跃、宽松的学习氛围。

（2）实施学生成长个性化辅导制。

使教师从学生的学业导师真正变为人生成长导师,真正做到教师人人都是导师、学生个个受到关爱。

（3）注重教研的实效性。

倡导教师撰写工作周记,引导教师重视反思、学会反思、善于反思。在教研过程中开展"真诚分享"温馨课堂教学研究。

（三）用温馨的班级人际环境同化人

（1）注重强化习惯养成教育工作。

学校组织各班开展每月一个好习惯活动,各班在活动过程中定期召开创建温馨教育主题班会,激发学生"用我的言行,带给他人温馨"。

（2）充分发挥学生自主管理委员会的作用。

让学生参与学校的民主管理,锻炼他们自理、自治、自强、自律的能力。

（四）用温馨的师生心理环境塑造人

（1）家校联手,形成教育合力。

（2）注重学生心理健康教育,给特殊学生"输氧"。

①健康教育课程育人。首先对特殊学生建立心理档案,并根据学生情况实行分类,然后对这些学生兼周一次进行辅导。

②开展活动辅助育人。一是班级活动,每学期不少于三次,班主任不定期召开任课老师教师会,交流本班"心育"情况,每学期不少于2次。二是教科室、团委活动。

③课题研究带动育人。学校在开展心理健康教育活动中,重点突出"四个一"——一个心理信箱,一个"心语室",一个档案袋,一个广播站,通过一系列举措,形成教育的合力。

心中有梦,脚下有路!加强理想教育,使全体同学为了心中的梦想,迈实每一步,不放过一丝一毫疑问,不虚度一分一秒时光!心无杂念,脚踏实地,严守纪律,团结自信,勤学苦练,永不言弃!回归教育初心,我们只有回到教育的根本,才会有不竭的动力和源泉,才能走进心灵深处,引导他们积极生活,健康成长!

践行生命教育,规划幸福校园

即墨区环秀中学   孙福安

《国家中长期教育改革和发展规划纲要(2010—2020)》提出,要重视安全教育、生命教育、国防教育、可持续发展教育。生命是教育的起点,也是教育的归宿,要关注每位师生的生命发展。为了进一步让教师在幸福温馨的氛围中工作,在公平向上的平台中干事创业,让每个学生在学校快乐幸福地成长,学校规划如下。

一、尊重生命健康,夯实学生幸福根基

1. 生命安全教育

学生的安全关系到千家万户,安全工作永远是第一位的。学校在加强安全常规教育的同时,针对防溺水、交通安全、防雷电等安全工作的严峻形势,创新工作方法,自编安全歌曲,定期推送安全微信、短信,引导家长和学生紧绷安全之弦,时刻警钟长鸣,从而杜绝安全事故发生。

2. 身心健康教育

学校心理健康教育老师开展"向内的旅程"系列讲座,编辑《心灵驿站》心理校报,发放"心理晴雨表"等青春期成长问卷,开展个体心理沙盘游戏等促进学生身心健康,学校建立学校冥想室,帮助师生放松身心,提高工作学习效率。

二、尊重生命品质,推进学生幸福成长

让学生由热爱自身生命到尊重他人生命,直至关注国家命运并为之努力奋斗,是

生命教育的目标。学校以"仁爱修德""雨露公益"特色德育品牌为抓手,以活动为载体,鼓励学生思考、了解生命本质。

1. 孝悌教育彰显"仁爱修德"

坚持《弟子规》诵读比赛常态化,开展"我给父母洗一次脚"等"六个一"活动。创新性地开展优秀家训征集活动,定期组织家长、学生开展互写一封信活动,通过组织报告会、学雷锋活动月、中会考誓师大会、栽植毕业纪念树、放置心愿漂流瓶等活动,对学生进行仪式感教育、生命质量教育。

2. 雨露公益凝聚"仁爱之心"

继续举行"雨露公益爱心义卖"活动,新发展雨露公益爱心小组成员 500 余名,在社区、学校中举行献爱心活动。每年春节前夕,组织干部教师走访贫困学生家庭,送去米、面、油,让贫困学子深切感受到环秀中学这个大"家"的温暖。

三、尊重生命发展,奠基学生幸福之路

陶行知先生指出,"有生命的东西,在一个环境里生生不已的就是生活"。生命教育的首要之义在于追求并践行有生命的生活。我们必须为学生搭建成长的平台,激发生命活力。

1. 尊重学生差异

近年来,学校优质生源流失严重,外来务工子女达到近 50%。针对学生基础薄弱的情况,学校实施"小组合作,师友互助"的教学模式,实施分层次教学,每次学业水平检测后,召开总结表彰大会,对三个级部品学兼优、学习进步大的学生进行奖励,激发了全体学生向优秀看齐、为自己进步自豪的积极性。

2. 尊重个性与特长

积极引导学生根据兴趣爱好,自主参加美术、书法、摄影等六大类社团课程学习,发展个性特长,完善自我,专业教师全力以赴指导。

3. 尊重学生终生发展需求

针对体育中考新政策,早筹划,早动手,创新性举行全体学生参加的体质检测运动会,增加下午大课间,制定《"十个一"项目实施方案》,将"十个一"项目实行过程化管理,定期评价、反馈落实情况。每学期举行"读书节"活动,首先从学校领导班子中开展读书活动,购买《好妈妈胜过好老师》等书籍,教师人手一本,部分书籍在家长中传阅,开展读后感征集活动,号召家长和孩子一起进行亲子悦读,共创书香家庭,

在校园中形成浓厚的读书氛围,奠基学生幸福发展之路。

黎巴嫩诗人纪伯伦说过:"我们已经走得太远,以至于忘记了为什么出发。"回归教育初心,我们只有不断完善自身人格,提高专业素养,提升生命质量,用自己的生命唤醒学生的生命意识,引导学生善待生命,健康成长;走进心灵深处,引导他们积极生活;尊重生命个性,让每个生命绽放异彩;引导学生学会与自然和谐相处,学会为社会无私奉献,才能最终呈现最幸福的人生!

实施分层推进方式,规划学校发展

胶州市第十八中学　姜　新

胶州市第十八中学校按照安全、质量、特色的管理理念,努力创新思路,转变观念,积极探索适合我们自己的管理方式方法,办学生喜欢的学校,办社会满意的学校,立足原有的基础,实施分层推进方式,规划学校发展。

一、合理组织,家校合作,规划学校发展远景

为了保障学校持续长足发展,学校完善制定了长远的发展规划,在制定规划过程中,本着适合学校实际发展的思路,在学校内部,首先成立了校长为组长、各处室负责人为成员的领导小组和工作小组,通力协调各项工作的开展。同时,发挥家长学校和家长委员会的优势,邀请了部分家长参与学校规划的制定、修改,广泛吸收社会对学校的意见和建议。在此项工作中,学校还采用了发放调查问卷的形式,广泛征求了家长的意见,为学校规划发展的实用性、发展性、可操作性提供了很好的参考。

二、落实责任,分工协作,保障具体目标落实到位

在制定学校规划过程中,我们本着全面体现学校工作、促进学校发展、可以具体量化评估的原则,将整个规划的各项标准细化分工到各具体处室,由各处室负责对自己职责范围内的相关指标认真论证修订,并且作为本处室今后工作的指南,最后交由学校汇总,集体研究决策,形成定稿。

具体工作中分以下两步走。

一是对过去的学校规划进行详细的分析、研究、评估,取其精华,删减那些不切实际、难以操作且难以评估的部分。这项工作一方面对过去的规划进行了自我评价,另一方面为新规划的制定提供了思路和方法,便于形成对工作的全面认识和把握。

二是对于学校规划的相关指标,我们在实际工作中力求体现出如下三个方面的要求:

(1)规划与本校的现状相结合。

十八中是一所农村中学,学校的基础设施状况、学生素质、社会对学校的支持力度、学校对社会的影响程度等等都有自己的特点,因此,宏观上在制定总体规划时,我们充分考虑这些实际情况,在各项指标的广度和深度上都力求符合本校的可承受性,客观反映本校的现状,使之成为全校工作的蓝本。

(2)规划与各处室的工作相结合。

在各项具体细则的确定上,要求将每一个微观指标落实到每一项具体工作上,实现点对点的对接,使每一个小指标都有来源,而且将来都能回归,可具体操作量化,不悬空,也为将来的评估做好基础工作,而且各处室在今后工作中,也就能参照这些标准去执行,以规划来指导规范今后的工作行为,为办学过程的规范化提供参考和指导。

(3)规划与本校的特色发展相结合。

发展规划具有导向性,制定规划时,我们努力体现本校的特色指标,将学校的养成教育指标作为今后向更高层次发展的近期目标来体现,将规范办学行动.为向省规范化学校发展做好中长期目标,持续体现,使规划更具有前瞻性、引导性.为学校的持续发展指明方向。总体思路就是第一阶段打基础,第二阶段出成果,第三阶段上档次。每个阶段都进行详细评估。

规划学校发展

平度市古岘中学　李宝进

一、基本情况

古岘中学始建于 1970 年,坐落在即墨故城遗址北侧,是一所青岛市规范化初级中学,位于古岘镇驻地,东靠南北交通枢纽的朱诸路,毗邻美丽的小沽河,以海峡两岸优质蔬菜实验基地为背,红瓦绿树为衣,与古岘镇紧紧相连。学校布局合理,教学设施设备齐全,校园整洁优雅,校园文化建设积极有效,形成了良好的校风、教风和学风。学校现有在职教职工 106 人,其中,青岛市青年教师优秀专业人才 4 人,平度市级优秀教师 11 人,平度市级教学能手 7 人,平度市德育先进 11 人。

二、总体目标

办有特色优质农村学校,育有创新精神和实践能力学生。要培养有文明礼貌、知书达理、勤奋刻苦、自强不息、身心健康、全面发展的学生群体。建设一支为人师表、观念先进、治学严谨、结构合理、教学水平一流、育人艺术精湛、掌握现代教育手段的教师队伍。

三、具体措施

1. 进一步深化学校内部管理制度

完善和健全学校管理制度,制定科学合理的考核管理办法,客观公正评价教师绩效,实行重实绩、重贡献的分配制度。完善学校的各种管理制度,制定教学、德育、职称评定、绩效考核、课程管理、后勤等方面的管理制度,使学校管理制度化。

2. 加强教学管理,实现学校教育教学质量明显提升

(1)加强教师的教学常规管理,高质量实施各类课程计划。

（2）加强教学质量的监控和管理工作。

质量分析规范有序,注重纵向、横向比较,促进教师不断改进教学方式,提高教学质量。

（3）加强初中毕业生学业考试的研究。

准确把握学业考试的目标要求,成立中考研究小组、召开研讨会、开展校际交流与研讨。

（4）探索"有效课堂"教学模式。

更新课堂教学理念,积极、有效地推进课程改革,探索"轻负担、高质量"的有效课堂教学模式,建立自主性、探究性、激励性和对话性的课堂学习文化。

3.学校利用校内外学习基地，加强对拓展型课程的开发

大力开发语文阅读、英语口语、科学实验、综合实践活动、舞蹈、器乐、合唱、绘画等拓展型课程。学生根据不同的发展要求和自己的兴趣,实现知识拓展和综合能力的发展,增强学习的主动性、实践性和体验性。大力发展具有学校特色的学校体育运动。积极开展各种富有活力和创新性的课外活动。新建学生体育、艺术小组。每学年举办科技节、阅读节、体育节和艺术节,使之成为学生张扬个性、展示综合素质的舞台,使学校成为学生成长的乐园。

四、保障机制

1.组织保障

学校成立规划实施领导小组,由校长担任规划实施领导小组组长,其他校领导班子成员、部分中层干部担任组员。规划由校长办公会议、行政会议讨论、制定,由全体教师大会讨论通过并公示。

2.制度保障

大力推进依法治校,建立完善学校的各项制度,依法履行教育教学和管理职责。强化社会监督,主动接受和积极配合各级教育监督部门对学校教育法律法规执行情况的监督检查以及司法机关的司法监督。注重制度建设,建立评估体系,确保规划的有效实施。

3.后勤保障

全体总务、教辅人员主动参与学校日常服务和管理。依据学校发展新形势,加强校园环境建设,规划好校园文化景观,合理布局校园功能设施,努力营造优美、优雅

的校园环境,营造浓郁的校园文化氛围,提升学校的办学品位。

学校发展规划的制定

胶州市第二初级实验中学　李　疆

规划,即比较长远的发展计划。学校发展规划是校长办学思路、学校发展目标的具体文本和实施渠道,是校长阶段性办学思想的体现。学校发展规划制定得好坏,在一定程度上可反映校长办学思路是否清晰和校长的办学水平,胶州市第二初级实验初中李江校长全程参与学校发展规划的制定。

一、规划制定前的准备工作

(1)学校制定规划前全面了解时代背景、社会发展对教育发展、人才培养的要求,社会普遍认同的教育观念,教育行政部门关于教育改革的动向、要求和建议。

(2)力争学校办学要有教育理念,引用正确的教育思想,形成校长的办学思想。

教育理念:是校长自己确信的对教育事业的希望。教育理念与时代发展特征相联系,一定程度上反映出当代社会对教育的要求。

学校校训:择善而从不善而改

教风:学高为师身正为范春风化雨润物无声

学风:勤勉敏思修身立德通古纳今博采众长

要求:凝神聚力做好该做之事

口号:快乐学习幸福工作健康成长

二、确定学校的发展策略

根据上述分析和了解的情况,组织中层以上干部广泛讨论,由校长综合后,确定学校的发展策略。

(1)确立最先发展区:学校需要发展什么?根据学校缺什么、有哪些不足确定发展什么。

（2）确定最优发展区：学校有哪些优势项目,需要深入发展、特色发展、优先发展,顺序：特色项目——学校特色——特色学校。

三、学校发展目标的确定

（1）设定学校发展的整体目标：书香满园、桃李芬芳,反映了校长的办学理念。

（2）确定学校的办学目标、培养目标、管理目标。

对学校发展前景进行形象设计,并提出发展目标,分为起始目标和终端目标,包括办学的指导思想、发展战略内容、办学核心理念。学生培养目标为通过长期训练或教育,学生发展达到勤勉敏思、修身立德、通古纳今、博采众长的目标。通过规范的学校治理,使学校工作顺利进行,达到预期的学校氛围。

四、分类目标和阶段目标、分类目标和实施措施

确定优先发展还是优势发展。学校发展性阶段目标,在制定学年目标时再具体细分,有些用 1～2 个学期达标,有的要用三年时间达标。

五、学校发展的保障体系（措施）

学校发展的保障体系主要包括保障部门、队伍建设、教学科研、人事与分配制度改革（结构工资、人事制度、学校的基本建设和设施设备、协作办学、规章制度、学校自评和建立自评机制、学年度发展指标的制定等）。

六、确定学校规划规范的文本要求（格式）

要求简洁明了、主题鲜明,说明学校规划制定的指导思想和起因,简要分析学校发展规划,设定学校发展的整体目标。

（1）规划的自评和调整：自查、自评、调整,调整不能太多,要尊重原文,先上报再实施。

（2）要务实,目标不要太高,不虚、空、假、大。规划制定是为了使自己实施时工作有序。校长调动,规划不能变,可做一些调整。

（3）规划要有递进性、延续性。

（4）规划的制定过程中发动全体教师,在讨论实施的过程中明确负责部门、责任人实施时期。

（5）注意规划实施的资料积累。

（6）要重在按规划要求实施计划,学年度指标要与规划相符,有依存性。

潮海中学以爱、理、智转化学困生

即墨区潮海中学　黄祖润

潮海中学生源复杂,学困生问题比较严重,转化学困生是学校教育工作中的重点。要转化学困生,首先要了解学困生。学困生的形成原因十分复杂,从外因看,主要有家庭和社会的不良影响,有学校教育的失误。从内因看,中学生社会阅历浅,知识经验不多,是非能力差,意志薄弱等,这些都很容易成为学困生接受消极影响的内部动因。要做好学困生的转化教育工作我们认为要注意三点。

一、以爱动其心

无数转化学困生的教育经验表明,教师只有用一颗热爱学生的赤诚之心去对待学困生,与其建立起融洽的关系,才能感化学困生。学困生在自己的成长过程中,受排斥、被讽刺、遭冷眼的体验较多,他们内心更需要温暖,需要爱。班主任从思想上、学习上、生活上去关心和爱护,让他们感受到教师的爱心和期待,从而燃起希望之火,自觉将教师的爱转化为积极向上的内部动力。

二、以理服其人

学困生除了具有一般学生的特点外,还有许多特殊之处,如自尊心特别强,思想、行为的情绪性色彩明显,意志和毅力薄弱,是非观念模糊,学习态度不端正等。作为学困生,他们自己也知道存在的缺点和不足,但他们不一定都清楚地意识到这些问题的性质和危害,更难独自找到摆脱这种处境的方法。做学困生的转化教育工作时,决不能一概地因事论事做简单处理,要针对问题引导学生去明察问题,分析根源,清楚性质,明白危害,改过自新。

三、以智导其行

学困生形成原因错综复杂,可以说,学困生的转化教育工作,是集科学性和艺术性为一体的工作。它要求教师既要注重科学性,又要注重艺术性。学困生的转化教育是一个渐进的教育过程,其中难免会有反复和冲突。对此,教师在转化教育过程中,要利用教育机智,善于捕捉学困生身上的闪光点,及时给予表扬鼓励;对过错反复现象,要耐心说明,持之以恒,善于在反复中抓教育,帮助他们总结经验教训,增强与诱因做斗争的战斗力。

针对以上各方面,潮海中学在转化学困生方面的有效途径和方法有以下几点。

1. 制定学习目标,抓好学困生的养成教育

针对学困生的求知欲一般不强、没有明确的学习目标、自我控制能力较差、在学习上时常犯冷热病的特点,我们帮助他们制定学习目标,教育他们如何对待学习,引导帮助他们将主要精力和聪明才智运用到创造性学习中来,让他们学会自主学习、独立思考。给他们提供一些好的学习经验与方法,采用"低起点、小步子、快反馈、多矫正、勤表扬"的方法,让他们的成绩逐步提高,使他们体会到学习的乐趣,相信自己也有学习好的潜能。与此同时,我们还注重行为习惯的养成教育,把行为习惯的养成教育落到实处,时时抓、事事抓。重视行为规范的日常检查与量化考核。

2. 善于发现学困生的闪光点,发掘他们的潜能

在转化学困生的工作中,我们常常使用赏识教育,运用心理学上的"罗森塔尔效应",坚信"学困生"也能成才,热情地期待他们,使其对未来充满信心和希望。为了让"学困生"在转变过程中多出现这样的闪光点,一方面,我们平时细心观察他们的点滴进步,并及时给予肯定、鼓励、赞扬,点燃他们自信的火种,增强他们克服困难的信心和勇气;另一方面,为他们创造了更多成功的机会,如通过朗诵比赛、篮球比赛、个人演唱会让他们在各种活动中发挥出自己的特长,捕捉他们身上的闪光点,然后把握时机,以此作为学困生向好的方面转化的立足点,充分肯定其成绩,让他们尝到成功的喜悦,强化其进取心。我们用发现他们身上闪光点的方法,积极地保护他们的自尊心,消除他们的自卑感,用一个期望的眼神、一个赞许的微笑、一个鼓舞的手势、一句关心的话语,呵护他们自尊,鼓起他们自信的风帆,使他们慢慢地进入优秀学生行列。

3. 及时进行家访,做到内外结合

做家长的知心人是教育转化学困生的一条重要途径。学生和家长朝夕相处,学生的品行、成绩的好坏和家长有着直接的关系。我们与学困生的家长经常用电话、微信取得联系,及时让他们知道孩子在校的表现,也通过家访知道学生在校外的表现。有的家长本身行为严重影响学生的学习,我们经常与这些学困生的家长谈心,劝说

家长为了孩子改掉这些不良习惯,进而要求他们配合教师督促孩子完成学校布置的学习和活动任务。与家长有效沟通,家长积极配合,我们转化学困生的工作就不再是孤军作战,而是使转化工作有了坚强的后盾。

4. 常抓不懈,促使学困生不断进步

学困生思想品德素质、学业基础的提高需要有一个过程,有时在转化中因外界因素干扰和心理情绪波动会出现反复,我们没有心灰意冷,而是及时找出原因,采取积极的"治疗"措施。因为学困生的弱点以及不良行为习惯不是一朝一夕形成的,学困生的转化不能一蹴而就。学困生意志薄弱,自制能力差,控制不了感情冲动,故态复萌,出现反复,这是一种正常现象。"十年树木,百年树人",我们做到了循序渐进,持之以恒,"反复抓,抓反复",促使学困生保持不断前进的势头,转化工作成效也较为明显。

加强学校章程建设　完善有特色的
现代学校制度

西海岸新区实验初级中学　李　颖

西海岸新区实验初级中学成立于 2011 年 7 月。多年来,学校坚持以章程建设为载体,全面构建现代学校制度,实现了又好又快发展。

一、以章程制定为契机,凝聚推进学校科学发展的共识

(一)让民主法制成为制定学校章程的源头活水

学校将《教育法》等 60 多部有关教育法律及规章挂在校园网上,组织全员集中学习和专题研讨,让教师不仅明确制定学校章程是维护学校、教师、学生合法权益,实现教育现代化的重要保障,而且明确制度不能随意制定,必须有充分的法理依据。

（二）让广泛参与成为制定学校章程的关键要素

学校成立由学校干部、处室负责人、教师、家长和有关专家组成的章程起草小组。2014 年暑假，起草小组组织骨干教师 50 人到西南交通大学，封闭 15 天，集百家之所长、集众人之智慧，进行学校章程的整体设计和制度文本的修订。每年学校都会按照修订程序，本着"补全、修正、理清、规范、贯通、创新"的原则，在全面征求校内外有关方面建议的基础上，对学校章程及制度文本进行完善提升，目前已是 4.0 版。五年间，就章程草案全面征求各方意见 100 余次，召开各类专门会议 60 余次，个别征求意见和修改更是不计其数，真正让章程制定的过程成为凝聚发展共识的过程。

（三）让特色创新成为制定学校章程的首要目标

学校将章程建设作为学校办学理念提升和治理结构优化的重要契机，经过多次全面修订而成的《西海岸新区实验初级中学章程》，力求以科学的教育理念为引领，以学校实际为起点，从依法办学、科学发展、岗位职责、自主管理、立德树人、教师发展、课程教学、民主监督、社区参与、社团活动十大方面建立起学校治理制度体系。民主、法制、公平、科学、责任成为我校章程的主旋律，章程成为凝练学校理念、彰显治理特色的重要载体。以章程为总纲，我校全面梳理了相关制度、标准和工作流程，形成了共约 45 万字的现代学校制度体系。

二、以章程实施为保障，激发学校特色办学活力

（一）实行"值周校长责任制"，让人人成为自主管理的主体

每周由一名中层干部担任值周校长，每天安排一位中层干部作为值日组长，带领"今日我当家"的六位轮值老师直接参与学校管理。管理的基本方式是"走课"，方法是"一线工作法"，要求是"日清双轨制"。实行四年来，干部、教师与校长换位思考、换位管理，不仅大大提升了学校干部教师自主发展的意识和综合能力，而且促进了干群关系的进一步和谐。

（二）实行"项目负责制"，释放师生的创造力

将学校日常工作按专题项目由"能人"牵头承包，鼓励干部师生根据自身专长自主申报，向校长直接负责。从项目计划、过程实施到总结评价，项目负责人可以像校长一样调动全校有关人、财、物等所有资源。小到学校大大小小的常规工作，大到学校主办或承办的国家、省市级活动都分包给普通教师、教研组；学校艺术节、体育节、科技节、读书节、诗文诵读节、英语节由学生自主承办。

（三）建立家长委员会常态化运行机制，让家长成为最可靠的同盟军

通过层层竞选产生，三级家委会成员参与学校教育教学和学生管理的政策决策，评议学校和教师工作。每天有三名家长驻校办公，进课堂、进食堂、负责入学和放学校门口安全等，全程参与学生一天的学校生活。学校与家委会联合成立"家长教育研究工作室"，不断提高家长参与管理的能力和教育子女的水平。学校全天候向家长开放，将家长评议学校、班主任和教师的结果以较高的权重纳入综合考核。除家委会向学校每周的综合反馈外，家长热线、家长 QQ 群、微信平台、校园网上的家长空间成为家长即时监督评价、反馈建议的畅通渠道，家长由"从旁协助"走向"共同治理"。

（四）建构多彩课程体系，为每一位学生提供优质适合的教育

将课程制度"多学科整合、全方位育人、多样化发展"的要求下放给教师团队，通过选择、改编、整合、补充、拓展等方式，对国家课程、地方课程进行校本化、个性化再加工、再创造。目前，13 个学科均已形成本校特色明显的学校课程。学校已成功构建起包含入校（毕业）课程、国旗下讲话课程、主题教育课程、团队课程、实践课程、社团课程、"节日"课程、阳光体育课程、科技课程、国际教育课程在内的十大类活动课程体系。每个课程体系均实行"项目负责、主题引领，模块推进"。模块课程自己选、"我的社团我做主"，个性化活动课程，让每个孩子都有了出彩的机会。

在未来的日子里，我校将以章程制定和现代学校制度的构建为契机，不断完善学校自主管理、自我约束的体制和机制，突出反映学校的办学特色，加快现代一流学校的建设步伐。

"诚毅教育"研究与实践

崂山区第五中学　陆典民

一、时代背景分析

《国家中长期教育发展规划纲要（2010—2020）》指出："教育是民族振兴，社会

进步的基石,是提高国民素质,促进人的全面发展的根本途径。"优秀的学校教育是由优秀的学校文化孕育而出的,优秀的学校文化是学校发展的灵魂,是学校生命的根基,积极向上的优秀学校文化可使每一个成员在吮吸营养中发展成长。建设先进的学校文化就是建设学校赖以生存发展的共同价值信念,以此促进学校持续、健康、快速发展,培养德智体美全面发展的社会主义建设者和接班人。

在这样理念的指导下,我校积极探索学校文化建设的新思路,2001年提出了以创建"科技教育特色学校"为办学目标,坚持"科技融入理想,创新完善人生"的特色教育理念,这一理念的发展经历了由模糊状态到有明确的计划,由浅层次的理解到深层次内涵的开发,由理念与行动的脱节到理论与实践的融合创新的发展历程。

在规划中,为了更好地适应教育发展的新要求,进一步推进素质教育,我校进一步明确了特色学校创建的转型方向,将着重关注学校特色文化的形成,即逐步由"科技教育"单体项目特色向"诚毅教育"整体内涵文化特色的转型,突破学校特色建设的"瓶颈",提升学校特色文化品质。依据特色学校建设有关文件精神,结合我校特色文化建设实际情况,特制定本规划。

二、课题研究分析

(一)有利因素

科技教育是我校实施素质教育过程中日益凸显的特色教育之一,尤其是近年来,随着教育改革的深化和素质教育的全面推进,我校不断加深对特色建设重要性的认识,不断加强科技教育的组织领导,不断完善科技教育的实施办法和管理措施,将科技教育融入学校的整体办学中,渗透在课堂教学里,形成了学校高度重视、教师积极配合、学生主动参与的良好氛围。同时,积极组织全校师生参加科普知识的学习宣传、科技实践活动以及省市青少年科技创新大赛,并在活动中取得了较为理想的成绩。

(二)发展困惑

通过十来年的科技教育实践,逐步培养起了学生热爱科学、实践创新和合作探究的精神,培养了学生勤于动手和善于动脑的习惯,让学生提高了利用多种方法和多种渠道解决、应用实际问题的能力。不过,经历了特色学校创建的两个五年规划和实践后我们又有更多的困惑。

一是在前两个五年创建中,我们把科技教育落实在"项目活动"上,缺乏一个整体构思,或者说缺乏一个明确的特色建设模式。

二是特色建设面临着众多的困惑:如何解决硬件设施的问题,如何引领师生以极大的热情参与特色创建活动,如何获得家长对创建工作的支持等。

三是特色创建要面向全体学生,并使学生得到全面发展,因而学校生活方式、教学模式以及其他行为方式都要发生变化,这些变化将引起师生成长的生态环境的变化,如何解决与之有关的矛盾。

四是解决教师素质与特色建设相适应的问题。教师在日常教学任务繁重的情况下,如何获得实效的师训,并能迅速达到特色建设要求的问题亟待研究。

五是与特色建设相适应的校本课程的开发与研究,如何通过校本课程的实施促进特色建设的发展进程。

三、指导思想

以《国家中长期教育改革和发展规划纲要(2010—2020)》为指导,根据《青岛市中长期教育改革和发展规划纲要》,围绕"办人民满意的教育"这一目标,在坚持科学发展中,搞好校园硬件环境建设、加强师生思想道德教育、加强师生文化素质教育、营造浓厚健康学习氛围、丰富师生校园文化生活、开展特色校园创建活动,全面提升我校特色文化品质。

四、发展目标

(一)总体目标

按照"整体规划,分步实施,逐步完善,追求品位"的总体思路,立足学校实际,通过努力,达成目标。

一是加强学校物质环境建设,创建净化、绿化、美化的校园环境,形成学校的物质文化。

二是实践体现时代要求的办学育人理念,创设"用和谐的教育培养和谐的人"的管理氛围,形成学校的制度文化。

三是培养优良的校风、教风、学风和学校领导管理作风,以形成学校的精神文化。

四是通过全员参与,开展丰富多彩的活动内容形成学校的行为文化,努力建设既有深厚底蕴,又充满生机活力、健康向上、丰富多彩、特色鲜明的"诚毅教育"文化。

(二)具体目标

1. 精神文化建设

进一步理清学校的办学思路,概括学校精神,明确学校目标定位,通过开展"三风一训"大讨论等活动.加强"三风一训"建设,让教师认同学校的"诚毅教育"办学特色,并形成统一认识。

2. 制度文化建设

进一步完善学校管理制度,规范各项管理,按照学校制度开展各项工作,实现从人治到法治的转变,再从法治到内化的转变。每项重大制度的制定和实施,都要经过充分的酝酿并经教职工大会通过,实行校务、政务、财务公开制度,鼓励教师积极参与学校管理,为学校发展建言献策,努力形成以"人格魅力感染、工作作风影响,真挚情感感化"的制度文化。完善并形成现代化学校组织构建:学校委员会、家长委员会、学术委员会、督导评价委员会、学区委员会等组织机构。

3. 行为文化建设

开展以"培养学生自主意识,增强学生自主精神,提高学生自主能力"为基础的先学后教的课堂教学文化;开展"以自我发展为基础,以校本研训为手段,以教师专业发展规划"为目标的教师成长文化;开展"以文明礼仪普及教育为基础,以责任意识的唤醒和培养"为重点的学生德育文化。

4. 环境文化建设

以建设"生态园"为契机,建设诚毅生态文化园,体现传统文化和诚毅长廊,系统整理学校走廊文化,以足迹文化、课程文化、课堂文化、"诚毅德育"为主体构建系统的环境文化体。以"诚毅文化"为主题,建设各功能教室和班级文化、办公文化,形成"两场六园九长廊"环境文化奇局。打造特色场景:体验心理、众创空间、社团文化等。

五、主要内容

（一）内化文化理念，优化育人环境

1. 秉承办学理念，提升"诚毅教育"认知度

校园精神文化建设是学校文化建设的核心内容,也是学校文化的最高层次。在多年的探索发展中,我们通过学校精神文化的不断传承、丰富和发展,把我校逐步打造成健康和谐的生活、学习家园。

"诚毅教育",即诚朴做人、坚毅做事的教育。"诚毅"是中华优秀传统文化和民族精神的精髓。诚者,诚心,诚信,诚朴,真诚,诚可感人,是立身之本;毅者,刚毅,坚毅,毅可移山,毅以行远,是成事之源。学校师生追求做人之诚,做真人——胸中洞然,是非分明,行所当行,止所当止;还追求致知之诚,探真知,求真理,腹累博学。毅,坚

毅、果断之义。做人要真诚,管理制度要诚信,不能形同虚设,一旦经过民主决定就要坚决执行。无论是做人还是做事,"诚毅文化"都筑起学校的精神脊梁,时刻激励着师生斗志昂扬而又冷静果敢,志存高远而又脚踏实地,不畏艰难而能勇往直前。

（1）诚。

我们倡导:忠于事,践行信用和义务,为人说话扎实实诚,戒武断,有正当喜好,待人诚恳不欺,朴实谦虚。

我们反对:贪冒人功,不守信用,轻薄浮夸,武断专行,玩物丧志,待人虚伪。

（2）毅。

我们倡导:尝试不成仍然继续前行,做事不中辍,当行即行,不肯私自放松一步,肯负责任,百折不挠,在坚守中创新。

我们反对:遇难即馁,事未峻而弃,遇事迟延,苟安懒瞒,不敢担当,稍达即足。

学校打造"诚毅教育",就是要用诚毅打造管理团队、树立教师团队精神,用诚毅作为德育的基点,激情拉动师生成人、成才、成功。学校拟用"诚毅"作为学校精神,目的就是培养师生志坚永恒的精神,教育学生树立远大志向,追求卓越,做儒雅大气的中学生。

2. 完善管理制度,让"诚毅"理念植根学校管理

诚"心"才能成德,毅"心"才能毅行。无论是从确立管理制度内容到具体落实外化为行动,还是从开展校园活动到把"诚毅理念"内化为品格,学校管理都要坚持以是否符合学校的文化核心（"诚毅"）作为评价标准,我们把这些标准作为特色建设评估的重要内容,从立身、处事多方面来引领师生做有品位的五中人,做有精神的社会人,用精神文化来凝聚师生人心,用精神来鼓舞人、教育人。

3. 注重过程多元,让"诚毅"理念融入评价机制

坚持教育以育人为本,以德育为先,强调育人效果。重视多主体参与全方位评价,全面、综合、多元考评教师的德、能、勤、绩;坚持以学生全面发展的状况为参照,评价教师的工作业绩,充分关注教师的专业成长与需要,进行共享式评价。教导处、德育处共同负责不定期进行教学情况抽查评价,包括集体备课、学案教学、课堂教学效果等方面,评价结果与各年级教师评价优秀指数挂钩。

（二）丰实课程文化,完善育人体系

学校要成立学校课程开发与实施项目组,由分管领导为组长,实施校级专项研究与管理,有效提高这些课程的实施质量。学校课程理念:让每一个孩子成人（诚朴）、成事（坚毅）、成功（创新）!

1. 创新德育课程，促进学生全面发展

以"诚毅教育"的理念为指导，积极构建具有五中特色的德育课程体系，完善全员育人导师制、班级教导会制度，实施教书育人"一岗双责"考核制度。建立学生学习与生活指导制度，高度关注学生心理健康。完善家长、学校和社会三位一体的育人体系，让家长参与学校的建设与管理，探索学校教育与家庭教育共同推进素质教育的有效机制。切实开好感恩教育、励志教育、理想教育、传统文化、人生指导等课程，编辑《诚毅文化》等人文读本，让学生学会生存、学会生活、学会发展。

2. 提升特色层次，科技教育彰显"诚毅"理念

学校将把科技教育纳入整体教学计划，多学科、多渠道地开展科技教育，把培养学生的科学素质、提高学生的探索意识、教会学生科学研究的方法纳入学校课程整体目标，在课程结构中加以实施，做到科技教育面向全体学生，以保证科技教育走向常态、走向课程、走向文化。

学校每学期将制订科技教育活动的计划并纳入学校工作计划中，由科技教育领导小组督促、指导并评价落实的情况。任课教师在备课时应寻找学科知识与科技教育的结合点。从学科特点出发，潜移默化地培养学生的观察能力、想象能力、逻辑推理能力、归纳总结能力、动手操作能力及其他各种能力。

立足实际，着眼长远，组建一支热心科技教育的师资队伍。要求每位教师除本学科的必修课教学外，必须具备选修课、活动课的教学能力，特别要鼓励教师从事科技方面的教学。

进一步调整活动课程中各类活动项目，加强科技教育的比重。班团队活动、读书活动、综合实践、参观考察等活动都要有意识地开展科技教育活动，做到参加科技活动的人数占全校学生总数的 85% 以上。加强活动课程教育管理，做到定时间、定地点、定人员、定内容，有序有效地培养好科技特长生。

开发适合学校特点的科技教育校本课程。我校将在完善原有校本课程"智力七巧板""创客空间""科技小制作教程""FLASH 动画制作教程""航模海模辅导教程"的基础上，继续拓展渠道，从生活科技、海洋科技、信息技术等领域开发有利于进一步提升科技教育层次的特色课程。

3. 拓展"一个核心、九个模块"课程体系为"一个核心、七种素养七个板块"

为培养学生的人文素养、科学素养、艺术素养、健康素养、人际交往能力、自主学习能力、国际视野，我们设置了幸福体验课程、科技创新课程、艺术修养课程、运动竞技课程、语言感悟课程、思维拓展课程、放眼世界课程，我们简称为"诚毅同心课程"。

（1）幸福体验课程：以孩子的心灵成长为核心，渗透到每一门课程当中又具有独立课程，让学生在学习中感悟幸福快乐，培养健康心理，自由成长。

（2）艺术修养课程：在课程的安排上，确保美术、音乐及其他艺术课程按照有关规定开足开齐。此外，根据学校的特色、教师的特长以及学生的兴趣爱好，拓展出声乐、绘画、书法、舞蹈等艺术课程和活动，培养学生气质优雅的特质。

（3）科技创新课程：深化科技育人的内涵，提升科技教育质量，实施科技创新培养和教育，提高学生的创新能力。根据学生发展特点，实行科学素养分层培养机制，主要以创新思维和实践能力为主。

（4）语言感悟课程：语言是人类最重要的交际工具、思维工具和表情达意的工具。在教与学的关系中，师生之间传授知识、交流思想、沟通感情都离不开这个工具。我们不仅提倡教师开设各种关于母语的相关课程，更加鼓励各种外国语的相关校本课程，此类课程主要培养学生的人际交往能力、开阔的视野。现阶段主要有经典诵读、典范英语。

（5）思维拓展课程：课程以思维能力为核心，着眼于解题思维和技巧方法，训练思维的敏捷、清晰、深广度，力求让学生受到启发，打开思路，排除思维定式的干扰，养成积极思维的素质及良好的思维方式，掌握多种方法并能灵活运用。让学生在学习生活之余适当放松，劳逸结合，拓展思维，提高学习的有效性。

（6）运动竞技课程：关注学生体能和技艺的习得，培养学生的参与意识、竞争意识和进取精神，让学生具有良好的身体素质、心理素质和合作意识。

（7）放眼世界课程：通过外教和周边高校资源，让学生放眼世界，志存高远，为将来融入地球村奠定基础，形成融入社会后的世界性眼光。

（三）弘扬"诚毅"精神，建设幸福校园

在近30年的发展历程中，学校提炼出了"诚毅"的核心理念，学校坚持以学生、教师、学校发展为本的办学思想，依靠诚信务实和坚毅品质，不断探索"可持续发展"的教育模式，我校要一步一个脚印，逐步彰显"诚毅文化"精神风貌。

1. 显隐结合，拓宽"诚毅"育人空间

我们在注重开发学校显性课程资源的同时，也注重学校隐性课程资源的建设和发展，将显性与隐性课程资源结合起来，努力拓宽育人空间。学校隐性课程包括正规课程以外的学校文化、校园环境、人格魅力、学术氛围、学习环境、师生关系等多个方面。

学校要围绕"诚毅"这一核心理念对环境文化进行高起点规划、高品位设计、高水平管理，形成独特的校园文化风格。让"诚毅"精神的文化气息起到慰藉人的心灵、

变化人的气质、涵养人的德行、纯洁人的情感、提升人的精神、开阔人的视野的作用，促进学校的和谐发展。

学校要围绕儒家文化中的诚信、坚毅思想，坚持以"诚毅"立校、"诚毅"立教、"诚毅"育人，在"诚毅"教育的基础上弘扬儒学的精华内涵。以"弘扬诚毅精神，铸造五中品牌"为主题，开展丰富多彩的活动，不断挖掘学校发展过程中逐渐积淀形成的"诚毅"精神，弘扬传统文化精髓，丰富学校文化内涵。遵循"诚朴做人、坚毅做事"的学校精神，以学会自我管理、自我评价、自我控制、自我教育与自我调节为目的，开展了一系列研究性学习活动、社会实践活动，从理论和实践上多层面、多角度让诚信、孝道、坚毅润泽师生心灵，丰厚"诚毅文化"。

3. 诚毅立人，打造师生成长乐园

诚毅立人的校园文化，引领我们铸造内容丰富的精神文化，其中包括爱岗敬业，争创一流的师德追求，从我做起、从小事做起的务实作风等。

学校要以"诚毅"理念为核心，引领教师形成求真求实的价值取向，形成自主发展的共同愿景。在实现共同愿景的过程中，逐步形成多种形式的学习共同体，如青年教师专业成长共同体、骨干教师论坛。教师在学习共同体中互动交流，彼此碰撞，切磋技艺，提升智慧，实现快速成长。

"诚毅立人"的思想要深入师生心中，逐步形成宽松和谐、开放高效、激励上进的团队意识，培养起良好的思想情操、道德规范和行为素养，提升学校的核心竞争力。

4. 用鲜明的诚毅环境文化每时每刻浸润学生的心灵，影响学生世界观、价值观、人生观

以建设诚毅生态文化园为契机，体现传统文化和诚毅长廊，系统整理学校走廊文化，以足迹文化、课程文化、课堂文化、诚毅德育为主体构建系统的环境文化体。以"诚毅文化"为主题建设各功能教室和班级文化、办公文化，形成"两场六园九长廊"环境文化格局。打造特色场景：体验心理、众创空间、社团文化等。

学校特色文化建设是学校全局工作中具有战略意义的重要工作，全校教职员工必须对此达成共识，并努力发挥自己的积极性、创造性，为学校的特色建设献计献策、添砖加瓦，使我校"诚毅教育"特色成为发展亮点。

给你一部历史让你翻阅，给你一种文化让你感受，给你一些时间让你安排，给你一个舞台让你表演，给你一些机会让你创造，给你一个期待让你自我成长。

只要我们能做到在坚守中创新，我们就能以有限创造无限，以瞬间创造永恒！

未来眼光，动态视角

青岛大学附属中学　彭念东

多年来,在市教育局和华青教育集团董事会的领导下,青大附中学校领导班子带领全体干部教师凝心聚力,开拓进取,在学习中健康成长,在奋斗中步履坚定,用未来的眼光规划和用动态的视角审视当下教育。

一、重视师德建设和专业发展，引导教师们走幸福之路

当教育越来越成为一场对话,教师的精神引领、精神状态、精神品质就变得至关重要了,用教师的幸福场感染学生的快乐场。2015 年我校创设了青大附中"名师培养工程",如迄今已经有三批 32 名教师被评为名师,36 名教职工被评为"岗位新秀";市优秀教师、名师、学科带头人也开始不断涌现,优质课级别、人数也在不断攀高;精品课程不断获奖,教学成果成绩斐然。

二、方向比方法重要

办学方向不仅关系着学生、教师、家长的前途命运,也关系学校的可持续发展甚至生死存亡。因此,学校以"高站位、立体式"的和合思维进行顶层设计,制订出《青大附中五年行动计划》,以"文化立校,思想领校,团队强校,课程赢校,特色亮校"作为战略布局,用三大体系即"办学思想体系、课程文化体系、落实保障体系"锻造学校,提出"成全教育"理念,形成学校"成全教育"文化,"成全始于尊重,立于共生,达于和合"的学校文化已成为推动学校发展的力量。

三、让行动更有方向，措施更加落实，内涵发展通畅

努力营造"纯生态、去功利、致良知、可持续"的学校健康样态,以推进"十个一"项目为抓手,规范办学,架构"外圆内方"课程体系和《德育课程体系一体化实施方案》实现全面育人;以"课程、课标、课堂"为主题,科学施教,掀起课堂革命,促进教

师专业发展;以"智慧课堂"弯道超车速度进行全面覆盖,努力实现教育信息现代化……广大师生从文化到课堂,从观念到行动,全力以赴、全心投入、全员参与、全面发展,天道酬勤,功不唐捐!

四、推崇教师教育自觉

我们倡导纯静学习、虔诚教育的文化自觉,崇尚学术修养、文化自觉。这就是老师最基本的标准。好学校的教师是非常心甘情愿地当教师的。教师就是学习者。影响学生的是教师自己,榜样的力量是无穷的,学习者的学习就是对孩子最好的影响。

五、面向未来的培养方向

第一,情怀目标,明德正心。于己,诚意静心;于人,宽厚包容;于业,专注持久。

第二,智能目标,自由人格。未来优秀的人才要具备"知识整合能力、高阶思维能力、跨文化理解力"。

青大附中以面向未来为己任,培养时代新人,无论是学校管理还是教育教学,要想做到优秀并追求卓越,其实最重要的,就是要有坚持学习和认真做事的态度;就是要有将爱和责任做到极致的精神;就是要有遇到挫折仍不停止勇往直前的步伐。

潜心钻研,用心办学

平度市旧店中学　王效光

旧店中学始建于 1954 年,历经近 60 年的风雨沧桑,逐步发展为一所办学设施较为完善、师资水平空前改观、办学水平不断提高的乡村公办中学,现有教职工 80 人,12 个教学班,学生在籍数 532 人。近几年来,由于受教师平均年龄偏大、生源流失严重等不利因素的影响,学校尽管在托底培优、提升教学成绩、提高升学率等方面取得了不小的进展,但仍受到很大制约。为此,我们在深入调研、充分论证的基础上,制定了"夯实精神根基,提升教师素养,优化课程体系"的发展规划。

一、夯实精神根基

旧店中学的教师大多土生土长,地域的特点赋予了这些教师勤劳质朴、踏实肯干的性格特点,工作任劳任怨、乐于奉献。正是由于具备了这些特点,学校才得以沿着不断上升的趋势逐步发展壮大,得到了上级领导和社会各界的广泛好评。学校要发展,就不能脱离了教师的实干与奉献精神,这是教育发展的保障,也是学校立足的根基。国家的希望在教育,教育的希望在教师,而教师精神风貌的优劣,直接决定了其发展程度的高低。为此,我们就很有必要通过制定完善的考评激励机制,来弘扬好传统,传递正能量,提振精气神,让多劳者多得、优劳者优酬,在评优选先、晋级提档上加大权重,并通过宣传栏、教育年会、教师节庆祝大会、开学典礼等途径进行广泛宣传,增强这些教师的自豪感、获得感、幸福感,在全校营造一种劳动光荣、奉献高尚的浓厚氛围,让这种可贵的精神深入人心,发扬光大。

二、提升教师素养

学校的发展立在精神,赢在素养。鉴于教师平均年龄偏大、知识老化、观念相对滞后、教学成绩提高受到很大制约等不利因素,我们下决心出台措施,加大对教师的培训力度,加大教研力度,积极组织教师参加新课程培训,参加联盟校的学习交流活动,参加跨区域合作学校青岛26中的教学年会及教研活动,为他们提高教育教学水平搭建平台;邀请市级教研员到我校指导工作,邀请跨区域合作学校青岛26中干部教师到我校送课交流,对我校的课堂教学进行诊断指导,提升教师业务水平。充分发挥支教老师的引领作用,将他们的先进理念、有效做法巧妙嫁接到教师的教育教学中,对我校教师的教学起到了很大的示范引领作用;加大校本培训力度,深入开展实实在在的教研活动,通过举办先行课、展示课、示范课、汇报课、一师一优课等听课评课活动,帮老师们展示形象、查摆不足、优化思路,不断提高教学效率;打造"青蓝工程",加强对青年教师的培养,不断提高他们的专业水平。这些措施的实施,使学校教师无论在教学理念上还是在教学技能上,都产生了很大飞跃,有力地促进了教学成绩的提升。在2018~2019学年度中,七、八年级分别获得了发展性评价先进级部称号,学校获得了发展性评价先进单位称号。

三、优化课程体系

课程体系是学校教学体系的基本框架,教学目标的实现最终要以科学的课程体系的建成为依托。由于受地域特点、师资水平等因素的影响,现有的国家通用教材尽管为教学活动的开展产生了积极的引领和规范作用,但难免存在着一定局限。譬如,对学生进行思想品德教育,在引用部编教材实例的同时,如能巧妙借鉴那些颇具教育意义的地方实例,定然会起到有效的补充作用,使我们的教育变得更加生活化,更具形象化,更有说服力,产生更有震撼力的教育效果。所以,要想把教育做到极致,就需要立足实际,积极打造校本教材,使之与部编教材互为补充,相得益彰,共同成为课程体系的重要组成部分。为此,我们积极组织教师编写不同科目的校本教材,初步完成了作文教学、传统文化教学等方面的校本教材,不仅有效促进了教学,还增强了老师们的教材开发意识,使教学质量的提高具备了更大后劲。

或许,我们的学校发展规划还有很多欠缺,但由于是基于学校实际的,所以,我以为,它会十分有效,也会很有生命力。

走国际化之路,办现代化学校

西海岸新区外国语学校 薛秀花

青岛西海岸新区外国语学校始终秉承"参与体验、自主发展、快乐成长"的办学理念,以为社会培养"有中国心的世界人"为己任,坚持以立德树人为核心,着重从以下方面入手,打造"外国语品牌"。

一、确立国际化办学目标

2013年初,学校确立了"走教育国际化发展道路,推进学校内涵发展"的工作思路,制定《2015～2020年教育国际化发展规划》,从此拉开了打造外国语品牌、推进教育国际化的序幕。

二、打造国际化师资队伍

师资水平的高低决定着特色发展质量的高低,学校以英语教师的培训为重点,从"请进来,走出去"的"单通道"到紧密合作积极联动的"双通道",通过高端培训和名师引领,对标一流名校,吐故纳新,取长补短,打造国际化师资队伍。

学校先后邀请国内外教育专家为教师做国际化专题培训和英语课堂教学培训;

先后邀请国内外现代化学校考察团来学校交流,同时承办中韩中学校长"完善课外教育"研讨会、齐鲁名校长建设工程会议,提高学校教育国际化办学水平。

学校选派干部到中国双语教学研究会学习;选派骨干教师到美国、英国、韩国、新加坡、俄罗斯等地研学旅行;与海外名校建立友好合作关系并形成常态化互访机制,不断以"国际化"助推"现代化"。

此外,为积极探索先进的管理经验,学校班子成员先后参加青岛市杨世臣名校长工作室、青岛市李素香名校长工作室跟岗实践,学校成立青岛市名师工作室、青岛市名班主任工作室,实施"青蓝工程"、骨干教师培养工程、名师培养工程,让更多的教师走上了专业发展的快车道。

三、完善国际化课程体系

升华"育人之道",实践"立德树人"。学校课程的设置着眼于提升学生的品行习惯和综合素养,使越来越多的专业课堂实现了知识传授与价值引领的同频共振。

学校开设世界人文风情、模拟联合国、"一带一路"、英文演讲、英文电影赏析、国际礼仪常识、中外节日习俗、机器人、3D 打印、航模和包括俄语、韩语、德语、日语的第二外语课程等 20 多门课程,不断完善教育国际化课程体系,因事而变,因时而进,因势而新,既仰望星空,又脚踏实地,稳步推进教育国际化进程。

四、营造国际化育人氛围

为了全方位营造国际化育人氛围,学校通过举办国际文化节,开设国际文化长廊、宣传栏、英语学习园地、中英文校园广播和日常交际英语化等各种文化活动,拓宽学生国际视野。

自 2013 年创办国际文化节伊始,至今已成功举办六届,在充分吸纳和融合世界各国文化特征的基础上,其活动内容日益丰富,组织形式日臻完善,社会影响日趋广泛。这不仅是学校国际交流与合作成果的集中展示,是国际理解教育课程的有效外延,也是彰显国际化校园和谐氛围的品牌活动。

如今,一年一度的国际文化节已经成为外国语学校的靓丽名片。其中的文化节特色展板、英语单词、英语手抄报、英语合唱、英语演讲等系列比赛、石油大学留学生联谊会、双语宣传板报等综合性主题活动,已经成为每届国际文化节的保留节目。

习近平总书记说,我们要努力建设一个远离封闭、开放包容的世界,让各种文明和谐共存,让人人享有文化滋养。我们相信,背靠中华文化的深厚土壤,探索不同文化相互尊重的共存模式,能够成为国际文化节的特色和使命,多元文明能真正在这里交汇、碰撞。外国语学校能真正成为连接中外、沟通世界的国际化舞台,为建设美丽校园、建设美丽新区、建设美丽国家做出更大的贡献!

全面深化"和谐教育"品牌建设

即墨区第二十八中学　李志刚

即墨二十八中近十年来一直坚持开展"和谐互助"教学策略研究与实践,创新"和谐德育",打造"和谐团队",实施"和谐管理",系统推进"和谐教育"品牌建设!

一、创新"和谐德育"

立德树人是学校教育的首要任务。二十八中不断完善"挂级部干部、级部长—班主任—学生干部"的管理网络,建立起学生、教师、班主任、级部干部共同参与的多层次、全方位的德育网格化管理体系。学校按照"形成、规范、提升"的原则,根据初中三年德育和学生心理特点,制定了"和谐互助"年级德育要点,分级部按序列开展好德育序列活动。学校坚持组织一项活动就要打造一项精品、组织一项活动就形成一种特色的原则,先后打造了升旗仪式、为雷锋佩戴红领巾、毕业典礼、开学典礼、感恩教育、学雷锋活动、"感动二八、幸福二八"系列活动等精品活动,让学生在活动中受锻炼获启发,受教育促成长,让家长朋友们留印象、受震撼。

二、提升"和谐互助"

"教育智慧诞生在一线,教育思想成长在一线。"在新一轮课改中,学校将改革发展的焦点聚集到课堂改革,本土创新开展了"和谐互助"教学实践研究。学校先后就师友培训、师友划分、五步十环节优化、师生"和谐互助"量化考核细则、"和谐互助"学生评价方法、助学纲等十多个课题展开专项科研。"和谐互助"课堂流程历经四次修改,结集出版"和谐互助"专著五本。"和谐互助"课堂以其简洁高效、一学就会、德智一体的突出特点,得到了专家和领导的肯定,被评为"青岛市优秀教学法"之首,获得山东省教育成果一等奖、全国高效课堂一等奖等荣誉。"和谐互助"教学策略现已被全国 300 多所学校复制引进,学校网站点击量现达到 800 万人次。2010 年秋,市教体局实施以即墨二十八中为龙头组建"即墨二十八中教育集团"的创举。多年来,教育集团运行从毫无经验到快速发展,集团内校际差距明显缩小,教育集团规模不断扩大,二十八中教育集团的成功实践得到了社会各界的一致好评,被青岛市列为办学体制改革试点项目。

三、打造"和谐团队"

教师是学校的第一资源。学校严格落实教体局"十项禁令",做到"六杜绝""六禁止",以制度强师德,以培训练师能,以活动铸师魂。学校以"和谐互助"课堂教学改革为突破口,采取"集中培训与分散学习相结合,校本培训与远程网络培训相结合,请进来与走出去相结合"的方式,积极开展有二十八中特色的校本培训,重点抓好班主任、教研组长备课组长、骨干教师和新教师四支队伍的培训。学校坚持以敬业爱生为主题,开展"万名教师访万家"和"我身边的榜样"等学习实践活动,使学生"亲其师,信其道",让家长敬师爱校,落实好学生、家长满意工程建设。

四、实施"和谐管理"

"和谐管理"是提升效能的最佳途径。学校全面实行级部校长领导下的级部主任负责制,进一步凸显扁平化管理模式。通过高效的管理平台让全体干部及管理人员树立了全校"一盘棋"的思想,明确责任,密切合作,做到分工不分家、和谐合作无缝隙,让"和谐互助"融入师生每天的学习生活中,师生互助、生生互助、同事互助,用互助共进精神营造出学校和谐发展的良好氛围。

多年的学校改革发展实践告诉我们,没有完美的经验,只有不断发展的经验。面对当前教育改革深入推进的大格局,即墨二十八中将继续研究提升"和谐互助"教学策略,创新"和谐德育",打造"和谐团队",实施"和谐管理",加快建设在全国范围内拥有较高知名度的"和谐教育"品牌,为即墨教育增光添彩。

对学校特色发展的几点思考

青岛大学城阳附属中学 牟 兵

一个学校的特色发展一般会经历比较长的探索过程,从办学理念的确定到深入反思学校的优势和不足,再到确立特色项目,通过实践不断摸索,最终形成学校特色发展之路。为此,一所创建特色项目并最终形成固定特色的学校一般要从以下几方面入手,由浅入深地进行学校特色工作。

一、坚守核心理念，以特色教育引领学生全面自由发展

一所学校之所以能够形成特色并且持续发展,根本的原因是学校具有先进的、稳定的价值观念,并用这种价值观念引领学校的教育实践。学校在发展历程中,一直秉承的办学理念具有无可替代的指导性作用,它会努力使教育教学行为往学生的全面而自由的发展上靠拢。学校特色项目的选择需要这个指导思想,特色项目要发展,同样需要理念引领。坚持办学理念,才能搞清楚何为特长以及特长对学生发展的意义与作用,才能不会将学生的特长发展局限于某项活动的开展或某种技能的培养上,及时拓展和深化,把特色教育从局部扩展到整体,引领学生全面自由发展。

二、持续聚焦新问题，保持特色发展的"活力"

任何一项改革,都是一个时代的产物。在不同时期,教育改革的主题和要求都会有所不同。因此,我们在促进学校特色持续发展的过程中,必须与时俱进,有强烈的问题意识和执着的探索精神,及时发现学校存在的突出问题以及师生成长中的迫切需求,确定一个时期内学校特色研究和推进的重点,并把其作为学校特色发展新的生长点。这样,我们就会不断延展学校特色的作用与功能,为学校特色发展注入新的动力与活力。

三、制定实施规划，保障学校特色体系性发展

规划的主要内容包括特色主题、发展目标、责任落实、实施步骤、保障措施、行动反思、意见反馈、工作改进等。制定规划的关键在于，针对办学特色的系统性特征，对所要采取的相关举措做出系统安排，提出学生、教师和学校发展的详细目标以及循序渐进的实施步骤。

四、以点促面，致力于特色骨干教师的培养

学校可以通过制定相关制度，要求骨干教师承担学科教学改革实验项目，承担示范课教学任务，举办理论讲座，定期开设公开课，参与教育课题研究，承担培养新教师任务和校本培训等，让从事特色创建工作的教师从骨干教师的教书育人和教育科研的经历及成长历程中，受到启迪和感悟，做到学有榜样、赶有目标，从而增强年轻教师敬业、乐业的职业意识，树立其勤业、精业的师德风范。学校的特色教师队伍一旦形成会引领传承这种发展模式，学校的特色项目才会静水流深。

五、进一步打造特色文化，加强特色宣传

学校在充分认识宣传工作重要性的基础上，一定要不断加强对特色宣传工作的重视程度，有计划、有步骤地在报纸、电视、网络等媒体上对学校特色进行宣传，让社会通过正面渠道的宣传知道学校在特色创建方面都做了哪些工作，也要通过 QQ、微博、网站、宣传栏等手段加强对学生的宣传力度。

中学学校发展目标的分解

平度市杭州路中学　姜　涛

近年来，随着社会形势的变化，杭州路中学办学格局也随之改变，从生源成分看，片区内学生以及进城经商人员和外来务工人员子女等出现多元化；从学校空间布局上看，学校占地面积小、建筑布局密集、空间狭小，只有在有限的空间上做文章，在精致和细节上下功夫；从学校发展的趋势上看，关注细节、实施精细化管理、追求结果

精品永远是优质学校科学发展的正确策略,提出精致化教育也是符合学校发展实际的。大的格局已经定型,为有所突破,学校审时度势适时地提出了"办一所精致化的学校"的办学目标,"精致教育,让每一个独特的生命都卓越发展"的新的办学理念也应运而生。而这种"精致教育"是全方位的,涵盖了校园精美、师资精良、管理精细、课程精当、课堂精彩、学生精进等方方面面。

办学目标确立后,实现目标是一个稳扎稳打、各部门通力协作的过程,因此,学校对发展目标逐级分解,将全校总的发展规划逐级分解为部门、组室和个人发展计划。不仅要在时间维度上进行纵向的年度分解,更要在组织程序和职责分工上进行纵向的逐级分解,最终在全校形成目标一致的合力。

因此,学校首先把学校发展目标按年度分解,形成年度工作重点和目标,初步将2018～2020年三年分段规划为三大主题。

2018课堂改革与教师发展年:让课堂教学发生变化,初步形成本校小组合作教学模式,教师观念和专业水平得到较大提高。

2019社团建设与学生发展年:初步形成和完善本校成型的社团管理模式,完善学校活动类课程,使学生的特长、个性得到长足发展。

2020课程建设与学校发展年:初步形成学校系统的课程体系,尝试探讨分层教学、选课走班的模式,使学校教育教学质量和社会美誉度得到较大提高。

各个部门依据学校的总体目标和年度目标形成部门发展计划,组室再对部门发展计划进行分解,形成组室发展计划,最后每一位教师员工基于组室发展计划形成个人发展计划。

"校园设计要精美"——后勤服务中心、教学服务中心负责校园文化氛围的营造,让每一面墙都说话,让每一株花木都传情,让校园的每一角都充溢着温馨。

"教师队伍要精良"——教学服务中心、教师培训中心负责以培养"观念多元化""教育前沿化""素质均衡化""群体团队化"的优秀教师队伍为目标,通过"初中教师与未来教育""心理健康""教师礼仪""赢在课堂"等专题培训让教师从专业水平提升向综合素养提升迈进,提升教师的文化品位。

"学校管理要精细"——副校长室通过实施"领导做榜样、扬长避短用人、激励性评价、灵活性运用县管校聘"的管理举措,变事务型为研究型,变监督式管理为人性化、服务式管理,让老师们真正体会到每一个岗位都在为不同的对象服务,体现了管理上坚持民主、科学原则,实施精细化管理的理念。

"课程设计要精当"——课程教研中心负责构建三位一体的课程体系:学科课程,认真落实国家课程,推进国家课程生本化实施,夯实全面发展的根基。活动课程,积极开发多样性活动课程,增强课程的选择性,为学生的个性特长发展提供保障。学校课程,开发服务于"精致教育,追求卓越"的特色课程。

"课堂教学要精彩"——教学服务中心牵头,学校着力实施"学案导学、小组合作、积分激励"三大策略,通过教研组的教研活动群策群力,通过示范课、引领课、观摩课、汇报课等不同形式,着力打造精致教育高效课堂。

"学生成长要精进"——团少工作中心、学生管理中心负责牵头,级部、班级落实学生成长的引领和评价,通过以"精致教育爱心飞扬"为品牌的社会实践活动、开学典礼、毕业典礼、科技节、体育节等丰富多彩的文体活动,紧紧围绕青岛市"十个一"工程,全面提升学生的综合素养,为学生的成长搭建广阔的平台,最终实现育人目标:培养有中华底蕴、世界眼光、科学精神的未来公民。

蜕变不止于外观　腾飞只等待时间

李沧实验初中　李雅慧

2015年夏末,我由李沧区教研室主任调任青岛64中校长。青岛64中是李沧实验初中的前身,是青银高速以东的李沧东部片区的唯一一所初中学校。学校周边原来是荒僻的市郊农村,学生生源主要为周边社区子女和外来打工者子女,多年的教学质量短板让周边群众对学校失去了信心,优秀生源大量流失。伴随着李沧东部片区的开发,周边群众迫切需要一所高质量的学校来满足子女对高品质教育的需求,老64中面临着推倒重建、转型升级。我到任后,学校师生迁出至宾川路小学借校办学,老64中正式开始了重建工作,我既要带领师生提升办学质量,又要兼顾学校重建工作,身上的担子非常沉重。

善良是我们的人生底色,也是我们的教育初心,办一所有品味的学校,快速提升办学质量,办好人民满意的教育,这就是我的初心。

一、高标准规划设计,从根本处蜕变提升

李沧实验初中于2015年10月启动原址重建工作,在规划设计之初,李沧区委区

政府就决心要建设一所高质量、高标准的现代化学校。在规划稿征求意见时,设计方充分尊重了我的意见建议,融入了许多体现育人理念的想法,坚持了富有人文特色的博雅楼、具有创新特色的创智楼等硬件设施的建设,为学生们的读书和实践打造了坚实的平台基础。现在,漫步在崭新的校园,面对着外形相仿、功能各异的一排排楼座,沐浴着新校园带来的蓬勃朝气,收获着学生们那一张张自信的笑脸,我感觉这就是我们想要的改变,一种从根本处'化茧成蝶'的蜕变。

二、高质量教学理念,"扬善启慧,涵根育人"

立足学生的终身成长和学校的长远发展,我提出了"扬善启慧,涵根育人"的办学宗旨,将学校文化定位为"做根的教育,为学生终生发展奠基"。在实际运作过程中,学校凭借完善硬件设施的支撑,注重利用环境因素从本源处激发学生对学习的兴趣,进而形成"沉浸式"的教育模式。同时,我们时刻努力为学生的学习成长创造环境,比如把创智楼二楼打造为科技长廊,在长廊两侧设置了物理学思维导图、实际体验项目、实验项目等,让学生在这里可以沉浸在知识的海洋中,时刻汲取养分,获得提升,这也是我们主张"沉浸式"教育模式的主旨所在。

三、高起点课程体系,培养全面发展的人

为了让每个学生既能立德树人,又能扬善启慧,我们构建了以"慧"为主题的"善·慧生长"课程体系,包括基础课程和"SMETH"课程两个课程子集。其中"SMETH"课程体系,即在以国家课程、地方课程融合"STEM"教育的基础之上,加入校本特色的选修课程、定制课程形成的以人文教育为底色、重视科技创新教育的综合性的课程体系。在"SMETH"课程体系的引领下,我们通过重点打造一批学科实验室,如乐学工坊+科技长廊(物理课本的155个实验,在此能动手操作和体验103个)、VR工坊、机器人工坊、动漫教室(编程),为学生的发展搭建了平台、开阔了眼界,提供了实践的机会。

四、高水平教师队伍,确保坚实教育力量

学校要发展,教师是主力;学生要发展,教师是引领。据统计,自2016年以来,在李沧区教体局的支持下,学校共引进全国骨干教师9人、区域内优秀教师28人,新进优秀教师24人,充分架构起了完善且强劲的教师队伍。学校向来注重教师队伍的发展与成长,积极创造各种机会为教师搭建专业化、多元化、个性化的发展平台。比如,我们积极与国内多所知名大学相关专家建立联系,邀请他们前来授课培训;积极

开展人才交流活动,培养教师的专业素养;积极开展内部考评、经验交流等,让教师的意识和能力都随着时代的发展不断推陈出新,更好地适应现代教学的需要。

学校发展规划实施方案

即墨区新兴中学　吴成海

学校发展规划工作是学校可持续发展的灵魂,是学校成员共同参与并根据学校发展的优劣势,制定目标、规划行动策略和步骤,最大限度地挖掘和发挥学校的潜力,持续推动学校发展的一系列活动。作为校长,针对学校基本现状,我做了以下规划。

一、重视干部队伍建设

和谐的领导集体是学校发展的重要保证,得力的中层干部是校长施政的左膀右臂、科学决策的参谋智囊。为此,学校将依据发展需要,按照德才兼备、老中青相结合的原则,调整配备学校党、政、工领导班子。将学校干部队伍建设、管理、培训列入学校的校本整体规划,促使干部成为学校各个部门的优秀领导者,不断推进管理创新。

学校要坚持和完善例会学习制度,汲取经验,加强沟通,协调解决实际问题。坚持和完善科学决策制度、廉洁勤政制度,解决群众问题,把校务公开、公示、民主评议落到实处。加强培训,不断提高学校干部的管理水平和实践能力,走出去,请进来,拓宽渠道,提升学校干部整体水平。学校建立科学民主的干部考核、评价机制,鼓励、支持、指导干部及时总结经验、提升经验,积极探索管理规律,使学校各个部门主管干部对部门的未来发展有清晰的思路,形成部门发展目标和规划,促进学校整体目标和规划的实现。

二、加强教师队伍建设

教师是学校发展的第一资源,教师的发展是教育改革的原动力。为了更好地落实人才强教工程,我们采取的主要措施如下。

1. 制定发展规划，引导教师确立自我发展目标

明确的发展目标,是催人奋进的不竭动力。没有远大志向、没有人生追求的教师,也不会成为优秀的教师。因此,学校鼓励教师成名成家,支持教师敢冒尖、创名牌、推好课。同时,学校针对教师年龄、学识、能力的特点,分层提出培训目标,形成"教坛新秀—教学能手—学科带头人—名教师"的培养梯次,明确相应的培训内容和方法,强化过程管理,实行个案追踪,让教师的内驱力和学校提供的成长平台形成合力,推动教师专业成长。

2. 确定研究课题，带领教师在研究中求发展

课题研究是一种理论指导下的实践性的探究活动,教师在参与课题研究的过程中,通过与专家的近距离互动活动,不仅可以获得理论上的支持,而且可以得到业务上的具体指导,从而促进教师教育观念的更新、教学行为方式的转变。因此,我们积极落实科研课题,带领干部、教师将课题研究与教学工作紧密结合,培养"问题即课题,教学即研究"的工作习惯,通过课题研究这个载体,促使教师在研究中学习,在反思中提高自身的专业水平。

三、突出"一切为了学生"的教育理念

以全面贯彻《中共中央国务院关于进一步加强未成年人思想道德建设的若干意见》为重点,整合校内外教育资源,提高教育的实效。

1. 加强家校联合

要发挥家长在学生思想道德、心理健康、人格培养等方面的作用,建好新型的家长学校,定期举办家庭教育专题讲座,召开家长会;创办家庭教育指导校刊,努力提高家长育人的能力;为学生健康成长构建良好环境。

2. 注重德育科研

积极探索新时期小学生的德育教育方法,选准切入点,进行新公民教育实践,培养学生诚实、谦虚、同情、和睦、互助、友爱、守纪等基本公民道德,加强学生行为习惯的养成教育;在尊重学生个性的基础上深化群体意识、宽容意识、合作意识等,发挥赏识、激励的作用,在活动中感染,在体验中熏陶,让德育工作富有成效。

3. 优化教育途径

抓住课堂主渠道,把传授知识同陶冶情操、养成良好行为习惯有机结合;开展走进军营、社区、科技园区等丰富多彩、寓教于乐的德育实践活动,使学生在自觉参与

中思想感情得到熏陶,精神生活得到充实,道德境界得到升华;发挥网络优势,开辟网上论坛,加强沟通与交流;充实图书室、阅览室藏书,开放图书资源,开展读书节活动,通过读好书激励学生。

4. 努力营造氛围

按照学校总体规划,做好校园环境改造的分步实施,努力营造整洁优美的校园文化环境:让每块墙壁会说话、让每块绿地能育人,使学生在老师的教育、榜样的激励、环境的熏陶之下,健康快乐地成长!

融合国开特质　彰显教育活力

——青岛国开实验中学五年发展规划(2018 ～ 2023 年)

青岛四中　卢宝山

一、内部状况分析

(一)办学情况

青岛国开实验中学位于市北区中央商务区绍兴路 69 号。经市北教育局与国开教育双方友好协商,成立青岛国开实验中学,学校加挂"青岛第二实验中学中央商务区分校"的牌子。学校是名校办分校、集团化办学的实践,是民办、公办联合办学的创新实践。学校拥有师生发展中心、论道中心、阳光运动中心、艺术成长中心、美术馆、多功能餐厅六大主体建筑,教学设施完善,办学条件一流。

(二)面临的问题

(1)教师的核心价值尚未形成,专业化水平仍有较大提升空间。
(2)学生的品格教育不够深入,生涯规划教育还处在起始阶段。
(3)数字化教育、教学及管理与时代的发展还有一定的距离。

（三）机遇与挑战

国家重视民办教育，民办教育以其高端、个性化的教育引起大家的关注。但民办教育水平参差不一，如何凸显个性，立足国情，放眼世界，培养适合时代又能引领世界发展的人才是我们所面临的问题。该校办学起点高，理念新，办学精神有较强的前瞻性，学校既能立足今天，让学生拥有优秀的中考成绩，又能关注明天，让孩子具备在未来社会立足的素质和能力。"不唯中考，赢得未来"这是家长期望的，社会向往的。

二、学校发展的战略性思考

（一）办学精神

办学理念：创设适合每个孩子的教育，让学生幸福、健康、快乐地成长。

办学使命：为学生一生发展、幸福奠基。

校训：敬人爱业，自强不息。

教风：有教无类，因材施教。

学风：博古通今，学贯中西。

校风：做更好的自己。

教师行动纲领：让每个学生都站在舞台的正中央。

（二）育人理念

育人理念：尊重，关爱，责任，荣誉。

通过教育，使学生懂得尊重：尊重生命、尊重师长、尊重差异；让学生懂得关爱：关爱家人，关爱同学，关爱老师，关爱自然；让学生学会担当：对个人负责，对家庭负责，对社会负责，对国家负责；引导学生树立强烈的荣誉感：为个人争光，为集体争光，为国家争光。

（三）育人目标

育人目标：培养具有未来意识、领袖气质、家国情怀、全球视野的学子。

1. 未来意识

人最大的痛苦是不自知，不知道自己要干什么。我们要通过人生规划等活动，让学生寻找自己、认识自己。对学生进行梦想教育、信仰教育、目标教育，激发孩子的生命活力，让孩子拥有幸福的能力。

2. 领袖气质

我们要培养引领世界的学生,让我们的学生成为改变世界的人,让学生以自己的思想和言行成为影响大家前进的人。领袖气质体现为海纳百川的胸怀,天下兴亡的责任,勇于突破自我的力量。

3. 家国情怀

培养学生拥有国家意识、乡土情怀,有一颗感恩的心。

4. 全球视野

让学生胸怀世界,放眼天下成为一个"博古通今,学贯中西"的人。

（四）办学特色

办学特色:人文固本,科技求真,艺术修身,中西融神。

特色一:小班化。严格控制班级人数,每班人数控制在 40 人之内。打造适合每个孩子的精品教育,让每个学生都精彩,让每个学生都健康、快乐、幸福地成长。

特色二:信息化。每个教室配置云博士教学智能系统,将计算机、实物展台、网络中控等集于一体,实现全方位的现代化教育。

特色三:国际化。每个班级配备外教,与美国、加拿大、澳大利亚等国家的学校合作,搭建学生与世界交流的平台,开拓学生的国际视野,让学生"放眼世界、胸怀天下",成为具有世界眼光的人。

特色四:特质化。学校着力培养具有"未来意识、领袖气质、家国情怀、全球视野"的学子。

（五）发展愿景

深筑基、广纳川、高目标,奠定学校可持续发展的基础,逐步形成青岛国开实验中学鲜明的办学理念、现代化的管理模式、优秀的校园文化、突出的办学特色。在各级政府及国开集团的支持下,全体员工凝心聚力,努力打造一所学生喜欢、教师幸福、家长自豪、社会向往的国内知名的现代化学校。

（六）主攻方向

1. 教师队伍建设

从机制入手,通过自主规划、分层培训、岗位练兵、多元评价等机制,提升教师的专业化水平,打造一流的教师团队。

2. 课堂教学重建

努力创建有学校特色的课堂教学风格,通过教学评价、课堂观摩、先听后上等方式,重建课堂教学生活,建立平等、和谐的师生关系,培养学生的创新思维,提升课堂教学的效益。

3. 课程整合与课程建设

聘请相关专家,组织专门的队伍,有效地整合国家课程和地方课程,构建有特色的校本课程,满足学生的多元化选择,提升学生的科学素养和人文素养。

4. 学生组织建构

创设学生会、自主发展委员会、自主管理委员会、民主议事会、生态环保委员会等五个并行的学生组织,让学生成为自己的主人、校园的主人,培养学生自我教育、自主管理和创新实践的能力。

5. 校园文化建设

打造"和而不同,止于至善"的核心价值追求,引领国开实验人海纳百川、卓尔不群,共同实现学校的发展愿景。

三、实施保障

（一）法律保障

依据我国现有的教育法律法规,依法开展各项工作。

（二）制度保障

以国开集团和学校已有的各项规章制度为保障,确保规划的有效实施。同时成立校级监察小组,监督规划的落实。评估小组由校长统领,分管校长、中层干部以及教师共同参与。此外,主动接受上级教育主管部门的督导检查,发现问题及时调整解决。

（三）经费保障

每年做好预算,科学合理地用好经费,确保规划中各项指标的完成。

规划就是目标,就是方向,是学校未来发展的施政纲要,愿我们全体师生同心协力,实现我们共同的愿望,让每一个青岛国开实验人为我们的事业而幸福,为我们的学校而自豪。

广博雅正，快乐引领
彰显特色，追求卓越

——青岛广雅中学五年发展规划建设方案

青岛广雅中学　范　磊

　　青岛广雅中学（青岛实验初中市北分校）（以下简称"广雅中学"）是经青岛市教育局批准，由青岛市市北区教育局与青岛实验初级中学联合创办的一所依托岛城初中教育的品牌学校——青岛实验初级中学办学优势的全日制公办初中学校。为实现与实验初级中学的教育资源和师资力量共享，快速提高学校的教育教学质量，进而为市北区百姓提供"家门口的优质教育"，进一步发挥联合办学的辐射带动作用，创建区内一流、岛城知名、特色鲜明的现代化学校，现制定学校2015～2020年学校发展规划。

一、明确学校发展优势及存在问题

　　优势：优质教育资源共享，"广雅文化"初现端倪，教师队伍富有朝气，课程建设根基扎实，学校管理科学高效。

　　问题：学校文化体系尚未完全形成，现代学校制度建设有待健全，教师团队专业素养有待提升，课程建设需要进一步规范与创新，双校区的管理模式需要探索实践，艺术特色有待进一步鲜明。

二、确定发展目标

　　在新的五年规划中，我校实施"一三五"计划，递次推进，逐步深入。即：明确一个目标，进行三个探索，实现五个塑造。

（一）明确学校办学目标

创建区内一流、岛城知名、特色鲜明的现代化学校。

（二）明确学校育人目标

培养具有国际视野、家国情怀、品雅志远、学艺双馨的阳光少年。

（三）学校阶段性目标

（1）探索联合办学新模式，立足教师综合素养提升。
（2）探索美育特色新思路，立足学生素质发展需要。
（3）探索双校区管理新模式，立足学校优质资源整合。

三、明确发展项目

（一）重点发展项目

1.塑造和雅的学校文化体系

创新校园环境文化内容，打造和雅校园环境，在"和"与"雅"字上下功夫。力争将静态文化和动态文化相结合，将景观性、人文性、特色性统一于"和雅"二字。把钱花在离教育教学和学生最近的地方，使学校成为师生身心愉悦的成长乐园，将学校变成安学乐教的快乐家园。

2.塑造儒雅的干部教师队伍

注重团队的内涵发展、理念更新，全力打造一支高素质、高合作、高效能的教师团队。优化不同层次教师队伍，凝聚正能量，形成"雅"风尚。逐步确立团队发展方向，建立管理型团队、学术型团队、研究型团队、学习型团队、项目型团队。

重视师德建设，提高教师道德素质，引领教师做"儒雅"的楷模，成为学生的良师益友。

3.塑造广雅的学校课程体系

深化课程改革，进行课程创新，对现行课程进行整合和重组，为我校的快乐教育综合理论实践体系构建支架。在认真学习借鉴各地推进课程改革先进经验的基础上，以问题为导向，通过对课程的整合，使课程实施趋向个性化、信息化、国际化，使学校立德树人根本任务得以较好的落实。

4. 塑造隽雅的学生形象气质

深化立德树人的基本目标,健全育人机制,制定各学科德育指导纲要,整合德育课程和课时,加强德育学校课程的有机融合。积极推进学生自我管理、民主自治。注重学生基础能力和习惯培养,加强学生生涯规划指导工作,解决当下学生学习内动力不足的问题。推进信息化应用的全员育人,尝试利用"互联网+"的思维,加强学生过程管理、跟踪服务、全面立体评价。改进评价机制,让不同特色和禀赋的学生得以展示。要通过家校积极良性互动、多渠道有效沟通,形成教育合力。

5. 塑造正雅的现代学校制度

建立和完善学校规章制度,建立适应学校现代化治理需求,体现学校人本快乐、文化特色,能够移植、复制、推广的制度体系。建立与教育现代化相适应的教学质量评价机制和师生评价机制,建立沟通式民主协商机制,发挥教代会和校务委员会以及各学术团体作用。建立学生和教师申诉组织,构建学校管理层与师生之间畅通的对话渠道。充分发挥党总支的战斗堡垒作用,建立学校党建工作述职制度,落实党建工作责任制。推进党员服务在线平台建设,推动服务型党组织创建。积极争创区、市级精神文明单位。

四、落实保障措施

(一)组织保障

成立以校长为组长的规划管理领导小组,由党支部、校长室和各部门负责人组成,建立目标责任制,具体实施五年规划的全程管理,及时做好规划各阶段的检查测评工作,对各部门及个体的短期目标行为进行评估,将行为绩效与实施奖惩结合,真正发挥学校规划的纲领作用。

(二)思想保障

实施和管理本规划是一项系统工程,学校将认真组织学校干部、教师学习先进教育理念,组织开展规划解读活动,在全校教师和学生家长中间进行广泛宣传,保持思想统一,在工作实践中加以贯彻执行。

(三)制度保障

畅通信息渠道,加强监督反馈。不断完善校内各项规章制度,健全民主管理制度。学校规划管理领导小组和各部门做好规划的咨询指导、检查控制和调节平衡工作,要把规划和学校年度、学期计划结合起来,及时纠正偏差的管理行为,形成干部接受群众监督的工作机制,保障规划的顺利实施。

（四）后勤保障

合理配置资源,提高教育经费的使用效益,为学校发展目标的实现提供物质保障。积极争取上级主管部门在政策上、经费上的扶持,健全各项硬件设施和功能室,努力改善学校现有不完善的实施条件。

五、建立自评机制

建立规划自评的程序。
（1）建立学校规划自评领导小组。
（2）制订学校规划自评工作计划。
（3）组织学习学校发展规划。
（4）分解落实学校规划指标。
（5）组织评议,撰写自评报告。
（6）建立自评档案。

立德树人，快乐育才

——青岛实验初级中学德育工作品牌建设

青岛实验初级中学　陈　思

青岛实验初级中学按照市教育局有关要求和文件精神,以"立德树人"为旗帜,以"快乐育人"为导向,围绕"立德树人,快乐成长"的德育工作主题,按照全面素质教育的要求,采取了"建章立制循规守矩、夯基固根习惯养成、创新特色亮点凸呈"的发展模式,力推"管理树人、文化育人、机制成人"的育人模式,形成"抓基础常规,促风气上扬,显品牌效应"的工作模式。

一、深化德育工作意识，提升服务工作理念

加强学习意识，提高工作水平。明确服务意识，促进工作转型。将学生管理工作进一步明确为"为学生成长服务"的工作理念，以"服务"为核心，注重"服务"的效率、质量、效果，以"真诚、真心、真情"的工作态度，对待每一位学生。同时，协调班主任工作，力求为班主任做到"有求必应、保驾护航"，成为班主任工作的坚实后盾，用"服务"维护校园工作的有序进行。

二、完善德育规章制度，强化守规遵法意识

学校进一步修改、完善了校规校纪，优化了管理制度的操作性，明确了管理问题的针对性，完善了管理方向的指向性，提高了制度作用的效率，弥补了管理配合的缝隙，力求实现以"制"为"治"，以"度"为"督"。学管处制定并执行了《山东省青岛实验初级中学学生违纪处理办法（试行）》《山东省青岛实验初级中学违纪学生义务劳动教育管理办法（试行）》等制度，在发挥严厉制度的惩戒作用、帮扶作用的同时，更注重制度的预防作用、警醒作用，做到"预防为主，惩治结合，疏堵皆用，效果为先"。

三、狠抓常规工作建设，维护提升良好校风

依托德育制度建设，加大德育管理常规工作力度，以"学生学习、生活行为习惯养成"为主要工作抓手，重在坚持不断推进监督、检查的时效性，以日常的行为规范为出发点，"抓小事、抓细节"，做到"抓得牢、抓得紧"，以"高密度、强辐射"的管理模式，形成学生行为习惯上的意识自觉、行动自觉。

以习惯教育为基础，提升校园风气的品质，树立榜样模范，营造和谐氛围。通过多种多样的教育活动，下大力气稳固校风、学风、班风的统一建设，积极倡导学习先进，严格抵制不良行径。通过升旗仪式、宣传栏、优秀学生群体引领等方式，积极抢占德育工作思想主阵地，大力普及正能量，全力驱散负能量，倡导"优秀是一种习惯"的思想意识，鼓励"每天进步一点"的行动态度，采取全校表扬、证书表彰、事迹宣传等方式。

四、紧密工作联动机制，驱动创新特色发展

1.加强家委会工作，打造学校、家长、学生三位一体育人机制

将学校主题活动与家长入校轮值制度结合，统筹兼顾，发挥家长作用，为学校发展助力；摸索形成了"实验初中家委会期初考前以老带新、学法指导"制度，在开学

初、考试前等关键时间点,充分发挥家委会的作用,为家长们指点迷津,为学生们解除疑惑;组织家长共同撰写并分享育子经验,有效地进行家校互动,进一步增进了家校沟通、交流,形成《实验初中育子实录》。组织开展初一级部"告别童年、拥抱青春"德育主题教育活动,引导学生树立理想、感恩生活。开创了青岛实验初中家委会博客,进一步加强了家委会工作的交流、沟通和宣传工作。

2.加强心理教育工作

根据实际情况,从学生心理、心理宣传、教师心理、家长心理等多方面、多角度开展工作,从心理课堂、个别辅导和选修课三个方面开展学生心理工作;通过《博雅》校刊、校园心灵寄语、心理健康周等途径进行心理宣传;坚持做好"一缕阳光"教师心灵寄语、心灵语录小黑板、教师心灵导师团心理咨询师补考、教师心理讲座等教师心理工作;组织了"我与父母共成长"板报评比、家长心理沙龙、家长心理讲座、亲子工作坊等家长心理活动。

3.重视学生干部培养,提高学生领导力

加大学生干部培养力度,以学生会、大队部为组织依托,形成"主席团汇报部门工作—老师点评指导建议—布置新一周工作"流程,把握学生干部工作动态,及时给予必要指导,提高学生干部的领导力、工作能力。同时,利用假期对学生干部进行全员拓展培训,增进友情,提升凝聚力。除此之外,鼓励学生干部代表学校参加社团联盟、模联、辩论赛等各种比赛,提高学生干部自身的能力与干部荣誉感。

科学规划促学校优质发展

青岛六十二中　刘文波

学校规划是学校发展的引领和方向,在规划的制定过程中,我们立足寻找最恰当的切入点,积极改变教育教学工作面貌,遵循学生身心成长发展规律,切实转变学生观和教学质量观,以教师的成长发展促进学生的成长发展。

一、提高过程管理水平

全面落实各项规章制度,突出情志教育四个实践基点的强化管理,全面提高过程管理水平,促进管理机制改革,全面提高办学水平。高质量制定《学校章程》,强化依法治校意识。打造一支全面熟悉学校管理制度、懂得协作互补、善于团结共进的管理队伍。实行管理岗位责任清单制度和重点项目责任制,突出落实规章制度的责任、重点项目重点攻关的责任,提高干部的执行力、领导力、创新能力和管理潜能。

二、建设情志教育教师团队

在课改实践中发现和扶持学科优秀教师,着力培养选拔各科首席教师,在此基础上,辐射和带动教师群体发展。一是加强教师阅读工程建设;二是加强课堂教学改革研究与实践,落实"四通九达课堂教学法";三是加强情志教育校本培训工程建设;四是推行学科首席教师负责制。为发挥优秀教师的带动作用和教育能力,学校采用校长直接领导下的首席教师负责制,实行项目管理,首席教师组建自己的教师团队,重点工作立项,在需要的时候可以调动全校的人力物力资源。

三、完善情志教育全员德育体系

坚持落实相关规章制度要求,通过"四通九达"小班化教学平台深入发掘教学活动中的育人因素;同时创新德育观念,探讨一条体验式德育的新路径,重点攻关"心德育",稳固筑牢优秀传统文化教育和心理健康教育两大支柱,完善情志教育的德育体系,在传统德育工作中渗透心理健康教育的理念和方法,丰富学生的生活体验,找到社会要求与学生内在发展需要的最佳结合点,提高德育的针对性和实效性。主要措施:一是落实教书育人"一岗双责"制、全员育人导师制等行之有效的德育制度。二是加强教师培训,引领全体教师共同关注义务教育人才培养目标。三是探索具有情志教育特色的学生综合素质评价方法,发挥制度的引导、激励、约束和保障作用。四是校内外结合,开展"实践德育"活动。五是进一步落实班主任评价机制,强化班级过程管理。

四、突出打造情志教育系统的心理健康教育特色

以心理健康教育为基础工程,以心理工作室为依托,充分发挥心理健康教育在情志教育系统中的基础性促进作用,推进心理健康教育特色发展。完善"一线多面"心理健康教育工作模式,围绕"幸福教师、快乐学生、智慧家长"三大层面,开展"暖心

工程、明心工程、慧心工程"建设,开发多层次的心理健康教育校本课程,放宽视野开展心理健康教育活动,为学校教育、家庭教育提供心理学理论保障和扶持

学校从"管"到"理"的实践

城阳区第十中学　曲新忠

教育新形势亟待学校管理的变革,因此,我们必须以破釜沉舟、激流勇进的决心和信心,主动迎接挑战,以高效管理为学校发展提供有力的保障。

一、学校管理者要牢固树立"领导就是服务"的管理理念,切实提高自身管理素质

作为管理者,首先要在教育思想上起到创新作用。学校校长要有成为学习型、学者型校长,进而成为专家型校长的大志。所有学校领导都要有危机感,要加强自身的思想政治和业务学习,防止在教育教学改革方面成为外行、在教育法规政策方面认识落伍,不能被时代所淘汰。二是在人格魅力上发挥示范作用。为教职工树起道德标杆,促使全校形成教书育人、为人师表的浓郁气氛。三是要提高学校领导班子的战斗力。开展扎实而富有创新性的管理工作,让学校秩序井然,教职工步调一致,整合学校资源,聚集力量推动学校发展,带动全体教职工办好学校,最大限度释放管理效应。

二、要坚持务实的工作作风,把管理行为渗透到第一线、落实到主阵地

学校领导的第一身份是教师,必须深入课堂教学和教研教改第一线,集中精力抓教学。在实施新课程改革的过程中,校领导要走进课堂,深入教研组,多听课、评课,多与教师交谈、多做讲座,多参与教科研活动、多做调查研究,真实地学习、实践、体验、感受课改精神,把先进的教育理念根植于教学教研实践。在亲自体验中,激发出科学管理的新灵感。学校在核定编制时,把所有领导承担的教学任务统筹考虑,按岗

设编。所有学校领导干部必须深入教育教学工作第一线,避免遥控指挥;必须走进教职工群众和学生中间,掌握实情,避免形式主义;执行制度必须将自己与教职工一样对待,敢于斗硬,避免正人不正已和先正人后正已。只有领导干部有了过硬的工作作风、良好的形象,学校管理才能够高效推动。

三、要走紧紧依靠教职工办学的管理路子,重视和加强教师队伍建设

教职工是学校办学的主要力量。人本管理其实不是什么新名堂,在长期的管理实践中,不少的学校领导已经积累了不少经验。一是要真正地关心教职工。二是要真正落实民主治校,动员所有教职工参与学校管理,重视其主人翁作用;理解教职工工作的艰辛,公正公平地评价他们的劳动成绩,建立融洽的干群关系。三是重视教职工的管理和培养。努力为教师创设平台,鼓励教师成长,指导他们进步。在基础教育课程改革中,学校要加强对教师的校本培训和课程指导,提高教师专业水平,促进教师专业化发展,让教师能够切身感受到专业发展带来的收获快乐。专业发展了,学科素养也就提高了,教师的内涵也就有了。

四、要理清思路,突出管理工作的规范化

一是要制定明确的办学目标,勾画出本校的发展愿景,明确全校师生的奋斗方向。让大家知道每个人对学校的发展都很重要,每个人的意见、建议都会促进学校的发展。

二是注重制度建设,形成规范的学校管理行为。通过长期实施有科学性、有连续性的管理制度,让学校发展的目标方向明确、制度完善规范,引领师生逐步将制度内化为一种习惯,最终变成促使学校良性发展的一种制度文化,真正提高学校管理档次。

崂山十中提高课堂效率策略

崂山区第十中学　尹相京

针对学校教学常规管理标准偏低,课堂、课后抓落实力度偏弱,崂山十中实施了提高课堂效率策略。

一、提高教师思想认识，加强长远规划

（1）树立"一盘棋"思想,统一思想认识,齐心协力抓质量。形成团队意识,以教研组全体成员奋斗目标完成为评价标准,一荣俱荣,一损俱损。

（2）制定教学质量奋斗目标,建立考核制度。将目标落实到学生和家长,构建学生、教师、家长三位一体目标任务共同体。教师以奋斗目标为导向,明确抓促重点学生和教学质量目标,将学校期末考核质量目标完成情况作为教师考核评价的重要依据。

（3）实行校内和区级教学质量分析制度。校内阶段质量检测、分析,写出阶段成绩分析报告,及时整改;期中阶段检测,写出分析报告,自评奋斗目标完成情况;期末学期检测,全面分析,总结学期目标完成情况,写出学期成绩分析报告,并制定下学期奋斗目标,教导处统计教师奋斗目标完成情况,作为教学质量量化考核依据。

二、逐层分解，具体落实

（1）强化校本教研管理,加强教研组（学科组）建设。

落实教研组例会制度,教研组长是教研组工作的第一责任人,制订教研计划,分管领导参与,教导处考核评价。

（2）抓好教学常规管理。

完善教师课堂教学过程质量监控制度,着力解决备课质量、课堂效率、课后作业等突出问题。首先,提高备课质量,统一备课标准和数量要求,不定期抽查,对检查结果赋分,对出现的问题及时记录留档,同时及时要求教师整改;组织学术委员会每

月进行一次教学常规质量检查,反馈检查结果、赋分,作为教学量化考核依据。其次,提高课堂教学任务落实,杜绝"烂尾"课堂。教导处定期对课堂教学任务完成情况进行问卷调查,公示调查结果,视情况对相关老师实行教研组、分管领导、教导处、副校长室、校长室分级约谈。

(3)实行录像课,督促教师提高课堂教学质量。

实行学校随机和个人申报相结合的形式对教师课堂教学过程进行全程录像,教研组、学术委员会对录像课进行评课,写出评课报告,依据《崂山十中课堂教学评价标准》进行赋分,教导处据此作为课堂教学量化考核依据。

(4)落实中层领导听课制度。

中层领导提前查看教师授课教案,进班听课检查教师课堂执行情况,根据授课情况对教师进行课堂教学情况评价反馈,落实整改。

(5)实行学科教师对学生课堂表现和作业完成情况记录反馈制度。

定期将记录表反馈给班主任,班主任据此计入班级学生个人量化中。级部主任、班主任据此召集班级协调会,解决相关问题,导师制包组教师同时介入做好学生和家长工作。

(6)政教处、教导处继续落实教师候课制度。

"课前展讲""轻声慢步,手中拿书"活动,营造良好学习氛围;执勤领导继续落实课堂巡检制度,减少和杜绝拖堂现象。

(7)分层布置作业,切实减轻学生课业负担。

落实分层布置作业要求,落实作业批阅激励性评语,让每一位学生做有质量的作业;坚持每周一练和节假日分层作业制度;定期开展优秀作业展,教导处组织学术委员会对作业布置情况进行定期检查反馈。

"三步走"战略引领学校发展

—— 校长如何规划学校发展

平度市张家坊中学　陈同光

教育部下发的《校长专业标准》中规定,校长应具备的能力之一即规划学校发展。学校规划发展是一种思维方法,是一个管理工具,更是校长的办学指南。因地制宜,结合实际规划好学校的发展,是校长首要的工作职责。

作为一所偏远的农村中学,我校学生主要由当地的农民子弟构成,生源的良莠不齐,加之前几年的合校风波,导致每年都有部分优秀生源外流,更使学校发展步履维艰,学校教学质量也逐年下滑,成为市薄弱学校。怎样制止学校发展的颓势,如何使学校从薄弱、平庸、步履维艰的境地中走出来,需要科学、可行的学校发展规划。我们采取了"三步走"战略规划引领学校发展,即营造共同愿景、创建品牌引领、打造特色发展。

一、营造共同愿景

在一所学校的生存与发展中起凝聚作用和激励作用的是这所学校内涵的人文精神以及由此唤起的发展能量。这种起核心作用的精神和能量,往往通过共同的愿景体现出来。面对学校现状,我和老师们冷静分析学校目前所处的处境,我们深知办学的核心是教育质量,所以我们的共同愿景就是提升教学质量,力争用几年的时间将教学质量提升到全市上游水平。

有了共同的愿景,我和老师们将共同愿景进行了目标分解,拟订了学校的近期和远期目标,自 2016 年始,用三年的时间即到 2019 年,将学校的教学质量提升到全市的中等水平,用五年左右的时间即到 2021 年,将学校的教学质量提升到全市上游水平。

以共同愿景、分阶段目标的引领实施,将老师们的注意力吸引到如何达成目标、实现共同愿景上来,围绕提升教学质量这一核心,凝心聚力,同心同德,至今年已经达成近期目标。

在上学年的七、八年级期末学情监测及九年级学业水平测试中,我校有两个班级被评为平度市"优秀班级",九年级级部获得平度市"发展性评价先进级部"称号,学校在平度市2019年学业水平测试中荣获"发展性评价先进学校"称号。

二、创建品牌引领

对一个企业来讲,品牌是生命线;对一个学校来说,品牌是引领高端发展的指向标。正因为品牌的重要性不言而喻,所以我们始终注重学校品牌的建设。

教育是美的事业,是培养人、成就人的事业。基于农村中学的学情、教情实际,我和老师们在经过反复研讨后,确定了"大美坊中,成就人生"这一教育品牌,就是想通过我们的努力,使农村的孩子享受到更加优质的教育,使学生能成人成才,将张家坊中学建设得更加美好,以品牌引领师生发展进而促学校的发展提升。

品牌是学校的"名片",品牌也是老百姓的"口碑"。经过几年的努力,我校品牌建设有声有色,在赢得了当地老百姓赞誉的同时,学校也连续两年被评为平度市年终"督导评估优秀等级单位"称号,品牌建设小有成效。

三、打造特色发展

一个人要有个性,一个学校要有特色,特色就是学校的"个性"。仅有几项工作有亮点,算不上学校的特色,特色的内在表现就是学校办学的特质,其外在表现就像在师生身上刻下深深的烙印一样,有一种别样的气质表现。要提升学校层次,就要打造办学特色,特色发展才能促进学校发展更有生命力。

学校教学质量取决于学生成绩,因为学生的学习能力的差别导致了其成绩有高有低,这很正常。正如世上花有千万种,但花开别样红,我们允许教育的百花园姹紫嫣红,学生的发展也可以有多种方式。基于这种教育思想,我们提炼总结了我校特色发展方向,即"生命舒展,人人出彩"。以这种办学特色理念为指引,我们在平日工作中,小心呵护每一个生命,对他们的每一点进步,及时发现并予以肯定与表扬;我们还采取了师生、生生"一对一"帮扶的措施,培优补差,通过素养提升工程,引导他们向好向善。学校通过种种举措挖掘学生潜力,培养特长,舒展了生命,张扬了个性,培育了素养,达到了人人出彩的目的。

在2018年平度市中小学电脑制作活动程序设计比赛中,我校四名同学获得市级奖,学校获得全市第十名的好成绩。在2018平度市第二届"国开"杯中学生美术创作大赛中,我校获得"优秀组织奖"。在2018平度市中小学春季田径运动会中,我校荣获我校荣获全市乙组团本总分第四名。在2019年平度市学科素养大赛中,我校多名学生获得平度市一等奖。

规划学校发展,还需做细做实过程性管理工作,今后我们会精心研究,科学谋划,提升水平,促进发展。

初心一如来时路，斗罢艰险再出发

西海岸新区育才初级中学　隋同梅

"能到其他学校,还是不要让孩子去'育才'上学吧,那里育不出人才!"几年前,这样的话语,时常刺激着我们的耳朵,刺痛了每一位育才教师的心!

育才初中作为一所由乡镇中学迁建而成的新校,面临着种种困境:教师年龄结构失调,生源流失严重,家长教育意识薄弱。

敢问路在何方? 面对阻碍教育发展的一座座"山头""碉堡",对外,我们借力"城乡教育一体化"之东风,与我区实验初中结成战略联盟,全面对标,并肩前行;对内,我们选择了坚守初心,踏平坎坷!

因为我们坚信——道阻且长,行则将至!

一、把教师放在心坎上，苦练技能，提振信心

"人好了,学校才能好。"教师是学校发展的第一资源和核心要素。我们从提高教师队伍战斗力入手,以党建引领教学,组建了"党员干部先锋队"。隋同梅校长、姜云军书记、韩洪乐副校长等校级领导以身作则,每年坚持为毕业班授课。所有党员干部深入一线教学,做到"每个党员一面旗,工作请向我看齐"。老师们的职业倦怠少了,教育热情由此被点燃、唤醒、激活……

"老师的眼睛蓄满绿意,学生的课堂才能春风十里。"为此,我们构建了"七课工程"——骨干教师讲授的"模板课",让年轻教师快速领悟课堂教学要素;领导干部和教研组长参加的"走推课",推动着育才教师高质量上好每一节课;专家与教师的"预约课",则提供了一线教师和学校特聘专家切磋琢磨、交流提升的途径……

"青年强，则学校强。"每周一次的青年教师沙龙上，"每周一主题，每题一主讲"的培训模式，让青年教师快速成长为班级管理和课堂教学的"尖刀班""主力军"，如汩汩清流，让学校教育充满生机。

教师的能力上去了，心也更暖了。春节假后，老师们惊喜地从校领导手里接过生肖吉祥物；"三八"节上，老师们自编自演的舞蹈、小品让彼此哈哈大笑、乐在其中；端午节，老师们开心品尝着粽子的清香和教育的甜蜜；孙先让老师身患重病，花费巨大，同事们一份份带着祝福的捐款带给孙老师莫大的支持和感动！

基于尊重的管理，才能抵达人心。正是因为学校把老师们放在了心坎上，才有了育才教育之船的乘风破浪！

仅2018年一年，我校金秀环等13位学科教师出示市级公开课，3位教师执教区公开课，6位教师成功出线参评青岛市"一师一优课"，3位教师参加了西海岸名师工作室，5位老师参加了全国第六届"和谐杯"说课大赛分获特等奖和一等奖。

二、让学生站在正中央，展示个性，百花绽放

生源质量不佳，学生水平参差不齐，这是摆在我校发展面前的一个客观问题。然而，"与其抱怨，不如改变"，让每一个进入育才的孩子和家长看到成长、看到希望，则是我们教育者的神圣使命！

哪里有问题，就从哪里抓起！我们找到了"边缘生提升"这个突破口。各科老师参加的"边缘生会诊"，从生活心理、学习习惯、知识结构等方面入手，为每一位边缘生把脉梳理。

"边缘生导师制"则为每位边缘生配备专门教师，通过"谈一会、扶一把、推一下"的方式，为他们"扶自信进取之志、脱知识学习之贫"。

一次次精准的帮扶、一句句温暖的话语，让孩子们的眼中有了光亮，学习有了动力，心理更加健康，成绩也令人可喜！

"能不能给每一个孩子不断向上的理由？"一番心灵的叩问之后，为了给学习成绩居后的孩子找到成长的方向，我们选择从激活兴趣入手，引导他们为自己旺盛的青春在我校多彩的校本课程里寻找到了一个正确的打开方式。

在新中考背景下，我校积极开展"分层教学""一生一策"管理和教学策略，开展差异化、个性化教学。同时，每天拿出一节课，组织全体学生走班选课，分层辅导。如此，让孩子们在学习的天地中，是鹰，就进击长空；是鱼，就竞翔浅底。

三、把课堂作为主阵地，点燃激情，唤醒心灵

素质教育从课程出发，生命智慧在课堂点燃。遵循"相信学生、解放学生、发展学生"的课改理念，我校紧紧围绕"问题导学"教学模式进行"颠覆性"的课堂革命，形成了"问题导入、呈现目标、释疑巩固、盘点提升、达标检测"的五环节教学模式。问题导学下的课堂真正实现了学生的自主学习、个性学习、深度学习。同学们在课堂上有序讨论、大方展示，思维与智慧精彩共生。教育部基础教育司王定华司长说，育才初中构建的"问题导学"教学模式，不仅是一个典型案例，而且是教学方式的一种变革，是对课堂教学改革的有效探索。

课上小组合作，评价引领。我校采取小组同学相对而坐的形式，保障了合作学习方式的发生和效果。而小组评价的方式，则在激发学生展示欲望、进行深度思考和掌控课堂秩序上发挥着"魔法棒"的功效。

课间师徒结对，共同提升。我校各班通过"师徒结对"的形式，引导"师傅"利用课余时间讲解点拨，帮助自己的"徒弟"补齐知识短板，从而也在讲解过程重温升华着自己的知识和思维。这是德育自然发生的过程，也是智育激荡共存的时空，成人之美，美美与共！

课后网络教学，减负增效。作为新区第一批课后网空中课堂试点校，我们通过"互联网＋教育＋公益"的模式，集中骨干教师组建名师团队，建立了课后网课程体系，至今已累计开课170余节。这种针对性的课后学习服务，解决了学生课后缺乏名师指导的问题，同时减轻了家长为孩子报名参加社会辅导机构的负担。

四、把家长当作好战友，信任支持，托举未来

"长大后，我就成了你。"这是家庭教育最强大的成长逻辑之一。家长承担着为孩子一生养正根与扎深根的培根式教育重任。

为此，我校推出了"家长大课堂"计划，依托课后网，实现"家长学校"网络化全员培训，每月一个主题，邀请专家为广大家长指痛点、解疑点，给思路、教方法。一份份记得密密麻麻的学习笔记上，印证着家长们学习的渴望；家教论坛上，每班推出的家长代表畅谈着学习的收获，交流着育子的心得。

"家庭是人生的第一个课堂，家风是一个家庭的精神内核"，习近平总书记的话言犹在耳。我校从"忆家风，传家训，写家事"入手，引导每个家庭中的父母和孩子共同梳理家训家规，撰写家规故事。活动至今已举办四届，共有1700多个家庭展示、分享了自己家训和家规故事。作为青少年涵养品德、砥砺成才的重要方式，我校这种"树家风，正学风"的做法得到了省市关工委领导的充分肯定。

在育才校园里,每天都能看到家长们的身影,他们或是随时了解班级发展的新惊喜,或是和学校领导共商家校合作的新途径……正是这种战友般的信任,让家校互动、合作美好共振,让孩子们更多了些自信的微笑、文明的身影、奋发的动力!

世上有朵美丽的花,那是青春吐芳华。回首过去,一幅幅精彩的画面见证着学校教育的发展印记。2017年12月陈宝生部长到我校实地考察,对我校在城乡教育一体化办学方面取得的成绩给予充分肯定。2017年中考,我校"一分三率"提高17个名次,提升率全区第一。2018年我校在不放弃每一个学生的思想指引下,实现了优质教育的均衡发展,并成功承办了青岛市初中课程与教学工作会议。2019年我校学子中考达线率再创新高,学业水平排名后30%的人数连续三年居全区同类学校最低。教育教学质量的连续提升,赢得了家长的认可,片区生源不再流失,学位申请热度不减。

耕耘不止,静待花开。全国头脑奥赛初中组一等奖、全国七巧板大赛一等奖、省计算机编程大赛一等奖、青岛市"学国学,诵经典"一等奖……育才学子用一座座奖杯见证了我校素质教育的"水"到"渠"成。

初心不忘壮志酬,使命在肩力不休。我们将继续以提升教育教学质量为抓手,加快发展优质教育,握紧奋进之笔,成就育才之梦!

超银中学"回归教育原点"规划学校发展

青岛超银中学(镇江路校区) 张丽梅

青岛超银中学以"回归教育原点"为指导思想,在实施教育的过程中,从"育人"出发,把塑造美好的人性、培养美好的人格、使学生拥有美好的人生作为教育最重要的任务。教育实践中,学校实施了"三位一体"教育,即立足课堂,让学生有主体感;立足德育,让学生有归属感;立足实践,让学生有责任感。努力做到以人为本,教书育人,让教育走进学生的内心世界,规划学校发展,做好教书育人,主要采取了以下几方面的策略。

一、立足课堂优化教学的策略

学校以规范课堂教学结构为突破口,以年会课题"优化课堂实践,提高教学效益"的研究为引领,制定了《青岛超银中学激情课堂标准》,以"激情高效、精讲精练、教为终生"作为对授课教师的主要评价标准,以"精神饱满、兴趣盎然、乐学会学"作为对学生的衡量标准。老师精心设计每个教学环节,创设真实生动的教学情境,以境激情,以物激情,以理激情,以情激情,在充满内在激情基础上,以亲切自然的教态、生动准确的表达、灵活渐进的引导和互动交流的气氛感染吸引学生,激发学习热情,调动学习潜能,营造鼓励学生探索发现的课堂氛围,引导学生进行主动有效的学习,真正地立足课堂,让学生有主体感。

二、立足德育优化育人的策略

注重优化德育建设是学校校园文化建设的重点。学校不仅注重"草木生情、墙壁说话"的校园环境的德育文化建设,而且尽力探索"从学生中来,到学生中去"德育文化的深层次建设策略。"雷锋学校、雷锋精神"就是向所有师生指明了努力的方向:全校师生凡事追求全心全意,并以此来自觉衡量自己的行为,对学生进行情感教育,唤醒、培育学生内心深处的道德情感,用人性良知唤起学生觉悟。学校的校训激励全校师生弘扬道德精神,增强荣誉感、责任感。学校坚持着初中三年的系列"主题教育":"养成教育""情感教育""成功教育",从学生入校到毕业时师生话别,都充分尊重了学生的个性发展。司时制定德育手册,开展"爱心伴你成长""撑起一片蓝天""书香致远亲子共读""家校牵手合作共赢"等家校牵手系列活动,真正做到立足德育,让学生有归属感。

三、立足实践优化管理的策略

为更好地优化管理、走向社会实践、让学生自我锻炼,学校举办了各项活动,以培养学生的社会责任感。绿色环保社团组织参观考察青岛污水处理厂,生物科协社团组织了张村河水质调查活动,春秋史学社组织了青岛名人故居现状考察活动,文学社组织了海云庵广场经典诵读活动,地理兴趣社组织了"一战"遗址——青岛山炮台考察活动等等。活动丰富,受教育面大。活动的组织都是由学生社团自我规划、自己讨论制定活动方案并制定应急预案。学生们的社会责任感得到了加强。学生体验学农学工,让学生受到自我教育,充分发挥学生"自我教育、自我管理、自我实践"主体功能。学生们在实践活动中不仅接触了陶艺、茶艺、机器人制作等20余种技能,培养了创新精神和实践能力,更为重要的是他们在实践活动中增强了集体荣誉感、社会责任感,为他们的中学生活留下了一笔笔丰厚的精神财富。立足实践,让学生有责任感。

基于院里学校实际状况的课程改革与实践创新

莱西市日庄镇院里学校　邵守波

莱西市日庄镇院里学校地处移民库区农村,是一所九年一贯制学校,在校生 652 人,在编在岗教师 67 人,教师平均年龄初中部 46 岁,小学部 49 岁,存在老龄化的问题,但我们立足实际不抱怨,向老教师挖潜力要成绩,尽快培养新教师,有了一点心得。

一、课程建设与实施

根据教育部《中国学生发展核心素养》,院里学校以诚信友善为底线素养,以宽容感恩、谦虚勇敢和专注慷慨、执着温柔为两翼,贯穿创新学习,形成了共 24 个字的"外圆内方"校本核心素养,努力让每一个走出院里学校的孩子打上学校教育的烙印。

基于"外圆内方"的校本核心素养,院里学校构建了自己的"真·美"课程体系,对接核心素养和科学素质,从"科学求真"和"文化尚美"两个维度,开发形成三大体系八大类别 40 多门校本课程,为每一名学生的健康发展提供合适的服务和引导,提升学生发展的核心素养和科学素质。

在课程实施上,我们主要按照调研师资现状,确定走班学科;依据学科现状,模拟分层数据;做好家长沟通,指导学生选层;分层走班,强化管理,探索考核,初二初三语文和英语进行学科分层走班,分 2 层;初四 6 个学科进行分层教学,依据目标定位的不同,分成了三层。实践证明,分层选课走班在技术层面上没问题,难点在于教师的考核。

在讨论分层走班制时期,不少教师担心学生管理的问题,我们在初期就开展了班主任进课堂活动,后期我们将逐步使所有教师走进课堂,最终达到"学生动,教师基本不动"的教学管理局面。经过一个多学期的分层选课走班,学生整体发展较好,优生学习更加努力,待优生也表现出了上升的趋势,师生关系融洽,级部整体成绩上升。

二、农村学校科技创新教学改革

院里学校克服师资力量薄弱、办学经费紧张、专业人员匮乏等客观条件,立足农村校实际谋求错位发展,多次在青岛市青少年科技创新大赛中获得佳绩,多名师生获得一、二等奖。主要举措:一是思想上重视编排课程,以社团的形式开展常规化的科技创新活动;二是考核支撑,将课程将新课程纳入学生的素质评价和教师的绩效考核。三是群策群力,全员参与,以积极进取的必胜精神认真组织每次的参赛活动。

三、"院里论坛"和小课题研究

院里学校隔周四举行"院里论坛"教师互动学习交流活动,外出学习的经验展示、教学过程的奇思妙想以及在理论方面的创新等均在此论坛进行交流,老教师分享自己的经验心得,青年教师将自己的方法策略相互切磋辩论,活跃了教研氛围,提高了育人效果。特别是在学期末,每名教师从不同的视角在学校管理、学生发展和教师成长等方面找到相应的问题并提出自己具有创新性的解决策略,形成了"小课题研究"的雏形,相信再经过一个学年的继续打造,院里学校的小课题研究将开启一个新的局面。

平度市蓼兰中学精准定位发展触点

平度市蓼兰镇蓼兰中学　隋有善

平度市蓼兰中学全体师生转变观念,与时俱进,紧紧围绕"学贵立德,学贵励志,学贵力行"的办学宗旨,秉承"让每个孩子幸福成长"的办学理念,坚持"格物养慧,敏行日新,以学定教"的教学理念,大处放眼、小处着手,寻找触点、精准发力,努力打造一所科研型、示范型、现代化学校。

一、崇德向善,落实立德树人根本任务

蓼兰中学换脑筋、换思路、换办法,改环境、改途径、改习惯,让立德树人回归社会、回归家庭、回归生活,以新的方式推进立德树人工作,培养德、智、体、美、劳全面

发展的社会主义建设者和接班人。

学校把理想信念放在第一位，加强党史、国史、改革开放史教育，教育学生信马列，听党话、跟党走，树牢"四个自信"；根据学生认知规律，统筹好校内教育和实习实训、社会实践、研学旅行等校外活动，统筹好中小学德育有机衔接，做到入脑入心；从身边事、身边人出发，延伸到网络空间，指向道德实践，在日常生活中、在生动实践中把"知"化成"行"；全员、全过程、全方位，从入学第一课到离校最后一课，渗透到每个学科、每个课堂、每个活动、每个班级、校园每个角落，让学校成为化育为人的天地，而不仅仅是教授知识和技能、发放文凭的场所；利用好教材，教材使用面大、影响深远。

二、弘扬红色精神，构建特色校园文化

学校深入挖掘红色元素作为校园文化的特色。让学生从小继承革命传统，树立远大抱负，为中华民族的伟大复兴而努力读书。学校组织举行了红色故事演讲比赛、红色歌曲演唱比赛、红色精神运动会等大型活动，还在校园墙壁、走廊、楼道等处布置了相关的条幅标语、图片墙报等，让校园里的一草一木都闪烁红色之影，让师生的一言一行都折射红色之魂，让校园时时处处都充满红色精神。

三、深化开放，促进改革

随着教育资源观念的引入、大教育观念的形成，学校增强了与社会、家庭的互动和学校与学校之间的互动。学校引导师生向校外延伸，向社会延伸，优化社会资源；充分借助一切可利用的教育资源，而不能够各自为战，自我封闭；采取开放、整合、为我所用的原则，借助"他山之石"以达到"攻玉"的目的。

四、力主实践学习，行知合一

学校构建入校仪式、开学典礼、毕业典礼、入团仪式、青春仪式等"典礼课程"，志愿者节、体育节、诗歌节、礼仪节、艺术节等"节日课程"，通过学生广泛参与组织，搭建起学生校内外的实践舞台。学校还大胆尝试一些被广泛认可却少有尝试的办学行为，比如研学旅行。

五、确保坚实教育力量

学校积极创造各种机会为教师搭建专业化、多元化、个性化的发展平台：与区域内外知名学校优秀教师建立联系，邀请他们前来授课培训；积极开展人才交流活动，

培养教师的专业素养；积极开展内部考评、经验交流等，让教师的意识和能力都随着时代的发展不断推陈出新，更好地适应现代教学的需要。

六、从制度管人到文化管心，推进学校管理创新

学校在全体师生范围内实施读书工程，干部带头阅读，用读书提升教师的人文素养，主要读三类书籍：学科类、管理类和经典类，并写读书笔记，坚持"每天读完十页书，深度思考半小时"。将优秀传统文化引进校园，融入学校教育和管理。开展优秀传统文化培训，干部带头学习践行优秀传统，修炼平和心态，把教师内在的人性力量唤醒、激发、放大，让每一位教师都走在向善、向学、向上的阳光大道上。全校实行五大工程：读一本好书、写一手好字、练一副好身体、培养一种艺术爱好、确立一个进步目标，并以各种活动和节日的形式推进，譬如读书节、书法节、体育节、艺术节、感恩节、拜师节。

蓼兰中学将进一步提升境界，瞄准触点，精准发力，让每位教师都舒心工作，让每个孩子都幸福成长。

实施"动享教育"

青岛三十三中　王明强

"多元智能理论"之父霍华德·加德纳认为："学校的任务是不仅给学生传授知识技能，而且还要给予每个学生个人精神生活的幸福。因为没有充实丰满的精神世界，没有学习和创造的快乐，没有个人的尊严感、荣誉感和自豪感，就不可能有幸福。"初中，作为从身体发育到心理成长的关键时期，青春期的到来让他们对生活充满了好奇，喜欢探索，也不满足于束缚，是所谓的"叛逆"高发期。怎样让学生在初中享受生活的趣味呢？

2016年11月，中国学生发展核心素养发布，确定以培养"全面发展的人"为核心，将学生的核心素养分为人文底蕴、科学精神、学会学习、健康生活、责任担当、实践创新六大素养。这与学校的办学追求是相吻合的。学校依托我区"让每个孩子都精彩"

的理念,积极开展我校的"动享教育",从与大枣园小学的初小衔接工作做起,对小学已有的特色进行继承和发展,并注重增加初中的教育元素,通过多彩课程建设、多元评价实施,直指学生核心素养,呵护孩子的纯洁心灵,培养孩子的学习力,在关注学业成绩的同时,注重学生综合素质的提升,让每个孩子体验成功,收获自信,实现多维发展,全面发展。为此,我校主要做了如下工作。

一、做好初小衔接工作

学校生源属于整体划拨,生源较为固定。2014级以前以大枣园小学和湘潭路小学的学生为主,与大枣园小学、湘潭路小学经常进行中小衔接工作的交流。2015级、2016级主要以大枣园小学的学生为主。我校与大枣园小学的交流更趋频繁,主要形式有干部教师间的定期交流、相互间的定期听课、学生间相互交流座谈等。通过交流和观察,发现我们学区内的学生是从进入小学后才一点点逐步走入正轨,一直到初三年级毕业,呈现出的是良性的正态发展趋势(MOR成绩的提升可以有力地证明此点),这极大地增强了教师培养学生全面发展的信心。及早摸清孩子们的特长情况,也便于我校及早有针对性地建立相应的社团对学生在小学的特长进行相应的提升和培养,学校的竖笛乐团屡获区市级佳绩就是得益于大枣园小学的培养,同时,这项工作也有助于我们有针对性地开好新生的第一次家长会,精准定位,剖析学生在上初中伊始需注意的工作,让家长能快速对学校产生良好的认同感,也为初中的教育奠定了良好的基础。

二、搭建好"制度平台",做到一个"精"字

1.将制度根植"民主"土壤,让制度"活"起来

学校积极进行现代化学校制度建设,通过全体教工会进行制度方案征集,通过基层领导成员会进行制度方案的设计,又通过全体教工会进行修改完善,并适时对制度的效能进行评估,使学校人人参与制度的制定,监督制度的实施,思考制度运行的意义,及时反馈制度实施当中存在的不足,从而极大地发挥了制度的职能,也极大调动了全体教职工参与落实学校工作的积极性。

2.细化常规,向精细化管理要发展

结合学校教学实际,经过反复实践提炼总结,形成了环环相扣的层级制日常教学管理流程,即由学校领导—教导处—教研组长—集备组长—教师个体层层落实,并形成了一整套有效的教学日常管理规范标准。

3.以"德"润智，全面提升学生素养

一切制度都是为了育人，而唤醒生命的自觉，让学生实现美德的觉醒，从而实现高度自治，则是我们最终追求的"大德无痕"的理想教育。

三、搭建起"乐学平台"，关注一个"和"字

"知之者不如好之者，好之者不如乐之者。"如果学生想学，用什么办法都能教会；如果学生不想学，用什么办法都教不会。只有为学生搭建起"乐学平台"，教育才会事半功倍。

1.整合资源，让学生"动"起来

学校以教研组学科特点为抓手，强化学生"学"的管理，就是在学生的日常行为规范、学习日常规范、学习指导、家庭教育干预等方面形成完整的制度、探索出有效的实施措施。

2.点亮智慧，让教师"动"起来

学生的"乐学"，一定建立在教师"乐教"的基础上。教师不仅应该是"传道授业解惑者"，更应该是教育梦想的追求者、教育理论的创生者，只有这样，我们的教育改革才有远方。

青岛九联中学学校发展过程的协调

青岛九联中学　解　磊

学校发展要体现时代性，满足时代发展对学校的客观要求，既要立足现实，又要面向未来。因此，青岛九联中学在落实发展规划的过程中认真分析现实社会对教育的需求以及未来教育发展的趋势。该校校长认为，学校发展是个系统工程，必须统筹兼顾，协调发展，否则，就会因为局部发展的滞后而影响整体目标的实现。

因此，在校长的领导下，该校首先明确轻重缓急，抓主要矛盾，带动各方面工作推进，在确定学校各项工作目标时，理清头绪，弄清各项工作之间的有机联系和制约关

系,准确定位、协调各方,持续发展。

在学校的发展中,该校校长带领老师主要协调好以下关系:协调运行机制与制度建设,将二者有效结合,确保各项工作落到实处;协调优先发展与调节控制的关系,发挥整体资源优势,确保优先发展目标的稳定实现,兼顾全局,统筹安排;协调学校与社会的关系,面向社会,开拓发展,使教育管理有秩序地开展,利用校外的资源,逐步建立学校、家庭、社会三位一体的教育资源的整合机制。

学校的发展涉及教学设施、师资队伍、学校文化、办学理念、人际环境、教学研究等诸多要素,这些要素构成了一个有机的不可分割的整体。

学校根据实际,改进管理方式,建立健全行为规范,运转协调的管理机制和工作机制,建立和谐的人际关系,促进学生进步和心理发展,增强集体凝聚力;协调校园环境,包括校园自然环境、物质环境、人际环境、观念环境及周边环境,营造良好氛围;协调好各部门的工作,明确认识各部门的工作特点和职责,有计划地开展工作,不同时间抓不同的工作,由主要工作的部门领导,其他部门协调配合;协调诸多教学要素,使学校达到和谐发展的境界,加强学校教学资源库建设,提高资源利用效率,以信息化带动教育现代化,实施"网络班班通——信息技术与学科课程整合"战略。

莱西市沽河街道中心中学学校发展目标的分解

莱西市沽河街道中心中学　闫圣渊

莱西市沽河街道中心中学坚持以学生的自主发展和终身发展为本的教育理念,关注学生的全面发展,关注学生道德、情操、行为规范、个性特长的培养和潜能开发,注重学生创新精神、社会实践能力方面的引导和建立,使学生学会认知、学会做事、学会合作、学会生存,为学生的将来着想,为学生的终身发展储备可持续发展的强劲动力。

在这一发展定位下,校长提出"工匠精神"的发展路线,要求教师"敬业、精益",以对教师职业的敬畏和热爱,认真、尽职尽责地对待每个学生都像对待艺术作品一样,凝神聚力、潜心感受、用心培养,对学生的现在负责,为学生的未来铺路;要求学生"专注、创新",他们的内心应该燃起执着、坚持的火焰,扎根学业,修身养性,心无旁骛,同时能够在各个方面有所突破、不断创新,对自己的现在负责,为自己的未来夯实基础。

　　沿着路线指引,该校以加强领导干部队伍建设为突破口,以经验丰富、德高望重的中老年干部为牵头人,以扎实认真、敬业肯干的年轻教师为主力,构建科学合理的领导团队,促进学校管理的精细化、规范化和科学化。各年级、科室从发展目标、实施途径、所需支持、监控和评价方法以及目标等方面形成发展计划,以年级、科室为单位形成科室、个人发展计划,计划要详尽有效、层层落实。如作业改革计划,学校应从建立和完善作业布置管理领导小组、整体规划、科学选题、加强指导等方面做好计划,做到实践有收获、研究有创新。各科室要从勇于尝试统一规划与自主选择相结合、课程特色作业与德育实践作业相结合、独立完成与小组合作相结合等方面做好计划,有效利用学生的双休日和假期时间,实施家校联合,增强育人实效;教师则要在兼顾基础知识巩固和学习方法及能力拓展的前提下,根据学科学习的特点,创新学科作业布置的内容,在基础巩固型、方法探索型、交流活动型、社区服务型、社会实践型、情感体验型、习惯养成型、合作探究型、读书拓展型等方面做好计划,以学生喜欢的作业形式,做到作业数量少、质量优、效率高,同时也从方式、方法以及结果呈现与反馈等层面完善作业评价,促进学生综合发展。以此为样板,学校每一项发展计划都将充溢着"工匠精神",把事情做小做细、做精做新。

　　学校将发展目标细化到每一教师和学生身上,沿着"工匠精神"的发展路线,笃定前行,让课堂教学成为实施以培养创新精神和实践能力为重点的素质教育主阵地,让学生成为学习过程中的导师和合作伙伴,让教师成为学校管理和发展的参与者,最终会在长期的实践中获得成功。

初中学生三年习惯再塑工程

——记"志者竟成"班级、学生成长课程

青岛三十七中　邓欣元

青岛三十七中作为局属初中,生源来自市内三区 70 多所小学,电脑随机派位,学生在思想意识、行为习惯、学习习惯、学习能力上个体差异较大。

意识改变,才会有行为上的改变;凡事预则立,不预则废,这是我校德育工作引领班级、学生成长的指导思想。

新建班级如何快速凝聚?新班主任如何快速进入角色,把握节点,完成班级的底线管理?不同学段学生的教育有哪些共性的话题和规律?应如何适时介入?虽然是共性的问题,但面对不同的学生个体,不同的班主任有哪些不同的思考和做法?教育效果有何不同?……如何让每一个班主任对班级管理和学生教育的实践能做到前有预设、规划,中有印证、研讨,后有反思、总结,是我校班级、学生成长课程开设的"问题"背景。

自 2014 年始,学校开始探索中层干部包年级管理,由分管德育和教学的年级主任统筹每个年级的教育教学工作。年级主任的工作不再是单纯的管理者,而是服务者、引领者;不再是单纯的评价者,而是参与者、合作者。因此,年级工作的思考和措施更有针对性,信息的传递更便捷,执行力更强。年级主任定期组织班主任根据不同学段、节点学生的特点、班级成长的差别进行研讨,制定下一阶段学生教育、班级管理的策略和方法。这种"扁平化"管理的方式,避免了"垂直化"管理中学校愿景层层递减和一线意愿难以顺利上传的弊端。这是我校班级、学生成长课程开设的"管理"背景。

基于以上的"问题"和"管理"背景,我们在每学期寒暑假初、开学前、开学一个月后、期中前、期中后、期末前、期末后召开至少 7 次年级德育研讨会。从最初的常规培训,后逐渐演化为全体班主任的"头脑风暴"。梳理三个年级不同阶段教育的目

标、重点、难点,通过各抒己见、智慧碰撞,一起寻找符合青春期孩子不同阶段的教育策略、方法和技巧,促进班主任和班级的成长,帮助孩子拥有并相信自己拥有变得更好的力量!

附:青岛三十七中"班级、学生成长"德育课程

以《中学德育大纲》《中学生日常行为规范》为基本内容,根据学生的年龄特征,把握教育的切入点,将德育内容进行整合与分解,提出了针对不同学段的具体的分层次的要求,初步构建起我校分阶段德育课程。

学段	初一	初二	初三
教育目标	重塑习惯 规划人生	善待青春 独立自强	明晰目标 勇担责任
教育重点	规则、规矩意识 生活、学习习惯养成	认识自我,调控情绪 加强沟通,适时指导	自我剖析,恰当选择 科学规划,查漏补缺
教育原则	放下身段,走近学生;立规矩,抓反复;强指导,重赏识;尊重不同,分层要求	善待青春期,允许走弯路;尊重选择,适时指导	投入情感,营造氛围,拼搏路上一起走;明确目标,分层指导,任何一个不放弃
教育契机	新鲜期 怀疑期 迷茫期 调整期	迷茫期 叛逆期 瓶颈期 奋发期	后悔期 焦虑期 憧憬期 平静期
教育主题	主题1:"我的形象(人生)我做主" 预期:认识自我,规划人生。 主题2:"夸夸你的(我的)好习惯" 预期:正向引导,养成习惯。 主题3:"没关系,我们在一起" 预期:建立良好的伙伴、师生关系。 主题4:"好男好女在我班" 预期:用良好的班级氛围促进个体发展	主题1:"hold住,hold不住,谁说了算" 预期:正确认识青春期特点,消除误区,让青春闪光。 主题2:"四季有常,不可逾越" 预期:让异性相处走向理性。 主题3:"榜样在我心,道路在脚下" 预期:激情和理性赶走倦怠和停滞。 主题4:"办法总比困难多" 预期:通过找困难明确自我发展中的问题,通过想办法解决自我发展中的问题	主题1:"天生我才必有用" 预期:树立自信。 主题2:"虽然慢,但我从不停止" 预期:鼓励坚持。 主题3:"感谢你,我的对手" 预期:让竞争充满温情。 主题4:"一切都是最好的安排" 预期:化解焦虑和负担,不负青春,静待花开

班集体管理中的常见问题会诊

1．关于学生

（1）使学生"入室即静，入座即学"的方法有哪些？

（2）早晨收作业，怎样做才能做到快、静、齐？

（3）学生早晨到校后有抄作业现象，班主任如何开展相关教育？

（4）我校学生来自四面八方，你准备通过什么举措来引导学生加强对学校文化的认同，从而养成文明风尚？

（5）如你发现学生身上存在不良习气，如语言不文明、课堂上顶撞老师，作为班主任你采取何种措施做好教育？

（6）对经常迟到的学生如何教育？

（7）对经常不完成作业学生的教育策略。

（8）班级卫生关乎学生健康，你准备采取哪些有效措施确保班级干净整洁？

（9）班级优生不冒尖，你有哪些应对措施，做好优生的培养？

（10）学生干部是班主任的得力助手，你有哪些行之有效的培养措施？

（11）谈谈你对初一年级学情整体推进的一些思考，特别是对学生成绩落后和思想品德欠佳的学生的教育措施。

2．关于家长

（1）如何调动学生家长的积极性，形成教育合力？

（2）班级微信群中，有家长发表不健康的言论怎么做？家长对老师布置的作业有异议时怎么做？

（3）家长偏听偏信学生的一面之词，作为班主任，你怎样与家长进行有效沟通？

（4）两生闹矛盾，家长袒护自己的孩子，遇到这种情况你怎样处理？

胸有丘壑自成景致
——初一年级工作策略

1．问题梳理

（1）迷茫无目标。

（2）好高骛远，不脚踏实地。

（3）观念、认识误区多（包括家长）：学习与做人做事；聪明与勤奋、坚持、吃苦；眼前与长远；外因与内因；不拘小节与严谨认真；考试、老师、关注（让自己闪亮）、有用与无用、怀疑与听话（听进别人的建议）……

（4）缺乏科学、高效的规划和方法。

2.应对措施

初一的重要任务是"骨髓移植"，即文化认同。第一步：配型——找到共同的价值取向；第二步：置换——洗掉错误的，装进正确的（集体的意志）；第三步：融合、再生——建立起自己的价值体系。

初二、初三只不过是巩固、强化、丰富（不同阶段添加不同的营养），最终使学生健康地走向未来。

如果把我们抓到的班级比作一副扑克牌的话，无论是好牌还是烂牌，要打好，不能看着好牌沾沾自喜，也不能只盯着烂牌闹心。要有大局意识，先理好手中的牌，让每一张牌都发挥正面的作用。

采取的措施是：整体推进，个体帮扶；民主集中，坚持原则；赏识激励优点在明处指导，纠正"短板"在暗处。

（1）整体推进：思想认识上的引领——明确班级目标、方向，营造班级大环境、正舆论、正能量。（具体工作：主题班会——好男好女在 ** 班：男孩有气度、女孩有气质）

具体的行动指导——从入校到离校的每一个环节都给予标准和方法，并纳入小组合作考核。（7：30，不迟到，有礼貌；7：00，班长提前到，7：00，室内外值日，交作业，早自习，有管理、有记录，静悄悄；课前准备好，课堂挺直腰，会听会说又会记，上课效率高；两操及时不含糊，班长有记录；课间不喧哗打闹；午休闭眼休息不扑腾；体活课整好队先跑步，跑齐跑好方可自由活动；常务班长管常务，思考、做事要同到，自主管理胜老师；卫生委员督促监督与指导，不能代替值日生；生活委员责任重，财务管理账目清；学习委员非闲职，学习之事都归你：作业统计、成绩统计、出题备课、助学帮扶；课代表腿要勤，收发及时效率高；放学了，快值日，窗电检查无误了，班长最后把门锁）

（2）个体帮扶：充分发挥大虎（优生）的作用，没有大虎的，先把小2当成大虎（假象），指导、帮助其具备大虎的能力，争取弄假成真或以假乱真。以此类推，塑造灵魂，树起栋梁，搭起框架。（班干部的选拔、使用、指导）

（3）民主集中，坚持原则：重要规章制度民主通过，体现尊重，更重要的是在民主表决中制造舆情，也便于坚持原则。（如小组合作先进、后进、评优等）

（4）赏识激励优点在明处 指导纠正"短板"在暗处：班级需要的、我们重视的、弘扬的典型、先进在班级大张旗鼓地表扬，没有典型、先进的要创造机会产生典型、先进。对于学生的"短板"，尤其是集体性的"短板"，一般不公开批评，因为一是面积太大,没有针对性,谁都不觉得说的是我;二是容易强化负面信息。所以,在暗地里指导、帮助,再表扬进步、优点,以点来辐射面。

(5)班主任有时要学会"示弱",把问题抛给学生或干部,让他们想办法。

(6)学校常规工作要统一,并提高标准(卫生、午休、做操、眼操等),不能各行其是,给学生树立不好的榜样。

(7)班级之间、同事之间多补台搭桥,发现问题互相提醒,这是我们年级的很好的传统,因为大家都知道,年级大环境好了,会影响、推动班级更好地发展。

(8)坚信"办法总比困难多",把问题当作教育的契机,用平和的心态面对班级、学生的问题,"有话好好说,做前细细想"。

3.家校合作共育英才

初一年级"家校有约"——

(1)"未曾谋面,爱已起航"新生家访。

(2)开学第一课:走进、了解、认同学校文化、理念、策略、行动。

(3)"孩子的成长谁说了算"专题讲座。

(4)"孩子要上初中了,你准备好了吗?"专题讲座。

(5)"直面青春的你和我"专题讲座。

(6)"如何培养孩子良好习惯"。

(7)"激发孩子学习兴趣与动力"专题讲座。

4.仪式教育

(1)迎新典礼。

(2)新生培训。

(3)晨会引领。

(4)艺术节、体育节等节庆教育。

每个人都在建造自己人生的花园,都想打造出最美的景致,功夫在于一砖一石的搭建、一草一木的设计:正确的态度,高远的见识,良好的习惯、方法,持之以恒的行动,才是成功的关键。班集体建设更是如此,心中要有大格局,才能打造出大格局的班级,塑造出大气的学生,所谓"胸有丘壑自成景致"!

初二年级工作策略

1.初二阶段特点

(1)渡过了初一,对初中生活因了解而不再拘束。

(2)很多孩子觉得自己长大了,有点不知天高地厚,急欲摆脱家长、老师的束缚,但又不知得到自由后该干什么。所以这一阶段的问题就显现出来：

一是目标模糊，精力分散，斗志减弱。

二是自我意识进一步增强，逆反心理严重。

三是部分学生有上网、交友出现偏差的现象。

2. 工作策略

（1）要清楚这些都是伴随着孩子成长的青春期现象。对此我们首先要从心理上接纳孩子的这些变化和问题，但不意味着姑息、纵容，应向孩子传达怎样的信息和态度很重要：别拿青春期说事，要就事论事，青春期无罪！因为青春期带给我们的不只是躁动和不安等诸多负面问题，更重要的是旺盛的精力、无尽的潜力、成长的自豪、思想的成熟、人格的完善、自控力的增强、责任感的建立等，这是青春期带给我们的更为丰厚的礼物！

（2）班级要有鲜明的是非观，不能向学生无缘由的逆反妥协，但要讲究方法。

（3）班级营造健康向上、宽松民主、和谐融洽的整体氛围。

（4）关心、鼓励、表扬为主，批评尤其是带着情绪的指责要慎重。

（5）营造"好男好女在初二"的舆论氛围，鼓励、培养男孩有风度，要勇于担当，要宽容大度；女孩有气质，要稳重有内涵。

（6）教给孩子面对压力、任务的态度：不能逃避，而要给自己积极的暗示——从不得不做的事中寻找快乐！

（7）在注重整体氛围营造的同时，加强与个别孩子的深入交谈，及时准确、有针对性地给予孩子安慰和指导，定期召开分层次学生会和家长会，进行阶段性激励和指导。

（8）注重学生的体质健康、心理健康、情感愉悦，通过主题班会、班级活动调节学生学习生活。

三、工作重点

（1）开展初二常规推进工作："用赏识照亮成长"（赏识的点）；"用规范打造卓越"（规范的点）；"用创新成就精彩"（创新的点），通过开展系列主题活动，着力打造阳光、卓越、精彩的年级特色。

（2）初二新增了物理学科，知识的广度和深度都对学生提出了挑战，而且初二学生还面临着生物、地理、信息学科的结业考试，因此，本学期的工作重点是指导和训练学生提高学习、做事的效率。

（3）通过班级教导会和班主任学情研讨会的方式，分阶段召开年级德育研讨会，致力于学情、班情、生情的策略研究和工作推进。

四、家校合作共育英才

初二年级"家校有约"——

（1）开学第一课："善待青春期　规范促高效"，沟通、交流初二年级工作规划。

（2）"未雨绸缪，相伴同行"小中考交流会

（3）"做自我成长的优秀父母"专题讲座

五、仪式教育

（1）开学典礼。

（2）晨会引领。

（3）艺术节、体育节等节庆教育。

初三年级工作策略

一、学情分析

（1）理想、目标两极分化。

有的学生的理想、目标越来越明朗、清晰、坚定；有的越来越模糊、摇摆；有的越来越遗失、放弃。

（2）心理浮躁。

这类学生学习成绩还不错，但对于学习缺乏持之以恒的精神，情绪波动比较大，学习的态度随心情变动，常会显露出自以为是。

（3）力不从心。

这类学生对自己有要求，也有目标，学习勤奋刻苦，但成绩总不理想。有的时候表现为忧郁，怯懦自卑，信心不足；有时又表现为烦躁不安，患得患失，思维迟缓，记忆力减退；也有的甚至表现为偏激、嫉妒、神经质。有时还出现了食欲不振，面色苍白，大脑供血不足，失眠头晕等现象。这类学生多集中于女生和性格内向的男生，他们常为自己的成绩不能提高而苦恼不已。

（4）欲速则不达，信心屡遭挫败。

这些同学以饱满的热情投入学习之中，他们（包括家长）希望自己的成绩在非常短的时间内能提高一二十名，期望能从别人那里得到一种轻松快捷并且能在短时间内取得很好的学习效果的方法，这些同学都希望通过考试来证明自己的能力，增加对中考的信心，结果往往事与愿违。

（5）作息时间不当，学习效率不高。

一到晚上便"挑灯夜战"，结果早晨不能按时起床，即便勉强起来，头脑也是昏沉沉的，一整天都打不起精神，有的甚至在课堂上伏桌睡觉。很多同学在上半学期还能

挺住,下学期还没有到考试的日子,身体和心理就出现了严重的损害,不得已要放弃学习活动。学习重在方法,不是谁用的时间长谁就一定能够成绩好。

（6）攻关不下,情绪焦虑。

一些初三同学表示,他们深知这一年的学习对自己的重要性,但有的时候发现,自己所得到的成绩和付出的努力并不成正比,有的学科再怎么去"攻"它,成绩就是上不去,每次考试都弄得"灰头土脸",久而久之,对这门学科只能束手无策了,甚至放弃对这门学科的学习。

3.航行目标

（1）以励志教育为依托,巩固优秀班集体的建设成果,营造积极向上的班级氛围。

（2）帮助学生确立、坚定理想、目标;摸清学情,分层次整体推进。

（3）定期进行学生心理健康疏导,顺利应对初三学业。

（4）定期进行分类别学习方法指导,提高学习效率。

4.航行规划

（1）以励志教育为依托,巩固优秀班集体的建设成果,营造积极向上的班级氛围。

① 狠抓常规,杜绝"初三意识"。升入初三后,不少学生、家长甚至老师认为升学是最重要的事,其他的事情放松一下没关系,其实当学生忽视常规时,随之而来的往往是各方面——学习、生活、交往等的放松甚至是放纵自己。个体如此,集体也是如此。因此,初三决不能放松对学生常规的要求。

② 积极参与校内外各项活动,丰富初三生活。积极主动地参与各种有益的实践活动与初三紧张的学习生活并不矛盾。学生不是一味获取知识的机器,精神的激励、情感的交流、自我和他人的认可,能够让学生体会、感受到生活的丰富多彩,开阔视野,愉悦身心,提高效率。

③ 放手,成就学生。初三了,大部分学生的自理、自立、自律能力都已形成,尤其是中等偏上的学生和干部,此时放手会给他们提供更广阔的发展空间,也有利于调动学生的积极性。

（2）帮助学生确立、坚定理想、目标;摸清学情,分层次整体推进。

① 提优:争取优生群体的巩固、提高;分析每个学生的优缺点,采取各个突破、整体推进的策略。

② 推普:认真分析学生各科的学习水平和制约瓶颈,提高普高达线率。

③ 补弱:找出至少一门优势学科重点打造,提高自信心;其他学科设立底线,完成作业,组长监督。

（3）定期进行学生心理健康疏导,顺利应对初三学业。

针对初三学生心理浮躁、焦虑、信心摇摆不定的问题进行相应疏导。

① 老师抓契机分阶段进行整体心理引导。

② 个体心理疏导。

③ 举行"自我和谐 幸福成长"心理健康讲座。

（4）定期进行分类别学习方法指导，提高学习效率。

集中辅导和个体指导相结合。

4. 具体措施、方式

（1）主题班会。

第一次："初三来了"——打造初三意识。

第二次："自我调适"——学会阶段性反思、调整。

第三次："思方法，提效率"——消除学习中的低效环节。

第四次："我给母校留下什么"——毕业前夕的责任、荣誉教育。

（2）文娱活动：艺术节、体育节等。

第一次：教师节感恩活动。

第二次：3V3 班级篮球赛。

第三次：元旦辞旧迎新活动、"奔跑青春预见未来"师生跨年运动会（鼓动人心、折返跑）。

第四次：趣味运动会（折返跑、平板支撑）。

第五次：青春在母校闪光（毕业典礼）。

5. 家校合作共育英才

初一年级"家校有约"——

（1）开学第一课："缘聚礼贤 家校同心"。

（2）"用赏识激励成长 用规范打造卓越 用创新成就精彩"，交流初三年级工作规划。

（3）"直面问题 精准发力"家校沟通。

（4）"肩并肩，走在拼搏的路上"专题讲座。

（5）"挖掘需求指导策略"家校沟通。

6. 仪式教育

（1）开学典礼。

（2）晨会引领。

（3）艺术节、体育节等节庆教育。

（4）毕业典礼。

开创教育国际化创新之路

西海岸新区外国语学校　于福清

　　我校是一所具有外语优势的初级中学，是一所极富成长性和生命力的年轻学校。为提升学校办学品位，促进学校内涵发展，2013年初，学校制定了《青岛经济技术开发区外国语学校创建英语特色学校行动指南》，2013年9月制定了《青岛经济技术开发区外国语学校三年发展规划》，提出了"走教育国际化发展道路，推进学校内涵发展"的工作思路。这是我校立足于城市发展、服务于城市发展的需要，也是学校自身持续、健康、自主发展的需要。近几年来，我们进行了积极的探索，取得了一些成果，学校现已成为全国外语实验学校、山东省规范化学校、山东省教学示范学校。

　　为推进学校内涵发展，探索建立国际化教育品牌，我们进行了以下九个方面的探索。

一、确定明确的办学理念

　　根据教育改革不断深入和学校发展的实际情况，我们确立了"参与体验、自主发展、快乐成长"的办学理念。人是有个性的，人是有能动性的，因此学校应建立自主发展平台，面向世界，开辟多元成才通道，使学生在不同的领域都能获得成功。我们确认的教育手段是：培养强烈的进取精神以增进良好的心理品质；培养独立学习和创新能力以形成主体发展的能力；养成健康的体魄、文明习惯及高尚品德为立世之本。

　　为有效促进学生的个性发展、教师的专业发展和学校的特色发展，我们把"创建现代化、国际化和个性化的新型学校"作为办学目标。立足未来社会发展需求，建设具有反映现代化和国际化特征的先进校园文化，以培养个性鲜明、能够挑战未来的人才。

　　我们把"培养具有人文底蕴、科学素养、民族情怀、大家风范、国际视野的高素质人才"作为培养目标。当代学生要有强烈的民族自尊心和自豪感，有深厚的民族文化素养和爱国热情,同时还必须有丰富的跨文化修养,有开阔的国际视野和良好的国际交往能力。

二、培养优秀的教师队伍

学校确立了"以教师发展促进学校发展"的办学思路,对青年教师提出"三年争当合格教师,六年成为骨干教师,九年成为学科带头人,十五年争做省市名师"的培养目标,着力建设一支师德高尚、理念先进、业务精湛、梯队合理、社会声誉良好的教师队伍。学校采取的具体措施如下。

(1)选派英语教师出国研修,学习先进教育理念,积累国际教育体验,提高学科竞争力。

(2)聘请海外优秀教师到我校讲学,优化教师知识结构。

(3)组织教师赴苏州外国语学校挂职学习、到潍坊外国语学校参观考察。

(4)开设教师论坛,进行思维碰撞,提高反思能力。

(5)通过全员磨课、分层赛课为教师展示才华搭建平台。

(6)创建教师发展学校,培养教师实施国际理解教育的意识,提高教师的文化品位。

(7)举办国际理解教育和双语教学研讨会,介绍国内外有关国际理解教育的最新动态。

(8)加强外语教研组建设,拓宽教师的国际视野。

(9)选派教师参加国际学术会议。

三、加强外语教学改革

一是以"语音突破、词汇倍增、阅读广泛、兴趣优先"为基本教学思路,开展了集中识词的教改实验,编写了《集中识词读本》。

二是课堂教学贯彻"任务型"原则,以综合运用情境法、交际法等为基本教学模式,以对话、讨论和体验等开放式教学为主要方法,以多媒体等为辅助手段。

三是按照语言"习得"规律,努力创设"浸润式"外语学习氛围。

四是在阅读写作中充分发掘语言承载的人文信息,审视不同语言代表的不同文化。

五是推广"自主研修,合作探究"课堂教学模式,让课堂充分"活"起来。

四、强化国际理解教育

积极探索国际理解教育课程,构架起特设课程、主题活动、学科渗透三大支柱,让学生了解多元文化、全球问题等国际背景知识,在探究与体验的基础上,初步培养学生运用国际交流语言的能力、全球视野和国际交往等方面的能力,培育学生国际素养与中国意识,为他们将来参与国际竞争与合作打下扎实的基础。

(1)开设国际理解教育特设课程。

自编《国际礼仪常识》《国际节日荟萃》《国际组织集锦》等国际理解教育校本教材,精选了中华传统文化知识、国际礼仪常识和全球重大问题等内容,根据学生认知特点分年级授课,使学生初步认识世界,培养"世界公民"的素养和责任感。

(2)开展国际理解教育主题活动。

把国际理解教育作为校园文化建设的重要内容,通过校报、宣传栏、展板、汇演等形式,多渠道宣传介绍,活跃思想对话,体现文化理解,增加学习的趣味性。

(3)实施国际理解教育学科渗透。

组织广大教师学习国际理解教育相关理论,自觉将全球观念和国际标准渗透到学科课堂教学实践中去,发挥课堂主渠道作用。学科授课关注国际性大事、国际理念、知识的渗透,并适时延伸、整合,逐步形成培养国际化人才的教学体系,如语文课增加外国优秀文学作品介绍和阅读,历史课增加西方文明史的内容,地理课增加世界地理的内容,政治课增加人类文明发展成果的内容,音乐课介绍外国歌曲来源及文化内涵,美术课探讨时代特点和国家文化,从问题切入拓展学生的知识面,增加了学生对多元文化的理解和认同,逐步形成学科合力,营造国际理解教育环境,使国际意识植根于学生心灵深处。

五、开设多样化学校课程

(1)聘请外籍教师开设英语口语课,提高学生口语表达能力。

实施周六"外教认领制",让外教走入学生家庭,开拓学生国际视野和培养国际化交往能力。

(2)每周开设一节英语阅读课。

开辟英语阅览室;配备合适的课外读物;制定阅读目标,每周课外阅读量不少于2000词;完善评价机制,如开展故事大王评比、好书推荐会、最佳读者评比、名言佳句大荟萃等一系列活动。

(3)开展双语教学实验,提高学生英语应用能力。

六、开展小班化教学实验

外语实行小班授课,保证了师生、生生之间的交流频率,提高了学生的英语实践能力。

实行小班化教学,学校利用优势师资资源,倡导以听说法为主要特征的"综合英语教学法"和"语感阅读教学法",通过创设情境,开展教学活动,培养学生扎实的基本功和综合语言运用能力。学生通过每天诵读西方历史上有代表性、有文化价值的经典文章,在原汁原味的英文经典中,感悟西方文化精神,开拓国际视野,培养学生良好的英语素养。

七、开展多元实践活动

(1)开展英语书法、英语单词、英语阅读、英语演讲、英语歌曲、英语课本剧、英语贺卡制作等比赛,激发学生学习兴趣,锻炼学生外语应用能力,营造一种团结向上、青春活泼的校园氛围。

(2)成立30多个学生社团,包括外语角、文学社、广播站、辩论社、科学探究社等,创设浓厚的英语学习氛围,让学生浸泡在英语的海洋里。

(3)组织观看英语电影,以外国文学和外国影视作品欣赏为主要内容,提高国际理解教育水平。

(4)举办国际文化节,设置说、唱、跳、演等多种类型的外语表演项目,为学生搭建展示外语才华的舞台,让每个学生在轻松愉快的活动中感受英语、应用英语、享受英语,为面向未来、走向世界打下坚实的基础。

(5)组织学生到海外游学,亲身体验外国文化;邀请中国石油大学国际留学生与学生一起开展互动活动。

八、培育国际化人文环境

校园文化要洋溢民族特色与国际风情,突出环境育人的陶冶功能。学校从环境的布置、课程的开设、授课方式、教材的编选、外教的挑选、社团的活动、学科的渗透、英语的科研、双语教学等方面开展丰富多彩的英语教学和文化熏陶,使英语渗透在每一个空间,英语运用贯穿每一天,为学生提供了解外国文化、加深国际理解的机会和平台。

(1)校园内各类标志用中英文标注,凝聚"平等、尊重、和谐、包容"的精神。

(2)校园广播站播放英语歌曲、英语故事、笑话等,升旗仪式等大型活动让学生运用双语主持。

（3）学校 LED 显示屏、校园网"每日一句"滚动展示不同英语谚语及解释。

（4）建设英语学科教室，模拟银行、医院、超市、酒店等场景。

（5）开展英语特色班集体评选活动。

九、扩大国际交流与合作活动

（1）我校先后与韩国安花中学、澳大利亚昆士兰州伊普斯维奇女子文法学校等结成友好学校，建立稳定的交流协作关系，并与韩国安花中学成功实现师生互访。

（2）美国纽约 Amlotus 学校、英国墨尔文中学、新西兰汉密尔顿男子高中等学校、中国石油大学国际部外籍留学生到校交流访问，为学生提供了和国外学生零距离交流的机会。

（3）积极接受外籍学生来学校交流与学习，促进学校管理和教学工作的国际化。

（4）与苏州外国语学校、北京 21 世纪国际学校、扬州新东方外国语学校等建立教研联盟。

（5）申请参加国际赛事活动，每年参加一次国际体育、艺术、科技比赛等活动。

（6）学校设立国际教育交流中心，专门负责国际交流与合作事务，统筹规划和组织实施学校的对外交流与合作活动。

（7）学校建立外文版学校网页、印制中英文对照的学校宣传手册、在校园内设立外文标识、在校园文化建设方面体现国际化元素等。

站在新时代，面对新机遇，青岛西海岸新区外国语学校正以昂扬的斗志、稳健的步伐，向特色鲜明、质量一流、具有广泛国际交流的现代化学校迈进。

2020～2022 年崂山八中质量提升发展规划

崂山区第八中学　肖世强

一、指导思想

坚持以立德树人为根本任务，按照"质量导向、学教并重、凸显素养、整体优化"的原则，以学生核心素养的培育为指向，以课堂教学改进与教学常规建设为重点，以行动项目为载体,着力破解学校教育教学质量提升的制约因素和瓶颈问题,进一步提升校长课程领导力和教师课程执行力,以点带面提升整体办学质量,办百姓家门口的好学校。

二、崂山八中现状分析

学校现有 26 个教学班,117 名教职员工,其中专任教师 115 人,高级教师 27 人。学校以"责任教育"为办学理念,带动教育教学工作的全面发展。

目前学校还面临一定的发展困难,主要体现在:学校理念系统内涵有待进一步梳理,彰显理念的校园文化有待进一步打造,基于办学理念的课程体系有待进一步完善,课堂教学方式有待进一步优化。目前还没有确立引领学校改革发展的实验课题,科研兴校还有待进一步落实。

三、三年发展规划

1.确立发展目标

围绕崂山区教育局总目标要求,以学生的全面发展为出发点和落脚点,经过三年(2019～2021 年)的努力,促进崂山八中整体办学质量提高。

2.构建组织领导

(1)成立专家组。

顾问:蒋志明。

专家:席居哲、凤光宇、王立、胡锦中等。

(2)成立工作组。

组长:肖世强;组员:刘正臻、江继波、江昊世、苏书鑫。

3.确定主要合作内容

通过座谈、访谈、问卷调研等形式与教师、家长、学生、社区领导等交流,了解诊断崂山八中的成功经验和发展需求,以问题为导向,确定"崂山八中教育教学质量提升"总项目及子项目。通过项目集群攻关的形式,推动教师教育教学行为的变革,促进学校内涵发展。

(1)课程品质优化行动。

完善崂山八中"责任教育"办学理念引领下的课程体系及课程内容,规范课程计划制订,绘制好"课程图谱"。聚焦语、数、外等国家课程的校本化实施,着力建设学校强势课程。

（2）课堂教学优化行动。

① 做实教学常规。优化教师备课、上课、作业布置与批改、辅导、命题与评价等行为，探索校本教研的有效机制。

② 做强教学研究。借劲"互联网＋"以及现代教育技术，强化主题教研，提升教研组建设品质。

（3）教师素养优化行动。

① 教师专业品质提升。构建分层培训体系，培育"合格、骨干、卓越、领军"型教师。依托专家引领和"互联网＋"，通过送培、跟培、联合教研、同课异构、共享共建课程教学资源、联合质量检测和分析监控等线上线下"混合式协同研训"等形式，发挥教师专业成长的主阵地作用，唤醒教师专业发展的内生动力。

② 教育人才培养工程。探索"市—区—校"三级教育人才梯队培养模式，通过名师带教、跨校结对、学科工作室自培等，培养一定数量的名师和骨干，在全校起到专业引领作用。

四、项目保障措施

1.组织保障

学校党支部和行政委员会是保证规划制定和实施的领导机构和组织机构。

2.职责保障

校长是学校发展规划的策划者、引领者、组织者、协调者、实施者，是规划实施的第一责任人，职能部门发挥承上启下的组织落实工作。

3.目标保障

明确规划实施细则和年度目标，提高目标达成度，力争做到"以研促建、以研促改"。

4.机制保障

确定规划实施推进机制，如定期和不定期例会、交流、研讨等机制。

5.经费保障

确保规划实施所需经费的保障。

立足核心素养提升　加速贯通教育发展

青岛六十五中　林中先

《国家中长期教育改革和发展规划纲要（2010—2020 年）》明确指出，要"遵循教育规律和人才成长规律，深化教育教学改革，创新教育教学方法，探索多种培养方式，形成各类人才辈出、拔尖创新人才不断涌现的局面"。在山东省推进新旧动能转换高质量发展过程中，教育要提供人才支撑和智力支持，基础教育也应有自己的担当。学校根据青岛市项目现场观摩总结会精神和市教育局"实现创新＋三个更加"的部署，立足九年一贯制办学实际，立足学生核心素养的提升，以构建融合贯通的九年一贯制课程体系为改革重点，进一步深化推进办学综合改革，步入融合贯通教育的快车道。

一、积极探索构建"九年一贯制"课程体系

为打通课程贯通渠道，学校确立通过对学生人文底蕴、学科精神、创新能力、健康生活和社会参与五大核心素养的培养，积极探索国家课程校本化，将课程统整为德育课程、社会课程、学科课程、艺体课程和创新课程，构建了包括衔接课程、成长课程和素养提升课程等多内容的"元课程"体系，打造了学生智慧生长的课程空间。

1. 学科内课程内容一体化建设

根据语文、英语等学科特点，以学生学科能力的提升为主线开发学科贯通校本课程。语文开展以提高学生自主学习和扩大阅读量为重点的阅读学习实验。研发"英语素养课程"，整合原有国家课程的内容，开发英文原版阅读教材，由外籍教师授课，提升学生的阅读能力和听说能力，提升英语素养；4～8 年级开发《公民素养课程》，坚持"由浅入深、据事论理"的原则，采取"多搞活动、寓教于乐"的方式，制定一系列序列化方案，将各类目标进行分解，按年龄的高低分层推进，螺旋上升；注重开展丰富多彩的系列主题教育活动，做到"有计划、有阵地、有主题、有过程、有评价"，形成序列载体，切实落实课题研究的针对性和创新性。

2. 学科间课程内容一体化建设

通过进行课程校本化实施的整体设计,研究各课程的九年一贯(特别是五、六年级间)的分层递进、有机衔接的序列(学科基本知识与基本能力),并将发展学生兴趣、培养良好习惯与学法、养养创造思维、自主学习合作沟通等能力贯穿其中,进行九年一贯制的课程规划和课程整合。在现有各学科基础上,整合为语文、数学、英语、人文科学、自然科学、艺术、体育七大类课程体系。"自然科学"课程对 4～8 年级科学学科与生物、物理和化学学科进行了有效整合,增加实验项目、实践探究内容,更加注重自然科学课程与实际生活的联系,研究生命现象和生命活动规律;在 5～6 年级开设"人文科学"课程,整合原有史、地、文、道德与法治课程内容,丰富学生对中国人文知识的了解,转变传统的学习方式,增强启发性、趣味性和生动性,以培养学生的创新意识和实践能力。

3. 中小衔接学科引桥课程建设

衔接是贯通的关键节点,为实现学科学习的有效贯通,学校自 2016 年起在六年级开设语文、数学、英语衔接课程;2017 年又探索在不同年级开设物理和化学等多门衔接课程。"语文引桥课程"包括使用语文必修课本,通过研读国家教材,提高学生语文能力,扎实学生基础知识。使用启元语文校本教材,做好语文学科初小衔接,巩固小学语文知识。"数学引桥课程"充分利用直观演示、启发讲解、师生互动交流、讲练结合、精讲点拨等方式进行教学;开展丰富多彩的课外活动、课外调查,向学生介绍数学家、数学史、数学趣题,寓教于乐,激发学生的学习兴趣,挖掘学生的潜能。"英语引桥课程"对六、七年级的教学内容进行适当的整合、删减、补充,使学生有更多的精力拓展英语学科的知识,提升英语学习的能力。课程目标主要是激发学生学习英语的兴趣,培养学生良好的语感;提高学生应用词汇和阅读表达的能力以及综合语言应用能力;加强学习策略的培养,提高学生自主学习的能力;关注学生个体的差异性,使每一位学生在英语学科学习中得到充分而全面的发展。"物理引桥课程"强调义务教育中的物理课程在情感、态度、价值观方面的教育作用。以物理知识和技能为载体,让学生经历科学探究过程,学习科学探究的方法,培养学生的科学探究精神、实践能力、创新意识;改革以书本为主、实验为辅的传统教学模式,提倡多样化的教学方式。提高学生学习物理的兴趣,使学生学到获取知识的方法、增强探究未知世界的兴趣和能力,以及学生对于科学本质的理解和科学价值观的树立。"化学引桥课程"在内容的设计上本着趣味性、生活化的原则,"不为化学,赢得化学"是化学衔接课程的目的。在课程中开设趣味化学、像科学家那样操作、像科学家那样研究、像科学家那样思考四大板块。2018 年青岛市教科院在我校举行了青岛市"化学引桥课程"

专题研讨活动。

二、积极创新"九年一贯制"课程的有效实施渠道

1.学科贯通管理一体化建设

为加强学科一体化建设,设置大学科组垂直管理,语文、数学、外语三门学科实施中小一体化管理,不再分中学教研组和小学教研组。其他学科根据学科性质,按照相似、相近原则组合成组。1～9年级共设置六大学科组,分别是:语文组、数学组、英语组、文综组、理综组、艺体组。各学科组由学科主任与本学科教研组长一起组成学科委员会,全面负责本学科的管理工作,培育新的学习共同体,搭建起中小学段教师之间良性互动的平台,开发全方位、多层次、多形式的教学研讨交流,教师从九年全程的角度去认识与理解学生的发展和教学的定位。开展中小学教师一起听课、评课,教学研讨,相互学习,树立中小一体的教学观。

2.创新课程实施组织方式

除传统的行政班级授课外,学校大胆尝试了选课走班、分层走班、跨年级走班、学生工作室等不同组织方式,丰富了学生的课程选择权和自主权。1～2年级两位教师包班,开展"全科"课程的实践探索。3～5年级实行"4＋1"模式,开设主题课程下的学科教学与跨学科实践活动。6～9年级全面实施选课走班,开设"分层分类"可选择的课程。从低年级到高年级、从综合到分科逐步实施,并借助课程目标,加强学科间的联系与整合。在周四学校"自主选课日"实施兴趣选课走班的基础上,2018年秋在七年级进行语、数、英学科选课走班实验,探索"行走的桌椅"实践。在保证国家课程的基础上,各学科开发不同类别、不同层次的学科学习资源,通过学习资源的重组,将课程的选择权还给学生,最大程度地满足不同学生的学习需求,实现学生的个性化优质发展。学校还根据学生兴趣特长,投入几十万元建设了以学生为主持人并以其名字命名的"龙途机器人工作室"等十余个学生特色工作室,学校配备高端设备,放手给学生自己设计、自主管理。学校所做的所有一切就是以学生发展为中心,为学生的创新实践搭建更好的平台、提供更多的机会,使学生收获最大的成功,做最好的自己。2016年起,学校融合科学智能元素,建设了"互联网＋"智慧管理云平台,实现了学生自主选课、教师自主评价、家长即时反馈、班级评价与个人学分评价相结合的管理模式。

3.以"学院制"和"博士工作室"助力课程实施

九年一贯制学校学生年龄差异大、在校就读时间长,如何依据不同年级学生的思

想状况、行为规范现状和认知水平,构建贯穿义务教育阶段的创新学生培养体系,引导学生九年全面、持续发展成为我们研究的课题。

立足为学科间整合的课程提供更高的学生交流的平台,自2014年起,学校陆续建立了少年科学院、少年文学院、少年艺术学院、少年工程学院、少年体育学院等五大启元少年学院,建立选拔机制和评价机制,推行学院制学生管理模式,为跨学科的课程改革建立很好的组织模式。目前学校学院在册学生300余人次,占总人数的20%以上。启元少年学院采取扁平化矩阵式管理模式,日常活动由各学院院长负责组织,院长领导团队负责组织学院成员按照计划开展学院学习训练活动,负责每学年组织一次学院成果汇报展示活动。为了给学院日常活动提供指导和支持,各学院成立了以校内专业教师和校外专家组成的导师团,如艺术学院聘请了中国书法家协会、美术家协会、漫画家协会会员刘健、李春、洪琥等专家和王立跃、刘德明等岛城教育名师;科学院聘请市少年科学实践基地崔跃进指导员;工程学院聘请的是梦孚教育课程主管胡肇炜博士、中国教育技术协会信息技术教育专业委员会理事杨进中等;文学院聘请了青岛市作家协会韩嘉川等。导师团的助力,有力地提升了各学院的学习和活动水平。

为进一步拓展学生创新实践精神,学校同时创建了"青岛启元学校博士工作室"。目标就是搭建高层次创新平台,为学生量身定制个性化学科特色课程和课题研究,制定学科培养方案、目标,在满足学生掌握课程基本要求的基础上,形成自己的优势学科领域,从优秀走向卓越,从常规中学会创新,进一步促进学校的校园文化建设和特色发展,推动整个学校教育新模式的探索。学校博士工作室导师团聘请高等院校、科研机构专家担任工作室主持人,启元学校教师担任助教,全面负责博士工作室的管理工作,并担任辅导教师统筹安排各项活动。工作室组成按照学科领域建设分为物理、化学、生物、数学、地理、通用技术与信息技术、人文社科等七个方向,先后聘请了青岛大学理学博士魏丽、青岛大学工学博士邵渭泉、青岛大学教育学博士杨慧娟、青岛大学教育技术学博士杨进中、中国海洋大学海洋地质博士李安龙担任主持人。工作室为学生量身定制个性化学科特色课程和课题研究,制定学科培养方案、目标,组织工作室团队开展深入研究,共同开展相关课题研究或者创新实验、发明等。

三、建立与"元课程"和一贯制学校学生发展相适应的多元综合评价体系

为了能够科学、多元、客观地评价学生,引导学生全面、持续发展,解决九年一贯制学校在学生年龄、思想、行为和认知水平方面差异大、在校就读时间长、学生多元

化发展现象突出等问题引发的评价困难,学校经过科学的研究和探索,不断实践,创建了微信点赞、学分制、学院制、学分银行等多个评价管理形式和平台,制定了《青岛启元学校学生艺术素养培养与评价方案》《青岛启元学校学生艺术素质测评实施方案》《艺术素质测评评价指标》《学生艺术素质测评综合评价量表》《青岛启元学校学分银行建设方案》《青岛启元学校少年学院管理办法》等多项制度,为九年一贯制学校的科学、全面评价提供了参考模板。例如对学院工作的评价。评价内容主要包括学院计划的制订和执行、学院活动组织开展、活动资料的整理积累、学院成员获取的成就、荣誉等方面,评价结果以学分形式呈现,计入学生总学分加分部分。依据学院总学分,评选优秀学院和最佳院长。学院成员学分积分达到 600 分以上者,可以申报“优秀小院士”荣誉称号;提交学习小论文,参加由五个学院导师团组织的“学院专家评审委员会”答辩并通过的,授予“优秀学院小院士”荣誉称号。

四、持续开展九年贯通课题研究

2013 年 9 月,在市北区教育局组织指导下,学校与青岛第十七中学签订了小、初、高美育一体化教育研究协议,学校主持并研究关于《小初高美育一体化的实施与研究》,在此基础上,学校还将建立并实施《小初高十二年一贯制一体化研究》,从六年级起,建立 2 ~ 4 个实验班,建立新的课程体系和教师队伍结构,减轻课业负担,实行学分管理,弹性学制,鼓励优秀的学生实现跨年级跨学段的学习与研究。

贯通课程的开发与实施,是我校实施课程改革的重要举措,三年多的实践,让我们欣喜地发现孩子们在启元找到了快乐,找到了自我,找到了自信,学生成为课程的核心。课程变革,不仅仅是打通了课程,更打通了学生的心,让每个启元学子永远做最好的自己。

以科学规划促进学校优质发展

青岛滨海中学　陈瑞尧

根据自我评估与综合督导情况看,滨海中学正在步入稳步快速发展的新阶段。

为了进一步发展性地理解学校的办学理念,使学校的发展目标更清晰,同时为了以更高的目标来引领学校的发展,以更高的目标追求来激励全校师生进一步发扬光大滨海精神,特制定学校未来五年发展规划。

一、指导思想

以《青岛市中长期教育改革和发展规划纲要》为指导,以学生发展为核心,全面提升学校教育品位,加强学校的规范和特色管理,切实培养学生的创新精神和实践能力,注重全体学生的全面成长和终身发展。注重全体教职工的师德建设、专业成长和持续发展,提高教师队伍的整体素质,全面提高教育教学质量。按照发展性、整体性、可行性、层次性、特色性的原则制定本规划,力争通过五年的不懈努力,把学校建成能更加满足人民群众对优质教育需求的创新型学校。

二、学校发展基础分析

(一)学校基本情况

滨海中学地处黄岛大学园区,位于风光秀美的大珠山北麓。学校占地80余亩,校舍建筑面积为10431平方米,运动场面积16958平方米,校园规划科学,校舍布局合理,环境幽雅宁静,为莘莘学子提供了潜心求学的乐园。学校现有20个教学班,教职工116人,其中专任教师107人,在校学生925人。学校现配备完善的班班通教室和微机室、多媒体教室、理化生实验室、图书室、音乐舞蹈室等专用教室以及高标准塑胶操场,图书册数42855册。办学条件的改善促进了学校办学水平的进一步提高。

学校认真贯彻党和国家的教育方针,以"为心灵播种希望,让生命更加精彩"为办学理念,注重以德育人,坚持抓好学生良好行为习惯的养成,不断提升学生的道德素养,通过开展丰富多彩的文体活动,为学生搭建张扬个性的舞台,促进学生的全面发展。学校以办让人民满意教育为目标,以推进素质教育和打造学校特色为着力点,努力探索新课改下的课堂教学改革与研究,促进教师专业化成长,通过打造"生本愉悦高效课堂",提高课堂效率,为学生终身学习奠定坚实基础,为学生健康快乐求知创造良好条件。学校的数学、生物、历史教研组先后被评为区先进教研组。学校真正形成了"诚信做人,砺志博学"的良好校风,教育教学质量稳步提高,属青岛市规范化学校。

滨海中学正在致力于提升文化引领、制度保障、管理规范的学校底蕴,打造"校园美丽、质量提升、特色鲜明"的崭新面貌,向着区内一流的现代化中学迈进。

（二）办学状况的分析

在以后的五年中,学校力争创建黄岛区初中示范学校,以创建促进学校的发展。争创是一种学校自主发展的要求,这种自主发展的要求是在对自身优势与不足充分认识基础上的要求。为此,对滨海中学的发展基础分析如下。

1. 发展优势

几十年的办学实践和几代滨海中学师生的不懈努力,形成了学校严格管理、教师严谨治学、学生勤奋好学的优良传统,这是历史凝结的学校文化精髓,是办学理念创新的关键,是凝聚人心的基础,也是学校发展的起点。

近年来,学校发扬光大优秀的校风学风,全面贯彻教育方针,坚持改革创新,促进学校办学水平稳步提高,打造品牌学校。学校领导班子精诚团结、积极进取,办学思想统一;学校管理制度化、科学化、民主化建设已见成效。

学校拥有一支爱岗敬业的师资队伍。为了深入推进课程改革,近年来,学校一方面积极培养骨干教师队伍,多位优秀教师脱颖而出,优化了教师结构;另一方面,学校强化了教师专业成长,提高教师素质。目前,我校教师队伍结构合理,专业发展较好,有较强的教育、科研水平和能力,这为学校可持续发展提供了坚实的人才保障。

在此基础上,学校学生德育工作与时俱进,并将德育融于学校的各项活动之中,增强以感恩教育为特色的德育工作的针对性、实效性,德育评价体系初步完善。

学校的课程改革深入发展,课程结构进一步完善,内容日趋丰富,课程建设与课程开发更加规范、科学,学校课程管理日益加强。学校结合得天独厚的自然条件和实际情况,积极参与课程创新,确定依据山、海、寺、花等大珠山区位特点,以开展各种社会实践活动为载体,初步形成了具有独特区位优势的地方课程资源,着力进行校园文化及大珠山自然资源的学校特色探究。

2. 发展困难

困难之一:学校内涵发展特色不够鲜明。由于诸多客观原因影响,学校品牌建设起步晚,并受各方面条件限制,学校办学特色没有彰显。

困难之二:优秀的教师队伍尚未完全形成。当前学校师资队伍开始出现老龄化现象,虽然教师整体有着积极向上的愿望,但是部分年龄偏大教师受身体健康的影响,工作出现力不从心的现状;也有部分教师的教育教学观念与方式还未能完全与课程改革的理念相吻合,按优质学校的要求,目前学校教师队伍中在市内或区内有影响力的教师数量还不多,在学科教学方面,缺乏骨干型专家型的教师。同时,教师的数量、质量和结构不均衡是影响学校教学质量发展的瓶颈。

困难之三:学生素养亟待提升。无论是现在还是未来五年,我校学生主要是农村家庭子女,学生的文化素养、卫生习惯、行为习惯、心理健康状况等一系列问题都亟待解决,学生良好的行为习惯、养成教育还需培养、强化,未成年人的思想道德建设工作面临着严峻的挑战。

困难之四:多年来学校经费的不足,严重制约了学校的进一步发展。学校的环境、办公条件与教育教学现代化设施出现较明显的差距。

（三）办学理念与发展目标

学校以"为心灵播种希望让生命更加精彩"为办学理念,以"求真向善、励志笃学、身心两健、进取奉献"为育人目标,并确定以下发展目标。

1. 近期目标

通过五年的努力,把学校办成管理精、队伍强、课堂优、得到社会认可的中学,争创黄岛区初中教学先进单位。在办学理念与学校发展长远目标的指导下,努力达成阶段性目标。即从现在开始,学校用 5 年的时间,在"走进大珠山"综合实践活动和校本课程开发、特色办学中走出一条新路,取得明显的育人成效;学校教育以精细学校管理、强化队伍建设、优化课堂教学等为重点,使学校的综合实力能得到进一步的提升,明显具备区级初中教学先进单位的实力。

2. 长远目标

通过创设适合学生的教育,把滨海中学办成师生学习与生活的乐园、社会居民满意的优质中学,实现"学校管理高层次,师资队伍高水平,育人环境高品位,设施建设高标准,课堂教学高效率,全面发展高质量"。

三、实现目标的主要策略

根据对办学规划的认识,我们认为一所学校,无常不稳,无精不实,无特不活。为此,我们以管理为抓手,确立"狠抓常规—逐步精细—形成特色"的发展策略。

1. 狠抓常规

常规,是学校教育教学及管理的经常性规定,它是保证学校正常运行的基本标准。"无常不稳"就是指一所学校如果没有教学、管理等常规,那么这种学校就是不稳定的学校,同时,常规也是一个发展性的概念,它也是随着教育教学改革与发展的深入而不断更新的。为此,狠抓常规,首先是指要根据素质教育与新课改的理念,根据学校的客观现状与发展的客观要求,修订学校各项工作的岗位职责、规章制度和运作流程。同时,要求各部门和个人严格按常规来开展工作。

2. 逐步精细

逐步精细,即把常规做精做细。"无精不实"就是指如果有了常规,而在具体执行过程中没有把常规做精细的话,那么就不可能出实效、出高效。我们将积极推进学校的管理走向系统化、规范化、科学化、法制化,使得学校的各项管理工作有章可循、有法可依、有据可查,逐步形成自我完善和持续改进的能力,不断提高管理品质。

3. 形成特色

形成特色,即在将常规做精做实的基础上,形成特色。从很大程度说,常规做到极致,往往就是特色。同时,也强调要有构建特色的眼光来做好常规工作。"无特不活"就是指一所学校如果没有特色,就是一所没有个性活力的学校,特色是学校发展的核心竞争力。

四、学校发展目标实施系统

在学校办学理念和办学目标的引领下,学校将主要在德育、教学、队伍三块设置分目标,具体落实办学目标与培养目标。

(一)德育—— 打造感恩教育品牌

感恩包蕴着孝亲敬长、关爱他人、热爱故土、精忠报国、敬畏自然、珍爱生命等传统伦理价值,是弘扬民族精神、加强生命教育的重要内容。感恩教育就是教育者遵循德育规律,通过有效的方法与手段引导受教育者培养感恩意识,在个人和社会许可的范围内报恩于行的活动过程。

开展感恩教育,目的是让学生经常站在别人的角度,设身处地去想别人之所想,哀别人之所哀,急他人之所急,乐他人之所乐,积极学会体验他人的内心世界和内心的情感,只有这样才能使我们培养的学生,能感人所感,知他人之情,能体谅他人,原谅他人,同情他人,帮助他人,爱护他人,从而形成学生的道德感。这样,教育就不会停留在靠纪律制度来强迫维持,而是从学生的心里流淌出,使学生的行为规范上升到心灵的自觉要求和对生活的热爱。因此,我们在培养学生自信、自立、自主、百折不挠品格的同时,对他们开展感恩父母、感恩师长、感恩社会、感恩自然的感恩教育,对健全学生人格有着十分重要的意义。

（二）教学——以生本课堂，助推学校师生发展

教育教学质量是学校的生命线，我校将紧紧围绕提高教育教学质量这一中心，潜心研究教育教学规律，以打造生本愉悦高效课堂为抓手，走内涵发展之路，全面提升教学质量。

1. 强化教学常规，实施精细化管理，向常规管理要质量

一是落实"学案导学"，加强教学过程管理，努力做到"三指导"：指导学生课前预习，指导学生的课堂质疑和听课方法，指导学生课后的温故知新。二是切实把好备课关、授课关、作业关和辅导关，使"教""学""管"三个方面相互影响、相互促进，保证教学常规管理过程的良性循环。三是落实对教育教学的精细化管理。从大处着眼、小处入手，在强化落实上下功夫，把"小事做细，细事做实"，精心组织教学活动，精心设计教学流程，精心选编学生练习，课堂教学严格做到精选、精讲、精练、精批，有发必收、有收必改、有改必评、有评必纠，把这种精细化的教学行为固化为教师的工作习惯。四是在教学过程中要做到"四落实"，即：落实课前考前集体备课制度，落实课堂和单元检测制度，落实作业、试卷批改分析反馈制度，落实因材施教、分类推进的分层教学原则。

2. 优化课堂教学，打造生本愉悦课堂，向课堂效率要质量

我们将以学案导学为支撑，研讨"三段式、四环节"教学模式，进一步优化课堂教学，积极推进教育方式和学习方式的转变，鼓励学生自主学习、合作学习、探究学习，培养学生分析问题、解决问题的能力。同时，切实落实好课堂教学双向反馈监督机制，重视和发挥好教师对班级课堂学习情况的反馈以及学生对教师的课堂教学情况的反馈，彻底改变以往以增加学生学习时间为代价来提高学生素质的传统做法，通过改进教学方法，让学生在轻松愉悦的氛围中学习。

3. 强化校本教研，加快教师专业成长，向教科研要质量

我们积极探索促进教师专业发展的有效途径，努力搭建教师专业成长的平台，提升教师专业素养。一是多渠道创设学习培训机会。二是培养骨干，辐射全体。三是加强教学基本功的培训。四是积极搭建干部教师交流平台。

（三）队伍建设

要逐步建设一支结构合理、师德厚重、师能高超、师识广博的滨海师资队伍，具体措施如下。

加强师德、师风建设，以办学理念和发展目标激励教师发展。师德、师风建设是学校整体精神面貌的重要组成部分,我们强调要"把学生培养成有道德的人,有能力的人,有知识的人,首先教师要做一个有道德的人,有能力的人,有知识的人",所以在五年规划中,我们将强调以办学理念与学校发展目标来激励教师的发展,进一步发扬"诚信做人,砺志博学"的滨海精神,使我们的教师"德"更厚、"能"更高、"识"更广。

加强校本研修活动,促进教师专业发展。校本研修是促进教师专业发展的重要途径,它是结合学校的客观实际,将教师培训进修、日常教学研究、教育教学研究有机结合的活动。

根据教师发展阶段论探索分层次促进教师专业发展策略。教师的专业发展具有阶段性的特点,根据教师专业发展的一般阶段及专业发展在学科性、知识案例性知识与策略性知识方面的发展规律,我们将积极探索分层次促进教师专业发展的策略。

加强中青年骨干教师队伍与班主任的队伍建设。在师资队伍建设中,我们将加强中青年骨干教师队伍与班主任队伍的建设,中青年骨干教师队伍建设关系到学校的发展与未来,班主任队伍的建设关系到一所学校的德育水平与班级管理水平。为此,我们将在政策上、待遇上为这两支队伍建设创造条件。

进一步完善人事分配制度改革,促进队伍结构更为合理。要以人事分配制度改革为主要抓手,使学校师资队伍在学历结构、职称结构、学科结构、年龄结构上更趋合理。同时,学校将根据岗位责任轻重、工作难易程度、教育教学能力高低按劳分配,多劳多得,优质优酬,调整和完善绩效工资的分配方案和有关奖励制度,加大分配向教学一线、重点岗位、重大贡献的倾斜力度,通过合理科学的评价和激励,逐步形成人人争先、个个进取的氛围。

五、保障机制建设

践行学校的办学理念,实现学校五年的发展目标,保障机制的建设是十分重要的。为此,学校将根据现代学校管理的理念,以科学与人文相结合为指导,在建设好学校发展的硬环境及外部保障机制的同时,重点建设好学校规划实施的内部保障机制。

组织保障:将进一步完善学校组织框架,包括学校各部门职责修订、工作流程等等。同时成立规划及规划实施领导小组,加强学校党支部、教代会及其他社团的建设,加强学校的后勤保障建设。

制度保障:完善学校民主管理制度,教代会制度,健全校务公开,民主管理制度,确保管理的规范、民主、科学、高效。完善人事分配制度,各级岗位责任制、教师聘任制。完善校长负责制,发挥党组织的监督、保障作用。完善绩效考核制、科研成果与教育教学成果奖励制等。

机制保障:组织的结构决定组织的功能,而其功能要充分得到发挥,需要制度来保障,制度建设是学校文化形成的前奏,而学校文化的形成需要良好的机制来确保各项工作的顺利运行。为此,在具体机制方面,学校将在严格执行有关约束性与规范性制度的同时,侧重于下列三种自我激励机制的建设:自我诊断和完善机制,包括学校自主性发展评价、教师教学反思、学生自我评价机制等;自我设计机制,包括学校自主规划、教师自主发展计划、学生自主成长计划等;自我发展机制,包括教师的校本研修机制、学生社团发展机制等。

立足现实谋划发展

西海岸新区第七初级中学　王玉存

青岛西海岸新区第七初级中学地处城乡接合部,1990年建校,属于乡镇学校,后随城区扩展,于2003年划归区直初中。在发展过程中,学校一直立足现实,精心谋划,办学水平逐步提升。

一、以德立校,注重内涵发展

1. 践行社会主义核心价值观,加强干部队伍建设。围绕"社会主义核心价值观"展开了一系列有效的学习教育实践活动,将社会主义核心价值观教育的要求融入学校日常管理全过程,使广大干部深刻理解了社会主义核心价值观的丰富内涵和实践要求,向上向善,努力培养和践行社会主义核心价值观。

2. 重视教师身心发展,加强师德师风建设,传递教师正能量。学校关心教师的身心发展,每年组织全体教职工进行一次体检。组织各种文体活动,丰富教师们的业余生活。加强师德教育,采取多种措施制止有偿补课,在学校门口、校内宣传栏最醒目位置设立了有偿辅导举报信箱、举报电话。

3.助力教师专业成长。一是建设学习型校园,学校向教师推荐书目,干部带头学习,教师跟进学习。二是聘请教育专家进行专题讲座。三是通过业务培训、创造机会选派多名干部教师外出交流学习。四是重视青年教师的培养工作,通过参加理论和业务进修、培训及学术研讨、交流活动,走出去、请进来,采取校本培训、校本教研,落实名师工程、教师"青蓝工程"等办法和措施,不断提高青年教师的自身理论和业务素养。

二、科研兴校,立足高效教学

1.严抓常规,让"精心"内化为一种教学品质。

2.科学检测,优化措施,全面提升质量。

3.务求实效,稳妥推进课程改革。

4.依托校本教研,抓好课堂教学改革。

5.转变理念,突出"自主互动"教学模式。

6.落实包组干部学科负责制。

7.落实班主任包班质量负责制。

8.抓好课题研究,为"自主互动"课堂教学模式的研究提供理论支撑。

三、文化引领,实现特色亮校

1.亲海怡情,打造蓝色海洋教育。

2.弘扬书法,激活校园文化。

3.传承民族文化,推行民族艺体教育。

四、以人为本,培养合格公民

1.向上向善,培育和践行社会主义核心价值观。

2.实行"导管连通"养成教育模式,强化学生自我管理。

3.全面提升学生身心健康水平。

4.全面提升学生科技实践能力。

五、依法治校,构建和谐校园

1.实行开门办学,构建学校、家庭、社会三结合的教育网络。

2.强化班级负责制,建设好每个班级。

3.加强安全管理,确保校园平安。

"三驾马车"拉动学校健康快速发展

莱西市第七中学　赵树斌

莱西七中是莱西市教体局直属初级中学,前些年,因为学校区位、高中招生政策等多种原因,影响了学校正常发展,生源流失严重,教育教学质量滑坡,逐渐沦为一所薄弱学校。

2011年学校新班子上任后,围绕"育分"还是"育人"、走素质教育之路还是应试教育老路,组织全校员工进行大讨论,最终统一了思想,明确了方向,确立了"为学生一生幸福奠基"的教育理念和"三驾马车"的发展方略,即"强化规范教育,实施有效教学,开展特色活动"。经过五六年努力,学校逐渐走出低谷,先后获得青岛市语言文字规范化学校、全国优秀家长学校、全国校园足球特色学校等多项荣誉称号,成为域内的一所窗口学校。

一、强化规范教育

以学生规矩教育为核心,加强学生良好习惯培养。根据学校实际,制定了"两个五条",即五条良好行为习惯和五条良好学习习惯,加强检查、监督、落实。通过召开干部会、教师会、班会、家长会等各层次会议以及组织学生演讲会、辩论赛等各种方式,提高全体师生、家长对规矩教育重要性的认识,统一思想行动。在全校开展安静教育,突出抓好安静自习、安静就餐、安静上下学等环节教育管理,不断增强学生规矩意识,提高学生文明素养。几年抓下来,学生生命状态和文明程度逐渐改变,校园秩序明显好转,特别是全校"无人监考""学生自主运动会""激情跑操"以及学校常态化的卫生保持,为全市中小学基础教育树立了新标杆。

二、实施有效教学

要改变学校就必须改变课堂。本着"改善课堂生态、提高教学质量"的根本目的,坚持不懈地推进课堂教学改革,优化集体备课、课堂教学、作业布置与批改、课后辅导、考试检测等各教学环节，全面落实有效教学，努力做到"减负增效"，不断提升教学质量。落实教研组长负责制，制定出台教研组管理制度，就各教研组（年级学科组）长的责任和权利进行明确，激发各基层教研组的工作活力和积极性。同时，通过开展课堂教学改革，抓好校本研修，不断促进教师专业发展，不断提高教学教研能力。

三、开展特色活动

坚持活动育人。首先是精心设计特色德育活动，如新生入学军训、毕业典礼、远足励志等活动。二是以文体、科技等为主要内容的丰富多彩的社团活动。三是精心设计各种研学旅行活动。让学生在活动中增强学习兴趣、学习信心、学习动力、艺体技能、劳动技能以及独立思考和主动探究精神，不断提高学生的自我管理能力。以学生综合素质评价为抓手，加强学生身心健康、兴趣特长、实践能力等方面发展情况的考核，建立学生综合素质档案，做好学生成长记录，真实反映学生发展状况，不断提高学生综合素质。

学校发展规划

城阳和美教育集团　张　颖

学校发展规划是学校办学的"指南"，具有方向性与指导性。制定学校发展规划是学校的一项重大教育决策活动，关乎学校今后发展的办学方向与思路，容不得"马虎"与"应付"的思想。

一、指导思想

学校坚持党的教育方针，坚持社会主义文化的发展方向，树立科学发展观，遵循校园文化建设的发展规律，以保证校舍安全、保障师生生命安全、促进学校发展为首要，以师生为主体，以确立社会主义荣辱观为导向，以建设优良的校风、教风、学风为核心，以优化、美化校园环境为重点。

二、基本要求

1. 制定发展规划要集思广益

在制定学校发展规划时,要从真正把学校发展规划作为把握学校今后发展的指导性文件的高度来认识,广开言路,集思广益,民主讨论,民主决策,共同筹划学校发展规划,取得良好的效果。

2. 制定发展规划要符合实际

制定发展规划要从学校的办学实际出发,既要充分考虑到校园文化建设、硬件设施配备、教师队伍水平、生源素质状况等因素,又要充分挖掘办学历史积淀与成功经验,在原有的办学基础上传承与发展。这样的发展规划符合办学实际,符合发展规律,能为学校的可持续发展指明方向。

3. 制定发展规划要指向明确

办学理念的提出,要有具体的内涵与指向,具有可操作性。所以,学校应对办学理念进行系统、科学的分析,形成操作性强、便于认知的理论体系,用于指导教育教学实践活动,让全体教师明确具体的指向与要求。

4. 善"听"、善"学"、善"思"、善"导"

一要善"听"。要听学校呼声,听教师心声,听学生家长意见,做到兼听则明、心中有数,掌握第一手信息,综合分析信息,做学校工作的"倾听者"。

二要善"学"。要学教育理论,学管理经验,坚持理论联系实际,坚持学以致用,用"理论"说话,用"理论"指导,做学校管理的"指导者"。

三要善"思"。思学校办学之"难",思学校管理之"弱",结合学校实际,从"问题"入手,从"薄弱"突破,思原因、想对策、提建议,做学校工作的"诊断者"。

四要善"导"。对学校存在的问题要善"导",因势利导。要把握导向,注重细节,抓住共性,加强监督,优化方式,"导"有所成,做学校发展的"推动者"。

三、具体措施

在此基础上,我校制定了《学校行动纲要》,把办学理念定为"为每一个学生提供合适的教育 让每一位学生获得充分的发展";办学宗旨是"以师生发展为本 全面发展 主动发展 个性发展";办学目标定为:"学生健康成长 教师幸福工作 学校和谐发展",探索如何让学生在和美小镇中获取知识、习得技能。培养学生成为志存高远、诚实守信、思想活跃、言行规范的社会栋梁。

首先把学校发展目标按年度分解,形成年度工作重点和目标,然后各个年级依据学校的总体目标和年度目标形成年级组发展规划,最后每一位教师员工基于年级组发展规划形成个人发展规划。

其中,年级组发展规划主要包括发展目标、实施途径、成功标志、所需支持、监控和评价方法等内容;个人发展计划则主要包括发展重点、目的、成功标志、措施、培训需要、工作需要的支持、监控与评价方法等要素。

最终,学校的发展规划和总体目标细化为各个层次的行动计划,其中详尽规定了各个层次发展的具体行动目标与措施等。这就使学校发展目标落实到学校各个层面,使学校上下拧成一股绳,围绕学校的发展目标共同奋斗。

学校发展规划的制定是学校新发展的一项重要工作与任务。关注学校发展、把握办学方向,是新的要求、新的挑战。

突出中心工作,规划学校发展

莱西市实验中学   刘本帅

莱西市实验中学于 2001 年 4 月在原莱西师范学校和水集中心中学基础上组建而成,生源为城乡接合部地区学生。教师年龄老化,平均年龄 47 岁,有职业倦怠现象。

学校没有优越的条件,基于对这一现状的清醒认识,学校确立了"突出教学中心地位,切实抓好五个保障"的办学思路,即抓好队伍建设、抓好教育科研、抓好德育工作、抓好办学条件改善、抓好后勤服务,以此全面规划学校发展目标。

一、确立教学中心地位

贯彻执行"基于常规,立足课堂,规范行为,追求质量"的基本要求,把教学工作视作学校压倒一切的中心任务来抓。加强教学的过程管理,规范教学秩序,实行"推门听课";实行集体备课制和"月监测"制度,实行分层次教学,重视学科素养的提升,在全校范围内实行"全员导师制",重视排名后 30% 学生的发展;加强课程建设,重视精品课程开发。先后编写了 9 本"国家课程校本化"教材、8 种学科扩展类校本课程、10 多门兴趣类校本课程,培养学生的个性特长,促进学生全面发展。开发了"国画课程""经典品读"等精品课程,并组织实施青岛市初中国家课程校本化现场会;以科研促进教研,以教研促进教学,成立以骨干教师和本校教学专家为主的实验中学教科研课题组,申报青岛市教育科学"十三五"规划课题"农村留守初中生的班级管理实践研究"。参加青岛市教科研成果评比活动,获得二等奖。结合"青蓝工程"开展"师徒结对"活动,为青年教师提供发展平台,鼓励教师参加各级各类优课、公开课、优质课选拔比赛,提高教师业务能力;走艺体特色办学之路,组建门类齐全的艺体兴趣小组,以点带面,全面开花。方式是以"特长"带"特长"、以"特长"促"特长",根据每一位教师的特长优势,挖掘每一名学生的潜能。

二、加强德育管理专项治理,拓展德育渠道,扩大德育效益

加强对校园环境卫生和校园安全的综合治理,学期初开展"学生行为规范月"活动,使校园秩序大有改观,学生良好的行为习惯逐步形成;开展"入校即安、入楼即静、入室即学、入学即专"的"四入"活动,营造安静、有序、文明、优雅的校园环境,激发学生的学习热情,强化学生的自觉意识,整个校园动静得宜,形成了良好的"宜学"环境;组织"青春心向党,建功新时代"主题诗文诵读会、名著阅读知识竞赛和读书笔记手抄报展评等,展现了广大学子蓬勃向上的奋进姿态;组织了"芳林新叶逐梦青春""十个一"项目展示活动,展示了我校师生良好的精神风貌;组织学生参加研学旅行活动,让学生在旅行中学习,在学习中寻找到快乐;组织学生参加全省第六届青年科普创新实验大赛,取得全省三等奖的好成绩;加强了对学生的法制宣传教育,着力打造"平安校园",学校被评为青岛市第三届"关爱明天,普法先行"青少年普法教育先进单位;发挥心理咨询室的作用,针对青春期学生的心理特征,开展心理教育,及时疏导学生的负面情绪,消除不和谐因素。

三、大力改善办学条件,提高后勤服务质量

改建教师值班室、家长接待室和在小学上学的教师子女学习室,完善了学校对外接待的窗口设施;将学校的老旧模拟机监控设备全面更换为数字机,增加摄像头,实现校园全覆盖无死角;更换扩容变压器,满足教育教学需要;改造开放式图书阅览楼,新增五个高标准阅览室;为所有办公室安装空调等。2019 年,增加特色建设,设计了"足球文化墙",投资近 10 万元整修了图书楼后花园——"学思园",安装了室外探灯、厕所照明灯,实施校园"亮化"工程。改建老旧设施,投资 18 万元,新建两个车

棚,方便教师自行车、电动车停放。将四号楼、三号楼的部分窗户换成断桥铝双窗结构,解决了冬天太冷、噪音过大的问题。完善教学设施,投资4万余元,采购200套桌凳,装配到4个音乐教室,至此,我校音乐教室的配备已达标准化。投资近10万元,采购800套储物柜,装配到新初一各个教室,进一步改善了学生的学习环境。

学校致力于打造高标准的省级规范化学校,切实办成具有实验性、示范性、辐射性的群众满意的优质初中。

平度市实验中学学校发展规划

平度市实验中学　耿金堂

经本校教代会通过,平度市实验中学确立的办学目标是:平度市义务教育学校的排头兵;青岛市义务教育的品牌学校;齐鲁一流知名学校。

办学愿景:建设一所有素养的学校。以"建设一所有素养的学校"为办学愿景,提高教育共同体核心素养,主要包括干部素养、教师素养、家长素养、学生素养四大方面,提升学校办学品质。干部素养:公平、尊重、民主、服务。教师素养:敬业、仁爱、协作、卓越。家长素养:温馨、陪伴、交流、共育。学生素养:自主、合作、探究、创新。

学校建设三年发展规划:2020年是"课堂教学改革提升年",2021年是"课程建设推进年",2022年是"教学现代化推进年"。

构建完善素养课堂教学模式。课堂是人才培养的主渠道,我校积极探索基于核心素养的课堂改革,逐步形成"以学定教、先学后教、自主合作、多维评价"为基本理念的素养课堂教学模式,包括前置学习、合作探究、展示提升、总结归纳、达标延伸五个环节,运用"导学案、小组合作、积分制"三大抓手,引导每一个生命不断学习、修炼,不断走向完整、完美,不断超越自己、超越过去,让每一个人成为最好的自己!

构建完善素养课程体系。学校以"聚焦核心素养,实现跨界衔接"为课程理念,实行国家、地方、学校三级课程管理,在"人文与道德""数学与科技""体育与艺术"三大领域,初步构建了素养课程体系,包括基础课程、融合课程、拓展课程、个性课程。基础课程主要是国家课程;融合课程主要是选择学科横向交叉点,分类整理,融合到学科教学中；拓展课程是基于提升学生核心素养的"六个一"工程的配套课程以及仪式课程、研学课程；个性课程主要是社团课程。

目前我校已开发了57门课程，其中"教你写一手好字""魅力七巧"入选青岛市精品课程，"地理与生活""学生心理提升课程"被评为青岛市优秀课程。丰富的素养课程为促进学生全面发展、个性发展提供了保障。

谋划未来　追求卓越

—— 城阳区第二实验中学校长矫伟规划学校发展

城阳区第二实验中学　矫伟

城阳区第二实验中学从学校的特定时代背景和特定环境特征出发，高瞻远瞩地规划出对学校发展产生深远影响的愿景，从中形成独特的办学理念和育人目标，推动学校和谐持续发展。

学校积极构建校内与校外、感受与践行双向互动的新型德育工作体系，提升以实效性为核心的德育工作水平与品位：以"第一主课"为中心，将道德与法治课和学生社会实践作为重点任务，构建理论与实践并进、课上与课下联动的"闭环式"德育一体化育人大格局；由道德与法治教师、学生会、党员干部、班主任、青年教师、家委会等组成全员育人队伍里的中坚力量，积极搭建交流平台，开展针对性的指导与菜单式的答疑解难，建立德育工作"传帮带"的稳定持久机制；以先进文化为引导，构建全方位的文化浸润体系，以文化人、以文育人，打造"感动实验二中人""二中圆梦人""无声餐厅""润泽讲堂"等文化品牌，丰富"润泽日新"德育品牌内涵。

在校长的引领下，学校努力构建基础性与选择性、课内与课外融为一体的大课程体系，为学生全面成长与个性发展搭建与优化各类平台：建立课内外融合的大课程体系，把学校特色项目融入课程内外，强化课内向课外的延伸，打造课外活动新天地；开设基于学生个性发展的学涯规划、生涯规划和职涯规划课程，并编写校本教材，推进个性化发展；聚焦课堂，把三尺讲台、四方课堂作为内涵发展的支点、办学效率的核心、课程建设的主战场,把"三变"(变教师为教练,变讲台为舞台,变解疑为激疑)作为我校新型课堂文化的主旋律。

学校关注每个教师的发展方向,鼓励教师"一专多能",构建学校人才高地:以三级建设为基点,架构具有校本特色的人才培养发展平台;把教师队伍建设的重点与"三组"(年级组、教研组、备课组)建设融合起来,使之成为队伍建设的主要落脚点;建立聚焦课堂、立足教材的三级师资培训体系;建立"特色教师工作室",产生优秀群体的辐射效应,从而推动特色教师队伍的发展壮大。力求工作室成员在师德规范上出样板、课堂教学上出精品、课题研究上出成果,发挥好"传帮带"的作用,带动更多青年教师成长,形成不同层面的研究性学习共同体;对口培养,根据每位教师特长,有针对性地进行培养,使之成为某个领域的专家,从而更好地为学生成长和学校发展发挥更大的作用。

学校凝心聚力推动学生个性化发展,让特色品牌彰显办学个性:以打造国际青少年足球名城为契机,完善校园足球校本课程体系,加强校园足球文化建设,构建"横向全覆盖,纵向全链接"的全局化校园足球工作格局;完善学校合唱、舞蹈、健美操、器乐、戏剧团队的管理和及评价机制,发展学生的艺术特长,全面提升学生的艺术素养、审美能力;完善社团课程体系,创新社团活动展示载体,开展社团活动节,每学期评选金牌社团;扎实做好"图书无边界、师生无边界、家校无边界、成长无边界"工作,充分利用教室、走廊等空间打造"快乐书吧",让图书变得随手可得、随时可读,通过成立"学生读书社团""教师读书讲坛""家长读书汇"等,让书香浸润校园的每个角落。

在校长的带领下,学校优化学校后勤服务,以服务的一流来确保一线各项工作的一流,确保人、财、物对学校持续发展、特色兴校的支撑与保障:构建一套数字化仓库管理平台,采用扫码入库的手段进行物品入库和出库管理;建立后勤服务中心数字化管理平台,把户籍化管理模式融入平台,通过平台进行管理。谋划未来,追求卓越,城阳区第二实验中学在矫伟校长的带领下正一步一个脚印地向高品质学校的目标迈进。

让学校发展插上优质规划的翅膀

田横岛省级旅游度假区中学　陈懋庆

　　田横岛省级旅游度假区中学是一所偏远的乡村中学,自 2017 年我担任该校校长以来,深刻明白了学校发展规划既是一种重要的管理手段,又是一种重要的管理理念。尤其是要注重发展规划的内涵,注重提升办学思想,注重提炼办学特色。学校发展规划对学校科学、长远地发展有着实实在在的促进作用。因此,统一共识、提高认识是确立学校优质发展规划的基础。

一、本质与模式

1.对学校发展规划本质的认识

　　学校发展规划是指通过学校全体成员的共同努力,系统地分析学校的原有基础及学校所处的环境,发现学校的优先发展项目,确定学校的发展方向和教育目标,促使学校挖掘自身的潜在资源,按照自己的价值观,提高学校的管理效能,最终提升学校的教育质量。

　　制定学校发展规划的主体是"共同体成员",包括校长、教师、后勤工作人员、学生家长、学校管理委员会和地方教育行政部门官员。学校发展规划立足过去、指向未来,既有对过去的诊断和分析,又有对未来的预测和憧憬。它非常强调要把握现在,不仅仅关注静态的规划结果,更关注动态的规划及其实施过程。

2.对制定学校发展规划模式的认识

　　制定学校发展规划有两种基本模式:自上而下和自下而上。

　　自上而下的模式是指在制定学校发展规划时,主要依靠学校管理层和外来专家的帮助,提出学校发展规划草案,再通过一定方式,征求教职工意见,对规划草案进行建设性调整,最后确定学校发展规划。在这一模式中,学校管理层和专家起决定性作用,学校发展规划的技术层面的因素和理性的分析被更多关注,规划的成功更多取决于学校管理者的素质和专家的专业能力。该模式适用于如下情景：学校的整体师资力量比较弱，教师参与学校民主管理的程度不高。

自下而上的模式主要由教职工提出学校发展的规划草案，再由学校管理层会同专家集中讨论，最后确定发展规划。在此模式中，老师的集体智慧起决定性作用，被更多关注、接受。

鉴于两种模式的特点，我校从实际出发，为实现教师的主人翁地位和作用，采取自下而上的制定模式，真正做到从群众中来、到群众中去。

二、几个关键阶段和关键问题

发展规划由相互联系而又相对独立的三部分构成：规划总纲、部门行动规划、个人发展计划。总纲由校长负责，带领全校教职工制定。它是个人发展规划的制定依据。总纲必须经教代会全体会议通过后方能生效执行。部门行动规划主要是将总纲中的目标分解，由主管校长带领各处室制定，重点是提出主要工作的绩效指标和实施规划的措施，部门行动规划必须经教代会分组会议讨论后执行。在上述基础上，每个教职工都要制定自己的个人发展规划。限于篇幅，在此，笔者仅就规划总纲部分的制定进行解析和反思。

1. 准备阶段：把握校情，高屋建瓴

（1）吃透校情。

（2）对学校发展规划制定的大背景做出宏观思考。

2. 制定阶段：兼听则明，贵在沟通

（1）善于面对不一致的声音。

（2）重在践行，贵在沟通。

3. 宣传阶段：抓住时机，扩大成果

（1）设计学校发展规划宣传的载体。

（2）通过各种途径向教师宣传规划。

（3）让学生家长了解学校发展规划。

（4）向上级有关部门介绍学校发展规划。

回顾学校发展规划制定过程，在学校发展规划的引领下，我校基本实现了校长无为而治、师生自主管理、学校自主创新。

制度引领　质量立校

平度市明村镇明村中学　董希平

明村中学强化制度管理,回归课堂实效,加强有效教学,促进了良好教风、学风的形成。

一、制度引领，激发工作学习热情

认真落实《明村中学职称加分暂行规定》《明村中学托底培优实施办法》《明村中学课堂教学督查制度》《明村中学教师业绩考核方案》《明村中学绩效工资实施方案》等,将教师的教学成绩与业绩考核、职称评聘、工资晋级、评优评先挂钩。用制度引领教师的工作,把教师的关注点带到教学上来,对优秀教师在教育教学年会、开学典礼上进行表彰。

二、实施分部管理分层教学

制定并实施《明村中学分层教学分部管理暂行规定》,在全校三个级部中引入竞争,实施学部制管理,每个级部分"明德""明志"两个学部,在竞争与合作中提高成绩。借助班教导会,落实好"明村中学一生一策精准帮扶",进一步巩固扩大"托底培优"成果,抓两头、促中间,进一步提升教育教学质量。

三、加强对教学常规的检查

组织领导干部、教研组长、备课组长定期进行常规检查。形成级部主任周查、教研组长月查、学校层面的期中、期末大检查的制度,做到查前有标准、查后有通报、动态管理。检查结果纳入教师业绩考核。

四、以考促教、以考促学

每月一考,严格考风考纪。每次考试结束后,各年级及时召开质量分析会,发现教学中存在的问题,调整教学策略,弥补学生知识的缺漏。质量分析落实到每一个学生,措施落实到每一位学生。及时进行表彰总结。

五、回归课堂实效、落实立德树人

我校实行"问题驱动、学案导学"的课堂教学模式。教师在制定导学案时,学习目标明确,让学生知道学什么;问题设置层次化,由浅入深,由易到难,以便增强学生的自信心,引导学生积极参与学习过程,体验知识,获得经验。从立德树人层面,让课堂变得有道德感,教会孩子交往、合作、友谊、规则、公正等。从核心素养层面,老师在课堂上引导孩子学会学习、培养批判性思维和创新能力。

六、坚持集备,让互助成就共赢

坚持集体备课的"三备、四定、六明确"模式。"三备"即备课标与教材、备学生、备教法。"四定"即定时间、定地点、定课题、定主讲人。"六明确"即明确重点、难点、基本知识点、基本能力训练点、思想基本结合点、知识迁移的基本结合点。学校鼓励教师在教育教学活动中加强互动、交流、协作,通过同伴互助,取长补短,相互借鉴,共同成长。

争创一流乡镇学校

即墨区灵山中学　　陆金祥

即墨区灵山中学位于即墨区灵山镇,是一座乡镇学校。学校一直全面贯彻党的教育方针,面向全体学生,把立德树人作为教育的根本任务。尽管教学条件有限,但学校不断进行完善,并加强校园文化建设,优化育人环境,创建平安校园,实现师生关系教学相长、和谐发展。学校始终坚持正确的办学方向,积极实施素质教育,努力培养德、智、体、美、劳等全面发展的社会主义新一代青少年,取得了良好的办学效益和较好的办学成绩。学校制定了五年内发展规划,总目标是—争创一流乡镇学校。

一、总体规划

办学宗旨：重质量、重德育、重科研,以质量创校誉,办让人民满意的教育。

管理理念：发展主体性管理,构建和谐学校。

办学方向：全面贯彻党的教育方针,面向全体学生,把立德树人作为教育的根本任务。

办学理念：让每个学生都拥有广阔的发展空间。

发展思路：以人为本、以德立校、科研活校、质量兴校、教改强校、特色兴校。

二、具体措施

加强教师思想政治学习,提高政治觉悟,定期组织党员干部和教师学习党的路线、方针、政策,并做好政治学习笔记。有计划地组织教师学习《中小学教师职业道德规范》《教师法》《教育法》《未成年人保护法》等教育法规,切实规范教师的教育教学行为,提高教师自觉履行职业道德、为人师表、以身立教的自觉性。

1.积极开展教科研活动

加强教师培训,始终把抓教学质量作为中心工作,定期召开教学质量分析会,进行学情分析,整顿学风,找出针对性措施,不断提高教师的教学研究能力。

2.加强学生的德育

在学生中扎实开展社会主义核心价值观教育活动,牢固树立社会主义核心价值观。通过开展读书征文比赛、爱心义卖、演讲比赛、学雷锋、座谈会、节日联欢会等系列教育教学活动,对学生进行爱国主义、理想信念和感恩教育,培养学生良好的行为与语言文明习惯。

3.加强学校的班子建设

加强对学校领导班子的培训,使之具有较高的教育教学与教研能力,具有一定的管理能力,使他们成为专家型和管理型相结合的人才。在平时的决策中,使民主集中制的原则得到体现,不断加强全校教职工的凝聚力和向心力,不断提高学校的管理水平。

4.继续完善教育教学资源

学校目前基础设施距离其他学校还有一定的差距,校舍较为老旧,体育、音乐、美术、信息技术、科技的教育设备和校园网络建设相对滞后,我校将完善硬件设施建设,早日争取到优质的教育教学资源。

学校将循序渐进地开展好各项工作,不断提升学校教育内涵,挖掘潜能、发挥优势、持续完善,塑造高素质学生群体,打造高水平教师团队,向名校学习、向先进学习,力争五年内把灵山中学办成让学生成才、让教师幸福、让家长放心、让社会满意的一流乡镇学校。

用心谋划布局　科研引领发展

即墨区七级中学　孙元兵

即墨区七级中学立足学生的核心素养,加强校园文化建设,努力提升办学品位,加强课题研究,努力培育学校特色。以中国教育学会课题"农村中学多元评价的实践研究"和青岛市"十三五"规划课题"农村中学激励教育的实践研究"为依托,积极开展研究工作,引领学校发展。

一、对学校布局进行规划

学校提出了"学会感恩、学会宽容"的办学理念,并通过校园文化建设凸显办学理念。

通过实施"暖心工程",表达学校教老师辛勤付出的感谢。先后投资 40 余万元改善教师办公环境,改建教学楼厕所 4 个,改建、装修教师办公室 12 间。

改扩建学校大门,新建教师停车位 30 个,新建"杏坛论道"讲坛、"泮宫折桂"浮雕、传统文化墙、升旗台和升旗广场,进一步对学校布局进行了规划。

二、课题研究引领学校发展

德国著名教育家第斯多惠指出,教育艺术的本质不在于传授本领,而在于激励、唤醒与鼓舞。因此,我校形成了"激励教育"的办学特色。我们认为,激励教育就是以人为本,就是尊重人、关心人、激励人,实施激励教育的根本目的在于激发潜能、鼓舞人心、激励志向,即在"尊重差异,尊重个性,尊重多元"的过程中,让每个人的身心都迸发出正能量,为教师和学生创造充满向上、温馨的氛围,力求把学校教育变成学生精彩生活的一部分,把工作变成教师精彩生活的一部分。

我校办学特色的打造主要借助课题研究来实现。中国教育学会课题"农村中学多元评价的实践研究"和青岛市"十三五"规划课题"农村中学激励教育的实践研究"顺利推进并取得阶段性成果。

（1）形成了"竞赛检测旧知—预习自学新知—合作解决困惑—依据学情点拨—巩固应用新知—竞赛展示所学—学习效果评价"的"七步教学策略",并通过小组竞赛等方式有效调动学生的参与积极性。"小组竞赛,多元评价"很好地体现了激励的作用,促使小组成员相互团结、发挥团队精神,从而激发了学生学习的兴趣。

（2）构建起"主体多元、内容多维、方法多样"的多元评价模型。构建自我激励性评价—学伴激励性评价—小组激励性评价—班级和级部激励性评价—学校激励性评价"五位一体"的评价模型。自我评价以制定近期、中期、远期目标为主,如周目标、月目标、期中目标、期末目标,根据自我评价目标实现程度对目标进行适当调整,制定相应措施;学伴评价以师友结对为主要形式,在课堂上师友互学、助学,阶段性总结师友的优缺点和目标完成情况;小组评价以课堂竞赛为主要形式,通过组间竞争,以分数量化的形式进行小组评价;班级和级部评价融合了文明礼仪、卫生、纪律、品德、活动参与度、课堂参与度等方面的内容,评价内容丰富;学校评价主要是通过周一升旗仪式进行表彰,表彰层面主要有校园之星、优胜小组、星级班级评选。

课题研究促进了教师的专业化发展,促进了学生的多元发展,激励式德育、激情式课堂、激活式管理、激趣性社团,凸显了"激励教育"的办学特色。

即墨区蓝村中学规划

即墨区蓝村中学　王高洪

一、指导思想

我校以即墨区教体局2019年工作要点为指导,以科学发展观为统领,深入落实各级教育规划纲要,以"规律办学,文化立校,争创品牌"为宗旨,秉承"厚德励志　博学笃行"的校训,建设"求真务实 民主和谐"的校风,着力打造"敬业　精业"的教风,树立"乐学 善思"的学风,努力办好让人民满意的即墨市农村一流中学。

二、工作重点

总体目标:通过三年的努力,全力创建"规律办学,文化立校"的品牌。

(1)加强领导班子建设,增强领导班子的服务意识、效率意识和纪律意识。

(2)强化平安校园,确保人身财产安全,争创和谐精彩校园。

(3)抓好常规管理,培养文明习惯,实施多元精彩德育。

(4)深化教学改革,提升教学质量,构建高效精彩课堂。

(5)重视课题研究,大兴学术之风,追求实效精彩课研。

(6)加强文化建设,推进内涵发展,创建文化特色精彩校园。

(7)整合校本资源,丰富社团活动,完善校本精彩课程。

(8)瞄准中考会考,抓好音体美教学,拓宽升学精彩途径。

(9)做好各方协调,崇尚民主向上氛围,营造幸福精彩家园。

三、工作措施

(一)加强领导班子建设,增强领导班子的服务意识、效率意识和纪律意识

学校领导要带头加强党建工作和改进工作作风,扎实落实"三严三实"。进一步加强民主集中制建设,推进学习型、服务型、创新型党支部建设。完善民主决策和管理机制,开好民主生活会。开展以"为民、务实、清廉"为主要内容的党的群众路线教育实践活动。认真落实改进工作作风、密切联系群众的规定和要求,修订会议、文件、评估、基层调研、公务接待、勤俭节约等管理制度。大力改进会风,倡导"短、实、新"的文风。

(二)强化平安校园,确保人身财产安全,争创和谐精彩校园

安全工作无小事,各处室各班级,全体教职员工都要进一步落实"安全第一"的上级指示,争创"安全校园"。

(三)抓好常规管理,培养文明习惯,实施多元精彩德育

加强学生的文明养成教育,通过成立教师值班、学生值勤两支管理队伍,发挥学生会各部门的功能,完善学生常规管理工作,推动各项活动的开展,使学生常规管理和校园活动常态化、精细化,推动学生养成教育的落实。

（四）深化教学改革，提升教学质量，构建高效精彩课堂

加强"名师工程"建设。进一步健全名师、优秀教师的培养、使用、管理机制，加强考核，发挥即墨名师、蓝村名师、优秀骨干教师的示范、辐射、带动作用，充分调动全体教师爱岗敬业、为人师表的积极性，促进我校教师队伍整体水平的不断提升。

（五）重视课题研究，大兴学术之风，追求实效精彩课研

坚持走科研兴校之路，将教室变成"实验室"。引导教师以解决问题为指向，运用科学的方法主持或参与课题研究。避免为科研而科研，教师立足本岗确立校级科研课题，撰写学术论文。学校积极承担上级科研课题，逐步扩大研究队伍，人人参与课题研究，实现科研立校的发展目标，让研究、学习、改进成为教师的工作方式。

（六）加强文化建设，推进内涵发展，创建文化特色精彩校园

进一步改善学校的人文环境，创建科学、民主、法制、和谐的学校管理文化。以制度文化建设为保障，促进学校文化管理的和谐和自觉。

（七）整合校本资源，丰富社团活动，完善校本精彩课程

（1）依托蓝村资源，开发特色校本课程。
（2）整合蓝村资源，探寻课程实施策略。
（3）开展多彩活动。

（八）做好各方协调，崇尚民主向上氛围，营造幸福精彩家园

组织教职工多样化的文体活动，引导教师树立健康意识、塑造阳光心态。创新活动形式，使教职工有成就感和幸福感。举行适宜的健身活动和球类友谊赛，培养教职工的健康意识。积极争取上级部门做好教职工体检，关心教职工身体健康。

青岛西海岸新区弘文学校
"提升工程"调研报告

西海岸新区弘文学校　王金奎

青岛西海岸新区弘文学校是 2013 年 8 月建成使用的一所融合生态、科技、现代和人文教育理念,功能齐全、设施先进,充分满足素质教育要求的高标准、现代化九年一贯制义务教育学校。

一、学校主要办学优势

一是自建校始,学校就立足九年贯通,确立了"以文立校 以文化人"的发展战略,形成了学校的理念文化、楼座文化、环境文化、课程文化、教学文化、足球文化、书院文化、班级文化、乡土文化、食育文化,实现了以文化引领学校科学与内涵发展。

二是注重教师专业化发展,提高教师综合素质,大力提升学科素养,增强课程开发能力,培养"一专多能"教师。依托青岛市名校长工作室、青岛市名班主任工作室、青岛市名师工作室,深入实施"名师培养工程",建立"名师成长共同体"。中考成绩连年攀升,社会高度认可。

三是一体发展,"合"作共赢。弘文和弘德两所学校一体化办学,坚持"三统一"原则(共同的文化凝聚、共同的制度约束、共同的评价导向),有计划地开展"五同步"活动(教育科研、教师培训、课程建设、质量监控、实践活动"五同步"),两校的教育教学成效明显。

二、学校发展过程中存在的核心问题

教师先进的教育理念和教学方法有待进一步提升,家长的教育理念和综合素质有待进一步提升。

三、学校"提升工程"采取的主要措施

（一）加强顶层设计　健全组织架构，理顺组织关系

要进一步优化教育教学环境，让教师安心、热心、舒心、静心从教，回归教育的本质、坚守教育的初心，把宝贵时间和精力配置到教书育人的主业、立德树人的使命上来。要统筹研究、科学分析　精准把握"提升工程"内涵。

（二）明确目标，精准施策

针对学校的提升内容，要分清原因、制定措施、明确目标，采用适应性的方法去解决。坚持问题导向，认真梳理分类，找准问题根源，定向精准发力，实现"稳、准、狠"。

（三）加强名师、骨干教师的选拔、培养及流动等工作力度

要按"整体着眼，分层培训，整体提高"的策略对名师、骨干教师进行培训，实行动态滚动式管理，建立定期考核、科学评估和动态竞争的管理机制，建立各级骨干教师培养对象的业绩档案并建立骨干教师培养对象联系制度。

（四）要充分发挥教育集团的群体智慧和品牌影响力

坚持"三统一"原则，即"共同的文化凝聚、共同的制度约束、共同的评价导向"，有计划地开展"五同步"活动，即"教育科研、教师培训、课程建设、质量监控、实践活动"同步。

（五）进一步增强教育学区化集团化建设水平

一是继续推行学区化办学，着重加强在管理创新、课程建设、师资培育、校社联动、特色创建等方面的探索，通过学校之间、学校与社区之间的合作创新，不断生成新的优质教育资源。二是集团化办学，组建办学联合体，带动发展相对薄弱学校、农村学校、新建学校，分享先进的办学理念、成功的管理模式、有效的课程教学、优秀的教师团队等，增强自身"造血"机能，获得更稳健的发展。通过建立集团章程，制定集团规划、创新管理机制、加强师资流动、共享优质课程等，使成员学校逐步成长为新的优质学校，从而增加优质教育资源总量。三是建立学区、集团同学段、学科教研组或备课组，建立健全学区、集团优质课程资源共享平台，牵头校每年组织开展高质量共享共用课程建设。统筹学区、集团各类资源，建立共享共用机制，并以先进文化引领成员校"和而不同"的发展，帮助成员校在提升常态课教学水平的同时，打造办学特色。

（六）实施捆绑考核评估

把学校每一项的发展进步作为对牵头领导人的年度绩效考核的重要依据,赋权牵头领导人对参与本项工作的其他成员进行年度考核。对考核优秀的,学校可予以专项奖励。

各美其美，美美与共，内涵发展

平度市国开实验学校　石伟娟

我校以精彩教育服务品牌建设为抓手,通过实施"校园文化内涵提升工程"等七大工程,内强素质,外树形象,努力推进学校全面、和谐、可持续发展。

学校秉承"正气、仁爱、虚怀、担当"的国开精神,围绕集团的使命愿景、核心价值观,构建学校文化的内涵,以"成全教育观"引领学校文化风尚。建立和完善考核激励机制,引导教师认真工作,全身心投入教育事业,从而凝聚创造合力。

一、科学设置学校管理机构，探索扁平化的分权管理模式

倡导现代管理思想,追求管理的优质、高效、简约。一是对学校重要机构进行正确的权责定位,做到权责对等,使管理机构及其成员具有相对的独立性,做到各司其职又通力合作,提高管理的效率;二是探索扁平化的分权管理模式,减少管理层次,提高管理信号强度。

二、完善学校规章制度，努力塑造学校制度文化

在学校制度建设中要将人文科学精神与创新教育思想有机渗透并体现在制度文化当中。通过对现有制度进行调研分析,通过多种途径广泛征求意见,依据最新的科学管理理论,寻找解决问题的有效策略,修订和完善考核奖惩制度和教师专业化发展制度。同时,依据时代要求和学校发展实际,把集体创优和彼此成全的理念引入制度建设,在适度维持与适度创新思维的引领下,对学校各项常规管理制度进行适度创新,有效地进行学校管理。学校管理制度的制定和完善要经过一个反复的过程,实

践—修订—再实践—再修订,最后形成完善的制度体系,从而确保制度体系向制度文化提升。

三、以人为本,强化民主管理与决策

以人为本,关心教职工的工作、学习、生活,努力减轻教师的工作压力和心理压力,切实为教师解除后顾之忧,创造"团结、民主、和谐、宽松"的氛围,让教师的主人翁意识得到强化,教研、教改的积极性得到最大程度的调动。

四、依法治校,规范学校办学行为

按照《义务教育学校管理标准》规范办学,严格学校教育教学常规管理,开展"五心"教育,让精心备课、全心上课、细心批改、耐心辅导、潜心科研逐渐内化为每个教师的自觉行为。加强随堂听课和校内素质教育调研制度,积极开展"双进"活动:校长进课堂,讲课、听课、巡课,掌握教学的第一手材料,及时指导教学;家长进学校,邀请家长定期到校,全过程参与学校的教育教学活动,起到观摩、监督、促进的作用。及时发现成绩,总结经验,同时寻找存在问题,研究解决方案,促使学校素质教育上新台阶。

三年规划是学校发展的行动纲领,我们坚信,随着规划的实施、目标的实现,三年后的国开实验学校将向社会交上一份满意的答卷,成为青岛教育的一张靓丽名片。

改变学校生态的思考与实践

莱西市姜山镇泰光中学　于同磊

要改变现状,推动学校发展,首先要改变学校生态,打造积极向上的校园文化。问题的关键在教师,要在学校层面形成一种合作的氛围。第一,精神层面的引领,激发教师的职业精神、教育情怀和责任担当。第二,适度的危机意识,把学校打造成命运共同体,教师要有忧患意识,校兴我荣,校衰我耻。要明白,教育只能成功,不能失败,因为事关学生的健康成长和前途。第三,良好的制度建设。良好的制度要凝聚共识；要充分发挥制度的引领、评价作用；要及时、客观地评价工作，表彰激励。

一、凝聚人心，重塑泰光中学教师精神

提炼倡导"泰光中学教师精神"，树立教师的良好形象，打造一流的教师团队。

有格局：能站在全局角度，正确看待学校在莱西教育中的位置，并愿意为此履行职责和使命！

有境界：积极克服工作和生活中的困难，乐于奉献，甘愿付出！

有情怀：富有教育理想，关爱学生，对学生的成长和未来负责！

有追求：有"干一流工作，创一流业绩"的雄心和勇气，并付诸行动！

二、加强学校制度建设，充分发挥制度的引领作用

第一，重新修订了两个关键制度：教师考评办法和班级考评办法。教师考评办法主要解决"教师应该怎么当的问题"；班级考评办法、主要解决"应该怎么培养学生的问题"。

第二，重新制定了几个配套制度：出台校务委员会议事规则，成立教师评议委员会，建立工作约谈制度；制定学校中层干部评价办法、优秀教师表彰办法，保证工作的顺利开展。

三、调整学校工作运行机制

第一，建立"中心"管理体制，加强学校层面统筹领导力度，设立督导评估中心、教学管理中心、学生发展中心、后勤服务中心，分别由学校主要领导分工负责。突出教学研究及管理，突出学生发展及管理，狠抓工作落实。

第二，工作重心下移，扎实推进"级部主任负责制的级部管理"。将"级部管理"作为推进学校工作的主要渠道；确立级部主任在级部工作中的主导地位，打造以级部为单位的有凝聚力、战斗力的教师团队。

第三，推行值日校长负责制。

四、坚定不移抓教学，突出教学的中心地位

第一，实施目标管理。制定《泰光中学关于实施目标管理引领学校发展的意见》，树立以学生为中心的思想，聚焦学生，发扬团队精神，因材施教，科学施教 。

第二，抓教师业务能力提升。学校认真落实《莱西市初中教学效能提升活动实施方案》要求，着重抓实、抓牢、抓好教研和集体备课，积极在全校教师中开展单元

"说课标、说教材、说教学"（"三说"）活动,这一活动有效提高了全体教师把握课标、教材、课堂的能力,我校有四名教师经学校推荐参加莱西市级"三说比赛",三人获奖。同时学校广泛开展青年教师研讨课和骨干教师研究课,加快了青年教师的成长,推进了先进教学理念和思想在课堂落地生根。

第三,抓教学常规的落实。学校以《莱西市中小学教学管理暂行办法》和《莱西市普通中小学学科素养培养实施方案》为依托,梳理出《泰光中学学科教学常规要求》;同时简化教学常规检查流程,形成《泰光中学教学常规管理清单》,把教学常规分为三类:第一类是教学的关键环节,必须抓实、抓好、抓到位,主要是教学规划、教学研究、集体备课、实用教案;第二类是学科必须抓好的、体现学科特点和要求的内容,比如语文主要抓阅读和写作,数学主要抓课堂检测和周末作业;第三类为鼓励做好的内容,比如理科的错题本,文科的书写。学校主要落实第一、二类常规要求,其他适当放开,赋予教师更多自主权,把最终的结果放在学生身上来考核。

第四,全面落实"十个一"行动计划,打造充满活力的校园,促进学生全面发展,并以此为突破口,打造学校特色。

用规划让老学校焕发新的生机

青岛五十中　张文革

老城区的中学普遍存在的弊病是校园建筑占地规模小,教师队伍平均年龄大,改革创新思想不足,不能适应社会变革的需要,人际关系错综复杂,硬件设备陈旧老化。如何对老校进行新规划,让其重新焕发新的生机呢?

首先是确定新的工作总目标,目标的设定一定要符合教育方针的新要求,要结合学校实际,有的放矢,忌空忌大。在培养德智体美劳全面发展的社会主义建设者和接班人的新目标要求下,如果不根据学校的实际情况,而单一地强调普高升学率,那么学校的发展就会走进"死胡同"。因材施教,尊重个体差异,让每个学生都精彩,不能只是口号,全面实施素质教育,办人民满意的学校,这是每所学校都应确定的共同目标。

要完成这个教育的大目标,学校都应该结合自身的实际情况从教师队伍建设、校舍硬件规划和建设、学校课程设置、德育体系建设四个维度设定一年、三年和五年的分段目标。第一年作为起始年,其目标重点应该放在干部教师队伍的思想转变上,同时要根据五年目标进行硬件设施的配备建设,两项工作要同时推进。特别是在大数据的形势下,现在教学设备的更新换代已经是日新月异,在常规教室的现代化教学仪器设备的更新上,要与新思想理念相匹配。硬件设施要体现时代性、先进性、实效性。要用先进装备倒逼教师专业思想和业务的提升,否则大数据时代新的影像微视频教学、小组合作教学、提高课堂教学效率、运用新科技提升学生的学习兴趣都将成为空谈。

要用新的思想理念武装教师队伍。由应试教育转成素质教育,确实是一项"硬骨头"工程。校长的创新理念可用强势推进的模式,在干部队伍中推行,让干部在干中悟。对教师,要先说教,再引领干事,让他们事后反思自悟,根据成果二次理论提升和自我调适,最后内化践行。规划为第一年实践、第二年认知、第三年内化的"三步走"战略。

课程规划要抓住学校创新变革的重点,设计好突破点,用课程为依托构建学校的特色发展。在"五育"并举的形式要求下,智育不能再一枝独秀。学校要开发德育、体育、艺术和劳动课程,在场所环境上要克服老校的弊病,挖掘可能的空间开设各种专业学习室,这些资源的开发利用以五年为一周期。这些课程的师资除了校内人才外要向社会专业人才转向,抓住两到三个精品做出自己的品牌和特色,提振办学士气。

寓教于乐,在课程中构建德育教育体系,加强团队活动、社团活动、研学旅行、学工实践活动、学农实践活动、学军实践活动,体育节、艺术节将"十个一"的工程贯穿于其中。德育教育工作体系要根据学校的总体课程的教学内容进行设置。每年都需要有继承,也需要有创新。在规划时要与教学中心工作显示互动性、连接性。

学校规划从学校级到部门级最终到达每一个人,都应该是相互衔接、互相呼应的。只有达成共识、形成合力才能促成规划的实现。

九年一贯制学校办学问题的思考

青岛滨海学校 李全慧

伴随着义务教育办学体制改革的全面启动,九年一贯制学校在一段时间内兴起。这种独特的办学模式可以实现资源共享,减少学校管理人员,提高管理效率,减少运行成本,有利于学校对学生九年义务教育的规划、开展素质教育、减轻学生负担,减轻学生升学的压力等,同时,也缓解了社会的择校热,是以后学校发展的新趋势。然而,由于学校的管理体制、教师的职称类别和学生的年龄特点等,九年一贯制学校发展面临很多问题。九年一贯制学校一般人多、事多、物多,加之中、小学教育规律不同、教师层次不同,学校内部管理难度加大。9个年级、6到15岁的学生同处一校,教育管理的工作量大、复杂又困难。

一、定势思维导致人的融合问题

由于九年一贯制学校教师基本由原来的中、小学教师组成,形成一贯制后虽然人的外在角色一下子转变了,但是心理角色转换却不容易。教师的思维常常受到惯性思维的影响,中、小学教师的意见常常有较大的分歧。这同样也会影响到领导。由于九年一贯制学校的领导大都是原中、小学的领导,大家对九年一贯制办学体制下的教师管理缺乏必要的经验储备。原先小学的领导对中学教学不了解,对中学老师不熟悉;原先中学的领导则对小学教学不了解,对小学老师也不熟悉。这很容易导致管理者在教师管理中缺乏必要的权威性。如何实现九年一贯制学校中、小学的全面协调发展,"人"的融合问题是严峻的考验。

二、学段差异导致教育评价难度加大

小学与初中都属于九年义务教育阶段,有着不少共同点,但事实上中、小学之间还存在着较大的差异。相对而言,小学的学习在整体推进素质教育方面,要比初中力度大,活动较多;初中的学习是精确的学习,由于受升学压力影响,成绩在考核中的分量相对重些。实行九年一贯制后,这种不同依然存在。在一贯制的教育生态下,学校很难用一把尺子衡量中、小学教师个体的教育教学工作,教育评价的难度增大。

三、政府支持助推一贯制学校科学发展

学校虽九年一贯制办学了,但教育行政部门对中小学仍分开核编、分开督导评估、分开核发奖励性绩效工资、分开评聘教师职称,使得学校在管理过程中稍有不慎或处置不当就会影响教师的工作积极性。政府教育行政部门对一贯制办学的政策支持和保障、适切的考核与评价,对九年一贯制学校科学、有序、健康发展是必不可少的。

九年一贯制学校在管理方面的劣势是客观存在的,当然,只要方法得当、管理到位、政策配套、投入加大,这种劣势也是可以转变的。未来九年一贯制学校将成为义务教育阶段的一种重要学校形态。随着九年一贯制办学模式实践的不断深入,规模集聚效应的充分发挥,九年一贯制必将转化为教育质量和办学效益的优势,实现"6 + 3 > 9"的效果。

顺势而为促发展 安顿从容抓落实

—— 英姿学校发展思路规划

胶州英姿学校　　王金玺

英姿学校成立于 1998 年,是胶州市改革开放以来的第一所民办学历教育学校,根据国家、省、市主管部门的会议和文件精神,结合学校的具体实际,对学校近期发展思路规划如下。

一、顺势而为谋发展

学校积极顺应国家发展之"势"、社会发展之"势",行业发展之"势",找准个人成长之"势"。不忘教育初心,用教育情怀、教育的智慧支撑起新的发展,迎接新的机遇。

落实胶州市委教育工委的指示精神，以党支部建设为主阵地严抓学校领导班子建设、教师队伍建设。落实提升管理效能"四讲"：一讲办学理念、教育情怀，引领教师发展，提升教育品质；二讲教学模式、教学要求，构建高效课堂；三讲心理辅导，促进教师积极进取，踏实从教，促进学生和谐发展；四讲制度落实，尤其落实教职工工资发放和保险事宜。

继续追求"做最好的自己"，即"做有情怀、有温度的教育，做有工匠精神的教师，做有创客精神的学生"的奋斗目标，以此统领学校三个维度的发展。英姿教师要有"手持戒尺、眼中有光、灵魂有爱、思想无疆"的风范，英姿学生要有"爱心诚实、惜时勇敢、多思进取、知行合一"的风范。

"沐浴七彩阳光，科技助力发展"，继续以"创客之旅，筑梦未来"为主题，以跨学科 STEAM 教育＋人文阅读作为理念引领，丰富学校七彩课程体系，努力提升学生的核心素养。

二、安顿从容抓落实

1. 落实九年一贯制创新管理模式

学校分为基础年级学部（1～2年级）、发展提升学部（3～5年级）、衔接融合学部（6～7年级）、毕业推进学部（8～9年级）、国际发展学部（10～12年级）。按学部特点，因"时"施教，培养学生良好的习惯和兴趣。

2. 落实各项教师修养提升、业务培养和奖励制度

倡导教师树立"我自豪，我是英姿人，校荣我荣，校衰我耻"的思想观念，增强责任意识、使命感、危机感。

3. 落实学校例会制度

落实《英姿学校管理制度汇编》的各项规定，提升部门和岗位执行力。理顺管理层次，工作逐级安排，层层落实。教师要适应社会发展的需要，进一步转变教育教学观念，树立"与时俱进"的发展观，树立"我与学校共存共荣"的思想意识，加强职业道德学习，落实"胶州教育十不准"要求，统一思想，将个人利益与学校利益融为一体，倡导爱校如家、敬业爱岗、务实进取的行业作风。

4. 落实"精细化"管理，落实管理措施，提升管理效能

（1）延伸对办学宗旨"面向未来，使每个人都成功"和办学目标"创名校、出名师、育名人"的理解。基础教育不应该是淘汰大多数人的英才教育，而是面向全体学生，

只要提供适当的学习条件,每个学生都有成功的可能。

（2）落实成功教育理念,结合日常管理和教学,做好两个"落实":第一,落实脑科学"胜利者效应"理论支撑的"成功教育"理念。第二,落实运动促进脑发育的理论,科学的、丰富多彩的体育活动会促进学生大脑发育。

（3）完善教育教学各项检查量化制度,依据《英姿学校教师量化管理条例》,进一步完善科学、有效的评价机制。落实执行《英姿学校教师量化积分管理办法》。

（4）抓好校园德育文化建设,一手抓硬件设施美化环境,做到环境育人,一手抓文体艺术活动,做到活动育人。

5.落实个性化、小班额教学模式

（1）基础学部和发展学部落实小组互助合作教学模式,注重学生思想道德教育、礼仪教育,注重德智体美劳协调发展,研究新课程教学理念,以良好的学习习惯和学习兴趣培养为重点。

（2）衔接学部和毕业学部进一步树立质量意识,加强教与学的研究,落实新课程的教育理念,开展"自学＋辅导""先学＋后教"教学法的实践与研究,倡导合作、探究的学习方式,注重夯实基础、提升能力。加强学生思想教育、心理健康教育的研究。

均衡　一体　发展

西海岸新区弘德学校　王连英

一体化办学,弘文学校和弘德学校实现了资源与经验的共享、义务与责任的共担,围绕共同的发展规划,坚持"三统一"原则,推进师生活动"五同步"。一体化办学实现了两所学校共创共荣的"双提升"。一体化办学对于弘文,并非"削峰填谷";对于弘德,实现"弯道超越"。一体化办学对于两所学校而言,是融合发展！具体实施如下。

一、"三统一"推进文德"一体化"

我们落实"三统一"原则:共同的文化凝聚、共同的制度约束、共同的评价导向,使弘文、弘德共享智慧、同创经验。

共同的文化凝聚：弘文"和合"文化催生了弘德的"和美"文化，激励弘德人"和而不同、各美其美、美人之美、美美与共、成就最好"，凝聚起学校共同的发展愿景，"民主、包容、开放"的管理文化凝聚了教职员工的向心力。

共同的制度约束：共同的章程、共同的制度，使各项工作实现了"凡事有准则、凡事有程序、凡事有负责、凡事有监督"的闭环式管理，让学校步入健康发展快车道。

共同的评价导向：共同的考核制度，共同的个性化评价，科学考核，榜样带动，弘扬了学校正能量。

二、"五同步"加速教师"提师能"

师能的高低，是学校发展的决定性要素。弘文、弘德坚持各项教研教学活动"五同步"，即教育科研、教师培训、课程建设、课堂改革、质量监控同步进行，在培训与活动中，促进两校教学常规工作在高位运行成为常态，也加速了师能的提升。

教育科研同步：半日教研同步进行，同研九年一贯制学校教育教学共同课题，同研教学困惑"草根式"微课题，进行同读书同感悟活动。

教师培训同步：共享名师，培训专业成长；共享专家，引领高位成长；共享优质资源，观摩高标发展。

课程建设同步：同研小初衔接课程、小初各学科"一科一品"课程、养成教育课程、德育一体化课程、家长优教课程。

课堂改革同步：同上一课题（同课异构，接力同课），同听一节课，同评一节课；同台竞技，同步提升。

质量监控同步：统一时间，统一试题，统一考试，统一标准，统一分析。

三、"五同步"练就学生"童子功"

学生素质，是学校办学质量的晴雨表。弘文、弘德围绕学生核心素养的培塑，坚持学生活动"五同步"，即实现培养目标理念、核心素养体系、行为规范标准、个性特色培养、实践体验活动同步，促进学生素养的全面提升。

培养目标理念同步：课程育人，活动育人；培养学生自主性、个性化成长。执行统一的学生养成教育规范标准——"童子功"系列，开发实施相通的九年一贯的学校课程。

核心素养体系同步：实施共同制定的九年一贯制学校学生核心素养发展体系。

行为规范标准同步：实施共同的"童子功"（读好书、写好字、走好路、行好礼、唱好歌),采用共同编写的学生各学科学习常规、学生一日行为常规。

个性特色培养同步:优质特色课程同步实施(足球课程、传统文化课程),学校个性化课程分校推进(弘文的琅琊瓷、古琴课;弘德的年画、跳绳课)。

实践体验活动同步:校园节日课程同步,传统节日课程同步,旅游研学课程同步,运动会等大型活动同步。

总之,一体化办学的最大优势在于"协同力"促进"双提升"。经过一体化办学实践,在"三统一"原则下,师生活动的"五同步"促进了弘文、弘德全体教工同心协力、一体发展,两校的干部一体化述职、教研一体化进行、课程一体化编写,壮大了教育教学研究团队的力量,增强了九年一贯制学校诸多课题的解决力度,加快了两所学校共同前进的步伐。尤其是弘德依托弘文现成的经验和优质的资源,降低了发展成本、成长风险,却收到了最高的办学效益,巧妙地避开各种弯路、岔路,有效地省略了探索与摸索的程序,沿着九年一贯制学校健康发展的轨道直奔办学目标,实现了新建学校的高位起步、快速发展。

我作为副校长,作为一体化办学的参与者与见证者,也时常惊叹于弘德发展的速度,时常赞叹上级领导实施一体化办学的胆识和智慧。一体办学,真的是实现学校"均衡　一体　发展"的"快车道"。

传承优良家风,促进团队和谐发展

即墨区普东中学　王霄业

一、制度传承

任何团队和组织管理,一定要讲究制度和人文的传承。

学校应该每年定期举行教代会,审议学校工作报告,征集民意,答复议案。日常遇到关系教职工切身利益的重要决策时,可召开临时教代会。民主才能和谐,和谐才能更好地发展。正是因为有了良性的竞争氛围,每一位教师才能人尽其才,从而促进学校的整体发展。

二、走心工程

有个小故事让我对教师团队管理感触颇深。一个是犹太人的咖啡馆效应。犹太人很爱读书,也爱讨论,但是他们认为,许多智慧的火花并不是在一些正规场合迸发出来的,而是在咖啡馆聊天时出现的偶然的思维灵感。由此可见,一个团队思想工作多么重要。基于以上思考,我们做了三项工作。

1. 走近教师的心

学校要求所有的领导干部每周约谈 2～3 名教师,可以利用办公室或是教学楼的休闲区随时进行。领导干部经常和教师在一起,可以听到很多有益的建议。学校要求所有的领导干部在工作中随时拿起手机给教师拍下那感人的瞬间。每周互办公会进行汇总交流,学校每月制作一个精致的微信美篇推送给所有的教师、家长,引起家长对学校教育的关注。

2. 走近学生的心

在与学生的交往过程中,教师致力于创设一种亲密和谐的良性互动氛围,从而使自己真正走近学生的内心。所以,在教室门口、走廊上、去餐厅就餐的路上……都会经常发现班主任及任课教师与学生谈心的身影,师生们的近距离交流增进了感情,提高了管理效率,学生满意,随之而来的是家长满意,我校 2018～2019 年度群众满意度测评达 100%。

三、三项保证

1. 决策者,研判定位准

教育需要安静,成长需要风雨。过去的一年我们明确提出"质量建设年",深入研究学生、研究教材、研究习题、研究作业、研究分层教学目标及方法,卓有成效地抓好校本教研、强化学生学习习惯的培养。

（1）重授课技巧。

学校要求教师依据科学原理周控好课堂活动,规定教师讲授的时间不得超过 20 分钟,教师设计练习要做到"三要":一是题量要精,不搞题海战术;二是题意要明,不出偏题怪题;三是类型要新,不出陈旧老题。

（2）重作业精心设计。

我们要求教师努力做到作业设置必须要有针对性、科学性。坚决杜绝"重复抄写"与"罚作业"现象,真正减轻学生过重的课业负担,从而使不同的学生得到不同程度的提高。

（3）重培优补差。

要求每位教师结合本班学生的实际情况制订出培优补差计划,确保教学质量整体提升。每位教师必须认真做好培优补差辅导记录,做到培优要定时,补差要随时。每月末学校通过学生座谈、家长问卷等形式,全面了解学生辅导的情况。学期末学校对参加辅导的学生进行统一抽考,其结果直接与教师的考核挂钩。

（4）建立纠错本。

教学纠错本能一定程度上反面深入理解正确的知识,把错误的原因寻找出来,帮助学生培养好的、科学的学习习惯,避免重复的错误及问题发生。

2. 同行者，执行有力度。

（1）打造一支肯干事、能干事、权责清晰的中层领导团队。着力追求"各就各位、各司其职、层次分明"的管理管理体系。

（2）做好工作上的"精细"分工。做到事事有人管,人人有事干。我校每学期、每个月、每个周都有相关工作的工作内容、工作目标、具体负责人。每周五定期召开校委会,每月召开一次班主任例会、教师例会,各处室负责人汇报总结上周工作内容及完成情况,布置下周工作事宜。

（3）实行激励性考核评价。学校工作安排到哪里,考核奖励就跟到哪里,向业绩倾斜。让成绩突出的教师干得气顺,让年轻有为、积极上进的教师有施展的空间,使"有作为就有地位"的意识深入人心。

3. 奉献者，默默不计较

我们团队中有这么一支甘于奉献的老教师队伍,他们淡泊名利、忘我耕耘。李春兰老师是高级教师,连续 7 年奋斗在毕业班教学,连续 5 年担任九年级数学备课组长,带领数学组连续五年进入区先进备课组。57 岁的隋邦英老师也是高级教师,未间断过班主任工作。王桂霞老师在还有四个月就要退休时,依然坚持任教四个班的地理。邱秀玉老师是青岛市名师工作室主持人、正高级教师,繁忙的工作之余依然任教四个会考班的地理……正是因为他们默默无闻的忘我工作,给全校教师树立了榜样,也孕育了我们普东中学甘于奉献的优良校风。

营造人性化校园育人空间环境

平度市崔家集镇中庄中学 袁书慧

校园是学生学习、生活的场所。整洁、优美的校园环境使人身心愉悦,有利于学生身心健康,能激发学生对学习、生活的热情,能培养学生健康乐观、积极向上的精神。良好的校园环境能够为学生的生活与学习、教师的教学奠定基础,促进学校教育水平提升,满足当前教育体制改革的需求,促进学校内涵发展。为此,在校园规划设计中,我校以办学理念为出发点,营造人性化校园育人空间。

一、学校基本情况

中庄中学始建于 1970 年,服务 36 个行政村的 2.7 万人。学校占地面积 69537 平方米,建筑面积 10582 平方米,绿化面积 26290 平方米。学校现有 14 个教学班,在校学生 551 名,教师老龄化现象比较严重,但教育教学质量一直位于全市农村中学前列,历年来中考升学率均居本地区农村中学榜首。特别是近几年来,学校更是得到了社会各界的广泛认可,大批的外流生源回归,周边乡外镇的学生想方设法把学籍迁入我校。这一切归功于师生的共同努力。

二、采取的相关措施及取得的成绩

我校原是 2012 年拟撤并的学校,后又决定不撤,拆除重建,这给学校建设带来了很大的不便。自 2013 年开始建设到 2015 年止,学校虽然校舍建设已经完成,但内部配套和校园的绿化、美化、硬化工作还需要进一步完善,这一切都需要大量的资金,而学校的资金又有限。针对以上情况,我校积极想办法,教体局领导亲临我校视察,给了我校大力支持和帮助,现在教师周转房已经建成并使用,两个篮球场地也已完工,我校后面的停车场投入使用,阶梯教室、原两排旧实验室通过招标方式,已全部改造完成。除此之外,我校还多方筹措资金,得到了兄弟学校和社会人士的大力支持。例如,体育中心为我校运来 4 张乒乓球台、2 个篮球架,价值 2 万余元;九中免费赠送我校 10 个篮球,实验中学将送给我校价值 2 万元的宣传栏;青岛润隆山泰石业有限公司曹安德和平度市千汇房地产开发有限公司刘恒盛两位总经理给我校送来了价值 50000 多元的大理石路边石。校园道路的硬化整修也已全部完成,校园的空地绿化也已初成规模。校园前方是新建的两个绿化园,内栽各种风景树木。校园后方建成微型果园,栽种了苹果、桃子、李子树,寓中庄中学年年取得丰收的成果之意。

三、总结与反思

在总结成绩的同时,我们也清醒地看到,我校的发展还存在尚未解决的问题,还面临着很多困难和挑战。一是学校的操场建设、绿化美化还有待进一步完善,当然这一切还需要上级扶持和大量资金的支持。二是在校园环境管理方面还缺乏一个"实"字,缺少一个"细"字,缺失一个"精"字,没有认真扎实地深入下去。我们必须高度重视,要坚持问题导向和目标导向,抓重点、补短板、强弱项,凝心聚力,尽职尽责加以解决。

学生优势发展学院制管理的实践探索

青岛二中分校　于　青

2013 年 8 月起,我校打破传统的以成绩和名次分班级的管理模式,依据学生的兴趣特长以及优势智能进行分类管理,构建学院、单元、导师组系统的学生个性发展培养模式——学生优势发展学院制管理模式。这有效地改变了"一刀切"和"同质化"的弊端,促进每个学生实现自主、和谐、个性化的发展,帮助学生成为自己成长、成功、成才的主人。

一、以兴趣组建学院,搭建学生个性发展平台

1. 学院

学校对学生发展需求和人才培养需求进行了充分的调研,设置了科技、艺术、人

文、理学、工程、经济和外语 7 个学院，2016 年将理学学院和工程学院合并为理工学院，2018 级设创新学院以取代科技学院。

学生依据自身兴趣特长及优势智能选报学院和参加相关课程学习，将因材施教落到实处。

2. 单元

每个学院内设单元为基本管理组织，1～4 个不等，根据学生选报人数定。

3. 导师组

学院设首席导师和助理导师，负责学院发展规划、学院特色建设及其他常规管理工作。同时，每个单元下设 3～4 个专业导师组，每组 5～15 名学生，由一位任课教师担任导师，负责指导学生合理选择课程，对学生的职业生涯规划、个人价值观念以及具体的学习状况进行跟踪引导，引领学生的健康成长与个性发展。学生与导师双向互选。

二、整合多种资源，支持学生个性发展

我校依托学生优势发展学院制管理模式，积极搭建各种平台，拓展学生个性发展、自主发展、创新发展的渠道，满足学生发展需求。

1. 建立多元课程，拓展学生知识体系

学校积极整合校内外多种优质教育资源，建立了丰富的多元课程体系，满足不同学生个性发展的需求。

开发整合出"修身养性、格物启智、通技创新、乐群经世、学院特色"五大类 80 余门校本课程，并与国家课程进行了有效的融合，其中学院特色校本课程近 30 门，公选校本课程 50 余门。"悦读电影""海洋化学探秘"两门学院特色校本课程荣获山东省优秀课程资源一等奖，"智慧 OM 头脑风暴""侦探与推理"荣获青岛市优秀校本课程评选一等奖。

2. 开展科技节、戏剧节、成人礼、研学等十大节日特色和主题活动

提升学生素质与能力，为其走进大学、走进社会奠定了坚实的基础。

3. 自主组建社团，发展自我个性

每年 9 月进行社团招募，社长自我推荐，全体团员自主设计社团标志、团规，自主聘任社团指导老师，自主开展活动。

学校目前共有 38 个特色社级学生社团。其中绿色方舟、史苑剧社、汉文化研究、

手工创意、创意机器人 5 个社团被评为青岛市十佳明星（优秀）社团。

4. 搭建校外实践平台，培养学生学术素养

学校依托政府部门、高校、科研院所、高新企业、金融机构等资源,建立 34 个学生优势发展实践基地,聘请 30 余位客座专家,他们到校举办专题讲座,开设校本课程,指导学生社团活动,辅导学生课题研究,加强对学生的高端引领。这些在横向上拓宽了学生的视野,在纵向上拉伸了学习深度,为学生自主学习、学术研究奠定了基础,为其个性发展提供了有力的支撑。

三、建章立制，保障学生个性发展

为确保学生优势发展学院制管理的有序实施,学校先后制定了《关于推动学生个性发展的实施意见》《关于加强学院文化建设的实施意见》《学生优势发展学院制管理手册》等 20 余项规章制度,明确了学院各导师的工作职责及其考核评价体系,建立起学院导师负责制、学院联席会议制、学生干部轮换制以及家长参与学院管理等机制。

学院制管理模式的实施,在提升学校整体水平、促进学生自主发展和个性发展方面发挥了积极作用,学生综合素质全面提升。学院制管理模式也荣获青岛市教育改革创新奖、青岛市教育教学成果一等奖、山东省教育教学成果二等奖等,并通过山东省省级重点课题的审核。

特色引领　多翼齐飞　分类分层　全面发展

—— 胶州四中让每位学生接受最适合的教育

胶州第四中学　周华文

一、多样化发展，助力学生全面成才

胶州四中坚持"为师生终身发展服务"的绿色教育理念,在"特色引领,多翼齐

飞，分类分层，全面发展"的教学方针指导下，以立德树人、让每位学生接受最适合的教育为己任，通过完善课程体系、因材施教、多样多维立体发展，推进全面育人，从而更好地满足了每个学生的个性发展、特长发展，为学生成才奠定了良好的基础。

首先，学校全力保障开足必修、选修课程，满足学生全面发展要求；同时，落实综合实践课程，提升学生社会参与能力。

其次，学校开发特色校本课程，满足学生个性化需要；注重艺体科技教育，让"小学科"有大作为。

再次，学校立足生源实际，根据学生知识和能力水平的差异，从有益于学生发展的角度，实施分类分层教学，实现因材施教育人，规划出了航空班、创新实验班、艺体特长班、春季高考班这几个培养层次，制定不同的教学与评价目标，建立"一生一策"工作档案，进行分类指导、分层教学，因材施教，深入挖掘学生潜力，发展能力特长，拓展学生的升学渠道，实现多样化成才，受到了学生和家长的欢迎，取得了丰硕的成果。

二、特色化办学，激活发展全新动能

2013 年，胶州四中组建了青岛市第一个航空班，以航空班为龙头在全校乃至全市推广青少年航空教育。目前，青少年航空教育已经成为学校的核心办学特色，得到了社会的广泛认可和教育部门的高度评价，成为山东省乃至全国青少年航空教育的"领头雁"。2018 年 1 月，学校被青岛市教育局评为"青岛市普通高中十大特色办学项目先进学校"，2018 年 4 月被中国航空学会授予"全国航空特色学校"称号。

航空班的成立使胶州四中的航空教育迎风起航；面向全体学生，航空教育深入开展；拓展航空教育，特色办学提档升级。面对成绩，胶州四中再接再厉，未来工作打算：一是加大航空特色杠杆撬动力度，发挥良好带动示范效应。二是加大与各级航空平台合作力度，为学生发展成才铺路搭桥。三是打造航空教育特色新高度，搞好青少年航空教育创新实验室创建。四是加强与本科高校开展联合育人工作，构建有机衔接的人才培养体系。

在青少年航空教育特色办学的引领下，胶州四中快速崛起，活力涌动，学校发展实现华丽转身，办学水平实现全新飞跃。

青少年航空教育开局顺利，发展良好，家长满意，社会认可。未来工作中，胶州四中将紧密联系中国航空学会、山东航空产业协会、山东省航空航天学会、空军招飞局济南选拔中心及相关航空航天组织单位，以青少年航空教育为载体，以国际航空教育展示基地创建为目标，实施多样化发展、特色化办学，为国家航空事业培养合格人才，为胶州教育、青岛教育争光彩，为航空报国做出更大贡献！

学校特色发展规划的执行路径

青岛十六中　田广廷

青岛十六中在五年发展规划中,明确了书法教育和国际合作两大特色定位。在特色定位确立后,就需要为特色发展规划找到合适的执行路径。学校认为,规划就是用来执行的,而且绝不是校长或者班子的事情,要把执行路径落实到每个层面和阶段,最终落实到教师、学生。

首先,学校班子具体分析特色发展的目标,即特色发展到什么程度和状况就可以真正称作特色了,主要从特色发展规模、特色课程建设、学生发展、教师发展、特色发展对学校发展的带动力、社会影响力等角度进行分析和判断。

其次,分管校长带领传统文化和国际交流两个中心,根据不同角度的发展目标,确立路线图和时间表,明确出不同阶段、不同角度的发展路径和时间。比如,课程建设在不同时间节点应该开发建设多少特色课程。同时,建立各角度目标落实的协调统筹机制和路径,既要突出重点层面,又要保证完整统一。

第三,组织备课组、教师具体确立备课组和个人的路径与任务。每个备课组和个人以总路径为前提,结合学科和个人能力与状况,科学确立执行路径。

这样,全校就构建起系统的执行路径体系,既整体统一又相对独立,从而更有利于执行学校特色发展规划。

推动依法治校，深化制度建设

青岛六十八中　郭　俭

依法治校是现代学校最先进的管理理念,已经成为推动教育发展的必然选择。几年来,我们把依法治校作为推进现代化学校制度建设、促进教育和谐发展、转变教育管理模式、提升办学水平的重要举措,不断加大工作力度。学校在2012年荣获了山东省依法治校示范学校,这是对学校依法治校工作的认可,也是学校的重要荣誉。

党的十九大报告提出,要不断推进国家治理体系和治理能力现代化。随着依法治国方略的贯彻实施,办学本制和教育管理改革工作不断深化,现代学校制度建设不断推进,我们清醒地认识到,要保持学校快速、持续、协调发展,妥善解决面临的新情况、新问题,就必须适应形势发展的需要,深化教育体制改革,创新教育理念、机制和模式。

依法治校是现代学校的重要标志,要完善学校各项管理制度,依法保障学校、教师、学生的合法权益,实现学校自主办学,依法接受监督。这不仅有利于学校内部实行科学管理,也有利于促进学校教育教学工作的规范化、制度化、法治化,从而提升学校管理的水平,促进对学校整体工作的引领。

一、加强组织领导，形成依法治校工作机制

学校高度重视依法治校工作,成立了依法治校工作领导小组,确立了主要责任部门相关职责,聘请了法律顾问和法制副校长。

领导小组坚持依法治校工作领导小组例会制度,研究制订法治教育计划,协调开展法治宣传工作,及时化解各种矛盾,依法维护学校、教师、学生的合法权益。每年开学初学校都召开依法治校领导小组会议,回顾总结上年工作,制定当年依法治校工作实施方案,把依法治校工作摆上重要议事日程,做到依法治校工作与学校各项工作同计划、同实施,并把目标任务分解到学校各个部门和具体人员,确保依法治校工作有人抓、有人管。

二、优化综合治理机制，挖掘内部发展潜力

推动学校依法办学，深化现代学校制度建设。健全教代会、校务委员会、家长委员会、学术委员会、德育工作指导委员会、体育艺术工作指导委员会、设施设备采购委员会、膳食管理委员会、师生权益申诉委员会、学生会等民主管理机构的长效运行机制，不断完善依法办学、自主管理、民主监督、社会参与的现代学校制度，使民主管理机制确实得到落实并顺畅运行。通过民主管理，调动一切可以调动的力量，挖掘一切可以挖掘的资源，增强教师主人翁意识和工作热情，为学校发展集众智、献良策，更好地提高学校办学水平和社会美誉度。

三、加强法治教育，打好依法治校的基础

我们按照"五五"普法要求，组织全体教工认真学习党的十九大精神、习近平新时代中国特色社会主义思想和全国、全省教育大会讲话精神，认真学习《宪法》《中华人民共和国教育法》《义务教育法》《教师法》《未成年人保护法》《预防未成年人犯罪法》等，把法律知识的学习列入教师师德培训内容。

加强对学生的法治教育，坚持以课堂教学为主，多种形式并举。将法治教育与课堂文化教育、德育教育、校园文化活动相结合，开展丰富多彩的活动，充分运用橱窗、板报、广播台等宣传阵地开展普法教育。构建学校、家庭、社会联动相结合的教育网络，使学生和家长共同学法，优化青少年学生成长的家庭环境。同时，我们充分依靠社会力量协助和支持学校的法治教育，定期邀请专家来校做法治讲座。

四、建章立制，依法保护师生合法权利

建章立制是落实依法治校的具体措施。根据学校的实际，依照教育政策法规，我们建立健全了严格有序的管理规章制度，包括学习、工作、检查、奖惩等制度。我们先后制定和完善了《青岛六十八中学校章程》《青岛六十八中领导干部职业道德准则》《青岛六十八中教职工守则》《内地新疆高中班管理办法》等制度，从而保证了学校各部门、各岗位的工作有序、高效地开展，使学校管理走上了规范化、制度化的轨道。我们明确了各岗位的工作职责，做到责任到人，使各项工作有规可循。

学校在民主管理与民主监督方面，经过不断探索，结合学校实际，建立了一整套民主管理和民主决策制度，成立了10个委员会参与学校管理，有效地树立了教职员工的主人翁地位，充分调动了教职员工的积极性、主动性和创造性，为推进教学改革、提高教学质量、促进依法治校发挥了重要作用。

以德育课程群落式架构实现立德树人

青岛四十四中　张青涛

学校以培养学生核心素养的育人体系建设为目标,加强对德育课程资源的挖掘和整合,努力进行了"知行德育课程"的群落式架构,用心养护学生的精神成长。

一、从德育课程一体化的高度寻求知行德育课程的顶层设计依据

学校把德育课程一体化、育人目标和办学目标作为知行德育课程体系顶层设计的原点,找寻了课程群落架构的三大依据:一是落实《山东省中小学德育课程一体化实施指导纲要》;二是落实学校的育人目标"做有根的未来公民",确立了八大素养目标;三是实现学校办学目标"办一所基于成长共同体的幸福愉悦的生态学校"。基于学生的道德认知及道德行为现状,依托多元化的活动、真实的情境将认知层面的道德知识通过德育课程这一载体转化为道德行为,打通学生生活体验与德育理念的隔膜,让道德教育浸润学生内心。

二、站在整体育人的高度不断完善知行德育课程的体系架构

学校从特色育人的角度对知行德育课程体系进行了不断的思考,带领团队用四年的时间来逐步构架、完善,有清晰的时间轴。

2015 年是德育课程体系的初步思考阶段。校长带领中层干部进行多次会议,结合学校五年发展规划,确立了八大重点项目建设,并确立了德育品牌名称"亦生亦师知行统一",形成了初步架构。

2016 年是德育课程体系的雏形初现年。学校进一步将德育活动从经验层面上升为课程层面,带领干部、全体教师进行整合、优化,在体育馆进行了几次思维可视化展示,全校课程育人的整体架构雏形初现。

2017 年是德育课程体系的重点推进年。学校针对各年级学生的身心发展特点,进一步梳理了不同时期的德育活动,基于"活动课程化、教育系列化、管理常态化'的

"三化"出发点,创建了五个方面的课程目标,形成了进一步的架构。

2018年是德育课程体系五大支柱课程深化年。学校围绕着学生的八大素养进一步梳理,形成了知行德育的群落式的架构,特别强调课程的生态性和生成性。

三、以知行并进的姿势进行着多维度的德育课程实践

学校既关注德育的共性面,贯彻"学生全面发展"的核心理念,又关注德育的个性面,探究适合每个学生个性发育的德育实践。

一是完善与引领学生自我管理的"幻城课程",成为德育课程综合体的闪亮招牌。学生自组织以创新的思维方式经营"幻城",进行幻城城市发展的组织架构,自主设计,自主管理。

二是完善"生涯课程",凸显探索和理解元素。学校通过开设校友课程、专家课程、学长课程、家长微课程,指导学生进行一定意义上的生涯规划,帮助学生确立了未来的职业理想和当下的发展目标,发现自己并成就自己。

三是优化和整合节日课程,凸显创新与体验元素。学校努力完善和丰富节日课程内涵,开设了学科节、民俗节、义工节、励志节、班主任节、乐活节、礼仪节(仪式教育)、文化节、科技节、艺术节、读书节、体育节、戏剧节等,以活动为载体,培养乐学笃行的优秀学子,开创了全员育人新局面。

四是"行走课程",突显"开放和探究"。学校依托"全国海洋意识教育学校"这一海洋特色,开展了"亲近自然、探访行业"等社会实践活动,相继带领学生登上海洋科考船(微信报道),走进海藻馆,还走进青岛第三十九中学新校,参观了海洋生物实验室,进行了海洋生物DNA测定、有孔虫观察,参观海洋生物标本馆并体验学习;又结合区本文化进行了行走课程的主题化研究,组织了"行走中的市北"活动,让学生走进市北区的各类博物馆,进行了体验式学习。

几年来,我们运用丰富的德育载体去激发学生的内驱力,倡导"向上生长"的力量,学生的全员参与性、主动性、实践性、责任感增强,在自省、自律中得到成长,从而达到了知行并进的目标。

青岛二中学校发展目标的规划与落实

青岛二中　矫蕾

青岛二中对于学校的年度工作发展规划与落实高度重视,围绕学校五年发展规划与六大创新改革项目,制定学校年度发展规划,对发展规划进行分解,逐级分解为部门、组室和个人发展计划,在规划落实的过程中,通过发研室答辩、战略推进、期中总结反思、期末述职考核等环节确保规划的有效落地,形成全校上下目标一致、合力推进的良好局面。

一、在制定年度发展规划方面

第一,每学年末,由校长领导,召开各个层面的调研座谈会,主要包括发研室主任、特级教师、青年骨干、集备组长、工会组长、民主党派人士等不同层面的调研座谈,重点调研对学校过去一段时间工作的意见及对今后工作的建议,同时各部门结合五年发展规划和学校的六大改革创新项目,结合调研座谈的意见建议,初步形成各部门的年度发展规划讨论稿。

第二,在形成年度发展规划初稿的基础上,干部集体研究讨论并进一步修改,召开全体发研室主任座谈会,解读发展规划,同时进一步征集发研室主任意见,进一步完善发展规划。

第三,校长在召开的全体教职工大会以及教代会上对发展规划进行解读,会议邀请家长代表、学生代表参加,同时征求所有人员的意见建议,进一步修改,最终,形成学校正式的年度发展规划正式文件并下发全校。

第四,各发研室、各处室职能部门依据学校年度发展规划制定本部门的年度工作实施方案,个人依据学校发展规划以及本部门工作实施方案制订个人年度发展计划。

二、在发展规划的落实方面

第一,在开学两周内,召开发研室主任、部门主任工作计划答辩会,发研室主任

（部门主任）面对领导班子以及各部门主任阐述本部门的计划,学校领导进行点评并提出工作指导意见,各部门根据答辩情况,形成最终工作方案并公示。

第二,每个月开展战略推进研讨会,由各部门针对年度工作计划中的重大工作推进情况进行汇报,学校组织领导、发研室主任等组成评委会,对各部门工作推进情况进行点评指导。

第三,每学期期中,召开各发研室、部门的总结反思会,每名教职工都要对半学期以来的工作进行总结反思,查找问题与不足,找准对策。

第四,在年度末,召开各发研室、部门述职会,结合各自制定的发展规划,进行述职答辩,由学校组成评委会进行点评打分,评选先进组室并予以表彰。

构建共同愿景　砥砺奋进圆梦

西海岸新区实验高级中学　张宏昌

一、目标定位

总体目标:把学校建设成为校风正、学风浓、质量高、有品位,具有鲜明办学特色的现代化优质学校。

二、达标路径

贯彻"三步走"发展思路。第一步:规范管理,整体推进上水平,让社会充分认可;第二步:精致管理,重点突破创特色,让社会真正满意;第三步:文化管理,创新发展铸名校,让社会无比向往。

三、达标措施

落实"一二五"工作推进措施。贯穿"一条主线"——学校文化,夯实"两个基础"——教职工队伍建设、平安和谐校园建设,实施"五项工程"——美丽校园建设工程、教学质量提升工程、育人模式创新工程、学校管理优化工程、办学特色提炼工程。

1.“一条主线”

形成主流文化——塑造集体人格,提升团队形象。如果谈起实验高中,我们的集体人格是什么?忠诚、正气、朴实、认真、务实、进取……在我们身上有这些词的影子,但我们不能止步于此,需要继续努力,每一个实验人都有责任,通过自己的努力去塑造属于我们自己的集体人格,让其成为这个团队的标志,成为我们学校的主流文化。

2.“两个基础”

(1)队伍建设。

学校将以干部队伍建设为龙头,以教师队伍建设为核心,以党员队伍建设为引领,构建具有实验高中特色的“三支队伍”建设体系。

一是干部队伍建设。全体干部做人、做事、管理、服务有具体标准。

二是教师队伍建设。学校将践行“五心”理念,筑牢和谐基础。团结全体教职工,以“聚心”凝聚共识,以“真心”真诚服务,以“公心”赢得尊重,以“悦心”丰富生活,以“恒心”促进发展。

三是党员队伍建设。坚持“围绕中心抓党建,抓好党建促发展”的党建工作原则,秉持“用质量彰显党建魅力”的党建工作理念,突出“抓基本、促融合、提质量”的党建工作重点。

(2)平安创建。

坚持“安全高于一切、稳定压倒一切、责任重于一切”的原则,牢固树立红线意识和底线思维,保证学校平安和谐。

3.“五项工程”

一是美丽校园建设工程。“地灵方使人杰,环境陶冶众生”,制定《实验高中2018—2022五年校园环境提升改造实施方案》,科学规划、注重质量、稳步推进,让广大师生有更多获得感、幸福感、安全感。

二是教学质量提升工程。要从“教、学、习、管”四个环节上下功夫,要让学生真正“学进去、讲出来、记得牢、用得好”。特别要关注四个方面:

第一,要以学定教,切实把握好教学起点。

第二,要张弛有度,始终调控好教学节奏。

第三,要强基固本,有效促进教学迁移。

第四,要抓住学生,为“真学”而教。

三是育人模式创新工程。以立德树人为目标,创新德育模式,打造“三四一”德育工作体系。

四是学校管理优化工程。完善常规工作运行管理制度,优化运行机制。完善岗位责任制,实行项目负责制和重点工作统筹协调机制。落实创新工作机制。

五是办学特色提炼工程。实验高中的年龄不到 20 岁,一切处在成长期,需要我们加油实干,在干中学习,在干中反思,在干中积累,我们的特色就能水到渠成。

加强现代学校制度建设,推动学校高质量发展

胶州市第一中学　王拎九

胶州一中是一所有着深厚文化底蕴和优良办学传统的百年老校。学校以培养全面发展、特长突出的优秀人才为目标,守正笃实、与时俱进、创新发展,全面加强依法办学、自主管理、民主监督、社会参与为核心的现代学校制度建设。

一、德育课程一体化建设

近年来,学校认真研究学习《山东省中小学德育课程一体化实施指导纲要》,统筹课程育人、实践育人和文化育人,不断加强德育课程一体化建设。作为中宣部和中央文明办确定的德育活动基地,学校以社会主义核心价值观为引领,以"做一个有道德的人"为主题建设德育培养体系,学生德育工作取得显著成效,学生的思想道德品质积极向上,充分展现了胶州一中学子良好的思想道德素养和精神风貌。

学校以高尚师德推动德育工作健康发展,以文化建设推动德育工作内涵发展,以学科渗透推动德育工作创新发展,以家校互动推动德育工作持续发展。近年来,学校对德育工作从严落实、常抓不懈,学生道德情操和素养显著提高,人生目标进一步明确,精神状态更加昂扬向上。

学校将通过以下几方面进一步完善德育工作:系统研究和把握高中学生思想变化的新特点,为德育工作的开展提供重要依据;加强学校教学中的德育管理,强化教师的育人意识,变德育的自然渗透为自觉实施;构建学校、家庭、社会三位一体的德育网络,发挥各自的优势,逐步形成多层次、多渠道的网络化德育教育格局。

二、章程制度与实施

学校办学章程及制度是学校实施依法治校、依法治教和依法自我管理的基础性、法规性文件。2015年10月，经全校教职工代表大会审议，我校修订了《山东省胶州市第一中学章程》，加强学校的科学化、规范化管理。

健全的章程是学校依法治校的具体体现，也是建设学校现代制度的基本要求，我校先后修订完善了《胶州一中校务委员会章程》《胶州一中五年发展规划》《胶州一中学术委员会》《胶州一中家长委员会》等。学校将各项章程和制度汇编成册，明确各个岗位职责，确保目标任务清晰，通过自主发展、自我约束的高效运行机制，实施依法治校，促进学校持续、健康、快速发展。

为了增强章程和制度指导学校工作的力度与效用，我们将从以下三方面加强学校章程和制度建设：进一步加强宣传，通过即时通、校园网、微信群等媒介加强对学校章程以及以章程为核心的现代学校制度建设的宣传，提高教职工对本校制度、章程的理解和认识，使学校全体人员形成一致的思想认识从而形成凝聚力和合力；进一步加强督查，由督导室牵头，探索建立章程及以章程为核心的现代学校制度建设的督导指标，对各部门章程的执行情况进行督导，以此促进学校依法治校工作的深入推进；进一步加强引导，通过座谈、调研等方式收集汇总各部门章程实施过程中的经验做法、实践案例和问题困惑，做到经验共享、问题共研，彰显办学与治校的校本特色，引导学校章程建设朝着更高的水平推进。

三、学校民主管理机制建设

近几年来，我校不断推进学校民主管理。

成立组织，健全民主管理体制。学校健全了行政会、校务委员会、教代会、工会、学术委员会、家长委员会、学生会等机构，制定了各自的工作制度和实施办法，从组织上、制度上确保学校民主管理各项工作顺利开展。

校务公开，完善民主监督机制。我校确立了注重时效的及时公开制度，每学期召开一次教职工代表大会，向教代会通报学校的重大决策，征求教代会意见，接受教代会监督。每学期至少召开一次全体党员会，接受党员对学校各项工作的意见和建议。每学期至少召开一次家委会，向家长代表汇报学校的教育教学、收费等有关情况，接受社会监督。

拓宽渠道，推进学校民主管理。通过教代会保证教职工充分行使民主权利，每次教代会，对学校的发展规划、各项规章制度、教学质量奖惩办法以及涉及教职工切身利益的重大问题，征求教代会意见或建议。鼓励教师代表就学校工作的各个方面建言献策,对代表的提案认真对待、及时答复。

总之,学校民主渠道畅通,教师积极参与学校管理,全身心投入教研教改工作,教学质量稳步提高。我校将不断完善依法治校、民主管理等各方面工作,推动学校朝着现代化方向发展。

以奥赛为抓手,推进学校规划发展

莱西市第一中学　刘同光

学校的长远规划,对学校的长足发展、科学发展、高位发展起着不可替代的作用。莱西一中在山东省 2017 年实行新高考改革之后,从长远考虑,提出了打造奥赛中心的学校规划。

一、背景分析

新高考改革形势分析。我们通过到浙江、上海等第一批高考改革试点省、市学习,发现新高考改革有以下变化:一是录取途径更多元,由原来的裸分录取为主,拓展为三位一体、以自主招生为主,有裸分、高校计划、自强筑梦、高水平艺术团、运动员等更多元的录取途径。二是考查形式更多元,由原来的单纯文化课,拓展为高校校考、综合笔试、面试等。

学校基本情况分析。一是学校专业师资力量匮乏。学校没有专业的大学先修课教师,没有奥赛辅导教练,没有综合评价面试指导教师。二是学生综合素养较低。我校是一所农村学校,大多数学生没有接触较高层次的艺术、体育、表达等培训,在综评招生中劣势明显。

二、推进思路

按照从上至下为主、由下至上为辅的思路,首先由学校提出实施打造奥赛中心的办学方案,与上级教育主管部门沟通,努力争取人才计划,然后结合学校实际,在2017级先行试点,再逐级铺开。

三、具体做法

教练员培养。采取引进高端人才和内部挖潜相结合的办法,引进了化学奥赛教练黄新刚老师,又在内部挖潜,培养了数学奥赛教练刘明伟老师、物理奥赛教练位冠铮老师、化学奥赛教练何伟杰老师。初步打造出奥赛教练员团队。

奥赛学生培养。通过召开家长会、学生会,讲清和讲透高考政策、奥赛政策、培养模式,在完全自愿的基础上组建各学科奥赛团队。根据学校情况,制定各学科奥赛课程,科学、规范、高效地推进奥赛培训。

提升实验水平。学校积极争取上级政策支持,2018 年通过政府实事工程,新建各学科数字化、高标准实验室,为奥赛辅导提供实验支持。

四、取得成绩

在 2019 年结束的奥赛中,我校 1 名学生获得生物奥赛一等奖。同时,通过奥赛课程培训,为学生参加高效学科营奠定了一定的基础。

五、存在问题

一是面试培训教师资源缺乏;二是如何做好单学科强化和多学科综合提升,需要进一步科学规划。

精心规划学校发展 打造青岛教育新名片

青岛六十八中 宋 洁

"力争把学校办成在青岛市位于中等以上水平的优质高中,打造青岛教育新名片。"为实现学校教育教学质量的大跨越,青岛市第六十八中学精心规划学校发展方向,在教学方面,提出了以"聚焦课堂"为核心、以"名师、名班主任工作室"为引领的质量提升计划;在学生的德育方面,以"全员育人导师制"为基础,通过带有学校特色的节会活动,来促进学生综合素质的发展。

一、聚焦课堂，用"名师"带动学科成绩

教学的根本在课堂，每个学生一天的学习时间是固定的，为了让更多的学生可以实现"弯道超车"，就需要我们的教师动脑子、会钻研，把课堂的效率提上来。"聚焦课堂"是学校抓教学的核心，为全面提升课堂教学质量，学校成立了 10 个校级名师工作室、8 个名班主任工作室，18 名优秀教师担任了学校"名师、名班主任工作室"的首批主持人。主持人负责制定工作室发展方案，通过开展教研活动、读书活动、经验交流活动、研讨活动等来提高课堂教学效果。针对青年教师，开放课堂，积极引领青年教师专业发展。名师工作室、名班主任工作室是学习共同体、成长共同体，通过相互学习、相互切磋达到共同提高的目的，形成全校重视课堂的氛围。

二、德育先交心，每位教师都是育人导师

学校全面贯彻《青岛市推进中小学全面实施全员育人导师制工作的意见》，实施育人导师制。一师带多生，以亦师亦友的形式，关注学生的方方面面，导师发现问题，及时解决学生的烦恼和成长的困惑，相对于之前一个班主任一群娃的"一对多"模式，全员育人导师制显得更加灵活。全员育人导师制营造了一种情景，导师对受导学生进行思想引导、生活指导、学习辅导、心理疏导，从而成为学生的成长向导，让师生间的关系更加亲密，沟通更加通畅，交流更富时效，全方位地帮助学生、成就学生。

三、"四有"校园，让每一位学生都过得精彩

学校全力打造有人性、有温度、有故事、有美感的"四有"学校。"有人性"指的是教育要回归到学生的本身，遵循人的成才、成长规律；"有温度"指的是生生之间，师生之间的关系，学校不是竞技场，相反这里应该是最温暖的地方，师生一起心往一处想、劲往一处使；"有故事"指的是教学中的点点滴滴，通过一个个与学生息息相关的小故事来体现学校的办学理念；而"有美感"则是学校多元的艺术活动，让学生们在美的环境里，接受美的教育。通过"四有学校"这个平台，创造良性环境，让每一位学生都可以过得精彩。学校有许多具有艺体特色的大型节会，而办这些活动的出发点就是给学生们一个展示自己的平台，尤其是在体育方面，成果颇丰，学校的足球特色在青岛首屈一指，女子篮球队更是连续五年蝉联青岛市篮球比赛冠军。

在选课走班中，实现"弯道超车"

西海岸新区第二中学　张德建

学生生涯规划是新高考选课走班的前提,树立生涯规划意识,建立生涯规划制度,实施生涯规划培养计划,构架教师、家长、学生三位一体的生涯体系,成为当务之急。走班制的实施,为学生个性化发展创造了条件。以高中学业合格性考试为基础的等级性考试,体现了学生的多样性选择,同时也渗透了学科选择的技巧和智慧。选科走班向学校管理提出新要求,班级管理呈动态化趋势。

基于以上认识,学校着力在以下几个方面加以推进。

一、借力生涯规划指导，确立人生目标

学校应开发生涯导向校本课程,以"认识自我"为主要内容,让学生系统学习生涯导向课程,引导学生有意识地去做好自己的职业生涯设计。与此同时,组织学生到高校游学,让学生对高校的专业有深入的了解;组织学生进行职业访谈与体验活动,让学生了解不同职业的特点。通过生涯规划课程的实施,让学生能够正确认识自己的职业理想,理性地规划自己的未来,为选课走班奠定了良好的基础。

二、巧用模拟选课单，亮出优势学科

选课是一个渐进的过程,不可能一蹴而就。如何才能让学生不断修正自己的选择,又不增加学生负担? 学校应印制模拟选课单,每次考试结束后,学校根据高考赋分要求,对学生的 6 个等级考学科重新赋分,让学生明确自己的位置,然后做出选择。学生选择后,学校应及时统计相关数据,为每位学生建立成长档案,便于有针对性地进行指导。学校不断进行模拟选课,让学生有充足的时间进行思考,不断发现自己的优势学科,从而及时调整,做出更准确的选择。

三、善于运用大数据，满足选课需求

克服一切困难，最大限度地满足学生的选课需求，才能在新高考改革中获得成功，实现弯道超车。学校应善于运用大数据准确分析生源、师资、校舍情况，并分析学生的选课单，最终放手让学生选择，完全满足学生的需求，真正做到以人为本，调动学生学习的积极性。

四、实行全员导师制，助力个性发展

选课走班后，为加强对学生的个性化指导，应实行全员导师制，让全体教职工自觉参与到育人活动中来，与学生面对面进行交流，倾听学生的心声，关注学生的个性发展，做到思想上引导、课业上辅导、心理上疏导和生活上指导，真正成为学生成长道路上的"向导员"。

优化机制，提高质量

西海岸新区第五高级中学　丁纪申

近几年来，青岛西海岸新区第五高级中学为了办好让人民满意的教育，采取了一系列扎实有效的措施，其中之一就是优化机制，提高质量，主要做法如下。

一、更新教育理念，明确办学方向

办学理念是一个学校的灵魂，直接影响着学校的办学行为，决定着办学质量的高低。因此，树立正确的教育思想观念，是学校发展的立足点，也是学校长远发展的保障。青岛西海岸新区第五高级中学的领导班子也深刻地认识到这一点，从而确定了学校的办学宗旨、方向和理念，那就是："办人民满意的教育，为建设人力资源强国而努力。"

二、优化管理团队，提升管理水平

一个坚强有力的学校领导班子是办好一所学校的基本保障。无论学校有多么先进的办学理念、多么宏伟的教学目标、多么大的办学决心，如果没有一个坚强有力的领导班子，所有的这些目标只能是纸上谈兵。而学校的工作又千头万绪，拥有一个团结协作、分工明确的领导团队，是办好学校教育的前提。青岛西海岸新区第五高级中学的领导团队正是这样做的。他们既分工明确、各司其职，又能充分发挥个人特长、相互帮助、团结协作，真正做到了分工不分家，心往一处想、劲往一处使，保证了学校各项工作健康、协调、可持续发展，从而确保了教育教学质量的逐年提高。

三、健全规章制度，建立有效机制

学校要发展，机制必先行，而健全规章制度、建立有效机制，是确保一个学校持续稳定发展的保证。青岛西海岸新区第五高级中学本着"依章管理、规范管理、有序管理、高效管理"这一原则，健全了规章制度，建立了有效机制，并且在具体实施过程中做到了依"章"管理，即要有法可循、有制可依，制度面前人人平等；目标管理，即学校不仅要有整体的发展目标，而且要把学校的目标分解到每个部门包括每一个人，做到人人肩上有目标；民主管理，即在学校实行校长负责制的前提下，做到民主、科学管理；层级管理，即一层管一层，一级管一级，做到各尽其职，各负其责；精细化管理，即管理工作要做到从一点一滴抓起，不放过每一个小环节，要做到一丝不苟、精益求精。

四、遵循个人意愿，优化用人原则

一个学校是否有创造力、是否有活力、是否有一个积极乐观向上的工作氛围，取决于这个学校的用人机制，因此，建立符合校情的用人和分配机制是十分必要的。学校的领导团队也清醒地认识到了这一点，从而建立一系列的用人原则。

1. 客观评价原则

科学的评价机制可以有效地保护和调动教职工的积极性。

2. 合理竞争原则

学校根据实际岗位需要，定员定岗，合理竞争，以保证教师队伍的活力和战斗力。

3. 有效激励原则

实行多劳多得、少劳少得、优质优酬，以激励教师的发展。

总之,通过采取这一些措施,学校的教育事业已经步入了良性发展的轨道,高考升学率也在逐年提高,今后,学校将不断开拓进取,争取新的成绩。

规划学校发展

青岛三十七中　周强

新时期,青岛市第三十七中学将以"立德树人"为中心,坚持"五育"并举,全面发展素质教育,以改革创新、再出发的智慧和魄力,通过完善学校顶层设计、传承和丰富校园文化、构建完备的课程体系、强化课堂主阵地作用、营造浓厚的教科研氛围、建设高素质专业化教师队伍等途径,创建阳光校园,培养学生核心素养,助力教师成长,开创学校高品质、特色发展的新局面。

一、进行科学的、高屋建瓴的顶层设计

1. 更新完善学校理念

发掘、创建学校品牌新的增长点;加强现代学校制度建设,进行自主管理制度创新;升级改造学校环境,提升学校的文化品位。在融合百年礼贤文化,丰富和完善"志者竟成"励志教育内涵上做更广泛的调研和深度的思考,全面打造"崇礼尚志,德贤同济"的校园文化品牌,助力学校长远发展。目前已完成整体规划设计。

2. 加强现代学校制度建设

修订完善学校发展规划,具化实施路径,明确部门和责任人,保障目标达成;完善学校制度体系,做到依法依章程治校。充分发挥校务委员会、学术委员会、家委会等在学校管理中的作用。

3. 升级改造学校环境,提升校园文化品位

充分利用维修改造资金,完成学校改造工作。做好 2020 年校舍修缮规划,安排好修缮流程,确保工期,严把质量关,确保 2020 年校舍维修工作保质保量地如期完工。在学校硬件建设的基础上,着力打造校园文化软环境,让每一面墙、每一个角落

都发挥育人功能,让校园充满愉悦。

二、追求管理的民主化、规范化、精致化、人文化

1.民主化

健全以教职工代表大会为基本形式的民主管理制度,充分发挥校务委员会、教代会、学生会、家长委员会的作用;做好校务公开工作,对教职工广泛关注的岗位晋升、职称评审、年度考核、评优评先等重大事宜及时进行通报,保证公平、公正和公开,切实保障教职工的主人翁地位和决策的科学性。

2.规范化

加强制度建设,强化制度管理,依据《学校奖励性绩效考核办法》等各项规章制度,严格教职工常规考核,抓实工作作风,坚持依法治校、依法治教,做到有章可循,违章必究;加强对出勤情况、办公纪律、教学常规、工作量与质的督查与考核并与奖励性绩效考核挂钩,发挥考核结果在学校绩效奖的发放、岗位晋升、职称评聘、教学能手推荐、各类先进评选及教职工的聘任等方面的作用。

3.精致化

"教育无小事",所有的工作力求方向精准、设计精心、程序精细、组织精密、成效精彩。

4.人文化

坚持以人为本,关注教师身心健康,提升教师的幸福指数。开展多种形式的教工文化活动,不断丰富教职工精神文化生活。每季度开展主题活动,通过开展教职工喜闻乐见的"季季有主题"文化活动,全面提升教职工的学习力、发展力、创新力,实现快乐工作、健康生活。

(1)构建学校特色发展体系。

整合、完善学校原有特色成果,构建以课程特色为中心,以学科特色、管理特色为两翼的学校特色发展体系。

(2)提升教育教学对外开放水平。

利用好礼贤书院百年名校得天独厚的优势资源,积极参与礼贤教育集团的建立,进一步开放学校,加强校际交流,加强国际教育合作,开展国际化人才培养试点,做好学生研学工作以及引进外教工作,拓展国际化办学的视野。

(3)加大学校宣传力度,扩大学校影响力。

成立学校宣传中心,加强宣传的主动性、针对性和时效性。进一步拓宽宣传渠道,积极宣传学校的办学经验、办学成果,扩大学校教育的影响力,提升学校教育形象。

城阳一中学术性高中建设

城阳区第一中学　刘伟

教育部 2015 年印发了《普通高中校长专业标准》,并把规划学校发展作为首要标准,由此可见国家对规划学校发展的高度重视。所以,我们应积极担负这个责任和使命,注重分析学校发展的实际状况,发现面临的主要问题,扬长避短、准确定位,努力促进学校良性发展、可持续发展和跨越式发展。

近年来,城阳一中主要从规划学校发展愿景、建设优秀学校文化、形成办学特色等方面定位学校发展坐标,引领学校不断向着更高的办学目标迈进。

在规划学校愿景方面,提出了学术性高中建设,致力于发展师生专业素养,培育科学精神,营造学术氛围,让教学更具智慧,让师生更讲道德,让校园更有活力,让学校更富美感,让学生学习更有兴趣、生命状态更活跃、发展更加健康。一方面努力打造学术性教师团队,让教师不但能上好课,上精品课,而且能开发课程、能进行学术研究、能指导社团活动。大力培养智慧教师,加强对个性化教学、学科融合教学的研究,提升教师驾驭教学和指导高考的能力。一方面着力培养学生创新精神、创新意识,发展创新潜质,让学生立志成为"品学兼优、阳光自信、敢于担当、关心社稷"的优秀人才。我们主张通过富有深度、生命张力的教学过程,提升学生自主学习、深度学习和学科融通的能力,让学生能够发现问题、解决问题,具备用知识和信息去探索和解释生活和世界的能力。我们的追求是学生不仅能够考上好的大学,而且具有可持续学习和发展的能力。

在此基础上,我们还积极建设具有学术气息的学校文化,丰富文化内涵,浓厚校园学术氛围,努力建设"人文一中、诚信一中、和谐一中",构建教师、学生和学校共同发展的愿景和价值取向,以"敢于担当、追求卓越"的学校精神引领师生进步、学校发展。积极创设尊重和关爱学生思辨探究、自主发展的文化氛围,呵护和激励学生多元成长需求,用多样化的培养模式和方法,激活生命天赋,发掘潜能特长,提升人生境界,促进学生全面而有个性地发展。通过高品位的学校文化濡染,增加学生学术气质和文化底蕴,引领学生规划好自己的人生,立志成为将来某一领域的杰出人才、领军人物,担为民之责,当行业精英,做大国工匠,成国之栋梁!

没有一成不变的教育模式,只有与时俱进的教育实践。我们对学术性高中的规划也处在一个动态的变化过程,"没有最好,只有更好",教育的理想和理想的教育,永远在前方。

加强教师队伍建设的规划与实践

青岛六十六中　李世杰

教师队伍建设是学校发展的第一要素,建设学习型、研究性教师队伍是我校工作的着力点和方向。

一、规划顶层设计,建立教师队伍,建设长效机制

学校制定了《青岛六十六中教师队伍建设五年发展规划》,实施"三工程、一模式"的教师培养机制,即以"敬业乐教、爱生奉献"为核心的"师德工程",以可持续发展能力为核心的"学习工程",以"科研兴校"为发展战略的"科研工程",以校本教研为主体的教师专业发展模式。形成"青年教师—优秀青年教师—教学能手(优秀班主任)—市教学能手(学科带头人)—青岛名师、齐鲁名师"为链条的梯队建设机制。

二、搭建平台,建设教学、研究、培训为一体的学习型组织

学校先后成立青年教师读书班、骨干教师高级研修班、课程建设工作室、班主任工作室等学习组织,制定《青岛六十六中青年教师专业发展共同体实施方案》,以有十年以上教龄的骨干教师作为指导教师,建立起教师专业发展共同体。开展丰富多样的活动:通过学习研究、同伴互助交流,分享学习体会;组织听评课活动,通过教学设计研究、教学观摩、案列分析等反思教学行为,改进课堂教学。实现青年教师快速成长和中老年教师的专业持续发展,打造可持续发展的教师队伍,促进学校的优质发展。

三、课题引领，让教师学习与研究走向深层和实处

2008 年以来，学校以课题研究为引领，连续开展"'学案导学'教学模式的研究""板块式问题组课堂教学模式的研究""低效课堂教学行为的排查与改进措施"等课题研究。2019 年 4 月，学校成功立项山东省基础教育改革项目"以核心素养为本的探究教学策略研究"。

在"板块式问题组课堂教学模式的研究"中，学校自编校本培训特色教材 3 册，开展富有针对性的学习培训。最终形成"板块式问题组课堂教学模式的研究"成果汇编共 3 册，用于成果推广和学习培训，推动了教师教学能力的提升。

学校鼓励教师开展教育科研工作，目前学校共有 9 项市级以上立项课题正在开展研究，4 项立项课题准备结题。浓厚的教科研氛围激发了教师的研究热情，推动了教师教育科研能力的快速提升。

四、多元培训，满足不同教师发展的个性化需求

学校每学期制订教师队伍建设工作计划和培训学习计划，保障经费投入，提高培训质量。教师培训工作形式多样，主要包括教师全员培训、骨干教师培训、青年教师培训、学科教师培训、班主任工作培训以及教师个性化培训等。

五、名师辐射，带动教师专业发展

学校定期组织教学能手、学科带头人、优秀班主任、师德标兵评选，推荐优秀教师参加市级以上优秀教师评选。学校现有国家级骨干教师 2 名，省特级教师 1 名，青岛名师 2 名，市学科带头人 8 名，市级教学能手 7 名。成立于莺彬名师工作室、苏恩周名师工作室、成方岩名班主任工作室。学校聘请优秀教师作为青年教师专业发展共同体中不同教龄段的指导教师，开展教育教学研究指导，切实发挥名师的辐射带动作用，同时激励优秀教师持续发展进步。

六、开好年会，为教师搭建展示交流的舞台

每年一次的教育教学年会是学校开展学术交流的重要活动，是总结经验、查找问题、明确方向的大会，更是展现教师魅力的舞台。

近年来，学校青年教师成长周期短，教学质量提高快，骨干教师尤其是青年骨干教师得到快速成长，骨干教师队伍不断壮大。我校教师在全国、省市级"一师一优课"、优质课比赛、教学基本功比赛、课题研究、精品课程评选中屡屡捧回大奖。

"出彩教育"，让每个人都享有出彩的机会

青岛六十七中　施宝书

中国特色社会主义进入新时代，意味着教育理念、教育方法、教育模式都要发生新的变化，以契合时代发展要求。青岛六十七中坚持教育与时代同行，自 2017 年 8 月以来，以"出彩教育"为创新品牌，努力实现办学内涵提升，迅速融入教育现代化行列。我们通过对"出彩教育"实践的描述，呈现学校的办学之道。

一、确立愿景使命价值观——校长的角色愿景

校长领导学校，首先是教育思想上的领导，要有自己的办学思想，就是要明确诠释学校的发展方向和图像。在对时代脉搏的把握中，在学校发展脉络的原有基础上做"加法"，学校制定了《"出彩教育"行动纲要》，明确了以"出彩教育"为创新品牌，以"创设师生幸福生活、打造青岛优质教育新地标"为愿景，以"为学生发展增值、为教师发展助力、为学校发展添彩"为使命，以"让每个人享有出彩的机会"为价值观，努力促进学校文化发展、教师专业发展、学生全面而有个性的发展。"行动纲要"将学校的奋斗目标与师生的个人发展紧密关联，使学校发展的共同愿景与师生的个人愿景息息相关，最终达成"共筑教育梦想，成就出彩人生"的教育理想。

二、全面实施高品质学校建设"六大行动"——校长的角色策略

愿景的实现需要具体策略，要把"规划图"变成"施工图"。站在新的教育起点上，学校全面组织实施课程体系完善行动、课堂教学创新行动、教师专业成长行动、学校体系治理行动、学校品牌提升行动、教育评价改进行动等"六大行动"，成为"出彩教育"发展性构想与实践策略，产有方向感地将发展策略化为实际，每年确定一个发展主题，聚焦精准发力，2017 年"生长，向着生命的光彩"，2018 年"温暖有光"，2019 年"在全面发展的追求中彰显出彩的价值"。

三、全面推进教育治理创新—— 校长的革新作为

为让所规划的发展策略能具体落实到学校中,学校全面推进教育治理创新,实现"弯道超车"。在学校层面,实施管理架构改革,校级干部与年级干部组成新管理团队,"扁平化管理",让"顶层设计"与年级实际有机结合,形成统一领导、各具特色的"年级发展共同体"。在教师层面,创设个性化专业成长空间,"走出去""请进来",让教师接受高端培训;提高信息化建设水平,加强教师队伍信息技术能力培训;以"校长会客厅"为平台,加强校长与教师的沟通交流,关心教师生活与专业成长需求;强化教师成长"专业共同体"建设,引领教师专业成长;实施"读书工程",加强"书香校园"建设,让读书成为师生的爱好和习惯。在学生层面,积极构建多元化发展平台,不仅成立数十个社团、建立众多校外实践基地,而且与多国多所学校结成友好学校,师生互访,不断满足学生个性化发展需求。

四、多措并举,创设适合师生发展的教育—— 校长的角色魅力

办学思想的实现,核心是解决人和课程的问题。在教师发展上,学校通过"读、听、带、培、竞、研、写",提升教师专业领导力。在课程上,推进"出彩教育"课程体系建设,以精品校本课程建设为基础,以 STEAM 教学研究和实践为依托,不断强化智慧化"出彩课堂"和"人工智能+"地方特色课程建设,实现国家课程校本化、校本课程精品化、精品课程集群化,用课程、课堂全面提升教育教学质量。

五、向新而行,谱写出彩教育新篇章—— 校长的角色成就

教育要面向现代化,面向世界,面向未来。"出彩教育"希望每一名学生都具有前瞻性世界眼光和深厚的文化根基。学校大力推行全员育人导师制,推进德育一体化,构建"学校—家庭—社会"三位一体教育网络。坚持德育创新,将德育、智育、美育、体育与社团活动、公益活动融合,打造七大特色节日活动,将"出彩教育"尊重每个人、爱护每个人、发展每个人落到实处,期待每个人都能收获属于自己的精彩,期待成为世界更好的一代,并从这里走向未来。

青岛市实验高级中学"阳光校园"创建规划

青岛市实验高级中学　苏延红

为认真贯彻落实习近平新时代中国特色社会主义思想和党的十九大精神,全面落实党的教育方针和为党育人、为国育才的光荣使命,落实《关于开展青岛市中小学阳光校园创建活动的实施意见(试行)》,我校启动"阳光校园"创建活动,聚焦立德树人根本任务。坚持目标导向、问题导向、需求导向和效益导向,全面深化"新人文"教育改革,着力提高教育教学质量,建设"阳光校园",把我校打造成"全新的育人模式,现代的学校管理,人文的办学特色,成就学生和教师"的"新人文"教育特色学校。打造环境优美、充满阳光、富有活力、和谐向上的育人环境,争创"歌声笑声读书声声声入耳,关心爱心责任心心心相印"的"阳光校园",实现"全员育人、全过程育人、全方位育人",为培养德智体美劳全面发展的社会主义建设者和接班人营造良好的育人环境。

结合学校实际,学校规划了十项具体举措,通过打造十类校园,创建"阳光校园"。

(1)突出党建带动岗建,坚守红色传统,打造"信念校园":一是加强全体教职员工政治学习,用党的创新理论武装头脑;二是加强队伍建设,发挥模范引领作用;三是提高政治站位,推进我校党风廉政建设。

(2)夯实教师梯队建设,促进持续发展,打造"筑梦校园":一是把师德师风作为评价教师素质的第一标准,二是全面加强教师梯队建设。

(3)修订完善学校制度,激发教师动力,打造"活力校园":一是完善现代学校制度建设,二是实行顶层设计岗位激励机制。

(4)提升课题研究水平,定位学术高中,打造"学术校园":通过课题研究带动学校整体发展。

(5)确立教学质量体系,明晰每年目标,打造"质量校园":一是完善各学段教学质量监控体系,二是加强新高考改革过程的管理。

(6)紧扣核心素养教学,构建高效课堂,打造"效益校园":一是以学科素养教学为抓手,深入打造"六原则课堂";二是完善"新人文"课程体系,制定学校课程实施方案,将课程育人的理念落到实处。

（7）改进学生成长模式,实现自主管理,打造"内驱校园":一是加强平台建设,引导学生自主管理;二是加强养成教育,培养学生的好习惯;三是加强家校沟通,形成育人合力。

（8）完善学生综合评价,实施指标引领,打造"个性校园":一是全面落实"十个一",加强体育、美育工作,二是构建"新人文"学生评价体系,完善学生综合素质评价。

（9）着力特色品牌建设,强化志愿服务,打造"文明校园":一是加强我校"8023"志愿服务品牌建设,二是加强校园文化建设。

（10）加速智慧网络连通,全面服务教学,打造"智慧校园"。

"阳光校园"的创建,为学校灌注"新人文"精神,构建出一种健康的、和谐的、积极的、人文的、向上的和可持续发展的学校氛围。全校上下将以更博大的胸怀吸纳各方经验,以更勃发的激情提升自身的品位,以更坚实的脚步迈向未来,为打造教育名校做出我们积极的贡献。

加强"两园"建设,构建"和谐"校园

平度市第一中学　苏建良

平度第一中学秉持"为社会负责,为学生终身发展负责"的办学理念,以学校文化建设为引领,努力把学校建成教师的事业乐园和师生的精神家园,奏响和谐发展的时代强音。

一、构建"尊重、理解、沟通、服务"的领导干部文化,打造和谐发展的领导干部队伍

积极实行科学民主管理,实现学校与社会、学校与学生、干部与群众之间关系融洽、和谐。学校实行面向社会、面向家长、面向全体师生的校务公开、财务公开制

度,重大事情由全体师生员工集体讨论,由教代会审议批准并监督执行,重大工程面向社会公开招标。工会组织积极履行职能,逐步把工会建设成为教职工的"民主之家""学习之家""温馨之家""娱乐之家"。

以"谈心谈话制度"为引领,让领导干部做师生思想上的引领者、情感上的知心者、事业上的支持者、生活上的服务者。每名领导干部每周至少要从两名学生那里了解包括学生本人在内的其他全体学生的思想、学习、生活情况,掌握第一手资料;向学生通报最近学校的有关管理措施,实现了学校和学生的真诚沟通;每周必须与至少三名教师沟通交流,了解教师工作、生活中的酸甜苦辣,切身体验教师工作的劳累、繁忙,给予帮助,合情合理地帮教师解决困难。

二、构建"尊重、包容、合作、学习"的教职工文化,实现教师的和谐发展

将精神家园建设放在第一位,目标是要让每一个工作、生活在一中的人都能感受到大家庭的温暖和幸福。学校投资20多万元开辟了教师健身房、瑜伽室,购买了大量适合教师的健身器材,教师可以在课余时间适当休息、锻炼身体,再加上每年面向全体教职工的体检,保证教师拥有健康的体魄、饱满的热情、充沛的精力去工作、去生活。每逢重大节日,学校主要领导总是与外地教师共同吃顿饭,再组织这些教师外出旅游,让这些教师不再有孤独的感觉;校园内建立了小菜市场,解决了教师日常生活的许多问题。"一中是我家,我家是一中"的观念深入每个教职工心中,一个和睦温馨的大家庭正在建设之中。

学校尤其重视教师的专业培训和专业发展,通过外研内修等多种途径提升教师的专业水平。学校积极实施"名师工程""青年教师培养工程",通过开设教育科研讲坛、完善教育科研管理制度、推进多层次的校本培训、建立教育科研专项奖励基金等途径,鼓励和支持广大教职工积极参与教育科研活动,使全校教职工产生了更高层次的人生追求,激发了他们的事业激情,促进了教师专业成长。

不断改进对教师的考核评价制度。制度的核心依据是"集体创优"。这一制度的基本内容是用班级的整体业绩和教研组的整体业绩,确定每个教师的成绩,将个人利益与集体效益挂钩。我们推行这一制度有两大目的:一是遏制因竞争而导致教师抢占时间的负面影响,加强教师之间的协作;二是充分发掘学校的人才资源优势,形成优质资源共享。

三、构建"自主、责任、合作、创新"的学生文化，促进学生综合素质的全面和谐发展

在教育教学过程中，教师注重了解学生心理状态和所思所想，尊重学生的发展需求，激励学生主动发展，为实现学生的自我管理、自我服务、自我发展创设条件，满足学生的精神需求和发展需要，培养学生的高雅情操。

鼓励学生自主管理、参与管理，并通过开展丰富多彩的学生文化活动和社会实践活动，引导学生形成以"自主、负责、合作、创新"为特征的学生文化。

新型学校发展管理探索

城阳第三高级中学　葛永信

城阳三中以现代学校制度建设的先进理论为指导，以师生发展为出发点，简政放权、依法治校，通过构建多元参与学校内部治理机制，深入推进教育教学改革、全面提升育人质量，形成富有时代精神、体现多元开放、充满生机活力的现代学校建设体系。

一、加强现代学校制度建设工作组织领导机构

建立学校内部治理机制改革试点领导小组，下设学校内部治理机制改革试点办公室。办公室为牵头部门，办公室主任任学校内部治理机制改革试点办公室主任，加强专业学习落实和日常试点工作的开展及档案收集工作；教导处主任任副组长，承担相关改革试点任务；总务主任负责后勤保障，确保工作顺利进行。

二、进一步简政放权，全面落实校长负责制

教代会、校务委员会、家长委员会、教师专业指导委员会、学术委员会、学生会、社团联合会等多个治理机构协同参与学校工作。基本实现全员参与，逐步将教育治理落到实处。

三、以多元参与、配套制度建设为重点突破口，完善校务委员会工作规程

调动社会资源，基于校务委员会章程，完善校务委员会的相关机制。发挥校务委员会参与学校治理、民主监督的重要作用，促进校务委员会运行机制建设，更好地让社区、专家、家长参与到学校管理中来，构建良好的学校、家庭、社会"三位一体"的育人机制。进一步完善学校多元参与的科学决策、民主监督的运行机制。

四、探索、试行管理权限清单、负面清单制度，完善权限清单的制度体系建设与执行机制

进一步梳理实施依据、优化运行流程，从强化监管评价入手，以清单形式明示学校管理权限的实施依据、工作流程、承办机构、监督投诉机构等，并向社会公布，接受社会监督，全面推动学校管理依法、规范、民主运行。

五、调动广大教职工积极参与项目管理

通过完善项目管理运行、评价机制，进一步推行扁平化管理，使得更多的教师以明确的职责参与到学校管理工作中来，体现人人参与治理的全员性，调动大家的积极性。

六、发挥好校务委员会、家委会、学生会的作用

引导社区组织、学生家长积极有效地参与学校课程建设管理与监督，实现学校与社会的良性互动，完善参与、监督、评价机制。

七、保障校园安全

建立健全组织领导机构，落实责任制，制定安全工作的规章制度和预案，使学校安全工作制度化、规范化。加强安全教育宣传工作，形成学校、家庭、社会"三位一体"的安全教育宣传网络。加强集会和集体活动的安全保障，建立安全工作事故报告制度和安全档案制度。

学校认真做好宣传教育、培训指导和监督检查工作，各部门高度重视工作涉及的相关问题，认真研究、大胆探索，及时提出切实可行的意见和建议，共同推进学校更高、更强发展。

普通高中课程建设的价值追寻与实践探索

青岛五十八中　袁国彬

近年来,青岛第五十八中学致力于学校课程建设,在追寻课程建设价值的同时构建提升学生核心素养的课程体系,在综合育人方面做出积极的探索和尝试。

高中课程建设的价值追求从属于高中教育的价值追求,统一于对学生发展核心素养的要求,当我们有了观念上的认知,如何进行实践,将课程建设落地,以实现高中教育的价值追求,这是需要我们思考的问题。

一、学校的课程体系构建

近几年,学校一直围绕对课程价值的追求开发、开设课程,植根于五十八中教书育人的优秀传统,围绕连接学习的构想,我们将高中育人价值蕴于学校课程的开发中。以课程为支撑,将课程价值目标与学生核心素养培育相结合,逐步构建起学校育人的课程体系。

在前期课程建设的基础上,学校召开专题研讨会,发布《青岛五十八中深化课程改革行动计划》,从顶层设计上对学校课程进行了归纳和深化,以课程开发和开设促进教师专业化发展,以多样化的课程满足学生多样化发展的需求,以学生自主选课激发学习潜能,以选课、走班上课实现教学方式转变,实现学生在共同基础上有个性的发展,全面提高学校办学质量,构建五十八中特色课程体系,开发、开设适合学生的课程、具有创造性的课程、面向未来的课程、开放的课程。

二、彰显特色——基于价值引领及素养培育的课程解读

课程是育人理念的载体。一切有组织的教育教学活动均可开发为课程。校本课程作为学校育人思想的重要载体,是学校课程建设中的重要部分。单一课程对学生的影响是有限的,构建校本课程群对学生的影响更加综合和丰富,基于这样的认识,经过几年的实践和整合,学校将"连接学习"的价值目标与核心素养培育整合,逐步

形成了具有学校特色的校本课程群。

1. 发展终身学习能力，为大学学习奠定基础的课程群

通过此类课程，帮助学生养成良好的学习习惯、独立思维习惯、批判式思维习惯，为大学的学习奠基。

（1）引导学生学会学习的课程群。

学校非常注重学生学习习惯的养成及自主学习能力的培养，在多年的实践中，结合学生的智力因素及非智力因素的开发，开发、开设了"时间管理""衔接课程""学习习惯养成""五十八中学生培养二十条好习惯"等课程，学校利用翻转课堂、MOOC等形式引导学生进行信息化学习，全面提升学生的学习能力。

比如，学校构建了从高一到高三的系列修身课程，从学习方法、生活习惯、时间管理、心理健康、体育技能、文化礼仪等各方面引导学生进行元认知学习，不断自我调适，完善自己。

（2）培养学生科学精神的课程群。

这类课程旨在给学生提供探究学习、批判的平台，包括"MOOCCAP课程""卓越讲堂——科普系列讲座""实验设计""学科竞赛课程""追寻数学的足迹""神奇的仿生学""花开四季——校园花卉欣赏"等课程。

比如，学校开设的"卓越讲堂——科普系列讲座"，先后聘请了李肇星部长、许智宏院士、张明高院士、张厚英院士、国家重点实验室林鑫主任、嫦娥摄像头总设计师李学龙、我国脑科学领军教授侯圣陶、前驻奥地利大使赵彬等来校做报告，开拓学生的视野，培养学生的科学精神。

基于学校实际，为让不同层次的学生形成更为厚实的知识基础，一方面，学校开设学科必修拓展课程、学科研究性学习课程；另一方面，结合与大学优质生源基地的共建途径开设学科基础提高课程，推进大学先修课程的建设，以满足不同学生的升学需求。面向学有余力的学生开设大学先修课程（线性代数、微积分、普通物理、通用英语），以专业化的师资为学生提供发展的可能性。

2. 为学生的"工作学习"奠定基础，为学生进行职业选择做好准备的课程群

通过此类课程，引导学生将"学术知识"与"工作知识"相结合，助力学生将健康生活与工作学习相融合。

（1）引导学生健康生活的学科课程群。

学校依托"生涯规划指导""阳光心路""乒乓球""辩论赛""心理剧""健美操""生命教育"等逐步建立适合学生发展的课程。通过体育节、心理剧展演、职业体验周等将对学生的教育贯穿到平常的课程学习中。

比如,我校将职业生涯规划教育作为学校发展的新增长点,配备了500平方米的学生发展指导中心,规范课程设置,形成了独具特色的学生发展指导体系。学校心理组开设的"阳光心路"课程,入选山东省精品校本课程资源库,在学生的高中生活成长中起到了重要的作用。依托学校学生成长指导中心,给学生建立成长档案,从多角度综合评价学生,并对学生的生涯规划予以指导。唤醒植根于日常生活、植根于每个人心中的正能量,温暖你我,助力他人。

(2)增加学生人文底蕴的人文素养课程群。

这类课程主要以提升学生人文情怀、审美情趣为主,以音乐、美术、体育、语文学科为主要依托点进行开发开设,有"音乐鉴赏""剪纸""烙画""合唱""交响乐入门""行进管乐""戏剧表演""失落的文明""太极拳""经典诵读""演讲与辩论"等课程,通过艺术节、电影节、合唱节、戏剧节等进行课程的展示。

比如,我校开发、开设艺术校本课程"交响乐入门",以此为基础组建学校金钥匙交响乐团,在提升学生素养中起到了举足轻重的作用。学校交响乐团斩获全国器乐类最高奖、全国艺术展演一等奖,一大批乐团的学生被北京大学、南京大学、武汉大学、中山大学、中国传媒大学等名校录取。

3. 为学生的"公民学习"奠定基础的课程群

此类课程旨在发展学生的"公民素养",倡导社会参与精神,为学生进入社会、服务社会做好准备。

(1)树立学生责任担当意识的课程群。

学校通过开设"大国关系""生活中的法律""责任主题教育""国际人道法""中国优秀传统文化"等课程及"成人仪式""毕业典礼""升旗仪式"等仪式教育课程,依托模拟文化(模拟联合国、模拟G20、模拟经济社、模拟政协等)及学校国际部的"国际课程",逐步树立学生的担当意识,同时增强学生的国际理解力,这些课程对学生的成长产生深远的影响。

以秦冲(在"五四"青年节作为全国青年代表向总书记汇报)、徐曦(伦敦奥运会志愿者、2011年英国年度最佳留学生,接受卡梅伦接见)、秦泽先(近三届奥运会的志愿者)、秦川(北京大学社会实践队队长)等为代表的一批优秀学子脱颖而出,团中央书记处书记傅振邦连续两年给我校发来亲笔签名信,表扬我校学生在社会实践活动中所表现出的担当意识。

(2)培养学生实践创新能力的课程群。

学校开设调查探究活动、社会实践活动、校园文化活动、社团活动、研学游学等活动课程,这些课程具有知识综合运用、走向社会、积极探究的特征。同时整合校内外资源,开设了"影视编导与制作""NOC""机器人设计""无人机""电脑制作"等课程,通过组建社团,引导学生选择,并利用学校的社会实践基地及科技节等活动,将课程落到实处。旨在引导学生关注社会,培养学生的实践能力、科学人文素养和社会责任感,塑造学生健全的人格。

知识是力量,但知识不是唯一,能力、思维、价值观、人格等"核心素养"在当下和将来将有更加重要的作用。课程是学生核心素养培育的主要抓手,我校也将继续深化课程改革,不断推动学生综合能力的提升!

制定三年行动计划,规划学校发展

即墨区实验高级中学　王崇国

在纷繁复杂的教育变革浪潮面前,我们清醒地意识到我校距离卓越品牌学校还有不小的差距。即墨实验高中人唯有对标名校,重新聚焦、重新审视、重新定位、重新出发,共同期许,砥砺前行,才会行稳致远,为此学校制定实施了《即墨实验高中2018～2020年三年行动计划》。

一、明确新时代学校办学愿景

新时代的实验高中以"打造拥有人文情怀、鲜明特色、一流育人质量的现代化卓越品牌学校"为办学愿景,以这一愿景为前提,结合个人价值观与组织目的,加强愿景管理。实验高中通过开发愿景、瞄准愿景、落实愿景的三部曲,建立团队,迈向组织成功,促使组织力量得到极大化发挥,达到实现学校愿景的目标。2018～2020年要突出"人文实验、特色实验、卓越实验、品牌实验"四方面的建设发展。

二、明确教育使命

教育是对人的成全,使人成为最好的自己。教育要对学生的升学考试负责,更要对学生的幸福人生负责。学校的教育使命就是给教师创设公平的政策环境和舒心的生活环境,支撑教师专业成长,规划好学校愿景,引领学校健康发展,让更多的学生读更好的大学。

三、明确"实验高中"价值观

"实验"的真正意义,意味着用先进的教育理念和教学方法,示范当下,引领未来,为即墨教育改革提供模板与方向。

四、明确行动目标

我们的行动目标:学校让教师有归属感,岗位让教师有成就感,在同行面前让实验高中教师拥有更多的幸福感,在社会上让实验高中教师拥有更崇高的地位,享有更高的声誉;实验高中的学生要具备国际视野、社会责任感、家国意识、博大胸怀、领袖气质,未来要有更大的上升潜力,成为各领域的领军人物、国之栋梁。

五、明确"人文情怀、鲜明特色、一流育人质量的现代化卓越品牌学校"的内涵

1. 人文情怀

教育不仅要关注学生的升学与就业,还要关注学生将来的创业、持续发展的能力、生活乃至生命的质量;能够引领学生将个人的近期利益、长远利益与国家利益高度统一;能够培育学生积极向上的人生品格:以乐观豁达的心态直面人生,以坚忍不拔的毅力支撑自我,以正确的价值取向充盈心灵。教师要有高度的归属感和成就感,在同行面前拥有更多的尊严,在社会上拥有更崇高的地位。

2. 鲜明特色

办学特色是指学校在长期的办学过程中积淀形成的有别于其他学校的独特办学方向、办学行为、办学个性或独到的成功之处。实验高中要在现有教学、管理特色基础上,着力于在科技、文学、奥赛、体育(足球)、海洋等方面打造有别于其他学校的"独到""稳定""先进"的鲜明特色。

3. 一流育人质量

对实验高中而言,教育教学质量始终是学校发展的生命线,是学校的立校之本,是办人民满意的教育的根本所在。一流育人质量首先是立德树人,培养的学生要具有高尚的道德情操,综合素养全面,和谐发展;其次是基于学生终身发展,重视学生主体地位,重视学生主观能动性,能引导学生全面、健康、快乐地成长。

4.现代化卓越品牌学校

现代化是指学校在教育思想、教育观念、教学内容、课程体系、教育手段和方法、教育管理、教育装备、师资队伍等方方面面要达成相应目标，以适应社会现代化建设的需要；卓越意味着"杰出""超出一般"；品牌是指社会、家长、师生对学校及学校教育教学各种要素的认知程度。建设"现代化卓越品牌学校"就是要建设具有国际视野和国际大教育内容的先进办学理念，具有能够适应现代教育发展和创新精神的育人师资队伍，具有适应社会需要和学生终身幸福发展的教育教学设施，具有时代特色、行之有效的新型教育体系，具有广泛影响力和社会认可度的非同一般的杰出学校。

更新基础设施配备　支撑教育教学与管理模式变革

青岛五十八中　吴　峰

先进的硬件配备，是实现教育信息化、促进信息化环境下教学和管理模式变革的必要条件之一。学校近几年通过更新基础设施配备，改善和提升了师生在信息化环境下教学教研、学习、教育管理的体验，为教育教学和管理的变革打下了硬件基础。

一、网络基础设施改造，奠定信息化建设最坚实基础

在信息化建设过程中，数据中心、网络传输设施等网络基础设施建设是最基础、最核心的内容，没有安全、稳定、高效的数据中心和网络传输设施，所有基于互联网的应用都无从谈起。学校从2015年开始布局学校网络基础设施改造，于2015、2016年分批次完成了网络中心核心机房改造和学校网络布线改造。学校核心机房服务器采用超融合分布式架构，该架构具有更高的性能，更高的可靠性、灵活性及可维护性，并且可以随需扩展，保证了智慧校园建设中各类软件应用的稳定运行。网络传输中，交换机全部升级千兆，楼层内布线更新六类网线，为后期与青岛市教育局网络升

级对接做好了准备工作。实现了校园无线网络在办公和教学区域的覆盖,保证了学校在移动端的教学教研和教育管理等各类应用的探索实践。

二、交互智能平板支撑下的备授课模式与教学设备运维管理变革

随着学校以电脑、投影机、电子白板为主的教室多媒体教学环境的更新换代,交互智能平板的出现为学校的教师授课与多媒体设备的智能化运维管理带来了极大的便利。

希沃交互式备授课软件与智能平板相较于学校之前的电子白板系列,在资源的丰富程度与交互体验上都有了质的提升。教师在课堂上可以充分利用互联网以及希沃资源中心更新的教学资源与交互手段,对提升课堂的效率与效果都有很好的作用。比如交互智能平板带有的无线传屏技术,教师和学生可以利用手机等移动授课终端,连接教室的交互智能平板,随时将自己或者小组的作品拍照,并实现无线上传展示,效率和效果较之前的实物投影展示有很大提升。

三、网络录播教室支撑下的教学与教研模式变革

传统模式下,学校教研活动主要为同备课组教师进教室听课、课后集中评课的模式。在这种模式下,进教室的教师人数有限,听课教师会对学生、授课教师带来干扰,课后评课存在不及时、易遗漏评价内容等问题。

2013年,学校引入了高清录播教室,及时对录播教室的使用进行了研究和探索。经过近三年的实践,录播教室的使用趋于常态化,给学校教学、教研带来了质的提升。最大的改进体现在四个方面:一是教师可以在教室内自行授课、自行录制,课后对自己的授课内容、方式进行反复观察、研究、改进,同备课组教师可以进行有效的先行课教研;二是听评课教师人数增加,范围扩大,跨学科组的老师可以相互听评课、学习交流;三是听评课教师可以及时就授课环节进行讨论交流,不用担心影响教学;四是教学视频可以即时录制下来,方便课后回放交流、研讨。

2015年,学校在数字校园建设过程中,实现了将现有的录播教室视频即时上传学校网络点播平台,对授课视频进行了有效的存储和网络共享,网络点播平台的流媒体技术支持为用户的观看体验提供了有力保证,为线上、线下的教研活动带来了新的技术支撑,在时间和空间上都进行了有效拓展。

四、数字阅览平台支撑下的师生阅读体验变革

随着网络资源的丰富,师生对于电子图书资源的需求也日益提升。为此学校引

入了数字阅览平台软件、阅读机及电子图书资源。除了服务于教师 PC 端的数字图书馆，学校在教学楼大厅、图书馆还摆放了公共阅读机。数字阅览平台的每一本图书均生成了二维码，在无线网络环境下，师生通过手机安装阅读客户端，进行二维码扫描即可将图书下载至手机，为师生的阅读体验带来了新的变化。

五、校园一卡通设备支撑下的教育管理模式变革

在当前国内教育信息化建设进程中，通过互联网、物联网等技术促进智慧校园建设工作，已经成为共识。校园一卡通因其具有的身份识别、数据汇集功能，其重要性越来越受到普高学校的重视。我校于 2015 年下半年开始了校园一卡通的建设。通过智能卡片、消费 POS 机、考勤机、门禁控制器、一卡通集约化管理平台的配合，实现了智能消费、智能考勤、出入安全管理、场馆借用的智能集约化管理。

例如，以前教师开会需要会前到会场签到，会后管理人员统计，签到时容易造成排队和时间的浪费，会后的统计也需要再由纸质转变为电子。而通过一卡通平台，可以提前设置会议考勤时间，会场教师通过读卡器打卡，会后管理人员登录管理平台即可迅速读取缺勤、迟到人员，为教育管理带来效率的提升。

后期，随着一卡通平台数据与学校现有智慧校园综合平台的进一步对接，一卡通的应用将更加广泛。如将实现一卡通与现有图书借阅系统、与班级智慧班牌的对接，学生可以更方便地通过一卡通读取自己的各类教育信息并实现交互，极大地提升了师生的管理、学习体验。

突出艺体办学，助推学校发展

即墨区第四中学　刘元君

一、学校发展的基本定位

人都是有"特长"的，成功的教育必然是帮助学生发展"特长"、强化"特长"、发挥"特长"的教育。当今背景下，构建学校的多元化特色化课程体系，尊重学生的发展需要，为学生提供更多的选择机会是学校教育的必然和趋势。我校让每一个学生

在特长研讨和生涯规划中,摒弃自身缺点,梳理发展兴趣,确立发展方向,寻找足够的自信,促进学生全面又有个性地发展。

二、学校发展的主攻方向

结合学校已有基础和实际状况,学校今后的主要发展方向在以下几个方面。

1. 强化队伍建设

加强干部队伍、教师队伍、班主任队伍建设,端正教育思想,改变教育观念,深化教育改革,加强师德师风建设,努力提高师资水平和教育教学能力,提高学校办学水平。通过举行新岗教师交流课、汇报课、听评课、结对帮助、以老带新等方式,推动青年教师快速成长起来,一年成型,三年成手,五年成才。学校通过系列举措,推动教师整体素质的提升,努力造就"有理想信念、有道德情操、有扎实学识、有仁爱之心"的好教师。

2. 深化艺体特色

学校根据学生的发展状况,结合学生的爱好特长,指导学生做好文化课选修和艺体课选修工作。周六、周日开展各类社团活动,目前学校已先后成立了左岸文学社、舞蹈队、健美操队、书法社、合唱团、武术队等十多个社团。社团活动的开展培养了学生的专业兴趣,满足了学生特长发展的需要。进入高三,学校将根据学生实际,对专业有特长的学生,进行专业的全面强化训练。三年高中生活让学生学会打一套太极拳,目的就是促进学生耐性、悟性、柔韧性的发展,帮助学生克服懒惰、散漫的个性,提高学生的传统修养。通过让学生学会一种乐器、掌握书画鉴赏技能,来活跃学生的学习生活氛围,培养学生的特长爱好,也为学生终生发展和持续发展奠定基础。

3. 优化育人环境

以培养学生养成教育、促进优良校容校貌为目标,学校师生全员参与,积极营造赏心悦目的教学环境,创设独特优雅的校园氛围,别具一格地建设校园,净化、绿化、美化校园,达到环境教育化、校园艺术化,让学生在愉悦中学习、在花园里成长。

三、保障机制

1. 思想保障

办学思想是学校一切工作的灵魂,学校将以上级有关文件要求为引领,组织学校行政干部、教研组长、备课组长学习先进理念,充分把握教育的内涵,切实把握精髓;

在全校教师中进行充分的动员与宣传,以取得全体教职工的共识,将本规划作为学校内部教育教学工作的行动纲领,在工作实践中加以贯彻执行。

2. 组织保障

成立以校长为组长的规划管理领导小组,由党支部、各处室和级部负责人组成,建立目标责任制,具体实施"三年规划"的全程管理,各分管领导、处室、级部、教研组、备课组具体落实,全员参与,是完成规划的可靠保证。

3. 师资保障

加强学校领导班子的建设,各职能部门分工合作,形成"分工不分家,团结协作"的良好氛围。努力建设一支品德好、观念新、学历层次高、教科研能力强的师资队伍。

4. 后勤保障

合理配置资源,提高教育经费的使用效益,为学校发展目标的实现提供物质保障。积极争取上级主管部门在政策上、财力上的扶持,健全各项硬件设施和功能室,努力改善学校现有的不完善的实施条件。

当前,个性化发展的诉求日益彰显,人们更加关注个人幸福感和价值追求,期盼孩子们成长得更好。面对日益凸显的学生个性差异和自主发展需求,迫切需要学校在教育理念、教育内容、教育途径等方面做进一步转变,探索构建全员育人、关注个体的新型育人模式,最大限度地让学生发现自我、唤醒自我、成就自我,成为学校今后探索的主题。

从农村学校到优质高中的路径探索

西海岸新区第三高级中学　刘光平

我校是一所农村普通高中,前些年面临着学校校舍破旧、设施简陋,教育资源落后,名优教师、优秀学生外流的状况。简陋的办学条件、薄弱的师资和不佳的生源质量,构成了阻碍学校发展的三大屏障,严重制约了学校的发展和教育质量的提高。面对社会、家庭对优质教育的渴望,学校面临前所未有的困惑。学校本着"为每一位学生找出路,对每一位学生有交代"的育人原则,强调"人人都能成才,各有各的舞台",确立"分类推进,多元发展"的办学理念,大胆探索把一所农村普通高中打造成优质高中的新路。

一、加强硬件建设,优化育人环境

近几年,学校多方筹措,共投资 1000 多万元进行校园硬件建设,尤其是开发区管委进驻王台,为学校办学条件的提升提供了绝佳的发展机遇。2019 年暑期开投集团落实投资 2130 余万元对校园进行全面提升,从根本上改变了学校的办学条件,让到校学习的学生享受到不低于优质高中的学习条件。

学校重视育人环境建设。通过对校园合理布局,实现了草坪茵茵、绿树擎天、三季鲜花、四季常青。充分利用孔子雕像、名人画像、板报、警示牌、标语等走廊文化以及校园广播,营造充满浓郁文化氛围的花园式校园环境,把校园打造成师生工作、学习、生活的乐园和精神家园,使学生耳濡目染,受到熏陶和教育。

二、强化德育引领,助推"分类分层"

把"做人教育"作为学校以德树人的突破口和关键,以"引领式"德育课程体系激发学生成长的主动性和内驱力,努力打造"尚德树人"德育品牌,以爱国、责任、尊重、诚信、感恩、励志等主题为教育内容,以常规教育为突破口,遵循"一切为了学生"育人宗旨,开展德育系列教育活动,通过"文明修身月""读书交流会""经典诵读会""体育节""成人节""艺术节""尚德树人道德讲堂""元旦文艺汇演""纪念五四运动 100 周年班级合唱节""徒步远足"、研学旅行以及组建书法、绘画、合唱、诵读等各类社团等活动把握学生发展脉搏,造就优雅博学之士,引领学生向专业特长发展。

三、加强教师培训,打牢多元根基

实施"名师培养工程",鼓励教师"走出去",派骨干教师到名校学习、参加高层论坛,派有关干部、教师参加与多元发展有关的培训,到取得成效的学校交流学习。"请进来",请名师和专家到校指导,聘请职高专业教师到校讲课,联系高校、社会培训机构名师到校上课。充分挖掘本校教师的潜能,调动特长教师的积极性,让本校特长教师指导学生学习。组织优秀教师、骨干教师举行校内示范课、观摩课,为骨干教师的发展提供平台。以校本教研为主要形式,对课堂教学加强指导,探索学校"名师工作室"成立和工作开展途径。组建课程研究中心,构建"多学科整合、全方位育人、多样化发展"的课程体系,整合课程资源,打造专业课程体系,开发校本课程,满足学生学习的兴趣,培养学生的特长。

四、全面人生规划,拓宽发展路径

1. 人生规划定方向

实行导师制,帮助学生分析认识自己。让学生认清自己的知识水平、人生经历等,给自己一个客观的、恰如其分的评价,心平气和地面对现状,不好高骛远。通过聘请各类名师、专家做报告及家校联合、召开学生会、班会等方式,统一教师、家长、学生的思想,形成共识,帮助学生进行人生初步规划,结合自己的兴趣专长确立努力方向。通过社团活动、学校课程开设,让学生进行初步体验,学生根据自身实际适时调整自我。学生把短期目标与长期目标结合起来,知与行不断超越,循环前进。

2. 类别分层开辟成功大道

通过实施"分类分层,多样发展"的策略,我校学生逐渐形成三条走向成功的道路:"金光大道",通过文化高考,直通本科;"银光大道",通过体育、艺术等专业高考圆本科梦想;"阳光大道",通过职业培训,参加春考,使原本成绩不佳的学生考上本科,成就自我价值。

系列工作使学校工作取得较大进步,目前,全校教师干劲儿越来越足,学生信心越来越足。在之前生源基础非常薄弱、入学成绩位于全区 3000 名以前的学生仅有个位数的情况下,2017 年,高考本科达线人数 220 多人,其中参加夏季高考的有 82 人,参加春季高考的有 25 人,特长生达线 113 人。2018 年,高考达线 252 人,其中文化课达线 101 人,春考达线 30 人,体育达线 12 人,其他特长生达线 101 人。2019 年高考达线 230 人,其中文化课达线 77 人,春考中达本科线 16 人;特长类达线 153 人,合计二本达线率都超过 60%,真正实现了低进高出,多元成才的发展路径,得到社会和家长的认可。

加强现代学校制度建设　　全面推进教育现代化

青岛三中　许　帅

《中国教育现代化 2030》中指出,教育现代化是国家现代化的先导,2030 年实现教育现代化,是本世纪中叶基本实现国家现代化的必然要求。近年来,根据青岛市《关于加快现代学校制度建设的意见》等一系列文件要求,学校确立了"一体两翼"("一体"即通过现代学校制度建设,形成"民主三中"品牌,激发教职工干事创业的激情;"两翼"即创新育人模式,落实"精准教学"理念)的学校发展目标,把加强现代学校制度建设作为推进教育现代化的重要抓手,进一步优化学校管理体制,调整学校内部治理结构,深入开展教育教学改革,提升学校办学品质,推动学校现代化发展。

一、建立健全现代学校制度，为学校发展奠定良好基础

对已有的规章制度进行废改立,整理了《青岛三中制度汇编》,内容涵盖学校民主决策制度、教师管理制度、校务公开制度等多项内容,保障学校决策科学、民主,学校管理公正、公开,民主监督扎实、有效。

学校成立学术委员会、德育工作指导委员会、体育艺术工作指导委员会、师生权益保护和申诉委员会等 10 个专业委员会,与学校行政管理机构共同发挥作用,保证学校管理的民主化、科学化,是学校加强现代学校制度建设的有力措施。

二、严格执行各项规章制度，学校发展取得明显成果

严格执行各项规章制度,注重自主管理和民主监督,在学校形成了风清气正的氛围,极大地激发了全体教职工干事创业的热情,学校各方面工作都有了长足进步。

教学成绩逐年提高,中考录取线的连年提升、高考本科率的大幅提高是最有力的说明。

德育工作的成绩有目共睹,学校的全员育人导师制已形成传统,《中国德育》杂志社曾经对比做过专题报道。

家校合作成果明显,社会声誉明显提高。学校多次举行家长开放周、家长学校、家长委员会等活动,密切了家长与学校的关系,加大了社会参与的广度和力度。

三、不断反思、修订,扩展学校发展空间

目前,社会发展日新月异,教育也面临着许多新发展、新挑战、新机遇,学校在发展中也出现了许多新问题。如信息化实验班的招收,改善了学校的生源情况,学生的水平有了明显提高,但任课教师使用现代化教学手段的积极性、主动性如何调动就是一个亟待解决的问题。再如教师终身学习的观念和实践,也存在着用怎样的方式去有效解决的问题。这就需要我们在实践中不断地去调研、反思,不断去修订有关制度,用制度来保证学校整体工作能与时俱进、不断进步。

四、坚持"一体两翼",推动学校高速发展

全面实施素质教育,"让每一名学生都精彩"是学校的目标,学校将在育人模式上进行创新,继续采取以学生为中心的启发式、探究式、合作式等教学方式,注重学生的创新思维、独立思考和解决问题能力的培养,同时,继续实行全员导师制,在学习、生活、思想、心理上给予学生全面的关心和辅导,让每位学生都成才。

利用现有的现代化手段,开展精准教学研究,使课改向纵深发展,将开展精准教学优秀案例评选、精准教学教师论坛、精准教学研讨会等活动,在校内从备课、上课、作业布置、反馈、测试等各个环节形成精准的教学达标细则,让教师在备课、上课、帮扶等方面达到精准的要求,提高教学质量。

学校发展　规划先行

西海岸新区滨海中学　吕恒杰

笔者 2018 年起参加由青岛电子学校崔西展校长主持的崔西展名校长工作室,接受崔校长的指导,努力成长。崔西展校长作为全国职业教育先进个人、全国优秀教育工作者、全国第四届黄炎培职业教育杰出校长,是一位特别有情怀、特别爱研究、特

别有思想的职教先锋。

学校发展规划是学校可持续发展的灵魂，是学校形成规范办学、自主办学、特色办学的基本要求。在崔校长的指引下，从本人工作调整到义务教育学校的实际出发，结合现单位现岗位相关要求，在促进教师专业化发展、德育工作和强化教育科研方面做出更多调整，使之更加契合新时代义务教育办学管理要求，更加契合城乡接合部多元生源情况下学校管理要求和学校发展、师生成长要求。

在教师专业化发展方面，通过加强教师专业发展平台建设，完善教师专业发展的机制，包括建立教师专业化发展的相关评价机制，搭设自我实现平台，完善"教师成长档案"的建设和管理。通过开展教师人文读书活动，提高教师专业素养，通过立足"课堂教学的有效性研究"，关注常态课质量。通过加强"高效课堂"的校本课题研究，建立新的教学评价标准。通过深化校本培训，形成教师专业发展的良好环境。积极推进"高效课堂"的研究与实践，在教学管理、质量监测、教学评价、校本师训等方面实现新的突破，实现教与学的最优化，实现教师与学生共同成长。主要任务：抓实"备、讲、批、辅、查测"教学常规，注重练习设计有效性的实践与研究，切实减轻学生过重的课业负担；依托教研组以课题研究为核心，构建具有"高效课堂"的课堂教学教研，逐步形成我校校本课程，通过研究、实践，提高全员的课程理念及教育行为的转变。

在德育工作方面，以"素质加个性 规范加创新"的办学理念引领学校德育工作，开展校本德育实践，重视学生行为习惯和独立能力的养成，注重学生责任养成教育，提升德育工作的实效性。重点关注班主任队伍建设，提高班主任管理班级、教育学生的能力和水平。重视学生行为习惯和独立能力的养成，加强学生自身的责任感教育，形成良好的学风、班风、校风。组建并完善学生活动组织，通过丰富多彩的活动，促进学生身心和谐健康发展。完善校园文化建设体系，形成具有滨海特色和浓厚文化气息的校园氛围。开展研学实践教育活动，提升学生实践和创新能力。

在教育科研工作方面。建立健全学校高素质教育科研团队，能将教育科研和日常的教学工作融合在一起，提高学校的整体形象，力求形成自己的风格。主要任务：开展"传统国学文化经典导读"的课题研究，以课题来带动办学特色的实现；教研组建设要以科研为先导，每个教研组在学校总课题下确立小课题，教研组的一切活动要围绕课题运转；建立并完善学校、小组、个人三级科研网络，采用行动研究法，推进学校的科研进程；完善科研档案，做到种类齐、过程清，使科研工作纳入正常运作的轨道。

第四部分

职业教育

山东省轻工工程学校新校建设及专业发展规划

山东省轻工工程学校　迟本理

山东省大力推进"新旧动能转换综合试验区"建设,以知识、技术、信息、数据等新生产要素为支撑,促进产业智慧化、智慧产业化、跨界融合化、品牌高端化。青岛作为山东省龙头城市,实施"三湾三城"发展战略,把"蓝色、高端、新兴"产业发展作为主导方向,重点打造新一代信息技术、轨道交通、智能家电、海洋经济、生物医药、航运物流等国内外领先的产业集群,打造具有国际竞争力的海洋发展中心和先进制造业基地。以培养智能制造和新一代信息技术专业人才为目标的学院建设将为山东省新旧动能转换和青岛市蓝色经济、高端装备制造和战略性新兴产业发展提供技术技能人才支撑。迟本理提出,新建青岛蓝色经济职业技术学院(山东省轻工工程学校扩建),提升服务区域经济社会发展的水平。

一、新校建设规划

随着产业结构调整和生产技术不断升级,企业对技术技能人才需求的层次要求不断提高,据调研,先进制造业企业对中、高职毕业生的用工比例已由原来的 7∶3 调整到了 4∶6,有些单位已达到 2∶8,高职层次人才需求量急增。从专业设置来看,目前青岛市职业学校对于新旧动能转换急需的海洋类、高端装备制造类、新兴产业类等专业招生规模不足,远不能满足企业需求。

2011 年 10 月,山东省发展和改革委员会发布《关于印发青岛等七市蓝色经济区发展规划的通知》,对青岛有关蓝色经济区发展规划做出批复,提出筹建蓝色经济职业技术学院。2014 年 12 月,青岛市发布《青岛市职业教育发展规划(2014—2020年)》,规划在青岛北岸城区集聚发展与高新技术产业、生产性服务业相关的职业教育,建设青岛现代制造业职业教育园区,新建青岛蓝色经济职业技术学院(山东省轻工工程学校扩建），打造山东半岛最大的综合性职业教育基地。重点强化对蓝色经济、高端产业、战略性新兴产业发展的技术技能人才支撑，推进建设蓝色特征鲜明的区域职业教育中心。

2017年1月，《青岛市"十三五"教育事业发展规划》提出，适应产业结构升级转型，加快建设与海洋产业、高端制造业、高端服务业和战略性新兴产业相关的专业群，建成蓝色海洋教育特征鲜明的区域性职业教育中心和全国海洋职业技术教育基地。

二、专业群设置规划

立足青岛、面向山东、辐射全国，积极探索校企合作办学模式，实施产学研结合、理实一体化的教学模式。做强海洋类、智能制造类、新一代信息技术类等专业，培养满足地方经济与社会发展需要的高素质专业技术人才。

根据"整体规划、梯度建设、均衡发展、重点突出"的专业建设思路，专业设置主要涵盖海洋生物与化工技术类、智能制造类、新一代信息技术类、交通运输类和制造业服务类专业5个专业群，规划开设30个专业。

专业设置之初就以校企合作、产教融合为基本思路，通过混合所有制、现代学徒制等模式与优质企业共建专业。各专业根据《教育部关于职业院校专业人才培养方案制定指导意见》，对拟开设专业进行了充分调研，制定了各个专业《人才培养方案》，突出高等职业教育的特点，根据专业的不同特点，形成了各具特色的人才培养模式，构建起以职业能力为核心的课程体系。

2019年拟开设药品生物技术、电气自动化、大数据技术与应用、数控技术、模具设计与制造、新能源汽车、会计7个专业，首批拟招生720人。到2025年形成包括海洋生物与化工技术、智能制造、新一代信息技术、交通运输、制造业服务、艺术设计等类的30个专业。

三、发展远景

新校建成后，将担负服务蓝色经济、智能制造、新兴产业的办学使命，为青岛和周边地区的蓝色经济、高端装备制造业等企业提供急需的技术技能人才，促进青岛市、山东省乃至全国的经济发展和社会进步，产生较强的人才效益、经济效益和社会效益。力争通过努力，到2025年建成省内领先、国内一流的集学历教育、社会培训、科学研究、技术服务于一体多元办学的技术技能人才培养基地。

加强内部治理，规划学校发展

青岛幼儿师范学校　于　朝

为优化教育资源配置，提高教师教育的层次和质量，更好地适应经济建设和社会发展的新形势，学校依据国家省市政策要求，夯实学前教育基础，提升办学层次，实现跨越发展。

一、优化管理，构建保障机制

学校管理有正确的管理思想、严密的管理机制和现代化管理手段，这是学校规范化程度的重要标志。

坚持"以人为本"的管理思想，统筹规划，打造德才兼备的高素质教师队伍。开展"师德活动月"主题教育活动，培养教师良好师德风尚。实行个性化和集中培训相结合的培训模式，探索建立分层、分类、分学科（专业）的培训需求体系，进一步加强教师科研和教育教学能力。加强教研室文化建设，推广经验，树立典型，形成积极健康、甘于奉献、各具特色的教研室文化。

坚持"精细化"管理，做到"三个结合"：制度管理与人文管理相结合、目标管理与过程管理相结合、导向管理与民主管理相结合。执行校长负责制、全员聘任制、岗位责任制、绩效工资制，强化竞争机制，构建科学高效的管理体系。

二、深化改革，促进内涵发展

学校内涵发展的四个关键要素就是课程、课堂、教师和学生。其中课程开发是载体，课堂改革是阵地，教师专业发展是动力，学生快乐成长是目标。课程开发是学校内涵发展的有效途径，教师专业发展是学校内涵发展的前提和动力所在，而作用的发挥又是通过课堂教学实现的。学生的全面发展是学校内涵发展的根本目标。而学生在校的大部分时间都是在课堂上，学生能否快乐成长、全面发展取决于教师的课堂教学。在四个关键要素中，课堂是核心，加强课程领导，走内涵发展之路。

加强教育科研,以课程改革为研究中心,将教研引向科研,解决教育教学问题。有效开展学科核心素养的研究,充分挖掘学科育人的价值和功能。做好各级各类课题的过程管理、课题归档、跟踪指导和成果转化等工作,发挥教科研专家和学术委员会的作用,通过讲座、现场指导和网络交流等方式,为课程研究提供支持。

三、借力实践,创建学习型学校

《中等职业学校校长专业标准》基本理念中指出"注重学习型组织建设,使学校成为师生共同学习的家园"。在建立学习型学校的过程中,最重要的是教师和学生的全员参与,并且在全员参与的同时保持极高的积极性。针对幼师学生的心理特点和身心发展规律,学校创造性地开展各种活动来引领读书,激发学生的兴趣。通过读书节、读书知识竞赛、读书沙龙、开展书香班级、主题征文等多种活动方式,把专业学习和博览群书相结合,把第一课堂和第二课堂相结合,把读书感悟和社会实践相结合,把会读悦读和素质升华相结合,把读书求知和职场实习相结合,在实践中取得较好的效果。

四、多元合作,培养优秀师资

通过师徒结对、经验交流、培训学习等方式,充分发挥优秀班主任的作用,提高班主任队伍的整体水平。加强级部教研,深入开展班主任工作创新实验,探索大、中专不同发展阶段的管理模式和有效衔接措施。加强对学生及学生干部的管理,形成以评价促成长、以制度促养成的氛围,提高德育工作的针对性和实效性。

健全家长委员会、校园合作委员会运行机制,办好家长学校,通过组织家庭教育讲座等多种形式提升家庭教育质量,做好与家长的沟通联系,构建有幼师特色的家庭教育服务体系。

创新教育理念　　推进特色办学

山东省轻工工程学校　李祥新

山东轻工工程学校多年来始终以服务区域产业和经济发展需要为宗旨,秉承办学随着经济发展方式转变而动、专业跟着产业结构调整升级而走、课程围绕企业人才需要而转、服务适应社会与市场而变的办学理念。

一、中高职科学衔接,构建技能人才培养立交桥

我校目前已经形成了中专、专科、本科多层次办学体系,针对入校学生的学习基础和发展方向、经济社会对不同层次人才的需求,根据"服务发展,促进就业"的原则,制定了不同层次学生的培养目标。

1.中职层次

主要培养高素质的一线技术技能人才,教学以技能培训为主,毕业生大部分面向装备制造类企业,成为一线技术工人。

2."三、二连读"大专层次

主要培养兼具较深厚的专业知识和熟练的实践技能的技术技能型人才,在我校进行五年一贯制培养。通过对企业职业岗位进行分析,明确职业能力要求,制定一体化人才培养方案,并完善相应的课程体系、教学方法、教学评价方式和教学环境,使之更加符合企业和社会对人才的需求。

3.对口贯通分段培养("3＋4")层次

定位为培养高级应用性复合型人才,即"卓越工程师"。在与联办高校和企业专家多次对接、研讨的基础上,将课程体系进行一体化设计,遵循高技能人才的培养规律,分段实施,合理衔接,优势互补,避免重复。"3"年中职学段以培养扎实的基础职业能力为主线,强化文化课和基本技能,体现我校技能型人才培养特色的专业优势;"4"年本科学段以高级应用型人才培养为核心,强化专业知识和工程实践、工程设

计、产学开发和技术应用能力,体现大学学科优势。七年贯通,技能培养不断线,由低到高,贯穿于整个学习过程中,突出了"职业"特色。

二、调整专业设置,服务产业发展

依托青岛产业发展的布局调整,发挥学校工科专业优势,发挥由企业行业专家、高校和科研院所教授组成的"专家指导委员会""教学指导委员会"和由企业老总、工程师组成的"企业家咨询委员会"作用,进一步了解产业结构调整后对人才需求的实际情况。近三年来,我校根据调研情况设置了海洋生物制药、海洋化工、机器人技术等专业,并通过校企合作模式共建专业。

三、校企深度合作,构建职业教育双主体机制

我校积极探索校企深度合作,使企业从接受学校服务到参与学校办学,由职业教育的服务对象变成职业教育的主体。

(一)股份合作激励企业参与

我校与上海松川集团联合成立了股份制的青岛松川机械有限公司,明确规定合作双方的责权利,确保资金及各种资源的安全性和回报率。企业主动参与到专业建设、课程开发、培养计划的制定和实施中来,成为我校学生生产性实训基地和"专业教师技能强化训练站"。合作促进了互利共赢,企业迅速发展壮大,公司年产值达到800多万元,成为母公司上海松川集团重要的人力资源培养和输送基地。

(二)共同研发课程体系

通过三个"委员会"的工作机制,组建起由学校骨干教师、行业专家、企业工程技术人员三方参加的攻关团队,联合改革课程体系,把企业生产设计成教学的"模块"和"项目",开发出以工作过程为导向、以典型工作项目为主体的新型模块化课程体系,实现了专业课程内容与职业标准的对接、教学过程与生产过程的对接。

四、学历教育与技能培训融通,为企业和社会提供优质服务

(一)培养一专多证人才

为适应企业对技术技能型人才的需求,学校选择经济社会发展急需、与企业生产岗位相对应的工种,在中职、高职学生中分别开展中级工和高级工的技能培训和鉴定,至今已在学生中开展18个工种的职业技能培训和鉴定。绝大多数学生在毕业时

除拿到专业学历证书之外，还可以取得两个以上相关工种的职业资格证书，实现了学历证书与职业资格证书的衔接，学历教育与技能培训的融通，学生成为技能型、复合型人才。

（二）探索服务社会新途径

我校发挥实训基地优质教育资源的最大社会效益，努力探索服务社会的新途径，为企业和社会提供优质服务。建成了全国职业教育师资培训重点建设基地，每年完成 200 余位国家级、省、市骨干教师的培训。建成了校企合作与产教结合示范基地，为企业职工培训 1000 余人。建成了国际焊接指导教师 / 国际焊工培训基地，为职业教育培养国际焊接指导教师，为中车集团等大型企业培养国际焊工。

紧盯"两个需要"，办人民满意的职业学校

胶州市职业教育中心学校　刘元福

办一所高质量、高满意度的优质职业学校，需要提高经济社会发展服务力、学生成长成才培养力，胶州市职业教育中心学校紧紧盯住"企业、学生成才成长"两个需要，努力办社会满意、家长满意的学校。

一、对接产业，科学调整专业

以市场和企业需求为导向，以结合实际、打造精品为原则，从合校时 40 个专业精减到 14 个，实现了专业建设转型升级。围绕国家级胶州经济技术开发区高端制造、互联网＋、智能家居、电力设备等产业集群，稳步扩大数控、机电、计算机等优势专业；围绕中国—上合组织地方经贸合作示范区和国家级多式联运物流园区，培育发展物流、汽修、电子商务等新兴专业；围绕国家级胶东临空经济示范区和大沽河省级生态旅游度假区，积极发展航空物流与服务、高星级饭店运营与管理等特色专业。先后创建国家示范校重点建设专业及专业群 5 个，山东省教学改革试点专业 1 个，山东省品牌专业 1 个，青岛市骨干专业 4 个、双高专业 1 个。加大课程改革的力度和深度，

深入企业调研,推进课程内容与企业技术、课程标准与职业标准"零距离衔接"。吸纳合作企业专家实质性参与课程建设,实现校企共建一体化。

二、对接企业，推进现代学徒制建设

作为青岛市首批现代学徒制试点单位,我们坚持推行"双管三评多赢"的人才培养模式,与青岛三星精锻齿轮有限公司、青岛丰光精密机械股份有限公司、青岛欧开智能系统有限公司、青岛祥银传动设备有限公司等企业合作推进试点,涉及数控、机电两个专业 200 名学生。经过积极探索、大胆实践,现代学徒制建设成效显著,实现"点上结果"——数控现代学徒制教学团队被评为山东省职业院校教学团队;"面上开花"——与喜来登酒店、红树林酒店、福兴祥物流,在酒店管理、物流、汽修等专业铺开实施校级现代学徒制,实现学生、企业、学校、社会多方共赢。

三、对接社会，开展多元教育培训

贯彻落实党的十九大"办好继续教育,加快建设学习型社会,大力提高国民素质"的要求,依托青岛创业大学胶州分校、胶州市社区教育学院,开展多形式、多层次、多领域的培训项目,打响"要学技术快成才,就到职教中心来"的良好品牌。现有电大在籍学员 4473 人,先后获评国家开放大学招生、考试工作先进单位,连续多年获得青岛电大教学、招生工作先进单位等荣誉称号。放大青岛市劳动力转移培训基地、省四级安全生产培训基地、省特种作业培训机构、省渔业船员培训三级资质等资质优势,累计培训各类人员 1.8 万余人次。

四、搭建精准就业"大平台"

依托我校牵头成立的胶州市职业教育集团,与近 200 家企业采取现代学徒制、冠名班、订单培养等方式深度合作,让学生有效地学习技术技能,提高岗位适应能力,实现招生即招工、毕业即就业的目标。

五、铺就春季高考"阳光道"

专门设立春季高考班,并与胶州一中合作开设普职融通实验班,努力通过春季高考把更多的学生输送到高等院校继续深造。先后有 600 余名学生在春季高考中达本科录取线。

六、开通中高职衔接"直通车"

与青岛职业技术学院、烟台职业学院、泰安职业技术学院、威海职业学院等合作办学,在 7 个专业设立"五年贯通"或"3+2"大专班,圆了更多学生的大学梦。

七、拓展国际交流"朋友圈"

逐步完善国际合作办学机制,与澳大利亚霍姆斯格兰 TAFE 学院、韩国京畿道国际贸易高中等签约友好学校;与美国俄亥俄杰克逊高中、加拿大范莎理工学院等建立友好合作关系,与澳大利亚职业教育国际联盟及澳大利亚霍姆斯格兰 TAFE 学院初步达成合作协议,聘请加拿大范莎理工学院王彦彬教授为学校发展名誉顾问,国际交流的"朋友圈"不断扩大。

青岛商务学校"12399"发展思路

青岛商务学校　马素美

青岛商务学校是一所具有普职融通特色的现代综合高中试点学校,全方位为学生提供个性化的、适合的、有选择的教育。根据《中国教育现代化 2035》《国家职业教育改革实施方案》目标要求和学校未来规划,确定了"坚持一种追求、践行两种思想、构建三大体系、完成九项任务、落实九大保障"的"12399"发展思路,全力创建阳光校园,办好综合高中,推进学校多元发展。

一、深化尊严教育,追求校训精神

深入推进"铸造尊严"德育品牌建设,引领师生坚持"以人格铸造尊严、以质量铸造尊严",开展"微行"义工志愿服务、"文明风采"德育活动,加强宪法教育和法治实践活动实效,推进学生自主成长体系建设,让校训精神——"做一个有尊严的人"入心、入脑、入行。开展信仰教育,结合中华人民共和国成立 70 周年、学校建校 60 周年等重大节庆和纪念日活动,开展"坚定理想信念,立志成长报国"主题教育活动,加强党史、国史、校史教育。通过开展军训、开学典礼、毕业典礼及"我们的节日"系列活动,加强爱国主义、国防观念、传统美德等主题教育,增强学生的社会责任感。

二、深化教学改革,践行"生活教育"和"选择的教育"思想

践行"生活即教育""教育即生活"教育思想。探索将"十个一"项目纳入学生综合素质评价体系,开展课堂教学研究,增强课堂教学实践性,提倡"教学做合一""做中学",推广项目教学、案例教学、生产性实训教学、工作过程导向教学,深入挖掘我校 STAM 自主学习教学模式内涵。 践行"选择的教育"思想,结合综合高中办学特点,实施选课走班,完善学校综合育人、普职融通试点项目管理办法,拓展学生成长路径,结合学生特长和个人意愿科学引导学生自主做出普职学籍互转选择,构筑综合育人、普职融通人才培养互通体系。

三、实施多元化办学体制,构建综合高中、中职、高职三大管理体系

严格执行《青岛市综合高中建设工作实施方案》关于学籍、课程、学分方面的管理规定和师资配备及学费政策,与青岛一中等优质普通高中开展深入交流,实现优势互补、资源共享,促进共同发展。完善职业高中管理体系,以专业建设为纽带,探索德技并修、工学结合育人模式,深入实施"三二连读"、五年贯通、"3＋4"对口贯通人才培养和春季高考辅导项目。探索中高职一体化管理体系,做好首批五年贯通班级由中职向高职的平稳过渡,加强与青岛职业技术学院的合作,完成相关课程体系建设、学分制改革及师资培养等工作,共同完善专业调研报告及人才培养方案,打造具有较高水平的品牌专业和特色专业,提高人才培养竞争力。

四、定位学校发展,完成"学、训、评、创"人才培养九项任务

紧密结合学校发展、教师发展和学生发展需求,深化全员育人导师制,落实中小学生全面发展"十个一"项目行动计划,创建书院文化,深化混合所有制和现代学徒制"双制携行"试点改革,开启"老专业新发展"模式,开展建校60周年系列庆祝活动,做好综合高中试点工作,组织开展各级技能大赛,抓实招生工作。

五、加强党的全面领导,落实"三个坚持、三个加强、三个完善"九大保障

坚持党的领导,坚持廉政建设底线,坚持安全底线,深化运用监督执纪"四种形态",强化顶层设计,打造校园安全特色文化,积极创建党建品牌,争创市教育局党建

示范点。加强财务管理、加强教师队伍建设、加强教职工人文关怀,建立"数字化后勤管理平台系统",健全教师梯次培养体系,增设健身场所和馆陶路校区休闲书吧,积极营造风清气正的政治生态和和谐团结、包容理解的工作氛围。完善学校管理制度、完善教职工激励机制、完善信息化和实训室建设,积极推进学生校内保护制度和工作机制建设,开展教职工"三定一聘"工作,组织开发第二期"物流专业翻转课堂技能训练微视频课程",促进同步课堂应用工作。

加强专业建设　突出办学特色

即墨区第二职业中专　金积善

职业教育作为经济社会发展的重要基础,专业设置与调整是职业教育的关键。合理的专业设置,能够保证人力资源的科学开发,推动产业机构、技术结构改善升级,为区域经济发展注入新鲜血液和力量。即墨区第二职业中专在规划学校发展过程中,紧扣时代发展脉搏,以社会需求为导向,不断进行专业调整,努力培养适应现代社会发展的技能型人才。

一、学校专业设置基本情况

1987年,因即墨教育结构调整需要,原即墨二十四中正式改办职业学校,成立即墨区第二职业中专,至今已有30多年的办学历史。成立初期,学校开设有服装、计算机、会计、工艺美术4个专业,根据即墨区经济发展和就业市场的需求,学校按照上级有关规定,不断进行专业调整。1990年学校与即墨卫生局联办开设医士专业,至2018年停止招生;1998年开设电子技术专业,至2004年停止招生;2007年开设学前教育专业,至2018年停止招生;2018年新增旅游服务与管理专业,2019年新增音乐专业。目前,学校开设服装设计与工艺、计算机应用、计算机平面设计、计算机动漫与游戏制作、计算机网络技术、会计电算化、旅游服务与管理、音乐八大专业。

二、优化专业调整，提高办学活力

2004年，顺应国家艺术生高考形式发展，经即墨教体局批准，成立即墨美术学校，工艺美术专业成功转型为普高管理模式。十几年来，美术学校已经形成了相对独立的办学模式，招生规模、师资队伍、管理模式、教育教学成绩、高考升学等各方面方面均稳步发展，取得了优异的成绩。近年来，有14人考入清华大学、中央美术学院等一流高校，有56人考入全国八大美院。

学校服装设计与工艺专业立足当地发达的纺织服装业大环境，积极探索校企合作培养模式。通过与青岛酷特有限公司等知名企业合作，积极实施"现代学徒制"项目，开展工学结合，实现招生招工同步、实习就业一体。近年来，该专业在全国技能大赛上斩获7枚金牌、3枚银牌，毕业生对口就业率达100%。

即墨区作为青岛市旅游发展的热门区域，一直致力于打造宜居、宜游、宜商、宜养的国内一流滨海旅游度假胜地、健康养生基地、旅游会展目的地，在旅游服务方面人才需求急剧上升。2017年，经过调研，学校成功申报旅游服务与管理专业。经过三年的持续跟进建设，该专业在实训基地、师资力量、课程设置等方面均稳定发展。

2019年，根据山东省相关要求，学校原有的学前教育专业停止招生，但经过深入调研，即墨当地学前教育人才缺口巨大。学校经研究决定，在原学前教育专业的基础上设立音乐专业，在一定程度上缓解当地学前教育人才不足的问题。

三、加强专业建设，提高教育教学质量

学校不断加强专业建设，切实提高教育教学质量，努力实现学生的多层次发展、多途径成才。近年来，学校职业班有795名学生参加春季高考，全部被大专以上高校录取，194人被本科院校录取；学校依托企业办专业，先后与青岛红领集团、北京京西宾馆、大润发、青岛航天信息技术有限公司、青岛动漫研究院等几十家企业建立了长期合作关系，每年为毕业学生创造大量就业岗位，毕业生的就业率达95%以上；通过与青岛职业技术学院合作，服装设计与工艺专业实施"3＋2"五年贯通教育模式，帮助学生搭上快捷升学的"直通车"。

四、对接时代发展，加快专业升级

随着青岛市新旧动能转换发展战略的实施，为适应经济发展方式和产业结构调整的总体要求，职业教育的布局结构、专业设置、办学规模等的调整也迫在眉睫。学校的计算机相关专业、会计电算化专业正日益萎缩，农村医学专业因政策调整已停止招生，甚至服装专业也正在走下坡路。据了解，随着5G、大数据、人工智能等高

科技手段的飞速发展，即墨当地物联网等新兴产业迅速崛起，电子商务类、养老服务类、文化产业类等相关技能人才缺口日益加剧。学校将逐步淘汰过时守旧的计算机平面设计、计算机动漫与游戏制作、计算机网络技术专业，积极研究探索 VR、物联网等专业的开发设置，努力将会计电算化专业、医师专业、服装工艺与设计专业向电子商务、康养服务、高端订制、个性化服务等方向转型升级。

今后，学校将立足实际，在做足、做细就业市场调研、分析、预测的基础上，加快传统专业的转型升级，加快新设专业的建设速度，积极探索各专业"五年一贯"的合作模式，加大高职升学规模，创新校企合作模式，逐步形成大中专皆有的教育结构，真正实现使学生"就业有路、升学有望"的目标，为即墨当地社会经济发展做出更大的贡献。

五维联动，立德树人，推进"文明校园"建设

青岛华夏职业学校　侯　蕾

青岛华夏职业学校文明校园创建工作坚持深入贯彻党的十九大精神及习近平新时代中国特色社会主义思想的指导思想，围绕立德树人根本任务，深化社会主义核心价值观教育，打造"自主·合作·开放·创新"职业生命成长教育特色，先后荣获山东省文明单位、全国中等职业学校德育工作先进集体、国家级语言文字示范校、山东省职业教育先进集体、山东省德耀齐鲁示范基地等 50 余个荣誉称号。

一、系统设计，全面推进"文明校园"建设工程

以《中学文明校园标准》为引领，围绕打造和谐校园、幸福教师、阳光学生，让每一名"华夏人"都出彩的建设目标，学校启动"文明校园"建设工程。成立书记、校长亲自挂帅的领导小组，制定《文明校园建设方案》，将文明校园建设与精神文明建设结合，与学校中心工作结合，坚持工作制度化、全面化、系统化、人本化，从抓党建、抓制度、抓队伍、抓德育、抓文化五个维度构筑工程实施体系，形成主要领导重点抓、分管领导靠上抓、部门主任具体抓，全体教职工及学生共同参与，党政工团齐抓共管的

文明校园建设工作局面,全面推进"文明校园"建设纵深发展。

二、五维联动,促进"文明校园"建设内涵发展

(一)融入中心,深化党建"三融+321工程"

以创建创新型、服务型、学习型党组织为目标,实施融入中心,深化党建"三融+321工程",即融入职业教育改革,深化党建"三双领雁"工程;融入职业生命成长,深化党建"青蓝双培双带"工程;融入队伍建设创新,深化我是党员我先行"一站式服务"品牌创建工程。

(二)建章立制,推进现代学校制度建设

结合山东省教育科学"十二五"规划重大招标课题"职业院校内部治理能力提升研究",完善学校依法办学的运行体制机制建设,成立华夏职教中心学术委员会,完善教职工申诉委员会和学生申诉委员会建设,健全三个议事会制度,高效运行校务委员会、教代会、家长委员会,开展管理权限清单试点工作,形成"一体三翼"的现代学校治理结构,构建起现代学校制度体系,全面提升学校治理能力。

(三)师德为先,打造"四有"教师队伍

实施"教师师德行为文化"建设工程,打造"崇德尚表,身正为范"的优秀师风;实施"五子登科"和"三驾马车"培养工程,打造"专业过硬、勇于创新"的教师队伍;实施建机制、重教研、细督评、强培训、勤反思"五位一体"培养工程,打造"角色多维、能力复合"的德育队伍。

(四)立德树人,推进德育一体化建设

以培养"身心俱健,德能双馨、学业兼收、人职共生"的"华夏人"为目标,出台《青岛华夏职业教育中心三全育人实施方案》,实现全员、全程、全方位育人。开展"五新"教学改革,落实课堂育人主渠道功能;实施"自信、负责、成功"自主德育模式,深化"信责达远"德育品牌建设;实施"华夏红·全员牵手导师制",形成全员育人的个性化指导体系;实施家长助教计划,建设"家庭教育服务站";开展现代学徒制试点,建设"企业服务站"。

(五)以文化人,建设"自主·诚信·创新"的校园文化

学校打造"自主·诚信·创新"校园文化特色,构建以"精神文化、制度文化、标

识文化、行为文化、环境文化"为中心的多维文化体系。开展思想文化系列主题教育活动,形成校本教材《花开的声音》和《诚信十字诀》;开展文化品牌建设活动,打造诚信文化、公益文化、工匠文化、社团文化,形成"文明风采"竞赛、"感动华夏十大人物"评选、"寸草心"华夏职教义工"四进"活动、"三双"教育行动计划等品牌活动。

总之,学校通过文明校园创建活动,提高师生公民道德、职业道德、文明修养和民主法治观念,提高校园文化生活质量,提高校园文明程度,使文明校园永葆勃勃生机。

多措并举　促学校长足发展

城阳区职教中心学校　张葵

近年来,城阳区职教中心学校教学质量不断攀升,学生技能抽测合格率达98%以上,学生参加全国技能大赛共夺得27枚金牌、22枚银牌、9枚铜牌,400余名学生在市级以上大赛中获奖。

学校这些骄人的业绩得益于以下几方面的做法。

一、润德立人,为学生"扣好人生第一粒扣子"

1.学校创新构建感悟式道德教育模式

学校开设国学大课堂,组建"尚技"义工志愿服务组织,持续开展志愿服务活动,在潜移默化中提升学生的道德水平和文化素养。

2.学校启动"十个一"项目行动计划

学校着力于让每个学生"学会一项体育技能、掌握一项艺术才能、精读一本书、记好一篇日记、参加一次劳动、演唱一支歌、诵读一首诗、进行一次演讲、参加一次研学、参与一次志愿服务"。教师全员指导,学生全程参与,内容形式不拘一格。

3.学校开展"阳光男生、优雅女生"主题教育活动

学校每年分期中、期末两次对学生进行综合评价,从礼仪教育活动、各类技能竞

赛、文艺体育活动、社会实践活动、青年志愿者活动等多个层面,根据学生表现,评选班级、学校"阳光男生"和"优雅女生",并进行表彰奖励。

二、改革办学模式，为学生搭建起成才立交桥

学校秉承"让每个学生都有一个出彩的人生"的办学理念,为学生搭建起成才立交桥,打造了"就业有出路,升学有希望,留学有渠道"的多元办学模式。

1. 学校与企业共同实施现代学徒制、岗位定制人才培养模式

学校新增电梯维修与保养、工业机器人、智能焊接等专业,积极适应新旧动能转换的现实需求。

2. 学校与高等院校合作贯通培养模式

学校会计、服装等专业分别与山东外贸职业学院、青岛职业技术学院合作实施专科教育,动漫专业与青岛农业大学实施"3＋4"对口贯通培养,为学生学历提升、实现高质量就业搭建了平台。

3. 学校与韩国骊州大学联合举办韩国语专业留学预科班

学生赴韩国留学就读专科,并可专升本,到韩国汉阳大学等高校深造。

4. 学校加强春季高考辅导

在春季高考中,学校本科达线人数连续 10 年位居青岛市前列,成就了 15 个青岛市春季高考状元。近三年,学校 356 名学生考入青岛大学等本科院校,春季高考成为学生追求美好未来的一条光明大道。

5. 学校加大体育特长生培养

学校帮助学生取得相应的体育运动水平证书,凭借体育特长参加全国体育单招考试,考入体育院校学习。目前,已有多名学生升入北京体育大学、山西大学等高等院校。

6. 学校开展创客教育，帮助学生成为创业小老板

作为青岛市创客试点学校,学校深化"三创"教育,培养出近 200 名小有名气的创业明星和创业老板。

7. 学校建立了职业技能联赛机制

学校每月进行技能阶段测试,每学期进行技能过关考试,每年进行校园技能比武,推荐优秀学生参加区、市、省、国家级比赛,让每个学生都有了展示的舞台、出彩

的机会。大批参赛学生凭借精湛的技能和过硬的职业素养被中车集团等知名企业抢先录用或被高校免试录取。

三、科研先行，创建高效行动导向教学模式

城阳区职教中心学校遵循做中教、做中学、教学做合一的职业教育规律，借鉴校企合作、工学结合的成功经验，创建高效行动导向教学模式，并结集出版《高效行动导向教学模式实践与创新》，走出了一条具有青岛特色的科研之路。

四、培育名师，打造高素质专业化教师队伍

学校实施"专业提升式、工作室助推式、企业实践式、科研引领式"培训，实行绩效工资制度，进一步夯实教师专业素养，激活教师内生动力，构建起一支素质优良、业务精湛、校企互通、专兼结合的教师队伍。

不驰于空想，不骛于虚声。建校20多年来，城阳区职教中心学校已为社会企业培养技术技能型人才3万余人，学校整体办学水平跨入山东省乃至全国先进职业学校行列，成为全国中职教育改革创新的示范、提高质量的示范和办出特色的示范。

青岛电子学校的品牌之路

青岛电子学校　孙丕珍

青岛电子学校是近年来涌现在职教战线的一颗闪亮的明星，在省市乃至全国都享有盛誉。近年来获得全国职业教育先进集体，山东省职业教育先进集体、山东省文明单位、山东省教育教学示范校、山东省师资队伍建设先进单位、山东省模范职工之家、青岛市中小学德育工作先进单位、青岛市十佳职工职业道德先进单位等200多项荣誉称号。学校坚持走品牌发展之路，不断争创一流。

一、完善现代学校制度，"质量提升"改革内部治理结构

学校积极推进现代学校制度建设，作为首批管理权限清单制度试点单位，在推进

依法治校、民主决策等方百做出了积极的探索与实践。学校成立了艺教、体教、创客、新闻四大中心和质量提升办公室,充分挖潜,调动干部、教师的积极性。

二、优化发展育人模式,打造"崇德尚礼"德育品牌

学校意识到职业学校学生以德为先、德技并修的人才培养需求,率先提出"1＋1＋1"人才培养模式,从技能、特长、兴趣爱好三个维度,对学生进行全方位的培养。学校在青岛市教育局"十个一"项目建设中也走在了前列。学校以"工匠精神"为德育核心、建立劳模学校、开放劳模·工匠工作室以弘扬劳模精神;倾力打造了"e 米阳光"职教义工品牌,充分发挥专业优势,构建了完善的志愿服务体系;打造"三创"创客导师团队,创设具有创意和实践的创客教育课程体系;积极建设"蓝色之韵"社团组群,带动学生全方位发展,给每个学生出彩的机会。

三、落实课堂主渠道,"决胜课堂"促教师专业发展

建立健全教学各环节的规章制度,建立质量监控标准。从组织上使教学管理细节化,达到教学过程管理的有序化。建立和完善定期评价检查制度,促进教学质量的提高。推行学分制,构建"学分制"管理体系。完善激励机制,以课程改革为抓手,通过精品课程建设、公共基础课程改革和大赛促动,全面提升教育教学管理工作,打好"决胜课堂"攻坚战。

四、促进产教融合,"一线九翼"培养高素质人才

学校牵头成立青岛市电子信息业职业教育集团,目前集团已发展成为由山东省机器人协会等 7 个协会、10 所职业学校和海信集团等 80 余家企业组成的校企一体化深度合作共同体。学校结合青岛市经济社会和职业教育发展需要,与岛城知名企业、发展集团联手,建立以电气技术应用、数字媒体技术物联网技术、3D 打印技术等骨干专业全面推进"校企联合招生、联合培养、一体化育人"的现代学徒制人才培养模式。

打造综合发展的职业院校

莱西市职业中专　王振忠

综合高中是与普通高中、职业高中并行的高中阶段教育,满足学生对普职教育充分认知基础上的科学选择。它以尊重学生自主发展,满足不同潜质学生的发展需要为目标,为学生提供个性的、自主的、适合的、有选择的教育。职业中专自 2016 年就开始探索普职融通的办学模式,招收体育艺术特长生,今年开始举办普通高中班。目前高中在校学生 291 人(体育艺术特长生 185 人,普通高中班学生 106 人)。

一、学籍管理

学生入学时注册为普通高中学籍,在高一学年结束时根据学生学业成绩和个人意愿将其合理分流到普通高中班或中职班,分流到中职班的学生注册中职学籍,享受国家中等职业学校有关资助政策。学生毕业时若成绩合格则发给相应的毕业证书。

二、制度管理

成立高中学部,设学部主任、副主任各 1 名,学生单独编班,独立管理。学校班子成员有专人分管高中教学工作。学校还制定了《选课走班实施方案》《学生奖学金发放办法》《高中教师绩效考核办法》等规章制度,为综合高中建设和教育教学工作的正常开展打下了良好的基础。

三、教学管理

坚持向普通高中看齐,严格按照普通高中的课程设置、教学进度加强管理,积极参加普通高中的教研活动和阶段测试,坚持低起点、高标准、严要求,不断探索课程教学新模式新方法,教学成绩和学生素质都有明显提升,得到了家长的认可。

今年首届毕业生高考成绩突出,26 名美术生中有 21 名达到山东省美术联考本科资格线,6 名音乐生中有 5 名通过山东师范大学等大学音乐联考、校考,夏季高考文化课艺术本科过线率达 80%，实现了"开门红"。

启动新校建设　规划学校发展新平台

西海岸新区中德应用技术学校　姜秀文

为加强我区职业教育的发展，调整布局，有利于职业教育更好地为区域经济服务，黄岛区教体局于 2016 年 4 月向黄岛区政府提交了《关于迁建职业中专的请示》。区政协也将迁建区两所职业学校（东、西区各一所）作为 2016 年重点提案。2017 年 1 月黄岛区政府就我校迁建问题召开专题常务会。在青岛西海岸新区管委（政府）的决策下，经过充分论证，青岛西海岸新区职业中专迁建项目正式启动。按中高职一体化进行规划设计，招生规模按照全日制在校生 8000 人考虑，其中一期中职 3000 人，二期高职 5000 人。整体按照德式风格考虑，符合中德生态园园区整体规划。中德生态园管理委员会将项目用地列入黄岛区 2016 年度土地转用指标分配计划。新校校址位于青岛西海岸新区中德生态园园区内，昆仑山路（海尔大道北段）以西，团结路以南。校园总占地面积 333500 平方米，另有 186667 平方米山体景观绿化区。总建筑面积约为 193440 平方米，总投资约 13 亿元人民币。

一、新校的设计原则与理念

新校的设计为打造"鲁班奖"工程，从规划阶段即本着高起点、高标准定位的原则，设计充分体现德国元素，建设过程中采用被动房建筑技术，通过充分利用太阳能、地热能等可再生能源，确保新校区建设及后续运营的低碳、生态、环保，打造国内领先、省内一流、特色鲜明的应用型中高职一体化校园，适合广大师生员工教学、科研和学习生活、成长的现代化、智能化、网络化、突出职业技术学院特色的现代化生态园林式校园。

二、结合学校新的办学特色，对学校发展进行长远规划

（一）青岛首家中德合作的应用技术大学

借鉴德国模式，联合德国高校，建设中德国际高职院校。设置高中起点三年制高职、初中起点五年一贯制高职，并积极创造条件与德国大学合作举办"3＋1"本科教育，同时举办少量的初中起点三年制中职。学校围绕节能环保新技术应用、高端设备智能制造、智慧城市物联技术、绿色生态海陆物流、社区家政服务新业态等产业和社会需求设置专业，初步构想设立五个专业集群，分别是智能制造、智慧物联、海陆物流、社会服务、节能环保。引进德国职业教育"学习领域"的课程体系，进行中高级技术技能人才的培养，实现高职5000人、中职3000人的在校生规模，为青岛西海岸创新转型、产业升级提供充足的高技能型人才储备。

（二）青岛首个"德国模式"跨企业培训与评价中心

依照德国职业教育模式建设跨企业培训中心，目的是为落户西海岸新区的外资企业或中外合资企业提供岗前、岗中培训。培训充分利用中德职教合作的优势，按照国际标准，聘请德国或其他国家的专家和教师参与，为企业提供定制式高技能人才培训，完善新区的投资环境。

该培训中心在实施培训后，将能够进行国际职业资格鉴定，发放德国工商行会（AHK）、德国手工业行会（HWK）、德国雇主协会的职业资格证书，或进行专项能力评价，发放专业证书，如西门子智能制造的证书、库卡机器人证书、国际焊接证书、凯勒数控证书等。

（三）青岛市教育局首个中德合作项目中心

青岛市教育局与德国汉斯赛德尔基金会合作设立"青岛-赛德尔基金会职业能力发展中心"，这是青岛职业教育重要的国际合作项目。项目中心设立在青岛开发区职业中专，目前德国汉斯·赛德尔基金会在华项目负责人已入驻。

中心目标：推进中德职教合作青岛示范基地建设，积极协助青岛区域内职业院校拓展国际交流与合作，协助青岛市建立起以"现代化、国际化、双元制"为特征的职业教育"青岛模式"。

（四）青岛市中德职教师资培训中心

该中心将建设成为具有浓厚中德合作特色，"立足青岛，辐射全国"，开展职教师资及校长培训的培训中心。通过培训、进修提高教育决策者及学校管理人员和教师

的能力,同时应该满足当地经济发展和职业学校的需求。该中心还将在德国选取黑森州教师技能培训中心,双方共同建立"青岛市海外职教师资培训基地",以此实现青岛市职教师资与管理人员的高端培训。

(五)青岛西海岸新区职业能力公共实训基地

充分利用职业教育资源,建成面向青岛西海岸经济新区内各类院校、培训机构、企业、社会团体和社区,为职业能力实训、技能鉴定、师资培训、技能竞赛、就业服务等提供服务的公益性平台。

(六)一流的国家新兴产业培训基地

建设集会展、培训于一体的国家新兴产业培训基地,承接各部委国家级培训、新区会展,围绕新区蓝色产业、现代服务业、现代特色农业、旅游业的发展,开展海洋工业、工业智能化、"被动房"绿色建筑、直升机、生物基因等新兴产业培训。开设工业机器人、物联网、老年护理等新兴专业,促进产业与专业的对接,加速技术与技能的推广,培养适合产业发展需求的新型专业人才。

(七)青岛西海岸新区社区家政服务实训基地

依托学前教育、老年护理专业中德、中韩、中日合作和校企合作的成果,建设"国际化、绿色化、校企一体"的社会服务业培训基地,提供婴幼儿保育、老年护理相关培训,提升新区社会服务能力。

三、学校规划后的未来愿景

(1)新校将设智能制造、物流商贸、酒店会展、信息物联、学前养老、外国语6个专业群,设数控、汽修、物流3处实训车间,为学生提供1:1的实训工位,成为青岛西海岸经济新区职业能力公共实训基地。学校将培养适合未来产业发展需求的新型技工,满足新区创新转型发展需求。

(2)解决年轻老师子女入园问题。

(3)建设运动健身的天然氧吧——山林体育公园。

(4)建设体育健将的乐园,包括3000平方米的操场、羽毛球馆、乒乓球馆、游泳馆、排球场、篮球场等。

(5)建设养老护理的家园,启用后将成为离退休老师流连忘返的第二个家。

打造有特色的中高职一体化外经贸学校

青岛外事学校　褚维东

2019年，前青岛市委书记王清宪在深圳发表了题为"一起携手努力，搞活青岛这座城"的主旨演讲，全面展示了青岛的新气象、新姿态。青岛发起15个攻势，发挥青岛独特的资源禀赋优势，面向世界开放，整合全球优质资源，立体、综合、全方位地搞活一座城，加快将青岛建设成开放、现代、活力、时尚的国际大都市，完成习近平总书记对青岛的重要指示。

搞活一座城，人才是关键。青岛要发挥海洋优势，建设国际航运贸易金融创新中心，离不开大批高素质的外语外贸人才。青岛不仅需要"招才引智"、广开进贤之路，还需要注重本土人才的培养，青岛外事学校作为外经贸专门学校有责任承担起人才培养的重任。

一、与时代同步，瞄准青岛蓝色经济的制高点

围绕青岛外向型经济的特点，贯彻落实教育局职教整体规划布局，青岛外事学校进行了专业调整，成为局属唯一的外经贸专门学校，重点打造外经贸专业集群。学校紧紧扣住青岛未来经济发展的脉搏，将专业设置对接青岛外向型经济发展，把专业教学对接行业企业新变化、新技能，目标是打造学校办学的强大内核，培养输出具有高质量核心竞争力的优质的行业刚需人才。

国际商务专业培养进出口报关、国际贸易操作、销售人才，服务于青岛众多的进出口贸易、国际物流公司，助力青岛国际航运贸易发展；电子商务专业培养兼具商务和计算机技能的复合型人才，迎合新经济业态，践行"互联网＋"国家战略；商务英、日、韩语专业培养外语外贸人才，外语特色鲜明，常年聘请外教授课，留学交流渠道畅通，助力青岛联通日韩和"一带一路"国家，走向开放世界。

二、与世界同步，放眼走向全球发展的大格局

学校坚持"人本、开放、和谐"的教育理念指导人才培养，服务青岛经济社会发展，确立了"立足半岛蓝色经济和国际化，培育具有本土文化特质、国际视野的报关商务和航空外事人才"的人才培养目标。作为岛城培养外向型经济实用人才的生源航母，学校坚持走国际化、外向型办学之路，在充分挖掘课堂教育资源、积极借助校外教育资源、厚植中华民族传统文化的同时，积极为学生开辟境外留学、访学、交流渠道。先后与韩国、日本、德国、新西兰、美国、泰国、澳大利亚等国家的院校合作，近几年已帮助近千名学生赴外研学和留学深造。

多元丰富的国内外教育资源不仅充实了学校的办学内涵，而且在教师更新理念、学生开阔视野的自我发展中起到了潜移默化的功效。学生不仅秉承了学校在外语、礼仪方面的传统优势，成就了独特的外事学子气质风貌，同时在未来职业素养中内化了积极进取、开放和谐的可持续发展基因，更加有力地助推了学生的学业和职业成长。

三、与发展同步，塑造未来行业精英的长远眼光

未来领导型人才和应用型人才，检验的标准始终在市场和企业的实践中。因此，学校不做纸上谈兵的育人理念抄袭，而是在时刻与行业、企业的互动中校准方向，提升高度，牵头成立青岛报关职业教育集团，与企业开展报关与国际货运和跨境电子商务现代学徒制。企业欢迎技能与学历双高的应用型人才，学校多方努力，搭建立交桥式的学历层次，与青岛理工大学开展进出口报关专业"3＋4"本科贯通培养，与山东外贸职业学院开展进出口报关、商务英语、商务日语、商务韩语和电子商务专业的五年中高职贯通培养，与青岛酒店管理职业学院开展国际商务专业的"三二"连读分段培养，实现了所有专业对接高职和本科的贯通教育；同时，从学生和社会需求出发的超市项目办学为学生提供多样性、个性化的选择。

四、瞄准目标，聚焦问题，打赢学校高质量发展攻坚战

学校贯彻《国家职业教育改革实施方案》，按照"外事进入新时代 一二三四工作举措"的任务要求，坚持服务青岛外向型经济发展，坚定中高职一体化发展和国际化发展思路，重点抓好20个重点、难点、弱点、盲点工作项目的落实，积极构建"政校行企"合作园，校企融合，共同育人，培养德技兼备的新型商务人才，打造有特色的中高职一体化外经贸学校，助力搞活青岛一座城！

以质量管理体系为载体

—— 教育教学的创新、升级和蝶变

莱西市机械工程学校　徐　东

随着我国社会主义市场经济发展和经济日益全球化,教育标准化和质量化已成必然。2013 年莱西市机械工程学校成功引入了"ISO 9001 质量管理体系",现已形成了"人人有职责、事事有程序、作业有标准、工作有目标、过程有监督、创新有路径、不良有纠正、体系有改进"的现代化管理模式,努力实现"学生成功、家长放心、企业欢迎、社会满意"的学校办学目标。

一、制定方针,确立目标,强化工作监督考核

结合职业学校特点和学校办学思路,在充分论证的基础上,制定了学校质量方针,根据学校质量方针制定了岗位职责,根据岗位职责制定了工作目标,根据工作目标制订了工作计划,并对计划实施的过程和结果进行严格监督和考核。通过各类会议增强全体干部、教师的服务及服务质量意识,全面系统地修订完善了学校各项规章制度,编制了《莱西市机械工程学校制度汇编》,使学校各项工作的开展都能做到有章可循,聘请 ISO 9001 质量管理认证专家进行全程培训和指导,及时纠正质量管理运行过程中出现的问题,确保质量管理体系有效运行。

二、注重内审,持续改进,推动体系有效运行

为加强内审员队伍建设,提升内部审核的质量,推动质量管理工作的持续开展,首先,学校组织内审员到山东科技职业学院参观学习,在专家指导下对山东科技职业学院 3 个部门进行了内审,实操演练大幅提高了学校内审员的实战水平。其次,定期组织内审员对学校内各部门进行了内部审核,针对内审过程中发现的问题,要求各部门认真分析并查找原因,提出纠正或预防措施,限期整改。办公室组织内审员对

各部门的整改进度和质量进行了阶段性验证,确保整改符合质量管理的要求。

三、明确要求,规范流程,教育教学成绩显著

质量管理体系运行多年来,教职工精神面貌焕然一新,改变了固有思维,学会了探索创新,抛弃了不良习惯,学会了有法可依,具体情况如下。

1. 文件分类清晰

文件是做事遵循的依据,记录是做事留下的痕迹,对文件与记录的整理是质量管理体系重要的一环。文件与记录的整理首先是分类,各部门以所承担的各项工作为依据,将文件与记录进行了明确的分类,使人一目了然,方便了查找和使用。

2. 记录翔实有序

各部门所承担的工作都很多,其中重要的工作都需要留下工作记录,既便于事后对工作进行追溯与考察,也可以为总结工作经验、提高工作效率提供依据。各部门的记录都做到了专门事项有专门记录,专门记录有专人负责。记录做到了日常化、条理化、目录化,使本部门的重要工作都有记录可查。

3. 过程科学合理

程序化管理是 ISO 9001 质量管理体系的精髓,各项工作按流程进行是保证产品质量的关键。学校的各项重点工作目前都已经制定了相应的工作流程图,要求各部门按流程做好各项工作。各部门的记录都展现了完整的工作程序,包含了计划、规划、方案、过程、总结、反馈等全过程的材料,体现了工作过程的科学性与系统性。

4. 教学成果显著

学校技能大赛、优质就业、出国留学及春季高考等成绩喜人,先后打造了程肇君(焊接冠军)等 9 名国家级"金牌学子",培育了周健(山东省春考 659 分)等 112 名的"春考学霸",成就了徐海洋等 153 名(一汽大众 15 人,中车集团 23 人,北汽新能源 115 人)"国(央)企员工"。特别是在 2018 年春季高考中,2015 级高职一班本科达线率 100%,位居青岛地区同专业第一名。毕业生就业对口率达 100%,其中就业于世界 500 强企业的毕业生占 25.87%,稳定率达 92.76%,月薪可达五六千元,就业满意度高达 97%,各级组织的就业满意度调研成绩一直遥遥领先。2018 年、2019 年学校先后成功承办了全国机械行业智能制造领域教育教学创新及创新创业大赛和机械行业职业教育技能大赛——"中望杯"机械识图与 CAD 创新设计大赛。

青岛艺术学校综合高中发展之路

青岛艺术学校　　王守暖

为全面贯彻落实国家、省、市中长期教育改革和发展规划纲要,将立德树人作为根本任务,深化教育综合改革,实现职业教育与普通教育融通,全面实施素质教育,促进学生全面发展、多样成才,青岛艺术学校开展了综合高中发展办学模式探索。

一、育人目标

全面贯彻党的教育方针,面向全体学生,坚持"德艺双馨、身心两健"的育人导向,以"专业有特长、实践有技能、比赛有优势、就业有市场、升学有方向"为人才培养标准,兼顾就业教育与升学教育,协调发展学历教育与非学历教育,注重培养学生综合素质和职业迁移能力,培养具有普通高中文化基础知识和中等职业教育专业知识与技能、具有继续学习能力和一定就业能力的高素质艺术人才和技能型、应用型人才。

二、培养模式

学校综合高中人才培养,采取"职普一体、双向开放、自主选择、多样成才"的模式。

1. 职普一体

创新教育体制机制,将普通教育与中等职业教育整合成一个统一的系统,在同一个办学主体下,通过开设中专班和普高班,实现职业教育与普通教育有机融合。

2. 双向开放

学生通过一次入学,可以在职业教育和普通教育之间进行多次自主选择。学校根据学生的专业特长和入学成绩,将学生分别安置在中专班或普高班就读。高中一年级第二学期结束时,全体学生都可以根据个人学业成绩和学习意愿,重新选择在中专班或普高班就读。

3. 自主选择

学生根据自己的兴趣爱好、专业特长、学习基础、学习能力和学习潜质,自主选择适合自己的职业教育或普通教育类型。

4. 多样成才

综合高中为学生搭建成长成才的"立交桥",学生毕业出路有多种途径,如可以参加夏季普通高考、夏季艺术类普通高考、春季对口高职考试、高职院校自主招生考试,也可以出国留学、出国研修、考取职业资格证书、直接就业等。

三、课程设置

(一)课程方案

学校以学生升学或就业的不同需求为导向,按照"宽基础、厚人文、精专业、强文化"的总体要求,结合"高一注重基础,高二尝试分化,高三目标明确"的原则,构建了"文化课＋专业课""必修课＋选修课"的课程体系。

(二)课程评价

建立与综合高中培养目标要求一致的、充分尊重学生个体差异的评价体系。实施学分制评价,各专业、各班级在学业成绩评定上全部使用学分评定学业成绩,相同学科实现学分互认。

(三)学生评价

建立过程与终结相结合的"学生综合素质'馨健'评价体系",以"入校承诺制、在校学分制、离校(毕业)汇报制"为基本内容。入校承诺制:学生、家长与学校签订入学承诺,对个人的行为表现、学业发展等进行规划与承诺。在校学分制:从德、艺、身、心四个维度有重点地进行评价,以引导学生不断提高自身综合素质。离校(毕业)汇报制:各专业学生从专业展示、成果演示等方式中选择一种方式完成离校毕业汇报展示。评价结果作为衡量优秀毕业生和学生能否毕业的重要指标。

四、管理机制

(一)建立"一把手"负责机制

学校设立综合高中领导小组,学校党政主要负责人任组长,其他班子成员任副组长,中层处室负责人为成员。全面规划综合高中的实施细则,完成课程安排、教育教学、学生管理等工作,保障综合高中工作的顺利进行。

（二）实施部级管理机制

学校根据不同的学生发展方向,成立综合高中部、综合育人部、普通中专部,进行部制管理,使教育教学更具针对性,教师能针对不同类型的学生提供适合的课程和教育方式,从而提高教育教学的实效性。

（三）完善师资队伍建设机制

在文化课教师方面,遴选综合素质高、有丰富带高考经验和突出成绩的教师任课,同时引进部分普通高中骨干教师作为学科带头人,确保综合高中文化课教学质量。在专业教师方面,选聘省、市文化艺术产业、艺术团体一线艺术家和国内外艺术院校专家、教授担任兼职教师、客座教授,提高专业教学水平。

论证新校区建设，规划学校发展新局面

青岛海运职业学校 刘 航

我校正在筹划新校区建设,我认真学习了崔秀光校长对于新校区的设计原则与理念,遵循高起点、高标准定位的原则来进行新校区的建设论证工作。

一、办学定位及发展目标

我校以海洋职业技术等工科特色专业集群为主导,在青岛华通集团领导下,立足青岛、面向全省新旧动能转换,发展海洋供给侧改革,不断提高办学质量和办学层次,培养满足经济社会发展需要的创新型、复合型、发展型技术技能人才,打造知名专业品牌、服务品牌、学生品牌,构建产教融合协同发展,校企合作互利共赢,人才培养、技术应用研发和社会服务"三位一体"的新型职业教育生态系统。

二、新校区地址及规划

新校区筹划建设地址坐立于青岛市重点发展的即墨区蓝色硅谷国家海洋产业园，是青岛市构筑新旧动能转换"四区一带多园"的重要组成部分。产业园重点布局高端制造业、新兴产业和生产性服务业。我校以培养海洋运输、海洋生物、海洋休闲服务及高端装备制造、新一代信息技术、高端服务业技能人才为目标，专业设置与周边产业有较强的关联性，具有优越的区位优势和产业依托。

新校规划总占地面积333333平方米，其中一期占地200000平方米。总建筑面积165000平方米，2023年全部建成使用，其中2021年底前交付13000平方米。主要建设教学及实训用房、办公用房、学术交流中心、图书馆、体育馆、游泳馆、码头、会堂及学生活动用房、学生公寓、单身教师公寓、食堂及其他附属用房。

学校与国家航海运动学校毗邻，可共建、共管、共用专业码头，也可共用其他教育资源，共同发展海洋产业。

学校建立后将与多家相关企业建立紧密合作关系，充分发挥校企资源优势，实施产教融合，校企协同育人。目前我校已与多家企业进行了商讨，初步确定了一批合作项目，包括探索共建混合所有制二级学院、共建专业和学徒制人才培养试点、共建产学研平台等，发挥校企资源优势，实施产教融合，校企协同育人。

同时，学校围绕拟开设的专业主动与中国海洋大学、上海海洋大学、烟台大学等高校以及西北工业大学青岛研究院、天津大学青岛海洋技术研究院等科研机构对接。学校将聘请高校相关专业高水平教师作为兼职专业带头人，共同完成专业建设、教学、科研，并引领学院教师专业发展，保证建校伊始即高起点运行。

三、专业设置

围绕蓝色经济产业发展，开设船舶驾驶、船舶轮机、航海捕捞、工程潜水、国际邮轮乘务、海洋休闲服务与管理、药物分析与检验、水产养殖、制冷设备运行与维修、电子商务等专业，培养商船船员、远洋渔业船员、工程潜水员、休闲潜水员、邮轮乘务员、游艇操作员和高端制造等技术技能人才。

以智慧校园建设为抓手，提升现代化办学水平

青岛军民融合学院　孙军辉

结合国家"互联网＋"、大数据、新一代人工智能等重大战略的任务,青岛军民融合学院近两年的发展规划重点是以智慧校园平台建设促进学校教育教学管理和治理能力现代化。智慧校园建设将以"114N 体系"——"一个理念、一个平台、四大技术和 N 个应用",对学院教育教学管理工作进行全方位覆盖。

"一个理念"即秉承智慧教育理念,"一个平台"就是智慧校园平台,"四大技术"是指依托云计算、大数据、物联网、人工智能技术,"N 个应用"是一套兼容应用和充分开放给学院领导、教师、学生、家长的应用。它覆盖了智慧管理、智慧教学、智慧学管、智慧后勤、智慧科研、智慧党建等业务场景。

坚持学院"和竞弘道,立业立人"的办学理念,主要围绕"一条主线,两个重点,一个平台"开展工作。

一条主线:以"学院文化和团队建设"为主线,依托班级文化、寝室文化、道德文化、制度文化等实施载体,探索"高效课堂"教学模式,不断满足学生对教育教学的高品质要求。

两个重点:一是着眼于学生基础知识和基本技能的培养,提高课堂教学的有效性;二是着眼于教师专业化和职业化发展,提高教师的业务技能和人文素养。

一个平台:贯彻教育部《教育信息化 2.0 行动计划》和《山东省教育信息化 2.0 行动计划》,将 2019 年作为智慧校园建设的启动元年,将探索把数字化转型作为推动学院教育教学管理工作发展的一个重要抓手,大力推动云计算、大数据、物联网、移动互联网等数字信息技术与学院教学实践的深度融合。

努力实现"五个转化":

一是基于智慧校园的高质量一体化。科学调研,做好顶层设计和整体规划,整合原有资源,节能节支。

二是基于智慧校园的教学理念转化。做好基于现代技术与教育的融合探索,做

好教育理念、教学模式、学习理念和方式、教学管理和教学评价变革的研讨和培训。

三是基于智慧校园的管理数字化。实现信息实时传递与留存,使管理更加立体。

四是基于智慧校园的管理系统化。实现统一数据标准,达成各部门业务动态协同。

五是基于智慧校园的决策智慧化。可供学院领导合理高效决策,并及时预警风险。

学校高度重视智慧校园建设工作,作为"一把手"工程来抓,专门成立数据中心办公室,在学院掀起大培训、大梳理、大比武活动。

一、大培训

1. 信息化建设核心在主官

利用学院行政办公会对领导干部进行集中培训,为广大干部在信息化提升工作中起到"排头兵""领头雁"的作用"加餐补课"。

2. 信息化建设关键在应用

广大干部要坚持带头先用、强制入轨,发挥示范作用,带动教师投入到学院智慧校园建设和开发中来。

3. 各部门成立信息化考训提升讲师团,负责本部门的二次培训

以本业务系统应用为核心积极采取专题讲座、"一对一"帮扶等形式组织培训,突出一线教师信息化技术应用能力培养,确保教师学得好、练得精、用得上。

二、大梳理

1. 任务清单梳理

通过梳理各部门的权力清单、责任清单和服务清单完成校务服务的需求梳理。

2. 工作流程梳理

流程就是执行的工具,当所有员工都按照流程执行的时候,他们的执行力就得到了体现。

3. 建立电子档案库

各部门要牢固树立数据思维、学会数据方法、应用数据工作,对有价值的图像、文本、语音、影视、软件等数据进行细致的收集、组织和规范化再加工,并进行高质量的保存和管理,建设部门业务数据电子档案库,促进部门信息高效、经济地分析和使用,以达到消除信息孤岛、实现资源共享的目标。

三、大比武

积极培育、定期遴选"信息化建设先进部门及先进个人",达到以比促学、以比促用、以比促建的目的,充分发挥信息化在"互联网＋"教育中的重要作用。

我们相信,通过一至两年的建设,一定能够创出智慧校园建设的一片新天地,助力我院的教育教学管理工作从数字化、网络化向智能化加速跃升,全面实现智慧教育。

千淘万漉虽辛苦,吹尽狂沙始到金

胶州市职业教育中心学校　李传战

本人现任胶州市职业教育中心学校党委书记,从事职业学校德育管理工作12年。近年来,不断创新学生德育管理模式,不仅改变了学生的面貌,赢得了用人单位的赞誉,而且学校受到了国家、省、市等各级政府的表彰。我带领学校打造"三园立德"品牌,开展文明风采大赛,学校先后获得青岛市雷锋学校、青岛市德育品牌学校、胶州市红旗团建示范校、胶州市青年志愿服务先进集体、青岛市明星公益学校、首批全国青少年足球特色学校、青岛市文明校园等荣誉称号。在2018年青岛市职业教育质量提升工作现场会上,我做了《构筑"六德"体系　为人生出彩导航》的典型发言。

一、引领"三园立德"品牌的建设

在我的带领下,学校打造了"三园立德"品牌。"三园立德"即将德育工作划分为三个方面。第一方面:求知学园,通过文化课和专业课的学习锤炼学生的职业本领;第二方面:活动乐园,通过多种社团文体活动润养学生的品德;第三方面:精神家园,把校园打造成师生之间相互期待、教师与家长之间相互沟通、教师与领导之间相互信任的温馨之家。"三园立德"品牌于2014年被评为青岛市德育特色品牌,于2015年被确定为国家中职改革发展示范学校特色项目。《中国教育报》系统介绍了我校的"三园立德"德育品牌。

二、推动"六德"育人体系的构建

学校推动构建"六德"育人体系,全面涵养学生品德。

（一）信念立德

建立大型校级入团仪式、升旗仪式"1112 立德"机制,开展早自习背诵核心价值观、观看《大国工匠》影片等活动,引导学生树立正确的世界观、人生观、价值观。

（二）读书养德

构建起"一楼、一角、一机"阅读格局,在图文信息楼建成集中阅览区,藏书达到53.2 万册,可同时容纳 1000 余人进行阅读,激发学生读书的热情。

（三）疏堵正德

学校构建了"五位一体 N 个结合"心理辅导模式,先后投资 20 余万元,建成"七十一"青春健康教育基地,形成学生入学摸底、建立档案、过程跟踪,有针对性地开展辅导"四步工作法";学校与胶州市三里河派出所共建校园警务室,邀请胶州市法制宣讲团、胶州法院等共建单位到校举行"关注校园欺凌"等法制教育报告会。

（四）活动筑德

构建校、系两级社团建设体系,有合唱、秧歌、茶艺等老牌社团,航模、机器人、三铺龙拳等新型社团,秧歌、合唱、篮球等精品社团,共 47 个学生特色社团。搭建多种社团赛事平台,吸引 80% 的学生参与进来。在 2017 年全国文明风采大赛中,我校获得 4 金 2 银 1 铜的好成绩。我在青岛"文明风采"经验交流会上做了典型经验介绍。

（五）管理育德

学校出台《流动红旗管理制度》《班级日常管理九项达标制度》等制度,建立校、系、班三级管理体制,保卫科督查实行巡查制,各系实行教师 24 小时值班制,班主任落实具体管理工作。

（六）实践修德

制定《值周班实施方案》,每周定时赴福康老年公寓开展"关爱老人,回报父母,奉献社会"志愿活动。2014 年学校成立职教义工队。开展"弘扬雷锋精神,传承志愿服务"职教义工学雷锋志愿服务活动月、"铭记——2018 清明祭英烈"等特色鲜明的活动;每年 5 月份开展"职教义工志愿行,送课下乡展技能"大型集中展演活动等。

三、注重德育队伍的建设工作

学校建立了校领导、中层干部、教师三级联动的纵向工作体系和社会、学校、家庭"三位一体"的横向工作体系,校领导高度重视,政教处统筹监管,专业教师引领发展,班主任、团队工作者狠抓落实,学科教师德育渗透,学生积极参与,形成齐抓共管、共育的生动局面;制定《星级班主任管理办法》,系统实施《星级班主任考评制度》。2019 年 7 月 22 日,胶州市职业教育中心学校组织现任星级班主任前往延安,参加为期五天的"不忘初心、牢记使命""传承红色基因"培训活动,班主任的素养得到进一步提升。

四、完善学生德育评价体系

创建了特色鲜明的"德育学分管理机制",研发"文明修身"管理平台。正面行为加分,负面行为减分,每周一上报,每月一小结,每学期对学生进行学分量化评定。在 2016 年青岛教育局召开的职业学校德育工作年会上,学校做了《推行"德育学分制",提高德育实效性》的典型发言。

学校牢固树立"培养社会主义合格建设者和可靠接班人"信念,把校园打造成学生的求知学园、活动乐园、精神家园,把学生培养成有技能、有信心、有活力、有梦想、讲文明、讲规矩、讲诚信、讲奉献的"四有四讲"新时代工匠,让学生在学校里健康快乐地成长,到社会上有尊严地、幸福地生活。

发展源于规划　成功始于不懈

——青岛西海岸新区黄海职业学校发展规划

西海岸新区黄海职业学校　刘志强

伴随着经济社会的不断发展,教育与经济、社会的联系日益密切,在经济和社会发展中的作用日益突出,学校的发展规划能否顺应时代和市场的潮流就变得愈加紧迫。作为教育重要组成部分的职业教育,承担着培养社会主义现代化建设所需要的大量劳动者的重任。正如《校长如何规划学校发展》开篇所讲:"学校发展规划是校长管理学校的重要工具,是校长办学理念转化为办学实践的桥梁。"我校校长的办学经验告诉我们:当前和今后一段时期是职业教育发展的重要战略机遇期,需要高素质劳动者和高技能人才。

青岛西海岸新区黄海职业学校是国家级重点中等职业学校、第三批国家改革示范学校,是国家星火计划农民科技培训学校、山东省职业教育先进单位、齐鲁诗教先进单位。学校在治学理念上始终秉承着人人有才、人人成才的学校信念,形成了"无业者有业、有业者乐业"的办学宗旨以及"惟德惟能、止于至善"的校风校训。本文基于西海岸新区黄海职业学校的实际情况和办学特色指导精神,结合《校长如何规划学校发展》中所提到的理论与案例,谈一谈如何顺应时代要求做好职业学校的发展规划,推进职业教育健康有序发展。

一、中高职衔接,建立人才成长的"立交桥"

"一个好校长,可以成就一所好学校。"学校执行校长刘志强在贯彻落实《国家中长期教育改革和发展规划纲要》中指出,要加强中等职业教育与高等教育的衔接与沟通,建立人才成长的"立交桥",促进黄海职业学校教育体系的完善,要强化对中职和高职之间的衔接模式的探索,发展中职办学的特色教育模式。

1.强强联合,打造特色化办学模式

刘校长结合学校办学实际,重视打造和建设黄海职业学校的特色化办学模式。学校和黄海学院同属一个教育集团,师资共享,优势互补,具有鲜明的职业教育办学特色。在中高衔接的人才培养和课程体系建设上有得天独厚的办学条件,两校联办电子商务、工程造价等8个"三二"连读高职专业,形成1400余人的中高职一体化办学规模。机电技术应用专业与黄海学院智能制造学院共同成立"青岛市中高职机电一体化技术专业"办学联盟。形成了黄海职校、青岛黄海学院、网上创业园"校、院、园三位一体"的中高衔接贯通培养体制机制。

2.开展现代学徒制试点,探索校企协同育人机制

我校校长作为学校高层的管理者,肩负着"定战略、搭班子、带队伍"的重任。在刘校长的领导下,我校以"电子商务专业"为试点项目,开展中高衔接背景下的现代学徒制试点工作。2015级、2016级、2017级电子商务学生均参加了现代学徒制试点项目,学徒制工作取得了一定的实践效果。形成了"校、院、园三位一体"的中高衔接贯通培养体制机制,构建了五年贯通的"122"人才培养机制,建立了基于电商运营

过程模块化课程体系,形成了工学结合、工学交替的教学管理模式,建立了入企拜师制度,确立了学徒、企业、师傅、项目四要素。

3.搭建平台,注重人才培养的创新创业

执行校长刘志强重视对人才的创新培养,在这种理念的指引下,学校最终确定以山东网商集团和世纪黄海电子商务公司为合作伙伴,以突出育人的公益性。在课程设置和授课内容方面,把企业项目引入课堂,尤其把企业创业项目、专业创业大赛、"6·18"和"双11"作为学生实习实训的重点。2017年,139名学生客服酣战天猫旗舰店"6·18大促",实现了交易额破亿,被山东网、人民网、青岛早报、半岛都市报等媒体报道。

二、瞄准社会需求,优化专业布局,打造优势学科

我国学者楚江亭教授在《校长如何规划学校发展》中指出,"学校发展规划不仅仅是学校发展方案,它还是创制发展方案并确保这一方案产生效果的活动或过程"。为此,我校刘校长立足学校长远发展,优化学校专业布局,构建多层次、多形式的教育教学模式,不断调研开设新专业。2019年,学校新增航空服务中专专业以及学前教育、物流服务与管理、工程造价、会计电算化四个"三二"连读专业。正在调研的中专新专业有机电技术应用专业(机器人方向)、连锁经营与管理、动漫设计、影像与影视技术专业、楼宇智能化专业。

在刘校长的带领下,学校积极探索现代学徒制工作,取得了良好的办学实践。机电专业与青岛王传艳名师工作室签订帮扶协议,邀请名师工作室到校进行专业指导;电子商务专业与青岛世纪黄海电子商务有限公司签订学徒制试点协议。通过建设形成以机电专业为代表的工科类、以电子商务专业为代表的商贸类、以学前教育和广播影视节目制作为代表的文化艺术类"三足鼎立"的专业发展布局。

三、服务社会,推动人才培养供给侧改革

1.搭建平台,整合校企资源优势

由刘校长牵头成立了学校、行业、企业专家组成的专家指导委员会、校企合作委员会,形成"校企资源共享、产教紧密结合、校企文化互融、订单就业共担"的融合型校企合作机制。

学校与山东网商科技有限公司探索实施现代学徒制试点工作,校企双方共同制定专业培养目标、教学计划,共同开发课程,共建实训基地,共建师资队伍,坚持校企

双主体育人、双导师教学。电子商务二年级的学生专业课由企业导师进行授课,同时结合"双11""6·18"组织进行实战演练。校企双方合作开发课程,出版《美工实训》教材一部。本着"资源共享、优势互补、互惠互利,共同成长"的原则,2018年11月,成功加入海尔智能制造职业教育集团,通过优化配置,实现优质资源效益的最大化。

2. 产学融合,校企课程优化共建

正如美国威斯康星大学校长范海斯指出,社会服务、学科建设和教学并列为现代职业学校的三大职能,"学校的边界就是州的边界"。学校主动融入地方产业链,到青岛海尔集团、青岛海信电器股份有限公司、青岛兰石重型机械设备有限公司等20余家知名企业走访调研,企业积极参与到课程建设与教材开发中。

3. 订单培养,抢抓市场发展新机遇

学校航空服务专业与北京华航航空服务有限公司、电子商务专业与山东网商集团、汽修专业与上汽通用五菱、机电技术应用专业与毕勤机电等企业在联合培养、校外实训基地建设、探索现代学徒制、就业创业等方面开展了深度合作。

《校长如何规划学校发展》中提到,忙碌的校长是学校一道亮丽的风景线。我校校长作为学校改革发展的带头人,担负着引领学校和教师发展、促进学生全面发展与个性发展的重任,始终将发展作为学校工作的第一要务。在具体推动学校可持续发展方面,刘校长指出,黄海职业学校发展要立足自己的办学特色和教学实践,利用校企合作的教育教学模式是一种注重培养质量,注重在校学习与企业实践,注重学校与企业资源、信息共享的"双赢"模式。同时刘校长强调,校企合作要做到应社会所需,与市场接轨,与企业合作,实践与理论相结合,才能为教育行业发展带来一片春天。

孙洪传校长成长之路

青岛高新职业学校 于江峰

孙洪传校长是青岛高新职业学校、青岛市理工高级中学校长,他1988年从青岛

师范专科学校中文系毕业,被分配到即墨一所中学做语文教师;24岁被调到华夏职教中心,历任华夏职教中心学管处主任、教导主任、办公室主任等职务;30岁,任华夏职教中心副校长,38岁任华夏职教中心校长,一干就是12年。2017年,为加快区域教育质量提升,推动教育均衡发展,孙洪传校长被调到青岛高新职业学校任校长。他先后主持了多项国家、省、市级课题,教育部规划课题"学生学习素质构成与培养研究",青岛市教育科学"十一五"规划课题"中学教师阅读策略的研究""中等职业学校职业自我效能感的现状及对策研究"。他2015年被青岛市人民政府授予"青岛市工人先锋"称号,2017年被评为"齐鲁名校长"。

孙洪传校长从事教育事业30多年,兢兢业业,勤奋踏实,开拓创新。他致力于"人的职业生命成长""全人幸福教育"的研究与实践,坚持以"为学生终身职业素质发展奠基"为办学理念,努力打造"'自主·合作·开放'职业生命成长教育"的学校发展特色,围绕"以内涵发展推进学校特色化、精品化建设进程"和"构建中高职衔接、技能社会化培训和终身学习融通的现代职教体系"两大核心工程,不断提高学校服务区域经济社会发展的能力。2018年又在全省率先实践综合高中试点工作,带领学校走上了一条内涵发展、特色发展之路。

孙洪传校长在担任青岛市理工高中校长后,对综合高中的发展不断思考,思路更加清晰,主要有四个方面。

一、深化育人元素供给侧改革,打造"选择发展、融合发展、创新发展、幸福发展"的综合高中发展新路径

青岛市理工高中的办学理念是"以人的发展为本,面向全体,延缓分流;强调选择,尊重差异;素质提升,多元发展"。建设以"兴趣、方法、恒心、激励"为特质的"内生智育"工程和以"自信、选择、专注、成功"为特质的"唤醒德育"工程。为学生搭建"升学有路径、留学有平台、就业有基础、创业有资源"的成才"立交桥",融合普职教育、中高职教育、国内外教育、升学就业教育,为学生全面素质提升、差异化发展、多元化发展搭建高站位平台,培养"全人"。同时迎合新高考改革,实现对学术型、应用型人才的早期识别与引导,完成职业生涯发展的过渡与衔接。为学生发展呈现"选择发展、融合发展、创新发展、幸福发展"的"理高设计"。

二、青岛市理工高中与青岛二中"合体造血",打造"十分钟教育圈",实施"双育双助推"合作共建,提高育人能力

为推动综合高中高质量发展,青岛理工高中与青岛二中合作办学,开通"校际中

巴", 打造 "十分钟优质高中教育圈"。通过发挥理念引领互通、课程引领互通、教学引领互通的 "互通聚能" 效应, 开辟以 "选择发展、融合发展、创新发展、幸福发展" 为特征的综合高中发展新路径。

三、精准规划课程设置, 支持学生多元发展

学校将建立多样化、立体式课程体系, 构建灵活的课程管理模式, 创造良好的课程设置保障条件, 突出 "必修＋选修＋专业综合" 的 "青岛理高" 课程特色。高一开足开齐语文、数学、英语、历史、地理、生物、物理、化学、政治、艺术、体育与健康、选修等普高课程。高一学习结束后, 根据个性发展需要进行发展方向选择, 选择夏季高考方向的学生, 通过选课走班, 按照山东省普通高中新课程方案要求, 重点强化普高文化课程, 同时为规划生涯发展方向, 选修新工科特质的无人机应用技术、服务类机器人应用技术、智能家居、自动控制、新能源汽车技术等专业校本课程。选择春季高考的学生, 按照春季高考要求, 学习相关的职业课程。

四、加大生涯规划教育的力度, 培养学生选择发展的能力

学校与武汉理工大学青岛研究院签署协议, 结对高校, 合作育人。与青岛仁人教育科技有限公司合作开展生涯规划教育, 通过科学的职业兴趣测评和专业的职业生涯规划教育, 让学生明确自己有意向的专业或职业需求, 有针对性地扬长避短, 提高学生科学、理性选择发展路径的能力, 做到 "我想" 与 "我能" 的统一、"短期明确性目标" 与 "长期方向性目标" 的统一、"崇高理想" 与 "现实环境" 的统一。

创新实施 "岗位定制" 人才培养模式案例

城阳区职业教育中心学校　王建国

岗位定制育人模式是城阳区职教中心学校在现代学徒制试点改革基础上, 探讨实施的 "围绕以企业岗位为主, 进行定制培训" 的育人模式。学校通过对青岛本地企业开展大规模的走访, 了解到绝大多数中小企业急需 "个性化" "定制型" 职业技

能人才,经过几年不断探索,实施"岗位定制"人才培养模式,已经取得了阶段性成效。

一、紧跟市场需求，确定合作思路

分析合作企业的市场需求,构建和实施"岗位定制"人才培养模式,明确工作岗位,明确岗位任务,培养学生的工作能力。学生毕业就上岗,从而解决学生岗位适应性差、专业能力弱的缺点,提升学生的岗位竞争力,保障专业对口率。

具体实施中首先获取培训岗位,有专业教师深入合作企业做专业调研和岗位分析,学校与企业双方确定工作岗位;继而签订培训合同,通过签订协议来明确界定学校、企业、学生(家长)三方的职责。学校与企业签订合作培养协议,学生家长和企业签订学徒协议。

二、双主题育人，多元化培养评价

1. 培养模式

学校成立了由学校领导、企业人员、专业教师组成的工作小组,负责审定人才培养方案,建成包括"公共基础课＋专业核心课＋教学项目课"为主要特征的专业课程体系,创新教学方式,多元评价学生学业。

2. 教学实施

结合学校实际,开展双导师教学、轮岗实训等方面的教学实施。学生第一学年在学校完成文化课程学习,第一学年下学期开始在学校实训指导老师的指导下进行专业所需的基础知识,企业专家到校进行企业文化等方面的指导;第二学年进行在企业专家和校实训教师的指导下在学校和企业中进行专业知识学习和基本技能训练,针对不同岗位学习相关专业;第三学年在学校和企业中深化专业学习内容并进行生产实践,参加企业的班组活动顶岗实习。

3. 评价模式

校企共同制定教学质量监控机制,对教师和师傅进行考核、奖励。围绕行业企业的用人标准,针对不同岗位制定不同层次的评价标准,教师评价、学生评价、企业评价相结合,建立以能力为核心,以贡献大小为衡量度的多元评价体系。

与企业共同完善岗位定制实施过程中配套的标准与制度,实施"薪级制"实训。学生在校内教学实训时,以校内学分等形式奖励,不同水平的学生会有一定差距。学生在校外生产性实训时,完全根据学生的专业技能水平,实施不同的实习薪级。这种激励方式完全跟企业职工的级别薪水制挂钩,鼓励学生多学技能。

三、校企合作管理，促进学生提升

1. 教学管理

制定校企联合的培养方案，包括课程开发、教材编制、教学计划、教学管理和教学评价等内容；采取校内学习、送教上门等灵活多样的教学方式实施教学，保证教学质量和教学程序的完整性。建设校企"双导师"教师团队，安排骨干教师到企业现场锻炼并协助学生管理，负责企业师傅的聘任，建立各企业优秀实训教师库。

2. 学生管理

制定管理办法，严格遵守国家中等职业学校相关政策及相关管理制度；配备班主任，一方面负责校内的日常管理，另一方面协助企业做好企业实训管理工作；健全学生档案资料，按规定发放毕业证书。

岗位定制人才培养模式的有效实施，有利于促进行业、企业参与职业教育人才培养全过程。实现教学过程与生产过程对接，职业教育与终身学习对接，提高人才培养质量和针对性，从而有效提升学生上岗从业和岗位竞争能力。通过岗位定制人才培养模式的实施，学校育人质量整体提升，不仅学生、家长对学校的认可度提高，相关合作企业的效益也明显提升。

莱西市机械工程学校规划发展思路

莱西市机械工程学校 贾喜捷

莱西市机械工程学校，原名为莱西市成人中等专业学校，2014年更名为莱西市机械工程学校。根据莱西市委市政府的统一部署，莱西市三所职业职业学校将进行合并，为了在竞争日趋激烈的环境中求得更好的发展，培养适应经济社会发展人才，促使教育更好地服务于当地经济社会，学校适时调整了规划发展方向。

一、学校发展因素分析

1. 找准校园文化发展的切入点

一直以来,学校采取了多种措施,开展了各项层次不一、规模不同的文化创建活动,但在学校文化创建上一直处于循环往复、原地踏步的状态,活动众多,但成果不显著。

2. 教师素质提升的核心竞争力有待进一步深化

学校内涵发展的深化,必须依赖于教师队伍素质的整体提升。为此,构建学习型组织是解决问题的关键。

二、发展思路

根据学校的总体目标,在未来三年提出"以师生的和谐发展促进现代学校发展"为竞争策略,以此为基点,明确学校的发展思路;定位上,重点关注师生的自主健康发展。

三、目标措施

（一）学校管理

1. 目标

建立一套符合现代化学校发展要求的现代管理制度。

2. 措施

（1）在明确各岗位职责的基础上,进行深入有效的管理。

（2）在理念、制度、方法和模式等几个方面进行学习与探索,积极提高现代管理意识和创新能力。

（3）在调研的基础上进一步完善学校教师职称评定、评优评先、教师绩效工资发放办法等考评方案,奖优罚劣。

（二）师资队伍建设

1. 目标

建设一支具有良好职业道德、现代教育观,能落实、胜任新课改要求,德才兼备、爱岗敬业、一专多能、身心健康、善于合作、勇于创新、结构合理的师资队伍。

2.措施

（1）以师德为核心,在教师中开展爱岗敬业、热爱学生的系列教育,强化教育思想建设,重视营造学校的人文氛围。

（2）根据校本培训规划,为教师制定好培训规划。抓住重点,开展专题教改活动,组织典型的个案实例研讨。

（3）以教研为基本点,坚持科研兴校、科研兴教,从中培养教研骨干。

（三）教学工作

1.目标

教师教学水平、课堂效率、教学质量全面提升,教学调研成绩不低于全市中游水平,各学科发展平衡。

2.措施

（1）组织好课堂教学的研讨活动,同时提高教研组教研质量,使每位教师在自身基础上有较大的提高。

（2）鼓励教师积极参与课堂教学的实践与改革。

（3）不断完善学科质量监控机制,使自控、互控、监控真正落到实处。因材施教,不断提高分层教学水平,提高学习成绩。

（四）德育工作

1.目标

坚持以德育为核心,树立与时俱进的德育工作意识。全员、全程、全方位加强学校德育工作,围绕"知书达礼、感恩诚信"的培养目标,构建"关注情感教育,提高德育实效"的德育工作特色。

2.措施

（1）积极营造全员德育的氛围,形成良好的全员育人机制。

（2）研究现代课程背景下学生身心发展的特点和规律,探索学生传承中华美德的方法和模式,发挥德育教育的实效性。

（3）加强社会实践活动,积极参与社会活动,增强学生的社会责任感和服务社会的意识,培养学生的综合素质能力。

五、实施学校发展规划的保障体系

1. 宣传发展规划，凝聚发展共识

组织学校全体教师共同参与学校发展规划的讨论、制定，充分把握学校发展理念，正确引导学校发展方向，集中全体教师智慧，制定学校发展规划。

2. 形成发展氛围，培育发展环境

深入优化学校的人际心理环境，增强学校的精神凝聚力；健全学校的组织体制和规范制度环境，鼓励教职工遵循共同的价值基础和标准化规范，不断协调和完善学校现代管理体制。

3. 发挥规划功能，完善实施机制

强化发展目标引导功能，高度重视发展目标统一思想、明确方向、科学发展的重要作用，把学校文化发展目标作为制定重点专项规划、分配学校资源、落实年度计划的重要依据，并针对规划落实情况，实行年度计划、总结报告制度。

讲好职教好故事，传播职教好声音

平度市职业中等专业学校　张培生

学校高度重视新闻舆论工作，始终贯彻国家、省、市及上级主管部门的宣传工作精神，认真落实《平度市教育体育局办公室关于加强意识形态和规范新闻舆论工作的通知》《平度市教育体育局办公室关于加强自律进一步规范网络行为的通知》等文件要求。

一、学校高度重视新闻宣传工作

学校利用寒暑假行风建设集训和学期中全体教职工大会，组织全体教师认真学习宣传贯彻习近平同志系列重要讲话精神，牢固树立"四个意识"，坚定正确导向，开展党建学习、主题党日、"三会一课"等活动，通过山东 e 支部网发布通知、学习过程

材料、学习照片等内容,确保活动的时效性、真实性。办公室、工会、团委积极组织教职工活动,弘扬主旋律,传播正能量,努力推出有思想、有温度、有品质的作品,充分发挥正面宣传鼓舞人、激励人的作用,引导教职工做社会主义核心价值观的坚定信仰者、积极传播者、模范践行者。

深化落实意识形态工作责任制,加强意识形态阵地建设,坚守传统阵地,拓展新兴阵地,加快学校官方网络、新媒体等平台建设,不断巩固壮大主流思想舆论。强化宣传思想文化战线队伍建设,建设学校以朱风彬校长为组长的宣传领导小组、以位辉祥副校长为组长的宣传工作小组,严把政治关、品行关、作风关、廉洁关。

二、规范新闻舆论工作

正确把握新闻舆论工作原则,坚持正确导向,坚持尊重规律,坚持协同推进。牢固树立政治意识、大局意识和责任意识,通过宣传教育体育方针政策、改革发展成果以及先进典型事迹,巩固壮大主流思想舆论,弘扬主旋律,传播正能量,激发推动教育体育改革发展的强大力量。把握好时、度、效,增强吸引力和感染力,不断提升教育体育新闻宣传水平。积极挖掘学校工作的亮点和特色,做好教育信息报送、新闻媒体宣传,提升新闻质量,提高学校的社会影响力,树立学校良好的对外形象。

三、严格遵守新闻舆论工作纪律

1.加强队伍建设,严格新闻事件反馈制度

学校建立"一把手负责"制度,明确新闻宣传工作分管领导。学校成立了以朱风彬校长为组长的宣传领导小组,以位辉祥副校长为组长的宣传工作小组,由孙浠栋、张俊宾专门负责本单位新闻宣传报道、微博及微信公众号管理和舆情监控等工作,不断提高宣传和舆情应对水平。

2.健全新闻宣传激励机制

学校在原有宣传工作方案的基础上,于2018年9月通过了《平度市职业中等专业学校宣传工作方案》,方案对宣传工作的目的、要求、工作方法、工作纪律和宣传保障都提出了明确要求,其中附件2《宣传工作奖励办法》、附件3《平度市职业中等专业学校学生宣传员考评方案》明确了鼓励教职工和学生进行新闻宣传的办法。

3.健全自媒体管理制度及信息发布制度

学校现有平度市职业中等专业学校官网和平度市职业中等专业学校微信公众号两个自媒体发布平台。其中官网由装备部信息中心李燕龙按照要求严格管理,公众

号由学校发展研究中心林晓妮老师专人负责,账号密码8位,采用字母数字和特殊符号进行组合,按照上级要求管理。学校有《学校宣传管理制度》和《平度市职业中等专业学校微信公众号信息发布管理制度》,对学校官网和官微的管理和信息发布提出了明确的要求。

4. 健全学校舆情事件处置流程

根据上级文件要求,学校通过了明确网络舆情工作原则、网络舆情组织机构及工作职责和处置程序的《平度市职业中等专业学校网络舆情管理办法与处置程序》,并对相关工作人员进行了培训,在班主任和教职工会上做了全面布置。

新时代青岛职业教育发展的定位与目标

青岛旅游学校　　王　钰

新时代我市职业教育坚持"调结构、上层次、提质量"的工作方针,制订了新时代我市职业教育的攻坚计划,包括机遇与挑战、目标和任务、重点打响的6个攻坚战和17个爆破点、保障措施等。职业学校应及时调整定位,制定措施,完成目标任务。

一、立足新时代,确立办学定位,着力在一个"准"字

新时代我市职业教育面临两个新挑战:一是青岛打造"一带一路"国际合作新平台,对国际化的高素质应用型人才需求更为迫切。二是以高职扩招100万名学生为背景,我国已进入高等教育普及化阶段,职业院校必须明确回答是面向就业还是面向升学这一问题。

社会对人才需求更加多样化,而学生自身发展却更加个性化,职业院校需要重新确立办学定位和育人目标。一是要引导学生确立"适合的才是最好的"的理念,选择与自身条件相适应的学校和专业。二是建设专业课程群,给学生更多学习选择。运用"做中学"的模式,适应职业院校学生学习特点。三是要升学与就业"两条腿走路"。要办好"3 + 4"、综合高中、普职融通,满足升学需求,还要办好五年制高职和职业中专,练强就业技能。

二、确立新目标，创新办学模式，着力在一个"融"字

目前，我市职业教育发展面临的困难很多：办学条件不好、师资力量不强、专业定位不准、人才标准不高是内忧。教育内部不融合、校企合作不深入、国际交流不畅通是外患。

职业教育要不断开拓。一是开展混合所有制、现代学徒制改革，开发社会培训职能，建立起"校企一体"的办学模式。二是实现普职学分互认、课程互选、资源共享，形成"普职一体"办学体制。三是突破中高职隔阂，实现中高职文化相融、课程贯通、资源共享、中外合作、师生互动的"中高职一体"办学机制。四是借力国际优势教育资源，"走出去，请进来"，形成"中外一体"办学格局。

三、勇当新标杆，提高办学质量，着力在一个"高"字

办人民满意的教育，不是让个别人满意、一时满意，不能牺牲国家、地区发展需要、忽略学生的智能类型，而去迎合个别人并不理智的观点。

我市职业教育必须明确"做山东的龙头，建设中国职业教育标杆"的发展目标。一是聚焦世界技能大赛，建立青岛职业院校学生技能人才库，分类管理、长期培养，形成青岛学生的技能影响力。二是加大"双师型"教师的培养、加强专家人才引进，强化"领军人才"的领航作用，形成青岛职教师资的全国影响力。三是运用互联网思维，制定"国际标准、地区特色"的人才培养方案，建立国际交流的常态化机制，形成青岛职教的世界影响力。

平度市职业中等专业学校发展规划的求变、求精与求新

平度市职业中等专业学校　孙世伟

中等职业教育目前面临着重重困难。受应试教育体制的影响，高等院校普遍扩招，私立高校越办越多，中等职业学校生源越来越少，生源质量下降，再加上目前社

会中普遍存在着鄙视职业教育的思想,认为职业教育是"二流"教育,而且职业资格证书制度尚未健全,得不到用工单位认可,"双证"优势难以体现,上升渠道日趋狭窄,如此种种,都使中等职业教育学校的存亡发展面临严峻的挑战。平度市职业中等专业学校在制定实施学校发展规划时求变、求精、求新,独辟蹊径,把学校打造成了岛城、全省乃至全国闻名的"双元制"职业教育品牌。

一、求变

我们正确解读《国家职业教育改革实施方案(职业教育改革 20 条)》和《山东省委教育工委 山东省教育厅等部门关于办好新时代职业教育的十条意见》,提前规划学校发展"十四五"。突出"双元制"办学特色,谋划确定平度项目第十一阶段的合作内容及未来 30 年的发展方向,实施走出国门参与"一带一路"和乡村振兴战略。强化经营理念,深化办学模式改革。借助青岛市职业教育混合所有制鼓励政策的出台,强化树立"经营学校"理念,依托现有专业实体,积极引企入校;参照政府采购公开招标的方式,建立稳定的校外专业实训基地。探讨建立以维护和发展双方核心利益、完全按市场化运作的校企合作新机制和产教融合新模式,进行实质性合作。深化校企共建,由"普通型"变"精密型"。在与 57 家企业和 8 家高校签订协议,成立平度"双元制"校企联盟(集团)的基础上,进一步深化升级校企联盟,吸收省内外更具影响力的成员。

二、求精

以助力学生成人、成才、成功为目标,深化人才培养模式改革。进一步深化产教一体,面向市场设专业,依托专业办产业,办好产业促专业。充分发挥"教学、培训、生产、经营、服务"的"五位一体"作用,实现教育链对接产业链以及教学改革对接流程改造。实施"现代工匠"培养工程,校企共同制定人才培养方案,共同开发课程,共同组建教学团队,共同进行教学整体设计,共同进行过程管理与考核。在加强与青岛喜讯机械加工有限公司、万汇遮阳伞有限公司、红领集团等企业联系与合作的同时,强化树立"无订单不招生,无下家不培训"的理念,进一步调整校企合作方向,重点面向市内大型骨干企业、青岛市著名企业和在青德资企业,通过共同举办冠名班、订单班,深入开展现代学徒制,实现校企一体化育人。同时,做好课程体系的建设和调整工作,针对"三二"连读和五年贯通培养班设立高职类课程;针对春考班设置春考类课程;针对赴德班、单招班、企业订单班和冠名班设立高端定制类课程;针对特色班、特长班设立自选类课程。积极为学业成绩不同、兴趣爱好不同、发展需求不同的广大学生搭建健康成长的平台。

三、求新

在产业转型升级、国内职业院校纷纷把办学重心放到第二、第三产业的大背景下,学校立足平度经济社会发展实际,借鉴实施德国"双元制"办学模式,围绕"三农"转型升级,进行了30年的改革创新,抓住"农"字做文章,以市场需求为导向,大胆改革,走出一条面向市场、服务"三农"、服务企业,学历教育与短期培训相结合的办学新路子。

以奶牛产业为例,1998年,学校从德国引进奶牛养殖时,整个平度拥有奶牛不足40头。从奶牛的选育、喂养、训练、挤奶、疾病防治等入手,学校教师将德国专家手把手教的养殖技术毫无保留地教给学生和农民,平度全市90%的奶牛养殖业人员都接受过我校的专业培训,毕业生中有17人成为奶牛养殖专业示范户。目前,平度奶牛养殖数已发展到近2万头,奶牛养殖业逐步成为当地畜牧业中的支柱产业。类似的例子不一而足。30年来,学校培养了"农字号"人才1.8万人,培育专业合作社主持人近2000人,培训种植、养殖户近万人次,有效带动了平度农业现代化的转型升级。

2019年,"助推县域'三农'转型升级的中等职业学校教学改革研究与实践"这项教学成果一举获得国家级教学成果奖特等奖,作为一所县级中职学校,打破了三项纪录——实现了我省各级各类学校国家级教学成果奖特等奖零的突破,实现了全国中职学校国家级教学成果奖特等奖零的突破,实现了全国农村地区学校国家级教学成果奖特等奖零的突破。

朱风彬校长说:"乘着乡村振兴战略的东风,我们要继续做好这篇'大文章',让我们的教育更好地为人民、为当地经济社会服务。"

青岛电子学校办学发展规划

青岛电子学校　唐好勇

青岛电子学校秉持"成就一个学生,幸福一个家庭,奉献整个社会"的办学理念,铺就职业教育与区域经济和谐互动之路,搭建平台,拓宽渠道,构建起多专业、多层次的职业教育体系,服务地方经济,始终站在职业教育改革发展的最前沿,实现了学生的可持续发展,赢得广泛的社会赞誉。

当今中国最鲜明的时代主题就是实现"两个一百年"奋斗目标,实现中华民族伟大复兴的中国梦。职业教育和经济社会发展的联系最紧密,贡献最直接。国务院的"职教20条"是引领中国职业教育发展的纲领性文件。山东省的"职教10条"将职业教育摆在现代化教育强省和经济文化强省建设的大格局中。

怎样才能在党的十九大开启的新时代中、在全国教育大会开启的新征程中、在山东教育发展的新规划里做出更大贡献,青岛电子学校在思考着、行动着。

一、服务区域经济发展,搭建人才培养立交桥

学校认真学习省、市关于新时代职业教育发展政策,立足青岛经济,坚持贴近产业,主动对接企业,在学校传统的计算机、电子、电气专业的基础上,先后开发创建数字媒体、风电场机电设备、3D打印、物联网、光伏发电等新专业。积极统筹资源,通过内引外联,搭建起了"3 + 4"本科分段贯通培养、中外本科合作培养、五年制贯通等七个人才培养平台,搭建起技术技能型人才培养立交桥。此外,为了提高职业教育的社会认可度,我校从身边做起,在职教义工、社区服务等方面发挥积极作用,开门办学、服务社会,办人民满意的教育。

二、服务国家战略布局,拓展国际化办学空间

职业教育国际化成为教育现代化发展新引擎,学校积极走出去,发出中国声音,培养国际化人才。开办了中加、中日、中美多个专业的合作项目,创青岛职教国际化先河。学校成为青岛市中德电子信息类职业技能培训认证中心项目工作站,与澳大利亚职业教育国际合作联盟共建澳大利亚职业教育中国教学中心;响应国家"一带一路"号召,与尼泊尔悉达多瓦纳斯塔力学院就共建电子、电气及光伏发电专业达成共识,并将于近期在尼泊尔开设分校。

三、服务学生可持续发展,革新育人模式

国无德不兴、人无德不立。教育工作者要用中国梦激扬学生的青春梦,为学生点亮理想的灯、照亮前行的路。学校率先提出了"1 + 1 + 1"人才培养模式,即培养每个学生掌握一项技能,为学生奠定立业之本;发展一项特长,为学生铺平立人之路;培养一项兴趣,为学生开启创造之源。深入落实青岛市育人"十个一"工程,优化育

人模式，为学生的全面发展和终身发展奠基。培养有素养、有技能、有情趣的人，培养能够立身立业、有幸福感的人。

身为教育工作者，能不负教育使命，做一名职教的摆渡人，让学生得到全面发展是每一个职教人最大的愿望。作为有理想、有作为的职教人，要不断地鞭策自己继续坚定而执着地前行，为党的教育事业不懈奋斗。

青西新区高职校的产教融合发展模式

西海岸新区高级职业技术学校　　张继军

近年来，学校立足青岛西海岸新区经济社会发展，以区域产业为引领，把专业建在产业链上，构建"以产兴教、以教促产"产教融合发展模式，对新区教育链、人才链与产业链、创新链有机衔接进行了探索。学校先后发展成为国家级重点职业学校、国家中等职业教育改革发展示范学校。

一、搭建产教融合、校企合作新平台

（一）搭建产教联盟平台

学校坚持"筑巢引凤"，把行业协会、知名企业、科研机构和高校引进来，牵头或参与了十大行业协会组织。学校是全国电子商务行业指导委员会成员单位、全国智能制造协会常务理事单位、"一带一路"暨金砖国家技能发展国际联盟首批成员单位。学校以优势专业为载体，每个专业都对接一个产业、一个行业、一个产教联盟和一个骨干企业群，使专业建设与区域产业发展互为促进。

（二）搭建高端论坛平台

学校每年承办不同层次的专业与产业论坛活动。2018年学校承办清华大学大数据职业教育专业建设论坛，广泛邀请全国知名职教专家、企业专家、清华大学数据科学院专家及政府部门领导，共同探讨大数据基础人才培养与中职教育的衔接，开启了中等职业教育大数据专业建设。2018年学校主办"一带一路"暨金砖国家智能制造技术创新与人才培养高峰论坛与"中外教师交流会"两大论坛，有效促进了国际职业教育的交流与合作。

（三）搭建技能交流平台

近年来，我校连续三年承办全国职业院校信息技术技能大赛和全国智能制造职业技能大赛。学校以技能比赛为平台，吸引全国职业院校、知名企业参与，开展技能交流和校企合作活动。2018年我校承办"一带一路"暨金砖国家技能发展与技术创新大赛部分赛项，搭建了国际技能交流平台。

二、重塑专业建设新形态

（一）产业链上办专业

2014年国务院批复设立青岛西海岸新区，成为第九个国家级新区。学校积极对接青岛西海岸新区"616"产业发展规划，及时优化专业设置。在信息技术专业群，对接IT和信息服务产业、万亿级电商产业、千亿级影视文化产业、智慧城市和大数据产业，开设电子商务、动漫设计、影视技术、物联网、网络安全、大数据等相关专业和专业方向；在智能制造专业群，开设3D打印、工业机器人和高铁通信等专业和专业方向，瞄准产业前沿，把专业建在产业链上。

（二）专业链上建基地

一是"引企入校"。一方面将企业车间或生产线搬到学校，先后引进三承电装公司、海信股份公司等6家企业在校内设立生产车间，学生一边工作、一边学习，实行工学一体；另一方面在学校设立企业工作室和创新基地，先后引进10家公司入驻学校。与藏马山度假区共建3D打印旅游产品开发工作室，与360公司共建线上线下双创基地，与阿里巴巴、万达影视产业园共建影视人才培训基地，与金冠公司共建电商运营平台，推行面向企业真实工作项目的教学模式改革。二是"引教入企"。与海信集团、汇杰科技、天一集团等20余家高新技术企业共建校外生产性实训基地，推行"531"现代学徒制育人模式，将学校教学标准与企业岗位标准衔接，开展项目实训。

（三）供给链上建学院

随着社会发展和产业升级，对人才培养的层次和质量提出了更高要求，为此学校先后与青岛职业技术学院合作成立青职学院应用技术学院二级学院；与海信通信有限公司合作成立海信工匠学院；与山东网商集团共建电商学院；与清华大学数据科学院共建大数据实训基地；与山东科技大学共建物联网产学研基地；与青岛大学共建陶艺工作室，推进人才培养供给链向上提升；与山东隆坤元测绘检测评价有限公司共建"隆坤元—高职校地理信息研究院"。

城阳区职业中专以三年发展规划引领发展

城阳区职业中等专业学校　苟钊训

城阳区职业中专根据学校章程以三年为一个周期制定发展规划，目前，正在实施第三个三年发展规划，确保了依法治校、依法执教，保持了学校可持续的稳定发展。学校实施发展规划以来，建设现代学校制度，办学条件逐步改善，教育教学质量稳步提高，办学声誉与社会知名度明显提高。

学校发展规划立足于新时代的大背景，着眼于国家中长期教育改革和发展规划纲要对于职业教育的定位要求，结合青岛市的产业发展及就业前景，人民群众对高质量职业教育的需求，制定了学校发展规划。

一、上一轮发展规划取得的成果

（一）以党建为引领推进现代学校制度建设

学校围绕教育教学、产教融合、家校合作等成立校企合作、课程建设、招生就业等9个委员会，从制度层面进一步规划了现代学校治理体系。

（二）提升教师施教育人水平

实施师德培养计划和教师专业化水平提升计划，增强师德师能。围绕创建"以融立德"德育品牌，完善立德树人模式，不断提高学生综合素质。三年来，在全国技能大赛中获得6枚金牌、8枚银牌、4枚铜牌；春季高考有157名学生被青岛大学、山东科技大学等本科院校录取，录取率居青岛市前列。

（三）办学条件明显改善

投资 2640 万元新建实训楼,新增实训工位面积 6343 平方米;近三年,新增价值 1600 余万元的实训设备,建成汽修、学前教育、建筑、电子电气的校内实训基地。改造运动场,改善教室环境,安装直饮水机,硬化中心干道,实现冬季集中供热等。三年时间,学校教育教学设施不断提质升级、焕然一新,育人环境更有利于学生成长成才。

二、制定学校发展目标

学校将发展目标分为定位总目标和具体目标,明确发展方向。经过深入研讨,学校结合实际提出全面深化教育教学改革,全面实施素质教育,全面落实立德树人根本任务,系统推进育人方式、办学模式、治理制度改革,使教育教学更加符合教育规律,更加符合人才成长规律,更能促进学生全面发展,争创岛城中职名校的目标。从文明校园建设、教育科研、德育品牌、专业建设、“3 + 2”合作、现代学徒制等方面制定了具体目标。

三、确定学校发展重点项目和主要措施

（一）推进学校治理体系改革，增强学校发展活力

通过狠抓党的建设,建设五好党支部,发挥党性引领作用,打造“六好”阳光校园,引导校风、学风不断优化。

（二）深化教育教学改革，提升学生综合素养

强化课程实施推进力度,促进以课程开发为中心的校本课程研究的深入开展;通过建章立制,以培训提升、团队打造为抓手,以课题研究为载体,积极开展教研科研活动。

（三）提高师德师能，建设高素质师资队伍

落实师德师风建设长效机制。开展多种形式的师德教育,建设“双师型”教师队伍,组织专业课教师定期参加企业实践,完善校企共建“双师型”教师培养培训体系,专业教师每五年到相关企业事业单位实践锻炼累计不少于六个月。建立名师工作室,建立教师分层动态管理制度,通过培养校级骨干教师、区级优秀教师、市级学科带头人、齐鲁名师等,形成名师梯队建设机制,激励不同起点的教师争先创优。

（四）创新办学模式，提高办学效益

积极推进现代学徒制教育综合改革试点项目，积累经验。创新校企合作方式，引进知名企业建设产教研综合实训中心，推动校企联合招生。构筑中职学生升学"立交桥"，汽修、学前教育、建筑专业实现"3＋2"连读大专或五年一贯制高职、探索"3＋4"中专本科分段贯通培养模式。

（五）加强办学基础建设，提高学校发展实力

加大资金投入，改善学校技能实训教学条件，把实训楼建成高水平实训基地。提高教育技术装备现代化水平，建成数字化校园，完善学校信息化硬件设施建设，拓展学校网络功能，实现教学资源信息化。

四、将目标进行分解，制定发展规划年度目标分解表

将总目标分解为阶段性目标，制定具体实施措施，明确完成时间和责任部门，每年年终根据年度目标对各处室进行督查考核，作为部门绩效目标考核的重要依据。

提炼"双元制"办学成果，
形成平度职业教育模式

平度市职业中等专业学校　孙世伟

一、以专业链群建设为纽带，筹建"平度模式"

专业链群建设在专业调整、资源共享和拓宽学生就业渠道等方面有较大的优势，我校以"双元制"办学模式为基础，以畜牧兽医专业和果树栽培专业为核心，以其他农林牧渔类相关专业为延伸，开始探索专业链群建设方法，随着实践经验不断丰富，效果明显。现已建设有"畜牧—肉制品、乳制品""种植—面点、果酒"专业链群，专业链群建设模式增强了学生的岗位适应能力，形成"大专业"毕业生概念，保证了毕

业生的高就业率和优质就业率。

二、政府主导，行业企业参与，建立"双元制"职教联盟

为保障"双元制"办学模式顺利实施，平度市政府相继成立了"双元制"协调委员会、考试委员会等有关组织，出台了《关于"双元制"培训企业及实习指导师傅的管理意见》《兼职教师队伍建设的意见》《关于公布职业学校实习基地的通知》和对实习企业减免税收、减免教育费附加等一系列文件、政策，成立了"'双元制'专业建设指导委员会"，旨在推动学校和企业开展多层面的合作。在政府的推动下，我校先后与60余家中外知名企业建立了长期稳定的合作关系，以我校为依托，还成立了"平度'双元制'职教联盟"，制定了《平度"双元制"职教联盟章程》，明确了联盟的宗旨和职责以及成员单位的权利和义务。平度"双元制"职教联盟等组织的成立，为学生提供了更多的实习机会和更广的实习空间。

三、做好为"三农"服务

多年来，我校依托畜牧教学养殖实验场和果品加工培训中心，一方面加大了对本地农民服务的力度和范围，另一方面立足区域经济特点，加大了对"职业型、创业型"学生的培养。自2008年以来有16名畜牧兽医专业的毕业生成为奶牛养殖专业示范户；全市新增果品加工企业12家，11家企业的技术骨干是农产品加工专业的毕业生。这些为"三农服务"举措，对拉动当地产业结构的调整升级，推动农村经济发展做出了积极的贡献。

四、夯实基地培训，充分发挥辐射、带动作用

作为全国重点建设职教师资培训基地和山东省"双元制"职业教育培训基地，几年来，我校立足实际办学，采取灵活多样的培训方式，坚持边建设、边培训的原则，创造性地走出了一条具有职教特色的师资培训之路，先后面向全国、全省举办职业学校校长、管理干部、骨干教师培训班100余期，培训3400余人次；立足平度，面向社会行业，培训建设项目经理、技术工人、会计人员、奶牛养殖人员、果酒酿造人员等12000余人次，为西部地区优惠培训职业教育教师200多名。各种形式的培训，深刻发挥了我校"双元制"办学的示范引领作用。

我们在人才培养模式方面进行了有效的探索与实践，今后将继续丰富和拓展其内涵和外延，在大力发展现代职业教育的征途上迈出更大的步伐。

第五部分

特 殊 教 育

"规范管理—精细操作—特色发展"
发展之路

莱西市特殊教育中心　王曙光

　　学校发展规划是一项整体而又细致的工作,对学校的发展起着关键性作用。王曙光校长自接任莱西市特殊教育中心校长一职以来,为有效促进学校有序、健康、科学发展,逐步制定并实施学校科学发展规划,提出了"规范管理—精细操作—特色发展"的学校发展之路。

一、规范管理之路

　　无规矩不成方圆,凡事有规范才能不乱,严谨方可出成效。王曙光校长提出,学校要在严格执行党和国家的教育方针,严格遵守教育政策法律法规的前提下尽量优化内部管理。时代在发展,社会在发展,学校也应该与时俱进,不是否认以前的管理,而是要在之前的管理制度之上更加完善。学校从优化领导班子建设着手,按照"每个人干自己最擅长的事"原则,合理调整领导班子内部结构,保证每一个中层领导在自己的岗位上做到专和精。同时引领教职工合理规划自身成长之路,尤其是教师,鼓励每位教师找出特殊教育中自己最感兴趣、最擅长的那个点,往深里学、往深里钻,从专业型教师向专家型教师发展。

二、精细操作之路

　　王曙光校长认为,学校中的每个人只要把自己负责的每一件事都干仔细了,那么学校的每一件事就都能干好,因此,提出对个人工作要进行精细化管理。围绕精细化管理,每个人的每一项工作都要求按照整体思路—预期目标—计划步骤—方案落实—督促检查—反馈优化—总结反思—材料归档的流程进行。每一项工作都要具体化、精细化,应该达到什么程度、什么水平,都要有标准,没有标准就自己给自己制定标准,而且是高标准,再根据自己制定的标准来检验是否达到标准,达到标准找经验,没有达到标准找问题,继续改进。每个人在完成要求后,都要及时进行盘点并对工作中出现的问题做好备忘。工作中不怕出问题,就怕反复出同样的问题,同样的工作每次出现问题少一点就是进步。一个改善、改善、再改善的过程,是一个持续不断追求尽善尽美的过程。

三、特色发展之路

课堂是学校关注的重点,课堂是学生 80% 的活动场所,是教师主要的工作场所。王曙光校长认为,要想打造特色学校,关键在于打造特色教学和特色课程,没有特色教学和特色课程就不会有特色学校。而且,打造任何特殊课程必须要基于学校和学生的实际情况。学校借助与潍坊学院合作的契机,充分发挥专家的引领作用,同时通过山东省基础教育教学改革项目研究,开发并构建了"1＋X"实践教学模式,以校内实践教学为基础,带领学生走出学校、走进社区、走进企业、走进田间,开展多元化的社会主体实践教学,并利用开放日等大型活动对实践教学成果进行积极推广和深化,得到上级领导、社会各界以及家长的充分肯定。

"抓两头,夯中间",打造听障教育名校

青岛市中心聋校 袁凯道

青岛市中心聋校是一所集学前康复、小学、初中、普通高中、职业中专于一体的全日制综合性听障教育学校。在校学生近 400 人,教职工 123 人,被教育部授予全国特殊教育先进单位称号(山东省仅两所),是全国听障教育办学规模最大的学校。近年来,在刘本部校长的带领下,学校以"抓两头,夯中间",规划学校发展,突出言语康复、职业教育、素质教育等特色,努力打造全国听障教育示范校和国际知名特殊教育学校。

"抓两头"就是重点抓好听障学生的入口和出口,即听觉言语康复和以职业教育为主线的高中阶段教育。

抓好听障学生的入口就是抓学前儿童的康复。0～6岁是儿童语言发展的关键期,对听障儿童及早进行听觉言语干预尤为重要。学校通过多年的实践与探索,形成了"听力补偿、言语康复,医教结合、康教一体"的教学模式,大力实施言语"抢救工程",较好地满足了听障儿童康复的需要,每年都有10名左右的听障儿童康复后,进入普通学校随班就读。

抓好听障学生的出口就是抓好学生的高考升学和就业创业。学校率先实现普职融通,充分尊重学生家长的需求和客观现实。高中部在开设文化必修课的同时,还设置了服装、烹饪、摄影、乒乓球、校园电视台等选修课,提升了学生的综合素质和能力,为高校培养输送了一批批乐观向上、高素质的毕业生,他们中多人成为诸多高校学生会骨干。不久前有两名学生考入广岛大学和美国华盛顿加劳德特大学攻读硕士,学校成为西安美院和长春大学这两所国内顶尖特教高校生源基地。职业中专部积极推进职业教育课程改革,探索工学结合、顶岗实习、实训就业一体化模式。加强实践性教学,使教学内容与产业升级换代相衔接、学校培养与企业需求相衔接。通过全校努力,达到了升学、就业双"百分百"的目标,受到学生、家长、企业、高校的高度评价。

"夯中间"即立德树人,关注学生身心健康,实施个别化教育计划,夯实基础文化知识和技能,全面提高听障学生的综合素质。学校在全国率先实现了个别化教育从理念层面到具体实践的突破,以全员育人导师制为基础,为每位学生搭建导师团队,量身定制发展方案,探索最适合学生发展的途径。根据学生身心发展规律、家庭教育现状和听力障碍的差异,以班级为单位,全体科任教师共同参与成立了导师团,家长和学生共同参与方案制定:制定学生德、智、体、美、劳五个维度的短期、中期、长期发展目标及其教育策略;每月召开会议,研究方案实施和目标达成情况,不断修正完善教育教学策略和目标,实现了全员育人、全程育人、全方位育人。学生潜能得到进一步挖掘,综合素质得到全面提升,在与普通中小学学生竞技中取得优异成绩:在青岛市中小学电脑制作大赛微视频类比赛中两名学生获一等奖,在全省中小学生艺术展演中一名学生获一等奖,在全省中小学生创客大赛中一名学生获一等奖,在全国烹饪技能大赛中两名学生获银奖。

学校办学得到了上级、社会、师生和家长的认可,成为全国教师实践研修基地、山东省听力残疾儿童康复救助定点机构,被评为青岛市教育信息化应用创新示范学校、青岛市学校国防教育双拥共建先进单位,荣获青岛市第九届中小学生科技节优秀组织奖,舞蹈社团被评为青岛市中学生十佳明星社团,校园电视台拍摄的以学校学生成长故事为背景的纪录片《无声的芳华》获中欧青少年电影节"最佳影像奖"。

布局谋篇，科学做好学校发展规划

崂山区特殊教育学校 高秀娟

一、发展总目标

1. 办学目标

学校根据实际特点,在办学中强调爱与关怀,强调奉献与责任,以建设幸福学校为办学目标,努力打造"爱满校园"的服务品牌。力争将学校建成全区人民满意、省市知名的特教学校。

2. 培养目标

学校将以"为每个孩子拥有美好的童年服务,为每个孩子拥有幸福的人生奠基"为指导,着眼于学生的未来发展,把残疾儿童少年培养成残而不废、残而有为的合格公民。

二、主攻方向

（1）造就一支适应教育发展和未来人才培养要求的高素质教师队伍。

（2）着眼于学生的未来发展,把培养能够融入社会的合格公民作为学校工作的目标常抓不懈。

（3）探索既面向全体,又有利于学生个性发展的校本课程体系。

（4）加强自闭症教学研究,初步建立符合我校实际的自闭症教育模式。

三、发展思路

学校将以党的十九大精神为指导,深入贯彻落实科学发展观,坚持社会主义办学方向,认真贯彻《义务教育法》《残疾人教育条例》以及《特殊教育学校暂行规程》等法律法规,认真贯彻落实国家、省、市中长期教育改革和发展规划纲要,坚持以民主为基础,以法治为保障,以需求为依据,以创新为要求,努力建设一个学习型组织、研究型学校,进一步实践崂山区特殊教育学校的先进学生观,以"发现并最大限度地开发每一个人的潜在能力"为教育理念,以"对特殊需要人群进行以康复、基础知识教育和劳动技术培训为重点,使其发展潜能、人尽其才,成为自食其力、服务社会的劳动者"为办学思想,积极推进课程改革,遵循教育规律,促进学校全面、和谐、可持续地发展,发挥学校优势,突出办学特色,实现跨越式的发展。学校在未来三年中将继续贯彻"以服务求信任,以质量求生存,以科研求发展"的管理理念,给学生提供、优质的教育资源、适切的支持式课程、个别化的教育教学服务、定制化的体验,竭力把学校办成残疾少年儿童"康复的中心、学习的乐园、实践的基地、生活的窗口"。

四、主要策略措施

(1)以校本培训为基础搭建平台,促进教师全面发展。

(2)建立完善学校德育工作体系,加强家委会、校委会建设,形成学校、社会、家庭三结合的教育网络。

(3)按照课程改革要求,从学生需要出发,大力开发适生性校本课程。

(4)贯彻落实国家、省、市特殊教育提升计划(2017～2020年),积极推进自闭症儿童教育,建立完善康复训练教室,全面开展自闭症学生教育教学工作。

(5)继续推进"三位一体"教育发展促进工程,实施特色学校建设工程,走"规范立校,文化兴校,特色强校"之路,努力提升学校品位,扩大优质教育资源。

立足融合教育,探索学校发展新路径

西海岸新区特殊教育中心　王永宾

《第二期特殊教育提升计划(2017～2020年)》明确提出"全面推进融合教育"的基本原则,要求统筹推进、普特结合、尊重差异、多元发展。立足融合教育的发展需求,学校开展转型性变革实践,打破"隔离"式的办学弊端,通过制度保障、课程建设、规范管理等举措探索学校发展新路径。

一、三个课堂搭建融合教育平台

学校深化"1＋3"教育模式改革，推进构建成长课堂、家校社课堂、研学课堂三个课堂，开放办学，搭建融合教育平台。

一是以开放式教育为主线，开放教学时空、开放教学内容、开放教学方式、开放教学方法，打造成长课堂。秉承教学"从生活中来、到生活中去"的教学理念，教学地点不再局限于教室，而是根据授课内容将教学地点转变为餐厅、宿舍等生活场景，教师活用教材、渗透教材、补充教材，让学生在生活中学生活，在社会中学社会，在自然中学自然。

二是以"走出去"与"引进来"双向互动的形式深度挖掘家长、社区资源，邀请家长、志愿者走进课堂，构建家校社课堂。"引进来"即学校在选择性课程实施的基础上，将家长及志愿者课程列入选择性课程之中，构建家长课程体系及志愿者课程体系。"走出去"即带领学生走出校门、进入社会开展社区融合教育活动，学校中、高年级每月根据班级单元主题确定"走出去"的地点，通过模拟场景先预演、实际场景再体验、课堂教学再巩固，帮助学生融入社会，深化社区融合教育，形成学校、家庭、社会相融合的教育力量。

三是学校探索实施结合单元主题进行的研学活动，架构研学课堂。以"课堂教学社区化"为基础，引导学生从书本走向生活，从课堂走向社会，去公园、博物馆、企业等进行研学旅行。

二、多措并举推进融合教育发展

一是制定周密的保障制度。如何确保"走出去"的融合教育活动安全、顺利地进行，学校在充分评估学生、深入调研的基础上制定了研学应急预案、社区融合安全管理等多项保障制度或实施方案，以完善的制度确保顺利开展融合教育活动。二是落实规范的教学管理。学校每月制定翔实的融合教育活动方案，统筹进行安排，根据实施方案，专门指派人员进行踩点，取得社区机构或单位的支持，落实交通路线、交通工具、安全保障措施、社区教学协助人员等，充分发挥社区教学在特殊儿童与社区环境普通人中的融合功能使，学生真正"融入"社区。

三、携手融合教育姊妹学校开展融合教育活动

学校通过与驻青高校建立联谊关系，与新区内普通中小学建立结对关系，拓宽学生融合活动渠道。学校与青职学院签订融合教育姊妹学校协议，通过与高校学生互动，增强特殊儿童对社会的了解；学校与青西新区汇文小学、琅琊小学、滨海明珠幼

儿园签订融合教育姊妹学校合作协议,达成融合教育姊妹学校关系,通过共同开展研学活动、节日联谊活动等为特殊儿童创造与同龄人交流的机会,通过融合教育姊妹学校送课、教师互访等形式推进学校深入研究融合教育,为开展学前普特融合教学奠定基础。

四、缔结友好学校共探办学转型之路

学校先后与武汉市第一聋校、务川县特殊教育学校、普定县特殊教育学校缔结友好学校关系,与友好学校在课程与教学改革、教师专业发展、学生个别化教育等领域进行交流合作。同时,学校参照友好学校融合教育模式,多策略、多形态、多样化地探索学校功能拓展,加快推进建设特殊教育资源中心,建立融合教育专业支持系统,形成完善的融合教育体系,探索学校发展新路径。

让每一个孩子都阳光

城阳区特殊教育中心　刘佳胜

校长是学校发展的领路人,校长的领导力对学校发展十分重要。结合特殊教育发展实际,我确立了以"让每一个孩子都阳光"为核心办学理念,构建医教、康教结合办学模式,积极承担国家特殊教育改革实验区等多项重点实验项目。学校被评为山东省规范化学校、山东省心理健康教育特色学校、青岛市现代化学校等。

一、健全十五年一贯制办学体制,实现学校跨域式发展

2008年,学校设置了学前班,保障了区内3至6岁残疾儿童接受早期康复教育服务。2019年8月,青岛市教育局下发《关于同意城阳区教育和体育局开设城阳区特殊教育中心职业高中部的批复》(青教审批函〔2019〕14号)文件,确定了十五年一贯制办学体制。

二、深化三项改革，全面落实第二期特殊教育提升计划

（一）构建"135"服务机制，推进融合教育长效发展

1.成立1个专家委员会

2017年5月，区教育和体育局、区卫生健康局和区残联三部门联合成立"城阳区残疾人教育专家委员会"。

2.构建三级业务指导网络

第一，成立城阳区特殊教育资源中心，统筹指导随班就读工作。第二，建立融合教育示范校，推进融合教育持续发展。第三，设立示范资源教室，促进融合教育的推广。

3.优化"五个一"

"五个一"即一套制度、一支教师队伍、一本工作手册、一人一案、一节融合教育公开课，全面确保随班就读工作有效运行

（二）形成送教上门工作模式，实现精准送教

学校建立送教上门服务对象排查登记网络，横向到边、纵向到底，实现城阳区残疾儿童少年100%入学。学校成立送教上门班，创设"五送"菜单课程，采取五种措施，让送教上门工作高效、规范。组成"四位一体"服务团队，团队成员各司其职，协调推进，满足送教上门学生多样化的康复教育需求。

（三）协同合作，形成"康教、医教一体"的教育模式

学校构建医教结合综合服务网络，建成区医教结合实训基地和医教结合康复训练室，加大双向服务力度，为学生提供医学检测、评估与康复服务。

近年来，学校先后举办了山东省特殊教育现场观摩会、青岛市特殊教育医教结合改革工作现场观摩会、青岛市残疾儿童送教上门现场会、青岛市特殊教育二期提升计划现场推进会、青岛市残疾儿童随班就读工作现场会等，充分展示了特殊教育提升计划成效和三项改革成果。

三、以实验班为依托，以项目为助推器，提升自闭症教育康复水平

学校设立首批青岛市自闭症实验班，与加拿大女王大学专家团队联合开展"孤独症与学前教育康复项目"，成立青岛大学心理与精神健康研究院教学实践基地，建立城阳区自闭症儿童康教中心，瞄准国际前沿，开展自闭症儿童教育康复指导和研

究工作,为患有自闭症的学生提供高质量的教育康复服务。

四、提高特殊教育质量,促进学生德智体美劳全面发展

1. 构建 ABC 课程体系

学校确立"5S"课程理念,构建由优势课程、基础课程、补偿课程三大板块组成的 ABC 课程体系,促进学生全面、快乐地成长。

2. 全面实施个别化教育计划(IEP)

学校确定 IEP 实验班,教师根据学生的评估情况制定 IEP,每月进行评估。针对送教上门学生实际情况,形成 IEP 修订版,实现校内校外、一人一案。

3. 学校制定特殊学生体质健康检测标准,建立学生体质健康管理动态档案,形成"七色光"心理教育品牌,被评为山东省心理健康教育特色学校

五、从职业特训到职业高中,为学生提供适宜的职业教育

学校坚持"能生存、会生活,活出精彩人生"的培养目标,多层次、多途径发展职业教育。第一,成立职业教育项目组,加强职业教育教师培养。第二,新扩建教学楼,完善硬件建设,为开设职业高中部奠定基础。第三,建设职业教育课程,构建三年制职业高中课程。第四,成立志愿者工作室,建立教学实践基地,建设就业基地,拓展学生职业教育学习渠道。

学校未来的发展之路

平度市特教中心　焦永花

平度市特教中心是平度市教育和体育局直属的一所承担全市智力障碍、孤独症和多重障碍等残疾儿童教育康复的九年一贯制特殊教育学校,先后被评为山东省规范化学校、青岛市现代化学校,学校占地面积 12987 平方米,现有 13 个教学班,教职

工 60 人,学生 192 人(其中在校生 115 人,送教上门生 78 人)。

学校以"一切为了特殊儿童"为宗旨,以"培养生存技能,努力让特殊儿童回归主流社会"为办学目标,以"学会做人、学会学习、学会生活"为培养目标,坚持"仁爱教育"办学理念,创建"医教结合、康教一体"教育模式,积极推进随班就读指导、送教上门服务、医教结合三项改革工作。

学校注重科研兴校,以青岛市十三五规划课题"农村培智学校生活化课程设置与多元模式的实践和研究"为引领,扎实落实《培智学校课程标准》,遵循智力障碍学生的潜能开发与缺陷补偿相结合的原则,开设走班课程,形成项目组特色教学,将教育教学与康复训练有机结合,有效开发学生的潜能,补偿学生的缺陷,让不同的残疾学生得到不同的发展。

学校重点发展项目是从建设一流的校园物质文化、校园制度文化、校园精神文化三个层面入手,优化育人环境,科学规范管理,发展学生综合素质,使学生掌握生存技能,开展智障儿童康复训练,根据规划中有关残疾人就学、康复工作计划,为残疾人最终融入社会、自立于社会,并能服务于社会提供良好的教育环境。

学生发展最优化:特殊教育越来越强调学生生存能力的培养,学校将通过生存教育与学科教学有机结合,在隐性课程中培养学生的生存意识,在个别化教育训练中渗透生存教育,在社会实践活动中提高学生的生存技能,帮助智障学生学会学习,增强学生适应社会的能力。

管理效益最大化:建立民主、科学、高效的管理机制,依据现代化学校管理思想和技术,形成学校管理的有效层次与结构,建立完善的决策机制、运转系统和监督反馈系统,使学校组织优化为一个结构合理,组织有效,信息畅通、协调、高效,运作有序,反应迅捷的整体,努力构建"精细化与人文并举"的管理模式。

校园环境最优化:通过物质文化的经营、人文管理的推进,使校园里有三厚的文化底蕴,飘溢着书香气,师生具有儒雅的气质,成为学校办学的可持续动力。

教师队伍优先发展:学校 45 岁以下的教师全部达到本科学历。学校将针对教师和学校所需进行发展性培训:针对普通教师面对特殊教育所需要的技能和知识则进行普及性培训;针对新教师、新班主任实施个别化培训,从而全面提高教师专业化水平,使教师形成自己的教学特色,实现师资队伍建设跨越式发展。

教学质量最优化:紧紧围绕"医教结合、康教一体"的理念,以提高质量为核心,凸现教科研工作的实效性,开发和构建校本课程体系,探索有效的课堂教学策略(以班级授课为主的集体教学、优弱互补的伙伴教学、适合个体差异的个别亿教学等),倡导教学方法的多样性、趣味性、补偿性、启发性和互动性,不断深化特殊教育康复与教育教学一体化研究,形成课题研究、课程建设、课堂教学"三课"的同步发展,实现教学质量的不断提升。

教育信息化优先发展:加大学校信息化建设力度,学校将在未来三年内重点提高信息化使用效益,加快教育教学改革和发展的步伐,从而实现信息化课堂,体现学习信息化、校园网络化,呈现家教现代化。

办学特色个性化:充分彰显体育、德育特色。构建全方位、立体的德育工作体系,树立与时俱进的德育工作意识,充实德育内容,拓宽德育工作的途径,形成多元有效的德育网络,凸现校园文化建设的德育功能。

随着教育改革的深入,学校将根据《青岛市特殊教育二期提升计划》要求,不断挖掘教育资源,深化课程改革,扩大教育规模,2019年秋季开设学前教育,计划2020年秋季开设职业技术教育,将进一步为学生的生活自立和回归社会奠定更好的基础。